世界史学会图书奖获奖图书

PATHFINDERS
A GLOBAL HISTORY OF EXPLORATION

探路者
世界探险史

[美] 菲利普·费尔南德兹－阿迈斯托（Felipe Fernández-Armesto）著

刘 娜 译　黄润华 审译

学苑出版社

Illustrations 彩页目录

★ 巴比伦世界地图（约公元前 600 年）。巴比伦位于地图上方，周围环带是海洋。平行线代表幼发拉底河。大洋之外，楔形代表传说中的或鲜为人知的陆地。 /1

★ 波利尼西亚人探险图 /1

★ 波斯地理学家伊斯泰赫里 1193 年绘制的世界（上南下北）。图上，欧洲不过是右下角的一个小三角，而制图师的祖国位于正中。 /2

★ 1439 年，葡萄牙探险家迪约戈·德·席尔维斯拜访过的岛屿出现在马略卡制图师加百利·德·瓦尔塞卡的一张地图上。在这张地图上，亚速尔群岛首次从西北到东南连成一线。乔治·桑留下的墨渍还清晰可见。 /3

★ 卡斯提尔和大西洋的风 /4

★ 大西洋信风 /4

★ 乔治·布朗和弗朗兹·荷根伯格著《世界城镇图集》（约 1572 年）中的里斯本海滨。16 世纪是里斯本最辉煌的时期。 /5

★ 绕过好望角：风带和洋流 /5

★ 弗拉·毛罗（穆拉诺岛圣米切尔修道院的修道士）1459 年绘制的世界地图。这张地图包含了大量探路者的信息，从图上看，可以从非洲最南端的海角处到达印度洋。 /6

★ 此图绘制于里斯本，1502 年由费拉拉公爵买下。这张地图信息丰富，且极富装饰性，包括了大量美洲海岸的信息（其中的部分内容可能只是出自猜测），以及根据当时最新消息绘制的加勒比海。 /7

★ 墨卡托的双半球世界地图（1587 年，图上包括有猜测中的南方大陆）/7

★ 1802 年 6 月，德国博物学家亚历山大·冯·洪堡（有可能就是图中正在摘花的那个人）出发攀登南美洲的钦博腊索山。 /8

★ 东南亚：信风系统和内陆沟通 /9

★ 大西洋和印度洋信风 /10

★ 太平洋信风 /12

巴比伦世界地图（约公元前600年）。巴比伦位于地图上方，周围环带是海洋。平行线代表幼发拉底河，大洋之外，楔形代表传说中的或鲜为人知的陆地。

波利尼西亚人探险图

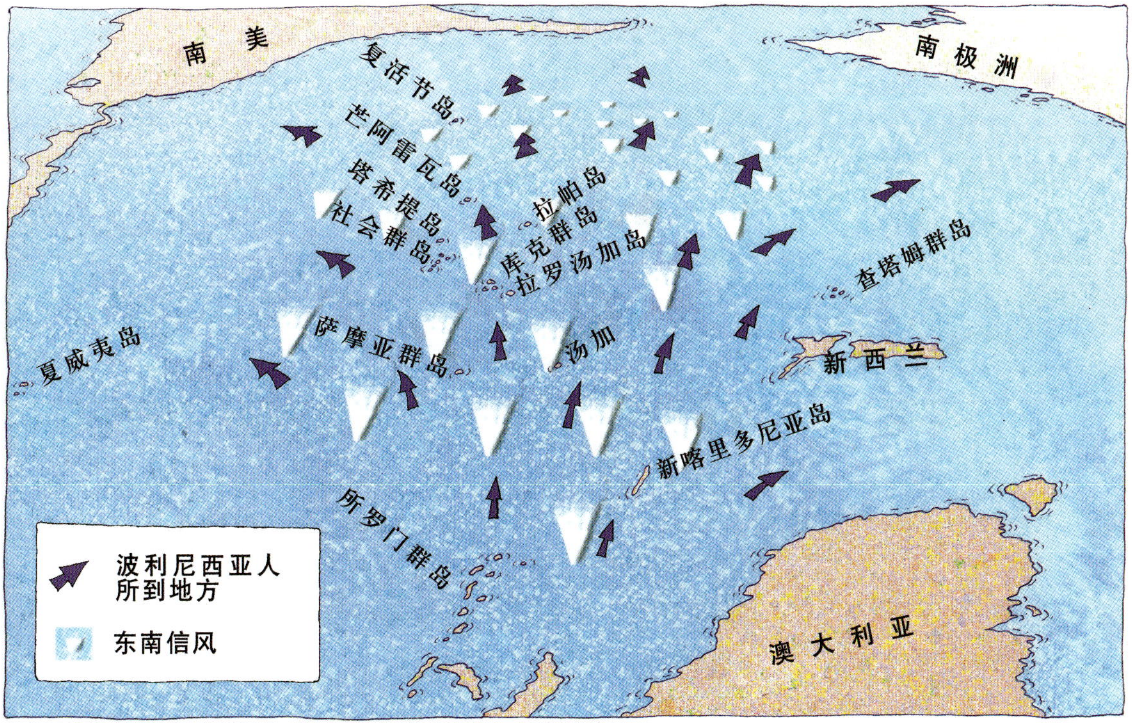

波斯地理学家伊斯泰赫里1193年绘制的世界（上南下北）。图上，欧洲不过是右下角的一个小三角，而制图师的祖国位于正中。

1439年，葡萄牙探险家迪约戈·德·席尔维斯拜访过的岛屿出现在马略卡制图师加百利·德·瓦尔塞卡的一张地图上。在这张地图上，亚速尔群岛首次从西北到东南连成一线。乔治·桑留下的墨渍还清晰可见。

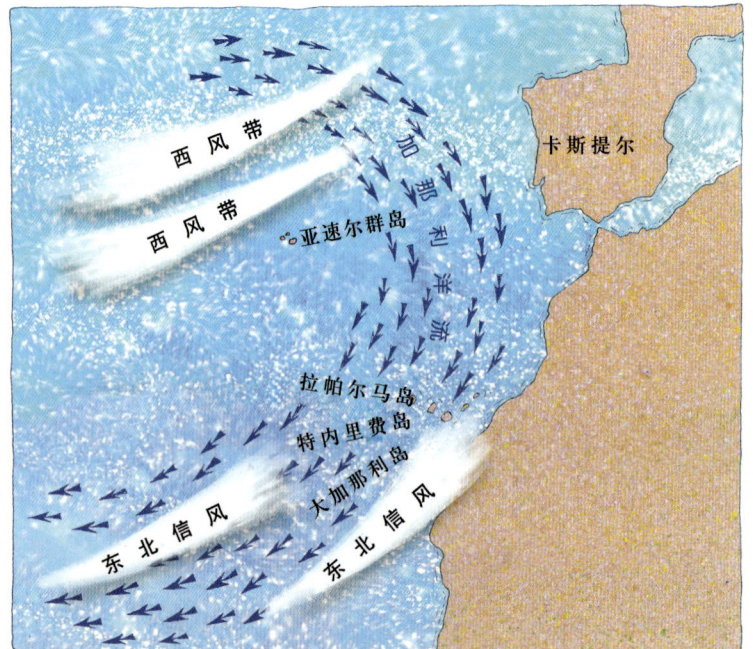

卡斯提尔和大西洋的风

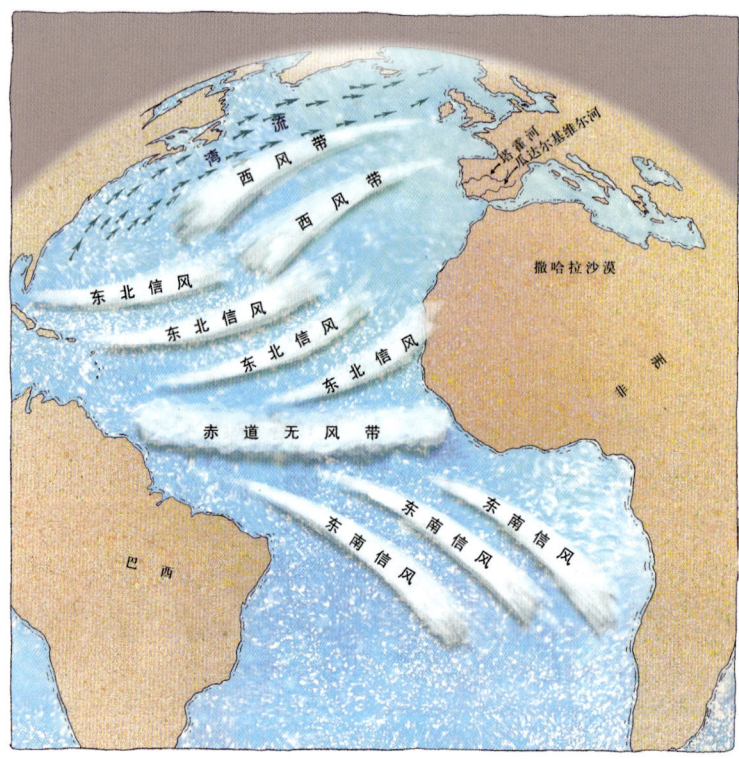

大西洋信风

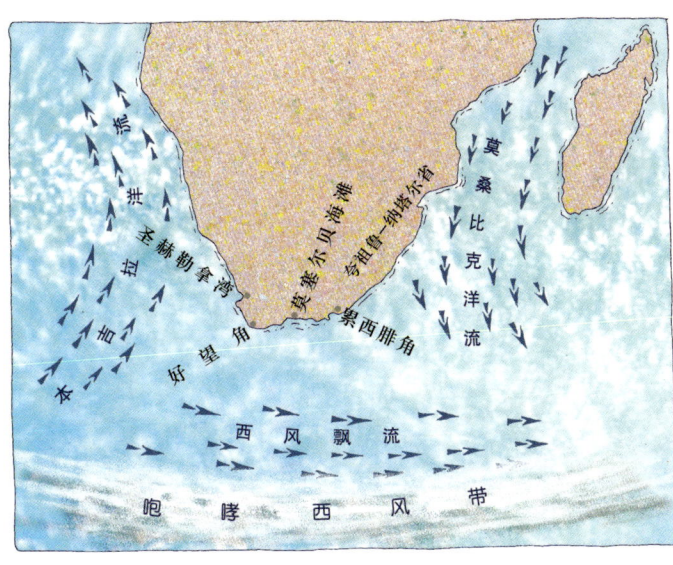

（上）乔治·布朗和弗朗兹·荷根伯格著《世界城镇图集》（约1572年）中的里斯本海滨。16世纪是里斯本最辉煌的时期。

（左）绕过好望角：风带和洋流

（上图）弗拉·毛罗（穆拉诺岛圣米切尔修道院的修道士）1459年绘制的世界地图。这张地图包含了大量探路者的信息，从图上看，可以从非洲最南端的海角处到达印度洋。

（右上）此图绘制于里斯本，1502年由费拉拉公爵买下。这张地图信息丰富，且极富装饰性，包括了大量美洲海岸的信息（其中的部分内容可能只是出自猜测），以及根据当时最新消息绘制的加勒比海。

（右下）墨卡托的双半球世界地图（1587年，图上包括有猜测中的南方大陆）

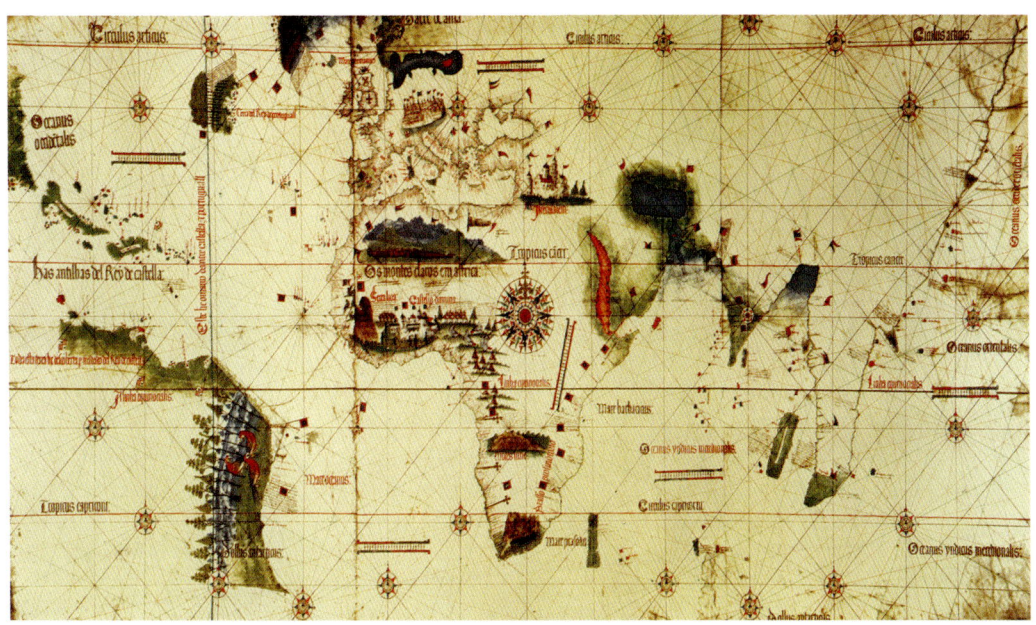

1802年6月，德国博物学家亚历山大·冯·洪堡（有可能就是图中正在摘花的那个人）出发攀登南美洲的钦博腊索山。

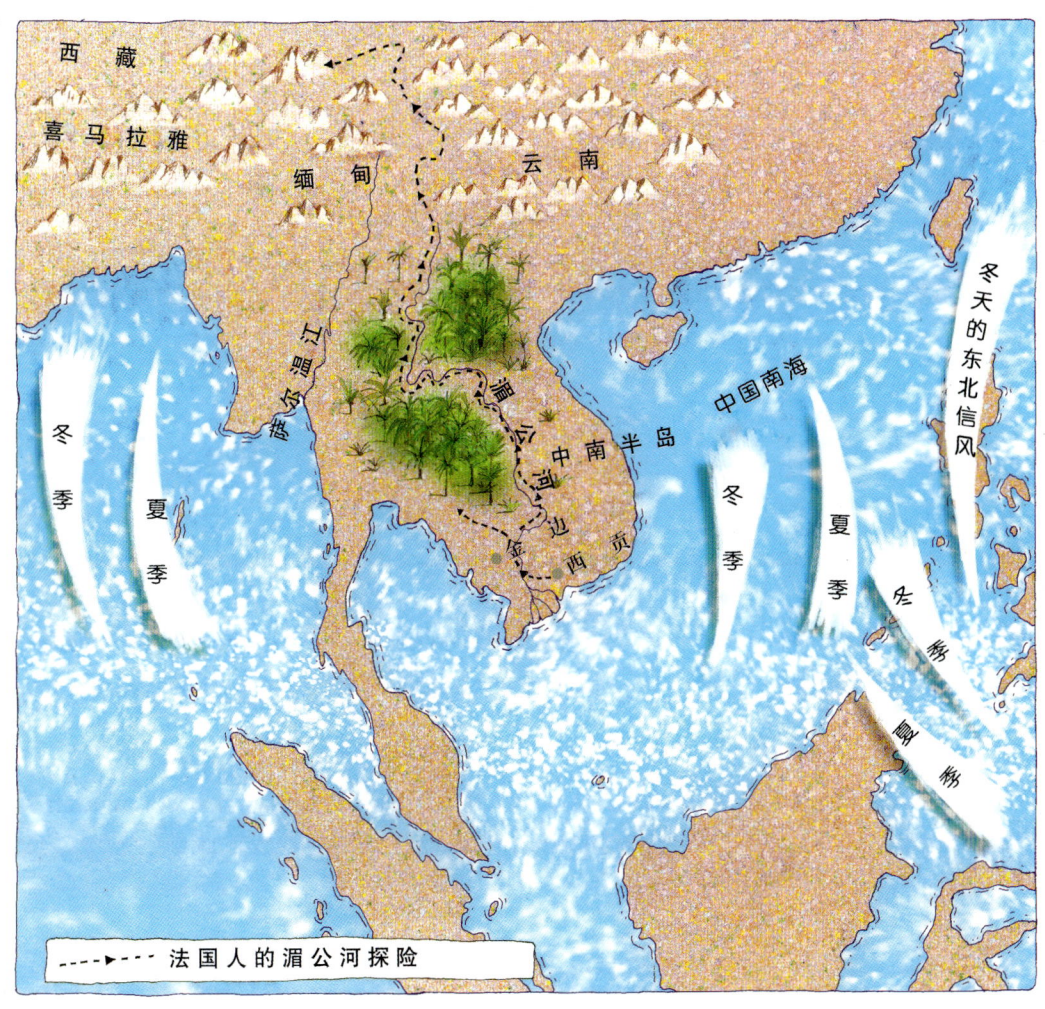

东南亚：信风系统和内陆沟通

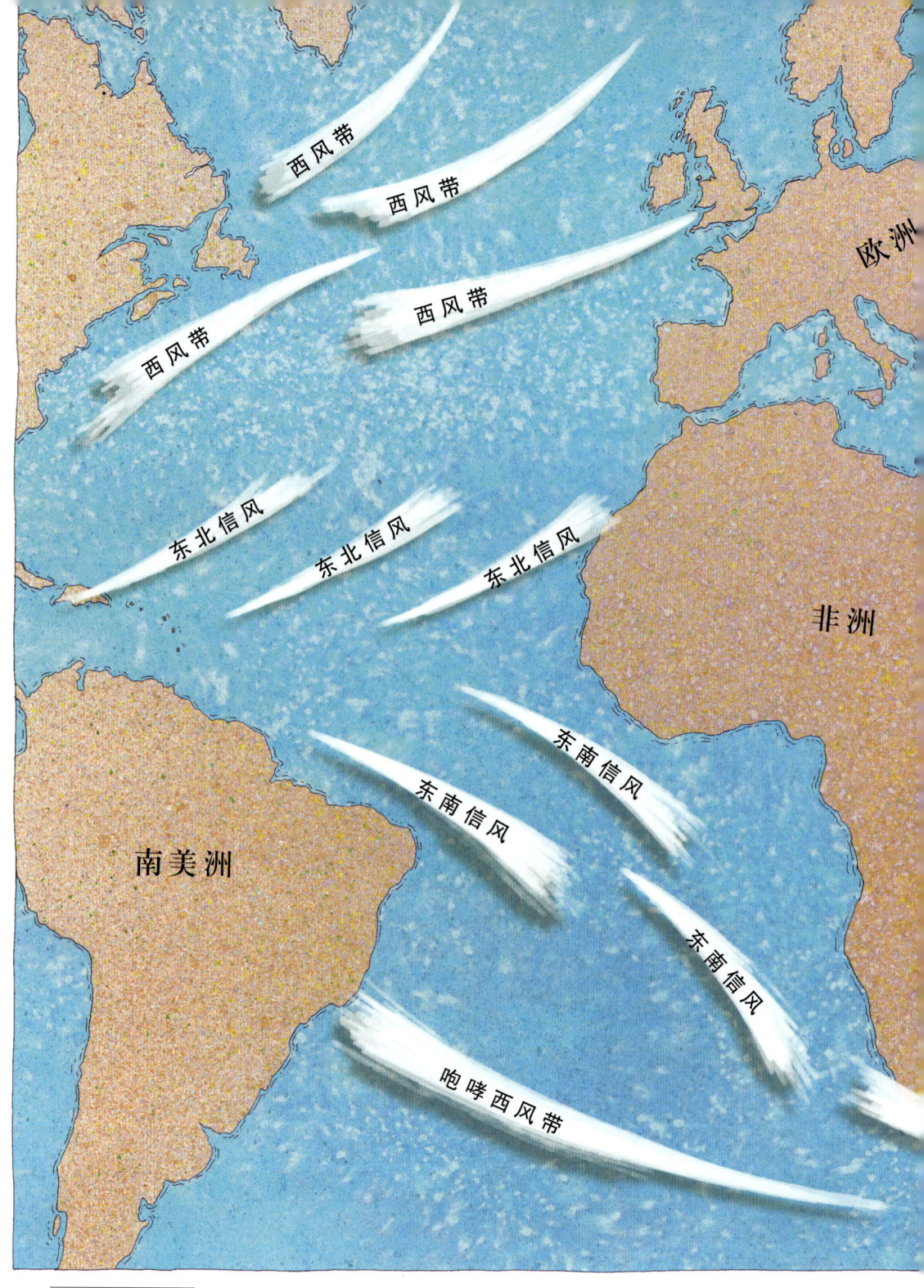

大西洋和印度洋信风

太平洋信风

致拉斐尔·德尔·皮诺

请赐我两种力量——情爱与渴望
它们能令诸神心醉,能使凡夫神迷,
因为,我要抵达丰产大地的尽头,
我要跨越孕育神灵的大海。

——荷马:《伊利亚特》(第14卷)

我儿,首先,我们来世上走这一趟,经历了种种相似和迷惑之事,你会发现,真理的实质不是这个世界的实质,也无法透过这世界抓住那实质。我们被带领到未知的世界,而这不过是个隐喻……

——尼古拉斯主教①,给尼古拉斯·阿伯加替的信

---

① Nicholas of Cusa(1401—1464),又名 Nicholaus Cusanus,德国人,15世纪著名学者(涉猎哲学、神学、法学、数学、天文学),曾长年在罗马教廷供职。 ——译注

感谢马德里市的拉斐尔·德尔·皮诺基金会与西班牙地理基金会在本书编写过程中给予的大力支持。

前言

这是一本有关"邂逅"的书,讲述的是不同文化之间的邂逅,以及那些使其成为可能的,事关雄心、想象、奋斗以及革新的故事。这本书,也是思想碰撞的结果。从编撰《泰晤士世界探险地图集》起,我就开始在头脑中酝酿这本书,这个想法已经至少在我头脑中回响了15年。但我从未真正想过能有机会,或是能够找到一种实际的方法去把握这样一个宏大的、难于驾驭的主题。直到有一天,我和我的朋友西班牙地理学会会长卡洛斯·马丁内兹·德·冈波斯以及西班牙地理基金会会长维吉尔利奥·奥尼亚特吃饭聊天,与他们的谈话促使我开始着手这项工作。他们帮助我看到了前进的方向。

最后起决定作用的是身兼工程师、商人以及杰出慈善家数个身份的拉斐尔·德尔·皮诺·伊·莫雷诺。在我和他会面时,他刚刚效仿伟大探险家,乘自己设计的帆船完成了一次海上旅行。"我希望,"他说,"在有生之年能看到你写一部世界探险史。"这个建议无法拒绝,只是其中有一丝黑色幽默的意味。当时,他虽已年过八旬,但依然健壮,生机勃勃,愉悦快活,讨人喜欢。可是当我这本书刚开始不久,他却遭遇了可怕的变故,几乎全身瘫痪,撰写这本书对我而言,成了急迫的使命。拉斐尔坚忍刚毅,忍受着病痛的折磨。我欠他人情,是他督促我,让我有了写这本书的想法,是他一直不断地激励我写作,是他用兴趣、用新想法孕育了这本书,并使它一直继续下去。我欠以他名字命名的基金会的情,是基金会给了我研究经费,是基金会慷慨解囊,为我解决了地图和插图的费用,没有这样慷慨的帮助,我就不可能有时间从事这项工作,这份情同样深厚。在整个写作过程中,皮诺基金会的会长阿玛迪奥·皮迪特堡给了我无数的帮助、理解和支持。在我写作过程中,他和维吉尔利奥·奥尼亚特极度耐心地阅读我的文稿，仔细推敲，帮助我修改提高。

我还要感谢牛津大学出版社的审读者，感谢他们颇有助益、深具洞察的批评；我要感谢我的诸位编辑：牛津大学出版社的露西安娜·欧弗拉赫提、诺顿图书出版公司的史蒂夫·福尔曼和戴斯蒂诺公司的毛里西奥·巴赫，感谢他们的编辑技术和宽容忍耐。这本书的大半都是在伦敦大学玛丽皇后学院的历史与地理系和艺术研究中心写成，在学院格外开明的领导和管理下，我的同事们给了我所能想象的最好的教学与学习环境。这本书的最终完成是在塔夫斯大学的历史系，我相当幸运，在那里我受到了热情的欢迎、获得了源源不断的同事援手。在更长的一段时间里，我从哈克卢特学会的同事以及《泰晤士世界探险地图集》的合著者那里学到了我大部分的探险知识。当然，这本书中一定会有些瑕疵，这里那里会有些不周之处或是错误，而这些，都是我的问题。

菲利普·费尔南德兹-阿迈斯托，2006年

Contents 目录

插图目录 /1
地图目录 /5

第一章 分散
采集文化到大帝国时代：最初的探路者 /1

趋异开始 /2
冰人降临 /12
趋同开始 /17
早期地图之谜 /22
不同文明间的交流 /24
从地中海到大西洋 /29
丝绸之路 /35
探索季风带 /37
趋同的范围 /43

第二章 抵达
大约1000年前：海上探险 /47

最后的趋异：波利尼西亚人的太平洋探索 /49
大趋同：北冰洋和大西洋 /57
印度洋：开拓与发展季风航线 /67

第三章　行进
近古及中世纪：内陆探险　/81

拓展丝绸之路　/82

蒙古的影响　/89

跨越草原　/94

日本和欧洲的境内勘探　/98

基督教区以外的世界　/104

非洲　/111

美洲内陆探险　/115

第四章　跃进
中世纪后期：转向航海和深入大西洋　/125

为什么会是伊比利亚半岛？　/133

大西洋转折的开端：从热那亚和马略卡岛起步　/139

进入伊比利亚　/143

葡萄牙在非洲大西洋的探险　/147

绕过非洲的鼓包　/153

世界其他地方的海上探险　/157

欧洲奇迹？　/160

回归风带　/168

第五章　腾起
15世纪90年代：飞跃　/175

哥伦布　/185

卡伯特　/196

达·伽马　/200

卡布拉勒、韦斯普奇和安达卢西亚航海者　/209

哥伦布周围的世界：大西洋以外的探险　/214

第六章　环绕
约1500—约1620年：环球航线连通　/221

解密太平洋　/222

想象太平洋：它有多大？　/224

深入太平洋：麦哲伦的航程　/225

解密海风：乌尔达内塔的航行及其来龙去脉　/229

通晓太平洋的宽广：孟丹努厄和奎罗斯　/233

印度洋　/238

勾画美洲　/246

美洲内陆探险　/257

第七章　连接
约1620—约1740年：全球文化再度趋同　/283

航海改革　/284

航海图兴起　/286

永久的神话　/291

美洲：难以捉摸的亚洲　/294

乌有之乡、想象的海峡：太平洋寻路　/304

横跨西伯利亚：冰中的黄金之国　/308

非洲：奴隶制与探险　/318

世界地图　/322

地球的形状　/328

第八章　深化
约18世纪40年代—约19世纪40年代：
日益清晰的全球图景　/335

传说继续　/337

经度　/339

应对坏血病　/341

风道以外的太平洋　/346

再探西北通道　/355

南极洲　/362

澳大利亚的故事　/366

美洲的故事　/369

浪漫主义之路　/378

非洲：白人的坟墓　/383

漫漫前路　/395

回顾与展望：这个时代的机会与局限　/397

第九章　全球化
约1850—约2000年：日趋狭窄的地平线　/405

非洲：笔墨官司　/407

东南亚：去往中国的慢船　/413

澳大利亚：通往霍普利斯山之路　/416

新几内亚："货真价实的新土地"　/418

阿拉伯半岛：禁城受挫　/420

西藏：错置的地平线　/423

蒸汽机之路：为工业化世界寻觅道路　/428

极冷之地：南北极的道路　/437

新相遇　/446

超级大冒险　/456

还有什么？　/461

Illustrations 插图目录

★ 在德国西部奥里希县附近摩尔朵夫发现的金盘。金盘中心的大陆外是一系列同心圆：第一圈是海洋，第二圈是有山脉的其他大陆，第三圈是其他海洋（海洋之上有用三角形代表的岛屿）。 /22

★《禹迹图》（大禹治水路线图）：拓自公元1136年的一块石刻。图上中国古代制图师所绘网格清晰可见，通过这些网格，河流、海岸方位绘制得非常精确。 /25

★ 印度尼西亚爪哇，婆罗浮屠神庙的浮雕墙上刻画的《本生经》中船的形象 /40

★ 1978年7月，约翰·博克斯托思乘爱斯基摩人的木架皮艇，借助杆子在加拿大北部拉塞尔水湾穿越冰块和浅滩。 /58

★ 复原后的维京海盗船：斯库勒莱乌1号 /61

★ 8世纪时强盗在丝绸之路上抢劫过往商人。沙漠中的道路提供了最好的，却非绝对安全的保障。 /85

★（图上方是）威廉·鲁布鲁克和他的同伴向路易九世告别，（图下方是）路上的他们。 /98

★ 根据日本行基和尚云游路线绘制的地图，标出了各省的位置，绘于1305年，上南下北。 /99

★ 15世纪沈度所画的侍者与长颈鹿 /127

★ 郑和出航非洲的官方记录已不复存在，但图解形式的航海指南流传下来，并于1621年出版。此图所示为马尔代夫和东非。 /128

★亚伯拉罕·柯雷斯克所绘《加泰罗尼亚地图集》上,佐米·费雷尔的航船(14世纪70年代至80年代) /141

★博戈柳博沃的圣母玛利亚和圣徒索斯玛、萨法提,周边是他们的生活场景(1544—1545)。 /159

★塞维利亚大教堂祭坛附饰画上圣胡斯塔和圣鲁菲娜之间的塞维利亚景观 /183

★布里斯托尔的海上教区教堂:圣玛丽红崖教堂(出自1829年雕版刻图,作者已不可考) /197

★贝亚吐斯地图,取自1109年黎巴纳贝亚吐斯的《〈启示录〉评注》。图中描绘了第四块大陆,贝亚吐斯认为那里有人居住。人间天堂位于最东方,里面是羞愧得局促不安的亚当和夏娃。 /211

★俄罗斯地图,出自西格蒙德·冯·赫贝斯坦《真实记录莫斯科大公国》(1549年)。黄金老妇在右上角。 /215

★弗朗西斯科·罗德里格斯的画作,画上可能是位于印度尼西亚小巽他群岛的阿多纳拉岛。 /227

★巴蒂斯塔·阿格尼斯1545年所绘麦哲伦的世界之旅。虽然麦哲伦证明了太平洋的辽阔,但只有少数绘图师记录了这一事实,而阿格尼斯正是其中之一。 /229

★南方大陆 /236

★胡安·韦斯普奇1526年绘制的球体投影详图。这张图以实例表明、也许还强化了一个概念:有一个狭长的美洲大陆存在,并且有通道可以从大西洋西北穿行而过。 /248

★约翰·迪伊《描述航海艺术的普通与珍贵纪念品》一书的卷首插图(1577年) /251

★演示星盘的佩德罗·德·梅地纳(1493—1567) /285

★峡湾、河流和海岸的图解。出自詹姆斯·霍尔1605年丹麦探险时为格陵兰岛西岸所绘地图。 /289

★塞缪尔·弗里兹神父的亚马孙河地图（1707年出版） /303

★俄国人的阿拉斯加地图，图上显示了丹麦人维他斯·白令1728年和1741年的两次探险。 /316

★让-多米尼克·卡西尼（1625—1712） /324

★约翰·哈里森的四号计时器，展示了他经度计时器的机芯。此图为哈里森在1760—1772年间设计并绘制。 /341

★"辣根菜"（字面意思是"坏血病草"），它因常常是海员们在南部极高纬度唯一能找到的绿色植物而得名。拓自《马拉斯皮纳探险1789—1794》。 /345

★库克的船只在大堡礁受损后，在现在的昆士兰库克镇进行了修理。此图为詹姆斯·库克"奋进号"探查河域时间的通俗图解。/349

★乔治·斯坦布斯笔下的袋鼠（绘于1771—1772年间） /351

★詹姆斯·克拉克·罗斯前往北极探险（1848—1849），寻找富兰克林。 /361

★19世纪20年代，探险家、皮毛商杰德·史密斯穿越落基山脉中部和大盆地的路线。当年史密斯用过的地图已经不复存在，这一张是戴维·布尔根据史密斯旅行的记录所绘，并于1839年出版。 /377

★探险队走过湄公河索普勇附近的沟谷。 /415

★W.G.帕尔格雷夫的阿拉伯地图，图上面积广大的地区尚朦胧不清。当时正是19世纪60年代，有关苏伊士运河项目的消息正在风传。 /421

★俄罗斯画家、精神导师尼古拉斯·罗尔里奇所画1933年的西藏。当地景色在他的笔下似乎有了生命,这里成了一片精神力量强大的土地,西藏被赋予了浪漫主义色彩。 /425

★1863年,利物浦,国家航运公司用以横跨大西洋的轮船 /436

★巴西苏瑞部落的巴西印第安人 /455

Map —— 地图目录

★ 智人和直立人的探险之路 /8

★ 最早兴起的农耕地区（公元前9000—公元前7000）/15

★ 埃及人的南向探险 /27

★ 张骞出使西域路线图 /36

★ 公元1000年时的大汇合 /60

★ 古斯堪的纳维亚人深入欧洲路线图 /62

★ 印度洋上的季风体系 /71

★ 印度洋一带的伊斯兰教 /73

★ 日本，土佐女士的航程 /75

★ 丝绸之路 /87

★ 欧洲示意图 /96

★ 拉丁基督教世界的传播和发展 /101

★ 不来梅的亚当提到的地方 /105

★ 贸易地点：中世纪时的马格里布和撒哈拉沙漠 /113

★ "火生"走过的地方 /116

★ 郑和下西洋路线图 /126

★ 大西洋边缘的基督教世界 /177

★ 克里斯托弗·哥伦布去往美洲的路线 /188

★ 瓦斯科·达·伽马的印度之行 /205

★ 葡萄牙人和荷兰人在印度洋上的航行（1498—1620） /241

★ 16 世纪葡萄牙人的东非路线 /244

★ 1578 年琼安·马提尼斯地图集上的北美西南海岸地图，图上展示了传说中锡沃拉的七座城市。 /262

★ 从欧洲前往北美的路线（约 1496—约 1513） /267

★ 17 世纪英、法在北美北部的探险 /295

★ 17 世纪英、法在北美南部的探险 /296

★ 白令 1728—1741 年间前往阿拉斯加的路线 /315

★ 俄国人的阿拉斯加地图，图上显示了丹麦人维他斯·白令 1728 年和 1741 年的两次探险。 /316

★ 库克船长太平洋远征 /352

★ 库克的法国和西班牙对手 /353

★ 穿越北美的竞赛 /356

★ 西北通道寻访者，1819—1850 年 /360

★ 穿越澳大利亚 /368

★ 从哈得孙湾、大湖区到落基山脉、北极 /370

★ 17 世纪晚期和 18 世纪西班牙在北美的探险 /373

★ 刘易斯和克拉克远征 /375

- ★ 19世纪早期进入南非内陆 /384
- ★ 尼日尔地区探险（1795—1855） /389
- ★ 利文斯敦的旅程 /411
- ★ 新几内亚：内陆探险 /419
- ★ W.G. 帕尔格雷夫的阿拉伯地图 /421
- ★ 探勘美国具有开发价值的铁路线 /435
- ★ 探险者的北极探险路线 /439
- ★ 南极探险竞赛 /443
- ★ 20世纪时"遭遇"巴西土著的地方 /454

第一章 分散

采集文化到大帝国时代：最初的探路者

> 神祇林立，信仰众多，
> 一条条小路蔓绕曲折……
>
> ——埃拉·惠勒·威尔科克斯：《世界的需要》

历史讲述了两段重要的故事。第一段故事——文化趋异，漫长而悠久：人类文化产生种种差异，彼此渐行渐远，直至互不了解，甚至彼此鄙视；第二段故事是我们这本书的主题——文化趋同，它并不久远：曾经分离的族群再次接触，互相学习和分享对方的生活方式，直至彼此相似远胜于远古。

第一段故事始于智人出现后不久，几乎一直到现在，其时间超过15万年，占据了人类的大部分历史。这段故事见证了人类文化形成、分化与割裂的整个过程；见证了人类彼此渐行渐远，直至世界充满差异，成为今天的样子。在这段故事中，"多元化"成为人们不敢放弃的重要价值取向。试想一下，如果有一位宇宙观察者，能够跨越无限辽远的时间与空间客观地观察人类——这是我们人类所达不到的，我们深陷于历史之中——如果我们去问她——之所以用"她"，或许是我根据家庭生活经验做出的判断，女性更具无所不知、无所不在的特性——她会如何描述这个星球上人类这个物种的历史？估计她的回答会很简单：我们这些微不足道的生物，原住在宇宙中一个微小的斑块上，着实不值得多费唇舌。这位宇宙观察者肯定会说，我们的历史最重要的特质就是日益多样化。

人类的第二段故事，虽然对我们来说是那样的重要，但我怀疑那位宇宙观察者可能就没注意，尽管在过去一万年左右的时间里它已经与第一段故事重叠，并随着文化交流速度的加快和范围的扩大，渐渐成为主流历程。到了今天，对我们来说，全球文化趋同——甚至越来越一致——已经成为世界各地人类经历的最明显的主题。[1]

我认为，这两段故事都是探险故事。第一段故事我们知之甚少，只能在接下来的区区几页就讲完它。如果没有探路者带领着人类沿不同路径进入差异很大的环境和彼此隔绝的家园，人类社会绝不会割裂。而如果没有第二段故事中一代又一代的探路者，人们也绝不可能重新建立联系，重新改变彼此。正是他们发现了接触、贸易、冲突和传播的途径，使人类得以再次携手。探路者是构建历史基础的工程师，是文化桥梁的建造者，是链条的锻造者、网络的编织者。

文化趋同还有许多残存的证据，但文化趋异年代的痕迹却已几乎消失殆尽。我们认为"趋同"是我们自己的故事：这才是我们需要向自己解释的故事，以帮助自己理解我们生活的这个世界，并为之规划未来。解释这个故事是怎样发生的，足以成为写一本书的正当理由。不过我们还是应该先简要回顾一下把人类社群带向彼此隔绝的探路者的工作，因为，他们的工作也是探险的成就。把他们的故事勾画出来作为背景，后代探路者的业绩看上去更加栩栩如生，会让我们更明白他们的工作对于今天世界的形成有多么重要。

◆ 趋异开始 ◆

对于历史学家们来说，"历史为什么出现？"是一个重大问题。只要把人类与另一些具有社会和文化属性的动物进行比较，就能看出些端倪。

---

[1] 本章文献索引见章末。全书同。——译注

第一章 分散
采集文化到大帝国时代：最初的探路者

与其他种群相比，人类社会的变化要快得多。我们可以把人类的这个改变过程称为历史；而其他大多数种群的变化要么微乎其微，要么过于缓慢，再要么不是停滞不动，就是循环往复，很难想象把一群鲸或一窝蚂蚁的变化过程称为历史。当然，我们还是可以写写一个黑猩猩家族的历史。珍妮·古道尔按时间顺序记述了她在野外观察到的黑猩猩群在争夺首领地位时发生的危机和冲突。古道尔笔下的这种争斗，与在一些结构简单的人类群体，比如一个帮派团伙，或是一个管理不善的部落中争夺头领的政治斗争没有什么不同。另一位灵长目动物学家先驱弗兰斯·德·瓦尔描述了黑猩猩的权力政治结构，他认为它们的政治原则就是马基雅维利主义的翻版：为了得到头领地位而搞阴谋，获取支持或是悄悄发动叛乱，甚至进行政变。[2]

我们从迄今为止的研究得知，所有其他非人类生物，甚至与人类最为相像的黑猩猩，都没有人类那样令人眼花缭乱的多变文化。黑猩猩和其他所有非人类群居动物的政变过程，都可以提前知晓，因为不论是头领的变化，还是联盟的形成、分裂、再形成，其变化的模式都一成不变。不同的黑猩猩群体之间绝不可能有人类的不同种类文化群体之间差别那么大。其他具有文化属性的物种也不会有。

但可以肯定地说，黑猩猩和其他许多动物是有文化的：它们会发展应对生存环境的新的行为模式、技巧和策略，在食物采集和食物分配方面更是如此。而且，它们会传授、学习这些策略，使之世代相传。黑猩猩分配食物的一些方法和在一些罕见的场合下的表现甚至带有某种仪式化的意义。例如，外出捕猎的黑猩猩会以一种十分固定的方式分配得到的食物，这种分配大致是根据族群的等级制度以及头领的性选择策略进行的。种群文化一旦有了革新，这个种群的动物就会将其作为传统传承下去，于是就会出现文化趋异，各自独立的种群之间的差别就会越来越大。例如，在加蓬的森林中，一些黑猩猩群用细树枝钓取白蚁，而另一些则像人类那样用石头当锤子和砧板来砸开坚果；在东非平原，一些狒狒群实行阶段性一夫一妻制，而其他的狒狒群则是一群母狒狒配一只公狒狒；婆罗洲和苏门答腊的猩猩们则玩着不同的游戏。记录最完整的例子发生在日本，1950年，就在一位灵长目动物学家眼皮底下，一只叫伊玛的天才短尾猴发现了洗红薯的方法，并教给了猴群中的其他猴子。从那时起，这群猴子就一直延续这个做法，并且只有这个猴群这样做。[3]

人类也是灵长目动物，我们的历史自然也会有灵长目动物的特点。所以，也就不难理解为什么人类的文化会变化和相异了。可是，问题是：为什么人类各个族群间的差异会那么大？变化会那么快呢？

要回答这些问题，最佳的切入点就是我们最近的共同祖先：那个大约在15万年前的女人，或者更准确一点，是那组DNA，古人类学家称其为"粒线体夏娃"。[4] 我们有理由推测，粒线体夏娃时代，在东非生活着的几千人，他们分享着共同的文化：一样的经济状况、一样的技术水平以及一样的食物，而且如果那时他们就已有宗教和语言的话，应该也是相同的。后来，渐渐地、时断时续地，我们所不知道姓名的探路者把各自的族人带离了原来的故土，进入新的环境之中。在那里，他们改变自己以逐渐适应新的环境。分离了的人们彼此渐渐失去联系，在相互隔绝中差异越来越大。[5]

因此，探险史首先要回答的重大问题就是：人类是怎样扩张到世界各地的？如何做到这一切的？谁带领他们的？这些领袖为什么要这么做？一路上人类发生了怎样的变化？

这些问题的确重要，也的确困惑难解，没有什么类似的情况可供比照，帮助我们找到答案。其他的物种更愿意固守在自己最适应的环境，即便要迁移，也是为了寻求环境的稳定不变，季节性地来回迁徙；即便分散，也是在邻近的地方徘徊，一俟危机结束通常还是回到原先的栖息之所。狐狸是几乎与人类一样分布广泛的动物，但从一个栖息地到另一个栖息地的种群之间存在着比人类多得多的遗传变异。其他物种适应不同环境的经历也许对我们了解人类为什么以及怎么样迁移有所帮助。新近的一个细致研究案例是卢旺达的山地大猩猩。这些大猩猩被迫离开竞争太过激烈的低海拔热带雨林，到海拔高、相对较为寒冷的地方生活。食物大大减少——这也许是这些纯植食性动物比其他大猩猩体形更小、身体更弱的原因——它们不得不养成了新的生活习惯。但这个迁移案例局限性很大，大猩猩只是迁到原居住地邻近的环境里，不能作为解释人类最初的长途殖民迁移的模式。

即便是人类，也很少愿意去寻找新的环境，而且适应新环境也不是那么容易。近年大量相关文献可以说明，人类过去约500年间的殖民历史中，最成功的殖民地都是把新的环境变成了与迁移出发地相似的地方。移居者们通常都会有在选定的地域重建家乡的感觉。殖民者建起了新英格兰、新法兰西、新西兰、新南威尔士以及其他与故乡略有差异的仿照版本。他们创建了新西班牙，并在适应那里以后，又搬到新墨西哥州。迁移者像婴儿紧抱住橡皮奶嘴一样固守着文化，行囊里总是尽可能多地塞进家乡的物产。随身携带的熟悉的动物和谷物，对他们来说仿佛意味着新家园与离开的地方没有太大不同。

19世纪和20世纪的殖民大时代，欧洲人将许多陌生的地方变成了自己的殖民地，但他们选择住在南美洲、北美洲、南非以及澳大利亚，因为这片改造后的"新欧洲"气候温和，与他们祖国的气候相像。在这一时期的最后时段，欧洲人放弃了大多数热带地区，尽管他们曾经是那些地方的上流精英，管理、保卫、发展那些殖民地，拓展着帝国领土。这样的习惯现在仍然保留在移民社会里。来自中国的移居者使中亚某些区域在外观、声音、气味上都变得很像中国，这和中国人在西方的中国城所做的一样。我们今天对于成功保持多元文化的所有担心源于这样一个事实：当人们进入新的环境时，通常并不会丢弃他们在老环境里做的一切。

非洲夏娃的家园并不是伊甸园，但毕竟是适合我们的祖先及其子孙生存的场所。这里的环境能够弥补他们进化中的缺陷。他们不擅攀援，而这里草原和森林混生，便于他们直立，眺望远方。在这里，他们可以用火来圈住捕猎到的动物；他们能够找到材料制作武器和工具，尤其是经火烧变硬的狩猎用的棍棒或矛，以及切割猎物的锐利的石块。与其他竞争对手物种相比，人类在视觉、嗅觉、听觉上都不占优势，速度也不快，又没有强有力的牙齿和爪子，消化能力差，体弱，所有这些令我们只能在地面活动。在身体上，我们只有（至少我们中间强壮的那部分人有）两大生理优势：一是远距离追击的耐力，同时大量的出汗帮助我们保持体温不升高；二是我们具有灵巧、精确的投掷能力，手眼协调性好，这让我们得以击退有竞争力的食肉动物。

因为上述这些原因，我们猜测智人会定居在这片萨凡纳地带①上。可是，他们还在继续迁移，经过一个又一个陌生的、充满挑战的地方：深不可测的森林和沼泽，他们以前熟习的技能在这里用处有限；寒冷的气候区，他们实在不适合在这里生存；沙漠和海洋，这里要求他们掌握以前从没有过的技能。在所有这些陌生的环境中，新的疾病也在酝酿，然而，开拓者们并没有停下脚步，他们在历史上最早的探路者的带领下克服重重困难，不断向前。直到今天，我们还在试图搞清楚这是怎么发生的。

此前，这也曾发生过，或者说类似情况也曾发生过。150万年前的某个地方，我们称之为直立人的原始人离开东非，并在以后的日子里走遍了非洲和欧亚的大部分地区。和我们这个物种（智人）相比，直立人的开化文明程度发展更慢，也更不均衡。他们用了至少30万年，更有可能是50万年的时间才到达亚洲和非洲的边境，而在同样长的时间里，智人不仅同样到达了亚洲、非洲的边境，还在欧洲走过了更远的路程，甚至用了不到直立人三分之一，或者按更乐观的估计，不到十分之一的时间就到达了澳大利亚。[6] 智人和直立人走过的地方几乎一样，从某个角度看，直立人的拓展之路预示了智人的未来。智人穿越了海洋，而殖民时期，在与亚洲大陆分离的印度尼西亚的部分地区，也曾经发现过直立人的化石。直立人甚至可能有一支专门的"职业"团队负责探险。克莱夫·甘布尔认为在原始人的社会里，年轻男性要出去寻找食物，这样一方面可以让他们和家里年长

---

① 萨凡纳地带：热带和亚热带稀树草原。——译注

的女性分开，另一方面也是因为他们的机动性相对较高。这支专业团队还要负责寻找季节性迁移的路线以及调查在更远地方获取食物的可能。[7]但一味地把直立人和智人作类比也有问题。直立人在向外迁移之前整整在非洲生活了50万年，而这个时间是智人种群整个存续时间的2—3倍之多。远古智人，他们很明显也是现代人的祖先，也在25万年前作过类似的迁移。但随后剧烈的冰川作用把他们在非洲之外的殖民地消除得干干净净，而在非洲留下的那一点点也很快或是消失，或是被我们自己的祖先取代，或是毁灭了。

我们能够大致重现我们的祖先智人们踏遍世界的行程与时间——虽然在考古学上还找不到充分的证明，对现代人血型、DNA和一些语言差异方面的分析结果也还存在着矛盾的地方。[8]简单地说，彼此差异越大，相关人群祖先相互失去联系的时间就越长，他们移居到现在地方的时间也就越早。

要信心十足地描述这个过程很不容易，其准确性也难以把握。但可以确定的是，与世隔绝的状态不可能持久。根据相关的文字记载，欧亚和非洲的大多数地方，人口流动十分剧烈，彼此间不断趋同。在语言方面，人们对如何评测其差别一直存在争议，而有关证据又晦涩难懂、难以捉摸，人们的主观意见也很可能会曲解其中的含义。无论有没有价值，现有的、支持最为充分的构想是，大约10万年前，夏娃的后代在中东。但是夏娃的子孙们却没能成功建立殖民地，而是直到2万—3万年后才重建成功。所有非洲之外的人类都和这支移民一脉相承，他们的后人以惊人的速度遍布世界各个地方。在大约7.4万年前，当火山爆发，火山灰掩埋了他们的一个定居地之后，他们迁移到了马来西亚的槟榔屿附近地区。考古学界达成共识，最早的有关中国境内智人存在的证据已有6.7万年的历史（虽然后来也出土了一些和智人有着惊人相似的遗迹，令人费解地把智人存在的年代推溯到更早的时期）。

移居一直在继续，最初是沿着非洲和亚洲的海岸线，或是经海路，或是紧挨着海岸，或是在一个个岛屿间迁移。这么早就有这样的航海技术着实让人吃惊，可事实上，也许早在6万年前，澳大利亚最初的殖民者就已

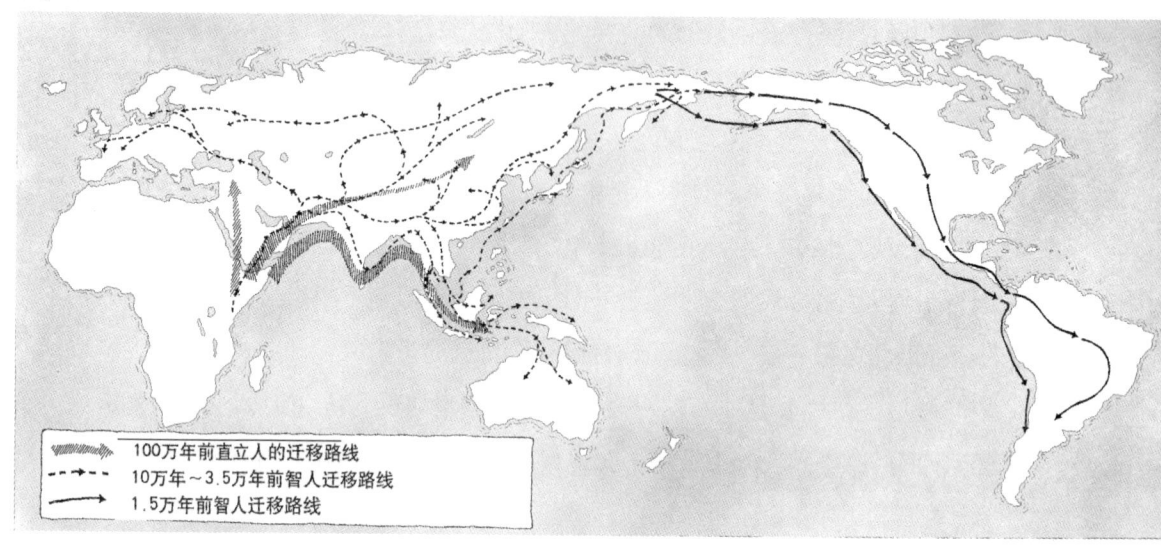

智人和直立人的探险之路

经掌握了这些技术,因为现在的澳大利亚和新几内亚那时就已经脱离了亚洲板块。从某个角度来看,澳大利亚人古怪之处并非是他们本应到达得这样早,而是随后与世隔绝了那么久。澳大利亚与爪哇、新几内亚之间的海面狭长,季风盛行,穿越并不困难。在近代新的探险者从更远的地方来到这里之前,澳大利亚和新几内亚之间肯定已有了许多世纪的贸易往来。而澳大利亚和爪哇,虽然并没有证据,但说他们之间没有过贸易来往也是很难让人相信的。澳大利亚最早的居民来自海上的说法有一定的挑战性,也让后来这里只言片语的航海史更显神秘。[9] 有一个大多数古人类学家不怎么喜欢的观点认为,智人起源于一种"水猿"。[10] 如果这是真的,大概有助于解释我们的航海天分。但这些观点难立住脚,因为其立论完全是建立在人类和水栖哺乳动物之间并不彻底的相像之上。

移民在新的土地上一建好定居地,就立刻开始向内陆进发。我们不太可能再现道路发现者们当年的工作,但还是可以作两个假设:一是他们跟随猎物的踪迹,二是他们沿水而行。由此可以大致推断:他们是从河流在印度洋的入海口处开始探险之路的。可是一旦离开这些流域,他们是怎么走的呢？很有可能是沿着印度河和黄河上游，在中亚山脉附近，沿着后来的丝绸之路跋涉前进，但更有可能的路线是从黑龙江的源头穿过戈壁沙漠以北的西伯利亚大草原：在这里，贝加尔湖和西伯利亚的大河流域，有3万多年历史的遗址星罗棋布。[11]

大约4万年前，我们的祖先智人才抵达欧洲。在那里或者附近的什么地方，遇到了当地的尼安德特人，可能是智人消灭了他们而最终存活下来。来到欧洲的殖民者走出非洲时并没有自己特有的路线，他们也是迁往亚洲的那支移民的子孙。他们从底格里斯河和幼发拉底河的源头出发，也许是绕过安纳托利亚高原的海岸边缘，沿着地中海北岸或是多瑙河流域一路上行。遗传学证据表明，大约1万年以后，可能出现了另一条迁移路线：从俄罗斯西伯利亚大草原出发，穿过欧洲平原北部。[12] 在这一时期，严寒的气候却形成了一道难以逾越的障碍，让迁移者在很久之后才到达北亚和美洲。但学术界对这一过程的确切时间有着激烈的争议，正像我们后面所提到的那样，"新大陆"是否在1.5万年前就存在移民还没有一致的考古学证据可以证明，而遗传学证据却毫不含糊地证明：定居在美洲的移民也是同一支非洲移民的后裔。在现今有人类居住的世界中，只有波利尼西亚群岛还无人定居，抵达这里有赖于远洋航海技术的发展进步，而这样的技术水平直到大约3000—4000年前才达到。

如果以上推断正确的话，智人的扩张图表明他们的人口出现了惊人的增长。我们无从得知迁移人口的确切数目，但是我们可以推测，到迁移结束，这个数字应该有数百万之多。夏娃的子孙成倍地增加，不到10万年的时间，他们就在"旧大陆"里几乎所有可以居住的地方定居了下来。可是，人口增长是迁移的原因，还是迁移后的结果之一呢？

那时候，只有每个人都出去觅食才能生存，所以他们通常会限制家庭成员的数量。一方面他们会对交配对象有严格限制，以减少携子家庭的数目，或者说采取人口控制的方法；同时他们也控制生育，最主要的避孕措施就是延长哺乳期，因为这一时期的女人相对不易受孕。需要外出觅食的生活不允许他们带太多的孩子，母亲们在漂泊的生活中也不能带太多的孩子。[13] 也正因为这样，采集经济族群的人口总是相对稳定。但人类在全球大迁移过程中的人口增长却似乎违反了这一规律。要寻找原因需要考虑这一时期人类的两大特点：人口增长和流动性。

人口增长一个可能的原因是用火烹煮食物：更易消化、更美味，也更有营养的食物使人口大量增加。对我们这样的生物——消化道短、颌腭无力、牙齿不够尖锐，又只有一个胃，所以通过咀嚼和消化所能获取的能量非常有限——任何能扩大食物范围的变化都是进化中的一大优势。人类开始用火煮食的具体时间不可考，可是有无可争辩的证据将之推溯到了15万年前，这和人类人口爆炸开始的时间恰好一致。但极有可能在50万年前，当原始人类在洞穴中生火的时候就已经有用火做饭的想法了。中国的周口店北京人遗址是一个很有说服力的例子。现代生态学之父、耶稣会士学者德日进在1930年的挖掘中找到了证据。现代考古学大师阿贝·步日耶立刻断定那是灶台的痕迹。德日进说："那不可能，那是来自中国的周口店。"但步日耶回答说："我才不管是哪里出土的，我只知道它是人造的，而那人知道用火。"[14] 再近些时候，世界著名古人类学家理查德·蓝翰认为人类在200多万年前就已经开始用火做饭了，可这一观点并没有实物可以证明，蓝翰只是根据原始人类牙齿进化的形状得出的推论。理查德·蓝翰说，正是从我们认为人类开始用火烹饪食物的那个时期开始，人类牙齿变得更小，也更钝。[15] 但是，没有证据能表明在这样早的时期人类家庭中已经开始用火。[16] 同样地，通过用火烤硬的矛（已知最早的例子出现在15万年前）以利于狩猎从而可能改善饮食，以及修筑畜栏和摆放石块形成狭道以驱捕猎物等项技术，其年代也不可考。

倘若不是新的技术驱动着人类迁移，那么也许就是新的压力迫使人类这样做。食物枯竭和生态灾难都可以作为解释迁移的理由，但是这样的猜测却无法得到证明，而且饥荒和灾难的理由也无法解释人口的不断增长。

第一章 分散
采集文化到大帝国时代：最初的探路者

在我们已知的所有其他物种中，只要食物出现问题，物种的数目都会随之迅速下降。

还有一个可能的原因就是战争。在毁灭世界的"天启四骑士"故事①里，"战争"是那个最古怪的："瘟疫"、"饥荒"和"天灾"会制约人类的行动，但"战争"却能推动革新。可战争从何而起？这是最让人着迷的历史问题之一。按照令人尊敬的自由主义观点，人类世界发生战争很"自然"。曾有人向"二战"时英国的陆军统帅蒙哥马利问起战争的缘由，这位将军通常会建议他们读莫里斯·梅特林克的《蚂蚁的生活》。许多20世纪知名的人类学家也持有同样的观点，他们认为，人类的进化并没有消除其本性中的动物性，人类和其他动物一样有攻击性和暴力倾向。[17]而浪漫的原始主义者却持不同的意见，他们认为人类的本性是热爱和平的，是竞争让人类不得不显示出暴力的一面。20世纪20年代和30年代伟大的自由主义人类学家玛格丽特·米德坚持认为"战争是发明，而非生物必然性"。[18] 最开始，证据看起来模棱两可。的确，在1.1万年前世界第一场全面战争在撒哈巴山、现在的埃及—苏丹边境爆发之前，没有任何考古结果可以证明人类曾经出现过大规模战争。那时农业才刚刚起步。[19] 可是在那场战争中，屠杀相当残酷，战争的目的不仅仅是为了对错，也不仅仅是杀死对方，而是屠杀，是灭绝。许多死者被一次又一次地砍杀，战争所针对的不再仅是战场上的敌人，还有妇女和儿童，人们在一具女性遗骸上发现了22处刺伤。这样的屠杀不仅发生在农业刚起步的社会，也发生在本该是"现代"与"文明"的社会里。这些事实不由让我们猜测最早的战争是出于定居下来的族群控制资源的需要。至少说明，一旦人们定居下来照料农作物，战争变得更加剧烈，也更有组织性。

然而，种群之间有组织的战争似乎在更早的时候就已经出现了。珍

---

① 《新约全书》中说，当世界终结之时，将有羔羊解开书卷的七个封印，唤来分别骑着白、红、黑、绿四匹马的骑士，将战争、饥荒、瘟疫和天灾带给接受最终审判的人类，届时天地万象失调，日月为之变色，随后便是世界的毁灭。——译注

妮·古道尔有关加蓬森林中黑猩猩种群间冲突的最早记录是20世纪70年代。黑猩猩群野性大发，消灭了一支从原种群分裂出去的"小团体"。这也是一条理解人类迁移发展的线索：冲突促使分裂出去的早期人类的小团体迁移到安全的地方。如果这个推论正确的话，就又有了新的问题：什么样的压力造成了10万年前的战争？又是因为激增的人口吗？还是出于对日益减少的粮食储备的竞争？再或者是我们不得不重提的主张："动物"的侵略性无处不在？[20]

　　人类的足迹踏遍地球用了那么长的时间，推动这一进程的肯定是在不同的综合因素、不同的时间、不同的地点之中的多重原因。有些迁移自成一格，是不受常规原因影响而自然发生的"一次性"事件。我们现在喜欢把开拓者看作是革新者，把地处边远的居民看作是改革者，所以我们可能低估了保守力量在促进迁移进程中的作用。不久前，从阿巴拉契亚山脉的阿门宗派到查科平原里的纳粹分子，那些有据可查的受到宗教迫害或是意识形态少数派冒险迁移到一个新的环境，却往往是为了保留旧时的生活方式。我喜欢把最早移民到澳大利亚的"船民"想象成是5万年前的"离经叛道者"，他们选择离开那个变化的世界，而去一块新的土地上定居，因为在那里他们能按照以前的传统生活。一般来说，人们搬到一个新的环境一定是因为受到吸引，而不是被驱赶所致。他们离开并非因为原来的家园缺少资源，而是其他地方丰富的资源吸引着他们。此外，还有一个可能的原因，就是不可避免的环境变化：全球气候新趋势。

◆ 冰人降临 ◆

　　人类遍布地球的过程正是地球气候变化最为剧烈的时期，智人在我们的时代之前经历了这一切。我们不能说气候的变化造成了人口大迁移，但它对迁移产生过重大影响无可争辩。地球上，气温的上升与下降交替出现，每次都会持续一段时间。每隔10万年左右，地球的轨道就会发生一次扭转，它会拉远北半球和太阳的距离，而地球自转轴的倾斜与摇摆则出现得更加频繁，也更不规律。当这些都碰到一起的时候，气温就会发生巨变，冰川时期就会出现。大约15万年前，地球有过一次大降温，这一时间和人类进行全球迁移开始的时间基本一致，这样看来，人类似乎不仅欢迎寒冷，而且一直在追随着它的脚步。

之后，大约2万年前，这次降温才终于结束。世界开始从冰川时期挣脱出来。我们认为全球变暖是当下的问题，也的确如此，但是，我们现在经历的全球气温上升从那时就已经开始，而现在是变化最剧烈的阶段。

事实上，寒冷的气候很适合那时的人类。与我们祖先的大多数天敌和竞争者相比，人类实在是太脆弱了，很难适应环境而得以生存。总的来说，人类跑不快，身体弱，没有尖牙利爪，消化系统又十分娇气。我们最大的进化优势就是我们的智力。身体上，我们处于劣势，是自然界的弱者，然而，气候剧变时期，人类所处进化阶段的两个特点让人类占了先机。

首先，人体的构造可以很好地适应气候的变化。在所有生物中，除了和人类形影不离、遍布我们身体的微生物和世界所有类型的居住地都发现过的狐狸以外，人类有着所有生物中最易适应环境变化的身体构造。大体上来说，正是这点让人类即便是在气候剧变的时期，也可以穿越气候带探索迁移之路。

第二大优势是我们祖先在热带大草原上的家园就已练就并加以利用的一项技能：相对高超的投掷能力。其他的灵长目动物也会投掷，但它们很少能够投中。人类的手眼协调能力让我们的祖先可以把投掷作为一种武器，杀死那些跑得飞快的、我们抓不住的竞争对手，或是无法近距离战胜的那些个子大、力量强的动物。必须说的是，投掷并不是冰川时期杀死对手的最佳方法。最容易，也是最有效的方法是把成群的大型四脚动物赶下悬崖。直到今天，在悬崖下还能找到大屠杀后被杀者的骨骸，那是猎人们吃不完剩下的无数的战利品，是猎人们肆意挥霍的明证。但是，在没有悬崖可以倚仗的地方，最好的办法则是利用河、湖或是泥潭来诱捕其他的动物。这个时候,枪矛的灵活就派上了用场。在任何情况下,投掷都是防御或把食腐动物们赶离杀戮现场的最好办法。

适应气候变化的身体和精于投掷,这两者合在一起让人类种群可以坚持到冰川时期的结束。对于人类而言,寒冷并不仅是一种可以忍受的气候条件,事实上,它还是利用投掷杀死大型动物获取食物的有利条件。动物体型越大,战利品就越丰盛,把一头猛犸象驱赶下山崖要比驱赶更小、更灵敏的动物容易得多,而获得的食物回报也要多得多。此外,总体来说,天气越冷,动物储存的脂肪也越多。虽然今天的营养学家对脂肪有颇多微词,但在大多数的历史阶段,它却是最受欢迎的食物,因为其中富含大量能量。

在冰原的边缘,人类的生活不错,而他们仍紧随着逐渐退去的冰面而行。1.1万多年前,斯堪的纳维亚半岛的最北边已经有人居住;大约公元前7000年,明明看上去很贫瘠的高地上也有了人类生活。森林沿着退去的冰盖向北延伸。性喜寒冷的桦树在大约1.1万年前分布很广,而在7000年前橡树的分布已和今天一样广泛。[21] 森林,对于尚未适应的人类来说,是比冻土地带更为严峻的环境:一路追赶驯鹿的猎人飞速北迁也证明这块解冻的土地上很快就已经有人类居住了。

同时,气候的变化使环境更为复杂,物种也更为丰富。冰川退去,给人类留下的是许多宜居的环境:适中的气温、肥沃的土壤、可通航的河道、富含矿石的山脉。而这些,可以在1万—2万年前法国南部堆放讲究的厨余垃圾中出现越来越多的鹿骨、猪骨、欧洲野牛骨以及驼鹿骨头这一现象看到痕迹,也可以在新月沃地①,或是加利福尼亚以及日本部分地区的采集者聚集地发现端倪,那里的坚果林、橡树林和可食用草丛十分丰富,完全可以维持生活所需。随着居住地的多样化,移民走向四面八方。在适应环境的过程中,文化趋异变得更为明显。

即便是这样,也很难解释遍布美洲的移民。长期以来,人们都认为在

---

① 新月沃地是一个古代农业地区,从尼罗河向东北延伸到底格里斯河,向东南伸展至波斯湾。——译注

第一章 分散
采集文化到大帝国时代：最初的探路者

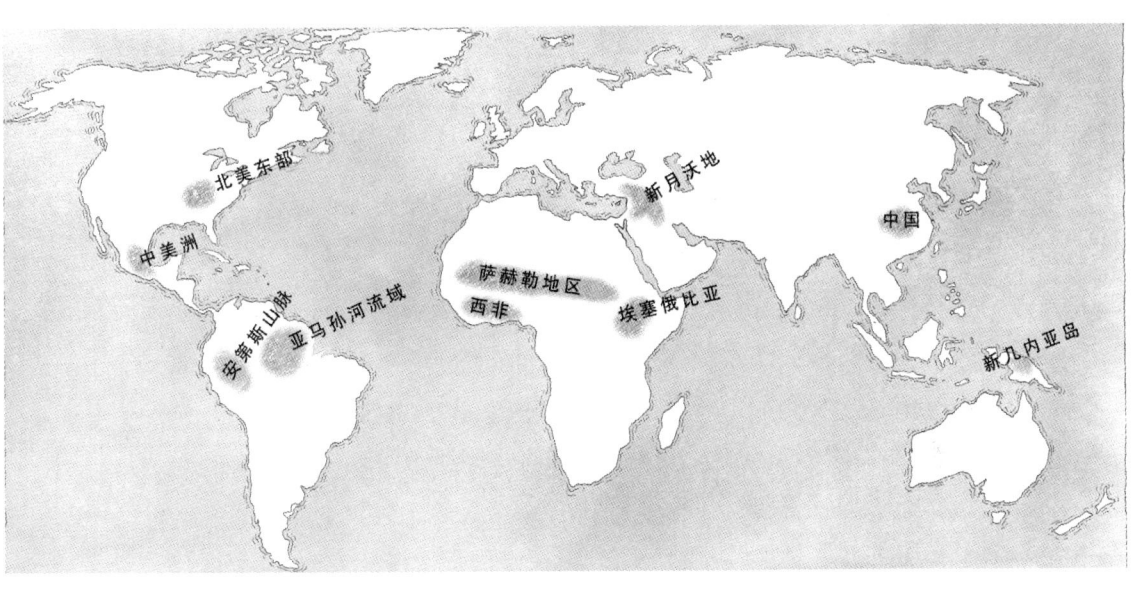

最早兴起的农耕地区（公元前9000—公元前7000）

冰川时期临近结束的时候，现在的白令海峡还是裸露在外的海床，一群来自亚洲的猎人迅速覆盖了东半球。虽然美洲的考古学还很稚嫩，但有足够的证据证明这种说法是站不住脚的。从加拿大的育空到乌拉圭，从白令海峡附近到比格尔海峡，移民广布；在那样长的一个时期里，在那么多不同的地层背景中，存在那么广泛的文化多样性，那么结论就只能是：移民者来自不同的时期，带来了不同的文化。毫无疑问，他们中的一些是跨过白令陆桥来自亚洲，而另一些则极有可能来自海上。

没有被普遍认可的证据能说明美洲大陆上人类居住遗址早于1.5万年前。而且，让人困惑的是，一些最早的居民遗址竟位于美国东部的俄亥俄州和萨凡纳河之间。[22] 1.25万年前，一群猎人生活在智利的蒙特贝尔德，他们住在20英尺①宽的木屋子里，在40英里②的半径范围里活动，猎杀乳

---

① 1英尺=0.3048米。（原著多处使用非法定计量单位，为保持数据准确，本书不作改动，仅在首次出现时标出换算说明。）——译注
② 1英里=1.6093公里。——译注

齿象，从海边取盐，在山中采药。嚼过一半的海藻上还留着他们的牙印，陷阱内壁的泥土上还印着一个男孩子的足迹。[23] 如果这些人真是来自白令陆桥并到过南美洲锥状地区，那么要是能搞清楚这段故事的发展过程，它将会非常精彩：这一路他们能跨越那么多不同的气候带，沿途能不断努力适应各种不熟悉的环境，实属罕见。

　　总结以上这些证据和观点，对人类的全球扩散我们可以得出一个大致合理的概括：扩散开始于全球气温急剧下降时期，一些族群放弃了热带大草原来到海边，过着半渔民的生活，因为这里的潟湖和岩石潭提供了丰富的食物资源。他们在寒冷的西伯利亚大草原，在冻土带，在冰缘地带寻找食物。当气温下降到最低点，冰盖继续向北延伸，他们中的一些人也跟着向北走。这些不断迁移的族群精力充沛，不仅不断流动，而且其社会也在不断发生变化，或是分裂或是暴力事件不断。当然，他们内部也有通力协作，互助共建。现有证据很难证明这些，但我们有足够的信息可以猜测：这一时期危险和机遇共存，促使领导权不断变换。天气变化使寻找新的道路变得更为重要，也成为这些新的领头人新的工作内容，他们带领从原有族群中脱离出来的新团体前往新的土地。

　　文化趋异在继续，甚至迁移结束以后这个过程也还在继续。当人们定居下来，它甚至发展得更快，因为在那之前，大多数族群，即使是相距最遥远的族群之间，其文化也有很多相似之处：都是采集经济，随之而来的就是相似的饮食结构，相似的食物料理方法，以及相似的精神生活。就我们可认知的考古学材料而言，这种精神生活也许是建立在萨满教以及狂热的女性生殖崇拜之上。 我们以为全球文化一体化是我们这个全球化时代才出现的新现象，但这个想法大错特错，实际是：最伟大的全球文化时代——人类历史上最为"全球化"的时代——是在石器时代。当那个时代结束之后，全球开始加速差异化。当一些人开始放弃外出觅食，而开始从事畜牧业农业的时候，当他们渐渐忘记游牧生活而开始城市生活的时候，任何物种都不曾有过的巨大的文化差异出现了。

◆ 趋同开始 ◆

所以如果我猜得不错，那位宇宙观察者是对的：文化趋异主导了人类大部分历史。然而，这并非大多数人对历史的理解，历史学家们肯定也不是这样写的。和文化趋异史相比，绝大多数人都对趋同史更感兴趣。我们生活在趋同的时期，我们是全球化进程中的人，虽然以历史大部分时期为标准来看，这个时期不正常。各个社会群体相互重叠，相互扶持，以巨大的激情和快捷的速度相互影响。全球经济和信息网络将各自的文化传播到全世界。

这绝不仅仅是一个"西化"的故事，不仅仅是消费主义、个人主义、资本主义和民主在全球范围内胜利的故事，也并非只是美国"软实力"的魅力或大型企业的风靡全球，再或是"麦当劳化"、"可乐殖民主义"的故事——虽然这些现象都极其重要，令世界变得雷同，让本来丰富多彩的世界由此变得"一体化"。趋同为世界打下了更为深刻的烙印，世界上仅余的一点采集经济文化也正在消失之中。几大宗教瓜分了世界，成为多数人的信仰，"跨宗教"对话让他们也变得越来越类似。多种语言濒临消亡，多种方言正在消失，英语和其他几大"第二语言"成了全球语言。环境的改变意味着，世界各处越来越多地种植着一样的或相似的主要粮食作物，越来越多地吃一样或者相似的东西。

在这些方面，世界当下的状态——全球文化频繁交流的特质——有着广阔的背景、深远的起源，经历了漫长的史前时期。作为一种现象，文化趋同和文化趋异一样古老。我们应该相信人类社群从趋异的那一时刻起就在相互寻求趋同，相互寻求与邻近社群的联系；我们也应该相信文化差异一出现，他们就在一些特别技能上成了行家里手，而具备了在市场与其他社群交易的资本。他们一适应环境就成为其他地域某种特别产品的潜在提供者。

人类正快速地走向趋同，但现在就臆测趋异已经结束还太匆忙，说趋同和趋异不可能在不同水平、以不同方式共存也还为时过早。或许，在过去的500年，文化趋同成为历史的主流，可这不过是历史长河中微不足道的一瞬，时间短得连那位宇宙观察者都懒得用心去看。探险中相互联系的路把世界紧紧地联系在一起，迁移、贸易和文化交流大规模地进行，所以我们才会对文化趋同的了解远远多于文化趋异。过去500年左右的时间——根据全球人口统计数据变化的步伐，大部分人生活在这段时间——融合已是大部分人的体验。人们对自身文化趋同的起源与背景的兴趣让我们开始深入历史，追溯过往。

　　要重建这个故事的开端，还颇需要些想象力去填补证据间的空隙。人们需要与在不同居住地的友邻沟通联系以获取自己的中心地区没有的产品，这样寻找不同文化之间沟通的路线变得很重要，而且某种程度上可能成为一项专门化的活动。最早的长途贸易是奢侈品贸易：对人们来说，居住到连生活必需品都没有的地方去没有意义。魔法物品——红赭石和火种——可能是人们商业往来中最早的货品。在一些文化里，火非常神圣，火种不能在当地点燃，而必须从远处某个地方采集，再一路不熄地送到需要的地方。甚至在现代唯物的文化中也还保留着这种古老的成见，比如奥运会中传递火种的火炬和献给战争中殉难烈士的永不熄灭的火炬。历史上，一些澳大利亚土著坚持从附近的部落取火，这并不是因为他们自己不会取火，而是他们的习俗要求他们这样做，否则就是亵渎神灵。赭石分布广泛，全世界大部分地区都有，它被看作是魔力的来源。在4万年前的一些最古老的坟墓的陪葬中能看到它们，它们被用作祭品，其中有些距产地有几百英里，极有可能是通过世界最早的贸易而获得，再之后，油膏、香料和一些个人饰品逐渐出现在贸易中。

　　仔细想想就不会奇怪，为什么奢侈品会是最早的主要贸易商品。美国人类学家玛丽•W•赫尔姆斯曾经列了长长一串有意思的数据，证明人们是如何喜欢舶来品的。[24]物以稀为贵，这是人类文化中共同的特点之一。

第一章 分散
采集文化到大帝国时代：最初的探路者

物品离产地越远，价值就越高。同一项研究也证明，人和物一样，只要是远道而来就会被人们尊重或是喜欢。当然，在某些文化中，有些人或物也会因为其带来威胁或是让人们产生困惑而被赋予负面的含义。虽然我们并没有办法知道最早为文化趋同开辟路线的探路者的身份，但我们能够知道他们中的一些人至少是很受尊敬的：他们因距离而被神化，因拥有外来产品而变得非凡。

随着大约9000—1.1万年前最早的农业市镇在安纳托利亚和黎凡特（即地中海东部沿岸诸国和岛屿）出现，交通路线将分散于各处的族群连在一起，越来越清晰的证据表明人们为交通路线的开拓与维护所不断付出的努力。这些市镇中最壮观的恰塔尔休于遗址中就能发现这些探路者工作的遗迹。该小镇遗址位于一块冲积平原上，沿着恰尔尚巴河众多河口中的一个蜿蜒而建，可是恰尔尚巴河最终注入的湖泊今天已经看不到了。由小麦和豆类作物滋养着的人们住在镇上32英亩①蜂窝状排布的泥砖住宅里。连接这些住宅的也不是我们惯常理解的街道，而是穿过屋顶平台的步道。恰塔尔休于遗址和其他定居点之间的沟通十分活跃。镇上遗留下来的一幅壁画上画着类似的定居点，它们之间的沟通可能是建立在贸易之上，也可能它们之间有着某种从属的关系。商品从红海和托罗斯山脉运到镇上。遗址的某幅壁画对这条山脉描画得非常清楚，应该可以看作已知的、最早期探险家报告的记录。[25]

甚至再早些时候，有一些更小却总让人想起恰塔尔休于遗址的殖民点，就同相对较远但移民更为密集的约旦峡谷有往来了。恰约尼村就在约旦峡谷，村民垒起头骨，在光滑的石板上圣祭。他们拥有精致的黑曜石匕首和镜子等珍宝，拥有他们逐步发展起来的铸铜技术，用手工产品换初级产品，按当时的标准，他们已经很是富足。

我们今天视之为欧亚近东的模式，此后在每个有城镇发展的地方频频

---

① 1英亩=4047平方米。——译注

重现。例如，4500年前，秘鲁海岸边的冲积平原上开始出现的大型农耕市镇，特别是苏佩峡谷，那里有30多个这样的定居点。这些地方是商贸中心，集中了不同生态系统的货物，人们在这里交换色彩鲜艳的贝壳、山货以及来自安第斯山脉以东森林的羽毛饰物。[26]在所有这些交流背后依然可以推断探路者的努力。只有人口达到一定规模，并且聚居一处的时候，食物、基本建材、衣料才可能进行远距离的贸易。这一方面是因为，定居的农业人口可以有富余的粮食用来跟邻里交换稀罕物品；另一方面，有时候是定居地的必需品增长跟不上需求，尤其是盐。最终结果就是：城镇化带来专业化；手工艺人聚居在市场周围，而不一定是原材料产地。

  探路者亦传播文化。农耕和定居本身也是一种可供传播的文化模式，可以通过人类交流而传播。[27]公元前第7个千年，希腊东部就已经存在农耕市镇，但西欧和北欧到5000—6000年前，当阔叶林渐渐退去，大地上的视野变得开阔时才开始接触到农耕式生活。探路者极有可能是从东南方向来到这片越来越适合人类生活的土地——这个猜测的证据不多，且有待进一步考查——他们可能是入侵者，也可能仅仅是和平地移居到这里，还可能只不过是做生意的过客。他们带来了整套的农耕工具，他们家庭使用的印欧语言成为大多数欧洲现代语言的起源。

  类似的迁移也许把农耕模式带到了中亚草原以南部分地区。安纳托利亚和约旦峡谷有许多冲积而成的地方，在这样的环境下孕育而生的农耕文化，移植到并改变了中亚以南那部分地区的每一寸土地——只要那里人类可以生活。8000—9000年前，生活在扎格罗斯山区海拔600米以上的移民用耕作取代了野生谷物。公元前第7个千年到第4个千年间，南土库曼斯坦的气候比现在更为湿润，那里已经零星分布着一些绿洲；大约6000年前，绿洲中与来自西方的灌溉系统相似的综合灌溉设施，却比来自更远西方的那些设施更古老。印度次大陆在采摘社会和农耕社会之间没有中间阶段，没有从采摘者向定居过渡的时期，所以同一时期出现的设施完善的村落也许是外来影响的结果。在俾路支省的梅赫尔格尔可以找到西南亚探路者的来路，那里的砖土结构住房显示有家种大麦、小麦和家养山羊的骨头，这表明在大约 9000 年前这里就出现了农业体系。[28]

在北美的多数地方，由于气候及不利的地形因素，文化交流进展缓慢。[29] 但当然，人类探险者们还是在充当先锋。玉米从它的发源地墨西哥中部的奥克萨卡一路向北，标志着农业的传播，但这个过程缓慢，持续了 1000 年。因为向北的路上跨越了几个气候带，每处都要适应截然不同的环境，玉米形成各种不同的变种以适应各处截然不同的环境。与此同时，一些北美人开始种植可使用其种子或是根茎的本土作物，如洋姜、向日葵以及假苍耳。在南美，我们大概也能追寻到一条类似的传播之路，农业的思想从高高的安第斯山脉发端，或是穿过那里，覆盖亚马孙平原的北部。

在尝试解释非洲农业的肇始时，我们很难相信埃及撒哈拉沙漠的植物性食物组合的出现与 9000 年前尼罗河流域没有关系，同样也很难相信尼罗河流域小麦的培育与苏伊士地峡另一边类似作物的发展没有关系。如果这些猜测成立的话，那么那些寻找通路、穿越荒原的人类的先锋们一定对这个过程有所贡献。约 4500—2500 年前这段时期，农业从西非起步向南传播，这个过程可能正是在大移民中发生的。考古学和语言学中都有迹可循：说班图语的人类从位于现在西喀麦隆和尼日利亚的家乡出发，沿着大西洋海岸向南，并向东穿过撒哈拉大沙漠的边缘拓展到尼罗河流域，在那儿再转向南。

太平洋诸岛的农业起源还是一个在争论的话题，尚悬而未决。特别是我们不知道甘薯和猪是何时以及怎样到达这儿的，而这两者却是那一区域大部分地方食物生产系统的基础。到目前为止，已有的解释中，最广为接受的是它们来自新几内亚，在它们随着海上移民缓慢穿越海洋的过程中发生了很多适应性的改变。

在德国西部奥里希县附近摩尔朵夫发现的金盘。金盘中心的大陆外是一系列同心圆：第一圈是海洋，第二圈是有山脉的其他大陆，第三圈是其他海洋（海洋之上有用三角形代表的岛屿）。

◆ 早期地图之谜 ◆

在人类用地图记录路线之前，我们只能通过贸易和文化传播的范围来推测新路发现的范围。当然，人类也有地图，甚至在新石器时代就有。非洲的岩画艺术通常都会描绘地形，而与地形有关的动物、人物以及住所都穿插其中。岩画中的点和线展示了萨满巫医灵魂附体时所选的道路，或是把捕获的动物带回营地，或是把自己引向精神世界。北美西南部零星散布着一些河流和山脉的地图，很明显是狩猎地点的导向图。除此以外，还有些被令人信服地解读为星象图和表示天文现象的图。在世界一些最古老的文化中，我们能找到有关村镇规划以及墓地和圣地的地图。

而这必然的推论就是，早期的地图也许并不是用来记录道路的。要了解绘制地图最早的形式，可以从今天世界的各种文化中最广泛分布的那种形式找到线索。如果代表宇宙神圣秩序的宇宙图也能算作地图的话，它会占有明显的优势。比如，中非的多贡族认为宇宙是一个类似于蚂蚁的生物，它的像胎盘一样的头代表着天空，腿意味着大地。[30] 在刚果和安哥拉的部分地区，分成四个部分的宇宙图——十字形或者是钻石形，末端类似于太阳——在许多葬礼和祭礼上出现。[31] 中亚和中国的一些可以追溯到公元前第3个千年的岩画似乎可以理解成其中包含着宇宙符号。

在宇宙图之后，分布最为广泛的是世界的概图。现存最古老的试图把世界作为一个整体来描绘的地图出现在大约7000—8000年前，绘制在印度中央邦的贾奥拉山洞洞壁上。在一个空心圆四周有一些钥匙形的、锯齿形的、菱形的、钻石形的还有桨形的复杂图案，这些图案垂直排列呈条状围绕，就像是干燥的有鳞动物的皮。[32] 水生植物和鱼出现在一侧边缘，鸭子状的水鸟在另外两侧。鸟儿由外向图案内飞去。

当然，也有可能探路者用来分享发现的地图的材质太容易腐烂，或者地图只是在沙土上的勾画，或者是用小棍棒、种子和小鹅卵石组成的。土著在沙土上画的，或是用稻草、小棍和鹅卵石画出的地图，出现在许多欧洲人早期的美洲和非洲旅行记录里。事实上，如果没有这些当地人的帮助，欧洲人在那些大陆上会寸步难行。但是，对于那些已经知道道路的人来说，这样记录和传递他们的知识的方法肯定是帮助新人的独特方法。记路最显而易见的办法是把它们记在脑子里，也许是借助于地标、天空中的标志、咏唱或是诗歌、仪式和手势的方式。直到今天，刚果卢巴人成年礼开始时还是要求受礼候选人在画在墙上的地图的帮助下了解主要的中心、神庙以及河流的位置。[33] 18世纪和19世纪的时候，加罗林岛的航海家通过吟唱诗歌的形式记忆星象图，他们把它称作"摘面包果"。

或者，道路的发现者会直接在路上标记出路线，就像古希腊神话中阿里阿德涅在迷宫里所用的细线那样。我们也知道这些标记即便有，能留存下来的也很少。虽然我们也会猜测，如果不是当标记，那些无法解释的石冢和岩画还能有什么其他用途呢？这些路标在没有文字和只有简单文字记录的社会中起过作用，它们在随后的有文字记录的社会中也得到了充分的证实。据我们所知，在印加帝国，没有我们平常理解中的那种地图，他们探路依仗的是山顶明显的神庙以及军队和朝圣者在山边走过时留下的绳结。易洛魁族地区的欧洲访客注意到在贸易、战场以及狩猎沿线的树上的雕刻是怎样起标记作用的。定居社会中虽然还有狩猎活动，但狩猎只是为了得到额外的食物，或是上层社会的活动，而也许不再有记录行猎路线的必要。其他的地形记录方式也管用。现存最早的有关农业定居点的绘画之一是恰塔尔休于遗址的一个城镇平面图。然而，从探险史的视角来看，地图的作用并不重要。

◆ 不同文明间的交流 ◆

故事进行到这里，人类再次趋同的寻路之旅还只是一次短途旅行，比如连接近东地区早期的农耕定居点的旅行，以及长期而缓慢、渐进的文化传播，比如农业独立发展的几个分散的中心把农业传播到新的区域。有关分离的文化怎样再次相聚的伟大故事仍未发生。这个故事开始于公元前第2个千年，欧亚大陆和非洲的四大文明——尼罗河、底格里斯河和幼发拉底河、印度河、黄河流域——开始尝试性地向外拓展。在公元前的第1个千年里，这个故事继续成为主旋律，跨越欧亚大陆建立联系，将中国、印度、近东和地中海连接在一起（随后，亚撒哈拉非洲和美洲也被纳入了这个文明圈，有关内容将在后面的章节讲述）。

在公元前2000年早期，印度河流域各城市间远距离联系十分紧密。其边远居民点的建立明显出于贸易的原因，是为了吸引或是防范来自远方的船队和车队。在肖图加尔，也就是现在阿富汗的北部，人们可以在那里买卖天青石和铜。也就是在这里，在蒙迪加克，商队贸易的中心，在正方形的堡垒令人生畏的城墙后面，是巨大的城堡遗迹。平原上，这些城堡似

第一章 分散
采集文化到大帝国时代：最初的探路者

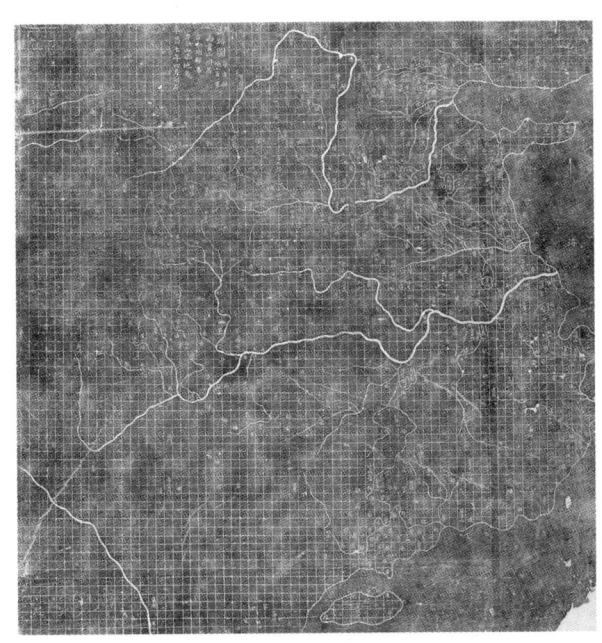

《禹迹图》(大禹治水路线图)：拓自公元1136年的一块石刻。图上中国古代制图师所绘网格清晰可见，通过这些网格，河流、海岸方位绘制得非常精确。

横空出世，犹如蹲踞的巨兽，巨大的半露在地面的圆柱排在两侧，似巨兽的肋骨一般——虽然它们现在已经被岁月严重侵蚀，但依然规模巨大——它们还在守卫着这片平原，守卫着这里的贸易之路。印度河流域的城市布局在坎贝湾和罗索尔港完全不同的环境中再现出来。从这里出发，穿过没什么文字记录留下的阿拉伯海岸的岛国，世界上最繁忙的一些航线将这一文明和美索不达米亚文明连在一起。

开辟这些贸易路线的先行者们没有留下姓名，因为印度没有留下可以辨识的文字记录，而美索不达米亚文明中记录下的只有当地的路线和从托罗斯山脉和伊朗山脉远道而来的贡品。而中国，只留下了一些传说，让人们回忆起公元前第2个千年的一些内陆探索。在当时的中国，黄河流域密布着天然河流和人工运河，并逐渐将边界向南扩展到整个长江流域。禹的传说让这个过程充满了人性化的色彩，他是一位英雄般的工程师，在传统的巨人故事里，他是帝王，是环境的改造者。后来有人把中国地图叫作《禹迹图》，从1136年起就有一幅冠以此名的地图存在。

形成鲜明对比的是，古埃及有关探险的记录现在相对更为丰富。在埃及，我们见到了第一批有血有肉的、有名字、有故事可以分享的探路者和他们的资助人。从公元前第 3 个千年起，古埃及是一个靠尼罗河联结在一起的狭长王国。内部交通很简单，皇家出行的河路由一个个的"法老停船处"连接，国土两侧的沙漠限制了埃及王开拓疆土的野心，让帝国沿着尼罗河一直向南延伸是他们最持久不变的目标之一。埃及人被非洲南部努比亚丰富的象牙和雇佣兵所吸引，将注意力一直放在南部，而和尼罗河相伴而生的贸易让埃及的黄金像"海洋中的沙子"一样丰富。

埃及对在中非可能开拓的疆域探险大约始于公元前第 3 个千年中期，就在当时，可称之为专业探险家的哈尔胡夫进行了 3 次探险。他带回了"熏香、乌木、精油、象牙、武器以及各种各样的好东西"。还是孩子的法老王佩比完全被哈尔胡夫掳回的俾格米小矮人迷住了，"他们跳着来自幽灵世界的圣舞"。法老王给这位探险家写信，要求对小矮人们加强保护，要"一晚检视十次，法老王希望看到他们甚于来自西奈山和庞特的所有东西"。

在第二大瀑布以南地区，人们通过接触和经商效仿埃及建立起努比亚国。从大约公元前 2000 年起，埃及人开始用各种各样的方式试图影响并控制努比亚，有时是修建要塞，有时是入侵，有时是将边界向南推进到第三大瀑布之外。随着努比亚越来越强大、越来越难以控制，法老王的铭文充斥着对努比亚的诅咒。最终，在公元前 1500 年左右，图特摩斯一世在第四大瀑布以南发动了一场战争，攻陷了那时称作库什的国家，把努比亚变成了自己的殖民地。埃及在这片土地上修建了许多堡垒和神庙。最后一座神庙建在阿布辛贝勒，这座供奉拉美西斯二世的神庙是那时的埃及两千年以来所建最为不朽的宏伟建筑了。从那时起至今，它就一直是权力的象征。公元前第 2 个千年后期埃及人放弃了努比亚。埃及人付出了那么多的努力，投入了那么多的感情，然而最后却要撤退，削减开支的需要一定十分迫切。[34] 当时，移民和侵略者的入侵撼动了整个地中海东部，历史学家

第一章 分散
采集文化到大帝国时代：最初的探路者

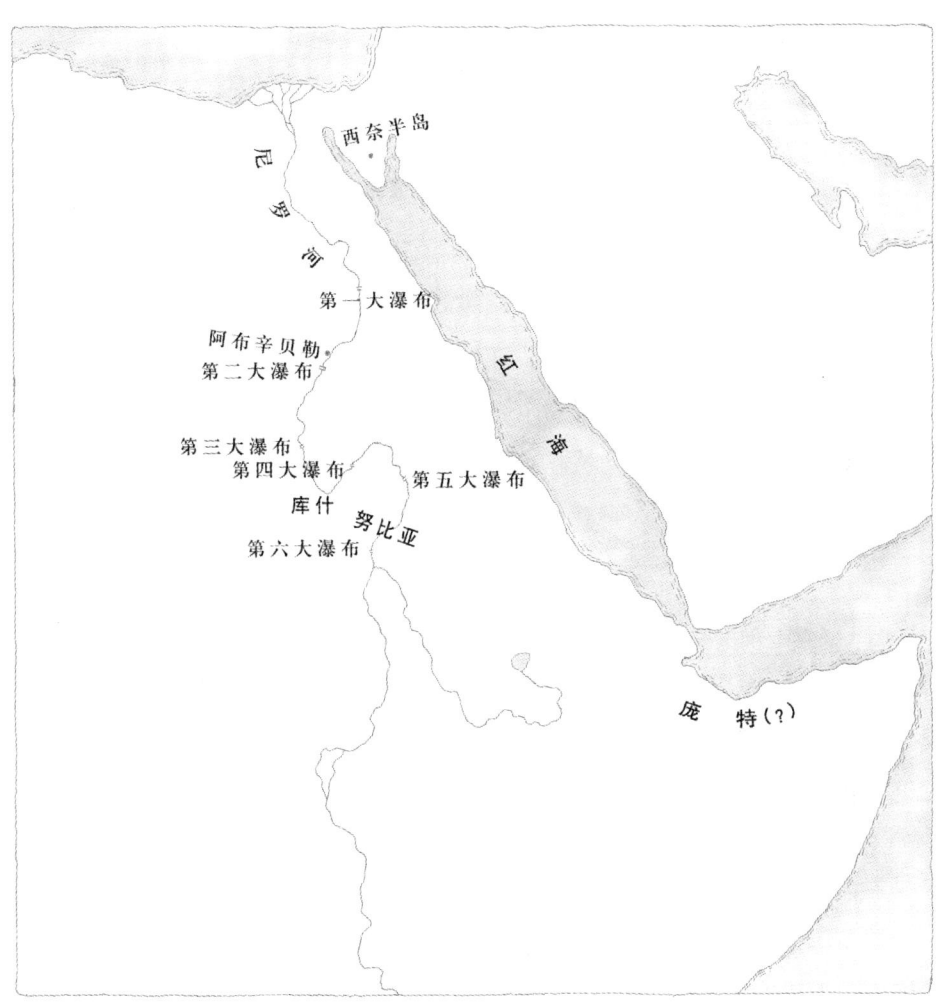

埃及人的南向探险

称之为"青铜时代的危机"。

　　埃及也在这一时期参与了红海沿岸新商路的开辟。大约在公元前第 2 个千年中期，令人敬畏的女法老哈特舍普苏特的陵庙里某面墙上的画对此做了生动的描绘。画面占据了大半面墙，画上描绘了一次海上探险，埃及人要去他们知道的最远的大陆，那里盛产香料、象牙、黑豹、猴子、海龟、长颈鹿、黄金和乌木以及锑。我们并不知道庞特在哪里，但按画家的描绘，那里应该是在非洲，有着热带和亚热带气候，而索马里是最佳备选。哈特舍普苏特计划为阿蒙·拉①神修建一座香料之园，而这次远航的目的就是购买树木。此外，另一个私下的目的也可想而知：她希望在一个认为女法老完全不合常规的国度使自己的统治合法化；希望能像一个真正的法老那样，让人们认为她是因阿蒙·拉神的天佑之爱而被孕育，是"在如潮的、和庞特那里一般无二的圣香中"穿越母亲的身体来到这个世界的。

这条航线沿着红海向下，路途遥远。因为恶劣的航海条件，所有和红海相关的航程都遥远而危险。埃及派出了 5 艘大船，因为相比较而言，香料树的体积小，却是高价值产品，而埃及人只能用其发达农业所产的各式各样的粮食作物作为交换。据埃及记载，庞特拥有"所有的奇珍异宝"，为此，埃及要回报以"所有的好东西"。庞特的黄金用牛形的砝码称量，而活的香料树被移植到盆中用船运回埃及。埃及人则用"面包、啤酒、葡萄酒、肉类、水果"付账。

除非是埃及的文献有所夸大——这个很有可能——庞特人会为探险者的到来而感到惊奇。"你们是如何来到这块埃及人所不知道的土地的呢？"他们吃惊地举着双手问，"你们是从天上来的吗？"他们不敢置信，"还是来自海上？"35 哥伦布说他第一次穿越大西洋结束时向他问候的岛民的语言和手势都差不多一样。可事实上，说当地人认为探险者乃上天所派不过是文学创作中惯用的手法，虽流传甚广，但很少有人相信。

在探索红海和尼罗河上游的同时，埃及人在东地中海也开拓了许多新的路线，这些路线把克里特岛与至少是地中海东部沿岸诸国和岛屿的大陆城市联系起来了。在埃及海上探索所及地域之外，地中海诸岛的海上文化已经存在了几千年，但是我们已经不可能准确知道地中海诸岛海上探险所到的范围。在公元前的第 4 个千年，马耳他拥有世界上最古老的石制庙宇建筑群；又过了 1000 年，其他的地中海西部岛屿才有精英阶层建成了巨

---

① 阿蒙·拉，埃及的主神，新王国时期的法老王都自称阿蒙之子。——译注

大墓室。在公元前第3个千年后期，基克拉泽斯群岛的宫苑为后世留下了奢华的物质文明：优雅的竖琴师雕像、镶满珠宝的镜子以及浴室。公元前第2个千年的克里特岛上点缀着商业城市和皇室仓库：在现存许多壁画描绘的一些新奇事物中，还都可以看出它与埃及间的生意往来。之后不久，希腊南部的城市成长起来，它们和波罗的海之间的琥珀贸易一直十分活跃，可以推测在它们之间还有一系列的中间商。它们的建筑物，有一些和欧洲西北部的英国和布列塔尼的坟墓颇为类似。似乎不太可能有探险者在公元前2000年就能穿越整个欧洲从希腊到英国，或是到斯堪的纳维亚地区，但商人们的确织就了跨越整个大陆的交通线。

◆从地中海到大西洋◆

公元前的第2个千年后期，欧亚大陆各大文明均发生了动荡，或是惨遭灭绝，或是为人取代，再或者发生变革。克里特岛、希腊南部以及安纳托利亚岛的文明崩溃瓦解。东地中海地区进入了"黑暗时代"，一直到公元前8世纪之后才再次出现文字记录。印度河流域诸城化为尘土，直到下一个千年，文明中心才再次出现，却已转至恒河流域和现在的斯里兰卡，远离了原来的文明中心。而在中国，一个外来的王朝从黄河文化区的边缘入侵，中国在公元前7世纪前已经四分五裂，进入到历史学家所称的"战国"时代。同一时期的埃及也险些未能逃过此劫，入侵者与新来的移民同样于公元前13世纪毁掉了黎凡特地区的城市。

然而，在埃及，有一本可确认为写于公元前1075年的游记，这位了不起的旅行家描述了对废墟上建起的新大陆的感觉。他说，埃及使臣温纳蒙在穿过"伟大的叙利亚海"前往位于现在黎巴嫩沿海的比布洛斯城邦时说，"星光是唯一的指引"。他出行的任务就是为埃及舰队取得海岸边森林覆盖的山脉上的木材。

温纳蒙一到就租下房子并为法老王的保护神阿蒙建立了圣坛。一开始，察卡巴尔王声称要把森林留作己用，根本不见温纳蒙。直到数周之后，一个漆黑的夜晚，他突然召见温纳蒙。这不过是谈判的策略，但温纳蒙却把国王心意的突然转变看作是先知的预言应验了。

温纳蒙说："国王踞坐于奢华的接待室中。当他转身背对窗户时，伟大的叙利亚海的波涛在他身后汹涌澎湃。"大使一字一句地记录了他们的对话。毫无疑问，这些文字听起来很是矫饰，但却很能说明双方的态度，显示了双方的姿态。

温纳蒙开始说："我为建造众神之王阿蒙宏伟威严的大船而来，希望可与贵方订立木材契约。"他提到察卡巴尔的父亲和祖父也曾向埃及提供过木材。可察卡巴尔讨厌其中暗含木材用作贡品的意思。

他回答说："他们是在做买卖。你什么时候付我钱，我什么时候给你货。"他们在价格上争执不下，双方互相鄙视，察卡巴尔说："只要我向黎巴嫩一呼，天为之开。"然后木材就被送到了海上。"

温纳蒙反驳说："错，所有的船都属于主神阿蒙，海也一样，你说的'我的'黎巴嫩，也是他的。只有服从他，你才能拥有生命和健康。"

这样的巧辩让人印象深刻，然而事实上，埃及人还是不得不向察卡巴尔付了钱：4罐金子、5罐银子、数量不明的亚麻布、500张牛皮、500根绳子、20袋扁豆和20筐鱼。"国王很高兴，给了300个壮丁，300头公牛。他们用了整个冬天砍伐够了所需的木材，然后装船出海。"[36]

这些文献引人入胜，不仅仅是因为它们真实的对话语言之生动、情节冲突之激烈超过一般小说，更在于它对黎凡特，也就是后来的腓尼基沿岸城市之重建，与古贸易路线之存在与复苏的生动描绘。自8世纪起，比布洛斯城和其他的城市在希腊成长起来，滋养了一大批英雄的探险者。他们也别无选择：黎凡特地区的城市腹地有限，居民唯有从商才能积累财富。而且，正如一位诗人抱怨的那样："希腊和贫穷，如同姊妹。"[37]大多数希腊城市都依靠手工业，主要是橄榄油和制陶业以换取财富，他们需要寻找适合的市场。这些地区受当地经济状况的限制,城市难以负荷越来越多的富余人口,从而大量人口移民海外。

公元前第 1 个千年的头半个世纪,西班牙西南部的腓尼基商人十分活跃,按照希腊的传统说法,这个千年开始之前,他们在加的尔,也就是现在的加的斯的殖民地就建立了,可事实上,真正的建立时间却很可能是在公元前 9 世纪以后。[38] 希腊在西班牙东海岸的殖民地在公元前 7 世纪建立起来,接踵而来的东方人发现它是一个重银文明中现成的市场。希罗多德在不同的地方对在安达卢西亚南部发现塔特索斯有不同的描写版本:

从萨摩斯驶来的船计划开往埃及,船长是考里奥斯,可是……东风吹动航船,驶过赫拉克勒斯之柱,听从神的旨意来到塔特索斯。那时这个市场还没得到开发,所以,回到祖国的萨摩斯人总是比我们知道的任何其他希腊人赚得更多,但埃伊纳岛的索斯特拉图斯是例外,没人可以和他相比。

而在其他版本中,希罗多德对当时历史情况和环境细节的描写则更为细致丰富:

福西亚人是最早进行远航的希腊人,正是他们驾驶 50 支桨的航船,而不是圆形船体的货船发现了亚得里亚海、第勒尼安海、伊比利亚半岛和塔特索斯。到达塔特索斯后,他们和塔特西人的国王成了朋友。这位国王名叫阿甘东尼奥,在位 80 年,活了 120 岁。福西亚人赢得了国王的友谊,国王非常喜欢他们,于是先是劝说福西亚人离开爱奥尼亚来自己的国家生活,当劝说不成,又听他们说波斯人势力日增时,毫不吝惜地出钱让福西亚人修筑环城城墙。[39]

换句话说,公元前 6 世纪中期时福西亚和塔特索斯的友好关系就建立起来了——大概就是希腊在加泰罗尼亚建立第一块殖民地之后约一代人的时间。环城城墙在公元前 546 年抵挡波斯居鲁士大帝入侵时显示了神奇的力量,也许正是因为这样,塔特索斯国王掏钱帮助修建城墙的事传播开来。这位国王急于吸引希腊殖民地纳入自己的疆域,这表明他也许是想挑起腓尼基的独裁者们自相争斗,也可能是为了防御来自腓尼基人或是内陆的威胁,还有可能是塔特索斯希望得到更多的航船或是企业家,从不断扩大的商圈中获利。

塔特索斯面对大西洋，是通往远方市场、获取财富的驿站。腓尼基和希腊的探险先驱从赫拉克勒斯之柱起航，一路北行，到达盛产金属的不列颠群岛。他们的殖民地成为一个新经济体的中途补给站——它帮助货物、人以及思想跨越或是绕过了将地中海和大西洋欧洲截然分开的分水岭。公元前4世纪，位于现在马赛的希腊殖民地对通往设得兰群岛和易北河的航线也有一些貌似真实的记载。印度洋的部分地方也已经在远途贸易的航线之内。

就在该世纪的晚些时候，一位名叫皮西亚斯的旅行家从马赛出发，展开一次后来被证实确有其事的旅程。他显然不是个商人，而是个无私的科学调查者，表面上他的目的是探索北欧市场。皮西亚斯很可能并没有环绕伊比利亚半岛航行，而是直接从他的家乡先走陆路，然后沿奥德河上行，沿加伦河和吉伦特河下行前往大西洋。虽然他的见闻录只残存后人抄写的片段，但他所报道的发现还是不难证实。他发现了布列塔尼，这是大陆的一个突出部分，许多岬角伸入大西洋；他参观了盛产金属锡、现在称作康沃尔的地区；他报告了斯堪的纳维亚地区的琥珀贸易（虽然不一定是第一手资料）；他报告说不列颠由无数个小岛环绕，提到了奥克尼群岛、赫布里底群岛、安格尔西岛、马恩岛及怀特岛的诸多岛屿以及设得兰群岛和锡利群岛等岛群。由此看，他的航程似乎是在不列颠岛和爱尔兰之间一路向北，寻找最北可以到达的地方。皮西亚斯说不列颠大致呈三角形，还曾计划计算它的面积。他还惊叹于当地的潮汐现象。一路上，皮西亚斯用日晷仪进行观测，以确定自己所在的纬度，还指出了北极星及卫星之间的关系。

那么，皮西亚斯究竟走了多远呢？他把自己所到最北之处叫作"图勒"（极北之地）。最接近于他自己论述的证据被引用在公元1世纪中叶的文字中：他说，他在《在海上》一书中所记下的一个观察到的情况，"野蛮人告诉过我们几个太阳的落脚之处。当太阳在那些地方落下的时候，夜晚就会非常短，有些地方是两个小时，有些地方是三个小时。所以太阳刚刚落下去就又升起来了。"从皮亚西斯记录当地情况的这些细节来看，他至少向北前进到了已有极昼现象之地了。[40]

穿过直布罗陀海峡，可以向北，也可以向南进入非洲大西洋，从事黄金贸易。希罗多德曾介绍说，在撒哈拉沙漠的沿海地区，这种贸易是一种"无声交易"：商人把货物放在岸边，离开，再回去取当地人所付的黄金。

希罗多德记载了公元前6至前7世纪之交，受一位埃及法老委托，从红海到印度洋①的一次腓尼基之行：

> 到了秋天，他们随意来到一片海边，在一块土地上播下谷物的种子，然后等在那里直到收获。待收割完毕，他们又会扬帆出海。这样，整整两年就已经过去，到第三个年头，他们已经两次经过赫拉克勒斯之柱圆满归家。他们说，在回程中绕过利比亚的时候，太阳在他们的右边。我是不相信这话的，但有人相信。这样，人们首次发现了利比亚的范围。[41]

大约在公元前5世纪末期，一位迦太基冒险家以铭文记录了一次非洲沿海之行。虽然留存下来的记录只是一份多次传抄、错乱不少的版本，但还是勾勒出了这次貌似可信的航行的大致轮廓。汉诺沿途建立了一系列商业殖民点，随后他先是到了一个大象之国，接着是鳄鱼和河马之国。他看到火山熔岩流入大海，猎获了几头"长满了粗毛，翻译称之为大猩猩"的野兽。如果这些细节可靠的话，这位探险者一定是到了塞拉利昂并且可能看到了喀麦隆山。

大概就在同一时期，古代的地理学家和诗人从零碎的航海日志中，发现了另一位迦太基航海家：希米尔科。他们盛赞这位深入大西洋的探险家。资料里有许多奇特的、令人匪夷所思的东西——怪兽、海中央的浅滩，其中大团大团海藻以及无风海域的描写让人想到了马尾藻海和赤道无风带。希米尔科的故事也许是虚构的，但是迦太基人对大西洋中部的知识

---

① 根据上下文，疑为"从地中海到大西洋"。——译注

却似乎是建立在实实在在的实践基础之上的。⁴²

探险不断增进人们对宇宙的了解。希腊地理学家逐渐构建了一幅世界的图画。大约在公元前500年，我们所知的希腊最早的世界地图出现在米利都，但它只是外交工具，意在劝说希腊对抗波斯。地图上，广阔的欧洲统治着世界，它高高耸立，下方是小小的亚洲和非洲。希罗多德曾轻蔑地说"那些世界地图毫无根据"，由此我们可以推测那时大量出现的地图多半是些臆测。但无论是从策略上考虑还是出于科学原因，绘制世界地图已成大势所趋。公元前4世纪，亚历山大大帝梦想征服世界，他必须把世界视作一个整体。于是，著名的大学者们开始探寻和皮西亚斯一样的旅行者们曾经的航向和记录。埃及和美索不达米亚的地理学和地图绘制工作——虽然现在已不可考——为专家们的工作提供了大量帮助。现存的一张公元前第1个千年中期刻在石头上的巴比伦地图显示了这种可能：它描绘了幼发拉底河，标出了巴比伦、亚述以及亚美尼亚。大约公元前200年，亚历山大的图书馆馆长埃拉托色尼利用设定位于同一子午线上不同的点，通过日晷针投下的阴影来计算地球表面各纬度间的距离长度，从而精确估算出地球的圆周，其准确度令人惊叹。埃拉托色尼还基本正确地估算出，当时已知世界只占地球表面的1/3。在公元前2世纪，托勒密建议用经纬度格线的方法来绘制世界地图。但这个提议在当时来说还为时过早，因为经度的测量还不十分准确，但他的提议却激发了后人不懈地努力。⁴³

人类的不懈思考不断填充知识领域的空白。希罗多德认为中亚如同一个"幻想世界"，旅行者只有魂魄能从那里回来；斯特雷波致力于重建公元前1世纪荷马时期的世界，他嘲笑地理学家同僚，因为他们认为大西洋远处依然有一系列未知世界有待发现，他断言，"没有这个必要，地理学家只需考虑他居住的地方"。⁴⁴事实上，希腊地理学家则对撒哈拉沙漠之外的世界，尤其是尼罗河起源于什么地方极为着迷；托勒密认为印度洋也许是内陆海；奥古斯都的大臣米西奈斯，总是在忧虑中国在做些什么，至少在他的受保护人、诗人贺瑞斯有几分讨好色彩的想象中总是如此。⁴⁵

◆ 丝绸之路 ◆

米西奈斯不可能真的那么关心中国在做什么，但这一时期，跨欧亚大陆的商业路线的确发展很快。中国和古罗马虽然还没有直接接触，但是至少，他们彼此开始有所了解。在欧亚大陆的贸易中，双方财力不均日益明显，其后2000年的历史也由此成形。公元1世纪，古罗马地理学家普林尼就曾担心罗马特产的品种远远无法满足贸易需要。横跨欧亚大陆经陆路而来的丝绸，来自阿拉伯半岛和印度洋的调味品及香料在全球受到欢迎，可欧洲人却没有相对应的产品进行交换，唯一的付款方式就是现金。我们现在把这种情况称之为贸易逆差。解决这一问题，最终改变并扭转这样的局面，成为西方，以至很长一段时间里整个世界历史上的中心问题。

就世界历史而言，海上航线要比陆路交通更加重要，因为在货物较多时，海运承载量更大，速度更快，也更节约成本。然而，在欧亚开始接触的早期，大多数远程贸易运送的货物都不是太多，种类多为价值高、体积小的货品，远程贸易依靠的是"商场交易"模式，即贸易不是直接跨越整个大洋或是大陆，而是经由一系列的市场和中间人中间转手。但在"轴心时代"的文化交流史中，欧亚大陆间陆路交通和海上航线的重要性至少是不分伯仲的。

在普林尼生活的时代，欧亚贸易已经算历史悠久了。大约在公元前第1个千年中期，欧洲的雅典、布达佩斯开始零零星星地出现了中国丝绸，德国南部和莱茵河流域的一些葬礼上也出现了丝绸。到这个千年末期，已经可以大致看出中国产品的传播路线：从里海南部开始，到黑海北部，进入位于欧亚干草原西南部富产黄金的一些王国。与此同时，亚历山大的军队从希腊出发，经波斯御道，穿过现在的土耳其和伊朗，征服了埃及和美索不达米亚，然后到达波斯湾，亚历山大继续东征，最远到达帕米尔山脉，并越过了印度河。欧亚贸易的商人们选取的可能也是这条路线。

有关这一贸易路线的推测，出使大夏的中国使节张骞留下的记录文

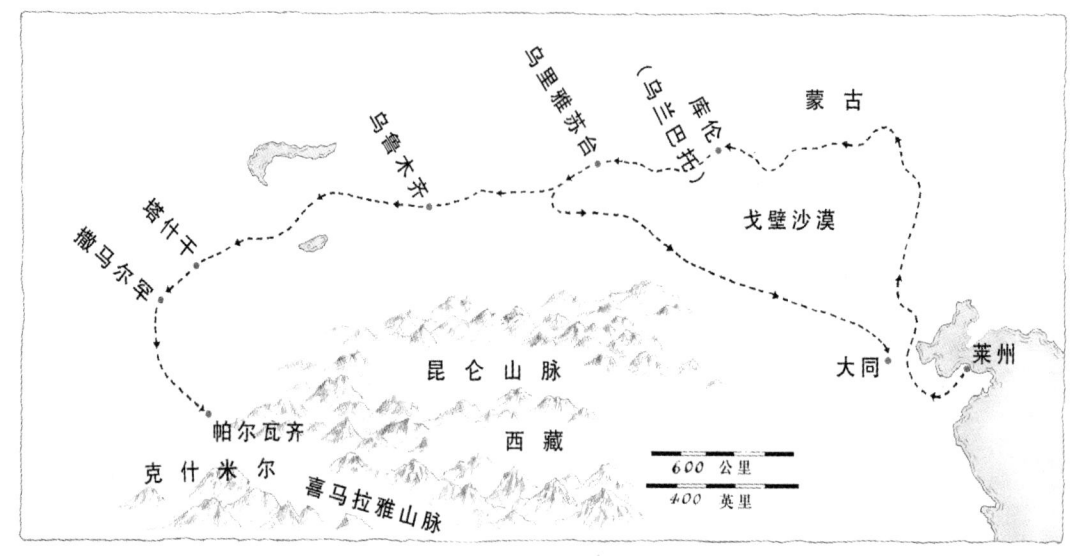

张骞出使西域路线图

字成为最早的书面证明。大夏是希腊统治下的一个王国,建于亚历山大到来之后的中亚。公元前139年张骞出使到这里,希望和他们建立联盟共同抗击侵犯中国北部边境的草原帝国,也希望为中国军队从中亚深处购买到最好的种马。他的这次出使是历史上一次最伟大的冒险之一。他在路上被俘,被匈奴质押了10年。之后,他试图逃跑,他带着使命穿过帕米尔山脉,跨过乌浒河,可是,一路上他没找到任何可能的盟友。他回转头经过西藏想返回汉朝,途中再次被抓。之后,他再次逃跑,终于,在整整消失了12年后,他和匈奴妻子一起回到了祖国。从贸易角度来看,张骞的报告极有价值。他发现,在帕米尔高原以西也有城市,有房屋,也有中国那样的华宅;在大宛有汗血宝马,它们有天马的血统。在大夏,他看到了中国的布料,他问布料来自哪里,人们说是他们的商人购于印度,而印度在中国东南几百里之外。从张骞出使起,各种各样的奇异东西开始从四面八方来到中国。[46]

公元前111年,一支中国戍军在大汉帝国西部边境之外沙漠和高山的边缘设置了敦煌哨站。敦煌的意思是"闪耀的灯塔"①，就在这里，在一个旅行者躲避风雨的山洞内刻着一首诗，上面说：这里是"亚洲的咽喉"，"通往西方海洋之路"，犹如动脉汇合的颈部。这指的就是我们现在所说的"丝绸之路"。它绕行塔克拉玛干沙漠，连绵高山耸立在沙漠南北。这是一条恐怖之路，按中国拟人化的说法，残忍的风魔化身为鼓手，在路上游荡着发出尖厉嘶叫。这条路实在太难走，甚至强盗都不来这里；而山脉则形成一道天然防线，把掠夺成性的游牧部落挡在山的另一边。要花30天才能通过塔克拉玛干沙漠，周围山脉的水汇聚到沙漠边缘。再向西，就是中亚的市场，或是翻过世界上最险峻山脉去往印度。

在建立敦煌几年后，一支号称有6万人的军队来到这条路上，保卫最西部的高山关隘，同时强迫大宛出售汗血宝马。在一个山洞里的壁画上，我们能看到汉武帝刘彻跪在中国军队夺来的"金人"面前（画上的那些金人是佛陀，也许是出于画家的想象）。[47]在公元前102年，中国挥兵大宛，切断水源迫使大宛投降，得到了3万匹贡马。同时，中国的商队也到达了波斯，中国的货物在地中海地区的黎凡特开始普及。

公元79年，中国派甘英出使罗马，但才到黑海边，他就不得不回转，因为罗马在当地的敌手警告他："如果使臣不打算见到家人和故乡，您就上船去吧！"他们不希望两方结盟。但甘英还是尽可能收集资料，给家乡送去关于罗马的有利报告，他说："其人民皆长大平正，有类中国……与安息、天竺交市于海中。"[48]这就是古罗马和中国两大帝国间关系最密切的直接往来，仅此而已。

◆ 探索季风带 ◆

甘英的判断是正确的，罗马人和印度商人间的贸易正是通过海路进行

---

①对于"敦煌"一词的意思，学者们给出了很多说法，其中"敦，大也，煌，盛也"被更多人采纳。——译注

的。亚历山大的战事把希腊人引到了阿拉伯的商业中心，进而去到印度，在那之前，印度是波斯商人的天下。公元前6世纪末期，波斯的统治者是热衷探险的大流士一世，他命令重新勘察从苏伊士到印度河的海域。红海暗礁密布，水流危险，航行之艰难名声在外，但这次探险拓展了航海范围。这次探险的成果之一是在波斯湾岛屿上建立了犯人的流放地。而从苏伊士到尼罗河的运河的开凿则表明这两地早有往来，运河的开通也进一步推动了这里交通运输的发展。

在公元前323年亚历山大大帝逝世之前，他几次派出的海上远征军给希腊人提供了从红海到印度洋航线的第一手资料。同时，远征军也重新考察了从波斯湾到印度河口的线路。在这之后，希腊人开始针对厄立特里亚海（也就是现在的阿拉伯海）海滨，以及红海和波斯湾编制自己的航海指南、地图以及信息资料。大概在公元前2世纪中期，生活在今土耳其南部希腊殖民地克尼多斯的阿加塔尔西提斯收集了有关红海探察的资料：文献残留下来的片段记录了从希腊的埃及殖民地出发，搜寻大象和香料贸易机会，或是追求陆军和海军战绩的远征。普林尼认为自己知道从亚丁到印度的航程有多远。《厄立特里亚海航行记》列举了印度西部和几乎整个东非海岸的港口，该书可能写于公元1世纪中期，它成了印度洋商人的希腊语航海指南。[49]

事实上，阿拉伯半岛是远程商贸的一个支点，连接着地中海和印度洋的海上世界。用于熏香和化妆品的香料在这里交易，尤其是乳香、没药和一种低级肉桂的阿拉伯肉桂替代品。阿拉伯半岛沿岸是远程贸易的重要港口。比如，商人们会在位于今朱拜勒附近的格尔拉卸下来自印度的货物；会在附近的萨季把进口商品入库，因为萨季周围有超过1.5英里长、15英尺厚的石墙，存储货物安全可靠。而在阿拉伯半岛南部的马因，有一位商人在公元前3世纪一直为埃及神庙提供焚香。我们知道这些情况是因为他最终在埃及逝世，而他的石棺上刻着他的故事。

在耶稣降生前后的两个世纪，阿曼的贸易之城在罗马和印度的作家笔下声名日隆。比如也门，盛产各种香料，相当富庶，以至传说那里的人"以肉桂为柴"。公元 2 世纪有位作者在文章中提到阿拉伯的大商人时说："没有比赛伯伊人和哥尔赫恩斯人更富裕的部族了，他们的生意无所不包，亚、欧所有往来货物都在他们的经营范围之内。也正是他们，让叙利亚富产黄金，为地中海东部的黎凡特地区的人们提供了赚钱的买卖和其他成千上万的东西。"阿拉伯半岛的地理位置和它繁忙的港口城市让我们可以理解，为什么亚历山大这位想要征服世界的大帝会在临终的时候说，阿拉伯是他最后要征服的土地。[50]

阿拉伯海域航线的发展把世界更广泛地联系在一起：几乎所有的亚洲海岸彼此间都能连通，同时航线更是扩展到东非沿岸多数地方。这一时期印度地理学家绘制的世界地图为我们了解其中的探险提供了线索。我们必须说，这些地图像是闭门造车之作。在后吠陀文化时期著名的是"四大洲世界"图，世界以喜马拉雅山为中心，梅鲁峰（或称须弥峰）是山地的核心，四块岛屿状大陆向四方辐射，之外是岩石围成的七个同心圆。向南，最大的大陆是瞻部洲，印度大部分坐落其上；向东，是胜神洲，很可能想包括尼泊尔和比哈尔北部的部分地区；北边，是俱卢洲，似乎对应的是中亚；第四块大陆是牛贺洲①，一直向西延伸。从公元前 2 世纪，人们对世界的看法渐渐发生了变化，开始认为世界是由七块大陆组成，每块大陆围绕着不同的海洋，分别是：盐水、甘蔗汁、酒、酥油、凝乳、牛奶和水，显然，这种看法更加脱离现实，这基本上是佛家的地理观。而耆那教徒作家的说法更加奇幻，声称宇宙是一些没有顶的金字塔。

但我们不能因为这些正式的、用于宗教活动的宇宙志就认为那个时代的印度人对世界一无所知。这样的推论就像是说伦敦人认为地铁地图能精确呈现地铁线路一样。这些地图上充满着喻象，在它们里面，我们还是能看到探险者的实际所见。喜马拉雅山是中心，整个世界在它的周围延展：

---

①原著英文为"Ketumala"。据上下文分析，此处应为"牛贺洲"。——译注

印度尼西亚爪哇，婆罗浮屠神庙的浮雕墙上刻画的《本生经》中船的形象

三角花瓣形的印度，如水滴从印度垂落状的斯里兰卡。而对于海洋，有些纯粹是想象出来的，有些鲜为人知，但其他的则是真实的航线，连接着人们经常往返的目的地和商业中心。例如，牛奶之海，大概所指的就是我们今天的阿拉伯海，牛奶包围的萨卡洲是波斯拜火教地区，他们崇拜太阳，做礼拜迎接黎明的到来。而黄油之海中的库萨洲则令人想起今天的埃塞俄比亚。

　　印度人在那些海域有丰富的直接经验。相关的航海故事从公元前第 1 个千年晚期，或者是公元 2、3 世纪就开始出现在《本生经》里，讲述着佛陀的故事，启迪、引导人们。书中说用"星象知识"指引航行是神圣的礼物。佛自己就是靠着星象知识导航的，(他)"了解发光天体的运行"，熟悉船只的各个部位，以及一名航海者必须观察到的所有迹象，包括"鱼、水体的颜色以及海床、海鸟和岩石的零星资料"。所以，"正是因为他熟悉带船出海和引船归家的技巧，他才能从事引导商人经海路去往他们目的地的职业"。佛在斯里兰卡从食人女妖手中救下船员；他临时为虔诚的探险者

第一章 分散
采集文化到大帝国时代：最初的探路者

准备了不沉之船。来自贝拿勒斯的一位商人按一位圣人的建议，赊账买下了一艘船，并通过卖货赚取了20万金币。保护神玛尼梅格卡拉救下遇到海难的人，这些人将经商和朝圣结合在一起，"或是被赋予了美德，或是敬爱他们的父母"。[51] 这都是些传说，但是流传至今的这些故事中有那么多实际的细节，以致唯有有过切实的航行作为背景才讲得通。也有来自波斯的相似传说：英雄詹姆希德既是国王，又是造船者，他"极快地从一个地区穿越到另一个地区"。

印度洋上之所以出现远洋航行，以及海上冒险传统的原因在于季风的规律性。在赤道以北，每年冬天盛行东北风，当冬天结束的时候，风向就会反转。一年其余的大部分时间，随着气流渐渐变暖，风开始稳定地从南方和西方，轻拂过亚洲大陆，在大陆上升起暖气流。航海家们每年根据风向的定期变化安排航程，信心满满地随轻风出行，然后再随它安然归来。

人们确实不太能接受把海上探险史多半归结到风的因素，这是事实。我在编辑《泰晤士世界探险地图集》的时候，吃惊地发现大部分有心的探路者都宁愿违背这些因素，偏爱逆风航行——事实上他们避开顺风航行——这大概是因为找到新地方的诱惑固然不小，能顺风返程回家的吸引力至少是同等重要的。腓尼基人和希腊人就是这样闯入地中海，和那里的人贸易，在那里建立殖民地的，因为那时刮的是西风。同样的原因，这一时期南太平洋诸岛的航海家总是出现在东南风盛行的地方，他们发现了太平洋上的岛屿，并在那里开拓殖民地。

印度洋的季风系统帮助航海家们摆脱了这样的束缚。人们必须尝试去想象一下：海风或是迎面吹来，或是背后轻拂，年复一年，相互交替，这会是怎样的情况。渐渐地，有意航海者发现海风的变化规律使冒险成为可能：他们了解了海风会有变化，知道虽然出海会有风险，但明白并非出航便不能返家。但印度洋还是充满了不可预知的风险。常有风暴侵袭，尤其是在阿拉伯海、孟加拉湾以及赤道以南10度左右海面上常年的恶劣天气。辛巴达的故事中充斥着海难，但是规律性地往家乡方向吹的季风还是让这片海域成了最适合远程航海的地方。相比之下，就我们所知，古时的航海技术不可能战胜太平洋和大西洋固定的风向，因此那个时候也就从没有跨越太平洋或是大西洋的往返航行。

即便是和其他适合出航的海域相比，季风的规律性也有着不可比拟的优势。虽然没有这一时期航海里程的可靠原始记录，但是我们根据后来的统计资料，也可以判断出从东到西，逆风跨过地中海需要 50—70 天。而有了季风，穿过印度洋和波斯湾，或红海附近的整个厄立特里亚海，无论从哪个方面走，都只需 3—4 周的时间。

在欧亚大陆主要的文明古国里，学者们为了记录已知的世界，越来越重视地图，但是新的航线却很少会被绘制在地图上。不同的文化中，地图都用于别的目的：希腊是用于外交，印度用于宗教，中国则是用于战争和治国。《管子》一书，是中国公元前 3 世纪的有关统帅之才的专著，其中把熟练运用地图作为将帅必须掌握的重要技能之一，说"凡兵主者必先审知地图。轘辕之险，滥车之水，名山、通谷、经川、陵陆、丘阜之所在，苴草、林木、蒲苇之所茂，道里之远近，城郭大小，名邑、废邑、困殖之地，必尽知之"，以及所有之中最重要的一个：军队所要穿过地方的"地形之出入"。[52] 在中国甘肃天水，一座也许是公元前 239 年的士兵的坟墓里，人们发现了这一地区的军事地图，上面很明显地标明了军队驻地和河流之间的交通线。中国同一时期的行政地图也零星保存到了现在，许多文本都表明地图在中国的官方档案中有很重要的地位，但是，对于整个世界的样子，早期中国的地图绘制者似乎并不是太关心，只是在有关宇宙图中有所体现。在那时中国人的眼中，大地通常是一个矩形，位于圆形或是蛋形的宇宙中间。汉代没有整个世界的地图流传下来。文明遥遥相望，市场万里之隔，它们之间道路的发现似乎只是商人和海员的实用技艺，与负责地图绘制的学者、神职人员和官员似乎都没有关系，也没得到他们应有的重视。商人们似乎也只是把路线记在自己的脑子里，而大多数的海员也只是把它们记在航海日志中。

◆ 趋同的范围 ◆

从公元前第 1 个千年的后半期开始，世界因为三条主要路线越变越小：陆路贸易线建立了横跨欧亚的沟通；海上航线把地中海地区和欧洲大西洋沿岸连接在了一起；季风推动的海上交通把亚洲和东非的大部分地区也连接在一起。除此以外，在地中海沿海地区和新兴的西非文明之间，跨越撒哈拉沙漠的定期交流也隐隐出现——这将是我们下章主要讲述的故事。到此为止，全球历史的基础也基本奠定。思想与技术的跨欧亚交流已没有什么障碍，并对沿途文化的形成发展产生了影响。但是他们之间的联系依然稀少且脆弱，而且世界上的大部分地区——美洲、太平洋、澳洲和非洲大部以及亚洲北部都还在这一交流体系之外。这本书的其他部分将会讲述探路者们如何进一步加强彼此间已有的联系，并不断填补空白。

本章文献索引

1. When this book was already in the press, David Northrup proposed a new way of periodizing global history, according to a similar scheme, but with a different chronology ('Globalisation and the Great Convergence,' *Journal of World History*, 16 (2005), 249–67).
2. J. Goodall, *The Chimpanzees of Gombe: Patterns of Behavior* (Cambridge, Mass., 1986); F. de Waal, *Chimpanzee Politics: Power and Sex among Apes* (Baltimore, 1998), 19, 153, 210–13. For a summary of differences between chimpanzee and human culture, see M. Tomasello, 'The Question of Chimpanzee Culture', in R. Wrangham *et al.* (eds.), *Chimpanzee Cultures* (Chicago, 1994), 301–17.
3. F. de Waal, *The Ape and the Sushi-Master* (New York, 2001), 199–212.
4. B. Sykes, *The Seven Daughters of Eve* (New York, 2001), 49–62, 196–286. On the

problems of dating, see L. M. Vigilant *et al.*, 'African Populations and the Evolution of Human Mitochondrial DNA,' *Science*, 258 (1991), 1503–7.

5. R. P. Clark, *The Global Imperative: An Interpretative History of the Spread of Humankind* (Boulder, Colo., 1997), 24–8.
6. B. Fagan, *The Journey from Eden: The Peopling of Our World* (London, 1990), 104–38; L. and F. Cavalli-Sforza, *The Great Human Diasporas: The History of Diversity and Evolution* (Reading, Mass., 1995), 120–3.
7. C. Gamble, *Timewalkers: The Prehistory of Global Colonization* (Cambridge, Mass., 1994), 110.
8. These variables are the subjects of useful maps in L. Cavalli–Sforza, P. Menotti, and A. Piazza, *The History and Geography of Human Genes* (Princeton, 1994). See L. and F. Cavalli–Sforza, *The Great Human Diasporas*, for a conspectus.
9. See below, pp. 210–12.
10. E. Morgan, *The Aquatic Ape Hypothesis* (London, 1997).
11. S. Oppenheimer, *The Real Eve: Modern Man's Journey out of Africa* (New York, 2003), 220–41; fig. 5. 5, p. 221; fig. 5. 7, p. 233; fig.5.9, p.241.
12. Ibid., fig. 3.1, pp. 130–8.
13. T. Taylor, *The Prehistory of Sex* (New York, 1997).
14. A. H. Brodrick, *The Abbé Breuil, Prehistorian* (London, 1963), 11. Cf. S. R. James, 'Hominid Use of Fire in the Middle and Lower Pleistocene,' *Current Anthropology*, 30(1989), 1–26, who points out that the evidence is inconclusive.
15. R. Wrangham, 'The Raw and the Stolen,' *Current Anthropology*, 40(1999), 567–94.
16. J. Goudsblom, *Fire and Civilisation* (Harmondsworth, 1994), 21–5.
17. K. Lorenz, *On Aggression* (New York, 1996); R. Ardrey, *The Territorial Imperative* (New York, 1997).
18. M. Mead, 'War Is an Invention, Not a Biological Necessity,' *Asia*, 40 (1940), 402–5.
19. L. H. Keeley, *War before Civilization* (New York, 1996), 37.
20. R. Wrangham and D. Peterson, *Demonic Males: Apes and the Origins of Human Violence* (London, 1997), 83–199.
21. B. de Vries and J. Goudsblom (eds.), *Mappae Mundi* (Amsterdam, 2002), 57.
22. J. Adovasio, *The First Americans* (New York, 2002), 146–88.
23. T. Dillehay, *Monte Verde: A Late Pleistocene Settlement in Chile, 2* vols. (Washington, DC, 1997, 2002), ii. 1–24.
24. M. W. Helms, *Ulysses' Sail* (Princeton, 1988); *Craft and the Kingly Ideal* (Austin, Tex., 1993).
25. J. Mellaart, *Çatal Hüyük: A Neolithic Town in Anatolia* (New York, 1967), 131–78.
26. J. Haas *et al.* (eds.), *The Origins and Development of the Andean State* (Cambridge, 1987), 44–5.
27. D. R. Harris (ed.), *The Origins and Spread of Agriculture and Pastoralism in Eurasia*

(Washington, DC, 1996).

28. S. Mithen, *After the Ice* (Cambridge, Mass., 2004), 407–13.
29. J. Diamond, *Guns, Germs and Steel* (New York, 1999).
30. J. B. Harley and D. Woodward (eds.), *The History of Cartography*, ii/Ⅲ (Chicago, 1987–), 26.
31. Ibid. 27.
32. Ibid. ii/Ⅰ. 307; E. Neumeyer, *Prehistoric Indian Rock-paintings* (Delhi, 1983), p. 68, fig. 26e.
33. Harley and Woodward (eds.), *History of Cartography*, ii/Ⅱ. 132.
34. T. Save-Sondebergh, *Ägypten und Nubien* (Lund, 1941), 11–30.
35. J. Tyldesley, *Hatshepsut: The Female Pharaoh* (London, 1996), 144–53, 170–4.
36. H. Goedicke (ed.), *The Report of Wenamun* (Baltimore, 1975), 58–87.
37. Hesiod, *Works and Days,* 392–420, 450–75, 613–705; trans. A. W. Mair (Oxford, 1908), 11, 15–17, 23–5.
38. M. R. Bierling (ed. and trans.), *The Phoenicians in Spain An Archaeological Review of the Eighth—Sixth Centuries B.C.E.* (Winona Lake, Ind., 2002).
39. Herodotus, *Histories,* Ⅰ. 163, IV. 152.
40. Cunliffe, *The Extraordinary Voyage of Pytheas the Greek* (London, 2002).
41. Herodotus, *Histories*, IV. 42–3.
42. L. Casson, *Ships and Seamanship in the Ancient World* (Baltimore, 1995).
43. Harley and Woodward (eds.), *History of Cartography*, i. 177–200.
44. Strabo, *Geography,* Ⅰ. Ⅰ. 8–10.
45. Horace, *Odes,* 3. 29. 27.
46. J. Needham, *Science and Civilisation in China,* i (Cambridge, 1956), 173–96.
47. R. and S. Whitfield and N. Agnew, *Cave Temples of Mogao* (Los Angeles, 2002), 19–20.
48. Needham, *Science and Civilisation in China*, i. 196–206.
49. L. Casson (ed.), *The Periplus Maris Erythraei* (Princeton, 1989), 61–91.
50. D. T. Potts, *The Arabian Gulf in Antiquity,* 2 vols. (Oxford, 1990), ii. 23–264; M. Rice, *The Archaeology of the Arabian Gulf* (London, 1994), 121–6.
51. E. B. Cowell (ed.), *The Jatakas; or, Stories of the Buddha's Former Birth,* 7 vols. (Cambridge, 1895–1913), i.10, 19–20; ii. 89–91; iv. 10–12, 86–90.
52. Harley and Woodward (eds.), *History of Cartography,* ii/Ⅱ. 72.

第二章 抵达

大约1000年前：海上探险

> 那么还有什么？大海漆黑暗沉
> 环绕四周，还有神佑的岛屿。
> 来，上船吧。
>
> ——贺拉斯：《长短句集16.41-2》
>
> 主人啊，我们是朝圣者；我们将
> 一直步步前行；有可能
> 跨越最后一座白雪皑皑的蓝色大山，
> 我们跨过时怒时静的茫茫大海。
>
> ——詹姆斯·艾尔罗依·弗莱克：《通往撒马尔罕的金色旅程》

生物圈的90%是水，地表的3/4是海洋，我们生活在水的世界。正因如此，世界各地区间相互往来，很重要的一点就是找到海上通路。沿着通航的海岸航行，这点不难做到；在面积相对较小，封闭或几近封闭的海域，那只需要一点点勇气；在季风区，远程跨洋航行在很久很久以前也已司空见惯。

然而，覆盖世界大半的却是那些固定风系主导的汪洋大海，要在其间通行则困难得多。探险者们不得不如破译密码一般，弄清海上的风向、大洋上的洋流模式，此后航行者方可在遥遥相对的海岸间往来航行，建立永久性航线。要展开改变世界的文化交流必须发展对文化有重要意义的通道，确切地说，是要在产生了改变生活的观念和技术的民族间发展出能够承载重大变化的通道。

从历史的大部分时期来看，大多数探险家都生活在一条狭小、人口稠密的地带。它穿越欧亚大陆，从日本、中国、韩国出发，经亚洲南部和西南部，到达地中海盆地、欧洲以及中美洲和安第斯山脉北部和中部的"新大陆"。要在欧亚大陆以及美洲之间的地域建立联系、相互往来，则必须跨越大西洋、太平洋的最广阔海域，探险家们不得不等待：等待航海技术发展到适当程度，等待15、16世纪西班牙的探险家，等待那个时期特别的西班牙探险文化和探险精神的出现（我们将在后几章对西班牙在这方面所起到的独一无二的作用进行阐述）。而那个时候，人们也还不可能航行穿越有冰覆盖的北极地区，也要等待，而且会等待得更久，要很久之后这里才会成为交流的舞台。只有空中和水下交通工具才能穿越北极，它对全球互通互动全面而充分的影响才刚刚开始。

然而，在大约1000年前的一段时期（本章主要内容），探险家就开始了对横跨大西洋的路线、对深入太平洋高纬度地区以及对北极地区的交通展开了的远程探险之旅。深入太平洋的主角是南太平洋的本地领航员，尤其是波利尼西亚人；而深入北极地区的航海家主要是北太平洋的原住民，他们绕过美洲的北部海岸，一路殖民，直至格陵兰。挪威水手则跨越了大西洋，他们从斯堪的纳维亚半岛出发，一步一步地到达冰岛、格陵兰，并接触到了美洲。

本章将要讲述他们的故事，包括了全球文化趋异的最后精彩片段。那段岁月少有文字资料可资追索，我们要找回那些"逝去"的故事，只能去研习考古学和人类学的资源、口头文化的传承，以及现代探险家在重建古时前辈探险路线过程中的发现。就在曾经互不来往的民族重新建立联系的时候，文化趋异也依然还在继续。太平洋地区，人们来到可居住世界的最边缘地带，在无人烟处定居。波利尼西亚人开拓了这个星球上最后几块适于居住的土地，并且在这里——与外界没有定期联系，有些甚至干脆与世隔绝——建立了世界上最与世隔绝、最特别的一处文化。与之相比，北极地区和大西洋的探险家们走过的却是一条文化趋同之路，他们最后在格陵兰汇合，一路探险非凡卓绝。本章最后，我们还会讲讲印度洋，看看那里季风航线的发展、壮大，在固定风系内的第一次远程航行也是我们故事的内容之一。

◆ 最后的趋异：波利尼西亚人的太平洋探索 ◆

大约 5 万年前，将人类带到澳大利亚的迁移也将人类带到了新几内亚、俾斯麦群岛以及所罗门群岛。然而，所罗门群岛之外的大洋还是杳无人迹，几乎没有证据能证明那里曾有人烟，就是现在，那里的绝大多数地方也没人居住。时光荏苒，几千年之后，也就是公元前第 2 个千年，某个海洋文化孕育之地的人类才长途跋涉来到这里，但在很长一段时间里，他们的步伐依旧踌躇而缓慢。

那么，这种海洋文化起于何地，又是如何形成的呢？按我们现有的知识，这个故事开始于公元前第 4 个千年中期，主角是东南亚沿海岛屿的社群，他们雄心勃勃，向往外面的世界，是最早了解太平洋的人。大约就在那一时期，发生了人类有史以来最为剧烈的火山爆发，整个地区都被埋在了火山灰下。而从火山灰层之上，可以看到聚落遗迹的规模比火山爆发前的更大；工具，尤其是鱼钩，质量更上乘；用于交易的黑曜石刀片也很常见；狗、鸡、猪等家畜（禽）数量庞大；各类陶器十分丰富。最后，大约从公元前第 2 个千年中期左右开始，记录中出现了造型独特的圆形陶罐，在黏土上印刻齿形图案的方法，使得罐身的花纹错综精致。考古学家将之定义为拉皮塔文化。大概就是这一时期，该文化的奉行者已经占据了东南亚沿海和许多地方，其中包括从台湾经菲律宾群岛，到苏拉威西岛、哈马黑拉岛、俾斯麦群岛以及周边岛屿的大部分地方。这表明波利尼西亚人岛屿间的海上探险也许源起台湾。

在这之后，大概有 200—300 年的停滞，在那个千年快结束的时候，航海家们再次出发，去寻找离家乡更远的陆地。他们沿着新几内亚航行，没有在那里建立定居点，这也许表明他们是在刻意寻找一些没人或少有人居住的岛屿。换句话说，他们航行的目的并不是贸易，而是，或者说已经转变成了殖民探险。到公元前约1000年，这些航海者的生活方式已经跨过所罗门群岛，传播到了里夫群岛、提科皮亚岛、瓦努阿图以及罗亚尔特群岛和新喀里多尼亚，甚至远达斐济、萨摩亚群岛和汤加。这些航行每次出航都是跨越海洋数百英里，这种情况前所未有，在早些时候的拉皮塔岛屿扩张阶段不曾出现过，在世界同一时期也是绝无仅有，可以说是无与伦比的海上冒险。

如果把这些航海家足迹所至的岛屿绘制在一张地图上，其中隐约的相通之处一清二楚：太平洋上的那个地方，一年到头东南信风从不爽约，所有的航行都是逆风而行。这就部分说明了当时航海技术的情况，船上一定是配有可灵活处理各种情况的三角帆。偶尔风向也会逆转——这在任何一种风系中都不可避免，而且也有规律可循——这对航海者有所帮助，让他们不会偏离既定航线太远而不能回家。人们一直向前航行，直到发现值得开发的地方，或是粮食供给不足的时候——在这种情况下，他们会毫不犹豫地快速返航。这点也许恰好可以解释海上探险中的悖论。有人会认为伟大的航海发现通常都是顺风而行，有的时候也的确如此。然而，正像我们已经看到的，也像在这本书中将要反复出现的那样，除了季风性海洋以外，探险家们通常逆风航行，因为对他们来说归家之路和发现新地方一样重要。

当所有新发现的小岛都有了人烟，人们就彼此间互相联系，交易货物，尤其是黑曜石制品，事实上，它在整个拉皮塔文化区方圆4500千米范围内的岛屿都有交易。人们渐渐习惯了顺风远程航行，所以我们也能理解他们开始希望稍稍改变航向，希望开拓主信风带以北和以南的海域。向南，在可航行的范围内已经没什么新的陆地，而向北，则有密克罗尼西亚岛群。

根据现有的考古学发现，密克罗尼西亚岛群大约2000年前才开始有人定居。而且最早移居到这里的人并非来自近处的亚洲大陆，而是来自东南方向，来自所罗门群岛和新赫布里底群岛的基地，甚至也许是从斐济和萨摩亚来到这里的。在新的环境里，新来者的文化发生了变化，变化很是突然，各个岛上变化的速度也大相径庭，其中的原因尚待解释。最早成熟的岛是加罗林群岛东端的波纳佩岛，换句话说，是离他们家乡最近，而离东南亚最远的地方，这样它的文化接受外来社群影响发生变化的机会相对较少。而且波纳佩岛面积不大，也就只能养活3万人的样子。可令人吃惊的是，在接近公元1000年的时候，它却是充满活力的活动中心，大规模的人力集中在这里修建人造小岛，出现越来越多纪念性的陵墓和仪式中心，宗教仪式包括将海龟当作祭品和养殖圣鳗。随后，附近的库赛埃群岛的情况也与此相似。不到两百年，城市在铺就的街道间拔地而起，周围耸立着高大的围墙。一支法国探险队在1824年无意间来到雷卢城，这里的一切让他们"目瞪口呆"。

波纳佩岛的情况可以作为太平洋上文化发展的模式：定居地离家乡越远，其文化趋异就越随意，越广泛。

在密克罗尼西亚以外，在南太平洋，在拉皮塔人所及之处以外，是世界上最难以征服的地方：大洋广阔无边，当时的航海技术对它无能为力，东南风劲吹，几乎从不停息，可开发的岛屿间相隔千里万里。对这一环境的征服，主要完成于公元第1个千年的后半期，而这个故事的主角就是我们现在所称的波利尼西亚人。

波利尼西亚人的共通之处是语言相近，除此以外，很难再在他们间找到其他的文化相似点。然而，利用考古学和语言学知识，还是能拼凑出他们开始散布到太平洋各处头几百年的生活情况：栽种芋头和山药，辅以可可、面包果和香蕉；养鸡；命名了150种不同的鱼，并用它们开发工具——用海胆的脊骨做成小锉，把牡砺壳做成鱼钩；喝卡瓦酒，这是一种用植物根茎酿造的发酵饮料，可以使人进入一种半清醒状态，常用于庆典。[1] 从考古学上已无法考察他们的宗教观念，但从语言以及后来的一些证据上可以知道，在他们的世界观里，这个世界由"玛纳"所掌控。它是一种超自然的力量，赋万物以生命，给万物以特点，比如渔网有"网的玛纳",让网能够捕鱼;而"草药的玛纳"则赋予草药治愈病痛的力量。

从起源上说,波利尼西亚人的文化属于边远文化。大约2000—3000年前,它最早出现在太平洋中部,或是汤加岛,抑或是萨摩亚岛的什么地方。它也许和加罗林群岛的"建城文化"相像,定居者远离家乡地处偏远,相互无法沟通音讯,是拉皮塔文化的变异。有关波利尼西亚人的拓展时间争论相当激烈,存在很大分歧,但对波利尼西亚文明的总体发展特点——外向型文化和海上文化——却毫无争议。从他们第一次出现在考古学记载上开始,就在不断地航行,曾经深入东南信风主导的航线,信风虽然限制了他们的航行范围,但至少能提供很大的机会保证他们回家。

到公元前第1个千年即将结束时,以及随后的1000年里,各类探险此伏彼起,这一时期太平洋的考古发现汗牛充栋,包括远及复活节岛在内的数千岛屿。探险的时间没法确定,争议很多,因为考古学家内部对一些证据也难以达成一致的意见。比如,在找不到人类定居直接证据的地方,那些已经消失的森林的花粉或是老鼠或蛇的存在,你认为哪一种是和人类一起远涉重洋来到这里的?² 就新西兰诸岛——面积太过广阔以致难以找到人类最初定居的证据——而言,学者们传统上是根据当地人口耳相传的宗谱来推测最早移民来到这里的年代:大约在公元800—1300年之间。最接近一致的意见来自其他资料的解读:主要是根据环境变化和对统计方式的分析,其中包括根据后来当地人口统计学上的有关数据往回推算。所有这些方法,其可靠度姑且不谈,最终表明新西兰的第一个到访者来到的时间大概是在公元1000年左右。

波利尼西亚人为什么把自己困在原来的岛上那么久?换句话说,他们为什么似乎突然间就遍布如此广阔的海域上?在现有的知识范围内,综合各方证据,我们也许可以这样推测(未来的探索也一定能证明):他们探险之后立即拓展其殖民地,在公元前1000年末期之后,他们一定是每隔一段时间就需要更大的空间,这可能是出于人口增长的压力,也可能是出于社会、宗教或是法律的变化,使被驱逐者、被流放者去寻找自由或者逃亡之所。

第二章 抵达
大约1000年前：海上探险

也许，波利尼西亚人对太平洋信风带以外的了解，是在一点一点尝试着向陌生风带航行的过程中逐渐建立起来的，但他们有把握一旦情况不妙就能逆风回到熟悉的信风带内。很明显他们是从波利尼西亚的中心地带，也就是库克群岛、社会群岛、塔希提岛以及土阿莫土群岛出发，直到芒阿雷瓦岛。所有这些岛屿都在波利尼西亚人熟悉的航线上，船只都可以逆风航行。北边的马克萨斯群岛和南边的南方群岛、拉帕岛略微偏离信风带几度，但其所在的位置都在水手们的探险范围，而非冒险范围之内。

复活节岛则要走得更远，它和波利尼西亚中心地带之间有一些海岛，但两者在一条直线上。按最新的资料，移民到这里的时间一定不会晚于公元400年，他们来自何方毋庸置疑。托尔·海雅达尔认为复活节岛从起源和本质上看和波利尼西亚人毫无关系，最早开发这里、影响这里的是乘着西印度轻木木筏的南美土著，这种谬传可以不予考虑。海雅达尔曾亲自乘这种印加人的木筏，从秘鲁航行至此岛，论证了从秘鲁航行到复活节岛的可能性，就像印加人曾做过的那样，他还写过一篇精巧的故事，谈及他如何做到这一点，但是，可能和事实之间有着巨大的差异。[3] 复活节岛的文化有着明显的波利尼西亚文化的印迹，因此那种假说不值一提。普卡普卡岛和菲尼克斯岛位于很远的北方，波利尼西亚人可能是在前往中心地带进行向外探索的归途中发现它们的：这两个岛正在信风带上，实际上是现今欧洲人太平洋航行常用的地标。

探险仍在继续，到公元500年左右，波利尼西亚人的殖民向北推进到了夏威夷岛，且可能在距今约1000年前，他们到达了新西兰和查塔姆群岛并定居生活。这些岛屿不同于从波利尼西亚群岛中心地带沿风带零星分散的一长串的岛群。它们不仅距信风带有很长一段距离，而且在波利尼西亚海员看来，它们的所在是航海"黑洞"，这里没有风力引领。西边是"咆哮西风带"，所以如果从西边向东走，就很容易到达新西兰，但从波利尼西亚人来自的地方向北航行就不容易。夏威夷岛是如此难以到达，以致近代早期，决心横扫太平洋的欧洲探险者在250多年中都与它失之交臂。

波利尼西亚人拓殖了这样多的岛屿，而且许多岛屿彼此间的距离让人望而生畏，这是了不起的成就，以致长期研究它的学者认为这一定是出于偶然。历史学家们以前曾拒绝相信古波利尼西亚人能够跨越千里大洋，认为一定是反常的风把他们偶然"吹"到了新的土地上。但是，这些看法是不正确的。计算机模拟技术证明无目的漂流不可能发现那些岛屿，也根本不可能到达夏威夷或是新西兰。

远航合乎小岛屿的生存逻辑——它是扩大资源范围、拓展贸易机会并使生态系统多样化的典型途径。这是冒险文化滋养而生的成就。这种文化在许多有关他们英勇航程的史诗中都有记载，在他们的庆典仪式中也有证明，比如，1810年一位英国水手曾见过他们为纪念从斐济出发的汤加航海家的归国之旅而举行的食人宴。这些海上讨生活的人还有与维京人很像的海上放逐仪式，就是根据他们自己的传说驾船去远方。实验派考古学家本·芬尼在20世纪70年代试图重现当年从塔希提岛到夏威夷，和从拉罗汤加岛到复活节岛的航行。实验证明，用当时使用最为普遍的以风帆为动力的小划艇完全可以完成这些航程。当然，本·芬尼在开始就知道自己的目的地，而过去那些地方最早的发现者们是不知道的。但他的实验告诉我们过去传统的猜测不足为信。

借助考古学家们较近的有关南太平洋航行的文字，可以对波利尼西亚航海家们眼中的世界，以及他们发明和使用的远航技术有所了解。一般来说，在建造新船的前夜，造独木舟的人会把斧子放在一个神圣围场里，伴以反复单调的歌唱。在吃过刻意养肥的肥猪、向神献祭之后，第二天破晓前他就会起床，整整一天，他们一边砍削、捆扎木材，一边观察吉凶的迹象。对于要远航的船，他们会在船舷外造一个支架，或是建造双层船体，配以爪形的船帆，以使桅杆和绳索负重较轻。船尾配有短桨控制方向。有时，也会用"划水板"来掌控方向。"划水板"是一块厚厚的木板，从靠近船头部位插入海里以控制航向，如果是顺风，则把它移到船尾。水手们在海上的食物多半是干果、干鱼、椰子以及由面包果、番薯和其他蔬菜混合

第二章 抵达
大约1000年前：海上探险

做的熟面团。船能装的东西有限，在最远的航行中，他们不得不一直处于饥饿的状态。水多半装在葫芦、竹筒或是海草编的袋子里，也不充足。只要一小队船员也就够了：两个舵手、一个帆手，还有一人负责舀出船里的水，再有一个替补的，这样船员可以轮流休息。其中最重要的是领航员，长年的历练让他可以在没有仪器或是星星的情况下，在广阔的太平洋上辨认方向，确定航线。[4]

波利尼西亚的航海家们可以凭感觉寻找方向，这种方法在今天的水手们看来难以想象。20世纪70年代的记载里，还曾有传统的领航员建议说："不要老盯着帆和舵，去感受吹在你面颊上的海风吧。"过去，一些海员会躺在悬臂梁上"感觉"夜晚的海浪。按欧洲某观察家的说法："最灵敏的平衡器是男人的睾丸。"这些海员仅凭信风所带动的波长很长的涌浪就能在风中一定程度地纠正航向的偏差。他们虽然无法感知洋流，但他们这方面的知识却相当丰富。现代的加罗林岛居民还能了解方圆近2000英里范围内的洋流。而最重要的是，波利尼西亚人能通过太阳判断自己所处的纬度，通过星星精确控制航向。加罗林岛的领航员们通过16组导航星就能在海上判断方位，并把它编成节奏鲜明的曲调反复吟唱以方便记忆。现有的记录里还有航海就如同"摘面包果"，一颗星星跟着一颗星星的说法。1774年一位西班牙来访者发现，波利尼西亚人用星星判断方向可以准确到在夜晚找到他们要去的港口，并在那里抛下珊瑚或是石头做的粗糙的锚。库克船长推崇的塔希提航海家图帕伊亚就了解南太平洋几乎所有大群岛中的岛屿。航海图由芦苇草制成，其上标明了海岛的位置、涌浪的力量和方向，其中的一些是过去几百年间在马绍尔群岛陆续制成的，现在保存在西方的一些博物馆中。[5]

传统的航海故事说明了航行的范围和航海家们的英勇事迹。其中最壮丽的或许要数惠特·朗基欧拉的故事了。他在8世纪中期从拉罗汤加岛出发，穿过白色高耸裸岩林立的恐怖海域，进入到一个寒冰连片的地方。有些神话把新西兰的发现归功于神一般的毛伊，说他用自己的血为饵诱捕魔鬼鱼；另一个发现者是不那么虚幻的库佩，毫无疑问他是人而非神。也许是在 10 世纪中期,他声称在至上神艾奥的指引下,从拉罗汤加岛起程发现了新西兰。然而,他可能只是跟着长尾杜鹃鸟的迁移航行,"让航线在那年二月保持在落日、月亮或金星的右手边"。[6]

到约公元 1000 年时,波利尼西亚人的海上探险已经接近极限,他们的航海技术不可能让他们走得更远。他们彼此分散,使得他们的各个群体也分散至他们接触到的最遥远的各个地方:夏威夷岛、新西兰、复活节岛以及查塔姆群岛,以致相互隔绝。在随后的几个世纪中,这些人类开拓前哨的定居者与世界其他地方断了联系。夏威夷不在信风带上,在 18 世纪技术革命出现、新型船舶驶往太平洋之前,它的发现成了"一次性"事件,除非偶然,否则难以重复。复活节岛、新西兰和查塔姆群岛与波利尼西亚的中心地区无法保持联络。它们坠入了无底的孤独,与人类社会彻底失去了联系。即便是距芒阿雷瓦岛只有几天航程的皮特凯恩群岛和亨德森群岛,也完全与世隔绝了,这种完全的隔绝使得距今大约 500 年前,当战争阻断了它们与芒阿雷瓦岛之间的贸易往来时,两个群岛的居民放弃了岛屿。如果复活节岛与波利尼西亚群岛的其他社群间保持联系的话,岛上肯定会有狗和猪,但这个岛唯一的禽畜只有鸡,可以推测,这也许因为那就是最早的殖民者能带上岛的唯一物种了。如果复活节岛不是这样与世隔绝,它也不可能存在那么有特色的文化:只有这里出现了文字和举世闻名的石像,虽然波利尼西亚其他地方也有类似的石像,但这里的却别具一格。新西兰与波利尼西亚其他地区的文化差别很大,到 19 世纪人种学家开始作比较的时候,虽然他们语言尚能互通,但美学、宗教生活和主要制度都有了惊人的差别。夏威夷同波利尼西亚其他地区更为相似,但即便如此,还是呈现出了不同的特色:特有的集约化耕作和最终合并形成的涵盖多个岛国的强大王权下几个较大的酋长国。相比之下,查塔姆岛民却放弃了其他所有波利尼西亚社会赖以生存的农业。

显然,如果波利尼西亚人的航海事业不能保证群岛之间彼此的沟通联系,它也就不可能走得更远。波利尼西亚人是前近代时期最勇敢、最有创造力的航海者。在远海，他们发现的航线有数千英里之长，与之相比，当时季风带以外所有的人类社会都相形见绌。岛民的对外拓展胜过世界上其他地方人类的探索旅程。但是他们从来没有能够完全跨越太平洋，也没有能在所有定居地建立持久的双向航线。这一成就要等到晚些时候，更强有力的技术出现时才有可能实现。

◆ 大趋同：北冰洋和大西洋 ◆

几乎与波利尼西亚人的海上探险到达顶峰同时，在大西洋和北冰洋也出现了英勇的探险伟绩，这在当时的技术水平下似乎是难以达到的，令人称奇的是他们的努力获得了成功。

大约 1000 年前，北美洲北极圈附近地区一度较为温暖，这打乱了当地人的生活。他们从西向东，沿着北冰洋的南部边缘，也就是现在所说的"西北航道"迁徙。今天我们把这些移民称作"图勒因纽特人"。现代学者选择图勒这个名字是取自格陵兰岛一处考古学遗址，但这个名字非常贴切，"天涯图勒"正是古人认定的西方的尽头。皮西亚斯海上探险的最终目的地也是这里。[7]

图勒人以海为家。他们驾一叶小舟，就敢深入远海猎捕鲸，再跨越茫茫大海，把猎物带回家。他们把海象或是海豹的膀胱充气做成浮子，缚在渔叉之上，气囊的极大浮力让受伤的鲸不能潜水逃脱。现在每年大概圣诞节的时候，阿拉斯加西南部的一些地方还会举办纳卡丘克节，又称"气囊节"，纪念图勒人当年制作新气囊或是扔掉旧气囊时的旧日庆典。当地人相信气囊里有动物活着时的灵魂，对之心怀敬意，认为它们是自己狩猎时的伙伴。经过一连串的宴会、舞蹈、假面舞会以及熏香仪式之后，用过的气囊会被隆重地放回大海。[8]

这一时期图勒人的航海技术令人难以相信。要知道直到 1904 年，罗尔德·亚孟森才利用大型现代破冰船穿越了北美北冰洋浮冰群，在这之

1978年7月,约翰·博克斯托思乘爱斯基摩人的木架皮艇,借助杆子在加拿大北部拉塞尔水湾穿越冰块和浅滩。

前,西方的航海技术一直无法达到这一水平。而这不过是许多例子中的一个,图勒人有许多在我们看来很"原始"的技术,却与它所用之于的环境十分匹配。图勒人的船分为两种:一种是很窄小的皮划艇卡亚克,只限一人使用,用于短程出海;另一种是用于出远海的木架皮艇尤米安克,这种木架皮艇样子让人过目难忘。20世纪70年代,探险家约翰·博克斯托思得到了一艘有40年历史、按传统方法建造的木架皮艇。博克斯托思用传统材料修复了这条船:五张海象皮绷在艇的木质肋材上,海豹皮制成捆绑用的绳子。海象皮实在太厚,很难缝纫,而且出于防水考虑,每针只能扎进一半,不能缝透。最后,一艘大船出现在人们面前,它能容纳带着行李的八九个人,以及一顶帐篷、两个炉子、一个发动机、若干个容量为110加仑①的桶、两只大海豹、一打鸭子以及一对鹅。9

爱斯基摩人②教会博克斯托思驾驶木架皮艇,还给他起了个外号叫

---

① 1加仑=4.546升。——译注
② 北美人通常将因纽特人(Inuit)、阿拉斯加尤皮克人(Yupik)和因纽皮特人(Inupiat)称作爱斯基摩人。——译注

"老胖水母"，因为饿极了他什么都会吃。博克斯托思的决心和胃口一样强韧：他重走了当年图勒人的航线，再现了图勒人当年绕美洲北部海岸航行的情景，用自己的航行验证了已知的事实。虽然博克斯托思在航行中使用了一台舷外发动机，但他从航行中了解到早期冰海航行的情况：乘吃水几英尺的船沿岸航行，在搁浅的冰堆里缓缓行进，避开那些挡住了后来欧洲大船开拓西北航道行程的浮冰。图勒人的艇很轻，在相邻的浮冰间很容易脱身，船员们可以随时上岸扎营，将皮艇翻过来就可以作为遮蔽风雪的容身之所。当年他们就这样，一点点地绕过美洲北部海岸，在大概12世纪时到达了格陵兰。[10]

就在同一时期，斯堪的纳维亚的殖民者也到达了这一地区。与图勒人的航海样式相比，他们的方式却完全不同：图勒人紧靠海岸，越过了北冰洋，可是斯堪的纳维亚人到达同一目的地却必须穿越远海，深入、横贯整个大西洋。他们建造了许多以帆驱动的大型木船，船的各个部分由铁钉紧紧铆在一起。冰岛的吟游诗人记得——他们说自己记得——航行的经过，他们说，斯堪的纳维亚的殖民是狂暴的海洋和更加狂暴的社群共同创作的史诗；由于某次风向一反常态，才让贡比约恩·乌尔夫－克拉卡森能够在10世纪早期一直向西，与格陵兰群岛不期而遇，成为发现它的第一人。在冰岛的民间故事中讲道，982年，"红头发"埃里克因为世仇杀人，被冰岛放逐，意外地发现了格陵兰岛，遂开始移居到这个岛上。故事中还说，新大陆的发现者是一个想追随父亲前往格陵兰却驶过了界的冒险家。

事实上，斯堪的纳维亚人跨越大西洋是再自然不过的事情了。北极圈里，众多洋流和海风把挪威和纽芬兰紧紧连在一起，跨越的最后一段是从格陵兰到纽芬兰，两者间相距不远，又有洋流相助。然而，返回冰岛的航线是在西风带上，航海者不得不冒些风险，在远海长途航行。

斯堪的纳维亚航海家真正的英勇之处并不像吟游诗人所吟唱的那样，而是率性的随风逐流，穿越了那时文艺作品中所谓怪兽出没的海洋。实际上，相比较于大多数海上探险，这些远航的特殊之处在于，他们并未局限

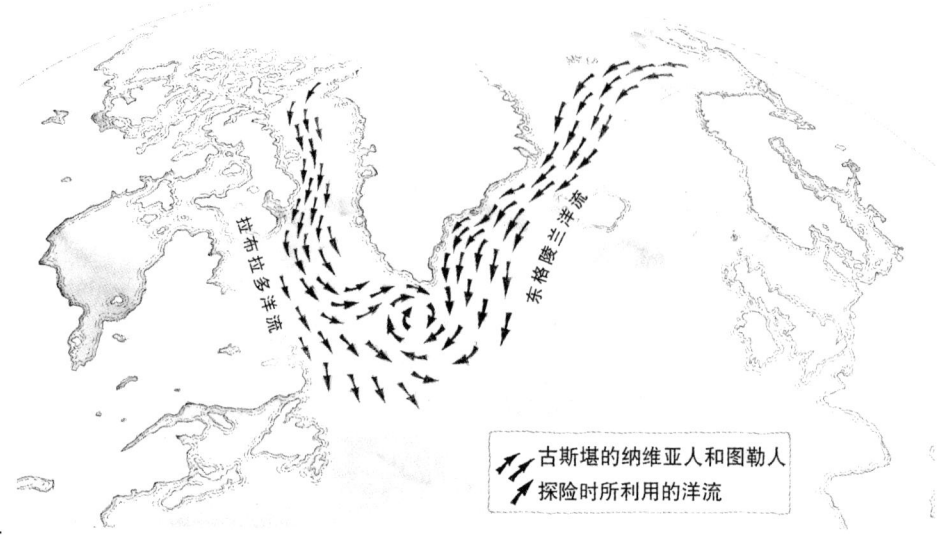

公元1000年时的大汇合

于逆风而行，也从不把此类禁忌放在心上。据我们所知，他们在既没有航海图也几乎没有技术辅助的条件下，就这样一路寻找一处处港口，一步步跨越辽阔海洋。那时指南针还没有从印度洋航海者那里传到欧洲，斯堪的纳维亚人唯一可用的就是所谓的太阳指南针。实际上，那只是一小块木头，上面竖着一根指针。如果航海者运气好，天气晴朗，就能比较指针一连几天的正午在木头上投下的影子，以此判断船是否在正确的纬度之上。

对于依靠指南针和精确电子装置的海员来说，斯堪的纳维亚人用这么原始的技术就能四处航行简直是不可思议。先进的技术破坏了海员们的观察能力，而斯堪的纳维亚的领航员们却深谙此道。即便没有太阳指南针，斯堪的纳维亚的航海家也能凭借裸眼观察太阳的高度或北极星的位置，而粗略判断自己所处的纬度，以及自己熟悉地方的相对方位。当然，遇到阴天或是大雾，他们也没有别的办法，在天气转晴前只能是靠猜测判断。如果离岸不远，他们就观察云的形状，或是归巢鸟儿飞翔的方向。9世纪时，著名的冰岛发现者们会在航行途中不时放出带上船的乌

第二章 抵达
大约1000年前：海上探险

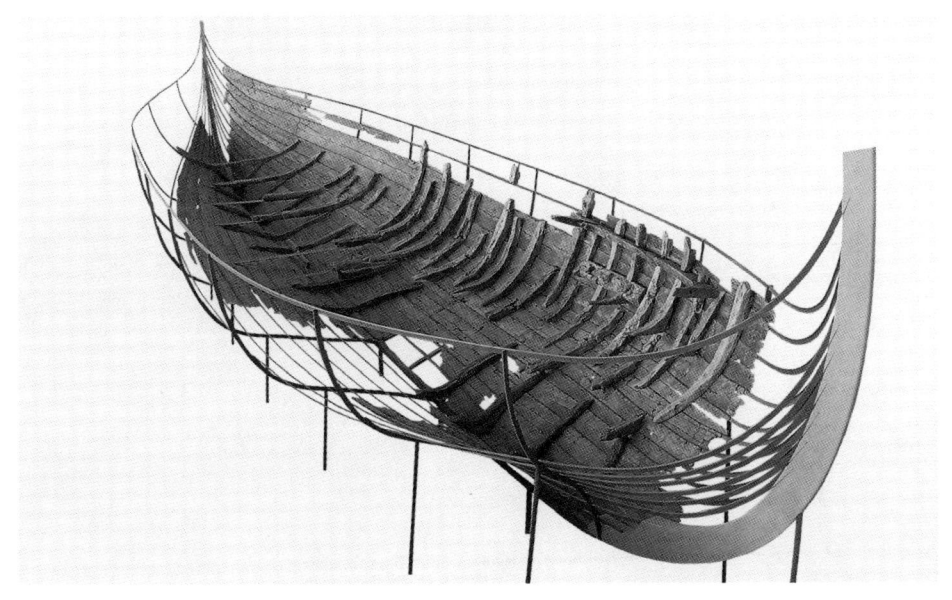

复原后的维京海盗船：斯库勒莱乌1号

鸦来判断航向。同波利尼西亚人以及大西洋上一些近代渔民一样，11世纪早期随莱夫·埃里克松一起来到纽芬兰岛的殖民者，可能也还在用熟悉的涌浪引导航程。

他们的船既不是维京海盗使用的线条优美流畅的蛇形大船，也没有斯堪的纳维亚诗人赞颂的"船头镶金、兽形桅杆富丽辉煌"。他们所用的只是船体较宽、吃水较深的航船。1962年，考古学家在丹麦的斯库勒莱乌挖掘出一条这样的大船：龙骨和肋材由橡木制成，外层搭接的木板是松木，全部由能膨胀塞满钉孔的椴木铆钉紧紧固定连接，而其他地方则用铁钉。在许勒斯塔一处12世纪的雕刻品上，有一位长着络腮胡子、表情严肃的铁匠，他在用风箱、锤子和钳子干活儿，很可能就是这些铁钉的打造者。弥合船缝的工人在大船木板间塞进浸过松脂的动物毛发。中央桅杆上的帆是四方形，由粗糙的羊毛织物制成，主要在顺风时使用。当帆收起来的时候，就把它放在一个巨大的T形架子上，此外，船上一般都会有一具小型备用帆，以备不时之需。这些帆船并不用桨提供动力，但在船头和船尾还

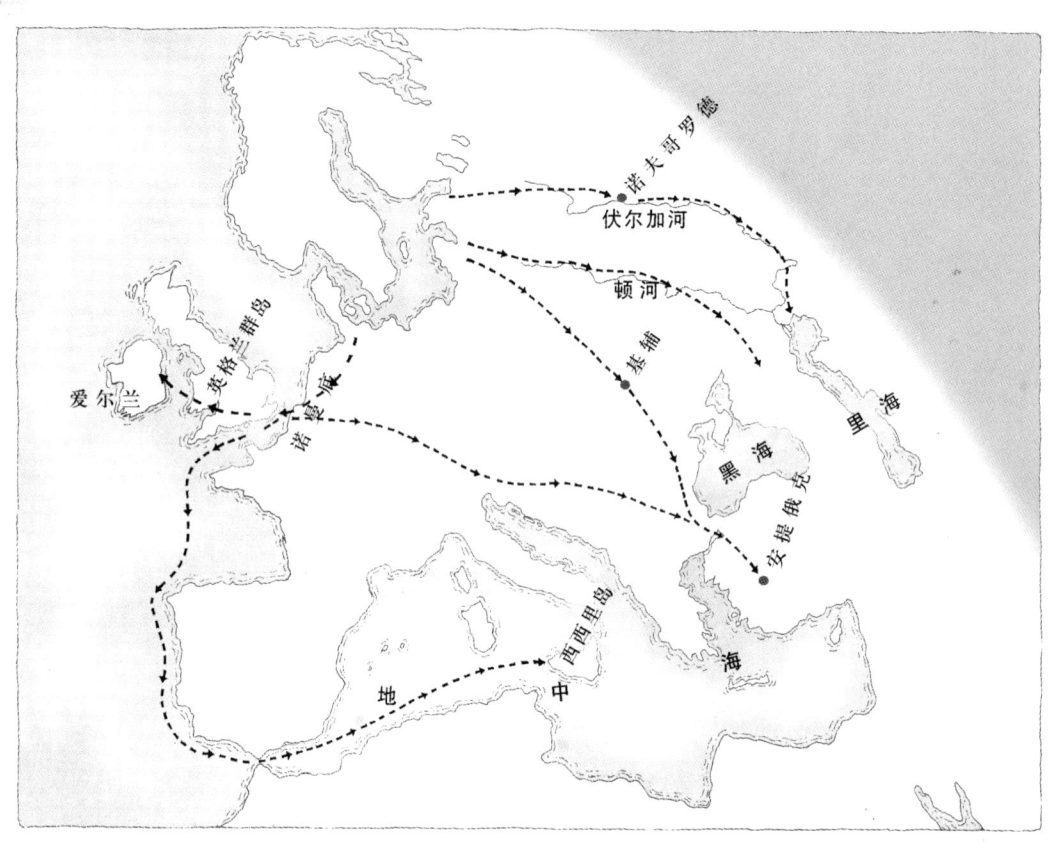

古斯堪的纳维亚人深入欧洲路线图

是会有插桨用的小孔,近岸时可以使用。船上没有舵,但船尾处会有一根杆穿过右舷入水,借其摆动控制方向。由于没有完整的用于排水的上甲板,所以他们几乎得不停地用木桶排水。他们的粮食储备,包括腌制的食品、酸奶以及啤酒,都在船腹敞开存放,虽然包在皮子里或是装在桶里,但还是无法保持干燥。船上不生火做饭,但是所有出土的船上都有巨大的锅以供靠岸时使用,由此隐约透露出他们忍受海上的艰苦时心中的憧憬。至于"去寻找格陵兰岛的是些什么人以及他们为什么要冒这么大的危险去往那里",1240年挪威的一本书给出了这样的答案:是"男人身上的三重天性:一是为名;二是好奇;三是为利"。斯堪的纳维亚人的大西洋探

第二章 抵达
大约1000年前：海上探险

险，是斯堪的纳维亚居民漫长的向外探索历程的一部分。在公元8—12世纪之间，殖民者沿着伏尔加河和顿河流域，足迹远至黑海及里海，跨过英格兰群岛的大部分地区进入诺曼底，并从那里再次出发，到达地中海，一路上他们在爱尔兰、英格兰、西西里、诺夫哥罗德、基辅以及安提俄克分别建立了王国或是公国。

至于冰岛的大西洋航行故事，爱尔兰僧侣曾以逐步推进的方式渡海。8世纪早期，他们还曾经在法罗群岛开拓过殖民地。一位僧侣曾报告说："当时正是夏至前后，在不停的顺风的助力下，两天两夜的全速航行后我们到达了一个地方。那里夜晚也依然明亮，不论干什么，哪怕是从衣服里捉只虱子，也和大白天完全一样，可以准确无误地做到。"从那里，向北航行"一天"就能看到冰封的大海。[11]

爱尔兰僧侣自我放逐的忏悔之行，或者说为模仿圣约翰和受到诱惑的基督孤独的处境而刻意苦修、寻找可体验身处绝境的过程，却把这一寻找过程完善到了令人惊讶的极致。他们使用的大船以爱尔兰的传统柳条兽皮船为样板，其材料颇有点畜牧社会的特色：轻质船架上盖的是牛皮，防水用的是脂肪和黄油，捆扎加固用的是牛皮绳。船上只有一张四角帆，因为他们航行的目的是苦修，航行更像是自我放逐，他们把自己托付给了上帝。像亚伯拉罕一样，他们并没有自己选择的固定目的地，而是前往一块"我会告诉你的地方"。"我们的小舟难道不是在上帝的指引之下吗？"这是10世纪时一位修道院院长的话。当时，正当船员们为了寻找海岸而过分狂热地划桨的时候，却受到了这位修道士的责难："着什么急呢"，"无论我们去向哪里，都是上帝的旨意"。[12] 他们把自己交给风，交给洋流，这样的航行使他们可能走得更远，可能比那些目的明确的航行发现的更多。

当然，回程渺茫，他们的情绪更易低落，更易陷入迷茫。他们的小船竟然能经受北大西洋的茫茫海路，着实不可思议！但20世纪80年代时，勇敢坚忍的探险家提姆·谢韦仑，尝试重新走一遍当年的路，从爱尔兰出发，毫发无损地抵达了纽芬兰岛。[13] 考古学家在格陵兰，甚至纽芬兰岛发现的早期的苫草房遗址，有一些就可能是这些爱尔兰修道士的杰作。这些房子的建筑方法和使用的材料都和斯堪的纳维亚以及爱尔兰的传统一般无二。

  10 世纪之后，《圣徒言行录》出现了很多版本，并最终流传下来。这本书的原型也许可以追溯到公元 6 世纪，讲述了一群僧侣寻找人间乐园或是"圣徒乐园"的故事。很明显，这不过是一个虚构的故事，其中，既有爱尔兰传统的仙境奇缘，也有基督教禁欲文化中的老旧故事。故事中，布兰登在犹大受苦之地见到犹大；他自以为登上的是海岛，却不过是鲸背；他碰到了火柱、云柱，还有冰柱；赶走恶魔并从怪物手中死里逃生；与化成飞鸟的天使交谈；经过漫漫苦修终达优雅和谐之"人间天堂"。故事的许多细节展示了作者的想象力：比如，小岛上羊比牛更肥硕，这应该就是苦行僧们在狂欢节最后一天时的想象。但是，与此同时，从这本书有关海洋的故事中，也可以看到真实航海经验的痕迹。那个住着修道士的小岛也许就在爱尔兰苦行僧流浪过程中真实地出现过。故事中冰山也有一段还算过得去的描写。在故事结尾，那位伴随布兰登一起航行的神秘的、如同天使一样的向导很清楚地提到一位探险者的行程，并把探险者的发现告诉了布兰登，同时留下一张神秘的字条。

  他这样对圣布兰登说："这里，就是你一直在寻找的那片土地，你不可能一蹴而就，因为这是上帝的旨意，他希望你在他广袤的海洋中看到五彩缤纷的秘密。现在，回到生你的那片土地上去吧，把你的船上装满这里的水果和宝石，因为朝圣的日子就要到了，你将在你的祖先中间安息。事实上，许多年后，当灾难降临到基督徒身上的时候，许多人会追随你的脚步来到这里。你看到的这条大河将会把这里一分为二。这里现在硕果累累，许多年后也不会改变，即便是夜里这里也会熠熠生辉，那是基督的圣光。"……圣布兰登领受了这片土地上的水果和各式各样的宝石，带着这位年轻的向导的祝福，和教友们一起穿过茫茫黑暗，踏上了归途。[14]

  布兰登的故事为后来从欧洲到大西洋的航行者提供了直接的动力。14 及 15 世纪的许多航海图以及地图集上都标注有圣布兰登岛。布里斯托尔的航海家在 15 世纪 80 年代曾积极寻找过这个岛屿（下章我们会回过头来再讲）。哥伦布在讲述自己最后一次跨越大西洋航行中也曾提及。[15] 而大西洋上云的景象也经常给人以假象，仿佛陆地就在不远处，而让这个神话越发逼真。16 世纪，竟然还出现了征服圣布兰登岛的编年史。虽然圣布兰登岛并不存在，但爱尔兰修道士的确曾经出海。暂且不论他们是否穿越过大西洋，但他们肯定曾到过冰岛，并从 10 世纪 90 年代起开始在冰岛修建修道院。

斯堪的纳维亚人紧随着爱尔兰人的脚步来到大西洋，开始，他们心怀恶意。根据爱尔兰人的报告，9 世纪早期，法罗群岛上的修士就被赶了出去，留下遍布岛上的绵羊。斯堪的纳维亚人取代了这些修士，每个研究殖民史的学者都能预知之后会发生什么。殖民地一个接一个地出现，每一处未曾开发的领域都是下一个殖民地殖民者的滋生地。9 世纪 60 年代，来自挪威和法罗群岛的殖民者和修道士们共居于冰岛，但不久之后，前者就取代了后者。"爱尔兰之岛"是斯堪的纳维亚人为冰岛取的名字之一，这似乎也说明了爱尔兰人早先一步到的冰岛，可斯堪的纳维亚人传统上坚持自己才是先到者，这个名字只是为了代表殖民者屠杀逃跑的爱尔兰奴隶才如此取名。按照现存最早的记录，到公元 930 年，400 个斯堪的纳维亚家族对冰岛分而治之，并带来了更多的爱尔兰奴隶。事实上，应该说冰岛是由斯堪的纳维亚与爱尔兰共管，定居者中有很多爱尔兰人，但他们大多都是奴隶和情妇。

有关冰岛的发现有许多个自相矛盾的版本，但关于格陵兰岛，只有一个世代相传的故事，因此，后者应该更为可靠。"红头发"埃里克脾气暴躁，因为杀人而被驱逐出挪威，之后，又因为同样的原因不得不离开了冰岛。于是，他开始着手寻找一片土地——一些年前，贡比约恩·乌尔-克拉卡森曾在一次风暴中被风刮向西时看到过它。被放逐的三年间，"红头发"埃里克一直沿着海岸寻找，筹建他的殖民地。回到冰岛以后，他集合了 25 艘大船，每一艘船上都载满了愿意前往新土地的移民，最终，其中的 14 艘船到达了格陵兰，为那里存在长达 4 个半世纪之久的殖民地打下了基础。

对于在岛屿间探险的航海家们来说，从格陵兰岛到纽芬兰岛并不困难，因为两者之间距离不远，且顺流而行加快了速度。纽芬兰岛发现之旅的冒险故事前后矛盾断裂，但还是能拼合出概貌来，这也是故事的价值所在。987年，一位来访的斯堪的纳维亚人比雅尼·何尔约夫森从格陵兰岛起航，探索一条对他和他的同伴来说都完全陌生的航线。航行过程中，他迷失了方向，并且看到了一块从未有人知道的土地。15年后，"红头发"埃里克的儿子莱弗·埃里克松根据比雅尼的发现，沿着漫长的海岸航行，并将其中的几处地方分别命名为赫尔陆兰、马克兰和文兰。这个故事中对文兰的描述，从各方面来看都与北纽芬兰的状况如出一辙。商人托尔芬·克尔塞夫尼受莱弗故事的启发，带着拓殖团，最终找到了纽芬兰岛，但是他却遭到了当地土著的抵抗，斯堪的纳维亚人把这些土著称为斯卡林人。到11世纪早期的某个时候，这个殖民地却不得不被放弃了。

斯堪的纳维亚人有没有继续向远方航行呢？我在明尼苏达大学当客座教授时有过一个很有趣的发现：当地的足球队名叫"北欧海盗"。我很快就发现这对当地人来说并非玩笑：19世纪，在这里大量居住的正是斯堪的纳维亚人，也就是北欧海盗。到了今天，当地的一些地方还会在感恩节那天吃碱鱼①。对许多当地居民来说，作为族群认同的体现，以保有斯堪的纳维亚传统为荣。有人认为明尼苏达州各地刻有古代北欧文字的碑文证明了斯堪的纳维亚人曾经到过这里，在网络和其他供怀有相似妙想的人集聚互相打气的地方，很多人持这样的观点。人们假设，斯堪的纳维亚人从纽芬兰岛出发，沿圣劳伦斯河溯流而上，靠手推肩扛避开急流与瀑布，跨过五大湖。更不靠谱的说法是，他们一路沿着尚无人烟的密西西比河深入北美洲内陆。与此同时，还有一种说法，说他们走出纽芬兰，沿着大西洋海岸到达了新英格兰，甚至更靠南的地方。耶鲁大学的图书馆的珍藏之一，

---

① 碱鱼，斯堪的纳维亚地区一道传统名菜。把晾干的鳕鱼浸入碱溶液中放几个星期，然后去皮、去骨、煮熟，碱鱼因这一烹制过程使菜肴保留动物凝胶而出名。——译注

据说绘制于中世纪的"文兰地图",记录了当时斯堪的纳维亚人对世界的认知。按图上显示,文兰被两大海湾相拥。这两个海湾是哪片水体,一直有各种不同的说法。圣劳伦斯湾,以及从哈得孙湾到切萨皮克湾,乃至加勒比海的每个水量丰富的水域都在推测范围之内。

但是,没有任何证据可以证明这些猜测。那些所谓的明尼苏达州的古代北欧文字很明显是些赝品。文兰地图的真实性虽然可能大一点,但也有可能是伪造的,这不仅仅因为科学实验证明绘制地图所用墨水的年代值得怀疑,更主要的是它和同时代其他地图相比,在绘制风格和工艺上没有任何相像之处,难以让熟悉当时历史的人相信这张地图出自那个时代。而当年文兰地图刚出现时,对它真实性做担保的专家(很令人怀疑,这是场商业交易,地图并没有让人信服的出处)与同样情况下的许多其他专家一样,被短暂的兴奋冲昏了头脑,于是陷入盲目的偏袒之中。

但这绝不意味着斯堪的纳维亚航海史和殖民史在历史上不重要。在他们开始航海探险之前,冰岛和格陵兰岛的殖民地是欧洲各地区仅有的海上贸易目的地,这种情况一直持续到14、15世纪加那利群岛和亚速尔群岛发展起来才有所转变。而且,斯堪的纳维亚的经验向未来的世界表明:在中世纪的领土探索竞赛中,后来者并非处于劣势,文明的空白点可能正是绝佳的起点。贸易往来和帝国拓展的成功,其驱动力远远超过技术本身的力量。贫困可能正是行动的动力,而富足则滋生安逸。当全球探险最终从欧洲起步时,又是西班牙、葡萄牙以及荷兰这些地处大陆边缘而且贫穷的文化共同体领先启航。可以看出,适宜的社会体制和价值标准所起的作用,都远胜于亚洲强国更为充足、有用的航海手段。

◆ 印度洋:开拓与发展季风航线 ◆

如前所述,印度洋在古代就已经是大范围交流的舞台。然而,对开拓者来说,传统航线还有许多可以提高和拓展的余地。随着印度洋周边地区财富的积累，商业航行也成倍地增加。关于这一点，考古学提供了最重要的证明：从遗存下来的证据可以看到，印度洋这一端的货物会在大洋的另一端出现。大部分的远洋贸易都起源于印度，印度商人对波斯湾和红海都已十分了解，他们继续向东扩展商业活动。公元 5 世纪时的一个故事似乎可以说明，那里的人们有着对地理特别好奇的传统。故事说，一艘船被吹到了斯瑞昆亚山，"马诺哈拉王子听船长讲完他的故事，就在木板上记下那片海的方位，并命令一位经验丰富的船长带着这块木板驾船去寻找那片海域。风助船行，船长最后到达了王子向往的目的地。"[16] 马诺哈拉王子在木板上记了些什么？如果那是一张航海图，那时已经流传了几个世纪，称得上世界上最早的航行资料；但更有可能的是，它是那一时期其他文化共同体所熟知的一份航海指南，在船员间已广为使用。

东南亚是印度和中国商业交汇的地方，这里成了史诗般航海的发源地。虽然双方的联系并不稳固，但苏门答腊各国在 5 世纪中期时就曾向中国派遣使节。[17] 在中国沿海发现过早在 7 世纪时的苏门答腊帆船残骸，是用绳子牢牢扎住、没用钉子的四角帆帆船。室利佛逝帝国是那一时期苏门答腊诸国中历史记录最为翔实的王国，根据记录，它的最后一位大使曾于公元 742 年到达中国。

那个时期，似乎所有最雄心勃勃的海员都已经聚集在爪哇岛周边。公元 767 年，中国军队把爪哇入侵者从东京湾（今北部湾）赶了出去。774 年，爪哇曾入侵安南南海岸。越南南部至今遗存的占族铭文讲："他们来自异邦，食物比死尸还要恶心，令人恐惧，他们乘舟而至，长得又黑又瘦，如死神一般可怕。"从 778 年起，更多的铭文记录下了"乘舟登陆的爪哇军队"的侵略行径。10 世纪，阿拉伯人在编纂印度洋商人故事的时候曾记录了爪哇人远征柬埔寨的事，其中提到爪哇人用一个傀儡国王取代了那里残暴的国王。许多在贸易或建立帝国方面取得伟大成就的民族，最初是做海盗发家的，这并不稀奇，差不多同一时期的维京海盗也是一样，所作所为也都相似。后来开辟商业帝国或是海上帝国的威尼斯人、热那亚人、英格

第二章 抵达
大约1000年前：海上探险

兰人以及荷兰人，也都是海盗起家。8世纪后期以及9世纪早期，夏莲特王朝在爪哇西南修建了宏伟的婆罗浮屠寺庙，其中就装饰有著名航海家的浮雕。浮雕中最负盛名的一块讲的是传说中信奉佛教的国王罗德拉衍那忠诚的老臣希鲁到他"福地"的旅行。相传，王位的继承人，国王的儿子十分邪恶，劣迹斑斑，曾计划活埋国王的宗教导师，希鲁阻止了他的不轨行径。希鲁以自己的忠诚赢得了神的眷顾，不可思议地提前得到神启，逃过了埋葬王宫的沙暴，乘船来到一块幸福的滨海之地：这里到处是粮仓、孔雀、各种各样的树木，以及热情的居民。在婆罗浮屠的浮雕上，他搭乘的大船带有外舷，甲板层叠，装有斜桅帆，帆架在两根主桅杆和一根船首的斜桅上，如巨浪般翻滚。创作浮雕的艺术家一定曾经见过这样的场景，他了解船只的每个细节，了解船只所有的运作情况。这个故事与圣布兰登的故事类似，令人着迷。故事的主旨依然还是想象和对神的虔诚，但同时，它也显示出人们对海洋，对已知的各个地方以及更为广阔的世界的了解日益丰富。

这幅雕刻附近，有同一位雕塑家的另一幅作品，更能体现海洋民族的价值观。画面描绘的是一次海难：船员拽下船帆，乘客们挤在有船桅的小补给船上。这个片段来自正直的商人梅特腊卡亚卡的故事。梅特腊卡亚卡的父亲是贝拿勒斯商人，死在海上。他的母亲为了保护儿子，不让丈夫的命运在儿子身上重演，撒了善意的谎言。梅特腊卡亚卡尝试了母亲提到过的父亲所从事过的所有行业，他每桩生意都有所斩获并且把收益施舍出去。梅特腊卡亚卡商业上的对手为了除掉他，告诉他当年父亲死在海上的真相。他鲁莽、粗暴地离开了母亲，前往外海探险，无论去到哪里他都会碰到美丽的水神，最后因为曾经对母亲残忍而受到惩罚，被绑在拷打木轮上。俘虏他的人告诉他，只有在66 000年后出现下一个有过错的人接替他受苦，他才能解脱。但是梅特腊卡亚卡说他宁愿自己永远受苦，也不希望另一个人来忍受同样的痛苦。于是，他即刻得到了自由，立地成佛。这个故事里肯定有那个时期爪哇人生活的素材：宗教与商业联姻，商业贸易推动了海外探险。[18]

太平洋中南诸岛（简称南岛）的殖民者从印度尼西亚出发，直接跨过印度洋，到达马达加斯加岛以及距非洲大陆不远的沿海地区，这是一段非凡的航程，具体日期虽然尚有争议，但不会晚于10世纪。这是航海史上人类第一次驶出季风体系海域，具有里程碑意义。我们通常把他们叫作瓦克瓦克人，他们的部分航程可能还是利用了季风，但为了到达马达加斯加，他们一定是在某个地方离开了季风带，冒险南行，穿过东南风盛行的区域，推测起来他们应该是借风西行，但仍然还是转向了东南风带之南更远的地方。或者，瓦克瓦克人是从印度尼西亚群岛的某个地方出发，绕过季风带南部边缘，利用东南信风穿过印度洋。如果是这样的话，这是一项了不起的成就，因为顺风航行以前只在季风带中有过，在季风带航行，航海者一定能找到方向，归家无忧。可是移民者们为什么会选这样一条路呢？这条航线路程漫长，危机四伏，回归无望，这个问题到现在依然是个谜。这些瓦克瓦克航海者的后人现在依然生活在马达加斯加岛，他们的语言中有明显的南岛语系的印迹。

从现存的遗物来看，虽然随着印度洋航线的发展，地理知识不断积累，但是并未在地图上有什么记录。航海家们在航海实践中真实地了解这个世界，可是占统治地位的世界观却依然是学究们对这个星球的想象和描绘，世界依然是宗教传说中的样子，二者水火不容。除了约公元900年时一位印度地理学家模仿中国人所写的一些有关对世界认知的资料外，印度没有留下任何像伊斯兰国家、基督教国家以及中国人写的地理学术著作。直到13世纪，中国的世界地图上才开始有了对印度洋的大略描绘。15世纪晚期以及16世纪早期，爪哇海域似乎出现了一个绘制航海图的黄金时代，但这只是出自葡萄牙人的报告，事实可能只是出于欧洲的需要绘制海图，对当地人和来自印度洋的新加入者来说，并不需要航海图，他们对航线了如指掌。

伊斯兰教地区的情况迥然不同，原因有三：一是阿拉伯人在7—8世纪征服并统一了广袤的领土，他们在这片土地上可以进行各种各样的货物交换，促进了各种各样物品交流的商机；二是穆斯林地理学家能了解古代

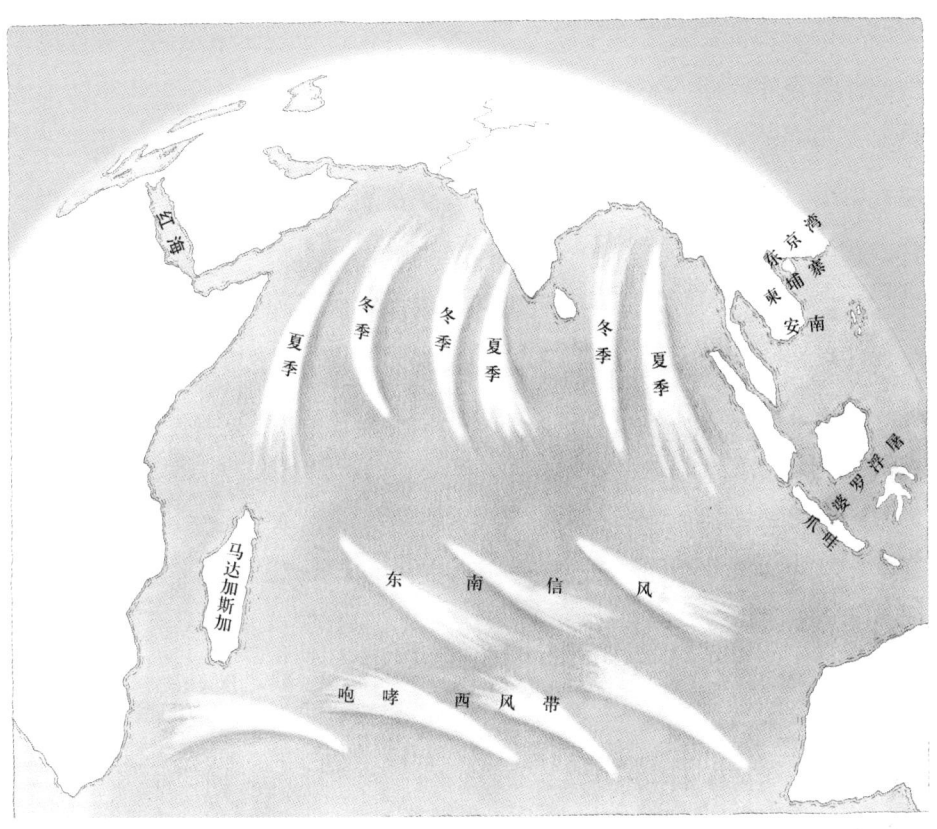

印度洋上的季风体系

希腊人、罗马人以及过去波斯和印度人的航海知识;三是随着伊斯兰教的传播,去麦加朝觐的交通也不断发展,发现新航线以及赚钱的机会超过了以往所有年代。

有些地理知识是建立在真实经历基础上的。例如 9 世纪的地理学家雅库比就是一位不知疲倦的旅行家。他在伊斯兰国家以及邻近陆地,包括拜占庭帝国所辖地区的旅行日记,绝不仅仅是前人文字资料的编纂,其中至少有一部分是他个人的亲身见闻。随后那个世纪的前半叶,马苏弟从地中海出发到达里海,他用自己的亲身经历增补了雅库比的旅行日志,马苏弟的游历范围覆盖了从地中海到里海那片区域,只可惜现在这部分记录已经失传。他的一些推断现在看来颇为滑稽,例如,他认为亚洲在北极沿岸的北端一定是连接着太平洋与黑海。虽然这样说，但现实中也确实有让他产生如此猜测的证据：他看到有阿拉伯航船的木料被海水冲上了克里特岛的海岸。10世纪后期，伊斯兰世界顶尖的地理学家，叙利亚的穆卡达西详细地考察了叙利亚到呼罗珊那一片地区，依次列出了这一区域的重要城市、省会、城镇和乡村。[19]

与此同时，人们开拓印度洋的热潮也影响到了阿拉伯和波斯的穆斯林商人。在穆罕默德去世100年左右的时间里，穆斯林的航船是印度各个港口的常客，尤其是印度河口附近的德布尔。马拉巴尔海岸聚集着穆斯林商人的航船，因为这里集中了几个最大的胡椒交易中心。9世纪，穆斯林的贸易圈已经扩展到了中国。据说9世纪中叶，在商人苏莱曼的故事中就曾提到中国。这一时期阿拉伯的航海指南中甚至包括远至朝鲜半岛的资料。[20]据说878年，当反叛分子洗劫广州时，有成千上万的穆斯林遇难。曾听闻马来半岛是阿拉伯人、波斯人以及中国人的贸易汇聚之所。他说，驻在印度西海岸的穆斯林商会成员有数千人之多。

伯祖尔格·伊本·沙赫里亚尔是一位波斯船长的儿子，具备那个时代丰富的航海知识，编辑了有关印度洋航海的一些最引人入胜的故事。其中，最令人印象深刻的是阿巴拉的故事。阿巴拉是那时有名的航海家，他从家乡波斯湾出发前往中国，先后走了七趟，而那个时候能走上两个来回就已经很了不起了。一次，一艘前往中国的阿拉伯商船看到他乘一条小船独自漂浮在东京湾（今北部湾）的海面上，猜测他一定是在那片风暴横行、岩礁密布的海面上遭遇了不幸，就邀他上船。可是，阿巴拉却拒绝了。阿拉伯商人再次邀请，他再次拒绝。商船恳求阿巴拉让他们救他上船，可阿巴拉却说，除非让他当船长，所有人立刻无条件地服从于他，并且破例给他1000第纳尔的薪酬，否则绝不上船。他警告阿拉伯商人说："你们的情况，会比我更糟。"并且不作任何解释。阿拉伯商人立刻陷入了恐慌，他们想，在这片危机四伏的海上有这样一位当时最伟大的航海家，付出这样的价钱大概也是值得的，而且既然他说出了这样的话，那么他一

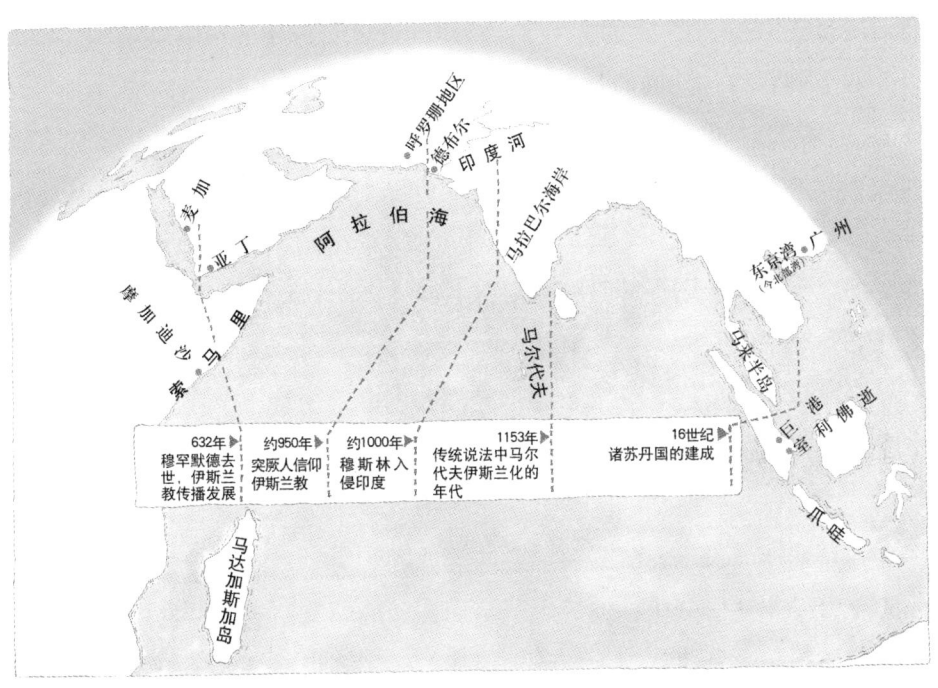

印度洋一带的伊斯兰教

定知道些什么能帮到自己，就同意了他提出的条件，让他上船。阿巴拉一上船就命令除了保有最低限度的必要索具和锚以外，扔掉其他所有装备，还要求把最贵重的货物以外的其他东西全部扔进海里。船员们虽然心里极不情愿，但他们遵守诺言，听从了阿巴拉的命令。结果，他们刚执行完阿巴拉的命令，就出现了台风征兆，天空出现了"一块比人的手掌大不了多少"的云。因为阿巴拉的预警，阿拉伯商人躲过了风暴，并最终到达中国，赚到了不少钱财。到这里，这个故事似乎都还像是真的。可接下来的故事却太夸张了，有几分凭空想象：当返程经过东京湾时，阿巴拉带他们找到了当时抛锚的那片礁滩，看到他们当初抛掉的锚仍在被海水冲刷。[21]

季风带上的新航线诞生过程，虽然不太可能重演，但其中的一些发展阶段和情况有明显的痕迹。8世纪时，从阿拉伯海到中国的直航已十分繁荣。中国的各主要港口这时都已有了穆斯林的大型商团，航行也不再仅仅是各大商业中心之间缓慢的沿海航行，经马尔代夫直接跨越印度洋的直航日益增多。[22]

对于阿巴拉和他同时代的人来说，从波斯湾到苏门答腊岛的巨港一般需要 70 天的时间。如果选对时间提前出发，就可以缩短航程。外交使节和朝圣者愿意提前走，因为这样他们就可以在途中多盘桓些时间，但是对于商贸船队来说，轻易不作此选择，因为提早出发，要等待风向变化，在异乡港口停留等候返程的时间就不得不加长。一旦到达苏门答腊，只要 40 天就能到达中国了。

渐渐地，印度洋几乎成了穆斯林们的内湖：至少东至印度尼西亚的整个受季风影响的海域都由穆斯林们一手控制，海岸上住的是穆斯林，大洋上航行的也多是穆斯林。14 世纪，那个时代——也有人说有史以来——最伟大的游记作家伊本·白图泰曾在这一地区游历时，发现一些地方伊斯兰教的统治尚非铁板一块，他惊讶于摩加迪沙的妇女们袒胸露乳，马尔代夫的人们道德观念淡薄。因为他熟知伊斯兰教法知识，马尔代夫当地人还请他出任法官。他发现不管到哪里都有教友欢迎他，即便是像爪哇那么偏远的地方。

大约 100 年后，杰出的领航员艾哈迈德·伊本·马吉德总结了这片海域几个世纪以来口头和成文的航海惯例。他引用的最早的航海指南是 12 世纪早期写成的，还使用了一些存在已有一个世纪之久的资料。不过大部分讯息是距当时较近年代专业人士收集的，这些人士中最为重要的，是他的领航前辈，他的父亲和祖父。艾哈迈德·伊本·马吉德是个不知疲倦进行自我吹嘘的人，他把许多探险归功于自己。在红海，他亲自验证了领航员们一直争吵不休的航线。他颇为自己对红海"独一无二的了解"自诩，[23] 因为他对非洲沿岸情况的记录完全来自自己的观察。他的名气大到来自亚丁海的航海者把他当成圣人，出海时祈求他保佑航行安全。[24]

与其他大洋相比，印度洋为什么在航海上会孕育出如此丰硕的成果，如此早熟？理解这个问题，就要从——也许有些荒谬——经由日本的航线说起。季风区航线的最远点曾是日本。10 世纪时的日本小说《宇津保物

第二章 抵达
大约1000年前：海上探险

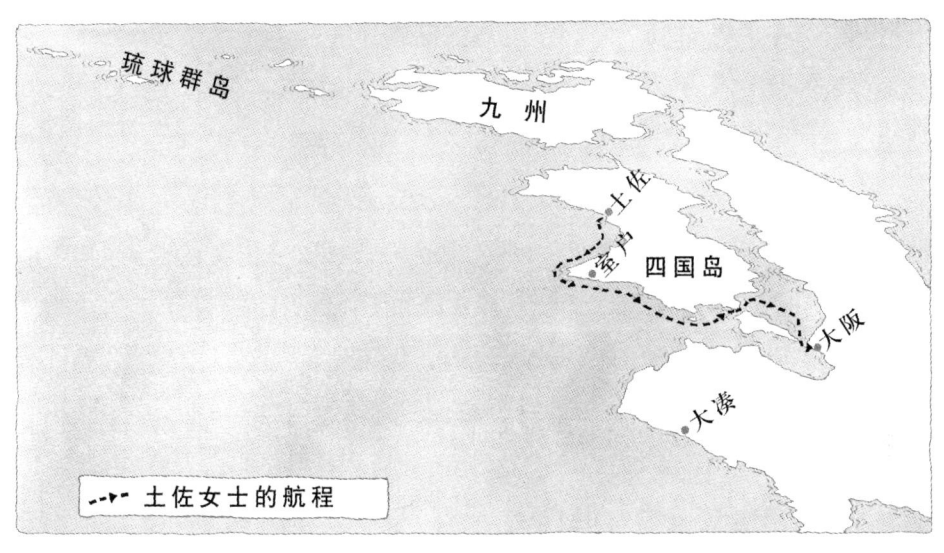

日本，土佐女士的航程

语》讲述了一次奇怪的旅行，海风把船一路吹到了波斯。可是，小说作者对波斯的了解可能来自中国的资料。的确，日本周边海域恐怖难测，日本人除了偶尔会到朝鲜半岛、中国以及琉球群岛以外，很少会航行到周边海域之外。公元936年的一份资料，以日记的形式记录了从日本四国岛——那时这个帝国最遥远的省——南岸港市高知县土佐市出发，到达大阪湾的一次航行，生动反映了日本周边海域的情况。在地图上看，两者间的距离并不远，可是在那个时候从京都到岛国边哨可是一段路途漫漫的航程。据鉴定，故事的作者是一位启程返乡的地方长官的妻子。"人们告诉我，记日记是男人的事，"她写道，"然而，我也在写，看看女人的本事。"但学者们常常对作者的自述表示怀疑，认为这个作品不可能出自一个妇人之手。有一些很有意思的地方，比如书中描写说一阵风吹起了这位女士的裙子，他们认为这不可能出现在一个女人的作品里，因为它与礼不符。男人总是带有偏见，要是一部作品写得相当精彩，他们就倾向于认定它的作者应该是男性。然而，几代以后，日本最杰出的作家中不乏女性，这才让《土佐日记》听起来更为真实。读者往往被文中的精彩内容所吸引，而忘记了实际故事与文学技巧之间的差别。虽然你可以怀疑,认为并非所有书中描绘的事件和事实完全吻合,但这本书中的精文巧饰确实令人信服地反映了现实中的真实经历。

虽然航海者熟悉这些航线,但是这部日记作者还是捕捉到些许日本航海者的精神。正是凭借这样的精神,经过几个世纪的摸索,日本船员一点点了解了自己的沿海航线,了解了日本岛的形状。《土佐日记》的字里行间都表现出对这片海域的恐惧。出发之时,旅行者们"整日整夜地"专注于告别,"希冀旅途平安顺利"。旅行者们举办仪式,参拜海神,向水里扔下符咒和贵重的礼物。在海上走了7天后,他们因逆风而在大凑耽搁下来,等待了9天。这9天里,他们写诗,渴望早日回到京都。接下来的航程,离让人安心的海岸越来越远,他们感觉前途未卜。"我们驶入大海,每划一下水,岸上观看的人都离我们又远了一些。"恐惧与担心与日俱增,山脉与海洋渐暗,领航员和船员唱歌鼓舞士气。在室户,糟糕的天气又耽搁了他们5天。当他们终于高举双桨再次出发的时候,突然出现的黑云引起了领航员的警觉,"要起风了,我们必须回去"。人们的情绪反复起伏:有一天清晨,阳光明媚,"船长焦灼地搜索着海面,那是海盗船吗?太可怕了⋯⋯我们都长出了白发。众岛之神啊,告诉我们,是礁石上飞溅的浪花,还是我们头顶的白发更为苍白?"

人们用尽一切办法躲避海盗。他们向神、向佛祈祷吟唱;向海里出现危险的方向扔更多纸做的符咒,"祭品顺水漂流"、"请让船加速吧"的祈祷声越来越高;最后,他们还改在夜间航行——这是十分危险的权宜之计,只是为了躲避更大的危险不得已而为之。离开鸣门港后,在更多的祈祷声中,他们掠过阿波市可怕的漩涡。航行了3个月后,持续不断的海风,又让他们不得不停了下来。"船上有什么住吉神想要的东西?"领航员脸色暗沉地喃喃自语。他们又向海里投了些纸制的祭品,可是没有用。最后,船长把自己珍贵的镜子扔进波涛,航行才得以继续。隔天他们到达了大阪。"航行中有太多难以忘怀的故事,有太多的痛苦,"作者最后总结说，"我却不能把它们一一道出。"

　　航海日志的体裁让我们可以精确知道航行的时间：航程开始于12月22日，结束于次年的3月6日。这次航行的整个里程没有超过400英里，却似乎花了整整69天，其中包括在海上的时间以及在中转港口等待合适风向的时间。这次航行时间很长有着多种原因：首先也许是因为乘客身份尊贵，这就要求航行必须安全，且不能太过仓促，而更不愿意在夜间航行也让旅行的时间延长不少。再者，按推测，他们所乘之船应该是大型的桨帆共用大木船，要近岸曲折行驶，以便及时登岸补充给养和淡水，这样，他们就不得不舍弃外海的捷径。但是，即便把所有的耽搁都算在内，69天的航行似乎也显得太过漫长。再或者，是日记的作者为了戏剧效果而放宽了时间的尺度，以更好地安排故事？虽然如此，行程安排想必也还合乎情理，否则作品就会因离现实太远而失去动人的效果。[25]

　　《土佐日记》讲述了日本海域航行之难，两相对比，就更衬托出印度洋的优势。也正因为如此，一些历史上改变了世界的伟大交流就发生在印度洋上航线发展时期的印度洋周边：印度教、佛教、伊斯兰教传播到东南亚；文化交流的媒介——信徒——乘船前往麦加朝圣；在我们称之为中世纪晚期的年代，印度洋成了伊斯兰教徒的内湖；东亚与非洲以及中东的海上贸易不断发展，除此以外，中国科技向西方的传播也在一定程度上应运而生。印度洋的海上交通量，远远超过了地中海、波罗的海、加勒比海、贝宁湾、欧洲大西洋沿岸水域，以及日本太平洋沿岸水域所有这些区域早期的海上交通数量。在我们探究大西洋和太平洋的海上交通是如何最终超越印度洋之前，我们必须看看与此同时，世界范围内的内陆探险发生了怎样的故事。

本章文献索引

1. P. V. L. Kirch, *On the Road of the Winds: An Archaeological History of the Pacific Islands before European Contact* (Berkeley, 2000), 215–19.
2. Ibid. 230.
3. T. Heyerdahl, *The Voyage of the Kon-Tiki* (London, 1952); *American Indians in the Pacific: The Theory behind the Kon-Tiki Expedition* (London, 1952); *La navegación marítima en el antiguo Perú* (Lima, 1996).
4. P. Bellwood, *The Polynesians: The History of an Island People* (London, 1978), 39–44; *Man's Conquest of the Pacific: The Prehistory of Southeast Asia and Oceania* (Auckland, 1979), 296–303; G. Irwin, *The Prehistoric Exploration and Colonisation of the Pacific* (Cambridge, 1992), 7–9, 43–63.
5. D. L. Oliver, *Oceania: The Native Cultures of Australia and the Pacific Islands,* 2 vols. (Honolulu, 1989), i. 361–422.
6. P. H. Buck (Te Rangi Hiroa), *Vikings of the Sunrise* (New York, 1938), 268–9.
7. Above, p. 28.
8. A. Fienup-Riordan, *Boundaries and Passages: Rule and Ritual in Yup'ik Eskimo Oral Tradition* (Norman, Okla., 1994), 266–98.
9. J. Bockstoce, *Arctic Passages* (New York, 1991), 18–19, 32.
10. Ibid. 41–8.
11. G. Jones, *A History of the Vikings* (Oxford, 1968), 270.
12. *Navigatio Sancti Brandani Abbatis,* ed. C. Selmer (Dublin, 1989), 12.
13. T. Severin, *The Brendan Voyage* (London, 1978).
14. *Navigatio Brandani,* 80–1.
15. V. I. J. Flint, *The Imaginative Landscape of Christopher Columbus* (New Haven, 1992), 87, 91–7, 162–7.
16. F. Fernández-Armesto, 'The Indian Ocean in World History,' in A. Disney and E. Booth (eds.), *Vasco da Gama and the Linking of Europe and Asia* (Delhi, 2000), 11–29, at 14.
17. I. Glover and P. Bellwood, *Southeast Asia from History to Prehistory* (London, 2004), 238.
18. J. Miksic, *Borobudur: Golden Tales of the Buddha* (Hong Kong, 1990), 17, 67–93.
19. Al-Masudi, *Les Prairies d'or,* ed. C. Barbier de Meynard and A. Pavet de Courteille, 9 vols. (Paris, 1861–1914), iii. 6; F. Fernández-Armesto, *Millennium* (London, 1999), 23.
20. G. R. Tibbetts, *Arab Navigation in the Indian Ocean before the Coming of the Portuguese* (London, 1971), 2.
21. Buzurg ibn Shahriyar, *The Book of the Wonders of India,* ed. G. S. P. Freeman-Grenville (London, 1981), 41 ff.
22. K. N. Chaudhuri, *Trade and Civilisation in the Indian Ocean* (Cambridge, 1985), 19;

Asia before Europe (Cambridge, 1990).

23. Tibbetts, *Arab Navigation*, 189.
24. Ibid. 12.
25. D. Keene, *Anthology of Japanese Literature* (New York, 1960), 82–91; T. J. Harper, 'Bilingualism as Bisexualism,' in W. J. Boot (ed.), *Literatuur en Teetalifgheid* (Leiden, 1990), 247–62.

第三章 行进

近古及中世纪: 内陆探险

诵经师问骑手："哦，你要去向何方？"
"炉火燃起，峡谷既成不归之路，
"遥遥远程，污秽肮脏令人抓狂，
"隘口如坟，壮硕勇者亦难前行。"
——W. H. 欧登：《哦，你要去向何方？》

出发吧！万事俱备，只欠勇者！
骆驼兴奋地嗅着夜的气息。
上路吧，商队的统领；
上路吧，巴格达的商界巨子
……
我们旅行不只为了经商，
热风吹拂着我们躁动的心，
为了探求未知的渴望，
我们踏上了通往撒马尔罕的金色旅程。
——詹姆斯·艾尔罗依·弗莱克：《通往撒马尔罕的金色旅程》

公元后第一个千年末期，也就是公元700年左右的时候，挪威人、图勒人和波利尼西亚人开辟的海上航线探险史取得了新的成就。同一时期里内陆线路的开辟可能不那么引人注目，但同样值得讲述。与现存的印度洋航线一样，内陆线路在史料中也少有记载，但它连通了分散于世界各地

的文化，同印度洋航线一样对世界影响深远。尤其是在欧亚大陆的部分地区，陆路交通随探险的深入不断发展，将一些国家和文明联在一起，它们连通国界，拓展疆土，将曾经与世隔绝的社会纳入它们的管辖和交流网。

现有的资料已经很难让我们重构这个过程。开拓或改进内陆探险路线的人并没有用笔记下他们的历程，反而是那些后来的受益者——商人、朝圣者、制图师、传教士、外交官、官吏、士兵、游历的学者以及猎奇的旅人——在相对较晚的时候留下了这些路线的记录。9世纪之后，在伊斯兰国家出现许多地理学者，在信奉基督教的地区、在印度、在中国，也不乏地理学者，他们向探险者提出问题，并以"诵经师和骑手对话"的形式将谈话的内容记录下来。正是凭借这些记录，我们得以勾勒出一些新路线的进展，或者至少，勾勒出那些没有文字详细记载的路线。先从亚洲开始，再转向欧洲大陆、非洲和美洲。它们只是世界探险的一小部分，却足以让我们观察到一些正在形成的，连通世界的干线。这些道路是未来全球交通网的重要组成部分：它们以中国为起点连接欧亚大陆的各条路线；它们在非洲跨过撒哈拉大沙漠，沿着东非大裂谷成为商业和文化交流的大动脉；沿着这条路线，美洲的主要粮食作物以及风俗习惯不断地从中美洲、安第斯山脉中北部各文明的摇篮向外传播。如同早先的文化交流形式，贸易是这段故事必不可少的组成部分；它们散落在开拓者开辟的道路上，成为今天我们发现他们努力成果的唯一证据。

◆ 拓展丝绸之路 ◆

在西方人所谓的中世纪时期，从中国去往印度的商队，总是要经过一段漫漫长路——沿着丝绸之路深入中亚，然后南转，向东穿过兴都库什山脉再进入印度。从理论上说，并不需要如此艰苦，穿过西藏就能缩短这段辛苦的旅程，本来，不少商队的目的地也只是西藏，可是，或许是因为西藏缺少向南的通道，因此这条线路也就渐渐被人"淡忘"了。此外，通往印度最直接、最快捷的是西南一线，也就是穿过四川和云南，到达印度。然而这条被当今学者称作"南方丝绸之路"的路线在当时的拓展却极为缓慢。[1]

11世纪以前，四川都还很难算是中国的一部分。中国观察家眼中称这里为"溪河岩穴之地"——在英语中，这个称谓颇有几分浪漫，可对于儒家文人，却只有不快的联想。欧阳修，这位中国古时的官员对这片"边夷之地"的浪漫有过非同寻常的感触，他描写道：

紫箨青林长蔽日，绿丛红橘最宜秋。

道涂处险人多负，邑屋临江俗善泅。

腊市渔盐朝暂合，淫祠箫鼓岁无休。

风鸣烧入空城响，雨恶江崩断岸流。[①][2]

这里是中国的"西部"——一片等待开发和汉化的蛮夷之地。部落首领统治着那里的竹林和冷杉林，相传他们和盎格鲁—撒克逊人想象中的东安格利亚沼泽邪灵一样，或拥有法力或如同魔鬼。中国人根据这些部落的开化程度把他们称为"生蛮"或"熟蛮"。黑彝是众部落中最为野蛮彪悍的一支，他们的头人被称作大魔头。1014年，接连的胜仗逐步驯服了这些部落。与此同时，行政改革[②]将将四川省分成了几个"道"，按照道政府将这片区域分成一块块面积巨大的土地。中国古代多半是中央集权与官僚管控，这次是中国历史上极罕见的由朝廷推动王公贵族主导的变革。从内地来到这里的定居者改变了这片土地：对当时的中国而言，其变化不亚于今天新疆和西藏的变化带给中国的影响；而对四川当地来说，结果更是翻天覆地：往昔"禁山"上的树林被砍光，变成了秃山，就连大魔头也在1036年成为中央政府的一名官员。这里的盐矿让宋朝政府垂涎欲滴，再加上四川的茶叶和桑林资源，宋朝迫不及待地想把它归为己有。[3]

在整整500年的时间里，四川都属边境地区。四川之外的云南盛产

---

①以上片段选自欧阳修《夷陵书事寄谢三舍人》。——译注
②指宋朝的行政改革。——译注

白银，充满了诱惑。可是，开拓这里的难度却高于四川：热带气候不宜人居，没有可以控制的地方政府，对定居者来说完全没有安全感可言。直到13世纪后期，中国军队用镰刀在这里开出道路，之后当地部落才逐渐归顺中央政府并习惯向之纳贡，开始把自己当成这个帝国的一分子。之后又用了几百年，这里才被完全融合。云南再向外走是缅甸，这里一直是从云南向南通往印度的障碍，难以征服，中国从未能控制。商队要从缅甸安全经过就必须支付令人却步的费用。

鉴于以上种种，在整个中世纪，这条连接中国和印度的"南方丝绸之路"虽有潜力但并不常用。到公元399年法显和尚从长安前往印度的时候，这条路依然未能通行。为参拜佛教圣地、寻求佛教真经，许多中国僧人前往印度，法显的天竺之行就是他们中间最早、或者说是有记录以来最早的一次。而这些去往印度的中国僧人和当年从印度前来中国的佛教徒所走过的路可能正是同一条。我们只知道4世纪晚期到5世纪早期，也就是把佛经译为中文的鸠摩罗什到达中国时，这些佛教徒相当活跃，除此以外，我们对这些去往印度的中国僧人知之甚少。

正是那时，很多的寺庙开始出现在中、印之间的路途沿线，为旅行者遮风避雨，并吸引捐助。敦煌的壁画描绘了这条路上的生活，展现了商人的虔诚，一些画里甚至有他们的面孔和留在身后的家人。这些都表明寺庙已成为世界的一个交汇点：欧亚文化在这里相遇，按照中国人的说法，在这个"亚洲咽喉"，"游牧民族和中国人沟通交流"。那些通往"西方大洋"的道路如同"颈部的血管"一般汇合。山崖上的石窟正是踏过千山万水的旅人的歇息之所，这里连接着中国、印度、中亚以及我们称之为近东的地方。汇合于此的道路从这里再次出发，进入其他的交通网络，通往日本、欧洲，跨过印度洋，到达东南亚、阿拉伯半岛沿海地区和东非。[4]

通往敦煌的道路穿过戈壁，每隔一段不等的距离就会有一个军事驿站，客人可以在那里盖着羊皮休息，更换马匹。驻地之间，骆驼的粪便是路标，也是这不毛之地的唯一燃料。1926年，欧文·拉铁摩尔通过戈壁

第三章 行进
近古及中世纪：内陆探险

8世纪时强盗在丝绸之路上抢劫过往商人。沙漠中的道路提供了最好的，却非绝对安全的保障。

时，他的一位同伴曾说：只要在路上能看到骆驼的粪便，"我就能去到世界的任何地方"。[5] 直到那时，这条路上的游戏规则和危险性依然同以前一样，几乎没有任何变化。过了额济纳河之后，欧文·拉铁摩尔"强行军"走了四天才通过最偏远闭塞的区域，到处是腐烂的骆驼尸体，一具挨着一具，最新死去的骆驼身上还能看到往外冒的血泡和它们脚掌上的水泡。

法显大师沿昆仑山脚穿过了戈壁，可前方的旅途上劫匪肆虐无法前行。出于安全考虑，法显和他跟随的车队取道塔克拉玛干沙漠，但他们付出了惨重代价，痛苦异常，这位僧人说："沙河中多有恶鬼、热风，遇则皆死，无一全者"，"所经之苦，人理莫比"。[6] 在塔克拉玛干沙漠的边缘，车队进行了一周的休整，补充了足够一个月使用的给养。一般来说，车队规模越大越安全，但是，一支带着牲畜的队伍最多也不能超过50人，因为如果再多的话，在随后 30 天里就连找到刚够供人畜饮用的水源都无法保证：那些偶尔一见的盐沼，沙丘间时隐时现或是寒夜里结冰才能被发现的河流。沙漠里最可怕的危险还是迷路，"被邪灵引诱而迷路"：

> 即便在白天也能听到这些邪灵的声音，似乎是鼓乐齐鸣，鼓声和兵器的撞击声尤为清楚。因此，车队都会强调大家要紧紧挨在一起。睡觉前要做好标识，指引第二天行进的方向。所有牲畜的脖子上都系着铃铛，听到响动找到把它们赶回队伍。[7]

在一位 14 世纪的画家的想象中，邪灵们都皮肤黝黑，身材壮硕，生性残忍，手中挥舞着马的残肢。蒙古人建议在马脖子上涂上鲜血以躲避邪灵。向导说沙尘暴也是邪灵们误导迷惑旅行者的工具。天空会突然变得漆黑，沙尘弥漫。大风刮得空中飞沙走石嘎嘎作响，铺天盖地砸在人畜的身上。[8]

越过沙漠还有高山——天山，被称作"圣山"，它长 1800 英里，宽达 300 英里，海拔 24 000 英尺，沿塔克拉玛干沙漠一路向北，少有山脉能如它一般令人望而生畏。山脉间的吐鲁番盆地比海平面低了 500 英尺，深深的低地也让这里更显古怪，行人心理上容易烦躁不安，身体也感觉难受。欧文·拉铁摩尔在 1926 年计划穿越这些山脉，但是如同厉鬼一般恐怖的大风阻挡了他前进的脚步，天气寒冷，一千只骆驼被冻得牙齿打战，"风卷雪花如同沙砾一般从我们面前呼啸而过"，"那声音尖锐刺耳，就如同钉子穿过耳膜"。[9]

法显穿过土耳其斯坦东部，到达和田。这里是一块商贸绿洲，贸易发达，不仅是商业中心，还是有名的地毯、丝绸以及玉器的制造中心。去往印度的路上还要面对一座又一座高山（即古称的葱岭）："这里积雪常年不化，巨龙吹起狂风。"法显大师从兴都库什东边下山前往现位于巴基斯坦的白沙瓦。最后，到达了他西行的第一个目的地祇陀园，在那里他停留了些日子思索下一步。然后，沿恒河流域，不断改变路程，像旅行者一样随机拜访途中的僧院，直至最后他在孟加拉湾取道海上返回家乡。他乘船到过斯里兰卡，因为听说曾有精力过人的商人住在这个岛上。

法显是当之无愧的先驱者。7 世纪晚期，义净和尚也曾于 671 年前往

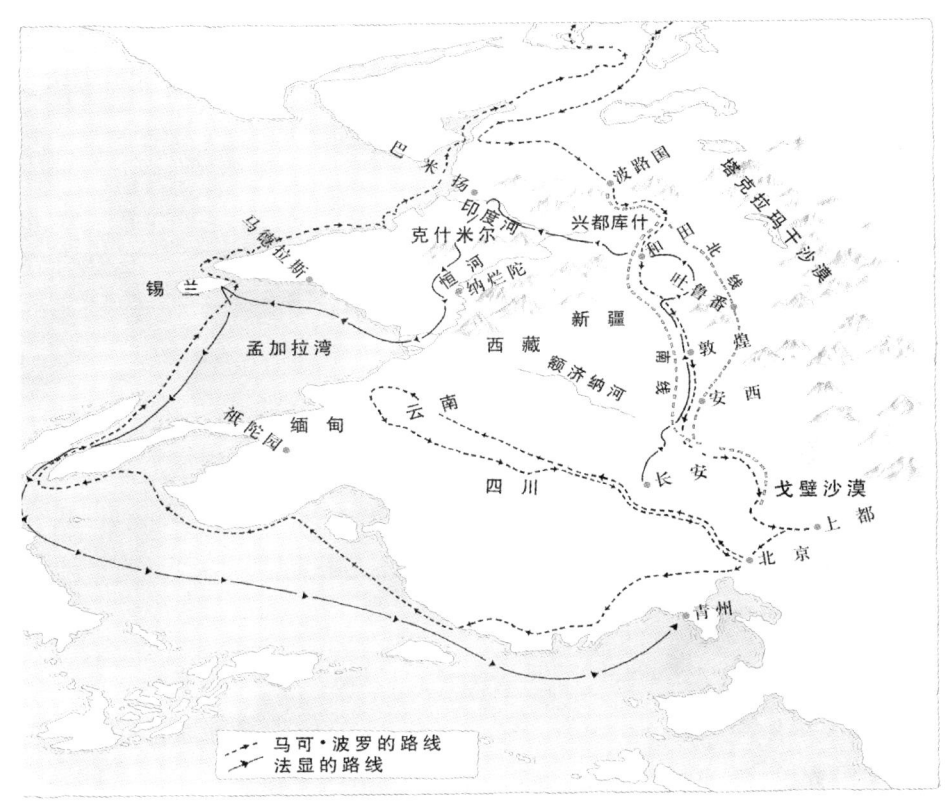

丝绸之路

印度朝圣，在他的笔下，记录了随后56次类似性质的旅程，这些旅行无一例外都是僧侣们求佛的经历。许多人追随法显大师的脚步，沿着丝绸之路西行，其他的人则取道西藏和尼泊尔。

公元629年，玄奘开始了他长达16年的取经之路，"不是为了财富，亦非为了俗世的名利，而是为了求得真经"。有关他的行程是现存记载最为详细的一次：他是为了躲避当时的政治动荡而背井离乡西行的。按照他座下门徒的说法，玄奘预测了隋朝将于618年衰亡。从年轻时代起，玄奘就受到"弘扬佛法"的激励，而一直仿效"先贤"法显，"普度众生"。玄奘梦想有一天能登上佛教徒心中的圣山须弥山，为此，他踏上了西行征途。先知先觉的向导警告他说："西行之路条件恶劣、危险重重。流沙会阻碍你前行,魔鬼和飓风会挡住你的去路,没人可以逃生。就是人数众多的车队也难免迷路,消失无踪。"可玄奘丝毫不为所动,于是向导弃他而去,玄奘独自踏上了西行之路。戈壁的沙漠完全无路可寻,方向辨识成了最大的难题:

自是孑然孤游沙漠矣。唯望骨聚马粪等渐近……四顾茫然,人马俱绝,夜则妖魑举火,灿若繁星……但念观音及般若心经……忽见青草数亩。下马恣食。去草十步欲回转。又到一池水。

为了避开强盗,玄奘不得不攀登天山,他得了雪盲症,却还是设法躲过了雪崩。他绕道吐鲁番,那里的可汗警告他不要前去印度:"恐怕你会热死,""那都是些野蛮人,根本不值得一见。"然而,玄奘却越发坚定,"我宁可死在西去的路上,也不就此东归。"他越过天山来到了一处地方,似乎回到了家园,那里大多数人都信奉佛教。

波路国①有100家僧院,3300多名僧侣。在巴米扬,他看到了那尊著名的佛陀,"140或是150尺高,金光闪闪",刻岩而成,即2002年被塔利班摧毁的大佛。翻过兴都库什山进入印度后,玄奘在克什米尔做了两年的精神准备,之后,他沿着恒河一家僧院一家僧院地游访。633—637年,玄奘在比哈尔的纳烂陀骑着大象游历了许多佛教圣址,再之后他沿着次大陆的东岸远至马德拉斯。当他打算离开的时候,那里的主人对他说:"印度者佛生之处……巡游礼赞足豫平生。何为至斯而更舍也。又支那国者蔑戾车地,轻人贱法。诸佛所以不生。"玄奘回答:"岂得称佛不往。遂可轻哉?"玄奘的归乡并没取道水路,相反,他取道陆路横穿印度,从印度河溯流而上,重走了很长一段他当年去往西方时走过的路。玄奘请回了150颗佛舍利,6尊佛像以及657卷经文,用20匹马把它们带回了长安。[10]

玄奘的西行让人想起《本生经》和《布伦丹之航行》[11]中有关旅程的部分章节:一段神化的旅程,等同于一段灵魂的完美之旅。故事中有讲旅

---

① 波路国:阿富汗北部一古国。 ——译注

程中所需的虔诚、富含启示的与佛及导师的相遇、奇迹的突然而至以及祈祷力量的证明，这些都会让读者忘记这是一段真实的旅程，忘记这是世界文化交流大发展的明证。玄奘既是一名传教者，也是一名朝圣者，用文字记载了人们改信佛教的事，特别是索罗亚斯德教徒改信佛教以及一次整个镇的印度教徒改信佛教的事。作者详细讲述了他对大乘佛教的英勇捍卫，他对诱惑的抵制，以及试图用权力劝诱他的国王的故事。但除了宗教方面的详细记录以外，文字中还混杂了许多带有宗教色彩的世俗生活细节，如气候、矿藏的位置以及对颜色异常的大象的观察。

◆ 蒙古的影响 ◆

随后，丝绸之路进入到历史上发展最快的时期，但其发展并非是因为道路数量的增加，而是因为 13 世纪蒙古帝国的崛起，丝绸之路的安全性大大增加。正如蒙古人说的那样：天归一则地归一。在"蒙古强权下的和平时代"，从欧洲边境到中国，跨越亚洲的交通走廊统一由一个帝国管辖。这一进程的第一阶段从 1206 年，成吉思汗将草原上各民族统一成自己统领的部落联盟，成为草原至高无上的统治者开始，到他 20 多年后过世。

德高望重的道教长老长春真人曾亲身感受过丝绸之路的这一变化。1219 年成吉思汗召他赴驾前相见，解释说："过河，我们得有船和舵。一样的道理，我们需要贤人，帮助治理帝国。"长春真人立誓："随时听从龙廷的召唤。"这样，长春真人以 70 高龄，告别了"长年在洞中的"隐士生活，从他的家乡山东半岛的莱州出发，历时 3 年，到达兴都库什，晋见成吉思汗。

有人见过长春真人，说他：坐如钟，站如松，动若电，行若风。[12] 他的弟子为旅程写了游记，说真人的声望让强盗都闻风而退。一位了解他的崇拜者写道："大师千里迢迢，走过国度中最为艰难的里程，穿越地图上都没有标注的地方，跨过不见一滴雨露的荒漠。"

1221 年 3 月上旬，长春真人一行从北京出发，向北，前往"风俗、气候与故土完全不同"的兴安岭（中国大兴安岭），然后从那里西转去往蒙古。从某个角度来说，长春真人是个有些挑剔的旅行者，他不和皇帝新召的嫔妃一起赶路，也不冒险进入"没有蔬菜"之地（他指的是草原）。但他穿过戈壁，翻过"严寒刺骨的大山"，勇敢地跨越了荒野，并在荒原上按照蒙古人的习惯，在马脖子上涂抹鲜血，以驱赶邪灵。路上的道观也让长春真人一行的旅途轻松不少。

长春真人的弟子著有旅行记，从中我们可以看出他们对自然景物更为敏感，他们对自然的敬畏让他们对自然的观察更为精准翔实。一路上，他们看到了克鲁伦河河岸的野蒜和柳树，松林覆盖的山脉，乌里雅苏台河边的野葱和芬芳的青草，还有"形似畸形手指、深紫色的"撒马尔罕茄子。这位弟子还记下了魔鬼和妖精们的传说故事，只是"老师未予置评"。1221年12月，长春真人一行到达了撒马尔罕，让他们吃惊的是，这里最肥沃土地上的园艺师竟然来自中原。

1222年5月，长春真人终于见到了成吉思汗，可是现实的落差让他痛苦不已。尽管成吉思汗一再强调他热爱智慧，需要知识，可是他向真人问出的第一个问题却是"有何长生之药以资朕乎？"而长春真人和成吉思汗意见最接近的一次讨论也只是狩猎的规矩，而且最后还没达成一致意见！长春真人回归故土时，发现了一封成吉思汗写给他的信，信中全面地介绍了蒙古帝国对丝绸之路的创立和管理：

尊敬的大师，春夏两季，旅途辛苦。不知他们是否已经给您备好粮食、马匹？在顺德府①和您后来待过的其他地方，当地官员对您的住宿招待是否周到？也不知道您对普通百姓的教诲是否已经让他们归之如饴？我心中一直记挂着您，也希望您不要忘记我。13

随着丝绸之路安全程度的提高，通达的范围也日益扩大。蒙古势力范围内安宁和平，欧洲到中国的欧亚之行也就变得相对容易起来。也正因为

---

① 今河北邢台。——译注

第三章 行进
近古及中世纪：内陆探险

这样，商人和教徒们在丝绸之路上的往来也日益频繁。马可·波罗是历史上最优秀的游记作家，也是长久以来，丝绸之路上种种艰难困苦的最好见证者。按他自己的说法，1271—1274年，当他还是个孩子的时候，就离开家乡威尼斯，与父亲和伯父一起走过丝绸之路，而在这之前，他的父亲与伯父已经与中国有所接触。马可·波罗在皇宫及中国地方上为官17年，他并没给中国带来什么影响，倒是他带回欧洲的游记让欧洲人赞叹不已。按他书中所说，他在威尼斯和热那亚的一场海战中被俘，在狱中他向一位狱友口述了其见闻。和大多数游记一样，在马可·波罗的书里，一方面充斥着为了追求轰动效应而写就的不实、想象之词，另一方面其中也有大量唤起人们激情的、完全真实的描述，这已经成了游记作品的固有模式。

"3年半艰难完成旅程，"马可·波罗在描述他们一行人经过丝绸之路时说，"因为走过的地方不是雨雪交加，河水溃堤，就是狂风暴雨；再者冬季也不如夏季那样好骑马。"[14]强盗、官员的勒索再加上政府的官僚主义都拖累了大队人马的前进速度。《马可·波罗游记》的真实性一直被人怀疑，因为中国的文献没有提过他，而且马可·波罗对中国的观察描述也非常随意多变。但中国的文献一般都会有点看不起蛮夷。而且，我们应该谨防"诉诸无知"①的谬误。马可·波罗的书中没有写的内容，不见得他就没有看到，或是没有听说过。例如，茶，一个熟悉中国生活方式的人有可能反而忽略记录这个中国人生活中最普通的东西；再如长城，有可能那个时代它年久失修，蒙古人已越过了长城，长城已在蒙古帝国版图之内，它的重要性已大大消减，所以马可·波罗在游记中对这两者都没有提及。不论怎么说，这些怀疑都忘记了一点：马可·波罗是《天方夜谭》中男性的苏丹新娘谢赫拉莎德，从他为写书收集的资料来看，书的主要目的是记录下足以证明可汗治下的中国版图之广、风物之丰的奇珍异闻，以取悦至高无上的可汗。

---

①诉诸无知，常见的逻辑错误之一，例如：由于我们没有关于外星人的知识，就说外星人不存在。实际上对某些知识的无知，与它的存在与否无关。——译注

就在马可·波罗从欧洲出发到达中国的同时，拉班·巴·扫马沿着相反的方向，从北京出发向西行进，他的旅程堪与马可·波罗相映成趣，却更为独特。拉班·巴·扫马是中国子民，他把自己叫作鞑靼人或是蒙古人。同所有的家族成员一样，他也信奉基督教，更准确地说是信奉聂斯脱利教派，即景教，这一教派认为基督人性和神性分属，两者各属一体。那时候，中国人信奉景教也算寻常，特别是中亚裔的中国人。事实上，中世纪后期，当聂斯脱利教在欧洲受到迫害与鄙视而消失时，渐渐在中亚和中国兴起。丝绸之路上有很多聂斯脱利教僧院和佛教僧院。很明显，巴·扫马家族受到了中国文化的影响，族人在和巴·扫马沟通时曾提到很为祖先和族系的香火延续担心。有一段时间，巴·扫马内心烦乱，他放弃了婚姻，违抗父母，曾一度隐居修行。

大概是在1276年前后，巴·扫马从中国出发，和他叫作马可斯的土耳其僧人朋友一起踏上了前往耶路撒冷进行朝拜之旅。在土耳其，基督教一直都不是主流，许多人都信奉聂斯脱利教派。巴·扫马的土耳其朋友曾劝说他不要去朝圣，由此，我们可以判断，在传统上，朝圣并不是聂斯脱利教表达虔诚的方式。但马可斯前往圣地的信念坚定，他们坚持踏上了朝圣之路。沿着丝绸之路，他们肯定能找到愿意为他们提供寄宿的聂斯脱利教修道院。[15]

巴·扫马取道昆仑山脉的南麓，在宁夏为穿越沙漠做了准备，然后从那里的一座聂斯脱利教修道院出发，历时2个月，最终到达了和田。早期有传说：巴·扫马的旅行得到了忽必烈可汗的鼓励和部分资助，但对此无论是巴·扫马自己，还是中国官方都不曾有过记录，但这同忽必烈可汗支持宗教少数族群的一贯政策确实是相符的。

巴·扫马一行前往波斯的路上磨难重重：被敌人抓住、释放，跨越沙漠、翻过高山，一路艰辛，还曾丢失了所有的财物（但从现存的巴·扫马的记录中我们已无从得知这是盗贼所致，还是因为其他灾祸）。到达波斯以后，他们在马拉盖，也就是现在的阿塞拜疆，见到了聂斯脱利教派的主教大人。那时，这里是世界上最优秀的学术中心：图书馆里储藏着40万本图书，新建成的天文台是世界天文技术的样板，学者在这里汇聚一堂，东方智慧从这里向西传播。

主教先是预言巴·扫马的旅程能够取得成功，然后就力劝他留下来和自己一起工作。主教死后，巴·扫马的土耳其同伴被选举为新一任大主教。1286 年，巴·扫马终于能够再次踏上征程，可是他的目的地却不再是耶路撒冷，至少最初不是。波斯国王命令他拜访欧洲的基督教廷，希望与之结成联盟共同对抗埃及。他带的信函中写道："蒙古王和天主教（也就是聂斯脱利教派）大主教友谊深厚，蒙古王欲攻取巴勒斯坦、叙利亚诸国，希望得到你的帮助以得到耶路撒冷。"[16] 和他一起出行的还有两名从中国回来的意大利商人，为他充当翻译。

巴·扫马可能是由陆路到达特拉布宗，在那里上船，于 1287 年初到达君士坦丁堡。在此之前，巴·扫马从没到过以基督教为主要宗教乃至为国教的国家，他虔诚地凭吊先贤遗物，面对宏伟教堂时心中充满了敬畏。6 月 18 日，巴·扫马看到了意大利的埃特纳火山喷发；6 月 24 日，他则目睹了那不勒斯和敌对王朝间的一场战争。"同时，巴·扫马和他的同伴就坐在他们居住的教堂的屋顶，他们欣赏弗兰克斯人，因为他们的战争只限于战场，而不会攻击和伤害任何平民。"[17] 可是巴·扫马到达罗马时，那儿正在选举新的教皇，什么问题都没法谈，什么问题也解决不了。而同建立同盟相比，红衣主教似乎对巴·扫马的信仰更感兴趣。于是，巴·扫马又转道去了巴黎。在那里他欣赏了当地大学，然后他在波尔多参加了为英格兰国王举行的圣餐仪式。1288 年复活节前的礼拜日，新教皇尼古拉斯五世①给他授圣餐。回波斯前，巴·扫马和他的神职同伴一起在韦罗列为一些赦罪券盖印，落款为"巴巴佐玛，东方鞑靼人"。巴·扫马在余下的岁月里一直致力于修筑教堂，收藏他一路上收集的各种圣物。1294 年，巴·扫马过世。

联盟没能成功建立，但巴·扫马的一路西行让我们看到了当时欧亚大

---

① 原文如此。经查应为尼古拉斯四世。——译注

陆的状况。当时，欧亚之间确有蒙古人治下的道路连接，但是文化的鸿沟并未因此而消除。巴·扫马只能用波斯语尝试和基督教世界的主教沟通，很明显，翻译没能充分表情达意：巴·扫马把外交式的抗议误解成了欣然同意，把基督教徒间的友谊误认为是教义的赞同。然而，巴·扫马和马可·波罗及其他西方人在同一时间，从不同方向完成了同一段旅程，这一事实证明正是蒙古人治下的和平保证了欧亚间道路的畅通。事实上，巴·扫马的游记只有零零星星的片断，流传下来的也不多，但从中我们看到欧亚大陆两端的沟通，还是令人叹为观止。人们很难否认，那一时期，技术进步、艺术创新、新科学等种种西方文明的革新为世界带来新的观念，而这些观念都在一定程度上受到了丝绸之路和茫茫草原上其他交通路线的影响。

在此之后，丝绸之路成了欧亚的常规交通线，"道路安全，昼夜皆可通行"。14 世纪 40 年代，意大利商人的旅行指南《经商手册》中说："一定要留着胡子。"在亚速海的塔纳湖，无论费用多高，你都要雇用一个好的向导，"如果商人们愿意从塔纳湖带个女人走，也没问题"。离开时，只要带够 25 天的面粉和咸鱼就可以，"其他的东西都很充足，特别是肉"。还要带一个近亲在身边，否则一旦死去，所有财产就会被没收。向导熟知每一站的财物的货币兑换率和合适的交通工具，比如，他们会根据你希望到达的时间和愿意支付的酬劳告诉你，去阿斯特拉罕，牛车和马车哪个更合算；告诉你在到达中国水系之前，必须要骑骆驼或是跟着骡队。这本旅行指南中还说，银子是行程中的流通货币，但到达之后要和中国官府兑换成纸钞。[18]

◆ 跨越草原 ◆

丝绸之路最特别的地方就是它竟然能够存在！事实上，欧亚大陆由几乎横跨大陆的草原地带连接，中间几乎没有障碍，而且草场丰富，绝大多数地方水源充足。在欧亚大陆之间，任何一个有志于旅行的人——在其他考量一致的情况下——都会发现取道草原远比跨越沙漠、翻越高山容易得多。甚至是前往印度的车队，因为南丝路通常不通，从中国出发的旅人似乎都不得不跨过大半个亚洲，从西边去往印度，所以走天山北边更为合理：这条路虽然远点儿，但从地形来看，却要容易得多。

然而过去，多半时间里草原之路都没法通行。这里是畜牧者的家园，对于商业，他们和习惯定居的邻居看法截然不同。因为缺乏可以交换的货物，他们会去抢劫或敲诈过往的商队。在草原上，各个部落不是相互仇视，就是正在交战，对于旅行者，是噩运当头，对商人来说，最好的情况就是代价高昂的破财免灾了。而丝绸之路的优点正是可以躲开这些草原上的劫掠者。沙漠相对安全，恰恰是因为人烟稀少。旅行者愿意取道天山也恰是因为这条线路对草原人和马背上的抢劫者有所限制。当然，即便是丝绸之路，安全也并非完全无忧。游牧的抢劫者依然是惯常存在的危险。张骞[19]从中国出使匈奴，在来回的路上都曾被草原上的敌人匈奴抓住过。很明显，丝绸之路和草原之路的区别就在于一个是尚能接受的风险，而另一个则是注定的灭顶之灾。

但，13世纪开始，一切都不同了。蒙古人离开以前生活的主要区域，沿阿尔泰山脉狂飙突进。正像14世纪一位生活在北京的主教吹嘘的那样："在蒙古人之前，没人相信这些山脉之外还有人生活……但蒙古人得到神的许可，全力以赴，翻过了大山。我也是！"[20]成吉思汗建立的帝国给草原带来了和平，让它变得畅通无阻。特使约翰·普兰诺·加宾尼成为记录蒙古人保护下的草原之旅的第一人。1246年，蒙古马队带着特使自己也不得不承认的肥硕的身躯在106天里行进了3000英里。大概在出发后的第三周，特使在基辅外遇到了蒙古人，蒙古人在萨拉托夫正南方的伏尔加河的一处营地上招待了特使一行。特使从那儿出发，掠过里海和咸海向北，沿着巴尔喀什湖南岸行进，最后穿过阿尔泰山脉，到达了位于喀喇昆仑山脉附近至高无上的可汗皇宫，一路上大概每30英里就会有一个蒙古人的驿站。

从外交的角度来看，这次旅程却是损失惨重。约翰被蒙古人的自大、野蛮以及把世界并入自己版图的决心吓坏了。"因而"，他说，"如果基督徒

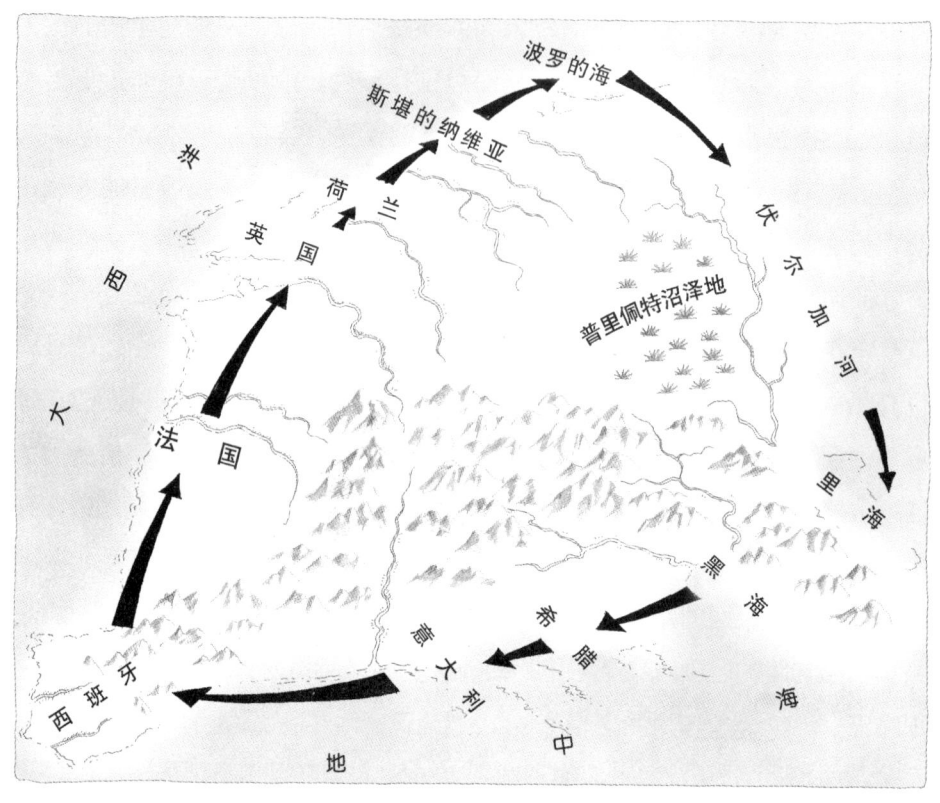

欧洲示意图：

　　大致来看，欧洲是一个三角形，三条边线分别是三条历史交流通路：地中海、大西洋海峡以及伏尔加河，防波堤般的山脉与沼泽将其分隔开。从某个角度来说，欧洲历史就是这三大地带融合的故事，是它们之间沟通联系的发展过程。

想要救自己"，就应该"在他们遍布世界之前，派人去和鞑靼人作战"。[21] 在西方人对世界的了解扩大之前，蒙古人是欧洲人种学中最古怪、最最挑战神经的人种，是让他们很是不安的发现。他们不在"类人"之列，既不像中世纪制图学散居于亚洲边境的狗头人、单足人、"头在肩膀之下"的怪物；也很难把他们按学者们已知的《圣经》和古代权威典籍里的传统给他们分类。在不同的时间，他们被分别归作天谴、罪罚、魔鬼以及野兽。按照一些相互矛盾的记录，蒙古人的生活习惯类似于野兽，他们会像狗一样吠叫，有着和猴子一样的扁平面孔。他们茹毛饮血，这应该是真的，因为草原上没有蔬菜,他们需要靠鲜血和肉类获得健康所必需的氨基酸。

甚至有人说蒙古人吃人。这个说法是不正确的。汉人、藏人、亚美民亚人、格鲁吉亚人的史料表明他们不喜欢蒙古人,但是都不曾说过蒙古人有这样的放肆行为。蒙古法律中是没禁止吃人的条款,因为大概根本就没有这样的必要。[22] 这种说法缺乏切实根据,应该只是出自阅读、想象及恐惧。在古典作家笔下,吃人常常是其作品中北部野蛮人的特点之一。此外,还有更为重要的一点,在西方中世纪时的文化中,吃人是违反自然法则的。这点非常重要,因为违反自然法则必然失去自然法则的保护,从而沦为奴役的对象,或是卷入战争。

虽然如此,西方诸国还是一直在尝试了解蒙古人。他们与蒙古互换使者,传教士也亦步亦趋,和使者一起取道草原、丝绸之路,或偶尔跨越印度洋从海路到达蒙古的中心区域乃至中国。对这条草原路线观察最详细的是化缘修士威廉·鲁布鲁克,1253年的春天,他告别法国国王,前往蒙古。在鲁布鲁克眼中,这是一次纯粹的宗教之旅,可法国国王却希望在外交和情报方面也能有所斩获。鲁布鲁克跨过了黑海,在5月从塔纳出发,坐马车穿过了草原。"三天之后,"他写道,"我看到了蒙古人,我真是觉得我进到了另一个世界。"11月,他已经到达肯喀,"饥寒交迫,筋疲力尽"。12月,他登上了高高的阿尔泰山,站在山上,他吟唱起教义:"悬崖峭壁之间,驱除魔邪。"1254年的圣枝主日,鲁布鲁克终于进入了位于喀喇昆仑山脉的蒙古都城。在他看来,这里就如同一块磁铁,紧紧地吸引着来自欧亚各地的手工艺人,其中也包括来自波斯的金匠和来自亚洲各地的僧侣。[23]

随着亚欧交通的发展,中国文化对欧洲的思想及科技产生了巨大的影响。火药和鼓风炉分别于13世纪和14世纪传到了欧洲。欧洲经验主义的复苏也恰好出现在这一亚欧广泛沟通交流的时期,所以,有人怀疑它也受到了中国,尤其是中国道教的影响,因为中国道教自来就有细心观察自然的传统。很难想象,如果没有对自然风光赏鉴有过卓越记录的中国文明的

（图上方是）威廉·鲁布鲁克和他的同伴向路易九世告别，（图下方是）路上的他们。

跨文化滋养，这一时期的西方是否会有那些伟大的、对自然之美的发现，尤其是联想到圣方济各时更觉如此。

◆ 日本和欧洲的境内勘探 ◆

然而，并不是所有的探险都在探索外部世界，更为经常的探险是在内部，填补缝隙，促进发展。日本是这一时期相关记载保存最为完好的国家之一。当时，日本正在以中国为模板形成政府行政管理机构，皇室推动着领土勘测、地图绘制工作，对相关卷宗条分缕析。645年左右，日本开始了最早的勘测调查工作，然而，如果当时真的绘制过地图，我们只能说，时至今日它们都已随风而逝。现存最早的日本地图是8世纪的房产图。这些图纸现存很多，可以看出日本那一时期测量技术领先而精准。传教僧人也为之做了很多补益工作，例如，遍游日本的行基和尚

第三章 行进
近古及中世纪：内陆探险

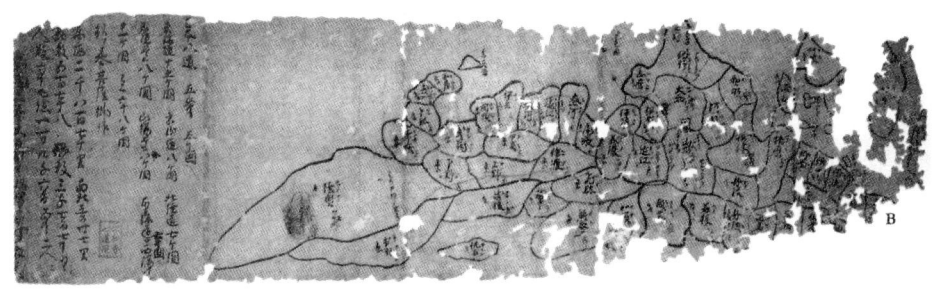

根据日本行基和尚云游路线绘制的地图，标出了各省的位置（本页正文列出），绘于1305年，上南下北。

（668—749）每到一处都会绘制当地地图，修建或是鼓励人们修建道路、桥梁以及挖掘运河。[24]

在当时，日本的国土只包括本州岛的中部和南部、九州岛以及四国岛。从早期的地图上，我们可以看到即便是内陆探索，日本人的进展也十分缓慢。本州岛的北部还只有一个朦胧的大致轮廓，一点也不精确。而且那时，日本也没能控制本州岛，当地还是阿伊努人的天下，后来阿伊努人才渐渐后退；而北海道，日本人对它还一无所知；在南边，是"鬼岛"，传说那里的魔鬼会吃掉出事船只上的水手。那个时候，日本人只对通往朝鲜半岛、中国以及琉球群岛的航线非常熟悉。

日本并非是这一时期唯一推进内陆探索的国家或是文明社会。971年，中华帝国开始测量绘制自己的领土，到11世纪早期，这项工程已完成了1566卷。12世纪早期，中国最知名的绘图《禹迹图》[25]被刻于石头之上，逼真精确，让人惊叹。上一章中我们曾提到过阿拉伯人和波斯的地理学家在做一项类似的工作：整理伊斯兰世界的资料，确立伊斯兰国家在世界中的位置。与中国和伊斯兰国家相比，说拉丁语的基督教世界毕竟还发展不够，所以，对它来说，也许，知识的积累和内部的探索是紧密联系在一起的。邻近区域之间要学习的地方更多，还需要进一步延伸和连通彼此交流沟通的道路。

从11世纪到14世纪早期，拉丁语系基督教国家视野日渐宽广，其对内部的探索也逐渐发展起来。那里人口在增加，新的资源得到开发，新的技术不断提高生产力。人们在新土地上开垦耕耘，尝试新的作物，将荒地变为草场，沼泽抽干了水，森林一片片地倒下。新来的定居者占用了贫瘠土地，并开始向高处坡地进发。随着城镇的日益增多，新型的经济活动成为可能。以前因为森林、沼泽和山脉的缘故，各个地方相互隔离，居民是欧洲内部的野蛮人，他们的居住地在地图上都看不到影迹，关于他们皈依基督教的记录只是粗略散见，而现在，各地方连在一起，教会和国家得以把握他们，传播福音。

人类活动的速度和范围不断加快和扩大。但远途旅行还是很少见，还是只限于朝圣者，以及出于职业兴趣才出行的商人、士兵、学者或是神职人员，但后一类的出行在增加。新出现的商业路线将大西洋和地中海沿岸联结在同一经济体内。于是很自然，西欧就有了两大经济体：地中海沿岸经济区和北方经济区。一条海峡和防波堤横亘在两者中间，各自海岸的海情完全不同；一系列的防波堤，决定了河流的流向进而决定了交流的方向。在欧洲大部分历史时期，这两大地区间的沟通都并不容易。图卢兹隘口、罗纳河走廊以及阿尔卑斯山山口一线的有限交通维持这两个地区间的商业往来，海域间的商业航行停航之后也是如此。13世纪，主要来自热那亚、马略卡岛和加泰罗尼亚的地中海船只沿大西洋沿岸重新拉开了大规模的探险活动。德国商人用类似的办法联系起了北部海域，将伦敦和布鲁日、吕贝克以及里加连在一起，其中，吕贝克建于1143年，是后来"汉萨同盟"①的创始城市。

交通量在增加，道路、桥梁以及新近发现的路线构成了今天被称为"欧洲交通基石"的新干线，越来越多的移民、朝圣者、商人，还有"云游的学者"来往其上，和平安全。拉丁语系的基督教世界范围日广，日益

---

① 汉萨同盟，以德意志北部城市为主形成的商业、政治联盟。"汉萨"一词，德文意为"公所"或者"会馆"。12世纪中叶逐渐形成，14世纪达到兴盛，15世纪转衰，1669年解体。——译注

第三章 行进
近古及中世纪：内陆探险

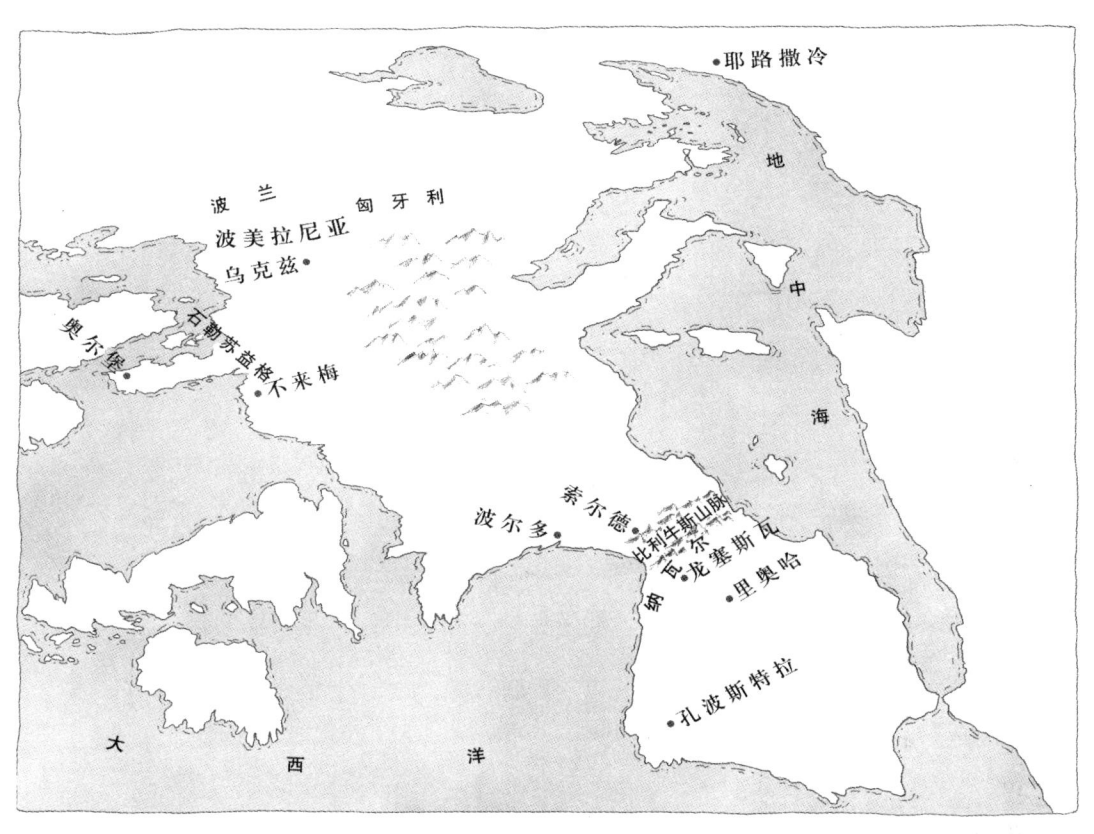

拉丁基督教世界的传播和发展

向远方的地平线处扩展。同样地，在基督教世界，朝圣者也是探险者中的成员。10世纪晚期，前往耶路撒冷朝圣的人大量增多，这一方面是因为平定马札尔人时为穿越匈牙利前往保加利亚及东罗马帝国边境打开了一条安全的陆路通道；另一方面是因为地中海东部贸易的发展让前往这块圣土的海路更为通畅。但是，还不能说前往朝圣的基督信徒已经在这个方向上开辟出了新的路线。再者，大约与此同时，欧洲西部边缘的一处新圣地，吸引了一种新的开创性活动。从某个角度来看，去孔波斯特拉的朝圣就如同一场与荒原的战争。去那里朝圣要一直走到西班牙西北角、"大地的尽头"，抑或是地球的尽头，在地图上它是地球的"四角"之一，过去它看起来像是一个角，现在依然是这样。

隐士们俯下身子，为朝圣者砸石铺路，建设桥梁，在他们看来，这些都是博爱慈善之举。自称艾慕黑·比高德的修士在旅行手册中写道："愿他们的灵魂获得永久的安宁。"这些工程可以帮助人们适应环境。筑路架桥是公共事业中急待完成的，君主承担起了部分责任，有些人因此被封为"圣徒"。例如，曾为前往孔波斯特拉铺路架桥的多明哥·德拉卡尔萨达就是如此。商人紧随先驱者的步伐来到这里，热情款待朝圣者成为所有人义不容辞的责任，前面提到的那位旅行手册的作者说："接待每位朝圣者就如同接待圣雅各和上帝本人一般。"事实上，旅店的主人却常常受到指责——要价太高，勒索旅人，说谎成性（这本旅游手册警告朝圣者说："每个店主都有犹大附体"）。然而，幸运的是，在前往圣地亚哥的路上遍布着教会旅店，住宿费用朝圣者可随意支付。旅行手册的作者热情推荐了比利牛斯山脉圣克里斯汀教会旅店，可是它位于龙塞斯瓦的主要竞争对手罗兰教会旅馆却打出诱人的广告，说自己旅店中的女服务员标致清秀、善良有德，可以为客人提供洗脚、梳理胡须、理发服务，"其周到超乎想象"。这些是文明之池，亦是文明之光，令中世纪的蛮荒在它们面前裂隙渐现。

　　12世纪时的一本旅行手册列出了这条朝圣路上所有可能的危险。波尔多南部平原，沼泽密布，蚊虫滋生，朝圣者们若偏离道路，就会陷入及膝的烂泥中。这一地区找不到食物，要通过必须自带三天的干粮。在比利牛斯山脉脚下的索尔德，朝圣者们乘掏空了树心的树干过河，时刻有沉没的危险。山崖陡峭，要向上攀登8英里，到达一处关口时他们碰到有人手执鞭子，勒索钱财。不习惯西班牙的食物就不要吃，"如果你吃下却不呕吐，你的体格一定比大多数人强壮"。大山另一边的远处有一条河流，河水含盐，仅靠河水毒死的马匹的马皮，巴斯克制革工人就足以维持生计。在里奥哈，人们向河里投毒以增加葡萄酒的销量。在热门路线（"标准路线"的传说是庸俗错误），必须与人结伴同行，挑选同伴也要慎重，因为抢匪惯用的伎俩就是伪装成朝圣者抢劫粗心大意的旅人。每到渺无人烟的地方，就会有职业乞丐，他们在手脚上涂抹鲜血，装成麻风病人，挥舞着棕榈叶，利用朝圣者有施舍的义务博取同情，乞求财物。而敏感的朝圣者——旅行指南的作者假设他们是法国人——总会觉得外域，尤其是纳瓦拉人的习惯让人恶心。深山密林中还有一些失去家园的异族，他们性欲旺盛，鸡奸、兽交以及色情都不违法。旅行指南的作者在提到巴斯克人时认为：他们很明显还在原始阶段，还是"野蛮人"，作者在科学分类上把他们归在自然法则以及文明生活以外：

> 他们衣着污秽，饮食不堪……如果你看到他们吃饭的样子，会认为他们形同猪狗；如果你听到他们说话的声音，会想到猎狗的嚎叫……这是一个野蛮的族群。无论是习俗，还是本质，他们都和其他种族完全不同：毫无善意，肤色漆黑，面容邪恶……栖于林中，粗暴狂野……甚至和牛有不合天理的淫乱。据说，巴斯克人甚至会给自己的骡马装上贞洁带，以防其他人染指。

旅行指南的作者声称，一头骡子对于变态的巴斯克人来说和一个女人没什么不同。书中的最后一句话最好是用学术语言，虽晦涩难懂总是伴留几分体面：vulvae etiam mulieris atque mulae basia prebet libidinosa.[26]

这样，这些本无人注意的人进入了学者的视野。然而，一面是偏见的泛滥，另一面却是在人种学的"实地考察"中，一些边缘人群及其社会的真实形象开始浮出水面。例如，12 世纪晚期，一位学者型传教士吉拉德·坎布伦塞斯到威尔士和爱尔兰去追溯自己的凯尔特祖先。其后，他以不同寻常的充满同情的笔触记录了那些当地人，认为他们田园式的生活方式代表了人类社会发展普遍模式中的一个阶段。

过去，欧洲不是杳无人烟，就是人烟稀疏，现在新的定居者、新的开拓方式改变了这里的环境。而在山区，过去也是要么没有人烟，要么就是充满敌意，被平原地区的人们称为野蛮人的山地人居住在那里。但现在，西方文明在这里沿山地向高处传播。与此同时，西欧的河流两岸的人们征服了周边的蛮荒之地，这些地方的环境发生了改变，生态遭到了破坏。这些绝不仅仅是经济行为，它是圣举，是一种"收复失地运动"，为上帝收回异教占领的圣土。森林被淫荡好色的异教玷污，到处是鬼怪、妖魔和"林中的野人"。被一代代蛮族神化的大树在圣斧下一棵棵地倒下。

◆ 基督教区以外的世界 ◆

打开向东、向北穿越森林的道路，是探索之功，是为修士和军队勘测道路。"如果要丈量从石勒苏益格到奥尔堡的直接距离"，11世纪的一位老兵说，"只需要5—7天的时间"。这是奥图大帝之路，974年，他在这条路上作战"直挺进到温迪拉最远处的大海，为了纪念他的胜利，今天人们把这里称作奥蒂桑。[27] 11世纪晚期，不来梅的一位历史学家认为，瑞典和挪威似乎就是"另一个世界……直至现在也不太为人所知"。但曾多次在这里作战的丹麦国王司文·艾斯特瑞斯森说："跨越挪威一个月的时间也显紧张，而瑞典，就是两个月尚显艰难。""是我发现了这点，"他说，"11世纪20年代末至30年代，我曾在詹姆斯国王治下在这一地区征战了12年。"[28] 一个世纪之后，当班贝格的奥托主教将基督教传往波美拉尼亚时，他手下的牧师赫伯德曾这样描述这条路线：

过了波兰边境的乌克兹城堡，就进入到广阔无边、林木高耸的茫茫森林，波美拉尼亚和波兰隔林相望。要描述这条路和在其间行进一样艰难：我们本来都有可能会死在这里。在全面征服波美拉尼亚之前波兰公爵曾奉命来此劫掠，除此以外从不曾听说过有其他人能活着从这里通过。他为自己和部队在树上用刀做出标记，一点一点削砍出了一条道路。我们紧随着他留下的标记，可路上困难重重，蟒蛇四伏，各样野兽出没，还有一些要在树枝上做窝的鹈鸟，它们叫声尖厉，不时地拍打翅膀，我们时时受到惊扰。还有，土地湿软泥泞，我们的牛车、马车不时陷进其中，道路如此难行，我们很难在6天内到达波美拉尼亚边境处的河岸。[29]

11世纪晚期，不来梅的亚当见证或报告了向北的探险，并以地理学家的身份，记录了经东扩并入拉丁基督教世界的地区。亚当是那个时代唯

第三章 行进
近古及中世纪：内陆探险

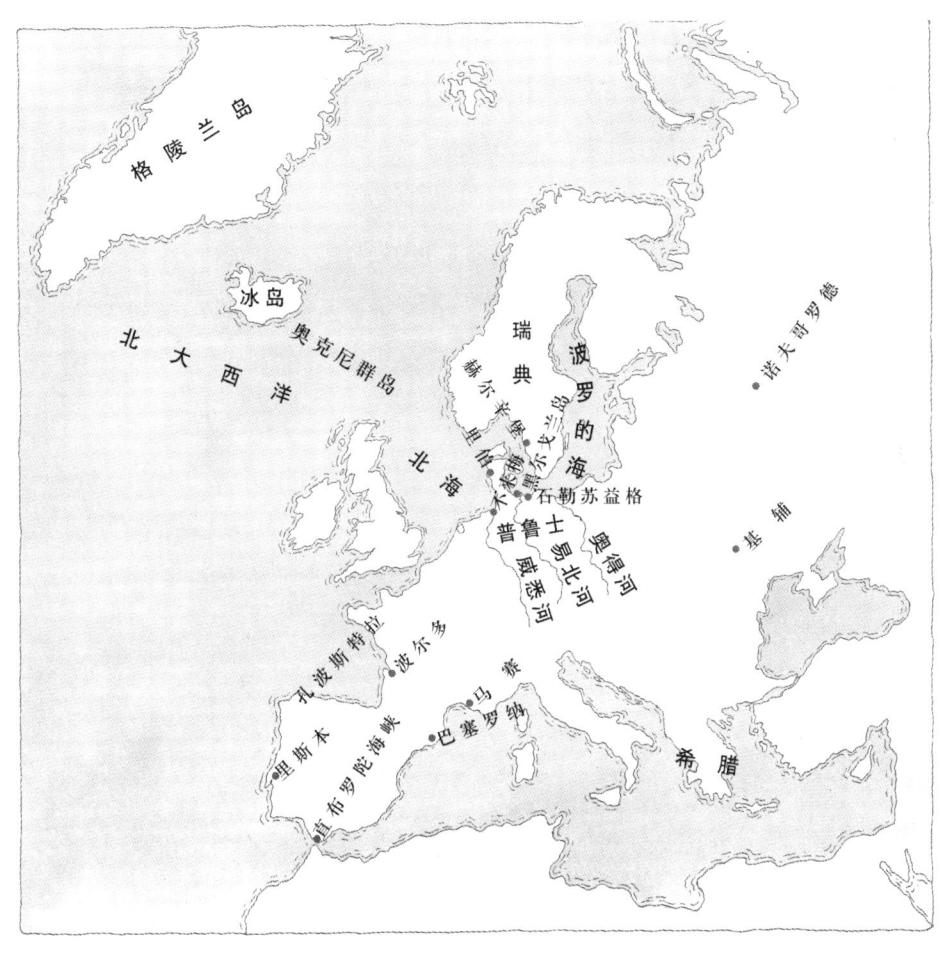

不来梅的亚当提到的地方

——一位和探险者有过实际接触的、尽职尽责的地理学家，所以我们有必要详细考察他的工作。亚当是书记官，负责记述不来梅主教们的事迹。不来梅是从斯堪的纳维亚到德国的门户港口。他还是大教堂的教士，对推动教区以北皈依基督教很有热情，而教区的传教士就是探险者。也正因为这样，亚当的书里记录了波罗的海、北海以及北大西洋的探险情况。亚当从聚集在不来梅的众多商人、海员以及来访的斯堪的纳维亚教士那里得到了丰富的资料，他的书内容相当充实。

丹麦国王艾斯特瑞斯森曾亲自与瑞典人和斯拉夫人作战，他既是一位侠义战士，也是一位开拓先驱，他也曾为亚当的书提供过信息资料。书中，亚当还提到，一些人从冰岛、格陵兰岛以及奥克尼群岛[30]到教廷求助；他报道有一个波罗的海岛屿，"所有房子里都住满了异教徒占卜师、预言家和巫师"，受到神谕感召出入其中的人"来自世界各地，尤以西班牙人和希腊人居多"。这大概最生动地体现了欧洲的日益融合。亚当告诉我们，从石勒苏益格可以航行到附近的斯拉维亚等岛屿，"甚至希腊"，而且从陆路也能从斯堪的纳维亚到达希腊，"但道路难走，因为两地之间有野蛮人"，波罗的海地区的人们"穿过锡西厄地区一路长途跋涉到达希腊"。[31]

亚当书中的主要主题是刻意而为的探险。比如，在讲到波罗的海时，他提到了9世纪著名的查理曼大帝编年史学家艾因哈德的功绩，他说"艾因哈德说到的海湾尚未勘测的长度"——

最近已被勇敢的丹麦领袖加纳斯·沃尔夫和挪威国王哈拉特（哈德拉达）冒险计划所证实。他们在这一海域范围的探索十分辛苦，同伴时时面对危险，最终海盗的加倍反击让他们铩羽而归。但丹麦人还是确认许多人曾多次深入过这片海域。当风向合适的时候，船借风力，一些人曾从丹麦出发，历时一个月到达过俄罗斯的奥斯特洛加。所以对这片海域的宽度，他们断定："没有超过100英里……许多地方还要窄得多……离开丹麦后，海湾宽广，直到哥特地区才再次变窄。再向远行，海岸线相隔越远。"

在一些手抄本里，我们可以看到很多新增加的航海详细说明，解释了诸如从波罗的海到孔波斯特拉、里斯本、直布罗陀、巴塞罗那以及马赛所需时间之类的问题。亚当宣称，发现和拓殖黑尔戈兰岛的是一群弃恶从善的海盗，"所有海员都对这里心怀敬畏"。他推荐说去瑞典最好取道赫尔辛堡。亚当对北部地区的天气和野生动植物了如指掌，对极昼时太阳的描写有理有据，很是客观。亚当总是把自己掌握的资料和传统权威相互印证，例如，他认为冰岛就是皮西亚斯的极北之地，他用马提安努斯·卡佩拉所指极北之地以北的冰冻之海证实斯文二世所称文兰以外"海域无可居之地，处处冰封，不可逾越，暗无天日"。

亚当提到挪威国王哈德拉达曾尝试去这片海域探险的几次航行，却无功而返，因为那里"世界愈暗，边界无光"，亚当写道：一队弗里斯兰人——

> 向北航行，希望穿越海洋。当地人说，从威悉河河口一直向北，没有陆地，只有名为利伯希的海。旅伴们发誓要验证这个说法，他们兴高采烈地召集桨手，从弗里斯兰海岸出发。
>
> 他们回来后，将那里描述为珍宝之岛，还有巨人和怪兽，让人不由怀疑他们是否真的追寻了的原定的目标。[32]

亚当的人种志捕风捉影，他把骇人听闻的残忍暴行都记在了异教徒名下：异教徒崇拜邪教，嗜血成性，以活人祭祀巨龙，抓住旅人宁愿杀死也不愿多拥有几个奴隶。还有食人族，如同因"那里并不罕见"的怪兽而受孕的亚马孙人一样。"在俄罗斯常能抓到"狗头人，"他们只会汪汪地吠叫"。"水手们说这片土地上还住着许多其他怪物，但我们认为这很不可信"，这并不仅仅是些剩下的支离破碎的民间故事、古代故事，它们是新打造的神话，是新的"行教化之责"的故事，它们用诋毁丑化其他人和事来为征服辩护。这是排除异己计划的一部分。

然而，个别情况下，亚当也曾苦心孤诣地美化异族，以斥责他的西方同伴道德败坏，信仰渐损。但他把住在基督教世界边境以东的普鲁士人和住在最北端的萨米人（亦称拉普兰人）搞混了，当然，他不了解情况，也可以理解。亚当描述了萨米兰：

> 这里住着萨米人，或说是普鲁士人。他们会外出帮助海上遇险和受到海盗攻击的人，非常仁慈，并且视黄金白银如粪土。这里富产稀有皮毛，在我们的世界里，这些皮毛的气味足以令我们的世界充斥致命的骄傲之毒，可他们同样视之如粪土，我们却会把拥有一件貂皮大衣当成最大的幸福，真是让人羞愧。他们拿皮毛交换羊毛布料。如果他们肯信基督，而不是残忍地迫害教士，那么在道德方面，他们身上有许多值得我们学习的地方。

亚当对瑞典人改变宗教信仰寄予厚望，"他们对黄金、白银、高贵的战马、海狸皮和貂皮大衣，所有这些虚荣的物件都不以为意，而我们对这些虚荣的东西却会丧失理智地崇拜。但，他们对男女欢爱却没有节制"。他听说过格陵兰岛，在他的想象中，那里的人是"自盐水而出，肤色带绿"。[33]

亚当还详细记录了易北河以外的地区。8世纪时，西方的战士和教士就已经对这里相当熟悉，但罗马人却不曾涉足这方土地。亚当把奥得河以外的地区称作"斯拉维亚"，他对这一地区的认知浓缩自探险者们的报告，至少在对波兰以外地区的了解上是这样，他想当然地认为他的读者也了解波兰。而在他那个时代，这块广袤土地上还住着异教徒。亚当的书里随处可见部落、神庙和城市的名字，以及他对斯拉维亚宗教之愚昧的哀叹。关于这一地区真正全面的记述一直到15世纪才出现，库萨的尼古拉斯收集资料，绘制了精确到让人惊叹的地图。

尼古拉斯的努力是他项目的一部分，他利用科学为神学服务。他"相信人能够通过讨论他知道的事物，比如自己的经验和故事，去了解不知道的东西，比如上帝和自然"。[34] 他赞颂科技的热情足可与启蒙思想家为《百科全书》设计版面时的激情相媲美。

只有人会用燃烧的蜡烛弥补光亮的不足，以能看见东西；会用眼镜补足视力的缺陷；用透视的艺术纠正视力误差；用烹饪改良生食的滋味使其可口；用香气驱散恶臭；用衣物、火和家驱散寒冷。只有人知道用兽拉车、用船加快旅程；知道发明武器保卫自身安全；知道发明文字和记忆技巧以弥补记忆力的不足。[35]

在尼古拉斯看来，地图也证明了人类改造世界以及——从某个意义上来看——掌控世界的独特力量。

他对自己生活城市里的能感知到的世界进行了全面描述，然后把它井然有序、按比例地绘制进地图，以免遗失。他遣散了信息员，更多地依赖这张地图，他的内在视角转向世界的创造者……他认为先前上帝和世界的关系，就如同他，宇宙学家和地图的关系一样；而从地图和真实世界的关系，宇宙学家在自己内在如造物者一样思索：在心中思考镜像的真实面貌，符号的含义。[36]

对于俄罗斯，亚当就只记述了诺夫哥罗德和基辅两座城市。这种不经意让人吃惊，因为古斯堪的纳维亚人开拓大西洋之时，也在一路向东；俄罗斯人——向东开拓的古斯堪的纳维亚人，或至少包括他们在内的群体——缔造了 10 世纪时欧洲最长的"伏尔加河贸易走廊"。他们到达那里的时间和方式并不可知。伏尔加河上游离波罗的海并不远。很久之后，《俄罗斯编年史》提到了"来自海外的瓦兰吉安人"和当地的斯拉夫人作战，战争在 862 年达到高潮，并以斯拉夫的失败告终，这一证据使 9 世纪中叶成为重要的历史时期。《俄罗斯编年史》中记载："内部一片混乱，绝望中的斯拉夫人漂洋过海找到瓦兰吉安罗斯人，要求说'我们国土广阔而富庶，但却混乱无序，请来治理和统治我们吧'。"如果这一事件属实的话，这段历史一定就是古斯堪的纳维亚人在这里漫长的入侵史、定居史及经商史中的一部分。

922 年，大使馆成员伊本·法德兰从巴格达出发前往伏尔加保加利亚国宫廷。他把旅程中数月间一起生活的人称为"露西亚人"，认为他们尚未开化，野蛮得让人吃惊。在他的旅行志中，他用大部分篇幅记录了这段生活，笔触所及，对露西亚人深恶痛绝。他亲眼看到了人祭，其恐怖让伊本·法德兰印象深刻。祭礼发生在泊船之上，某个贵族在上面堆起火葬的柴火。被挑中做祭品的女奴喝下最后一杯酒，和主人一起唱告别之歌，之后按宗教习俗和行刑的刽子手们性交。再之后，一个被称作"死亡天使"的老年妇女把一根绳子绕过女孩的脖子，再把绳子两端分别递交给站在两边的男子，战士们敲击盾牌的声音盖过了女孩子的尖叫声。当绳子收紧，"死亡天使"用短剑一次次地刺进女孩子的胸膛。旁观者点起柴堆，不断加柴直至柴堆和泊船都烧为灰烬。"之后，人们就在船从河里拽上来放置的地方建起一个土墩，并在中间写下死者和露西亚国王的名字。然后人们各自归去。"[37] 从其他的资料中可以找到俄罗斯人活动的基础：毛皮贸易。来自北方森林的貂皮、松鼠皮沿河运往下游的里海地区，并从里海再运往布哈拉和撒马尔罕，在那里和阿拉伯人、波斯人以及中国人进行贸易，换取阿拉伯银器、波斯玻璃制品以及中国丝绸。

俄罗斯沿着伏尔加河和整个伏尔加河流域的商路拓展标志着欧亚文

化交流领域中一个新时代的到来。欧洲近似一个三角形：第一条边是地中海沿线。它是第一条远程交流路线，通过它，在公元前第 1 个千年早期的希腊人和腓尼基人探险拓展时期，整个欧洲南岸彼此接触，互通有无。西班牙南端是三角形的顶点，从这点开始，欧洲的大西洋和北海沿岸构成了三角形的第二条边。正如我们所见，在远古的时候，海上沟通就已经把这个地区连在了一起。所以，在罗马帝国兴起之前，欧洲有两大贸易体系、两大经济体。但因有大山的分水岭相隔，分水岭两侧的河流流向相反，它们难以连成一体。可供通行的走廊，尤其是沿着罗纳河，跨越阿尔卑斯山脉以及山脉周遭地方的走廊，频频有人行走其间，但是它们合二为一真的还需要艰苦的努力：直布罗陀海峡水流湍急，比斯开湾风暴肆虐，危机四伏，绕过两者的海上交通还都有待发展。北边是波罗的海，南边是黑海，两边的海路也都遇到死胡同，戛然而止。

可是，伏尔加河是欧洲的第三处海洋——一条重要的水路，几乎全程都可以通船，其宽度和深度足以负载这一地区的所有的水上运输要求。但它距离三角形的另两条边还有一定路程：历史上大部分时间里，从伏尔加河到波罗的海要靠一条不长但却辛苦的陆路运输线。伏尔加河向南注入内陆海，里海。要到达地中海，伏尔加河一线还必须从陆路转到顿河流域。所以伏尔加河流域和地中海以及北海比起来，更难和欧洲经济结为一体。甚至今天，我们去看欧洲的政治、经济图，这个情况也没有改变多少，还是发展缓慢。俄罗斯、白俄罗斯、哈萨克斯坦以及乌克兰，都是中世纪和近代早期在伏尔加河流域形成的俄罗斯帝国的继承者，如今仍一直处于欧盟之外。传统意义上的欧洲国家——虽然这样的划分没得到普遍认可——这几个还未加入欧盟或正在谈判过程中。就在我写这本书的时候，乌克兰国内政坛，依然还在争论，国家是应该留守于俄罗斯经济区，还是转向欧洲其他地方。

第三章 行进
近古及中世纪：内陆探险

◆ 非洲 ◆

非洲和美洲的探索之路要比欧亚大陆更为艰难。非洲四周都是背风岸，这影响了远程航行。非洲内陆不是大沙漠就是毒气肆虐的森林，很难穿越。虽然有些河流深入内陆，但只有尼日尔河全程的大部分地方能够行船。非洲大陆大半是高低落差很大的地貌，河道弯曲扭转，落差很大，沿途处处瀑布。这里也没有类似于横贯欧亚大陆的丝绸之路或是穿越草原的大道。萨赫勒地区是一片带状的萨凡纳地带，从大西洋一直延伸到尼罗河流域，这里从没有出现过如同蒙古统一亚洲草原一样统一萨赫勒的帝国，西非和埃塞俄比亚文明也从没像欧亚两端的文明那样相互滋养、影响。美洲也面临着同样的重重困难。森林、山脉、寒冰、沙漠阻碍着这个半球的开拓。据我们所知，中美洲和安第斯山脉地区间的文明从不曾有过直接的沟通，直至 16 世纪，它们才因西班牙征服者的到来而有了彼此间的第一次接触。这一时期，远程航行只限于加勒比海和墨西哥湾。

但文化的传播，虽然缓慢且时断时续，却还是遍及了这两块大陆。在基督教时代发端之前，西非的语言以及农耕和炼铁技术已经传遍了撒哈拉沙漠南部大陆的大部分地区，传播渠道可能是移民，也可能是影响的自然推进。还没有持久的交通维持这些道路的通畅。但是约从 5 世纪起，有关重要商路，尤其是沿着东非大裂谷和跨越撒哈拉大沙漠商路的相关记载渐渐多起来。对于前者，有关的记载很少，可是其影响却很明显：它维系着埃塞俄比亚高地上连续的几个帝国，那里的君主们控制着赞比西河和林波波河流域之间的高原，控制着向北通往埃塞俄比亚和红海的麝猫香、盐、象牙和黄金资源的贸易。

相对的，经撒哈拉沙漠一线带出的黄金魅力无穷，它在马格里布和地中海激起波澜，许多文学作品由此而生。9 世纪中叶，埃及地理学家伊本·阿卜杜勒·哈克木收集整理了阿拉伯人探索该地区最早的故事。7 世纪60年代,阿拉伯征服大军深入撒哈拉,铁骑每征服一处,都会问"再往远处还有人居住吗",就这样不断推进,直到肯定的答案渐渐消失才逐渐停下脚步。他们对"黑人之国"的征战"取得了前所未有的成功,到手的黄金如预期一般丰盛"。[38] 几年之后,雅库比在作品中对之进行了详尽的记述,其中包括国王和殖民地的名称,并第一次提到了控制大部分黄金周转的加纳。不管怎样,10世纪早期的一份记录中——暂不论其真伪——出现了第一位访问苏丹"国王"王宫有名有姓的穆斯林,穆罕默德·本·阿拉法。国王发现这位穆斯林"相貌英俊,举止大方有礼,见而生敬"。[39] 在西非凸出部分周围的海路开发以前,马格里布商人没有其他道路染指黄金,只能跨越沙漠以盐易之。

在随后的200年间,马格里布地理学家对加纳和其周边地区,以及通往这一地区路上的绿洲,尤其是那里匪夷所思的财富的了解与日俱增,但他们对旅行中如何保障给养却没有什么兴趣。伊本·白图泰在作品里第一次详细描写了跨越撒哈拉沙漠的旅程。14世纪中期,在撒哈拉的黄金贸易发展接近顶峰的时候,白图泰曾从摩洛哥斯基玛萨地区出发,沿马里帝国边境,历时两个月跨越过大漠,到达了瓦拉塔。没有明显的道路,"只有风吹起的沙尘。你在一处看到沙丘,紧接着,你就会看到大风把它们吹到了另一处"。因此,向导要价很高。白图泰请向导就花了1000个密斯卡尔金币。据说盲人是最好的向导,反正视力在沙漠中也没什么别的用处,只会让人更加迷茫。魔鬼在大漠中施展把戏,戏弄旅人,骗人们迷路,找不到方向。

25天后,他们途经塔阿扎,这个以盐矿闻名的小镇只生产一样东西:马里人用以换取黄金的盐。人们就住在中间挖空的大盐块里,水也是咸的,但十分珍贵。到下个镇的路程一般要走10天,一路几乎见不到水,只有有时能从荒原上动物的胃中得到一些液体作为补充。到达瓦拉塔的最后一口井要走将近500英里,一路完全没有水源。这段路程有"魔鬼出没","那里既看不到路,也没有动物的踪迹,只有风中的漫漫黄沙"。然

第三章 行进
近古及中世纪：内陆探险

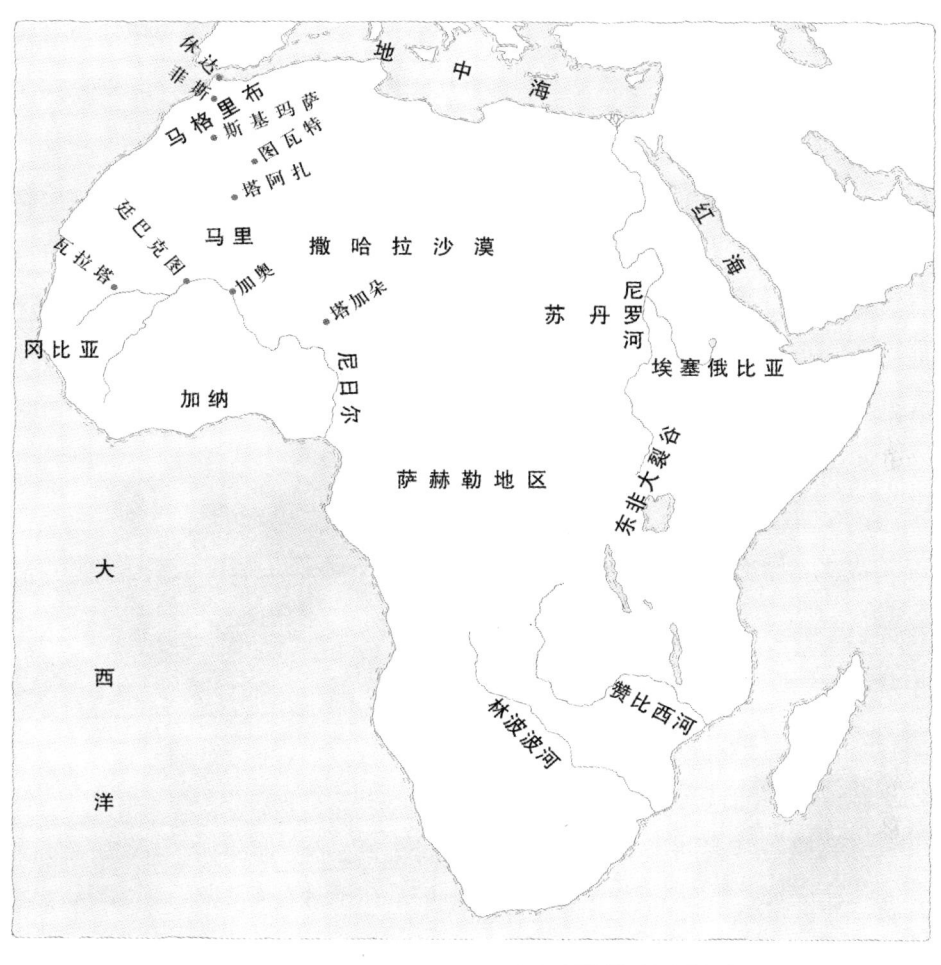

贸易地点：中世纪时的马格里布和撒哈拉沙漠

而白图泰却说沙漠"灿烂明亮、闪闪发光"，使旅人精神抖擞，然后车队进入了更为炎热的地方，距瓦拉塔还有几天的路程。从这里起，他们不得不改为夜间赶路。当到达目的地后，这位出身知识分子世家、见多识广的作家，却发现撒哈拉以南沙漠的非洲人很是让人失望。特别是当他发现这里最热情好客的表示也不过是一杯加了一点蜜的凝乳牛奶以后，就对这里再没什么美好期待了。

这是马里造访者的共同体验，就像每一个传说中的"黄金国"一样，最终注定让人失望。来自拉丁基督教世界的探险者怀有太高的期望，最终也尝到了期望破灭时的痛苦。早在13世纪中期，热那亚就有人对寻找非洲黄金发生了兴趣。1283年，拉蒙·尤依，这位鼓吹在穆斯林中传播基督教的马略卡人报告说："红衣主教"的信使已从休达出发，前往摩洛哥斯基玛萨，寻找"黑人之国"。14世纪20年代，马里取代加纳成为萨赫勒地区最重要的帝国，有传闻说，马里国王前往麦加朝觐，已经到达了欧洲。一路上，他给了神庙许多黄金，以至造成了埃及的通货膨胀。[40]14世纪70年代晚期或是14世纪80年代早期在马略卡岛绘制的《加泰罗尼亚地图集》把他称作这个地区"最富有的国王"，说他蓄着胡须，手执权杖，一副欧洲做派。通过马格里布传达的信息，欧洲人心目中的马里帝国巍峨壮观，到处是美轮美奂的清真寺院和富丽的皇宫，有无数的附属国，以及神秘的宫廷仪式。但是随着第一批欧洲探险者于15世纪中叶建立了直达马里的通路，从海上沿冈比亚河而上，我们在下一章中能够看到，这个帝国已经在走向衰落、贫穷、破旧，让前来的欧洲人大失所望，也更加深了他们对黑人能力的偏见。

从撒哈拉沙漠回去的道路甚至比来时更糟。绿洲让白色的衣物变成了黑色。唯一能找到的新鲜食物就只有椰枣，然后在黎明时分抓点蚂蚱做补充。要是去摩洛哥斯基玛萨的话，在塔加达的铜矿，车队必须带上70天的给养。阿特拉斯山的大雪折磨着前往菲斯的旅客。

但金子的魅力还是让人们不断地从欧洲来到这里探寻道路或是寻求改进道路的方法。据说，1413年，安塞姆·德·伊扎尔盖带着3个黑阉奴和几位黑人女子从尼日尔河边的加奥回到了家乡图卢兹，但没人知道他是如何走过那漫漫长路的。1447年，安东尼奥·玛尔凡特代表热那亚出发寻找穿越沙漠的道路，但他只走到图瓦特就打道回府了。1470年，佛罗伦萨商人贝内代托·代声称到过廷巴克图，称那里的欧洲织物贸易十分活跃。

探察掘金之陆路困难重重，我们会惊讶地发现，要在很久之后人们才开始向海上拓展。中世纪时，安达卢西斯和马格里布尽管有大量船只，水手们也经验老到，却对探察非洲海岸都没什么兴趣。阿拉伯历史学家伊德里西曾提到说，来自里斯本的冒险家"前往漆黑之海考察那里究竟有些什么，尽头在哪里"，但他们的成果却显然是一个虚构的辛巴达式的故事。唯一一个探索目的明确且我们知道其名姓的探险家是伊本·法蒂玛，1280年左右在格拉纳达编辑出版的一个集子讲述了他的发现。书中说"伊本·法蒂玛在大西洋上驶往努尔拉姆塔途中，因风偏离了既定航线，进入了一片弥漫着大雾的浅滩地区"。但邻近岸上的居民所说的还是北非的柏柏尔语，所以似乎也没向南航行多远，但是伊本·法蒂玛却说纬度显示这里离赤道不过1度之遥。另有一部14世纪早期的作品，其中有许多商人对马里以及邻近国家的描述，还记录过一艘商船也有过类似的冒险登陆，说陆地之上是"苏丹人。当居民们看到我们是白人的时候，他们非常惊讶，认定我们是用石灰水漂去了身体的颜色"。但像作品中的大多数其他故事一样，这听来也就只是一个没什么新鲜之处的故事。[41]

于是，马格里布把非洲海岸留给了欧洲人，让欧洲人去开拓前往西非的海路，这将是我们下章的内容。可这份胆怯是因为什么呢？一方面这可能是因为"黑暗之海"的传说，传说那里海水滚沸，妖怪逡巡；另一方面很有可能马格里布认为黄金是来自内陆深处，海上搜寻不过徒劳无功。

◆ 美洲内陆探险 ◆

在美洲内部，对于其这一时期出现并发展的新路线，我们不知勘测之人是谁，甚至，多数情况下，我们对这些路线的发展进程也一无所知。对于相关情况，我们只能从手工艺品的分布以及影响力的传播范围上做些推断。美洲的探险之路以这一时期美洲的两大文明中心为发端，即中美洲和安第斯山脉的北部和中部，可是这两大文明却从不曾相互接触，两个地区的人们似乎都不知道彼此的存在，直到16世纪西班牙人入侵、征服到这

"火生"走过的地方

里才让他们开始接触了解，情况才开始发生变化。

从墨西哥谷地发端，一组路线向南延伸直到玛雅地区和中美洲。在玛雅人零零星星的铭文中，我们大概可以追寻一队来自北方的先驱者的行程。他们从墨西哥中部四面环山、夏季缺雨、海拔高达7500英尺的特奥蒂瓦坎出发，于公元378年1月，每年雨季刚刚开始不久的时候到达玛雅地区、也就是现在的危地马拉东部，这里是热带低地，相当潮湿，两地气候状况很不一样。在他们旅程结束后，有艺术家为他们或者和他们相似的人绘制了画像。从画中看，他们人数不多，当时并未带太多武器。其中一些人头上戴着代表大使地位的有流苏的头巾，拿着礼仪性的器皿作为外交礼物，上面描绘或是雕刻着一些神话场景或政治性信息。这些人穿过绵亘数百英里的山脉和森林，也可能是沿海南行。玛雅人把先驱者的头人叫作"Siyaj K'ak"，意为"火生"。以前，历史学家按他名字雕刻的字形翻译，把他叫作"烟蛙"。同时代的玛雅人还给他起了个外号："从西方来的伟人"，但是，他为什么会来到这里呢？

他的目的地是蒂卡尔城邦，距他家乡，也就是现在的佩腾地区近700英里。城邦中一座座石灰石神庙，和其上富丽堂皇的彩绘"冠顶"刺破浓密的丛林。玛雅世界分为很多城邦,蒂卡尔是玛雅最古老、也是最大的城邦之一,那时的人口就可能已经超过了3万。可是,如果按玛雅人的标准蒂卡尔是一个大城市的话,特奥蒂瓦坎一定会让它相形见绌,特奥蒂瓦坎的面积也许是蒂卡尔的3倍还多。而且特奥蒂瓦坎还是帝国的神经中枢,帝国包括墨西哥谷地,并向邻近区域,就是现在的特拉斯卡拉州和莫雷洛斯州延伸。特奥蒂瓦坎的影响更为深远,聚集的贡品也更多。几十年来,来自墨西哥中部的贸易商人深入玛雅地区。他们和住在蒂卡尔以西和以南山区盛产玉石高地上的玛雅人的接触日益增多。

蒂卡尔和特奥蒂瓦坎在生态上互为补足,彼此往来对两者都十分重要:玛雅人向墨西哥提供高地上没有的货物,比如用于装饰的森林中鸟类的羽毛,这一地区上层喜欢的球类活动所需的橡胶,上层社会喝的有轻微麻醉作用的可可饮料,珠宝所用的玉石以及仪式中使用的珍稀香料。但像"火生"和他的特奥蒂瓦坎人这样的访客很少,甚至可能从没有过。随着他们沿着现在被叫作圣佩德罗马蒂尔的河道,一天天地越走越近,他们经过地方的人们也记下了他们行进的路程,并把消息一站站地传给附近的邻居,这些文字中没有评论,但想必心怀担忧:这些新来者有什么目的?他们是侵略者,还是应邀而来?他们来这里是为了征服,还是寻求合作?他们是特使,还是冒险家?他们是逐利而来,还是有意通婚合作?他们是来解决既有的争端,还是仅为自肥?

记录事件的铭文实在太过支离破碎,很难回答这些问题,可故事却让人浮想联翩。1月31日,"火生"到达蒂卡尔,他的到来引发了革命。如果铭文可信的话,就在他到的当天,蒂卡尔城邦的统治者恰克·托克·伊奇阿克(或者按历史学家的叫法"美洲虎之爪")在这里18年的统治就走到了尽头。而国王,按玛雅人说法,他"沉入水中",结束了生命,也终结了他们家族在这里14代国王的统治。王朝曾经的丰碑或是被打成碎片,或是面目全非,或是已经深埋于地下:在刻有国王形象的石板上,记录着曾经的征战、曾经的俘虏、曾经的天象记录、曾经给上帝的献祭——他们自己的，或是俘虏的鲜血。

"美洲虎之爪"的宫廷雕刻师制作了新国王的肖像作品，由"火生"扶立的新国王身着他的特奥蒂瓦坎主子的风格的服装，戴有装饰着墨西哥中部神像的装饰物，手持墨西哥中部样式的武器。他的巧克力罐应该是特奥蒂瓦坎的制品或是仿制品。这位国王在下个世纪早期过世，之后，人们把一个冥神雕像和他埋在了一起，雕像坐在人骨堆成的宝座之上，手持一个被砍下的头颅。[42]

"火生"不仅在蒂卡尔扶立了国王，接下来的几年在这一地区几个小些的城市里，他都曾任命新的统治者。残缺的碑文中说，有几个乃至全部受其影响的城市向同一个统治者宣誓效忠。这位统治者的名字在石碑上的轮廓是一只猫头鹰和一个掷矛者，这一形象在特奥蒂瓦坎是一个与权力和战争密切相关的常见形象，代表着特奥蒂瓦坎的最高地位，或者至少特奥蒂瓦坎人的最高地位，它代表着新秩序的一部分。而且，随后的几年，在低地地区，一批新的城市快速崛起，它们虽源起自蒂卡尔，但是，它们中的大多数，随后就宣告独立或是事实上独立了。如果说这里出现了一个新的地区性国家，或是特奥瓦坎出现了一个新省，现有证据尚显不足，但至少我们可以很肯定地说中美洲地区间的联系在不断加强，国家的形成日益加快，范围不断拓展。同时，一个复杂的政治体系正在形成：心怀妒意的玛雅城邦与来自墨西哥中部或是从墨西哥中部得到赞助的精英分子一边竞争敌对，一边合作共存。

这个交通网更为广阔，"火生"曾经走过的路线也包括其中，现在我们只能推测它当年的面貌。墨西哥湾和加勒比海上独木舟走过的地方也是这个交通网的一部分：这些是当年哥伦布亲自见证过的路线，他曾在当地导航员的引导下走过这两个海域。而在陆路，取道墨西哥中部，就能进入危地马拉西部玛雅高地和"火生"接近的低地。1524年，科尔特斯在当地向导和地图的帮助下，出发前往洪都拉斯。另外一条前往北部的陆路通道是从墨西哥湾沿着密西西比河流域行进，或是跨越墨西哥北部和北美西南部的沙漠行进。在这条路上会经过沙漠中的商贸中心"大卡萨斯"。中世纪晚期，这里的金刚鹦鹉羽毛加工厂，为北边和南边的部落首领提供羽毛头饰。缓慢地蔓延的具有中美洲文明特色的文化影响，沿着这些旅客常用的道路传播：不朽的城市、球场、玉米培植，也许还有共同的商业语言——一种犹他-阿兹特克混杂语——一起深入北美大陆。16 世纪，当西班牙探险者穿越这些路径时，远至北德克萨斯和亚利桑那州的地方还能听到这种混杂语。

在南美，安第斯山脉本身是一条巨大的沟通轴线。16 世纪，秘鲁的征服者西班牙人就能找到熟悉从哥伦比亚托利马省到智利比奥-比奥区整个高安第斯山脉地区的向导。然而，据我们所知，他们只是凭记忆记下这方山水，而完全没有使用任何类似地图的东西。安第斯山脉的地理状况也许能给我们提供如何完成这种壮举的线索。天气晴朗时，站在山脉的一些高处可以看到 100 英里以外的地方。朝圣之路沿途都有路标，连接着山顶叫作胡卡的神庙。其中最长的一条，起自印加祭奠中心库斯科，经过的维坎纳塔的"太阳的房子"和的的喀喀岛的"太阳的岛屿"，直直地行进 185 英里到达蒂亚瓦纳科，这条路 16 世纪 20 年代晚期西班牙人到达这里时还在使用。定期朝拜帮神父们记住了这里纵横交错的路线和沿途景物。[43]

河流也在传播文化，比如，晚近最为轰动的一个考古发现就是在多雨潮湿的亚马孙低地和高海拔安第斯山脉，如此截然不同的环境间竟然存在有文化的连续性！16 世纪 40 年代早期，第一位亚马孙流域的西班牙航海家发现了以河畔的吊脚楼为居所，以饲养水产为部分食物生活来源的城市。而安第斯山脉文明最有特色的石制平台也似乎是和亚马孙河河口玛祖奥罗岛上的土丘类似。

总结一下中世纪的探险故事，我们可以说：挪威人、图勒人以及波利尼西亚人新起步的远程探险要么走进了死胡同，要么是使最远处的殖民地孤零零地与世隔绝，而没有开发出永久性的交通往来。14 世纪，环境灾难阻碍了欧亚大陆和北非几大文明的探险开拓：“小冰河期”开始，平均气温日降，"瘟疫时代"同时发端，这不仅让那个世纪的人口停止了增长，而且也抑制了随后300年的人口增长。与此同时，蒙古帝国也分崩瓦解。成吉思汗的后人们反目成仇，各自发展。1368年，蒙古的统治者被赶出了中国，于是，跨越欧亚大陆的草原之路又变得芳草萋萋，不再可以通行，丝绸之路也是危险重重。从中国到印度的新南部丝绸之路充其量也只能说是可以间断通行。非洲和美洲的探路者从没真正挣脱过地理的限制。这一时期，有过苏醒、有过努力，但也就停止于此。可是，这一时期的挫折却助长了下段时期的勃勃雄心：基督教世界、中国、伊斯兰国家、日本、爪哇，凡是对内陆探险有文献记载的地方内部探险都已完成。而在欧洲，推测性的地图上布满了激动人心却还不曾完成的梦想。对撒哈拉沙漠绝望的黄金商人转而扬帆海上。他们并非孤身航行，在下一章我们将要讲到中世纪晚期海上探险一路走到了遥远的中国、俄罗斯，最坚持不懈的人走到了欧洲的大西洋沿岸。

本章文献索引

1. I. C. Glover, 'The Southern Silk Road: Archaeological Evidence for Early Trade between India and Southeast Asia,' in N. Chuttiwongs *et al.* (eds.), *Ancient Trades and Cultural Contacts in Southeast Asia* (Bangkok, 1996), 57–85, at 81; V. M. Di Crocco, 'References and Artifacts Connecting the Myanmar Area with Western and Central Asia and China Proper,' ibid. 161–80.
2. *The Literary Works of Ou-yang Hsiu,* ed. R. C. Egan (Cambridge, 1984), 113.
3. R. von Glahn, *The Country of Streams and Grottoes* (Cambridge, Mass., 1987), 12, 36, 85–90.
4. R. and S. Whitfield, *Cave Temples of Mogao* (Los Angeles, 2002), 5–20.
5. O. Lattimore, *The Desert Road to Turkestan* (Boston, 1929), 183.
6. Si-yu-ki, *Buddhist Records of the Western World: Chinese Accounts of India,* i (Calcutta,

1957), 11–12.
7. *The Travels of Marco Polo,* ed. R. Latham (Harmondsworth, 1972),85.
8. M. Ipsiroglu, *Painting and Culture of the Mongols,* trans. E. D. Phillips (London, 1967), 70–81, 102–4.
9. Lattimore, *Desert Road to Turkestan,* 274.
10. J. Mirsky, *The Great Chinese Travellers* (London, 1964), 29–118; Si-yu-ki, *Buddhist Records,* i. 7–9, 74–81.
11. Above, pp. 35, 56–7, 60–1.
12. Mirsky, *Great Chinese Travellers,* 124–71.
13. Ibid. 34–82.
14. *Travels of Marco Polo*, 39.
15. M. Rossabi, *Voyager from Xanadu* (Tokyo, 1992).
16. Ibid. 186.
17. Mirsky, *Great Chinese Travellers,* 185.
18. H. Yule, *Cathay and the Way Thither*, 4 vols. (1913–6), iii. 146–52.
19. Above, p. 31.
20. Yule, *Cathay and the Way Thither*, iii. 146–52.
21. I. de Rachewiltz, *Papal Envoys to the Great Khans* (Stanford, 1971), 109.
22. G. G. Guzman, 'Reports of Mongol Cannibalism,' in S. D. Westrem (ed.), *Discovering New Worlds* (New York, 1991), 31–68.
23. *The Travels of Friar William of Rubruck*, ed. P. Jackson (Cambridge, 1981), 72–101.
24. H. Cortazzi, *Isles of Gold: Antique Maps of Japan* (New York, 1983),4.
25. Above, p. 22.
26. J. Veillard, *Le Guide du pèlerin* (Macon, 1938), 50, 26, 28.
27. Adam of Bremen, *History of the Archbishops of Hamburg-Bremen,* ed. F. J. Tschan (New York, 1959), 186.
28. Ibid. 202.
29. E. Christiansen, *The Northern Crusades* (Harmondsworth, 1997), 18.
30. Adam of Bremen, *History of the Archbishops,* 134.
31. Ibid. 194–7.
32. Ibid. 189.
33. Ibid. 204.
34. P. M. Watts, *Nicolaus Cusanus: A Fifteenth-Century Vision of Man* (Leiden, 1982), 26.
35. Ibid. 212.
36. Ibid. 214.
37. A. S. Cook (ed.), 'Ibn Fadlan's Account of Scandinavian Merchants on the Volga in 922,' *Journal of English and Germanic Philology*, 22(1923), 54–63.
38. N. Levtzion and J. F. K. Hopkins (eds.), *Corpus of Early Arabic Sources for West*

African History (Cambridge, 1981), 13.
39. Ibid. 25.
40. Ibid. 270–1.
41. Ibid. 130–1, 190–1, 272–3.
42. D. Drew, *The Lost Chronicles of the Maya Kings* (London, 1999); D. Stuart, 'The Arrival of Strangers,' in D. Carrasco, L. Jones, and S. Sessions (eds.), *Mesoamerica's Classical Heritage* (Boulder, Colo., 2000), 465–513; S. Martin and D. Grube, *Chronicles of the Maya Kings and Queens* (London, 2000), 28–9.
43. R. T. Zuidema, *El sistema de ceques del Cuzco* (Lima, 1995).

佛堂

翼城

錫蘭山

甘巴里頭

禮金務

高郎務

別羅里

用單辛針十五更船收華蓋七指官嶼

用庚酉針四十五更船收華蓋七指二角

任不知溜

麻里角指

用辛酉針十五更船收加平年

用甲卯針十五更船收加平年

用庚酉針四十五更船取起來

刺撒

指二角

華蓋八指

撒八慢

華蓋七指

華蓋七指

門肥赤

幹苔葛

者刺則

佛堂

翼城
第一赤泥
甘巴里頭
禮金務
錫蘭山
高郎務
別羅里
用庚酉針四十五更管頓
華蓋七指官嶼
三角
指角溜東
華蓋八指
撒八慢
華蓋七指
門肥赤
幹荅葛

第四章 跃进

中世纪后期：转向航海和深入大西洋

> 害羞的商人，浅黑肤色的伊比利亚人，纷至沓来。
>
> ——马修·阿诺德：《学者吉卜赛》

也许是因为背上"篡位"的恶名，明成祖永乐帝一生为"荣誉"倾尽全力。从他1402年登上皇位，到他过世的22年间，征漠北、平安南，中国边境战事不断，同时，至少有72个使团曾出使中国境外一切可及的国家和地区。永乐帝给日本幕府大将军送去白银（大将军自己根本不缺银子），给西藏地区和尼泊尔送去佛像、珠宝和丝绸；和中亚穆斯林当权者互换过脾气暴躁的使者；资助过韩国、马六甲、婆罗洲、苏禄群岛、苏门答腊和锡兰的国王。中国把对方回赠的礼物叫作"朝贡"，其中包括：孟加拉的霍加狓、柬埔寨的白象、韩国的马匹和美女、暹罗的海龟和白猴、阿富汗的绘画以及日本的硫黄、枪矛和军甲。可与这些遥远地方的联系往来得到的礼物相比，中国送出的礼物则所费更多。但是，这也是展示国力的机会，令永乐大帝在自己的朝廷中更具声望，大概也更觉安全。[1]

中国明王朝最宏大、最昂贵的却是海上的"通西洋"。1405年到1433年间，郑和七下西洋，气势恢宏，远航至印度洋，成就斐然。郑和船队的规模无与伦比。据说，第一次下西洋时，船队由62艘有史以来最大的宝船、225艘后勤保障船以及27 780名水手组成。从新近发现的舵柱推断，

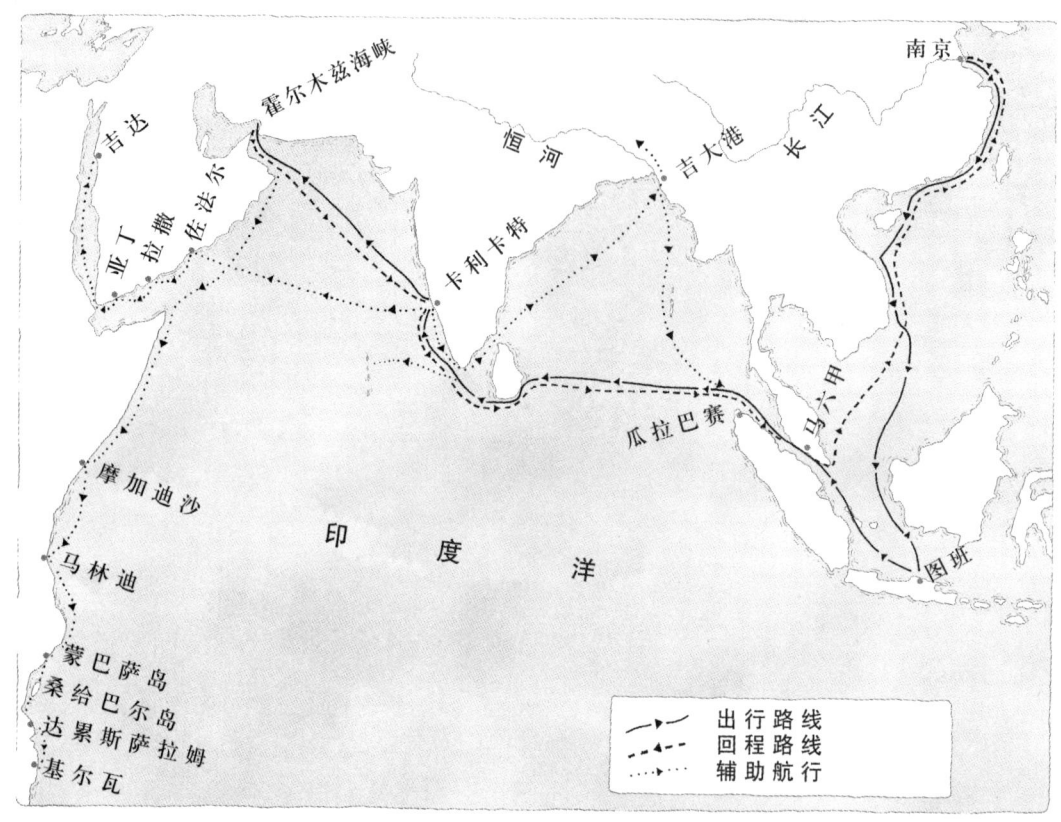

郑和下西洋路线图

　　宝船的载重可能达3000吨，这是欧洲当时最大航船的10倍，令人惊叹。郑和平均每次出航时间约为两年。他们在这些海洋的周边至少拜访了32个国家。前3次航行在1405年到1411年间，船队沿着暹罗、马来亚、爪哇、苏门答腊以及锡兰航行，但最远只到了世界的"胡椒粉之都"：马拉巴尔海岸。第四次航行是在1413年到1415年间，船队造访了马尔代夫、霍尔木兹海峡和沙特阿拉伯的吉达，来自19个国家的使节随船前往中国。

　　船队返回中国时，使节还没有到达，郑和带回的诸多贡品中，有一样在中国引起了轰动，它就是长颈鹿。在此之前，中国人从没见过这种动物。郑和是在孟加拉得到这只长颈鹿的。这种在印度洋和东非贸易中传到

第四章 跃进
中世纪后期:转向航海和深入大西洋

孟加拉的动物被当地的一个国君视为珍奇而收藏。中国立刻把这只长颈鹿视为上天所赐的"神兽"。据当时一位见证人说:"牛尾鹿身,肉角无骨;玄云紫雾;舒舒徐徐,动循矩度。"明朝人把它误作"麒麟",先前那位见证之人称:"聆其和鸣,音协钟吕。"

长颈鹿的出现确认了圣主之明。当时的画家沈度为之作画,这幅画作流传至今,画上配诗描述了长颈鹿送至朝廷时的盛况:

> 臣民聚观。欣庆倍万。臣闻圣人有至仁之德。通乎幽明。则麒麟出。斯皆皇帝陛下与天同德。恩泽广被……故和气融结,降生麒麟,以为国家万万年太平之征。[2]

1416至1419年间,郑

15世纪沈度所画的侍者与长颈鹿①

和第五次下西洋,此次出航不仅送众使节归国,也是郑和带麒麟(长颈鹿)归国之不世之功的继续。他为永乐帝的动物园带回了各种各样的异国

---
①即《瑞应麒麟图》。——译注

奇禽异兽：狮子、豹子、骆驼、鸵鸟、斑马、犀牛、羚羊以及长颈鹿外的一种神秘动物驺虞。从画像上看，这种神兽酷似老虎，白色带有黑色斑点，据文字记载这种动物是"正义之兽"，从不践踏生长的草地，严格素食，"只在仁诚之主在位时"出现。皇宫中还有许多"异鸟"，有铭文记载说："他们都引颈四顾，面色愉悦，脚跺地面，似恐似惊。"这个描写倒不是写鸟，而是写那些痴迷狂喜的朝臣。沈度也是一样，他说："这些动物预示着'大瑞兹至'。"3

郑和出航非洲的官方记录已不复存在，但图解形式的航海指南流传下来，并于1621年出版。此图所示为马尔代夫和东非。

1421年，郑和开始了他的第六次西洋之行。这次出航郑和的主要目的是考察非洲东部沿岸，并沿线访问摩加迪沙、蒙巴萨岛、马林迪、桑给巴尔岛、达累斯萨拉姆和基尔瓦等地方。1424年，永乐大帝过世，也许是因为朝廷内的派系斗争，1431年至1433年郑和的第七次"下西洋"推迟了些时候，但这次远航走得最远。根据现有的最可靠估计，这次郑和总共航行了12 618英里，重走了阿拉伯和非洲诸国，修复了明朝和这些国家地区的联系。4

严格说来，这并不能算是寻路之旅。我们知道，中国商人对从亚洲到东非的海上印度洋商路的了解已有几个世纪之久。13世纪早期，赵汝适就为前往东南亚和印度经商的商人提供了一本实用旅行指南。当时，确实能够通过武力来开辟商机，这一地区有香料、香木、贵重的药材和奇特的动物制品，发展贸易利润很高。中国人把郑和的船称作"宝船"，但郑和下西洋的主要目的不只是通商。郑和下西洋肩负的是现在称为"扬威异域"的任务，要向他拜访的港口显示中国的强盛国力，要用中国人称为"贡品"的异域奇珍异宝提高明帝在国内的威信。5 关于郑和下西洋的目的，官方说法是寻找流亡海外的先帝——但无论是过去还是现在，这一说法都少有人相信。显然，郑和下西洋有战略方面的考虑。在东南亚一些对中国贸易和国防安全至关重要的港口，郑和积极参与了其中的政治事务。这时，一个可能对明朝有威胁的帝国刚刚崛起，其突厥领袖是西方人通常所说的帖木儿。心存顾忌的大明朝，大举出航在周边寻找对付帖木儿的盟友与情报。但无论"七下西洋"目的是什么，都加强了中国对郑和航行沿线的了解，中国还为那些路线编辑制作了实用地图和航海指南。

船队统领郑和是一名宦官，信奉伊斯兰教，有蒙古血统。这些特点都表明他不可能在中国以儒家士大夫为主的政治生活中成为主流人物。1403年，永乐帝钦点他带队首航西洋，这是朝廷内四个相互关联而利益和儒家价值观相冲突的派系的胜利。首先，是代表商业利益的游说集团，他们想动员海军支持，推进朝廷对印度洋上中国商人的支持；其次，是代表帝国主义的游说集团，他们希望朝廷恢复前朝对侵略扩张的支持；但士大夫认为，即便是扩张也应该采取和平手段吸收"蛮族"以扩大疆域；再次，是一向强大的佛教徒的游说集团，他们希望把儒家士大夫的注意力分散到其他项目上去，让怀疑或是否定佛教的士大夫不再能把持国家资金。这些佛教徒也许感觉到可以在官方支持帝国扩张下传播信仰。

郑和七下西洋所显示的中国造船厂的产量和能力，势如破竹的远航能力，的确证明了中国建立海上帝国的潜力。郑和与敌人的遭遇毫无异议地证明了中国的优势。第一次下西洋时，郑和遭遇了一股海盗突袭，这股海盗的头人是个中国人，他在苏门答腊室利佛逝当时的首府建立了他自己的强盗王国。郑和歼灭了这伙盗匪，并把匪首押解回中国处决。第三次下西洋之时，锡兰的僧伽罗国王对船队垂涎三尺，设下陷阱。中国军队瓦解其部队，攻占了都城，把国王押解到中国，并设置了傀儡政权。第四次下西洋时，一个苏门答腊首领不肯合作，拒不纳贡以交换中国所赐，郑和打败且绑架了他，并最终将他杀死。在郑和沿途所有的政治干预行为中，最重要、影响最为深远的是他计划在马六甲海峡，即中国和印度间常规航线上的交通要道上，建立一个中国的傀儡国以控制马六甲海峡的贸易。郑和把拜里迷苏拉推上了王位。拜里迷苏拉原是被自己的国家驱逐出去，而成为一伙强盗的首领的，之后在马来亚海岸，现在被称作马六甲那里的沼泽上建立了一个要塞。1409年，郑和授予他代表王权的印玺和袍服。拜里迷苏拉曾亲往中国进献朝贡，成为明朝保护下的附属国。在中国的保护下，这个不大的王国最终成长为一个伟大、富庶的商贸中心。

对于"下西洋"，郑和一方面有"耀我皇威"进行帝国扩张的想法，另一方面也有和平推动商业以及学术发展的抱负。1432年，他曾立过一块石碑，上书"皇明混一海宇，超三代而轶汉唐，际天极地，罔不臣妾"。这话听来有点军国主义，也有些夸大，但随后他又较平实地说，"固远矣，而程途可计"，[6]以示对于商人和地理学家的尊重。"视诸夷域"是郑和的成就之一。《郑和航海图》1621年时曾有重印，因而留传下来。和同一时期欧洲的海国一样，这些航海图上只是些指导航行的示意简图，而非坐标比例明确的地图。在这些航海图上，带有方位指示的虚线标示着各大港口间的航线，也栩栩如生地记录了郑和的航程，其记录方法都是"在某某方位经某某更时间"的描述方式。每个港口都根据北极星在海平面上的高度以确定其纬度。而北极星的高度郑和使用"牵星板"来测定，牵星板是数块宽度不一的乌木条，使用者手持牵星板，并放在自己向前的固定位置，以补满某星和地平线间的空白。

空前的大规模沟通给交流双方带来了难以想象的震撼。跟随郑和下西洋的翻译官马欢，在所著《瀛涯胜览》的自序中回忆了自己年轻之时下西洋的情况，当思及"天时气候之别，地理人物之异"时，慨然叹曰："普天下何若是之不同耶？！"[7]

第四章 跃进
中世纪后期：转向航海和深入大西洋

随郑和的西洋之旅让马欢确信现实世界更加奇异多彩。中国的大船满载奇珍到达中东众港口，在当地引起了轰动。埃及的皇家史记官描述了中国船队抵达亚丁外海并计划停靠在离麦加最近的许可停靠的港口的消息传来，当地民众激动兴奋的情形。

但是，中国的海上努力并没持续太久，个中原因争论很多。我们有充足理由相信，中国当时的决策者认为出海探险，远离家园又所费甚巨，因而中止了这一活动。大多数曾经推行海上开拓、试图统治远方国度的国家后来都有所抱憾。我们知道，儒家价值中一向优先考虑家国内政，认为蛮夷如果看到益处自会投奔而来，无论是打击还是引诱都是浪费资源。中国当时的当政者选择巩固陆地上的帝国政权，放弃海上帝国开拓，保证了国家的千秋万代：过去500年间所有的海上帝国都已分崩离析，但中国始终屹立。

但，郑和中止海上远航的背景原因，至少有一点很清楚。科举制度，加上为国家征募政府服务人员的其他体制渐渐难以为继，产生了重要影响。儒家学者和士大夫越来越多地掌握了国家政权，前者对海上探险持冷漠排斥态度，后者则认为"君子不言利"，耻于经商。15世纪20年代到30年代，支持郑和的名僧、官宦、伊斯兰教徒以及商人都开始失势，宫廷权力转移到儒家官僚手中。1424年，永乐帝过世，洪熙帝继承大统，他即位之后的举措之一就是取消郑和的下次远航。洪熙帝把权力交还给之前失势的儒家官吏，着手削减其他派系的权力。1429年，制船的预算被削减殆尽。儒家精英痛恨海外探险及支持海外探险的派系，他们甚至毁掉了郑和所有的航海记录以消除那段记忆。而此时蒙古的兴起，让中国内陆边境出现危机，中国需要把重心从海上转回内陆，全力面对新的威胁。[8]

这一改变对世界历史影响深远。中国当时的海外拓展多半是民间自主移民，以及在很大程度上是以非法贸易的形式进行的，几乎没有任何皇权的鼓励或保护。但，这却没有扼杀中国的海外殖民或海上贸易。相反，中国成为当时世界上最为活跃的经贸体，为世界输送了最多的移民。从15世纪起，东南亚的中国拓殖者为每一块定居地的经济做出了重大贡献，而他们寄回家乡的钱财也为中国扩充了财富。同一时期往来于中国港口的航船吨位可能相当于、甚至超过世界其他地方的总和。但是，中国对自己邻近岛屿之外的海上探险一直十分排斥，这种态度在整个明朝统治时期都没有改变过，这让中国从没能建立起如同大西洋沿海国家那样的全球范围内的海上帝国。生活在15世纪的世界观察家一定会预测中国将超越世界，率先开拓出横贯世界、跨越大洋的航线，将建立起遥遥相连的海上帝国。可是现实中，完全不是如此。中国把这个领域留给了那些落后甚多的欧洲探险者，把开拓世界航线的机会留给了他们。

当然，世界的命运不会取决于中国1433年的一个决定。中国放弃了成为海上帝国的机会，这里面有着大环境中的多重原因，而这些原因也可以说明为什么在大西洋的欧洲人一直在全球的"空间赛"中占尽优势。这些原因可以归为两个方面：一是环境因素，二是经济因素。郑和下西洋的范围可以说明环境方面的影响因素。亚洲海域和东非沿岸是广阔的季风海域，像我们知道的那样，这里的远程航行依靠的是风向的定期转向。而在这一区域之外的信风带上，航海环境陌生，不好适应；在南印度洋或东南亚以外，进入到太平洋后，不得不逆风航行；而其他地方，还可能面临一路顺风的危险而难觅归途。更严重的是，印度洋易入难出。在南纬10°以南的海域，有一道暴风带，航行困难。而从非洲南端前往大西洋的航线必须绕过背风岸，也就是南非的夸祖鲁—纳塔尔省，这里是16、17世纪许多航船的坟墓。这里大概也就是郑和航海图上标注哈甫儿①的地方，海记上说，航行止于此处，肆虐的海上风暴阻挡了向前的航程。而印度洋东侧的亚洲沿海地区，是台风侵袭的日本海和广阔的太平洋。

在这样条件恶劣的大洋上穿行，航海人一定是需要强大的动力，这就是前面提到过的经济因素了。印度洋是个贸易大舞台，经济活动频繁，财富丰厚，当地人无须出外寻找市场和供应商。来自北亚、中亚、欧洲以及非洲内

---

①原著为Ha-Pu-erh，经核《郑和航海图》作此译，但哈甫儿是今索马里哈丰角，故此处存疑。——译注

陆的人来这里推销家乡产品，却因为贫穷而被看不起，也很难把这些产品卖给当地人。一般来说，他们要想赚到钱，只能是贩运或是买卖当地商品。

中国脱离了更广阔的世界绝非是因为技术落后，或是好奇心不足。如果他们愿意的话，中国船只完全可能前往欧洲或是美洲。事实上，中世纪时，中国的探险者可能的确由东到西，曾经不时地从好望角经过。13世纪的一份中国地图就曾大致准确地勾勒过非洲的形状。15世纪中叶的威尼斯制图师曾说看到过离开西南非海岸的中国船，或者看到的也可能是爪哇船。[9]但是，这样的创举毫无意义，因为那些地方根本没有中国需要的东西。虽然并没有证据能确切证明中国的航船曾穿过太平洋到达美洲，但这却有绝对的可能性。再者，进行这样的航行或试图越洋建立经常的接触也是愚蠢的。因为那里没有中国人想要与之通商的人。

印度洋、东亚和东南亚的海上民族也受到这些制约因素的影响，虽然程度较小，但也足以左右他们的选择。阿拉伯国家、斯瓦希里商团、波斯人、印度人、爪哇人以及这一地区的其他岛屿民族和日本人，在自己国家的周遭海域都有大量、充足的商业机会让他们无暇抽身。事实上即便是说有问题，问题也只是他们的航运能力不足，无法满足区间贸易需要。这就是为什么，16世纪时，他们终究还是欢迎来自欧洲的外来者。虽然这些人好战凶猛，欲壑难填，野蛮粗暴，但是他们给这一海域提供了所缺的运力，增加了财富总量。现实有时就是出乎意料，资源贫乏却给了欧洲人机会，家乡商机寥寥迫使他们不得不前往别处寻找机会。欧洲地处欧亚大陆边缘，因而，最辉煌卓绝的海上探险是从边缘的边缘出发——欧洲是欧亚大陆的边缘，而伸入海洋中的欧洲边缘，正是伊比利亚半岛。

◆ 为什么会是伊比利亚半岛？ ◆

虽然马德里距离伊比利亚半岛最远，但这里到处都是海鲜餐厅，且有欧洲最大的海鲜市场。古西班牙的卡斯提尔人对海的激情是他们历史与文化中一个耐人寻味的特点：这个族群的中心地带位处内陆深处，过往的关键时期他们几乎与海洋隔绝。伊比利亚半岛上的两大河塔霍河和杜罗河从葡萄牙注入大西洋，伊比利亚半岛的大西洋沿岸大半也都是葡萄牙的领地，而从12世纪起，葡萄牙就已经完全独立，且与卡斯提尔为敌。地中海半岛上居民大多说加泰罗尼亚语或同一语系的语言，要到很久以后，卡斯提尔在全球范围内建立起强大的海上帝国之后，它才和西班牙全面融合。而西班牙的北边，在山脉屏障之外，越过坎塔布连海向外，在过去1000年的大部分时间它都和卡斯提尔属一个政体，但是该地区大部分海岸以及大多数优良港口的居民却不是卡斯提尔人，而是加利西亚人和巴斯克人，这些人为西班牙的海外开拓事业所做的贡献和他们的人数完全不成正比。在西班牙的南部，卡斯提尔经过瓜达尔基维尔河直接通向大西洋，穿过如同荒地一般的慕希尔地区出地中海，但直到13世纪中期，这两条线路才被纳入卡斯提尔的版图。在向海外拓展之前，卡斯提尔的经济主要是依靠辛苦来往穿梭于富饶多产的北部高原与坎塔布连海诸港口之间山脉的骡队。

令人吃惊的是，就从这样一个看似毫无希望的起点，中世纪后期，卡斯提尔人一起走上了海上探险之路，用热情催生了近代社会早期范围最广的海上探险和世界上影响最广的帝国。这一帝国的无与伦比之处还在于它是在前工业时代的科技下产生的。16、17世纪，大西洋和太平洋都成了西班牙的"内海"，西班牙船运业几乎垄断了横跨大西洋的最好路线。我以前有一位同事，他说他对海洋一直没什么兴趣，但他搬到堪萨斯州以后一切都不一样了，这大概可以解释这种对海上探险在心理上明显的矛盾之处。

中世纪晚期时，卡斯提尔人对大洋的野心只是伊比利亚人广泛探索海上交通路线的一部分。葡萄牙人的海上探险始于14世纪，在15世纪达到顶峰，他们对海上探险的贡献与卡斯提尔不相上下，甚至更为优异。葡萄牙有漫长的海岸线，内地面积很小，所以从某个角度看，葡萄牙的海上成就似乎更顺理成章，但在其他方面，葡萄牙则条件不足。

萨拉查统治时期有句口号："葡萄牙，不是一个小国。"就是这位独

第四章 跃进
中世纪后期：转向航海和深入大西洋

裁者也承认，在扩张之前，葡萄牙的确不大。葡萄牙本土面积和其帝国主义时代所辖之宽广完全不可相提并论，这不仅是葡萄牙历史的令人费解之谜，也是世界历史的不解之谜。按现存的统计资料粗略估算：16世纪早期，葡萄牙人口比英格兰的1/2略多，是卡斯提尔的1/4，也许只有法国的1/10，甚至比荷兰、比利时等低地国家都要少得多。葡萄牙资源贫乏，无以弥补土地和人口上的缺陷。塞图巴尔的浅盐湖是唯一丰富的自然资源。贫穷和饥饿随处可见。[10]

即便是海上扩张，从葡萄牙的地理位置来看，也显资源不足。和它那些努力建立海上帝国的未来对手相比，只有荷兰一国比它更缺乏造船所需的木材和钢铁。而且葡萄牙的控制力似乎也并不强，陆路边境漫长不便、没有适合防御的屏障，旁边还有强大的邻邦虎视眈眈。历史学家认为葡萄牙的一个优势是：当其他大多数西欧国家在15世纪的内战中动荡不断的时候，葡萄牙却自1385年建国以来，一直内部安定。可是，这份安定的影响却难以逆料，内战经常都是建立帝国的前奏，因为常常会有敢想敢做的精英分子横空出世，这些人希望在社会上拥有一席之地，也愿意离开家乡四处去争夺资源。

在考察以伊比利亚半岛为起始地分赴世界的探险者及其建立的宏伟帝国时，我们该把重点放在葡萄牙还是卡斯提尔呢？这不免引发那个老农的回答，老农为一个过路的开车人指路时说："如果我是你，我不会从这里开始。"海外拓展的原动力往往是过剩的资源和权力，以及日益膨胀、难以消化的人口。而这些方面，伊比利亚人都不占优势。西班牙和葡萄牙转而寻求海上通路和当今"第三世界"国家的策略相似：拼命争取原始外资和专业技术，14、15世纪，意大利尤其是热那亚的企业家和技术人员在西班牙和葡萄牙人的海外探险事业中发挥了重要作用。

西班牙和葡萄牙的海上伟业让人惊叹，但是，如果把它们放在更广泛的比较框架中，就容易理解了。纵横大海的伟大事业往往起自国土贫瘠或是资源有限、内陆机会有限的根据地。边远地区，或是几大文明边缘及之外的人常常更热衷于殖民和商业冒险。我们已经看到过许许多多这样的例子。从各个角度来看，希腊就是最典型的例子。按古希腊诗人赫西奥德的说法，古希腊是"贫困的孪生姊妹"；柏拉图也认为，希腊是岩石嶙峋、土层浅薄的贫瘠之地。希腊在远方殖民最大的竞争对手是从狭窄海岸起步的腓尼基人。阿拉伯半岛南部、印度的古吉拉特以及中国福建都有地理位置类似的根据地，它们都孕育了海上文明。[11]人们通常不会把日本看作是远程海上帝国的孕育之地，但是它的位置却可比作欧亚另一端的伊比利亚，并且在一些重要方面，其历史和伊比利亚可两相比较。比如，正是日本本土海域的航海条件，让后来日本在如今已视为它自己领土的岛屿之上建立了非同一般的帝国。这不禁使人想起日本历史上两次影响深远的海上帝国野心破灭的魔咒：16世纪晚期，日本受阻于科技，海上企图成为泡影；20世纪，当汽轮终可突破海风的限制，它又败于难以逾越的命运。

西欧也是一样。直到中世纪晚期，我们所知道的主动进行远程海上探险也都开始于相对贫穷和边缘的地区，比如爱尔兰隐士出海朝圣以及斯堪的纳维亚的袭击者、海盗和殖民地开拓者出海探险。中世纪地中海的海上帝国，例如热那亚和加泰罗尼亚，都创建于狭窄的沿海地区，而威尼斯则创建于潟湖地区多盐、多沼泽，没什么发展希望的岛屿。伊比利亚最好的模仿者和挑战者是来自同属边缘国家、自然条件恶劣的荷兰的探险者。法国和英格兰，这两个国家条件稍好，自然资源较丰富，而且地理位置也明显优越，海上探索就落在后面。但是在近代早期跨越海洋的竞赛中，他们后来者居上。

要充分理解西班牙和葡萄牙在世界航海探险史中的领先作用，必须将其放在其他小的边缘沿海群体探险历史的背景下来了解。更为特别的是，西、葡海上探险是西欧独一无二的海上故事的一部分。我们通常说近现代时期"欧洲"海上帝国主义，但这个说法不够严谨，可能会有所误导。事实上，欧洲多数海上帝国源自具有探险家摇篮之称的西欧沿海的边缘地区，而非整个欧洲。乍一看，这些边缘地方并没什么相同之处。从北极圈

第四章 跃进
中世纪后期：转向航海和深入大西洋

到地中海，穿越截然不同的气候带、生物带、饮食习惯、宗教习惯、民间故事、音乐传统、历史记忆，乃至醉酒的方式都完全不同。他们相互间语言不通，在过去4000年左右的时间里都没有什么联系。挪威具有民族特色纯天然的一道菜是咸鳕鱼，可能来自西班牙或是葡萄牙，它最好的吃法就是加上橄榄油。可是这样的共同点着实少见。沿着海岸由北到南，除了始终能看到海这一点，其他的似乎都是步转景移。

对于欧洲大西洋沿岸的居民来说，大海赋予他们既非凡奇特又糟糕可怕的历史作用。事实上，几乎所有近代史上世界性的海上帝国都是从大西洋沿岸崛起的，最多只有三个能算得上例外。意大利的海上帝国，建立于19世纪80年代到20世纪30年代之间，规模不大，时间也不算长。它建于利比亚、佐泽卡尼索斯群岛和"非洲之角"之间，不需要经过大西洋，从地中海和苏伊士运河就可以到达。俄国在阿留申群岛建立了勉强能称为帝国的太平洋帝国，并在美洲西海岸建立了几个前哨据点，这种情况一直持续到1867年阿拉斯加被卖给了美国。此外，还有17世纪位于库尔兰和布兰登堡，由一系列奴隶中转站和产糖岛屿构成的海上帝国，它兴起于波罗的海的众港口，但很快也就消失了。[12]

事实上，不但几乎所有的海上帝国都由大西洋沿岸国家建立，而且所有的这些国家也都曾建立过自己的海上帝国。可能只有挪威、爱尔兰和冰岛是例外，但它们直到20世纪才成为主权国家，错过了建立海上帝国的伟大时代。冰岛在很多方面都与众不同。爱尔兰，虽然没有自己的海上帝国，但却是英国称霸时的伙伴，也是受害者。挪威人过去曾参与丹麦和瑞典的奴隶海上贸易，他们正带着某种幸灾乐祸的心态，津津有味地重新发现自己祖先过去准帝国的罪恶。其他所有大西洋沿岸的欧洲国家在近代都曾勇敢地驶入大海，建立帝国。这点适用于相对较小的边缘海岸国家，比如葡萄牙和荷兰，甚至一段较短时间内的苏格兰（那时它仍然是主权国家）；也适用于西班牙、德国、瑞典，这些国家，沿大西洋的海岸线较短，进可攻退可守，面积广阔的腹地让它们转而寄希望于其他领域，希望从那里获取利益。

曾为西班牙流亡共和政府服务的政治家、学者萨尔瓦多·德·马达里亚加在80多岁高龄接受一份荣誉博士头衔时说,上述情况是一种不寻常早熟的案例,欧洲大西洋沿岸的海上帝业也是这种情况。从这方面来说,"欧洲奇迹"的不可思议之处正是欧洲太久都不曾有过奇迹。西欧人——作为父系祖先曾生活在欧洲最西端的加利西亚人,很坦率地说,我们西欧人应暗自庆贺一番:过去和现在我们的祖先改变了这块大陆,并潜在地改变了整个世界。然而,从某个角度来看,西方人却是欧亚历史的小卒,他们所居的这块凸角是欧亚历史最后流注之所:一次或是三次文艺复兴、说拉丁语的基督教世界的中世纪扩张、科技革命、启蒙运动、法国大革命以及工业化都可以有凭有据地说成是开始于西方,并传向东方从而塑造西方性格的运动,但从真正长远的视角来看,欧洲的西边却是文化大传播的接收端。农耕和采矿技术的传播、印欧语言的到来,腓尼基人、犹太人和希腊人的殖民,基督教的到来,德国人、斯拉夫人以及来自草原的殖民,对亚洲知识、品位、科技的吸收,所有这一切都是东方在影响西方。这些运动中许多是将逃亡者送向了欧洲大西洋,这些人在历史的大部分时间里都生活在这些贫瘠、毫无希望可言的海岸边。几百年,也许有些人是几千年来,都生活在那里,却不曾过多地主动探索过海上。

今天,生活在大西洋一侧的欧洲人完全可以根据近现代史归类为海洋民族。大西洋赋予他们各种赖以谋生的才能:渔业、航海与地区贸易。航海技术一成熟,大洋就给了这里的人们海上移民和建立帝国的路线。然而,西欧的历史上也有难以解释的矛盾:为什么这里的人们迟迟没有听到海洋的呼唤?他们到达海边以后,大多数人就困在了那里,像是被海岸上盛行的西风束住了手脚。沿岸航行让各个群体间彼此接触;远洋而来的隐士增添了几分海洋的神秘;一些地方不知道什么时候开始了远洋渔业。但除了斯堪的纳维亚以外,直到中世纪晚期,西欧其他的文明成就都和海洋少有或者没有关系。

与此同时,在这一时期的世界地图上,西欧还是只在边缘。波斯或是

第四章 跃进

中世纪后期：转向航海和深入大西洋

中国的学者对自己文明的优越性极为自信，认为在他们的研究中基督教世界几乎不值一提。从基督教地区向东、向南拓展从陆路进入东欧，或是经地中海进入了亚洲和非洲，都取得了一些进步，可是这些进步不是遭到当地拒绝，就是因为瘟疫和酷冷严寒而不得不打道回府。

◆ 大西洋转折的开端：从热那亚和马略卡岛起步 ◆

从13世纪晚期开始，根据相关记载，大西洋探险就从未停止，可不同寻常的是，欧洲大西洋沿岸的居民却从未参与其中。欧洲人对大西洋的"发现之旅"是由地中海深处，尤其是热那亚和马略卡岛的航海家开始的。他们强行突入，进入海洋。他们逆流而上，穿过直布罗陀海峡，开辟航线，打开了大西洋之门。从那里起步，一些人转而向北，去大西洋边的法国、英国和荷兰寻找商机。另一些则向南进入就我们所知已有数百年未曾有人航行过的未知水域，向着非洲的大西洋海域，向着马德拉群岛和加那利群岛进发。比如，这条路线已知姓名的最早的行者，热那亚的维瓦尔第兄弟，他们于1291年出发的"由海上寻找印度"之旅就比哥伦布早了近两个世纪。可是，除了知道他们出身于显赫的商人家族以及编年史上对此次航行寥寥数语的记录以外，其他方面所知甚少。再也没人提起过他们，但正是他们开启了大西洋的远航。在后来者中，热那亚的兰塞罗托·马洛塞罗用自己名字的变体为加那利群岛的一个岛屿起名为兰萨罗特岛，1339年的一幅地图上，该岛装饰着热那亚的国旗。意大利诗人彼特拉克用他略带诗意的语气断言，14世纪30年代的加那利群岛，同法国一样著名。[13]

我们从现存的1342年4月起的系列文献中可对非洲大西洋探索引发的兴奋窥知一二。那年仅4月一个月，就至少有4队人马得到许可从马略卡岛启程，前往加那利群岛。碰巧一名叫古勒姆·焦弗雷的水手的工资凭证留传下来，让我们知道至少有一次经批准的航行确实到达了加那利群岛。接下来那个世纪的一本纸质书的残本中详细记录了可能是这一时期的第5次出航。在书中还描述了海盗在追袭阿拉贡国王的一支桨帆船或船队时在该群岛的偶然登陆。[14]

从行船执照上看，出海所用多是"小船"，执照上使用的词是"cocas"或"coques"：大概就是那种船身丰满、不善抗风、意欲借助加那利洋流航行的船只。在中世纪后期有关航船类型的词汇使用十分混乱，现能看到的文献的作者多半是些旱鸭子，没有实际航海经验，和现在的这类人一样，他们用词不当，专有名词相互换用，久而久之意思发生了变化。照理说，应该是一看到"cog"这个词，就知道是指那种船身丰满、航帆四边形的船；而一看到轻型多桅小帆船"caravel"，就知道是那种船身较浅、也许更为流线型，至少有一个三角形船帆，经由改进，更有利于逆风行驶的航船。但是现在看到船运合同、航行执照或是编年史的时候根本不能肯定作者指的是什么船。顺信风出航传统的四角帆小船无法按原线路返航。它们一般是在2月和4月间出发，一定是在10月——最适合返航的月份——再离岛，向北寻找顺风返程回家。

马略卡岛的档案中有一段空白，所以我们无从得知之后一些年的航海活动，但想来他们14世纪40年代早期激情澎湃的步伐也不太可能会一直持续下去。古勒姆·焦弗雷领取工资的记录也说明他所参加的那次出航肯定没赚到钱，而且带头的人也死了。这也许对其他想出海的探险家是个打击，但14世纪中期的一幅地图集还是表明，少有文字记载的那些年，航海活动一直在继续。地图师绘制了一艘从非洲西海岸出航的四角帆小船，他在船边写道，一名叫佐米·费雷尔的航海者1346年在寻找"黄金之河"——也许就是被炼金术变成金子的德拉河，甚至是塞内加尔——途中遭遇海难。

历史学家们通常认为大西洋的海上探险在这一世纪中期曾"受阻"于黑死病、船只及航海辅助技术方面的不足以及接连不断的失败与海难。然而，当文献记录从1351年恢复以后，航海似乎和以前一样繁忙活跃。但是，其中早期的航海活动中的某些商业因素不见了：从现有的记录看，在接下来的二三十年，里马略卡下一代的探险家多是传教士。[15]

第四章 跃进
中世纪后期:转向航海和深入大西洋

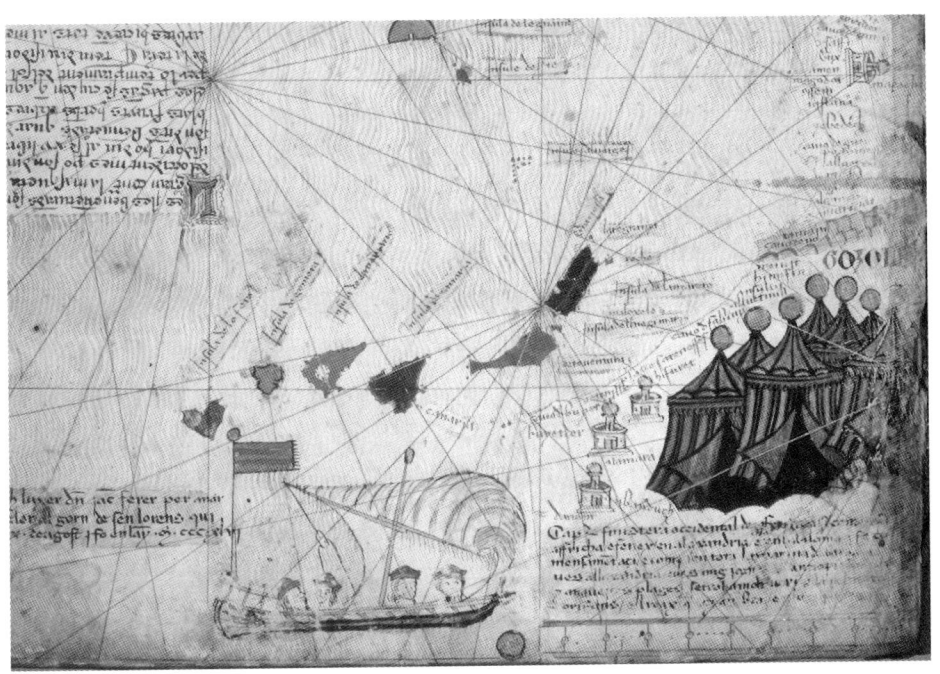

亚伯拉罕·柯雷斯克所绘《加泰罗尼亚地图集》上,佐米·费雷尔的航船(14世纪70年代至80年代)

  虽然马略卡在中世纪晚期大西洋的空间争夺战中的领导作用常常被人忘记或是忽略,但他们在大西洋探险中夺得先机并不让人吃惊。马略卡群岛本身就是一个殖民社会,它地处边疆,一个世纪之前才从摩尔人手中夺回来。1276年到1343年这段不长的时间里,它是一个独立岛国的中心,靠海上贸易而存活。马略卡群岛也是造船技术、航海制图的发展中心,在很大程度上是这里造船、航海制图技术的发展推进了大西洋的航海活动。马略卡的制图师孜孜不倦地收集地理信息,名冠欧洲。许多制图师是犹太人,他们从自己遍布大洋的贸易中获取资料,同时他们还是穆斯林和拉丁学界的调和者。马略卡人探索非洲大西洋是其在马格里布地区既存商业利益的自然拓展。13世纪晚期和14世纪早期,马略卡的航船带着加泰罗尼亚的货物前往欧洲北部。马略卡人享有和摩尔人做生意的特权,这让他们有机会参与非洲沿岸的航海当中。这个岛屿很久以来就是热那亚前往西方航海的中转港。马略卡群岛最后成为一群传教士的根据地，他们热衷于向加那利群岛本地居民传教，并于1360年到1393年间在大加那利群岛建有教区。

加那利群岛似乎是这些文献中的主角。这些岛屿的确有一些可开发的特产，尤其是从当地地衣和"龙血树"汁液中提取制成的独特的、颇有效力的染料。岛上居民常常被抓做奴隶。可在殖民时代，他们可能被输出做奴隶、可能被残杀，也可能被同化消失在移民社会中，反正他们是彻底地消失不见了，现在已无从考察他们当年的样子。他们也许是柏柏尔人入住之前就住在岛上的北非人的后裔，和现在已人数很少、生活在撒哈拉周边的捕鱼民族伊姆莱根人和者拿加人类似。但他们不算是很有价值的经济资源：数量少，难以抓获，同时在宗教反对奴役他们的情况下，贩奴生意难以为继。加那利群岛最重要的地方并不是因为它本身的价值，而是风和洋流把人从伊比利亚带到这里，它的价值在于它是海外探险者前往撒哈拉从事黄金贸易的更远探索中的重要临时中转港。

14世纪中期，黄金和白银交易的比率大概是1:10，资源贫乏的欧洲很容易受到黄金的诱惑。[16]欧洲所知道的黄金大多是来自撒哈拉：马格里布的中间人在非洲内陆深处用盐换取黄金。金矿在非洲的布雷地区，在塞内加尔河和尼日河河源之间的位置，稍远一点儿就是沃尔特河地区。但，金矿的具体位置可是秘密，西非马里帝国的黑人垄断着金矿，防备来自马格里布和欧洲的寻金人。尼日尔河流过马里帝国，黄金贸易从这里经过。所有的资料都说，——也许是转述而并非亲眼所见——这里的黄金买卖是按传统习惯交易而不是讨价议价，也就是所说的"哑交易"或者说是"不说话的买卖"：买卖双方把彼此的货物放下，再各自去收买下的货物和对方付出的黄金。[17]黄金的由来有些古怪的猜想，包括说：黄金的生长和胡萝卜一样；在它们还是金矿石时由蚂蚁照顾；住在洞里的裸体男人负责开采金矿。无论这些黄金来自哪里，雄心勃勃的欧洲人都希望找到它。

第四章 跃进
中世纪后期：转向航海和深入大西洋

◆ 进入伊比利亚 ◆

比早期马略卡人进取精神更让人吃惊的是葡萄牙和卡斯提尔，这两个大西洋海岸王国对大西洋诸岛的探险活动起步较晚。现存第一份真正翔实的航海记录很明显是薄伽丘抄录的，时间不太确定，大概是在1341年。这些文稿经塞维利亚的意大利商人之手，传到佛罗伦萨，并最终落到薄伽丘手中。文稿中，至少部分地提到了由意大利人领航的一次葡萄牙人航行，下层船员中包括卡斯提尔海员和来自西班牙其他地方的水手。薄伽丘这位人文主义者对这个话题的兴趣十分明显：薄伽丘关心语言的历史，在他文稿的附录中，有加那利群岛语言的片段，而这正是他兴趣的焦点所在。[18]

稍晚些时候，1345年3月，卡斯提尔王国官方对大西洋探险的兴趣如灵光一闪般第一次在记录中出现。这次探险是教皇促成的：教皇想资助流亡在外的卡斯提尔王室路易斯·德·拉塞尔扎给他征服一座岛屿的权利，由此有了此次卡斯提尔王室的海上探险。如果成功，路易斯的领地被叫作"幸运公国"，由加那利群岛和地中海的加里塔岛组成。教皇克莱蒙特六世建立这样一个不可能的王国的动机不太清楚，但是如获成功，就为十字军进入北非营造了一块跳板。教皇向卡斯提尔的阿方索十一世求助，阿方索十一世坚持对加那利群岛拥有优先权，他说这是他的先人在西哥特人时代，"非洲地区还在我们治下"的时候就有的部分额外特权。[19]

最开始，这些诺言并无契约的保障。从14世纪60年代和70年代的证据可以清楚地看出阿拉贡人和葡萄牙人对加那利群岛的野心。然而，这些证据却很令人怀疑，因为它们主要是些地图，而那一时期的地图声名狼藉因既经不起推敲，又难以看懂。任何一个看过中世纪后期世界地图或看过航海图的人都能体会15世纪下半叶某首弥撒曲里西西里岛歌唱家的细腻敏感的心情：他沉迷于地图之美，在地图上寻找一个比自己所在岛屿更美丽的小岛，虽然，不会成功。现存这一时期最精致的制图是位于巴黎的法国国家图书馆中珍藏的，马略卡岛的亚伯拉罕绘制的《加泰罗尼亚地图集》。

这本地图集内容丰富、精细复杂，如同珠玉外溢的宝匣，其中对怪物、无以计数财富的有力描绘让人震撼。据记载还有更为富丽宏大的地图，所绘内容更多，更丰富，只是已经失传不可考。这些是皇室的礼物，既是炫耀，也可实用。但这一时期即使是更朴素、更实用的地图也都绘制雅致，标有图解，至少也是字迹漂亮，并绘有精致的罗盘网线。这个时期的地图比音乐作品更动人心。几乎可以肯定，1402年吸引普瓦特万冒险家戈迪菲·德拉萨莱出发寻找传说中"黄金之河"的正是地图，也许就是《加泰罗尼亚地图集》，而正是此行致他丧命。14世纪晚期，《万国知识录》的匿名作者根据地图的传说虚构了一次奇妙旅行，越过人们已知的世界，进入到人类不曾涉足的地界。

近年来，学界对相关地图的权威性、年代以及可靠程度进行了全面整理，并给出了一些确切结论。1339年，从现存地图上第一次看到加那利群岛和马德拉群岛的部分岛屿。到可以确切追溯到14世纪80年代的地图时，加那利群岛几乎得到了完全展示，其中包括：萨维奇群岛、马德拉群岛以及看似亚速尔群岛所有——除了两个之外——的岛屿。这是了不起的成就：这段航程危险重重、是对航海技术的挑战，而对于当时的海员，这是无与伦比的考验。但有学者对航行的可能性表示怀疑，因为地图上标注的亚速尔群岛的经度不够准确，同时这些岛屿旁还有其他对凭空臆测岛屿的描述。这就有理由怀疑欧洲是否能在那么早的时候就已经知道这些东大西洋上的群岛了。但仔细推敲，再加上对这一地区地理情况的推理，这个问题的答案应该是肯定的。因为大西洋的海风和洋流自然形成了航道体系，承载着航船从赫拉克利斯之柱驶往西南方向，同时，在一年的多数时候，都会有一股强劲的海风，吹向北方，助力回程的船只，因而这一切都必然是从加那利群岛探险起步。加那利群岛位于出航非洲大西洋的必经之路上，而亚速尔群岛则位于回程的最佳航线之上。从海上回来，是逆风，海员们完全没法紧随经度航行，他们只能走出很远，绕路在深海寻找能把他们带回家的西风带。这项事业危险重重，但也有回报，他们发现了大洋

第四章 跃进
中世纪后期：转向航海和深入大西洋

中央的亚速尔群岛，它距最近的陆地也超过700英里。在现有文献中，这个阶段的价值被低估了，但它十分重要，影响深远：欧洲开始了距离之长前所未有的远程航行。到15世纪30年代，葡萄牙在亚速尔群岛建立了中转站，在岛上种植小麦，放养野羊，这样的远航已是平常。

14世纪90年代，一家联盟企业在塞维利亚成立，开始致力于在加那利群岛和非洲大西洋之间寻找商机，直到此时，卡斯提尔人在这一地区的航海才有了进一步的证据。1390年开始，就有人上书请求皇室同意占领这一地区。根据16世纪记载的一则传说，恩里克三世将任务交给了塞维利亚贵族费尔南·佩拉萨。1393年，佩拉萨家族和塞维利亚最有权势的盖兹曼贵族联手，踏上了远征之路。事实上，毫无疑问，和这一时期许多远征一样，这也是一次掠奴之旅。据皇室的记载，塞维利亚和巴斯克的海员登船出海，他们在兰萨罗特岛上抓获了一对酋长夫妇，在给国王的报告中，他们说："如果陛下有意，那么征服那些岛屿实在是太容易了，无须付出太多代价。"[20]就是这种轻率的预言让许多征服者在卡斯提尔的海外扩张中付出了可怕的代价。

从这时起，加那利地区的所有活动中都活跃着一些卡斯提尔人，乃至塞维利亚人的身影。虽然如此，但首先征服该群岛并建立长期殖民地的，却从领头人到大多数参与者都来自法国：诺曼底、普瓦图和加斯科涅。"黄金之河"的传说吸引着让·德·贝当古和戈迪菲·德拉萨莱踏上了冒险之路。看起来，至少在一开始，他们的探险活动是由法国国王支持的，但很快，后勤吃紧让他们开始转而从卡斯提尔人那里获取支持与赞助。这一转折的推动和一部分资金来自贝当古的堂兄弟罗伯特·德·布朗克蒙德。他家有姊妹和卡斯提尔最显赫的家族，包括盖兹曼和佩拉萨在内的宗系联姻，从而也加入到这项事业中来。塞维利亚成了法国冒险家的基地，贝当古宣誓向卡斯提尔国王效忠，他海上探险的战利品，兰萨罗特岛、福特弯图拉岛和艾希路岛成了卡斯提尔王国的封地。

开辟纪元的历史大事件有时会横空出世。完全出乎意料，卡斯提尔在中纬度拥有了第一块欧洲在大西洋的殖民地，对世界的未来影响更为重大的是，它建立了一个几乎逆大西洋信风的基地，使从这里向遥远的海域和海岸的探索变为可能。在那个世纪晚些时候到来的越洋航海时代里，卡斯提尔一直控制着大西洋风系的入口。没有贝当古，无法想象哥伦布会成就事业；而如果没有贝当古在加那利群岛上的序幕，卡斯提尔横跨大西洋的大剧也不可能开演。

贝当古的大权最终传给了佩拉萨家族，后者把戈梅拉岛变成了自己的战利品。但是对于人口最为稠密、土壤最为肥沃的几个岛屿，贝当古及其继承人却花了60年时间，都未能征服。佩拉萨家族一直试图征服拉帕尔马岛、大加那利岛和特内里费岛，可这些地方进行了不屈不挠的抵抗，据说佩拉萨家族为此不仅花费高达1万达克特①金币，还搭上了年轻有为的家族财产继承人吉恩·佩拉萨的性命。大概是在1458年（具体日期不甚清楚），这位年轻的继承人倒在了和拉帕尔马岛当地人交战的战场上，一首疑似当时的歌谣唱道，"哭吧，女士们，哭吧"，

  如果这是上帝的恩慈，

  为被留在那片土地上的吉恩·佩拉萨而哭吧，

  鲜花，曾盛开在他的面庞，现已凋零。[21]

当地岛民的武器只有棍棒和石头，可他们凭着自己不屈不挠的坚忍，击退了进犯的欧洲军队，这实在是了不起的战绩，也让人不由费解（他们究竟是怎样做到的）。他们的英勇带来了两个重要结果：第一，他们打退了葡萄牙人的进攻，保证了卡斯提尔无须和其他欧洲国家共享这片群岛；第二，他们对佩拉萨家族将这里私有化的反抗，使卡斯提尔王室最后不得不动用了官方资源进行征服。

---

① 达克特，一战以前流通于欧洲的钱币。——译注

第四章 跃进
中世纪后期：转向航海和深入大西洋

◆ 葡萄牙在非洲大西洋的探险 ◆

戈迪菲·德拉萨莱和吉恩·佩拉萨所在时代的骑士精神是海上探险不可不说的背景。曾是德拉萨莱和贝当古领导者的波旁公爵，就是骑士精神的代表，也是没有王位继承权的葡萄牙王子们心目中的英雄，而这些王子也成为15世纪多数时候大西洋探险中最主要的资助者和支持者。现代葡萄牙探险史顶尖研究者之一约翰·拉赛尔-伍德写道："传统葡萄牙探险史被逐个占领海角终成帝国和大举建立无数港口的故事充斥。"22

像文艺复兴时期的许多王子一样，没有王位继承权的葡萄牙王子随时准备为"名誉"投入，不遗余力，因为他们所处的时代，热爱充满说教色彩的历史著作，以及现在所说的"历史判断"色彩的著作。身后的声望是判断政治权力执政管理优劣的标准，他们的编年史作家让葡萄牙王朝感到骄傲。所有王子中，获得最多赞誉的是唐·亨利王子，现今他以"航海家亨利王子"的名字而为人们所熟悉，可是这个称号按现在的意思来解读，却有误导之嫌。他只是航海家的资助人，他本人不过是在伊比利亚和摩洛哥之间，沿着熟悉的航线有过至多两三次的短程航海。他的这个外号从19世纪起才开始流行，且据最早的推测，是在17世纪生造出来的。

亨利的世界，是个牛皮拙劣的浮夸世界。他给文人的润笔费，虽然没花错地方，却是从并不富余的钱财中挤出来的。他早期的财富似乎来自海上劫掠，23之后他垄断了肥皂生意，这让他的财富日渐增长。虽然他口中说的、笔下写的都称自己的事业是军事行动，但他一直努力的方向却都是让商业目标和十字军精神两相协调。甚至当找不到黄金、从奴隶贸易中也无法获利的时候，他还是能在船队从海岸经过时从撒哈拉周边地区找到些奇珍：加那利群岛的天然染料、羚羊皮、麝猫香以及大陆上的阿拉伯树胶和来自佛得角的海龟肉和海龟血（据说能治麻风病）。他在萨格雷斯的城堡总是被误作博学之士的沙龙，可事实上这座城堡本质上更像是德罗戈城堡的前身，德罗戈城堡属建立过"家乡和殖民地连锁店"的朱利叶斯·德鲁所有；或者，也许——是因为肥皂生意的缘故——它也像是创立了联合利华的威廉姆·利弗的桑顿庄园。

他曾是自行其是的新贵——一位王室幼子，野心很大却地位不高。生为王子，想成为国王。他的家族1385年才夺到葡萄牙王位，他出身自时而入不敷出、时而暴富的王朝，他想要得到可以掌控黄金贸易那样的财富。亚里士多德说只有"有历史的富人"才是真贵族，为了弥补这一缺憾，亨利埋首于那个时代贵族风尚的"规则"：骑士风范。

对于亨利，有个完全相反的形象：或说他如同杂货商人恩里克，或说他是"完美典范恩里克"。这两个说法都有失公允，但对他同时代的人来说，对后者更为接受：他是亚瑟王式的人物，身边围绕着默林似的宇宙结构学家和热爱冒险的骑士及随从；他骑士精神与基督教精神并重，乘风破浪，驾船出海，传播福音；他和皮肤黝黑的异教徒作战；发现异域海岛；他勇敢挑战黑暗之海的超自然恐怖，为信仰而战。当然，这样的自我形象亨利肯定也参与了设计。慷慨与贞德是他最为骄傲的两个品质。虽然他从未加入过骑士的行列，但他曾在皇室担任过很多获利颇丰的职务，包括葡萄牙最富有的天主教骑士团的行政官。亨利把骑士团的财产当成自己的财产，把它的理想当成自己的目标。亨利同时代的人，对亨利不论是爱，还是恨，却一致同意他的骑士形象：对朋友来说，他慷慨无私，敢于冒险；对敌人来说，他虚荣自负，不切实际。[24]

伟大功业的魔力让亨利激动不已，他称赞说和异教徒作战要比和基督徒的战争"更加光荣"。他说，救赎是他的第一目标，荣誉和声名紧随其后。他把异教徒，原始落后的敌人归为"撒拉逊人"，认为十字军就应对他们作战；或是贬损这些人，说他们是传说中的森林野人，在那一时期的艺术作品中，这些人多半都是骑士的符号化的敌人。

但是，还是不能这么匆忙地相信亨利十字军东征式的宣传。亨利除了在事业晚期为在里斯本和科英布拉攻读神学而捐赠过款项以外，他从来没有为传播基督教有过任何投入。从所有的表面迹象来看，亨利倾力支持

第四章 跃进
中世纪后期：转向航海和深入大西洋

扩张的葡萄牙王国是基督教世界的一部分。可奇妙的是，无论是亨利在世时，还是他死后不久，几内亚海岸、也就是非洲的摩洛哥以南，唯一因传教活动得到过教皇诏书的修道士甚至还不是葡萄牙人，而是卡斯提尔省的圣方济会的修士，可在他们眼里，葡萄牙人都是些海盗，是假基督徒。[25]

在亨利雇佣的编年史学家戈梅斯·埃亚内斯·德·祖拉拉（逝于公元1474年）笔下，对亨利的动机有过一段著名的分析，其中强调了亨利的好奇心和十字军热情。这一观点得到了几乎所有历史学家的认同，[26]但是从亨利身上却找不到任何其他的确实证据。在他所属的时代，这样颇有技巧的奉承就相当于我们现在给暴行累累的"政治家"或是成功的商业"海盗"授予荣誉学位。

按照祖拉拉的说法，"'这其后的一切'都来自亨利对自己星象的信仰。[27]火星，以及土星对他影响最大，火星位于代表'秘密与野心'的第七黄道宫。星象决定了亨利将开始'伟大而高贵的征伐，将揭示不为人知的秘密。'"这段分析似乎应该是出自亨利的授意，具有讽刺意味的是，这段分析却几乎被所有历史学家忽略掉了。亨利的确对占星术非常着迷。他曾经编撰过一本名为《星象秘密中的秘密》的著作，哥伦布小儿子的图书馆中保存下来的摘要中说这本书"简要"描述了"各行星的特点，'全面'介绍了各行星对地球的影响以及'适当'阐述了占星的艺术"。[28]

大量证据表明，对命运的感知驱动着亨利。他相信自己拥有如葡萄牙杜华德国王的大使所说的"才华"、"天赋"以及"使命感"。[29]根据这些大使向教皇尤金四世呈递的文书，亨利希望"把自己的天赋才华荣耀于主前，而不想将它长埋于地下"。亨利用了出自圣经的"才华"一词，使人想起亨利个人的骑士座右铭，亨利似乎听到了号召，去施展他的"把事情做好的才华"。那么在亨利心里这是什么才华呢？大使的备忘录里进一步解释说：借由扩大基督教的威名——这句话也许可以忽略不计，因为它是没有王位继承权的亨利希望自己在教皇处更受欢迎——他从父王若奥国王那里继承了权力，遗传到了天赋，而能更充分地行若奥之子可行之事。

国王的继承人有可能在未来成为国王，对亨利来说，担负为人子女的义务就暗含寻求王位之心。祖拉拉吹嘘说亨利是葡萄牙王子中最具帝王相的继承人。和他的亲戚冈特的约翰一样，亨利要么威胁着王位，要么希望在别处自立为王。这点在1432年的阿拉约卢什伯爵提交给国王的备忘录中一览无余。阿拉约卢什和亨利私交甚厚，而且他本人也曾在葡萄牙征讨摩洛哥的"十字军"中扮演过一定的角色。对于亨利征服格拉纳达王国和摩洛哥的热切，伯爵说："亨利渴望拥有格拉纳达，也就是卡斯提尔的大部分，他渴望对这个王国（葡萄牙）的事务能一手掌控，并拥有你所渴望的加那利群岛。"此外，亨利花费巨资，不嫌麻烦地豢养了一批不服管束的准合法家用"骑士及骑士护卫"也同样证明了这点：现存文献中有数量惊人的部分是亨利为他豢养的暴力犯罪分子，特别是谋杀犯和强奸犯，提供的赦免证明。[30]这些随从不仅证明了亨利的野心，而且让他寻求实现自己的野心，以使自己有权力为追随者提供奖励。

还有一份足以说明问题的资料，但因为出现得较晚且有讹误而常常为历史学家所忽略，它就是亨利家庭护卫迪奥戈·哥斯的记录。迪奥戈曾在亨利赞助下参加过非洲探险。[31]他笔下亨利的动机完全可信：亨利需要黄金给随从奖赏。黄金之路上的"沙海"阻挡了基督教徒的前路。只有"沙漠之舟"可以从那里穿行。于是亨利寻找另一种船绕过这片"沙海"。

15世纪，欧洲人尝试过经陆路横越撒哈拉。据说，安塞姆·德·伊扎尔盖于1413年从加奥王国回到了图卢兹，还带回了一群黑人妻妾和三个黑阉人，但没人知道他是如何深入非洲内陆。1447年，热那亚的安东尼奥·玛尔凡特远达图瓦特，带回了关于黄金贸易的传闻。1470年，如我们前面所述，佛罗伦萨的贝内代托·代声称到达过廷巴克图，并在那里观察到欧洲纺织品贸易相当活跃。从15世纪50年代到80年代，葡萄牙商人经常跨越国土，从阿尔金出发，经沃丹，前往相同的目的地廷巴克图；至少，他们有时成功地让黄金商队转向和他们相遇。这一时期快结束的时候，和黄金原产地之间的海路打通了。事实上，陆路交通困难重重，也确需要一条海路。[32]

迪奥戈·哥斯暗示：寻找黄金一事可与重新落实一个传统战略密切相

第四章 跃进
中世纪后期：转向航海和深入大西洋

关。这个战略就如同14世纪40年代路易斯·德·拉塞尔扎曾采用的方法，征服加那利群岛，进一步控制马格里布港，以作为黄金贸易的终点站。哥斯推断葡萄牙远征队开始攻打该群岛的时间为1415年，也正是在这一年，葡萄牙人拿下了休达港，而亨利在其中显然发挥过重要作用。根据现有的证据，15世纪30年代以前，亨利对加那利群岛并没有什么太持久的兴趣，但卡斯提尔人对葡萄牙干涉岛内事务的担心却从1416年就出现在文献里了。1424年，葡萄牙发动了对大加那利群岛的大规模远征，据说出动了2500人，120匹马，这次远征很明显是亨利的授意，但买单的却是皇室。如果路易斯·德·拉塞尔扎曾想过要建立一个包括加那利群岛和加里塔岛在内的公国，那么葡萄牙人就有可能有对加那利群岛和休达收归己有的野心了。传统上，人们把葡萄牙人对休达的进攻理解为"收复失土运动"的继续，或者越来越把它当成是建立葡萄牙小麦帝国的一部分。休达盛产珊瑚，在经济上有着特别重要的地位，这也许有助于理解为什么要征服休达。远征休达是欧洲干涉撒哈拉黄金贸易的一部分，至少，这背景和其他任何背景一样重要。

　　无须依赖迪奥戈·哥斯的证明，我们也可以确信从15世纪30年代起，亨利就已经盯上了加那利群岛，而黄金贸易则是他的主要动机。祖拉拉也许故意隐瞒了加那利群岛的重要性，因为亨利艰苦努力的失败让这个故事缺少了"英雄色彩"，也可能因为如他所说，他把这段历史写进了另一本编年史，但已遗失。可是，亨利和教皇间的信件还是表明该群岛才是亨利最主要的兴趣所在。[33]因为很明显，从1436年9月起，教皇为向非洲进行十字军东征向葡萄牙人颁布了一系列诏书，但加那利群岛一直被排除在东征之外，为此亨利一直都在请求教皇重新授予他这一权力。

　　葡萄牙在1440年和1442年还曾继续进攻过加那利群岛，并且在15世纪40年代不断试图和戈梅拉岛的当地人达成和平谅解。1446年，亨利试图禁止葡萄牙人的船舶在未经他允许的情况下前往加那利群岛。1447年，亨利从让·德·贝当古的继承人马修·德·贝当古那里得到了该岛的所有权，但其真实性很是令人怀疑，因为马修已经没有法定权益可供转让。亨利在

1448年到1454年间，不断试图从兰萨罗特岛上移民和从加那利岛上的当地岛民那里抢过这两个岛，可是都没有取得永久性的成功。

对加那利群岛持续不断的征服并非是一时的心血来潮。和那些为他立传、为他说话的人一样，亨利自己也总是声称：宗教是自己唯一的动力。他的兄弟也断言，"确实是为拯救岛上的异教徒而完全并非出自私利"。可是，这种说法毫无诚意。贝当古以及拉·萨拉就是亨利眼前的例子。在他们眼中，加那利群岛意味着一条从侧翼绕过传统的撒哈拉沙漠黄金之路的新路，它是传说中"黄金之河"附近的临时停靠港。"黄金之河"是祖拉拉使用过的名字，其他和亨利有关的资料也都用到过这个名称。亨利也许把该群岛看作是双重统治领地的一部分，即加那利群岛和马格里布地区，群岛就在假定的路线之上。[34]

这一故事的含义颠覆了亨利把探索非洲作为其首要任务的传统观念。葡萄牙航海家在1434年绕过了博哈多尔角，对于这一突破葡萄牙人大吹大擂，亨利的声望也正来源于此。这是想要牢固把握加那利群岛的结果。沿岸地区的命名相当混乱，相关纬度的地图不是十分可靠。葡萄牙航海家是不是对同一海角前后起名不一，这点确实让人怀疑，但是一般来说，博哈多尔角大概意味着不超过尤比角的地方。在这之前，一定有人曾经从这里经过，而且不止一次。葡萄牙人认为加那利群岛在博哈多尔角之外更远的地方。只有在相对经验不足的航海学校，如亨利的航海学校里，博哈多尔角才那么重要。如果亨利在1460年逝世时，确实想起过这里的话，它一定是亨利的伤心之地，因为这里记录了他太多的失败：没有攻下加那利群岛；没有得到王冠；而对于非洲的黄金，他也只不过仅掌握了一点点线索。

除了滨非洲的大西洋，15世纪，葡萄牙探险者曾几次尝试深入大西洋。然而，也许是因为探险者希望能保证安然归家，他们总是从西风带出发，这就注定了他们的失败。在慢慢出现的不多的地图和一些七零八落的文献中，我们还是可以大致找到葡萄牙的一些细小收获。要不是一张地图，我们就不会知道1427年一位名为迪约戈·德·席尔维斯的领航员的航行故事。某个冬天，乔治·桑和肖邦调情时查视这幅地图，不小心把墨水溅在上面，险些使这个故事湮没在历史中。席尔维斯第一次将亚速尔群岛彼此间的方位给予了大致准确的定位，降低了之后的水手们失败的风险。在他这次出航之前所绘制的地图上显示，群岛是从北到南排列的，而他航行之后，它们看起来或多或少变成了梯形排列，反映了各岛经度上的真实变化。15世纪中叶过后不久，葡萄牙人到达了群岛最西边的几座岛屿。

1452年间，葡萄牙人发现了亚速尔群岛最西边的几座岛屿，1487年，弗莱明·费迪南德·冯·欧曼得到任命，要求他像后来的"哥伦布"那样去寻找大西洋上的"岛屿和大陆"。而在哥伦布日后的西航之前，葡萄牙人至少有8次安然回航的深入大西洋的航行。[35]与此同时，从1481年起——如我们下章将要看到的那样——布里斯托尔的航海家纷纷投身于寻找巴西传说之岛的航行之中。和冯·欧曼一样，航行都是从亚速尔群岛开端，同样的，因为盛行西风，这些努力也都注定失败。而从布里斯托尔出发的航行想要成功，就要冒险在相对较短的春季出发，考虑到在大洋的另一边航行的环境情况，这些航行在到达纽芬兰之后也就再难向前走了。

◆ 绕过非洲的鼓包[①] ◆

葡萄牙人迟迟没有拿下加那利群岛，非洲的地位日益重要起来。祖拉拉反复称颂过的长长的探险故事正式开始于1441年。在那个时候，葡萄牙人已非常清楚：在加那利群岛的纬度范围之内根本没有黄金的影子，但后来，在祖拉拉笔下，加那利群岛主要是作为使亨利事业"趋于完美"的推进基地而受到重视。但要开发这一地区的重要资源——"奴隶"，还必须继续向南。虽然从15世纪40年代中期起，大量的黄金就已经以物物交易的形式从非洲西部开始运达葡萄牙，但是，无论是探险广度还是黄金发掘的深度，

---

①鼓包，本书指北非西海岸几内亚湾以北的弧形海岸。——译注

真正的大跨越的进步却出现在亨利过世、葡萄牙探险者绕过非洲鼓包之后。

在这位王子临终前的最后一段时间，他将一位航海天才——热那亚的安东尼奥托·迪·乌索迪马雷招至麾下。乌索迪马雷在15世纪50年代中期，从塞内加尔河和冈比亚河溯流而上，接触到了马里帝国的边境村落。他和威尼斯人阿尔维塞·达·莫斯托至少有一次曾一起出行。莫斯托有着非凡的写作才华，是个韦斯普奇式的人物。他写作倾向于夸张，但不可否认，他熟悉塞内冈比亚的沃洛夫家族的家乡，他的记录真实可信。佛得角群岛以前也许有人发现过，乌索迪马雷和莫斯托的旅行记对它进行了细致的记录。

与亨利麾下骑士与随从的缓慢步伐相比，这些雇佣兵的成功却使人眼前一亮，有人想以此说明外国雇佣兵的专业主义和才干在创建葡萄牙帝国时的重要作用。但是莫斯托的记述却说明，他本人对非洲地理和人种志的探索和寻根究底感兴趣，就像迪奥戈·哥斯说的那样，"他对大千世界充满了好奇"，然而，亨利王子的追随者们更多考虑的却是：宗教改革、捕获奴隶以及在岛上建立封国和猎取黄金。[36]

西非葡萄牙航海家最大的动力来自葡萄牙国内：费尔南·戈麦斯海上探险权的"私有化"。戈麦斯是里斯本的一名商人，他雇人远航，1469—1475年间，葡萄牙驶过的海岸线增加了2000英里，最远到达了北纬2°，使葡萄牙人称之为圣卡塔琳娜角的地方；对"航海家"亨利来说，毕生迂回曲折的摸索能够取得这样的进步速度实在是一个让人吃惊的成绩。这个时候情形越发好转起来。葡萄牙已经突破了非洲凸出部沿海最为艰险的一段，并在马德拉岛和亚速尔群岛建立了殖民地，回家的路变得容易起来。西非航海的收益从黄金、奴隶、象牙以及从马拉尔塔红番椒（用摩洛哥豆蔻做的极辣的调料）的贸易中得到了保证。

1475年，也许是为了对付卡斯提尔的闯入者，王室收回了费尔南·戈麦斯的专有权，于是，西非的航海就成了较年长的却没有继承权的王室皇子唐·若昂的职责。自此，葡萄牙王室选定了继承人，从1481年若昂二世

第四章 跃进
中世纪后期：转向航海和深入大西洋

继承王位起，葡萄牙就有了一位致力于进一步推动探险和开拓非洲的国王。15世纪40年代，若昂二世似乎相信非洲大西洋也是"葡萄牙本土"的一部分，认为既然当地人心怀敌意，这里又适合成为贸易中转站，那么通过增加和亨利在阿尔金建立的贸易站相类似的殖民据点，能够加强葡萄牙在非洲大西洋上的这一地位。从那时起，在塞内冈比亚地区出现了无数非正式的、不设防的贸易站，它们的建设者通常是不同程度上"当地化进程中"的自由侨民。但是若昂积极好战，思维缜密，这是在1475—1481年间，他在几内亚海岸发动的针对卡斯提尔闯入者的战争中培养出来的。

在西非鼓包处下方有一个最重要的点，它位于沃尔特河河口附近，在奔亚河和普拉河以西，是战略、经济要地。奔亚河和普拉河有当地的黄金源头，同时更多的黄金可以从上游进行交易。这里令人印象最为深刻的殖民据点是1482年奉若昂二世之命建立的米纳圣若热城堡，建造它总共动用了100名石匠、木匠以及其他工匠。大西洋上永久据点的新政策就此拉开序幕，它要求贸易服从王室管理，有序进行。当地的首领清楚地明白其中的含义，说他们更愿意和以前那些"衣衫褴褛的人"做生意。圣若热城堡曾经一定是一个很普通的殖民点，但在欧洲人看来，它却是一个梦幻之城，里面有尖顶的塔楼，在制图师的图上它有些像里面有黑人的卡米洛特王宫。

新政策另外一方面是里斯本王宫治下米纳城堡非洲贸易的集中管理——所有的出航都必须在这里登记、所有的货物都必须在这里入库，以及和沿岸有权势的首领建立的良好关系，比如和塞内冈比亚的沃洛夫族诸酋长、贝宁王国的统治者，最后还有刚果的曼尼康哥斯——这是葡萄牙对他们的称呼，意思是"国王们"。本吉拉洋流使得刚果很难到达，但自1482年起，迪奥戈·哥斯率领船队，经过几次艰苦的航行，接触到这一地区。他溯扎伊尔河（今刚果河）而上，到1485年，就确认了南纬22°以南位置的海岸形状。

与此同时，若昂二世努力在家乡为整个非洲探索事业增加声望。他得到了几内亚领主的头衔，巩固了葡萄牙对西非的控制，并时刻注意来自基督徒的妒忌。他同时强调优先考虑基督教传播，因为这是葡萄牙勃勃野心的合法基础。他主持了一场别开生面的"皈依仪式"，为快速转信基督的黑人首领们洗礼与起教名。在1488年一场特别的政治闹剧中，他以王室规格接待了一位流亡的沃洛夫权贵，特别让他穿上了欧洲人的衣服和银盔甲。[37] 到这时，葡萄牙的航海事业即将得到新的突破。下一时期，葡萄牙船队将进入大西洋的高纬度地区，绕过非洲，开辟前往印度洋的新航线，我们将在下一章讨论这部分内容。[38]

到此为止，西班牙和葡萄牙在中世纪后期大西洋上取得的成就都是靠算不上非常神奇的中世纪科技——指南针、小型船、小吨位轻快帆船、原始的星象导航——的成果。航海者凭借裸眼观测太阳或是北极星在地平线上的高度来判断相对应的纬度。他们中的大多数都默默无闻。即便在历史上留名的那些，多数也只是存在于文献的只言片语中，或是在制图师的笔记里被几笔带过。他们多数有和戈迪菲或是1366年加那利群岛水域的阿拉贡船长琼·德·莫拉那样的参加十字军的经历。有时他们是逃离缺少机会的祖国的潦倒贵族；有时是"一无所有"的冒险者，走上一条有机会提升社会地位、却充满危险的道路。他们有的像佐米·费雷尔一样是为了"黄金之路"；有的如同韦尔瓦第兄弟一样是为了"香料之路"，还有一些像佩拉萨和亨利一样，是为了得到奴隶。渐渐地，他们都和盖兹曼家族一样成了真正的殖民开拓者：寻找便宜的土地以种植经济作物。

他们努力展现骑士的神话，赢得封邑、创建王国，希望能够像路易斯·德·拉塞尔扎一样成为未来的"弗图尼亚王子"，或是像贝当古一样在塞维利亚的街头宣布自己是"加那利"之王，再或是像亨利的门下那样成为对亚瑟王心心念念的骑士。再或者，他们是像泰尔德主教辖区的圣方济会修士那样的传教士，曾纵横于西班牙与加那利群岛间40年，直到1393年死在当地人手中。据推测，是当地人怀疑他们和奴隶贩子或是征服者有

第四章 跃进
中世纪后期：转向航海和深入大西洋

所阴谋。塑造伊比利亚在大西洋上命运的人来自一个对冒险极度憧憬的世界。他们渴求名望，他们中的多数人已被遗忘，但是，他们给海外探险所带来的动力及指引有着巨大、深远的影响。

◆ 世界其他地方的海上探险 ◆

然而，伊比利亚不是唯一的探险家的摇篮，非洲大西洋也并非是这一时期唯一的竞技舞台。15世纪是一个航海时代，在以前不曾开发过或是开发不够的航线上，人们有相当分散的设计新线路的兴趣。除了中国的"七下西洋"以外，[39]历史记录相对完整的，就属土耳其人和俄罗斯人了。

奥斯曼土耳其逐渐成为海上强国，为他们15世纪末时成为世界级的海上帝国打下基础。自罗马打败迦太基后，奥斯曼土耳其完成了从陆上帝国到海上帝国最令人印象深刻的转变。土耳其人并非是突然听到召唤便扬帆出海，远航之前他们做了充足的准备。从14世纪早期开始，这些土耳其酋长们离开地中海黎凡特海岸的海盗老巢，开始从事海上活动。据说他们中的一些人手下有几百艘航船。陆军征服的海岸线范围越广，就越容易到达供水站点，越容易从岸上得到给养，所以土耳其海盗在海上的机会就越多。然而，整个14世纪，土耳其人都抱负有限，只有小型轻船，海上策略也只是"打了就走"。

从14世纪90年代起，奥斯曼苏丹巴耶济德一世开始建立自己的常备海军，但其基本策略和他之前独来独往的前辈没有不同。不管土耳其人愿不愿意，他们常常被动卷入精心布置的战役，结果便是土耳其人以失败告终。到1466年，君士坦丁堡的一个威尼斯商人宣称：土耳其如想获胜，它的船队需要超过威尼斯的4—5倍。然而，那个时候，奥斯曼在海军的投入也许超过了任何一个基督教国家。富有远见的穆罕默德一世和巴耶济德二世意识到，如果他们在陆地上的征服活动要继续的话，就必须得到海上力量的支持。在土耳其几代人的努力下，虽精心准备却屡战屡败后，巴耶济德的海军在1499—

1503年间大败威尼斯人。⁴⁰

16世纪早期，苏丹巴耶济德二世和塞利姆一世的一些高参忧心忡忡地意识到需要与西班牙和葡萄牙的海上势力进行对抗。于是，收集这些国家探险者的相关资料就成了苏丹情报部门的第一要务。因担心基督教徒在海上占据优势，土耳其海军司令皮瑞·雷斯1513—1517年间在君士坦丁堡绘制了世界地图，地图上详细地描绘了哥伦布的航海发现并勾画了韦斯普奇的发现。在现存的部分上，我们可以看到当奥斯曼帝国的舰队能深入西地中海或印度洋的时候，他们和西班牙以及葡萄牙交战有了一定的胜算。然而，困难在于如何在这些海域长时间不间断地航行。奥斯曼帝国的核心地带和这些海域间隔着狭窄的海峡，敌人很容易就能从其间巡水而过。而大西洋，实际上土耳其也难以涉足。最后，奥斯曼帝国终于不得不相信天意如此。一位奥斯曼帝国的官员在17世纪60年代时对英国旅行家保罗·瑞考特说："真主把海洋交给了基督徒"，把大地留给了穆斯林。⁴¹

与此同时，俄罗斯也在15世纪30年代开始了海上探索，而这一时期，正是西班牙在加那利群岛最为活跃的时期。俄罗斯当时海上探险的情况在一幅圣像图中表现得非常清楚，这幅圣像现如今保存在莫斯科某艺术博物馆中，而原先，它被珍藏在白海一个岛屿的修道院中。画面的岛上，有一座金碧辉煌的修道院：具有锥形穹顶的金色圣堂，一座座角塔如同点燃的蜡烛，教士们正向圣母玛利亚行礼参拜。但这迷人的场景一定只是虔诚的想象，因为现实中的这个岛荒凉贫瘠，一年的大多数时候，都是严冰封冻。

在圣像绘制前大概100年，也就是15世纪30年代的时候，这座修道院建造的传说使画家头脑中有了对备受世人爱戴的圣母样貌的想象。第一队修道士划船来到岛上。"活力四射的年轻人"用天使的鞭子赶走了世代居住在岛上的渔民，当修道士萨法提听说了这件事以后，他向上帝致谢。商人也来了。当他们丢掉圣徒索斯玛给的圣体时，火焰喷射而出保护圣体。当修道士去附近岛屿上的洞穴挽救奄奄一息的遇到海难的人时，索斯玛和萨法提奇迹般地出现，在冰上摇摇晃晃地驱走浮冰。索斯玛还看到过"漂

第四章 跃进
中世纪后期：转向航海和深入大西洋

博戈柳博沃的圣母玛利亚和圣徒索斯玛、萨法提，周边是他们的生活场景（1544—1545）。

浮的教堂"，后来岛上建成了一座修道院。为了战胜这里贫瘠的环境，天使们送来了面包、油和盐。在索斯玛来到这里之前，修道士们因为条件恶劣纷纷离开了这里。索斯玛冷静地赶走了试图引诱他的魔鬼。这里包含了欧洲帝国主义典型故事里的所有特质：功利的俗世志向、深入危险重重的环境的英勇无畏的航行、对当地人的残忍无情、努力改变建立可行的经济体制、商业利益的快速跟进以及不屈不挠的生存意志。[42]

◆ 欧洲奇迹？ ◆

还是那句老话，发觉事情需要变化是一回事，找到办法去做是另一回事。历史学家寻遍欧洲，想找到西方人在世界探险方面得以居于领先地位的特质。

科技肯定是要找寻的范围之一。例如如果没有合适的停靠港口，没有相配的导航设备，那么无论是远航，还是从不熟悉的目的地返回，都不太可能。可这一时期的大多数辅助技术似乎都不能胜任。这也并不奇怪，经验丰富的航海家在他们亲自了解过的地方航行都是紧贴海岸，在一个个界标间航行。大约1190年的一篇论文中给出的航海建议代表了欧洲航海家接受初级航海科技的早期情况。这是一种亚洲海上早已运用的技术：当没有太阳也没有星星的时候，盖约特·德·普罗凡解释说，船员所要做的就只有一件事——把一根针"在能吸铁的难看的石头上"反复摩擦，把针插入秸秆中，将其漂浮在水盆上。13世纪指南针就已经开始发挥作用，它固定于一个支点，可以在固定的刻盘上自由转动，罗盘通常分成32个方位。航海家在中世纪后期的航海中逐渐部分地使用了一些其他的导航工具，但是这种使用往往一推再推，而且传统工艺的天然保守性也削弱了它们的影响。

12世纪，航海家已经可以用星盘，根据太阳或北极星的高度来计算出自己所处的纬度。然而，在17世纪以前很少有船会带星盘出海。可以根据日照时间确定纬度，绘制成表格使用起来很方便，但是这需要更为精准的计时，但是当时多数航船都还做不到这点：海员们只能用船上的勤杂工转动的沙漏来判断时间。而所谓的"日晷指南针"——木板上一根可以投影的小晷针——会有所帮助，因为可以和出发时的投影相比较来确定所在纬度，但是我们缺少航海家带着它出海的证据。

鉴于有用的航海辅助技术缺乏，我们只能产生一个印象：航海家完全是依靠航海技艺和知识的积累航行于未知的海域。从13世纪起，航海指导手册的编纂者总结提炼了判断航向的切实经验，对后来在陌生海域航行的航海家才真正有所帮助。大约同一时期，波多兰绘制的航海图以图解的形

第四章 跃进
中世纪后期：转向航海和深入大西洋

式展示了类似的信息。最早的清晰的参考文献出现在1270年，是圣路易斯东征突尼斯时所带的航海图，但是这可能只对"旱鸭子"有帮助：有经验的航海家在熟悉的海域航行所凭的还是他们的记忆，如果是陌生的地方，靠的是书面的航海指南。

由此，可以清楚地得出两个结论：辅助技术对中世纪晚期航海探险家的帮助微乎其微；那些有帮助的技术也来自其他文化。如果起决定作用的是这类科技的话，那么中国、伊斯兰国家以及印度的航海者们早就超过欧洲同行了。

拯救世界的方舟，和风暴战斗的三桅帆船，承载愚者的船只，这些与船密切相关的图像使船具有了神圣的意味，因而，造船也就成为神圣的工艺。我们有关中世纪造船厂的大多数了解都来自描绘挪亚方舟的图画。大西洋和北边的船匠所造之船多是为了在波涛汹涌的海面上航行，所以耐受性是他们造船的主要标准。有特点的是，这些船的船体是一层又一层的厚木板，木板整体重叠，最后用钉子固定在一起。而地中海的造船者通常是先架构船架，然后用钉子把一块挨一块的木板加固其上。地中海的造船法所需的木板较少，钉子更少，更为经济。因为一旦建好船架，剩下的大部分工作就无须太专业的人手了。这样，这种造船法很快传遍了欧洲，直到16世纪，它都是使用最为普遍的造船工艺。然而，如果要求船能在战争或是特别海域中承受严重的撞击，还是要重叠板材，以让船体更为结实。

正如我们先前看到的那样，中世纪后期，欧洲最早的航海奇迹中所使用的主要还是方帆帆船，这些船船底呈圆形，以方形帆为主要动力，适于顺风航行。因此，它有利于找到14世纪发现的那些航线：顺着东北信风，从伊比利亚出发进入非洲大西洋，再随北大西洋的西风带经亚速尔群岛回来。方帆帆船一直沿用传统设计，没有太多革新，最多也只是随着索具的微小变化在可操作性上逐渐有所改变。

15世纪，一种新的船型越来越多地出现在非洲大西洋上。这些船至少有一个三角形的船帆，有时会有二个，或者三个，桅杆斜立在甲板上，长桁由绳子系在桅杆上，帆飘扬在长长的帆桁之上。它们通常被称作卡拉维尔帆船，这种船有两个突出的优点。首先，在非洲海岸或是附近岛屿和亚速尔群岛之间的航行中，它能够迎风航行，和传统的航船相比，它在穿越信风路线时尽可能在窄得多的范围内抢风而行，而不至被风吹得太偏南：最典型的是，卡拉维尔帆船可以维持与风向呈30度角的航向上航行。其次，它的船体要比方帆帆船吃水浅，它的索具使它可以在非洲鼓包以南风向多变、洋流逆向的海域里航行。从长远看，现代的"圆卡拉维尔"帆船将方帆帆船和卡拉维尔帆船的优点集于一身，它有两大特点：第一，它的索具有所不同，它使用方形帆，可以最大可能地利用顺风，同时加了一个三角帆以备不时之需；第二，在船体的设计上，它保留了相当大的、方帆帆船的货仓，但是船身较窄，和卡拉维尔帆船相比吃水也稍浅。

这个船型起源于哪里呢？卡拉维尔帆船和阿拉伯的单桅三角帆船类似，阿拉伯的单桅三角帆船也用同样的方法处理解决红海上的危险。这不由让人想到卡拉维尔帆船是中世纪伊比利亚文化交流的产物，但是没有直接证据。三角形的帆桅配备和吃水浅已经是葡萄牙渔船的传统特点。非洲大西洋上葡萄牙探险家所使用的船可能是由渔民的渔船发展而来：多层甲板，较大的舱容，根据一些记载，它们长在40—60英尺之间，载重大概在40—80吨之间，这样它们能带着货物到非洲，再带着奴隶回来。

大西洋探险给技师们提出的最大的挑战是如何解决供水问题。船在海上的时间难以预期，沿着非洲海岸向更纵深处航行，沿岸往往干旱贫瘠。而途经亚速尔群岛返程途中，有3—4周的时间都根本不可能续水。虽然我们根本不知道他们是如何解决这一问题的，但船上贮水容器一定有所改进。毫无疑问，15世纪晚期的西班牙的杂货商认为葡萄牙的贮水容器质量更好。为了让船上的水可以用得更久，最常用的方法是加醋，这样可以抑制水中有害微生物的生长。

虽然技术上的变化在西地中海探险中发挥了一定作用，但它本身还是无法解释为什么欧洲探险会有如此卓越的成就。东方的航海技术要远远好过西方。一般来说，印度洋地区船厂的船和欧洲以及中国的造船惯常用方法不同，印度洋船厂造的船不用钉子，而是将木板首尾相连，然后缝合在一起；或是用木制暗榫嵌合。这样造船似乎不够结实，但这只是西方的偏见。事实上，和欧洲航船相比，东方的船体防水更好，更厚，也更结实，还要大得多，一般来说，会有更多桅杆，要比同时代欧洲最大的船的承载量大30倍之多。

葡萄牙的海员曾描写过1511年他们的舰船俘虏爪哇平底船的经历，这段描写充分说明了爪哇平底船的优点。船体太高，葡萄牙人无法登船；船身由四层船板制成，即使是船炮也对它无可奈何。葡萄牙人唯一能做的就是网住舵，让船无法动弹。而这正是亚洲航船的另一个优点：船上配备的操舵系统更为复杂老到，而在15世纪和16世纪早期，欧洲船舵还是转动舵柄来控制航向。最后，东方船只——至少是来自中国或受中国影响建造的船只——都有独立的隔水层，这样，即使有礁岩或是火炮击破了一部分船身，船只也能浮在水面。

当心存困惑的人意识到从技术上不能得到答案的时候，他们转而开始猜想答案是否存在于西欧文化的特质之中。文化是并不神圣的三位一体——文化、混沌与一团糟——的一部分，它游荡于历史的字里行间，取代传统中的因果理论。它解释一切，它也什么都解释不了。大西洋上的航海成就是"西方崛起"、"欧洲奇迹"（西方社会在近现代世界史上拔得头筹）这一有着巨大历史意义的现象的一部分。世界权力和资源的创新变革中心发生逆转，以前位于中心的中国、印度、伊斯兰国家成为外围，而原来外围的西欧和新大陆变成了新的世界中心。资本主义、帝国主义、近现代科学、工业化、个人主义、民主——近现代所有这些伟大的、改变世界的革新——虽然方式有所不同，但都被认为是创立于欧洲，或是从欧洲发端。一方面，这是因为可与之媲美的、来自其他地方的革新没有得到应有的注意；另一方面，如果考虑到默许传统上对西方独特性的夸大，这也的确存在。因此，把大西洋上的所有突破成就归功于这一地区的文化特质的确让人心动。

　　大多数列出来的文化特点都没什么帮助，一来它们并非西欧沿海所独有；二来它们不够真实；三来时间不对。西欧政治文化中竞争性的国家体系和东南亚没有什么不同，和一些对探险毫无贡献的欧洲其他部分地区也没什么不同，而且从某种意义上来说，和日本的大名也没什么不同。基督教对商业有所助益，可以说与伊斯兰教、犹太教不相上下或比后两者稍有逊色，其他的宗教，如耆那教以及像我们所看到的《本生经》和婆罗浮屠浮雕中所表达的一些佛教传统，对商业也有帮助（参见第40页的图）。传统上对科学的好奇心和经验主义式的方法肯定和探险有相当的关联，因为探险本身就是一种实验观察，虽然在后来的欧洲和有欧洲移民的美洲部分地区，的确出现了一种独具特色的科学文化，但在我们所认定的中世纪后期的伊斯兰国家和中国这种好奇心以及经验主义同样强大。传教士的热情广为传播，善恶各半，但大多历史学家都忽略了在中世纪晚期以及近现代的早期，和基督教在同一时期，伊斯兰教和佛教都曾有过非凡的扩张经历，占领新地盘，建立新教堂。帝国主义和侵略并不是白人独有的罪恶。近代时期，在每块大陆上，探险者们都是在不断扩张的国家间，在争强好胜的竞争者间进行探索。用一些预定的文化特点去解释非欧洲文化在全球探险中受抑、停滞或是兴趣缺乏无法让人信服。比如，你没法用"儒家思想"去解释中国在18世纪时范围广阔的扩张，19世纪时的停滞不前以及20世纪里亚洲四小龙经济上的"虎虎生风"，用这样的推理方式来解释一些西方欧洲航海家的大西洋突进也太过勉强了。

　　然而还是能找到证据来证明欧洲文化中的一个特点，使这个地区的确更易孕育出冒险者。他们置身于以冒险为理想的文化中。他们中的许多人都具有或是努力体现他们那个时候的贵族气质：骑士"风范"。船即是战马，波涛起伏，他们如同纵马而行，四处游历的王子是他们的偶像。那个时代通俗小说中的故事通常都发生在海上，讲述骑士的传奇故事，他们英勇无畏为自己打下江山。西班牙小说的主角，因时运不济而冒险出海，

第四章 跃进
中世纪后期：转向航海和深入大西洋

成为某个岛屿的统治者或是某块领地的领主，阿波罗尼的故事是这样，特洛伊的布鲁图斯的故事是这样，崔斯特瑞姆、阿玛迪斯、加纳摩尔国王以及图瑞安王子的故事都是这样。在14世纪及15世纪，各个层次的读者读到的通俗小说里都是这样的故事。格式化的结尾给了塞万提斯一个最好的、不断重复的笑话：桑丘·潘萨请求堂吉诃德让他成为一个岛的总督——如果可以的话——加上上面"一小片天空"。字里行间，骑士精神和圣传合二为一。相传，圣布兰登是爱尔兰僧侣，他曾为寻求尘世的乐园而探索西方海洋，《圣布兰登航海》一书让"航海使灵魂高贵"的概念深入人心。哥伦布曾几次提到过这段文字，他直率地说尘世乐园就是他的旅行目的之一。14世纪的西班牙传奇故事《骑士兹法的故事》从本质上来说是对圣尤斯塔斯的神化，圣尤斯塔斯被放逐于海上，但最终，他还是和被残忍分开的家人团聚了。

大海作为骑士奋斗的合适场所是从13世纪早期起就有迹可寻的传统，就好像是浪漫一定要在海上生活，在有（船上的）老鼠做伴、啃干硬食物的海上航行中才能感受得到。从智者阿方索到吉尔·文森特，他们都对旌旗招展、装饰华丽的航船与战马之间的相似性印象深刻。在他们的笔下，航船一定是灿若星光，帆篷错杂；马儿一定是束着肚带，鞍鞯华丽，准备和骑士一同作战：

海员，说：如果航船，或是帆篷，或是星星，晴净美丽。

骑士，说：如果战马，或是武器，或是战争，正义公平。[43]

唐·亨利生活的周遭满是骑士式的矫揉造作。通常，他的门下并不比那些亡命之徒好到哪里，他们是或因无耻行事或因恶名被驱逐出宫廷的落魄贵族。然而他们用传奇故事书的书名为自己取名，例如，"岛上的崔斯特瑞姆"，或是"岛上的兰斯洛特"这样的名字。崔斯特瑞姆是马德拉群岛上的游侠，他证明了他们所怀有的理想与所展现的行为之间的鸿沟。他过着亚瑟王圆桌武士名字所暗喻的骑士生活，迫使登上他的岛屿的暴徒效忠于他。1452年一次骑士精神的滥用是对他生活的最好写照。迪奥戈·德·巴拉朵斯是亨利属下的一名骑士，曾被驱逐到马德拉岛。他在岛上为崔斯特瑞姆服务，是崔斯特瑞姆的家用骑士，"是位对主人尊重且忠诚的家臣"。从亚瑟和兰斯洛特的时代起，主人们就会碰到家中女眷和骑士家臣间风流韵事的麻烦。这次，巴拉朵斯有辱自己的身份，不光彩地引诱了崔斯特瑞姆的女儿。这一幕在皇家赦免上有简单的记录，说崔斯特瑞姆剁掉巴拉朵斯的生殖器，并把他扔进了地牢，这让我们进入了一个骑士制与野蛮行径交杂在一起的奇怪世界。

海上罗曼史在现实生活中上演的不止这一个副本。卡斯提尔的海战世界是佩罗·尼禄伯爵的世界。他的编年故事在15世纪第2个25年时出自他的掌旗员之手，这本故事既是一部骑士精神专著，又是一部战事记录。《永胜骑士》赞美了一位从未失败过的骑士：无论是骑马进行的长矛比武，还是作战，抑或是在恋爱中，他都战无不胜。他最伟大的战役即发生在海上，"打胜仗是生活中最大的美好，最伟大的光荣"。当作者写到生活的不确定时，参加谈话的分别是"命运"和"风"，它们的"母亲"是大海，"大海也是我最重要的办公室"。[44]

哥伦布的岳父，巴托洛梅奥·佩雷斯特罗就出身于这个圈子。他是皮亚琴察一个商人的小儿子。这个商人在葡萄牙赚了一大笔钱，足以让自己的孩子进入宫廷或是在宫廷上下行走。巴托洛梅奥的哥哥任皇家修道院副院长。他的姊妹们成了里斯本大主教的情妇。在亨利家中任职让他有机会成为海上殖民者，殖民马德拉岛附近的圣港岛。他在那里将姊妹的孩子的身份合法化，并于1446年被任命为世袭殖民区长官。1457年，他离开了这个世界。15世纪70年代末期，在某个已不可考的日子，哥伦布和他第二次婚姻时生下的长女结婚。[45]

虽然少有文字记录留下，但英、法——15世纪其他探险团体的家乡——的骑士传奇故事，也有着海上的背景。已佚描写骑士传奇故事的书籍中最重要的是有概要记录过的16世纪《伟大的亚瑟》，书中说亚瑟发现自己家乡岛屿实在是太小，于是出海征服了冰岛、格陵兰岛、挪威、拉普

第四章 跃进
中世纪后期：转向航海和深入大西洋

兰、俄国以及北极。这听来似乎很是怪诞，但却和传统说法相一致：12世纪蒙默思郡的杰弗里将"西方"六岛纳入了亚瑟王所要征服的名单中，同时，许多传奇故事都把亚瑟王最后的安息之所放在大西洋的一个岛屿上。另外一个只在16世纪有所提及的是14世纪罗伯特（或者，在某些版本中，是莱昂内尔）·马琴或马谢姆的故事。他和他的情人私奔，却遇上风暴，被吹到了当时还无人知晓的马德拉群岛。[46]

哥伦布自己也极有可能受过这些骑士读物的影响。毫无疑问，探险史上最有名的事件发生在1492年10月12日，哥伦布旗舰帆缆上的瞭望员大喊："陆地。"尽管这个片段很有名，但依然不够确定。这个瞭望员的身份并不太清楚，对于他是不是发现陆地的第一人，哥伦布持有异议。哥伦布说是自己第一个看到了大陆，说在头一天晚上他就已经看到了能证明大陆存在的灯光。人们认为哥伦布坚持这一说法是因为他不诚实，他贪婪，他渴望声名。虽然哥伦布的航行的确前无古人——他的路线如他自己所说"我们可以肯定这是一条从未有人走过的路线"——但在文学作品中它的确已有先例，如果我们能够意识到这一点，哥伦布的行为就容易理解了。在中世纪西班牙语版的有关亚历山大的传奇故事中，马其顿国王经海路发现了亚洲，当陆地出现在视野之中时：

Díxoles Alixandre de todos mas primero
Que antes lo vioèl que ningunt marinero，[47]

这句话翻译过来意思就是："亚历山大对他的手下说，他在所有海员之前，第一个看到了陆地。"后来哥伦布曾把自己的发现称作"亚历山大曾辛苦征服过的"世界，[48]如果说这正是受到亚历山大这两句话的影响，实在是想象力非凡。哥伦布生活的轨迹实在是和中世纪晚期海上骑士制度的浪漫故事有太多的相像之处，让人不由得产生他们以这些资料为模板的印象，从某个意义上来看，他在书写自己的冒险之时确有从中抄袭模仿。

虽然指责对贸易和航海怀有敌意或漠不关心的其他文化有失公允，但对海上骑士风范的迷恋确实对欧洲的贵族化活动有所影响，而这些活动在其他地方要么会对社会地位有所贬损，要么会使社会的流动性降低。中国15世纪早期的海上努力因为官吏的反对而被削弱，这也反映了陆上官员阶层的优势地位。在15世纪的马六甲，穆斯林商人拥有贵族头衔，印度教徒商人拥有起源于梵语的称号尼纳，地位比穆斯林商人略逊一筹，但他们都不能到达最高的社会阶层。那一地区的统治者一直插手商业往来，但没人敢像葡萄牙国王那样自命为"商业与航海之主"。

但是，太强调这些不同，或是假设海上亚洲因偏见而蹒跚受阻，再或是认为文化缺陷造成了亚洲海上远程贸易和海上帝国的受阻与受限，都是不对的。正相反，许多亚洲国家的苏丹或是扎莫林都有某种出色的创业者天分。这一地区许多国家历史上大事频出的商业及帝国史，证明了这一地区传统社会既适合成为帝国的摇篮，也适合成为资本主义的跳板。似乎欧洲脱颖而出并非是因为欧洲卓越，而是其他潜在竞争者对这一领域的漠不关心以及撤出该地区。

例如，中国在郑和最后一次航行之后停止了海上活动，这也许是儒家官员在朝堂上胜利的结果，这些官员讨厌帝国主义，看不上商业贸易。海峡挡住了土耳其帝国的尝试：土耳其帝国四周都有海峡——地中海中部、波斯湾以及红海——进入大洋就要通过容易为敌人所控制的狭窄通道。而面对严寒冰封的海洋，俄罗斯，很自然地，其15世纪的多半扩张都是向陆地进行的。

◆ 回归风带 ◆

这些挫折失败有助于解释西欧所具有的优势。世界范围的冒险，选好起点相当重要。在帆航时代，航线的探寻要依仗于进入合适的风带与水流。来自印度洋和西太平洋的航海者没有如本来希望的那样在季风区域外找到远程航行所需的合适条件。在商贸点于殖民时代在美洲西海岸发展起来之前，唯一一条东向穿过太平洋的通航路线却只是条死胡同。向南出印

第四章 跃进
中世纪后期：转向航海和深入大西洋

度洋的航线艰苦异常，危险重重，而且据当时所知，也只通向些没什么价值的目的地。人们习惯了季风，不想去固定风系中尝试。

在太平洋的固定风系中，世界上最具冒险精神的长距离航海者——波利尼西亚人却受所在方位所限，只能逆风而行。如我们所见，他们在上一个千年开始之时，用自己所掌握的技术，倾己所能地到达了扩张的尽头。他们最远的殖民点，分别位于夏威夷、复活节岛和新西兰，都因太遥远而难以保持联系。当17、18世纪，欧洲造访者首次发现这些岛屿之时，经过数百年的历史变迁，岛上居民和其起源地方已经有了巨大的文化差异。

与之相反，大西洋却是通往世界其他各处的最好通路。要掌握了解海上环境，就必须深入神秘的风带与洋流。在整个帆航时代——也就是说，几乎是整个历史进程中——地理条件都是人们在海上作为的绝对力量。比较而言，文化、思想、个人天分或魅力、经济实力以及驱动历史的所有其他因素都无关宏旨。在我们对史实的多数解读中，存在着太多的空话而对风却着墨不够。

有一个信风系统主宰着大西洋：信风有规律，也就是说无论什么季节，它们总是朝一个方向吹。从非洲西北角附近，信风整年沿弧线吹过大洋，到达赤道上方几度的地方，直吹到加勒比海周围的陆地。正是因为东北信风，位于塔霍河河口和瓜达尔基维尔河河口的滨海社群有优势进入世界上的多数地方。西班牙和葡萄牙帝国在帆航时代令人惊诧的扩张正是地利的结果。南半球，模式大致相同，所依仗的是连接非洲南部和巴西的海风。和东北信风一样，这些风是更为直接地向东吹，在接近赤道时转向。在两个风系之间，在赤道周围或是临近赤道的北侧地带，几乎没风的纬度地区叫作赤道无风带。在两半球的信风纬度地区之外，是西风带。南半球，西风带相当强劲，且持续不断，支持了环绕地球的快速航线。

在信风模式之外有三个重要的例外。在非洲肘部的弯曲处，即几内亚湾内，一年的多数时候都受一个和信风相仿的影响，将风吸进来吹向撒哈拉沙漠，将西非鼓包的下侧变成一个危险的背风岸。在北半球的西风带，在不列颠群岛所在纬度有一个短暂的春季不定风向带，这可以解释为什么那么多的北美海上探险是由英国出发。在极北地方，不列颠群岛之外，西风时断时续，却有一系列逆时针的水流。这中间起主导的是伊尔明厄洋流，它从斯堪的纳维亚半岛向西，从北极圈下经过。这点，如我们所看到的，可以解释挪威人前往法罗群岛、冰岛、格陵兰岛以及部分北美地方的航行。其他的水流也可为急于最大可能利用这一系统的航海者所利用开发。比如，对从加勒比海前往欧洲的航海者来说，1513年由寻找"青春不老泉"的西班牙探险家发现的墨西哥湾流就连接着北大西洋上归家的西风带。沿着南美海岸，巴西洋流向南穿过东南信风，消减了沿背风岸航行的危险。

  大洋的西北边，那里的风系使进入世界上最大的风力推动的海上通道变得容易。奇怪的是，在这关键时期，某些马格里布社群对远程航行毫无兴趣，可除了他们，大西洋周边不再有人享用接近东北信风的地理位置，也没有任何其他人拥有西欧能够利用的海上技术和传统。为什么马格里布人没有加入欧洲人的航海事业，或是抢在欧洲人之前建功立业？传统上，人们低估了他们的海上潜能。因为大洋是一个想象力交杂的地方，在这里，荒诞的故事被编制出来，那个时代的多数文学作品中假想取代了真实的经历。伊德里西是西西里罗杰二世的皇家地理学家，他确立了一个后来多数作家都会遵循的传统。"没人知道，"他写道，"海洋之外有些什么……因为有阻碍航行的艰难险阻：深深的黑暗、高高涌起的波涛、频频发生的暴风雪、种种的怪物以及暴烈的海风……没有航海者敢于穿越大洋或是深入外海。他们只是沿岸而行。"然而，极少尝试外海航行，并非因为没有适宜的航船、恰当的海员以及相配的海上精神，而是相当密集的海岸活动抑制了进一步探险的欲望。有那样多的贸易、迁移以及海上战事，以至船只一直都在满负荷运转，而且就像在印度洋上那样，几乎完全没有进一步开拓新机会的诱惑。[49]

第四章 跃进
中世纪后期：转向航海和深入大西洋

在大西洋的其他沿岸，没有哪个社群想和西欧的进取精神相竞争。环加勒比海地区的商人没有开发出适于远程航海的工具。西非各城市和王国的商业才能也都以河运和沿海贸易为导向。[50]然而，问题依然存在：西欧各沿海社群一直有位于大西洋沿岸这一地理位置优势，如果是地理位置在起决定作用，为什么西欧人的世界航海事业会耽搁那么久，而又突然发轫呢？这将是下一章的中心议题。

本章文献索引

1. S.-S. H. Tsai, *Perpetual Happiness: The Ming Emperor Yongle* (Seattle, 2001), 178–208.
2. J. Duyvendak, 'The True Dates of the Chinese Maritime Expeditions in the Early Fifteenth Century,' *T'oung Pao,* 34 (1938), 399–412.
3. Ibid. 399–406.
4. L. Levathes, *When China Ruled the Seas* (New York, 1994).
5. R. Finlay, 'The Treasure Ships of Zheng He: Chinese Maritime Imperialism in the Age of Discovery,' *Terrae Incognitae,* 23 (1991), 1–12.
6. Duyvendak, 'True Dates of the Chinese Maritime Expeditions,' 410.
7. Ma Huan, *The Overall Survey of the Ocean's Shores,* ed. J. R. V. Mills (Cambridge, 1970), 69, 70, 179.
8. E. L. Dreyer, *Early Ming China* (Stanford, 1982), 120.
9. Kuei-Sheng Chang, 'The Ming Maritime Enterprise and China's Knowledge of Africa Prior to the Age of Great Discoveries,' *Terra Incognita,* 3(1971), 33–44.
10. V. Rau, *Estudos sobre a història do sal portugues* (Lisbon, 1984).
11. Above, pp. 34–7, 63–5.
12. A. V. Berkis, *The Reign of Duke James in Courland* (Lincoln, 1960).
13. Petrarch, *De Vita Solitaria,* ed. A. Altamura (Naples, 1943), 125–6.
14. F. Sevillano Colom, 'Los viajes medievales desde Mallorca a Canarias,' *Anuarioi de estudios atlánticos,* 23(1978), 27–57.
15. A. Rumeu de Armas, *El obispado de Telde* (Madrid, 1960).
16. F. Fernández-Armesto, *Before Columbus* (Philadelphia, 1987), 143.
17. Cf. above.

18. *Monumenta Henricina* (Coimbra, 1960–), i. 201–6.
19. E. Serra Rafóls and M. G. Martínez, 'Sermón de Clemente VI Papa acerca de la otorgación del Reino de Canarias a Luis de España, 1344,' *Revista de Historia Canaria,* 19(1963–4), 99–104.
20. C. Rosell (ed.), *Crónicas de los reyes de Castilla,* 3 vols. (Madrid, 1875–8), ii. 274.
21. J. Pérez Vidal, *Endechas populares* (La Laguna, 1952), 52, 38.
22. A. J. Russell-Wood, *The Black Man in Slavery and Freedom in Colonial Brazil* (London, 1982), 20.
23. P. E. Russell, *Prince Henry 'the Navigator': A Life* (New Haven, 2000), 73–4.
24. Ibid. 136.
25. *Monumenta Henricina,* v. 91.
26. Fernández-Armesto, *Before Columbus,* 188–91; Russell, *Prince Henry,* 14–18.
27. *Crónica dos feitos notáveis que se passaram na conquista de Guiné,* ed. T. Sousa Soares, 2 vols. (Lisbon, 1978–81), i. 45.
28. G. Beaujouan, 'Fernand Colomb et le traité d'astrologie d'Henri le Navigateur,' *Romania,* 82 (1961), 96–105.
29. *Monumenta Henricina,* v. 256.
30. Cf. below, p. 146.
31. *Monumenta Henricina,* ii. 235–7.
32. C. de la Roncière, *La Découverte de l'Afrique au moyen-age,* 3 vols. (Paris, 1924–7), ii.162–3, iii. 1–11.
33. P. E. Russell, *O Infante Dom Henrique e as Ilhas Canárias* (Lisbon, 1979), 38–52.
34. Fernández-Armesto, *Before Columbus,* 192.
35. C. Verlinden, 'Un précurseur de Colomb: Le Flamand Fernand van Olmen,' *Reivista portuguesa de història,* 10 (1962), 453–9.
36. F. Fernández-Armesto (ed.), *Questa e una opera necessaria a tutti li navig[an]ti* (New York, 1992).
37. P. E. Russell, 'White Kings on Black Kings,' in I. Michael and R. A. Cardwell (eds.), *Medieval and Renaissance Studies in Honour of Robert Brian Tate* (Oxford, 1986), 151–63.
38. Fernández-Armesto, *Before Columbus,* 188–91; Russell, *Prince Henry,* 14–18.
39. Above, pp. 109–14.
40. F. Fernández-Armesto, 'Naval Warfare after the Viking Age,' in M. Keen (ed.), *Medieval Warfare* (Oxford, 1999), 230–52.
41. A. Hess, 'The Evolution of the Ottoman Empire in the Age of Oceanic Discoveries,' in F. Fernández-Armesto (ed.), *The Global Opportunity* (Aldershot, 1999), 199.
42. R. Cormack and D. Glaser (eds.), *The Art of Holy Russia* (London, 1998), 180.
43. G. Vicente, *Obras completas,* ed. A. J. da Costa Pimpão (Lisbon, 1956), 55.
44. G. Diez de Games, *El vitorial,* ed. J. de Mata Carriazo (Madrid, 1940), 40–7, 86–96, 201,

256–61, 300; J. R. Goodman, *Chivalry and Exploration, 1298–1630* (Woodbridge, 1998), 170.
45. W. D. and C. R. Phillips, *The Worlds of Christopher Columbus* (Cambridge, 1992), 97–8.
46. F. Fernández-Armesto, 'Inglaterra y el Atlantico en la baja edad media,' in A. Bethencourt et al., *Canarias e Inglaterra a través de la historia* (Las Palmas, 1995), 11–28.
47. J. Canas (ed.), *Libro de Alixandre* (Madrid, 1988), 182.
48. C. Varela (ed.), *Cristobal Colón: Cartas y documentos completos* (Madrid, 1984), 205.
49. C. Picard, *L'Océan Atlantique mussulman au moyen-age* (Paris, 1997), 31–2.
50. M. Tymowski, 'Le Niger: Voie de communication des grands états du Soudan jusqu'à la fin du XVIe siècle,' *African Bulletin,* 6 (1967), 73–98.

Iberia
babilonia
caucasum
mons cauderanus
India
Idumea
Sodoma
mons libani
assiria fertida caldea mos libani
Arabia ipsa est sabaa mirra & cinnamum ibi est
Friquia
ninnive meda Palestina Iudea

Licaonia Licia
alaxadria
constantinopoli macedonia
acaya
Rebenna
missilia
Africa
cartago magna
Roma
Numidia
Mauritania sutifensis garamantes
Terracona Mauritania cesariensis gentili id est mauri
Spania Mauritania tingitania
Ethiopia ubi f. gens f. diuerso uultu & monstruosa specie orribilis. precisa est
narbona
disertu
desertu & narbosu
olisibona gallecia
duo alpes cornutibus
Scocia furamur Insula Scari Insu

第五章 腾起

15世纪90年代：飞跃

> 船上满载着：航行设备、计算数据、地图指南，
> 推测、谎言、互不信任，
> 旅行故事，也许一半是幻想，一半已成真。
>
> ——F. C. 特博：《克里斯托弗·哥伦布》

我曾在波士顿做过一次演讲，内容是关于西班牙如何对待他们帝国原住民的。演讲结束后，波士顿市长从听众席中站起来问我，是不是认为英格兰人对爱尔兰人的所作所为还不算太坏。爱尔兰传统在波士顿的影响力只是众多迹象之一，那些迹象会让你觉得，身处新英格兰的任何一个地方，都不过是在一个池塘的一边，而在池塘另一边的文化几乎被原封不动地传播到这里，沿途其原来的特征几乎丝毫未变。在罗得岛的普罗维登斯，唯一的驻岛外国领事是葡萄牙人；早餐时，你可以买到甜面包，喝茶时，你也能买到葡式特色油酥点心。我曾在布朗大学附近住过，距大学几个街区的停车场的路标上写着："非葡萄牙人禁止停车。"人们很容易就能想起这是祖先留下的家园，这里曾有过祖先的痛楚。沿着整个海岸，人们可以在这里或是那里看到类似的爱尔兰或是葡萄牙的印迹，和他们的老家相似，提醒人们他们是跨海而来。而他们身边，也环绕着其他人跨越大西洋的记忆和延续。新英格兰是一种海岸文明：有着狭长、曲折的海岸线，有着海上探险滋生出的文化，

再进一步讲，它是相向而望的两大海岸文明的一部分。

一些人数不多的社群在跨越大西洋的同时，共属同一个文明的感觉也伴着他们一起跨越大洋。现在人们提到"西方文明"，基本上是指包括部分西欧和美洲许多或大部分地方构成的大西洋共同体。在文明史上，这个跨越大洋两岸之世界的产生耐人寻味。当其他文明都在所属地征服环境、战胜自然的时候，这些小社群在一点点地向邻近地域，向狭窄海域出发，慢慢向前推进。他们辗转于陆地各方，在各海岛、各大商业中心间跳跃前进。印度洋是文明中心之一，甚至它非凡的早期历史也符合这一模式。这是因为印度洋和其他大洋不同，它中间有可以停靠的海岛，还可以沿岸航行。发现穿越印度洋捷径的探险家完全了解自己所处的方位，朝哪个方向去。可是，大西洋两岸间千遥万远，中间隔着茫茫公海或领空。在开始，根本无从想象这样一个大洋两岸间的人群、习惯、喜好、生活方式以及跨越大洋的归属感的情况。

在大西洋全部历史上，最最让人困惑不解的就是这一切是怎么开始的，大西洋"无欧洲"是怎么形成的。在历史的大部分时间里，对于远航，海上的欧洲人几无例外地没什么进取心，特别是和亚洲以及波利尼西亚尤为早熟的海上探险相比，他们并没有什么特别的努力。所有欧洲人对大西洋突破性的探险有说服力的解释，都要和福尔摩斯对巴什克维尔庄园夜晚出现猎犬所提供的解释相似[①]。它不仅要回答发生了什么，还要回答什么没有发生；不仅要回答西方人为什么突然间就有了突破，还要回答为什么之前那么久他们都无所作为，为什么之前那么久都存在那种几乎无法理解的近陆惯性。

我们认为欧洲文化是在它自西向东行进过程中产成的，是因为查理曼大帝对东方的渴望以及随后发生的故事：一次或者说三次文艺复兴、科学和工业"革命"、启蒙运动以及随后的政治及社会运动、欧洲联盟的形

---

① 见柯南·道尔《巴什克维尔的猎犬》。——译注

第五章 腾起
15世纪90年代：飞跃

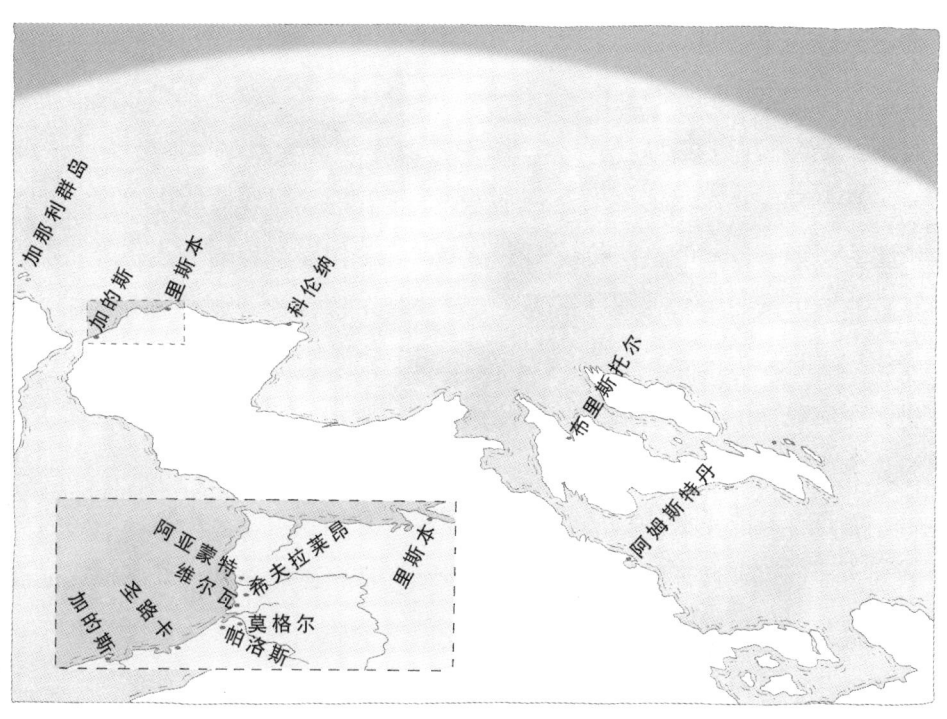

大西洋边缘的基督教世界

成。但就大多数的史前和上古时期来说，这所有的改革运动都和这些是反方向进行的，比如：农耕和冶金术的发展，印欧语言的传播，腓尼基人、希腊人和犹太人的移民；在"赫利孔①东坡"那里沟通和学习知识；基督教的到来；日尔曼人、斯拉夫人和草原牧民的入侵和迁移。这些运动大多不过是产生了废物和难民，他们停留在大西洋周边，就待在了那里，就像是被吹到他们岸边的西风带绑住了双脚，令人惊讶的滞缓。绕了一圈我又无可逃避地回到了这个问题，希望大家能够原谅我。西方人长期以来的被动要比他们最终的觉醒更值得关注。现在人们把西方文明等同于开拓精神，然而，几千年来，西方人都是停在海边，毫无生气。约1000年前，罗马文化和征服者首先来到这里，带来了渗透与影响；随后，基督教缓慢但

---

①赫利孔，希腊神话中文艺女神缪斯居住的地方，后以其名喻指诗人或诗人灵感的源泉。——译注

彻底地改变了这里，把欧洲大西洋的边缘变成了历史学家口中的拉丁语系基督教世界的疆界，变成了一个特别让人印象深刻的文明，而过去，似乎，它除了向西并没有其他路径可选。

基督教最终占领了"水上空白"——那时的世界地图的边缘。波斯和中国的学者对自己的文明传统相当自信，在他们对世界的描述和研究中，基督教世界不过位居一隅，不值一提。从拉丁语系的基督教世界向东、向南拓展：经陆路进入东欧，或是经地中海进入亚洲和非洲，在这个过程中，他们取得了一些进步，但是大多数时候碰到的都还是排斥，要不就是因为瘟疫灾祸或是寒冻而不得不向后返转。向北、向西，多数是裸露的海岸，航海者只能是在盛行的西风带的压迫下开拓狭窄的一小片海域。有些地方本地或者地域性的海上文化有所发展，在一些特别的情况下，远洋渔业获得了令人印象深刻的进步，他们积累的经验使他们成为15世纪90年代探险家寻求船只和船员的首选。中世纪盛期的古斯堪的纳维亚航海家和殖民者，以及14、15世纪大西洋东部群岛的探险者和殖民者都曾多次卓尔不凡地进军远海。借助极北地方延伸跨越大洋的洋流，来自斯堪的纳维亚和爱尔兰的航海者在9世纪和11世纪分别把冰岛和格陵兰岛辟为殖民地。到14世纪中期，冰岛人已经航行到了北美内陆。然而，这些联系并不稳定，当格陵兰的殖民地被消灭之时，与最远处的殖民地联络随即中断。

格陵兰殖民处居民的遗骨表明，15世纪时他们的生命正面临着越来越严峻的威胁。他们还是以海豹为食，但到了最后，他们已经猎取不到斑海豹了，斑海豹讨厌夏季的浮冰。牧区在缩小，他们努力保持畜养的母牛的数量。花粉研究①表明气候日渐潮湿。究竟是来自邻国的"野蛮异教徒的入侵"摧毁了最后的移民，还是自然灭绝，抑或是他们自愿迁移不得而知，但不论原因何在，随着气候越来越寒冷，生活越来越艰难，[1]生态环境

---

① 花粉研究是地层研究的一种常用手段，可为陆相及近海沉积物的地层对比、恢复沉积时期的古植被和古气候提供依据。——译注

第五章 腾起
15世纪90年代：飞跃

已让他们再无活路。而且，他们并不是唯一的受害者。欧洲文明在14世纪遭遇了灾难，日益收缩，到了15世纪，其恢复也相当缓慢，所以在15世纪的大部分时间里，它也都在日益萎缩。虽然和14世纪相比，15世纪里的瘟疫有所减少，但还是频频发生。虽然到这个时候，西欧已经习惯了"小冰川期"严峻的气候，但他们并没去重新得到上一个世纪撤离的高地和远处的殖民地。大部分地方，人口都增长不快，也许一直都没有恢复到黑死病之前的水平。瘟疫、战争、饥荒，这些非人为的因素和人为的因素一起作用。1396年，十字军对土耳其战争的失败标志着他们从基督教世界的东地中海边境上长期撤退的开始。同时，在东北部，异教徒立陶宛人开始沿波罗的海蚕食条顿骑士团①以往征服的地带。

大西洋上的突破来得非常突然，就在一个10年里，也就是15世纪90年代的那10年突然发轫。或者，更恰当地说，只用了几年就已完成：从哥伦布1492年第一次跨越大西洋到1500年佩德罗·卡布拉勒在巴西登陆起不长的几年。这两大远征中间的那些航行产生了两大结果，改变了整个世界。

首先，在航行中，欧亚、非洲开始接触到美洲，特别是将自中国到西欧人口密集的旧大陆的中心地带经由南亚、西南亚和地中海与中美洲和环加勒比海科技进步、移民聚集的新大陆紧紧地连在了一起。大洋不再是海岸沿线欧洲人探险开拓的障碍，而是成为建立以前无法想象之帝国和贸易的通路。西欧一跃突破了历史局限。换句话说，短期来看，就是15世纪90年代的突破使大西洋文明成为可能。现在，航海者已经了解了由旧大陆西岸到新大陆东岸间的可靠的、规律的通航路线。从有文字记录以来就是障碍的大西洋现在成为沟通各处的纽带。于是，美洲的欧洲帝国主义、物质

---

① 条顿骑士团，又名德意志骑士团，与圣殿骑士团、医院骑士团一起并称为三大骑士团。条顿骑士团的口号是"帮助、救治、守卫"。1198年3月5日，条顿骑士团成立于阿卡（今巴勒斯坦境内），1346年，条顿骑士团从丹麦人手中夺取爱沙尼亚，控制了波罗的海东岸的全部出海口。1410年7月15日，条顿骑士团与波兰、立陶宛、俄罗斯联军交战时败北，包括总团长在内的全部指挥官阵亡，从此一蹶不振。——译注

生态和文化跨越大西洋的交流沟通，以及开发美洲资源以利欧洲经济，这些所有的一切终于成为可能。终于有机会改变既有文明财富不均的状态，在财富上，以前得天独厚的亚洲和相对贫穷的欧洲开始发生逆转。如果不了解西欧航海——尤其是15世纪90年代那段时间里——的发展，就无法真正理解随后的历史。

其次，15世纪90年代探险开辟出的路线破解了大西洋风系的密码。此时，欧洲人对北大西洋的风系、洋流已经有了虽尚不完整，却精确、广泛的认知。更为重要的是，他们已经熟悉了南大西洋的风系模式。他们已经发现了如何利用东南信风穿越南大西洋，知道了如何利用这一信风到达环绕赤道以南地方强劲、快速的西风带。而这一切的直接影响就是他们由此得以进入世界上最富有、最繁忙的商业区——印度洋。有史以来第一次，商人们可以将海运从欧洲转到印度洋，以运输者的身份参与到诱人的亚洲内部贸易当中。一项新研究表明，与当时葡萄牙被过度吹嘘的绕好望角的香料直接贸易相比，这种转运模式能够赚取更多利润。虽然说欧洲人要到17世纪才全面开拓东印度香料贸易的源头市场，并最终开辟了进入太平洋的通路，但此举的潜在、深入的影响正在于欧洲人有了快速接近这一市场的机会。简而言之，15世纪90年代的突破是长久蓄势的集中爆发，在几百年或者说几千年的泛泛表现之后，在仅仅约7年之中，一系列的探险就将大西洋转变成为远程文化交流的潜力地带。

那么，是什么让15世纪90年代如此特别？历史学家总是羞答答地避开这个问题。有时科技会获此殊荣，但并没有和此成就时间巧合的科技突破。与中国、多数伊斯兰国家、南亚和东南亚相比，甚至与波利尼西亚的某些方面相比，拉丁基督教国家远程航海似乎都装备不足。哥伦布似乎是对航海装备及航海图挺擅长的样子，可其实未必如此。哥伦布所有的跨大西洋航行中，都会在旗舰上带着一个四分仪，可是似乎更多是为了卖弄夸耀而非实用。他真的是用一种简单得多得多的方法来判断所在纬度：他用北极星周围卫星的轨道来确定夜晚的长度，然后用24减去这个数字得出白天的时长，然后从印好的表中查得纬度数据。我们知道这点是因为他航海日志中的错误正好与一本现存的他用过的表格[2]的印刷错误相同。据我们所知，在真正完全进入16世纪之前，没有一个航海家能够用四分仪或是星盘精确读出海上所在位置的纬度值。

地图在这一突破之中也没发挥任何作用。哥伦布第一次跨大西洋航行时带了一张海图，他和他的联合指挥马丁·阿隆索·平松很重视这张图，他们再三对照这张图检视航线，而且根据哥伦布的记录，他们曾在某个地方参照这张航海图改变了航线。但是，他们的航线都是前人未曾走过的，所以航海图内容只可能是猜测性质。他们同一时代的其他航海者也很少使用航海图或是其他辅助手段。他们只靠基本星象导航：根据感觉和经验判断航线，用肉眼观察太阳或是北极星的位置来计算纬度。绘图与探险是互为滋养的进程，但探险者并没很快意识到这一点。直到进入17世纪一段时间后，探险队中才有了专业地图绘图师。[3]

上一章用于解释西欧探险突进的诸多理由无助于说明15世纪90年代探险所取得之突破。如果地域文化在其中有所作用的话，它一定是已经作用了相当长时间：文化不会时有时无，它只可能产生渐进而持久的影响。国家和社群间的竞争一定在15世纪90年代的突破中发挥过作用，那时大西洋沿岸的各个港口都急匆匆地希望在探险成果中分得一杯羹，卡斯提尔、葡萄牙以及英格兰都希望在探险家新发现的有开发潜力的土地上争得些权利。但是竞争也是长期以来就存在，这还是没法解释为什么15世纪90年代会成为一个硕果累累的10年。

15世纪90年代自身之特点就是其所属时代杰出成就的最好注脚，至少它有一个无可争辩的优势：它之前的是15世纪80年代。也就是说，对于大西洋探险的投资者来说，之前的那10年可谓回报非常。[4] 1481—1482年葡萄牙议会中的议员称颂马德拉群岛和圣港岛的经济奇迹，说仅在1480年一年，就有"20艘艉楼船，40或是50艘以载糖为主的其他货船前往上述岛屿以交换从那些岛屿得来的丰富、高贵的价值不菲的货物，而且这还没算上去往上述岛屿的其他货物和其他船只"。正如我们所见，卡萨米纳是葡萄牙人的非洲贸易中心，为了确保黄金贸易更牢靠地掌握在葡萄牙人手中，葡萄牙人于1482年在西非鼓包处的下方修建了米纳圣若热城堡。在此之前，葡萄牙大西洋探险的投资者们很少（也许也曾有过）能收回投资。而现在则很容易从在里斯本的意大利银行家那里筹到资助。

就在那个10年，卡斯提尔人征服了加那利群岛，局势平息后那里开始生产糖，卡斯提尔以前耗力、耗财的大西洋事业从此开始获利。1484年，大加那利岛上的第一家糖厂开业。哥伦布的投资人无一例外地有一个共同特点：他们都曾参与过加那利群岛的征服或是商业开发。财政部官员，最有影响力的政策设计师阿隆索·德·昆坦尼拉是君主战争中将各种可能性集中在一起、将金融银行家聚集在一起的纽带。1489年时赎罪券销售收入日益减少造成了金融危机，似乎这一年起他已经开始负责组织征服事宜。他设计了一系列的应对之策，其中包括战利品抵押和与意大利资本家的合作。在这一过程中，未来资助克里斯托弗·哥伦布远征的圈子略现雏形。

和对加那利群岛一样，昆坦尼拉自己也对"西印度群岛事业"的金融支持起过作用。在这两项探险中，起着关键作用的都是塞维利亚的热那亚商人弗朗西斯科·皮内尔和弗朗西斯科·达·里瓦罗洛。皮内尔参与加那利群岛资助的时间和昆坦尼拉一样长，他从1480年3月起就代表国王管理赎罪券收益。昆坦尼拉第一份个人出资是那年4月。皮内尔在大加那利岛得到了第一家糖厂并且为拉帕尔马岛和特内里费岛的征服者提供贷款。他作为哥伦布赞助人的结果是1493年王室垄断西印度群岛贸易之时，他成为第一届管理者之一。

里瓦罗洛可能收益更多。他的女婿是征服大加那利岛最大的经济赞助人之一。里瓦罗洛自己也资助了征服拉帕尔马岛和特内里费岛，并因集中精力于糖业及染料业同时兼顾其他而成为群岛上最富有的商人。他是哥伦布探险最主要的支持者，他赞助了哥伦布的第四次出海远航，哥伦布就曾一度住在里瓦罗洛家里。

第五章 腾起
15世纪90年代：飞跃

塞维利亚大教堂祭坛附饰画上圣胡斯塔和圣鲁菲娜之间的塞维利亚景观

一些来自哥伦布圈子外围的塞维利亚的非热那亚人也参与了加那利群岛征服的赞助：梅迪纳·西多尼亚公爵是盖兹曼家族的头儿，哥伦布一直把他当成可能的赞助人，还有曾参与过跨大西洋最早的贸易的佛罗伦萨人吉阿纳多·贝拉尔迪，也是哥伦布最大的债权人之一。然而，天平最重要的一端还是热那亚人。支持哥伦布日常生活、为他远航出钱的也是他们。征服加那利群岛和发现未来美洲的赞助人似乎有相当的重合，在某种程度上，这正是同一群人所为。热那亚人为卡斯提尔人远征大西洋所起之作用和若干年后里斯本的佛罗伦萨人在推动葡萄牙人进入印度洋时所起之作用相仿。[5]

同时，我们有理由相信北大西洋探险也开始为布里斯托尔的商人带来了好处。曾有一段时期丹麦禁止和冰岛有生意往来。在此之后，布里斯托尔港的记录中就不再有北边的货物出现，直到15世纪80年代，捕鲸业产品和海象牙才在这里重新出现。正如我们看到的那样，1481年，在明确是为探险而进行的航行中携带了大量的盐,这表明那时可能已经发现了产量丰富的渔场。因为15世纪80年代时探险回报实在是相当丰厚,所以即便是在资金紧张的西欧,也有钱进行进一步的探险活动。

如果我们把没有证据或是没有充足证据证明的早期探险远航放在一边,15世纪90年代的四次航行有着突出的、无可比拟的重要性。首先是哥伦布1493年的两次跨大西洋航行:第一次是从更有名的1492年航行的返航之行,第二次是他从东到西第二次跨洋航行。1492年这一年喧嚣热闹,但1493年却是对后来更为重要的一年。哥伦布1492年所有的航行都是直接向西,能航行多远就航行多远,不遇到陆地就不回头。他所选航线对奠定未来跨大西洋通路并没什么价值:没有必要航行那么远,也没必要搞得那样辛苦。然而,1493年,他开辟了一条从大西洋中部跨越大洋的有确实价值、可资利用的往返航线,这是整个帆船航海时期最好的航线。

紧接着的突破发生在1497年,来自布里斯托尔的约翰·卡伯特从布里斯托尔到纽芬兰岛的往返航行。这次航行利用春季时间不长的易变天气中的东风,开辟了前往北美的外海航线。这条航线从短期来看没太大价值,但是最终它将成为前往有巨大影响力的帝国地域的通路,成为通往近代早期殖民运动在世界范围内开创的最具开发价值的"新欧洲"的大道。接着,瓦斯科·达·伽马于1497年也开始了他前往印度的首次航行,他发现了穿越大西洋东南信风与南极西风带汇合的路线。

这个10年的最后几年,所谓的安达卢西亚人和盎格鲁亚速尔人的航行,以及哥伦布自己对新大陆沿岸零星地方的探险都是在这些成就上的进一步拓展。安达卢西亚人在航行到最南边的时候遇到了巴西洋流。随后,1500年,佩德罗·卡布拉勒沿达·伽马走过的路线深入大西洋,到达巴西。

对这个故事,最简单的研究方法就是最好的方法:逐一考察一下这些航行。

第五章 腾起
15世纪90年代：飞跃

◆ 哥伦布 ◆

故弄玄虚者对哥伦布着迷，他们不愿相信显而易见、无可争辩的文献，出于自己的偏见，编造他们自己想象的哥伦布。把哥伦布说成了犹太人、西班牙人、波兰人、斯堪的纳维亚人，甚至是苏格兰人，凡此种种，不一而足。事实上，哥伦布的身份非常清楚。和其他同时代有着类似社会背景的人相比，我们对哥伦布的了解要更为清楚。哥伦布出生在一个闹哄哄、生活艰苦的大家庭，他的父亲是一个热那亚纺织匠。如果不承认这样的事实，就无法理解哥伦布。他成为探险家的原因正是在于他渴望摆脱出身限制，获得更多的社交机会。

对于像哥伦布这样雄心勃勃、渴望成为社交新贵的人来说只有三条向上的阶梯：战争、教会以及海洋。哥伦布也许在心里权衡过所有的这三条路：他希望他的一位兄弟从事牧师事业，而希望自己成为"骑士和征服者的统领"。但是，航海是一个顺理成章的选择，特别是对于他这样一个来自热那亚的航海社群的男孩更是如此。从事这一行业，工作和赚钱的机会都相当多。而且，诚如我们上章讲到的，海上的骑士浪漫主义也激励鼓舞着他。

15世纪70年代，哥伦布在为一家热那亚商人采购糖的过程中，熟悉了地中海东部和非洲大西洋的水域。同时，哥伦布还经常会去圣港岛，收集有关亨利王子世界的零星资料，那里，他遇到了他未来的妻子，前面也说过她是亨利一个老友的女儿。哥伦布还说他在1477年就去过英格兰和冰岛，并在15世纪80年代沿着非洲海岸一直航行到赤道以北1度的地方。但是，他也有自大狂倾向，他有可能夸张了自己的成就，我们在接受他那些没有证实的言论之时要小心谨慎。不过，在哥伦布制定穿越西部大洋计划之时，他已经了解到有关大西洋的两个关键点：在加那利群岛所在之纬度有东风，向北有西风带。这两个因素使他的环球旅行成为可能。

若是将他死后编就的传奇，以及他出于个人目的的记录打些折扣，我们还是有可能重建他拟定计划的过程。1486年前，除了一些不太可靠的资料让多数历史学家相信他有计划外，一直没有任何确切证据表明哥伦布有什么计划。他自己心里也没有什么明确的计划。和任何一个优秀的销售员一样，哥伦布会根据受众的喜好随时进行调整。对一些人，哥伦布建议寻找新的岛屿；对另外一些人，他建议寻找某古代文学作品中猜测位于大西洋深处的"未知大陆"；而再对另外一些人，他则赞成寻找通往中国及东方富庶贸易的捷径。历史学家在解决这些矛盾之处时陷入一团乱麻。然而，事实上解答哥伦布计划的目的地之"谜"很简单：这个目的地一直在变化之中。历史学家对他坚定不移的肯定是他自己以及他早期的传记作家创造的神话。传统中那个坚定不移、目标明确的哥伦布并不尽准确。

事实上，对哥伦布来说，他将去向哪里远没有他是否能够到达社会更高层重要。在哥伦布和有可能为其慷慨解囊的王室赞助人，以及采取何种方式跨越大西洋的谈判中，哥伦布对贵族地位和丰厚回报一直都是极力要求。然而，15世纪80年代末，哥伦布一直找不到资助却也不仅仅是因为他贪得无厌的要求。在多数专家看来，他所提出的目标没有一个值得投资。新的大西洋群岛也许确实存在，已经发现了那么多的岛屿，想象还有其他岛屿有待发现也很正常。但是即便开发比加那利群岛和亚速尔群岛更远的岛屿，即便在那里适合培育糖或其他有大量需求的产品，也较难获利。找到未知大陆，即地理学家所说的对跖地①的可能性似乎很小。古代地理学不认为有这样的大陆存在。即便是这块大陆真的存在，和开辟一条通往亚洲和东部大洋、有大量好处的新路相比，也很难看到它有何好处。最后，船只能够穿越大西洋到达亚洲的想法在当时也完全不可能实现。世界太大了。自从埃拉托色尼算出地球的大小，西方的专家学者就已经对世界之大有了粗略了解。从欧洲取道西行，亚洲实在是太远了，那时没有船只能够

---

①对跖地：航海术语，英文为Antipodes。指地球上处于正相对应的两个地区，尤指与欧洲形成对跖地的澳大利亚和新西兰。——译注

第五章 腾起
15世纪90年代：飞跃

承担那样的航行，在距亚洲还有千里万里的时候物资就会耗尽，饮用水也已发臭了。

然而，15世纪70年代和80年代，少数专家开始考虑也许埃拉托色尼是错的，地球要比之前想象的小。佛罗伦萨人文主义者保罗·达尔·波佐·托斯卡内利给葡萄牙王廷写信，敦促尝试经大西洋到达中国。马丁·贝海姆是纽伦堡的宇宙学家，他在1492年制造了现存世界上的最古老的地球仪，他是也有同样的想法的人士之一。卡斯提尔王室非常知名的方济会天文学家安东尼奥·德·马切纳是哥伦布最好的朋友和支持者之一，也持有同样观点。

因此，到1492年时，哥伦布已一心一意地计划前往中国的探险，且下定决心实现这一目标。他遍读地理书籍，寻找世界并不大的证明，然后因为误读了大量数据，并曲解了另外的数据，他理解的世界是不可思议的小：至少比现实中的地球小了20%，他还争论说传统上人们对亚洲向东扩展的范围有所低估。他得出结论："用若干天"就能从西班牙航行至亚洲东部边缘。

于是，在许多失败和一轮又一轮的推销之后，他凭借西航至中国的计划拿到了赞助。按计划中途也许在日本，也就是被人们称作"Cipangu"①的地方停靠，马可·波罗有所夸张，说那里在中国之外深入海洋1500英里的地方。最终对哥伦布委以重任的赞助人相信他吗？没有文献提到过阿拉贡和卡斯提尔国王费迪南德和王后伊莎贝拉与哥伦布有一样的想法。委任上说的是"汪洋大海中的诸岛屿和诸大陆"。两位君主给他带上的信中含含糊糊，题款上是"尊贵的君主，我最亲爱的朋友"，哥伦布一心想把这封信交给中国的统治者。然而这两位君主对葡萄牙大西洋探险的成果感到担心。葡萄牙有权开采撒哈拉沙漠之外的黄金，并且正在勘察进入印度洋的路线。卡斯提尔在加那利群岛之外还没有找到新的海上资源。当哥伦

---

①Cipangu指日本，为马可·波罗以及中世纪地理学家所用。马可·波罗的《东方见闻录》中，把日本介绍为"黄金之国"（Cipangu）。——译注

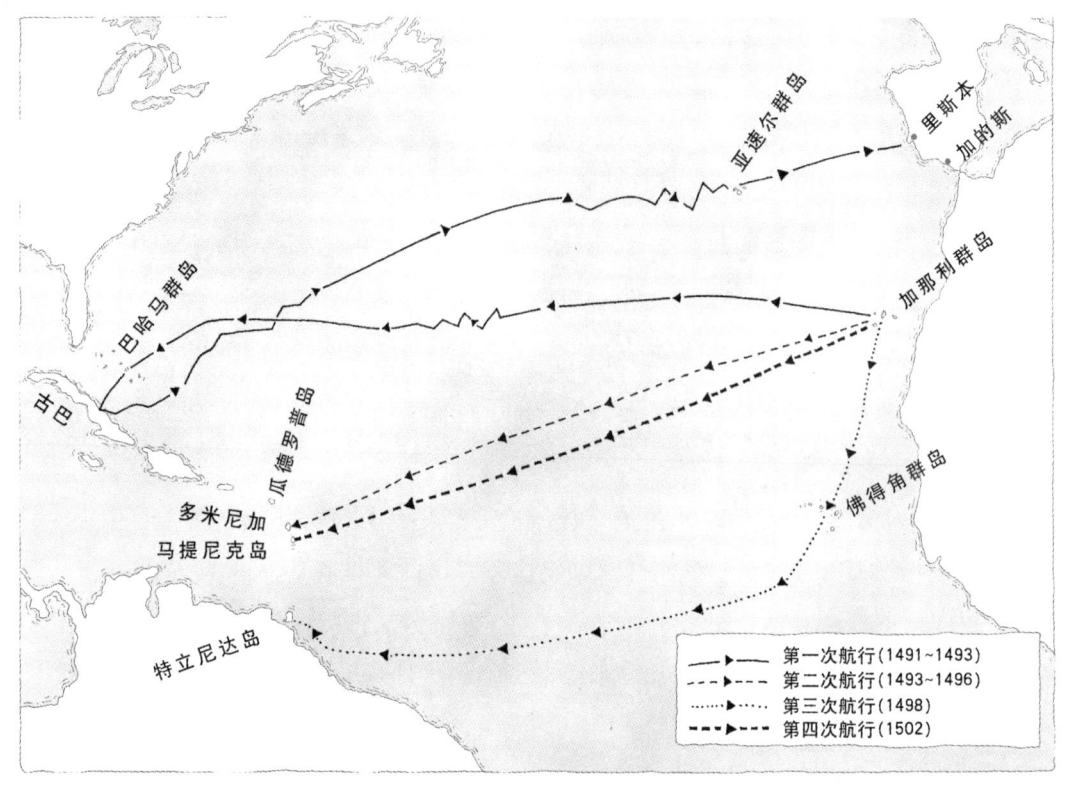

克里斯托弗·哥伦布去往美洲的路线

布的探险很明显不直接花国王、王后的钱时,似乎没有理由不让哥伦布出航去试试看会发生些什么(至于从前的无稽之谈,说伊莎贝拉典当自己的珠宝资助哥伦布探险,则又是另外的神话故事了)。

船舶的可利用程度让哥伦布决定把帕洛斯作为出发点,哥伦布曾在这里交过朋友,找过支持者,无论怎样他对帕洛斯很是了解。特别是航运生意中声名显赫的马丁和文森特·亚涅斯·平松兄弟招募了船员,并且提供了三艘船组成的船队中的两艘。事实上,马丁还是哥伦布第一次跨大西洋航行的副指挥官。

选择从帕洛斯出发是决定哥伦布事业成功的因素之一,但比这更为重要的是哥伦布决定经加那利群岛航行。在某种程度上,他的这个选择很简单：当时大多数世界地图都把中国的重要港口广州绘制在群岛的同一纬度上。但除此以外，还有另外一个，也许更重要的原因：风系的特点。加那利群岛横跨东北信风，在随时可用的洋流之上。对于一个有足够胆量敢于顺风航行，或者有足够知识知道是在顺风航行的航海家来说，仍有机会能在返航时找到合适的风，找到理想的穿越群岛的西向快速航路。

穿越整个信风走廊需要过人的勇气，没人知道它究竟有多宽，也没人知道穿过它之后有些什么。这个让人跃跃欲试的空间在地图上，或是空白，或是装点着想象中的岛屿，或是被一块地理学家想象中的未知大陆占据着。从理论上推测应该有这块大陆存在，因为它改变了地球"黑暗的一面"的样貌，使原本这个混乱得无法接受的星球恢复平衡，它就像赫拉克利斯完成摘取赫斯珀里得斯金苹果任务的地点，或是如同再次浮出水面的亚特兰蒂斯岛，再或是中世纪传说中的安提利亚岛。

哥伦布在一些欧洲王室向可能给他提供赞助的权贵推销他的想法——至少，他自己是这么说的。但哥伦布必须经过加那利群岛，也就是说事实上哥伦布还是必须得到卡斯提尔的支持。随着15世纪拉开大幕，越来越明显这些岛屿对卡斯提尔王室确有探寻价值。那里盛产奴隶和染料，而这些商品在欧洲的需求量不断增加。从15世纪50年代起，马德拉群岛附近岛屿欣欣向荣的蔗糖业为同类商务树立了榜样，这些生意也有可能在大加那利岛、拉帕尔马岛以及特内里费岛相对可能种植作物的土地上快速发展。除此以外，黄金也刺激了探险的发生。15世纪70年代，葡萄牙商业利益代表获取了自1460年唐·亨利死后就无人申索的探险权，这加快了探索西非黄金贸易之源的步伐。按卡斯提尔王国费迪南德五世的某位编年史家记载，费迪南五世认为加那利群岛是运输"埃塞俄比亚矿产"的关键。1477年10月，王室拿到了以前归属于佩拉萨家族及其继承人的权利。然而，直到1496年，特内里费岛上最后一场战役结束，整个征服的过程都一直伴随着鲜血与死亡，耗费了大量钱财。到哥伦布探险之时，事实上，群岛中的多数岛屿都已掌握在卡斯提尔王国手中。

从长远来看，加那利群岛是哥伦布探险的重要组成部分，这里是他穿越大西洋的起点。哥伦布于1492年9月6日从戈梅拉岛圣塞瓦斯蒂安港出发。再向西已无合适的深水港，这里的港口离推进他们穿越大西洋的东北信风航线最近，其位置是哥伦布实现目标的最佳之选。当哥伦布利用这一港口之时，它才因平息1488—1489年间的当地叛乱得以保障安全。叛乱之后，这里开始由戈梅拉行政官的遗孀多娜·贝琪兹·德·博巴迪拉管理，也许她在1486年时就在科多瓦见过哥伦布，也许她——顺便提一句——让哥伦布坠入情网。

值得指出的是，加那利群岛在大西洋历史上具有重要的战略地位，它在世界史上也有类似地位，而这正是它吸引哥伦布的原因。贯穿整个帆船航行时代，该群岛都因其正处在大西洋风系的中心位置赋予西班牙接近美洲环加勒比海边缘地带财富的优先权。新大陆的大量财富都集中在加勒比海边缘地区，其中包括了美洲中部和墨西哥、太平洋边岸通往秘鲁财富的离岸港口，以及供执行横渡太平洋任务的返程港。17世纪一位西班牙国王估量加那利群岛时说："这是我最最重要的财产，因为它可以直通印度。"其他人失败可哥伦布却取得了成功，其中的原因就在于哥伦布的探险是在卡斯提尔赞助下进行的，他可以途经加那利群岛进入最好的航线，从而破解风系的秘密，沿着风路进入激动人心、有开发价值的地方。

哥伦布和他早期的传记作家一直努力让世界相信哥伦布向外探险的决定是他一人在孤军奋战，他一直在和海员们的胆怯、无知以及叛乱作战。对此，并没有确实的证据，虽然曾有人说，一些海员曾抱怨哥伦布拿着他们的性命冒险以"把自己变成贵族"，这样的说法也没错，至少，它也在一定程度上说中了哥伦布出海探险的目的。哥伦布一直担心被人孤立在外，他成了这种焦虑的牺牲品，哥伦布似乎偏执地害怕身边的人对他不忠。在整个团队里，哥伦布是个外人，船员各自忠于自己的阵营，而哥伦布被隔离在外：巴斯克人，他们聚起来一起闹事；帕洛斯人，他们效忠于

第五章 腾起
15世纪90年代：飞跃

平松家族。然而，非常清楚，10月的头10天一直弥漫着对看不到陆地的焦灼。哥伦布的战略很简单，就是一直向西航行，直到碰到陆地为止。但事实上，因为很难计算风压差，再加上哥伦布已经观测到却不知道如何估算磁力的变化，他的航线肯定要比预定偏南。而且，航行快结束的时候，他向西南方向略微改变了一点航向，这大概是因为他航海图上的日本正在他的航线之南，也可能是因为他看到了飞鸟或是云团——在大海上迷路的水手的救命稻草。

正是因为这样一些原因存在，我们不太可能完全自信地重建当年哥伦布行驶过的航路。所以，我们也不可能知道他1492年10月12日登陆的精确地点。他对登陆点和航线的描述实在是不太清楚，而且前后矛盾难以令人相信。他对航行的记述充满了高度想象——几乎诗意盎然——要搞懂字面意思简直就是对读者的折磨。唯一能肯定的是哥伦布到达加勒比海所接触的第一个岛屿面积不大，表面平坦，土地肥沃，池沼星罗棋布，周遭大半有礁岩保护，中部有一个哥伦布称作潟湖的地方。此外，在这个岛的东部还有一海角或是半岛，而这正好形成了一个可以利用的天然港湾。它很可能就是巴哈马群岛、特克斯群岛或是凯科斯群岛中的一个。哥伦布说当地人把它叫作瓜纳哈尼岛，而哥伦布把它命名为圣萨尔瓦多岛。这个现在叫作华特林岛的岛屿和哥伦布当年的描述一般无二。

从现存的资料来看，哥伦布印象最深的还是当地土著。这倒不一定是哥伦布自己的喜好，哥伦布文章的第一任编辑对哥伦布自己文章的精编几乎就是我们有关这位探险家第一次航行的所有资料，而其中有大量新大陆"印度人"[①]的内容。这位编辑选择了他关心的内容，同时，也许就放弃了其他。关于这次与土著相遇的内容主要有四大主题。

首先，哥伦布强调他所遇到的人都是一丝不挂。在那个时期的读者看来，这就意味着"自然人"，这些人也许没有正规的政治制度，却本性纯

---

①哥伦布此次探险的目标是亚洲，他当时误以为自己到达了印度。——译注

良。对于喜爱古典主义的人文主义学者而言，裸体就意味着古代诗人所谓"黄金时代"的乡村式的天真无邪。圣方济会是哥伦布身上最具标志性宗教影响的根源，对他们来说，裸体代表着皈依上帝：圣方济各自己就曾脱去衣物以示其神职。

其次，哥伦布不断地将这里的岛民和加那利群岛上的居民、黑人以及那些猜想中生活在未开发土地上的可怕的类人种族进行对比。而这些比较的目的并不在于说明这些岛民有何特点，而在确立一个宗教观点：这些人同相近纬度生活的人们比较相似，这符合亚里士多德的学说。这些人身量正常，并不可怕，因此按照中世纪晚期心理学的普遍观点也就是说这些岛民完全是人，拥有理性。这也就是说他们有资格、有可能在以后皈依基督教。

再次，哥伦布坚持说岛上的居民天性纯良，说他们天真纯洁、热爱和平、不曾被物质贪婪所腐化（反倒因为贫穷而升华），认为他们身上有自然宗教的印迹，但还没有转变成为诸如"偶像崇拜"之类被认为是"不自然"的渠道。这也就是含蓄地说哥伦布的"印度人"是基督徒的道德榜样。这样的描述让人不由立刻想起了一长串中世纪文学中的异教徒代表，特别是圣方济会和人文主义作家笔下的那些。

最后，哥伦布一直在关注当地是否有商业开发的价值。乍一看，这似乎和他一直赞颂的岛民道德不相符合，但是他的许多观察所得都显示了模棱两可：当地人不知战事，这给了他们天真纯良的凭证，却也让他们易于征服；他们不着片缕也许让人想到田园生活，可对于怀疑论者，这也意味着野蛮，与兽相仿；他们缺乏商业知识，一方面表明他们未受腐化，另一方面也说明他们易于哄骗；他们的理智清楚有人样，也可成为被剥削的奴隶。哥伦布的态度模糊不清，却未必就是表里不一。对于如何看待当地人，他真的是左右为难。

10月15日至23日，哥伦布对几座小岛进行了勘察。他对当地人的评论说明他觉得——或者他想让自己相信，这些岛民在他眼中正变得越来越文明，或者至少是正变得更为精明。这里，他们知道如何讨价还价；那里，

第五章 腾起
15世纪90年代：飞跃

女人们披上了衣服；另外的地方，房子修缮良好还很整洁。通过手语，或是翻译当地人的语言，越来越多迹象表明这里有国王统治的成熟政治结构。虽然我们无法知道该把这些岛屿放在加勒比海地图上的什么地方，但它们在哥伦布头脑中的地图上可是有着重要位置：它们可是和想象中的"一定有利可图的陆地"连成一线。在哥伦布的想象当中，10月17日他接到报告中所说的第一个大金块，就是某个伟大王子所造硬币的例证。

哥伦布希望预期目标都能实现，这种紧绷着的心理状态影响了哥伦布对自然界的认知。他声称自己看到了某种杂交植物，可这种植物根本不可能存在。他记录说那里乳香树丰富，可是那里寸草不生。他推测那里有染料、有药材、有香料，可是他也承认他自己也无力进行鉴别。他确实看到了烟草——"印度人极力夸赞的一些叶子"——可他最初根本不知道这些叶子是干什么用的。他绑架或是用甜言蜜语诱骗当地向导陪着他坐船绕行加勒比海。独木舟在各岛间往来贸易，将群岛联系在一起，当地的航海者头脑中有一幅完整的当地地图任他们调用。在后来的一次航行中，当地航海者又为这些地图做了补充，他们用豆子和卵石为哥伦布摆出了群岛的大致样貌。[6]

至少，在哥伦布自己心里，他是离文明之土越近，离赚钱生意越来越近了。当他于10月24日接近古巴的时候，他以为自己将要到达的会是日本或是中国。到达之时，对避难所他只几笔带过，没怎么去写事实情况。所有的一切是最甜美的，都是相当不错的。可是越来越明显，这里的人们生活穷苦，根本不是合适的生意伙伴，这时，哥伦布开始鼓吹传播福音，因为这是他事业的另外的一个正大光明的理由。他勾画未来，说这里将有纯净的基督教堂，这里将生活着未受污染的纯洁之民。另一方面，哥伦布就强行推销他的另一观点，说可以奴化这里的居民，以弥补这里缺乏可销售的商品的遗憾。这就是典型的哥伦布式作风，他总是有办法让两个毫不相容的观点并行不悖。

哥伦布对古巴很不满意，于是他试图离开这里，但是逆风让他的几次尝试都失败了。可是，马丁·平松却成功地自己离开了，并且直到探险将近结束之时才与哥伦布再次取得联系。哥伦布还是一如既往地怀疑他的副手不忠，怀疑对方是为了谋取私利独霸成果。12月4日，哥伦布终于从古巴逃了出来，并无意间撞见了海地岛。要理解此刻占据哥伦布的头脑发热的想法，很是需要一些想象力：究竟是什么让哥伦布心甘情愿与世隔离，离家千里万里，愿意随时面对不可知的危险，在自己与同伴既没有资料参考，也没经验汲取的情况下，跟不熟悉的环境搏斗挣扎，愿意身边围着那些语言不通、不知所云的被俘向导？在这样的情况下，他有所动摇并不会让人吃惊。一开始，比如，他根本不愿意相信当地人口中有关他们被食人族追猎的故事（虽然这些故事基本上都是真的）。然而，在几周内，他却有了更多的奇奇怪怪的幻想：群岛上分别住着亚马孙妇女和秃顶男人；与"胆敢阻碍航程"的撒旦的对峙；离祭司王约翰（根据中世纪传说，他是一位住在亚洲深处，希望与西方联手发动十字军东征的基督徒国王）越来越近。

圣诞前夜，他还没有和马丁·平松联系上，可他的旗舰却搁浅了。这次失败让哥伦布很想返程回家。他用沉船的木材建了一座城堡，并留下30个人驻守。1月15日，终于有了适合返航的风向。让人好奇的是哥伦布开始时向东南方向航行了一段，可他很快就回到计划中的航线：向北航行，详查大洋，寻找他早年在大西洋上航行时就已经熟悉的西风。一切进展得相当顺利，直到2月14日，哥伦布碰上了一场极强的风暴。这让哥伦布有了第一次强烈的宗教体验，之后这样的体验不断出现，在哥伦布生涯出现的每一次重要危机中，这样的体验都会重复出现。哥伦布觉得这是神对他的眷顾，他对这种感觉表达得如此强烈，以致今天有人把这当成是怀疑他神志不清正常的证据。上帝以神之名让他一次次死里逃生以让他完成神的目标，上帝将他从敌人的包围中救出来，"上帝在他身上，通过他导演了许多其他的奇迹"。在亚速尔群岛避难之后，哥伦布经里斯本回到了家乡，他为自己奇迹般的生还进行庆祝。在那里他和葡萄牙国王三次会面，这也让人对他的动机很是好奇。因为风暴和他分开的马丁·平松几乎在同一时间到达，航行让平松筋疲力尽，还没来得及向国王递上报告就逝世

第五章 腾起
15世纪90年代：飞跃

了。于是，舞台上只剩哥伦布一人。

人们对哥伦布的成就有意见分歧。一位皇家宇宙志学家说"这是神而非人的航行"。但是此外几乎没有评论者赞同哥伦布的观点。哥伦布一再坚持他已经到达或是接近了亚洲：王室承诺的奖赏就取决于他是否实现了自己的承诺。然而，在多数专家看来，非常清楚：他不可能到达或是接近亚洲，世界实在是太大了。他碰到的也许只是"澳大利亚和新西兰"，这是许多人文主义地理学家乐于接受的观点。"振作起来，"他们其中的一人写道，"哦，愉快地行动起来！在国王和王后的庇佑之下，去发现自世界初创即不为人知的秘密。"哥伦布很可能是碰到了像加那利群岛那样的大西洋上的其他群岛。他的礼物很有异国魅力：抓获的当地土著、鹦鹉、没人见过的植物标本，但是所有礼物都没有明显的利用价值。但，他确实从与当地人的贸易中得到了少量金子，并且声称已经就快找到金子的源头。在王室看来，就此一条已经足以值得再去一趟。

这一次，哥伦布的航线靠南了许多，目的地是小安的列斯群岛的多米尼加，后来证明这条路线是穿过大西洋最短也最快的航线。哥伦布一回到加勒比海，他对发现的憧憬就变得粉碎。首先，在哥伦布命名为瓜德罗普的小岛上，探险者们恰巧撞上了食人族的一次盛宴，非常可怕，之前关于食人族的故事确是真的。之后，更为恐怖的是，当他再次登上海地岛时，他发现他留在那里的守卫部队全被当地人，被那些纯良的、可以改造的"印度人"屠杀了。再接着，在他努力建立殖民地时，他曾经倍加赞美，认为完全有益人体健康的气候却是相当极端。他的部下先是焦躁不安，然后就发生了叛乱。有报告——或者它们只是后来的添油加醋？——说那里一到夜晚就有可怕的哀哀哭声，还有一队队飘忽的无头人向街上饥饿难当的殖民者阴森森地打招呼。

面对种种难以解决的困难和极端可怕的恐怖，哥伦布放弃了不讨好的管理工作，而是转向他最了解也是最喜欢的工作：继续探险。4月24日，他出发去完成两项注定会失败的探索：一是找到更多的金子；二是证明古巴是亚洲大陆的一部分。除了因海地岛上的失败造成的精神紧张外，牙买加和古巴间浅滩和暗礁密布中的数周航行费心费力，在体力上也让哥伦布筋疲力尽。日后每当哥伦布想起这段经历，无论是在他余生的任何时候，痛苦都会重新回到他那失眠的、被时刻的警觉折磨的"充血的眼睛"当中。他谈到要放弃职位去环航世界，并取道卡利卡特①和圣墓返回家园。

哥伦布不放过任何古巴即在亚洲的任何一点证据，可是却全不合情理：他说当地地名和马可·波罗命名的地名类似；他说古巴一定就在亚洲，因为他在那里看到了狮身鹰首兽的足迹。在古巴岸边盘桓了3个多星期之后，哥伦布叫来了船上的文书，要他记下几乎所有人的誓约——古巴是一块大陆，以前从未发现过如此重要的岛屿；如果他们继续航行，他们就能碰到中国人——如他们有违背于此的说法，将遭到巨额罚款或是失去舌头。这些人根本没有辩解，也许这是因为这些声明很明显毫无价值，也可能是因为种种经历也已让他气力全消，而全无理性。当哥伦布回到海地岛时，他发现岛上的情形没什么好转。在1496年3月回转西班牙之前哥伦布的最后一次探险是"漫步"海地岛，他以血腥手段要求每一个被他发现的当地族群归顺服从。

◆ 卡伯特 ◆

此时，为大西洋突破做出贡献的第二位探险者出现在英格兰，他在为从北部纬度穿越大洋寻找资助。这一时期，大西洋北部英格兰和丹麦的贸易和海盗都日趋活跃。甚至是在格陵兰岛贸易失败的时候，传统产品——鲸、海象牙以及冰岛奴隶——还是让商人们垂涎欲滴。英格兰和丹麦两国在冰岛贸易上有不同想法，随着15世纪70年代丹麦活力日增，丹麦国王想把英格兰商人赶出这里。与此同时，汉萨同盟是由波罗的海和北海沿岸

---

①卡利卡特，印度西南部港市科泽科德。——译注

第五章 腾起
15世纪90年代：飞跃

布里斯托尔的海上教区教堂：圣玛丽红崖教堂（出自1829年雕版刻图，作者已不可考）

一些最成功的城市共和国组成的同盟，他们控制着许多北部港口，不允许布里斯托尔商人在那里经商，所以这些商人需要为自己的能量寻找一个新的出口。

这样，15世纪80年代时就零星出现了从布里斯托尔出发寻找新岛屿的探险考察，也许到15世纪90年代时，这种远航已经变成了经常现象。甚至是到了现在，布里斯托尔大概是在英国你最可能接近一个社群的地方，这个城市有着自己强烈的身份意识，就如同文艺复兴时期的意大利城市共和国，或是古典时期的希腊城邦。15世纪晚期，布里斯托尔是英格兰的第二大城市。那里的商人捐建了宏伟奢侈的教堂。这些海员社区自己的教堂，圣玛丽红崖教堂现在仍旧是不列颠群岛上最大的教区教堂。布里斯托尔最富有的商人肯涅家族在其于1445年毁于暴风雨后慷慨解囊重建了这座教堂。布里斯托尔造船厂所造船只和同时代的欧洲其他船厂相比毫不逊色。15世纪80年代，布里斯托尔从北大西洋进口产品大幅增长，这表明北大西洋贸易的复苏，这些航行也反映或是带来了贸易繁荣。然而，有一些却不仅仅是商业远航。它们是有意识的探险努力，是为了"搜寻与发现"。[8]

布里斯托尔人把他们的目的地叫作"Brasi"（巴西），人们对于这些想象中的岛屿的位置并没有一致意见，但许多中世纪晚期的航海图上都标有这个推定的岛屿。

布里斯托尔探险者走了有多远呢？1481年航行时，他们带了一大船盐，这不由让人推测他们应该是要去纽芬兰外海的鳕鱼场。一个为西班牙工作的商人间谍（他可能是个同时为英格兰工作的双重间谍）在1497年给哥伦布的信中，相当自信，认为他们已经"发现阁下非常了解的巴西"和我们现在称之为纽芬兰的地方。但是有关约翰·卡伯特的跨大西洋航行并没有明确完整的证据。卡伯特是个也许出生在热那亚的威尼斯公民，他在哥伦布回到西班牙不久，就到了布里斯托尔，竭力推销他的向西跨洋计划。

卡伯特推理说如果哥伦布能够在北纬28°，地球相对较宽的地方横跨大洋到达亚洲，或者至少是到达某个有价值的目的地，那么再向北一些，就极有可能以少得多的航程跨越大洋。于是，卡伯特不断游说布里斯托尔商人和伦敦的国王，请求给他授权以及财富去进行这次远航。"一个像哥伦布似的人"，1496年英格兰驻西班牙大使在报告中说，正在建议"再进行一次类似前往印度群岛那样的事业"。按米兰大使所说，他的目标是"一个他叫作'Cipango'①的地方……他相信那里是世界上所有香料以及珠宝的起源地"。同年3月，亨利七世授权卡伯特和他的儿子，说他们有权在王权约束下掌管所有新发现的"这一时代基督徒尚不知晓"的土地以及尚不归其他基督教国王所有的土地。严格来说，这一特许并没什么价值，因为亨利并无权处理任何人的土地，不论它是不是基督徒的。

所有的资料都说卡伯特出海所乘之船不过是"小船"。1497年5月20日至8月6日，卡伯特探查了爱尔兰的多尔西峰和法国加伦河河口之间的一段海岸线，他推算大致位于北纬46°—51°之间。随后，他转回去继续他先

---

① 也即Cipangu，马可·波罗及中世纪地理学家对日本的称呼。——译注

第五章 腾起
15世纪90年代：飞跃

前沿海岸的航程。这事实上也就将整个航程限制在了纽芬兰沿岸，这样的选择很合情理，因为任何到达纽芬兰南端的船只最开始都会碰到逆流。他坚持说"他在700里格①之外就发现了大可汗统治下的陆地"，他报告说发现了一个富产鳕鱼的渔场，并推测了在附近可得到包括洋苏木和蚕丝在内的这些珍稀之物。根据他的同伴，威尼斯人帕斯夸里·帕斯夸尼格若干年后的记述，卡伯特把国王给的10英镑酬金都花在了时髦衣服上，他行为处事上也像骑士般冲动：他允诺把岛屿的管理权授予他的手下，包括他的热那亚理发师。

国王过去，也许现在也一样，变成了卡伯特探险投资人。他从布里斯托尔海关收入中拿出了20英镑资助卡伯特的第二次探险，他授予卡伯特特权，允许他最多可征用6艘大船，并为之至少支付了221英镑16先令，并鼓励招募新海员："去往新岛的约翰·卡伯特"在1497年4月从王室得到了40先令的赏赐。伦敦一位编年史学家说伦敦商人也出了钱。然而，似乎非常有可能的是，卡伯特背后的支持者，特别是他第一次远航时的主要支持者就是布里斯托尔商人。毕竟，这也是卡伯特去布里斯托尔的原因所在。索恩家族是接下来的那二三十年这个城市最富有的商业世家之一，它的家族领袖说自己从"父辈"以及"发现了纽芬兰的"布里斯托尔商人休·埃利奥特那里继承了对探险的渴望。9 许多投资者都在寻找巴西，卡伯特可以从他们组成的阵营中寻求支持。

卡伯特却在第二次探险中失踪了，再也没人看见过他，他的5艘船也失踪了4条：最后那艘船被风暴毁得不成样子，返航回到了爱尔兰。英格兰雇用的意大利人文主义学者、英国宫廷历史学家波利多尔·维吉尔说"人们相信他在大洋深处发现了大陆"。但是卡伯特的努力并非无足轻重。葡萄牙和布里斯托尔航海家有时一起合作踏着卡伯特的脚步探险航行，这样到1502年时，人们发现了也许是从哈得孙海峡到新斯科舍南端的

---

① 1里格=4.8公里。——译注

大段的海岸线。然而，这一地区探险似乎一直都没有什么物质回报，而且随后的三四十年中的多数时候，都只有很少的人继续卡伯特开辟的探险方向。哥伦布发现的地方要富有得多，同时，南大西洋上葡萄牙探险者不屈不挠的努力也带来了更为诱人的经济前景。

◆ 达·伽马 ◆

1487年夏天，巴托洛梅乌·迪亚斯带着3艘船和寻找环绕非洲航线的任务离开了里斯本。最开始，迪亚斯是按当年的办法沿海岸航行，[10] 随后，他大胆突破，离开海岸，在南纬大概27º或是28º的地方尝试利用盛行的东南风带寻找从高纬度穿越海洋的机会，希望找到合适航行的海风。他成功地找到了西风带，西风将他带到了好望角以东约300英里的地方，也就是现在的莫塞尔湾登陆。这是对南大西洋风系知识的重要贡献。迪亚斯继续航行，大致到了卡布帕特隆或称作渔点的地方，然后返航。这次远航的装备似乎格外充足，也说明绕路进入公海绝非临时起意，应该是早有计划。

之后10年，记载中都没再出现过后来者的影子。历史学家总是宣称他们注意到了这个问题，并总是会总结说这中间"一定有"其他的航行，只不过是丢了记录，要不就是说出于保密原因，这些航行被隐了身。再或者也可能是葡萄牙王庭中的派系间的争吵阻碍了前进，使探险停步不前。可是，事实上，最好的解释却是最简单的那个。巴托洛梅乌·迪亚斯的发现实在是让人气馁失望。他也许是汇报了在好望角以及好望角之外存有逆流。而他在非洲东海岸一直走不远也说明他感觉到了危险和困难。事实上，后来的葡萄牙探险官方史学家、16世纪的作家若昂·德·巴罗斯对情况比较了解，他认为迪亚斯对好望角地区海洋狂暴肆虐的描写"创造了另一个危险传奇"，这个传奇和阻挡亨利王子时代探险家对非洲海岸进行探险的传奇相仿。[11]事实上，迪亚斯给这个海角的名字是"风暴角"，"好

第五章 腾起
15世纪90年代：飞跃

望"不过是葡萄牙国王出于宣传目的，是为了让这个发现看起来似乎颇有前途的样子。

而且，很明显葡萄牙人没有进一步探险也是因为他们怀疑海路是否真的能轻易到达印度洋。托勒密曾认为印度洋被大陆包围，欧洲商人15世纪在印度洋上的活动并没有减轻任何一点这种怀疑。这一时期许多前往阿比西尼亚和经尼罗河到红海的路线都有旅行日记保存下来，但有关欧洲人经常到达的更远地方的记录就几乎没有了。最特别的例外是尼科洛·康提所记录的东方冒险，这次旅程后来成了1439年波焦·布拉乔利尼所写名著《时运无常》的主题。威尼斯商人的经商传统将康提带到了大马士革，1414年，他似乎想在那里考察经波斯湾香料贸易的源头。他挑选了最常走的航线，经霍尔木兹海峡，走过了大多数印度洋上既定的航线，他一直航行到了爪哇，可能还去过西贡，但他漏掉了印度洋与东非之间的航线。

康提1437年经红海回到开罗，他的命运开始出现转机，并间接地给他带来了名望。在开罗等待护照的两年中他不得不放弃信仰，看着自己的妻子和孩子死于传染病。当最后回到意大利，他前往教皇主持的基督教总会所在地佛罗伦萨为自己背弃基督教寻求赦免。总会邀请了来自意大利和希腊世界的人文主义者和宇宙学家，康提的故事于是有了现成的听众。在波焦的解释中，这是一个"命运无常"的道德故事，然而它却成为传统游记文学的典范。这部15世纪的作品有28本手稿幸存于世。教皇皮亚斯二世在编写他们的世界史著作时主要的参考资料就是波焦的著作，特别是其中有关缅甸和中国的内容。康提关于恒河和伊洛瓦底江的记述，对15世纪50年代威尼斯的弗拉·毛罗试图绘制最全面的世界地图时产生了影响。

另外一次类似的航行有一个流传至今的故事。1494年春天，热那亚商人吉罗拉莫·迪·圣斯特凡诺和吉罗拉莫·阿多诺沿尼罗河前往凯尼，中途转陆路坐了7天大篷车前往红海岸的库塞尔。他们在海上也遭遇了种种危险，用35天才到达了他们心中的"祭司王约翰之港"的马萨瓦。他们在印度洋上到达的最远的地方是缅甸的白古和苏门答腊，阿多诺就死在了白古，而圣斯特凡诺在苏门答腊差一点被没收了货物，好在一名能说意大利语的官员救了他。虽然圣斯特凡诺在坎贝湾时船只失事，但他还是在叙利亚商人的帮助下经霍尔木兹海峡回到了祖国。和那些出现在记录中的先辈一样，圣斯特凡诺和他的同伴也不是真正的探险者，而是已知航线上的旅行者，他们差一点就到了香料群岛。总而言之，他们的消息对葡萄牙的探险事业来说实在来得太晚了。

同时，葡萄牙王室主要还是依靠自己的情报做决定，而并非旅行者的报告。佩德罗·德·科维良就是王室选定的代理人，他从梅迪纳·西多尼亚公爵那里来，在葡萄牙和卡斯提尔交战时期为葡萄牙的阿方索五世服务。他代表若昂二世处理外交事务，之后，1487年，他和同伴阿方索·德·帕伊瓦一起被送走执行一项任务。这项任务有三重目标：找到通往盛产香料地方的道路；确认从大西洋到印度洋是否真的可以通航；和传说中信奉基督教的祭司王约翰取得联系，那时人们都认为阿比西尼亚王就是祭司王约翰。两人伪装成蜂蜜商人，前往亚历山大和罗德岛。他们从开罗出发，在托罗或是埃尔图进入红海，经萨瓦金驶过红海后到达亚丁。在这里，两人分路而行，科维良向东去寻找香料之土，帕伊瓦则向南去寻找祭司王约翰。

对于科维良的航行情况，我们现在手上只有一些拼凑起来的资料，是根据30年后一位老人的记忆整理的。这些资料中的一些片断充满了浪漫色彩，这些内容很是让人怀疑，而另外一些错综复杂的内容则可能是因为记忆的混乱，比如，科维良似乎不太可能在尼罗河上上下下航行四次，他也不太可能化装成穆斯林前往麦加或是麦地那，并从那里经西奈半岛圣凯瑟琳修道院再到开罗。另一方面，似乎也有可能他到达了霍尔木兹海峡和卡利卡特，并调查了从南亚远达东非南边的索法拉省的路线。在他旅程中的某一时刻——据说是在开罗，但不太可信——他听说了帕伊瓦的死讯，于是决定亲自去继续帕伊瓦未完的任务：寻找祭司王约翰，但他首先给葡萄牙火速发回了一份报告，说贸易前景广阔。

第五章 腾起
15世纪90年代：飞跃

显然，在没收到科维良的报告前，葡萄牙没有继续进行探险，以防搞重对好望角的探险，这也在情理之中。可不幸的是，这份报告并未送到葡萄牙。于是，宫廷内分成了两派，一派支持继续探险好望角以东海域，一派反对，反对的一方认为应该把精力集中放在非洲。若昂国王1496年去世，以及他堂弟曼努埃尔的继位，在一定程度上打破了这一僵局。曼努埃尔头脑里充满了对救世主国王和末世千年至福说的想象。12世纪起，在西欧对未来的预测中，主导说法就是即将到来的"圣灵时代"，以及之前会有"最后一位世界之王"针对基督徒的正邪之战。哥伦布和其他的朝臣都吹捧信仰天主教的费迪南德说他即是末世之君，肩负着领导十字军、占领耶路撒冷，将麦加城变成废土的使命。曼努埃尔也受到了类似的影响。

最终敲定的远征军队长人选却让人吃惊。瓦斯科·达·伽马是一个什么样的人，现在很难推测。出自他手的资料都是一些语焉不详的官样文章，那些商务信函琐碎唠叨没什么价值。甚至是在他最辉煌的时候，即便是他已经做了远征队舰队司令，做了伯爵，做了总督，他依旧是沉默寡言，几乎并未得到应有的夸赞。于是传记作家会回过头去从传奇故事中寻找资料：有的故事把他赞颂得金光闪闪，说他是一个寒门英杰；也有的故事将他打扮成负面人物，说他残酷无情，是个吸血鬼一样的帝国主义者。事实上，达·伽马既不是英雄，也不是恶魔，他只是个性情暴躁、对王室没什么兴趣的粗野之辈；他是"燕隼"般的乡绅，闯入不习惯的豪华中；一个被荒谬地移植到热带地区的惧外排外者；精于文艺复兴式的追逐名利，试图通过杀戮增进贸易。[12]他是个成功的替罪羊。他被挑中，在一文不名时被委以远征重任，虽是皇家派系的默许，却希望他失败。这次远航的钱来自哪里是最让人困惑的问题。我们唯一能肯定的是资金由王室筹措，其中大部分都来自佛罗伦萨在里斯本的商业家族。

几年后，若昂·德·巴罗斯——他曾根据现已不复存在的资料编写过葡萄牙亚洲探险史——为达·伽马离开王室时的情况留下了一份值得纪念的文字。如果巴罗斯记录无误的话，国王的告别辞中所用的都是封建职责的传统语言，间或有些地方也含蓄地承认了贪婪之心。他说此行的目的是增加王室财富，而此举对君主与绅士们都有好处。"东方印度及其他诸岛的发现"是"最有利可图、最光荣的事业，理应得到最大的声望"。他希望葡萄牙可以将基督教传播到那里，将在那里确定基督教的地位，同时将那里"财富多多"的"掌握在野蛮人手里的"王国"夺过来"，把那些"古代作家笔下著名的东方的财富"都夺过来，"威尼斯、热那亚、佛罗伦萨以及其他意大利城市通过和这些国家之间的商业往来已经强大起来了"。达·伽马接到的国书中包括有写给祭司王约翰和卡利卡特统治者的信件，这份国书有助于进一步理解王室的所思所想。正如达·伽马一行到达印度时，他手下的一名船长那句有名的话说的那样，葡萄牙所谋求的是"基督徒和香料"。[13]

达·伽马是在1497年7月8日出发的，他带了四艘横帆船，除了一艘小吨位的轻快帆船用于装运供给、在主船间前后穿梭外，这次航行并没怎么用到这种小船。这样的安排表明他们相信航行将会一路顺风。达·伽马从塞拉利昂海岸出发，在外海上用了3个多月时间航行了6000多英里，这是到目前为止全程远离陆地所达最远的距离了。

11月4日，达·伽马在圣赫勒拿湾登陆。一开始，他们和当地的关系还算友好，可是这种关系很快就在枪矛互射中结束了，这让沿岸探查队不得不在11月16日回到了船上。两天后，"我们看到了海角……但因为西南偏南①风我们却绕不过去"。最后，11月22日，"我们把风甩在了后面，成功地绕过了海角"。当他们到达莫塞尔湾的时候，他们的补给船已经不能用了，不得不报废。一开始，他们进展很慢，但是12月12日，他们"遇到了一场猛烈的风暴，航行顺风而进"，只三天，他们就已经行驶过了累西腓角，那里有当年巴托洛梅乌·迪亚斯立下的标记，标明了上次葡萄牙

---

① 西南偏南：SSW，即直角坐标系中180+22.5度方向。在直角坐标系中先按45度夹角平分，再在之前基础上按90度的1/4平分（即22.5度），靠近南左侧方向即为SSW。——译注

第五章 腾起
15世纪90年代：飞跃

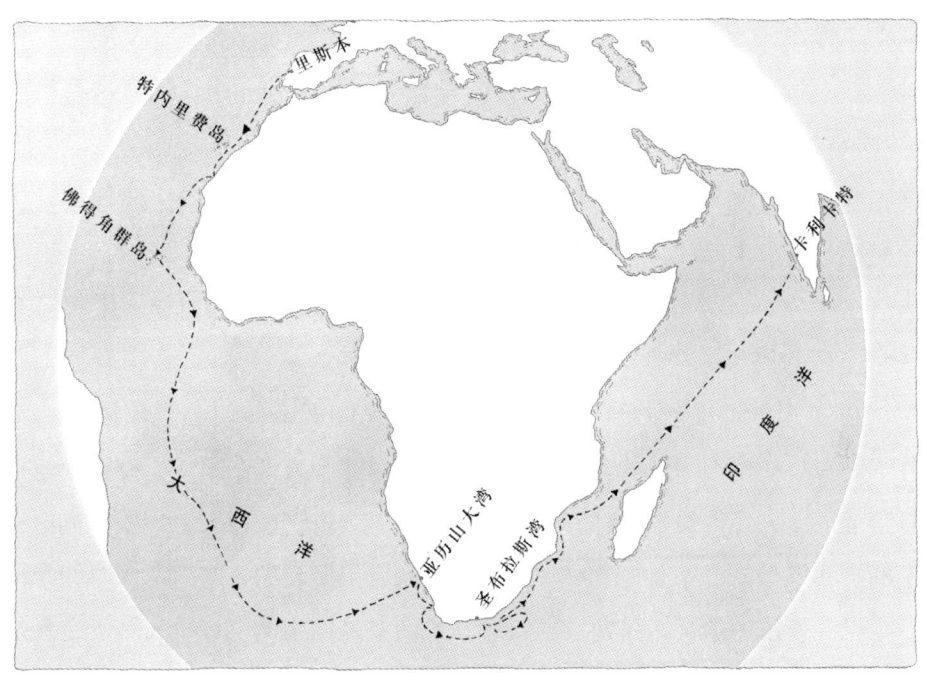

瓦斯科·达·伽马的印度之行

探险所到的位置。这里的海流困住了达·伽马一行，从12月17日到20日，一直都让他们止步不前。然而，最后，他们接近夸祖鲁-纳塔尔省时，"感谢上帝让我们有所进展"。

他们无论停在沿岸何处，都会碰到科伊科伊人，双方彼此怀疑，或是敌意重重。直到1月10日，他们停靠在伊尼亚里梅河河口，才碰到了他们认为的"好的"当地人。远征队员记录了人口稠密的国家，富产铜、锡以及象牙，人们彬彬有礼，待人友善，有许多"领主"与"国王"，这些描写说明随着探险者离想象中等待他们的伟大亚洲文明越来越近，他们的期望值也在增加。哥伦布在相信自己离灿烂辉煌的东方越来越近时，曾对加勒比海人的看法有所改变，达·伽马一行此时的想法就和那时的哥伦布如出一辙。

然而，这次，这样的期望没有落空。当到达位于印度洋贸易区之内的赞比西河地区时，探险者注意到当地酋长身上穿着绸缎，他们遇到了对船只的了解至少不亚于他们自己的人物。从莫桑比克岛向北,他们雇用了当地领航员以助航行。事实上,这些向导是他们抓来的俘虏,如果这些领航员让这些绑架犯们觉得航线不对,就会遭到狠狠的鞭打。这些做法——在瓦斯科·达·伽马看来是非常必要的——使探险者和统治沿岸的穆斯林民众关系恶化。然而,4月14日,马林迪人相对友好地接待了他们,这里的人过去常常和基督徒做生意:事实上,当达·伽马到达的时候海港里还有来自印度的信奉基督教的商人的商船。

在这儿,远征队找到了一个既愿意又有能力带他们穿过印度洋,前往卡利卡特胡椒大市场的向导。当代的资料对这个人说法不一,有人说他是基督徒,有人说他是穆斯林,也有人说他是一个古吉拉特人。一些16世纪早期的资料说他的名字是摩勒摩·迦南,要么就是摩勒摩·迦南戈。摩勒摩是一个已经不用的单词,是向导的意思,迦南或是迦南戈也许是人名,或者是斯瓦希里语中向导一词的音译。有一点我们可以肯定:他并不是著名的阿拉伯水道学家伊本·马吉德,长久以来历史学上一直有种错误的说法,认为达·伽马这里所雇的正是马吉德,但是这个时间马吉德完全不可能在这里。

但是,16世纪晚期以来,穆斯林一直责备马吉德告诉了欧洲人穿越大洋之路也并非完全错误。马吉德在这个世纪快结束时所写的航行指南落到了葡萄牙人手上。表面上,这些指南是为前往麦加朝圣而写。马吉德感叹说:"我们已经航行了多远,从印度和叙利亚,非洲和波斯海岸,汉志和也门,以及其他的地方,我们目标坚定,无论是世俗的财富,还是人为外力,都不能让我们背离从直接航线转向向往的土地的意愿。"可是,事实上,马吉德工作的主要市场也许是在商业领域。这也许是欧洲探险者在印度洋上惯例(虽然很少提及)中的第一次:当地向导是他们寻路的凭借。

依靠这些新近找到的向导——不论他是谁——探险队在仅仅23天里就借助季风穿越了大洋。5月20日,达·伽马在卡利卡特之外几英里的地方抛下了船锚。从一开始,他的任务就出了错。葡萄牙人不了解印度教,把当地文化当成了一种不熟悉的基督教形式。在拜谒统治者之时,他送上

第五章 腾起
15世纪90年代：飞跃

了布料、帽子和大衣、水罐、黄油、蜂蜜以及一些珊瑚，可是这些礼物在当地人看来有轻蔑之意。朝臣取笑他，说他们的统治者只接受金子。达·伽马坚持他是使节，而当地人把他看作商人——而且是一个穷商人。在相互猜疑的谈判之后，达·伽马的副手拿到了一份类似合同的约定——除非似乎有可能，这也是伪造的，只是为了掩盖达·伽马的失败。"瓦斯科·达·伽马，"卡利卡特的统治者对葡萄牙国王写道，"来到我的疆土，我为此非常高兴。在我的土地上，有许多桂皮、丁香、生姜、胡椒以及贵重的宝石。我希望从您那里得到黄金、白银、珊瑚以及鲜红色的布料。"[14]

　　8月29日，这些葡萄牙人启程返航回国。这次，因为太过急于离开，也不愿信任当地人的好意，他们没有考虑到当地的情况，那个季节，海风还在向陆地方向吹，他们没有选对返航的时间。他们在安杰迪瓦群岛停下来修船，然后直到1499年1月7日才回到马林迪。航行折损了近一半的船员，幸存者也染上了坏血病。在整个远征过程中，压力太大，船员的精神实在太过紧张，导致损失了超过一半的人。船队曾经一度只剩了七八个可以正常工作的船员。1499年1月，在接近蒙巴萨岛的地方，因为缺少船员驾驶，他们不得不扔掉了一艘船。两艘幸存下来的船分别在7月和8月回到了葡萄牙。

　　达·伽马几乎犯了所有想象得到的错误。他那著名的深入南大西洋的航线，于开放海域上的航行时间之长，在欧洲航海家中可谓前所未有。但它所证明的却是胆识而非能力。应该可以推测达·伽马绕行是为了寻找能将他带到好望角之外的海风。可是，他却错过了那个纬度，太早东转，虽也到达非洲，却并非事先预想之海岸。之后，他不得不逆流而行，这股海流让他后退，几乎使他功亏一篑。虽然他转换到新的航线最终到达印度洋，可是他走的却是一条几个世纪前人们就知道的大洋航线，靠的也是当地向导。当他到达印度时，他错把印度教当成基督教，他严重伤害到他的东道主，以至有报告说"整个国家都希望他生病"，而使欧洲未来在这一地区的传教和商业活动都受到了影响。在返航路上，他鲁莽地不顾当地情况，要在8月返航回西方，要顶着大风暴出航让远征队陷入危险，拿着探险的成果冒险。

那些说达·伽马功勋卓著、值得铭记的传统理由在学者的审视之下，都已不复存在。在达·伽马影响下的印度洋上的西方帝国主义扩张现在看来也没太大价值。在那些地区，人们觉得"瓦斯科·达·伽马时代"和之前也没什么大不同。主导印度洋的还是那些本土帝国和贸易国度，欧洲各国在其边缘乱窜和骚扰，也没怎么影响到人家。[15]至少是完全进入了17世纪后许久，欧洲的统治权还只是局限于一些几乎不会影响大局的地方，而这些地方很难对外界产生广泛影响，在这些地方之外，殖民化还只是一种"模模糊糊的"存在，靠民间的主动努力才会有所"改善"。[16]甚至到了18世纪，近代学者们也一致认为，西方闯入亚洲也并不曾危及"文明间的平衡"。[17]现在看来，取道好望角深入大洋的欧洲商人和他们经尼罗河和红海而来的古代和中世纪先辈并没什么不同。他们和业已存在的贸易架构融为一体，为地区市场和供应商服务，最糟也不过是给当地带来了短暂冲突。[18]只有到17世纪，情形才发生了根本改变。这一改变的原因是荷兰东印度公司开辟了一条新的快速横越印度洋的新线路，开始垄断重点产品，并在17世纪晚期，开始有选择地控制生产和贸易线路。但似乎并不应该将这一革命归到瓦斯科·达·伽马名下。

最后，以前人们认为好望角航线使商业活动离开了欧亚商业的传统路线，改变了东西方贸易的历史传统模式，这一观点很久前就已经被发现是没有道理的。几乎是整个16世纪，随着重要产品胡椒、异国调味品、香料以及药品供需量的不断增长，传统航线和新航线上的贸易额都随之在不断提高。直到完全进入17世纪，传统贸易都一直在通过历史悠久的渠道流动。似乎已经毋庸置疑，16世纪晚期和17世纪时亚洲内陆的政治混乱对新时代的第一个牺牲品——中亚大陆间的商路——的影响超过了来自葡萄牙竞争的影响。[19]在达·伽马成功抵达印度之后100年里，没有欧洲的竞争对手尝试去超越它。现在一般都会把17世纪香料贸易危机归罪于荷兰，对此，达·伽马应负的责任充其量，也只是一个外围、间接的原因。

然而，达·伽马所获名望之中至少有一部分是当之无愧。这是贸易全球化中的一个阶段。这是一次前所未有的文化碰撞。它为欧亚大陆两端之间影响力的交流开辟了一条新的道路。它最终使欧洲航线加入到印度洋上兴旺发达的赚钱生意中去成为可能。往小里说，他刺激了欧亚间的直接贸易。亚当·斯密说哥伦布发现美洲是历史上最重要的事件之一，也确实如此，它让欧洲经济体在对东方巧取豪夺中致富，从而使它们长期以来发展缓慢的经济开始追上印度洋周边的那些国家。它也许并没有太多改变印度洋的人们和强国，那里的人们也没注意到来自葡萄牙的穷困潦倒的野蛮人，但是它改变了欧洲，为欧洲人带来了前所未有的近距离接近富丽东方的可能，让刚刚诞生不久的大西洋世界和更古老的、更富有的文明建立了联系。

◆ 卡布拉勒、韦斯普奇和安达卢西亚航海者 ◆

达·伽马的航行确认了大西洋中南部盛行东南信风。可能是为了找到下一次远航时穿越这些侧风的最短路线，卡布拉勒在1500年尝试了一条不同的航线，他直接从佛得角群岛出发离开旧大陆，利用东北信风而不是南赤道洋流，尽可能向南航行。这条路线建立在达·伽马的报告和建议之上，直奔巴西方向。舰队威名赫赫，共1200人，分乘13艘船，他们奢华的帆樯装点着塔霍河，像"鲜花怒放的春天花园"，他们如此这般是想给他们希望与之做生意的东方君主留下深刻的印象。有达·伽马先例在前，人们认为此行一定能大赚，因此无论是招募海员还是寻找资助都很容易。卡布拉勒和多数私人船舰的船长一样，是位宫廷贵族。他相当自信，以致他3月8日一出里斯本，就马不停蹄，既不停船加粮也不停船加水，直到4月22日看到巴西。

卡布拉勒的下一段航行让人们看到了南大西洋风系的危险与优势。远征已经走出了西风影响的主要地带，而5月2日，他出航所选的季节却正是不好的时机。他们计划中的目的地是迪亚斯和达·伽马都曾提到过的那个在非洲南岸的合适依靠点：莫塞尔湾。也许是在特里斯坦-达库尼亚群岛以北危险的高压带，船队撞上了风暴，船沉了4艘，其他的船只也都被冲散了，直到绕过海角，到达莫桑比克他们才再次会合。

卡布拉勒到达巴西无疑是运气不错。至少是从15世纪40年代起，就有了在南太平洋存在群岛和大陆的说法。事实上，哥伦布1498年第三次跨大西洋远航时就证实了奥里诺科河三角洲内陆有一块大陆存在，这点值得稍微详细说一说。在哥伦布心里，这是一次自我澄清的航行。他猜测，他将证明自己的发现是"罗马、亚历山大以及希腊人都曾努力希望征服的另一个世界"；他的航行将和所罗门王前往俄斐之旅、猜测中的亚历山大锡兰发现之旅以及"暴君尼禄"寻找尼罗河之源的故事具有相同的重要性。他尝试了一条新的航线，也就是经佛得角群岛穿越大西洋的航线，这条路线相对较慢，最后他们在特立尼达岛登陆。随后，他们沿帕里亚半岛南岸进入海湾，那里有来自奥里诺科河和圣胡安河充足的淡水，这是欧洲人对部分美洲第一次有据可查的勘测。"我相信，"他总结说，"这块殿下下令侦察的土地一定面积广阔，在南部一定还有许多这样的尚不为人所知的土地。"

他误判了北极星的高度，让他的猜测愈走愈远，愈发不合理。他越接近我们今天认为是南美的地方，极点周围恒星运转的半径就越大，这让他认为自己一定是在向高纬度航行：

> 我认为世界的形状并不是他们所说的圆形，而应该是梨形。地球整体也许是圆的，但是轴的位置不是圆的，有凸起，或者就好像某个人有一个非常圆的球，但在球的表面某一点有一个类似女性乳头的突起。这个部分最高，离天空最近。它应该是在东方的尽头，位于汪洋大海的赤道之上。

哥伦布进一步做出了一个更为诱人的结论："东方的尽头"就是传说中"人间天堂"最可能的位置。他看到的淡水一定就是来自传说中的那条河流。"如果它不是来自人间天堂，那么一定会是更伟大的奇迹，因为我相信世界的任何其他地方都不会有如此浩瀚、如此深幽的河流。"他坚信不屈不挠将帮他接近伊甸园：

第五章 腾起
15世纪90年代：飞跃

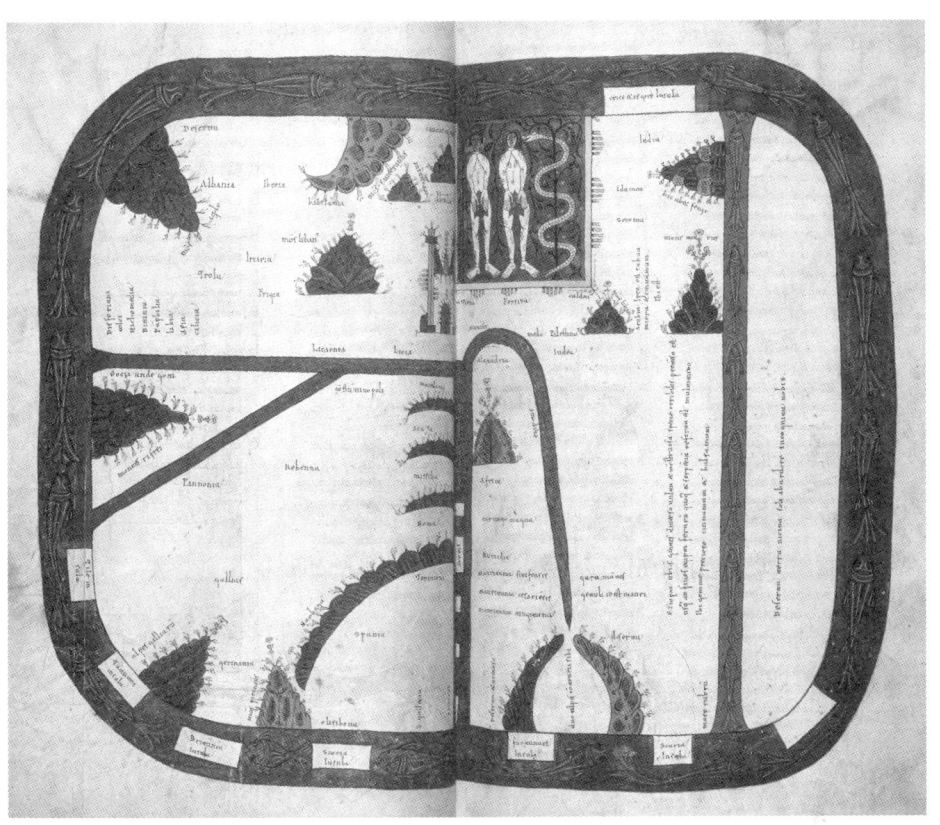

贝亚吐斯地图，取自1109年黎巴纳贝亚吐斯的《〈启示录〉评注》。图中描绘了第四块大陆，贝亚吐斯认为那里有人居住。人间天堂位于最东方，里面是羞愧得局促不安的亚当和夏娃。

我相信如果我继续沿着赤道前进，如果我攀登到更高的地方，就一定会发现大气更为温和湿润，星象的位置会有更大的变动，而水域的特点也会发生变化。我并不觉得我可以航行到纬度最高点，没人能够到达那里。因为我相信它是人间天堂，如果没有上帝的意志，没人能够到达那里。[20]

到达海地岛后，他因对叛军管理不善而败走麦城，带着镣铐回到西班牙，被指控为严重渎职。君主撤销了他在自己发现的航线上航行的垄断权，将通往新大陆的航线向其他外来者开放。瓜达尔基维尔河周边港口有大量职业水手，特别是那些曾随哥伦布一起探险的海员，他们愿意继续哥伦布的功绩。1499年5月，哥伦布的忠实追随者阿隆索·德·奥赫达成为航线开放后进行尝试的第一人，陪伴他的是哥伦布未来的知己阿美里戈·韦斯普奇。

韦斯普奇大概是在1454年出生在佛罗伦萨，他的父亲是一位富有的公证员。童年时期，他在学习上并没展示出太多天赋，于是不得不投身商贸，并在15世纪80年代效力梅第奇家族，颇受信任。1489年，他的老板给了他一项任务，让他去调查我们前面已经提到过的，曾为哥伦布做过主要资助人的吉阿纳多·贝拉尔迪，看看和贝拉尔迪合伙在塞维利亚做生意是否是明智之举。于是，韦斯普奇来到了塞维利亚，他在这里成了贝拉尔迪的同事、代理人，以及后来贝拉尔迪口中所说的"特殊朋友"。佛罗伦萨的政治动乱以及梅第奇银行的覆灭让韦斯普奇留在了塞维利亚。从1496年起，他拿到了为东西印度群岛航船提供食物的几份合同。人们通常认为他参与了1497年那次航行，可这并不可能：资料证明他那一年几乎一直待在塞维利亚。据我们所知，他的探险家事业一直到他和奥赫达一起时才真正开始。

探险最初的目的地是哥伦布曾经于1497年发现过的玛格丽塔岛。他们沿着一条未知海岸向西航行，绕过圣罗曼角，他们有了第一个发现：马拉开波湾。一个当地建在水上的村庄让韦斯普奇隐隐想起威尼斯，于是，委内瑞拉就成为整个海岸的名字。接着，他们到达了德拉维拉角，然后转向北航行，回到海地岛。在韦斯普奇自己的记录中，他说是他创造性地迂回远航，到达亚马孙河河口，可是对此找不到别的资料可以证明。

哥伦布责备奥赫达抢了"他的"采珠场。事实上，奥赫达未曾找到那些珍珠，在潦倒中死去。这件好事落在了堤亚纳的格拉兄弟头上。他们是西印度群岛船舰上硬饼干的承办商，正合适为进一步的探险筹集资金。曾随哥伦布出行的水手佩德罗·阿隆索·洛佩斯·尼禄是这个计划中的活跃分子，他是1499年远征玛格丽塔岛采珠的带队者，可这次航行对探险史未有任何增补。但1500年1月罗德里格·德·巴斯蒂达斯率领的进一步远征中，他们超过了奥赫达，探查了乌拉巴湾。因为白蚁的破坏，马斯蒂达斯不得不向海地岛进发，船一到达即沉没了。

第五章 腾起
15世纪90年代：飞跃

同时，其他私人资助的航行也对巴西沿岸探险做出了贡献。1500年1月，文森特·亚涅斯·平松到达了和卡拉布尔相近的航道。平松的四艘小吨位快船于1499年11月18日从帕洛斯出发，在信风带的南边绕过佛得角群岛。他们幸运地借力"可怕的大浪"，航行速度很快，从佛得角群岛出发仅用了20天就到达了他们称作孔索拉西翁角的沿海。如果平松希望绕过哥伦布假设存在的大陆而向南航行的话，他们就会遇到海岸，航行就会受到阻断，于是他转向西勘察亚马孙河河口。到卡布拉勒登陆的时候，平松正沿北部海岸辛苦返航。他的成就不可能影响到卡布拉勒。

他经海地岛在1500年9月回到了西班牙。此时，类似的探险已经在阿隆索·维莱兹·德·门多萨的领导下拉开了序幕。门多萨是个一文不名的西班牙下层贵族，他向南的航行可能比平松走得更远，可能发现了现在的圣弗朗西斯科河河口。另有一次航行的领队是同为帕洛斯公民的迭戈·德·莱佩。他在平松登陆点南边上岸，但是并没收集到什么新的资料。

维莱兹·德·门多萨的航行说明了这些航行是如何得到资助的。那是骑士精神和浪漫主义结合的产物，目标包括寻找人间天堂。然而门多萨需要的是坚实的支持。船队粮食的供应人，专门负责为海地岛提供食物的安东和路易斯·格拉给了门多萨两艘小吨位的轻帆船。门多萨通过贷款拿到了第三艘。格拉兄弟通过在巴西海岸抓捕奴隶和攫取染料类木材以保证收回投资。这一事业的发起者却身无分文。

最后，韦斯普奇的名望超过了这些对手，并且直逼哥伦布。韦斯普奇的观察并不可靠，他抄袭同伴的想法，却不承认，他的忠心在葡萄牙和西班牙间摇摆不定。然而，一方面他的资助成就了探险，另一方面他也记录了这些航海成就。可糟糕的是，他的记录都模糊不清，他的航海说明完全是业余水准，他的计算太没规矩，以至根本就不可能搞清楚他究竟走的什么航线，也搞不清楚他究竟最南到达了哪里。虽然如此，大概是在1501—1502年间的一次航行，他到达了一个他称之为里约热内卢的港口，这次航行扩展了人们对巴西的了解，鼓励了后来者对南美的继续勘察。

然而，所有这些私人资助的探险都没有解决南美洲本质之谜以及它和亚洲间的关系问题。虽然平松也用了"新大陆"这样的短语，可是他还是认为自己和韦斯普奇一样，是在亚洲一个巨大的海角之上。他也和哥伦布一样，相信世界并不广阔。这些错误和问题一直持续到下一个世纪。更正与解决这些问题的探险将是下一章要探讨的内容。然而，首先，我们应该看看大西洋以外的世界，看看大西洋沿岸欧洲人探险以外的其他努力，去看看15世纪90年代已经在进行中的其他探险。

◆ 哥伦布周围的世界：大西洋以外的探险 ◆

在世界的其他地方，远程军事探险是最接近大西洋上探险规模的。虽然这一时期的安第斯编年史相当不确实，但极有可能这10年中印加帝国发展迅速，覆盖了从基多到比奥-比奥区超过30个纬度的地方，它包括了安第斯文化带几乎所有的本地人。殖民时代早期的故事普遍认为这是图帕克·印卡·尤潘基的功绩，认为正是这位统治者进行的海上探险，在太平洋发现了"黄金群岛"，并努力向南扩展边界。同一时期的亚威佐特统治着阿兹特克的"总版图"，几乎可以肯定这一记载出自阿兹特克档案。档案中说亚威佐特横扫20万平方公里，征服了包括45个社群在内的广大地方——从北边的帕努科河直到接近现在的危地马拉边境。

这些探险的雄心难以超越。然而，15世纪世界上最令人称奇的军事远征还是俄国远征。在伊凡大帝当政之时，莫斯科名下的领土从1.5万平方公里增加到了60万平方公里。他还吞并了诺夫哥罗德，并曾掠取了喀山和立陶宛的边境地区。他的军队在东北方向沿着上个世纪传教士开辟的探险之路，沿着维姆河进入了不为人知的领土，向着伯朝拉河进发。这次"进入黑暗之地"的目的是控制北方的皮毛——松鼠皮和貂皮——的供应，这两种商品在中国、中亚以及欧洲都有广阔市场。1465年、1472年和1483年，伊凡大帝先后派远征军前往彼尔姆和鄂毕河，打算强令生活在那里的部落向他进贡皮毛。

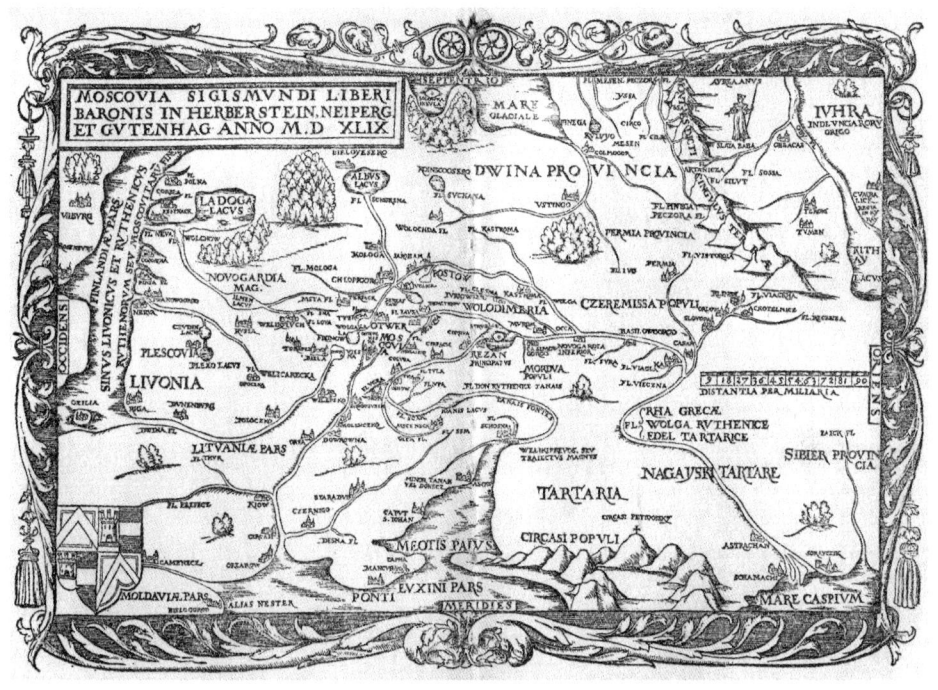

俄罗斯地图，出自西格蒙德·冯·赫贝斯坦《真实记录莫斯科大公国》（1549年）。黄金老妇在右上角。

1499年，他们在伯朝拉河河口建立了帕斯特泽斯克城，最大的一次入侵就发生在这一年。4000人在冬天乘雪橇跨过伯朝拉河，向鄂毕河进发，回来时他们带回了1000名俘虏和许多毛皮。伊凡大帝在米兰的大使声称他的君王在每年的贡品中都能收到价值1000达克特的皮毛。

貂皮是黑色的金子，俄罗斯东北边境就是冰雪覆盖的"黄金之国"。人们并不了解这一地区，所知道的只有传说。1517年，西格蒙德·冯·赫贝斯坦作为神圣罗马帝国的特使出使莫斯科时，所听到的故事都是些臃肿可怕的巨人、没舌头的人、"活死人"、人脸鱼以及鄂毕河的黄金老妇的故事。所以，和之前的知识状态相比，新的接触带给了俄罗斯有关北方、有关西伯利亚的新的了解。

除了这些少量的内陆军事远征探险以外，同一时期，世界其他地方的探险记录明显不多。亚洲沿海、环印度洋以及其周围海域一直没有什么发展，这是最令人吃惊也最为意味深长的。直到15世纪90年代，每一个博闻广识、客观的观察家都会肯定这些地区是这个星球上最有活力、最富探险文化的地方，在它们的历史上有着令人惊叹的长距离、长时间的远程探险成就。在那至关重要的10年，来自西欧的对手跨越式向前发展，可是这些本可以阻止它们、本可以超越它们的力量却惰性十足，裹足不前。

比如，在印度洋的最西端的旧土耳其帝国。就像我们在前一章所见，它受困于或者说受限于自身的地理位置。马穆鲁克人当权的埃及也类似，它和古吉拉特互换使节，对吉达港有点类似保护国身份，并开始经红海和印度有贸易往来。但是，因为红海并不适合航行，埃及地理位置不利，无法保护大洋免受异教徒的入侵。阿比西尼亚自从1468年尼格斯·扎若亚死后，就停止了扩张；1494年，在阿黛尔败在穆斯林邻邦手上后，它复兴无望，如何存续成了首要问题。波斯陷于漫长的危机之中，这一地区要到新的世纪，少年先知伊斯迈尔重新将之统一之时才走出危机。阿拉伯商业从非洲南部直到中国沿海遍布印度洋上，但并不依靠武力予之保护或促进。在南阿拉伯半岛，我们会看到后来倒是有建立海上帝国的呼声，这也许是模仿葡萄牙，但那时还看不到迹象。

同时，在印度洋中部，印度诸邦也都没有兴趣，或者没有精力进行远程探险。古国维查耶纳伽尔和所有亚洲沿海都有贸易往来，但却没再保有舰队。古国的皇室所在地维查耶纳伽尔城在15世纪90年代纳拉席哈统治时进行了奢侈的重建，但这个国度停止了扩张，纳拉席哈也注定了覆灭的命运。塞干达尔·洛迪的都城德里一直在内陆探索保持着优势，还从比哈尔得到了一个新省，可是这位苏丹给他的继承人留下的疆域过于广阔，以至1525年时来自阿富汗的入侵者轻而易举地就消灭了它。古吉拉特倒是有一支规模非凡的商业舰队，可是他却没有长远的政治雄心。他的海上力量不过是为了保护他的生意，而不是为了针对别人。当然，这里也有为数众多的海盗。比如，15世纪90年代早期，德干高原西海岸的老巢中，巴哈杜尔

第五章 腾起
15世纪90年代：飞跃

可汗吉拉尼使航运者人人自危，并掌控了包括大博、果阿以及现在孟买附近的马希姆在内的一些重要港口。[21]但是这一地区的国家一直都对探索新路或是进行海上帝国主义扩张没有兴趣。

再向东，就是中国，但正如我们看到的那样，它停止了积极的海上政策，并且再也没有重新开始。1493年，日本由于军阀割据，分成几个帝国，幕府将军被围困于京都。东南亚则是数个帝国分踞，爪哇满者伯夷帝国那段争强好斗的历史已经成为过去；泰国和缅甸的帝国主义还都没有发展起来，也从来没对海上事业有过任何雄心。这一地区过去的海上帝国：三佛齐，夏莲特王朝时的爪哇，11世纪和12世纪南印度的注辇国以及14世纪时的满者伯夷帝国，都曾尝试对某些航线加强垄断。但当欧洲人绕过好望角大举进入这一海域，这一区域中没有哪个族群觉得有必要进一步探险开拓，而且这里也从没出现过葡萄牙或是后来的荷兰那样的海上帝国主义。

简而言之，欧洲在大西洋征战之时，其他地方却恰正失去探险与建立帝国的动力。这并不是说世界立刻就发生了改变，或是财富和力量立刻就发生了逆转，很快就成就了我们今天所说的西方。恰恰相反，前方的路途还将漫长而痛苦，还将不时出现反复。然而，这个过程已经开始。这场变革的始作俑者——大西洋边缘的那些族群，特别是西班牙和葡萄牙，在之后的300年的大部分时间里将一直冲力十足，继续主导远征探险。以下几章主要就是研究、解读他们的成就及其范围。

本章文献索引

1. T. McGovern, 'The Economics of Extinction in Norse Greenland,' in T. M. L. Wigley, M. J. Ingram, and G. Farmer (eds.), *Climate and History: Studies in Past Climates and Their Impact on Man* (Cambridge, 1980), 404–34; cf. K. A. Seaver, *The Frozen Echo: Greenland and the Exploration of North America, ca. AD 1000–1500* (Stanford, Calif., 1996).
2. R. Laguarda Trias, *El enigma de las latitudes de Colon* (Valladolid, 1974).
3. F. Fernández-Armesto, 'Cartography and Exploration,' in D. Woodward (ed.), *History of*

Cartography, iii (Chicago, forthcoming).
4. F. Fernández-Armesto, 'The Origins of the European Atlantic,' *Itinerario,* 24/I(2000), 111–28.
5. F. Fernández-Armesto, 'La financiación de la conquista de Canarias durante el reinado de los Reyes Católicos,' *Anuario de estudios atlánticos,* 28 (1981), 343–78.
6. A. Szasdy-Nagy, *Un mundo que descubrió Colón: Las rutas del comercio prehispánico de los metales* (Valladolid, 1984).
7. Above, pp. 57, 106, 156.
8. J. A. Williamson, *The Cabot Voyages and Bristol Discovery under Henry VII* (Cambridge, 1962), 197–203.
9. Ibid. 26–8.
10. Above, p. 137.
11. J. de Barros, *Ásia,* Decade I, bk. IV, ch. 1 (Lisbon, 1778), i. 270.
12. S. Subrahmanyam, *The Career and Legend of Vasco da Gama* (Cambridge, 1997), 64–7, 224–79, 320.
13. Barros, *Ásia,* Decade I, bk. IV, ch. 1, i. 271–6.
14. Subrahmanyam, *Vasco da Gama,* 144.
15. J. C. van Leur, *Indonesian Trade and Society: Essays in Asian Social and Economic History* (The Hague, 1955), 122, 268–89; A. Disney (ed.), *Historiography of Europeans in Africa and Asia, 1450–1800* (Aldershot, 1981), 95.
16. G. Winius, 'The Settlement of Goa in the Bay of Bengal,' *Itinerario,* 7(1983), 83–101; S. Subrahmanyam, *Improvising Empire: Portuguese Trade and Settlement in the Bay of Bengal, 1500–1700* (Delhi, 1990), 90.
17. P. Marshall, 'Retrospect on J. C. van Leur's Essay on the XVIIIth Century as a Category in Asian History,' *Itinerario,* 17 (1993), 45–58.
18. M. N. Pearson, *The Indian Ocean* (London, 2003), 113–89.
19. M. Rossabi, 'The Decline of the Central Asian Caravan Trade,' in J. Tracy (ed.), *The Rise of Merchant Empires: Long-Range Trade in the Early Modern World, 1350–1750* (Cambridge, 1990), 351–70.
20. F. Fernández-Armesto (ed.), *Columbus on Himself* (London, 1992), 162.
21. Subrahmanyam, *Vasco da Gama,* 111.

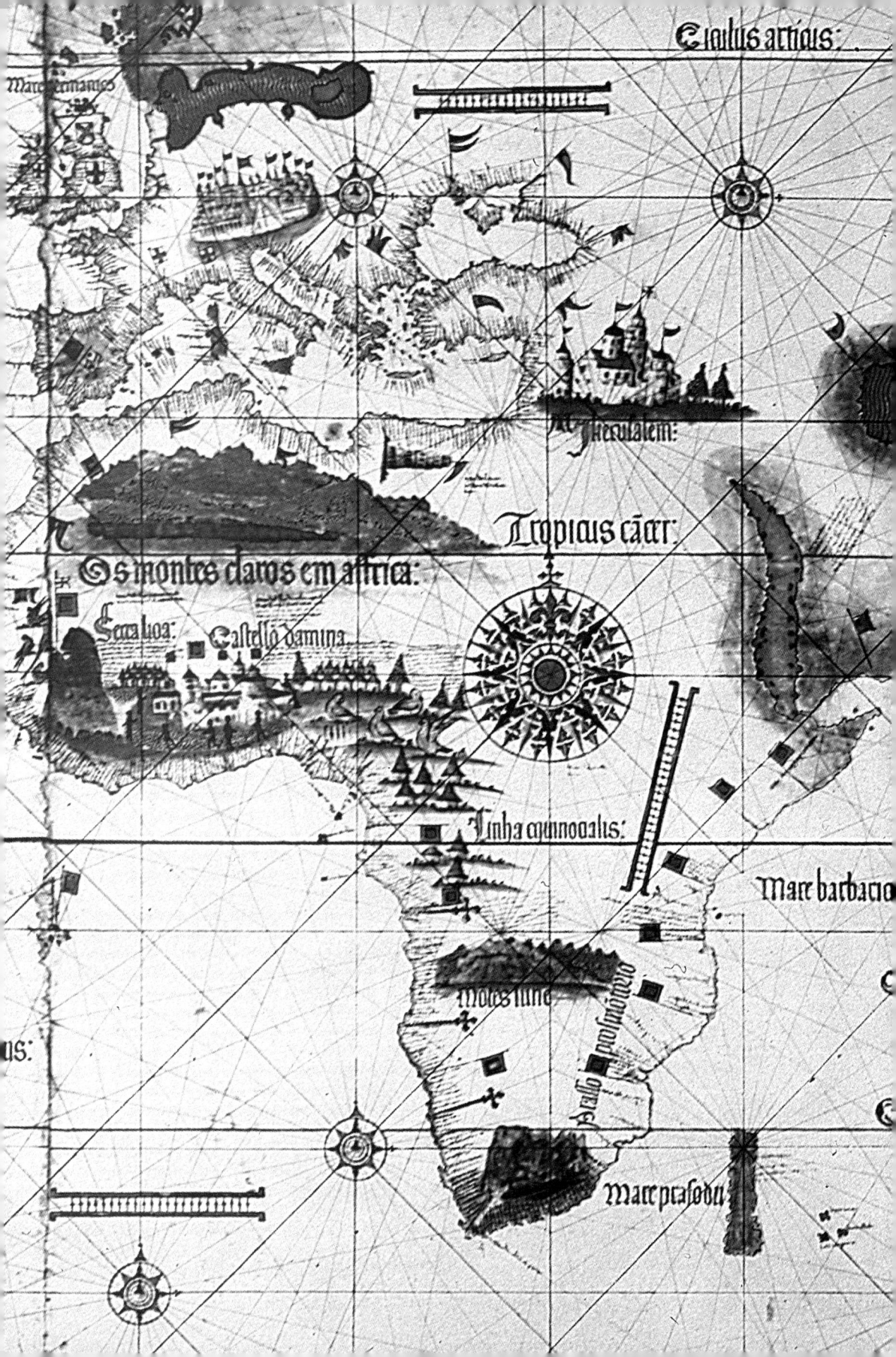

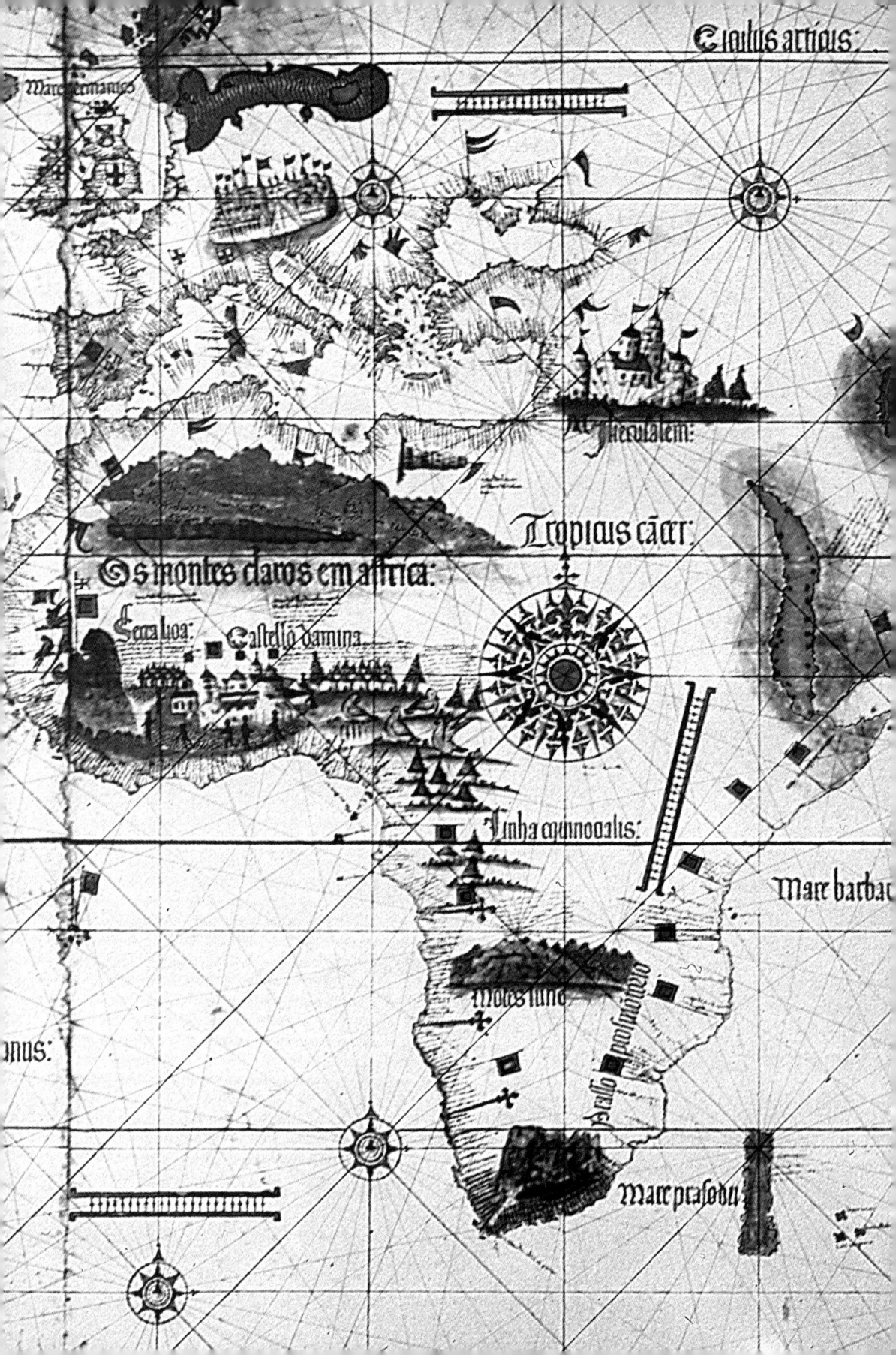

第六章 环绕

约1500—约1620年：环球航线连通

> 对于潮落和神秘潮涨，
> 就如艺术元素，我们将会明了，
> 漫漫海洋，遥遥航线，
> 将如同我们对陆路一样熟稔。
>
> 负冀之舟，便利贸易，
> 遥远地方连贯结盟，
> 一座城池即拥万物，
> 小众获益，大众得享。
>
> ——约翰·德莱顿：《奇迹年》

胡安·庞塞·德·莱昂曾任波多黎各总督，此次远征是他骑士风范的浪漫"出轨"，也可以说是他个人"寻找往日青春"的一次尝试。庞塞在"新大陆"的西班牙政府中屡屡遭解职，事业发展不畅，于是，1512年2月，他向国王请求去探索巴哈马群岛以北的水域，希望能找到传说中的比米尼，也叫博哈门迪的岛屿。哥伦布曾报告过这个岛屿的存在，至少哥伦布在海地岛时曾听当地人提起过它。按照哥伦布的说法，那是一个遍布黄金之地，但极有可能是当地人为了摆脱哥伦布而把他引向了一个根本不存在的地方。1511年，在一张地图上出现了这个岛屿，当时又有了另一个传言：岛上有"青春之泉"——这是传统的神话，显然得到了当地传说的印证或是与之混为一谈。庞塞1513年3月出发，一个月后登陆。庞塞认为登陆的地方是一个岛屿，可事实上，那里是北美大陆的海岸，庞塞估算其位置应在北纬30°左右。他为这个地方起的一个名字：佛罗里达，一直沿用至今，这位青春之泉的寻找者因之而英名永传。

庞塞并没找到青春之泉。在从佛罗里达回来的路上，他向西南探索了一段距离，到达了他认定是比米尼的地方：这里也许是古巴海岸的一部分，或许是尤卡坦半岛的一端。可是这里并没有泉水，他后来仔细找过的巴哈马群岛，也没有。可是，庞塞有许多更确定、更实在的发现。佛罗里达海岸之外，4月21日一股极为强劲的逆流推着他后退。他进入到墨西哥湾流系统中，这股洋流从加勒比海偏转，呈弧线沿着北美海岸，再转东穿过大西洋，给北欧西岸带来暖意。庞塞的领航员安东尼奥·德·阿拉米诺斯一直记着这股洋流，并在若干年后利用它逃过了长官的堵截报复。借助这股洋流的力量，可以一路从西班牙在加勒比海的殖民地到达北大西洋的西风带。到此，西欧对大西洋的风带和洋流的了解已臻完整。

大西洋探索还有两大任务没有完成：第一，太平洋上还不曾完成如15世纪晚期、16世纪早期欧洲航海家对大西洋风带所进行的相类似的解密工作；第二，季风带以外的印度洋南部地方还有待探索了解。这两项工作尚需漫长而艰苦的工作，我们不妨依次考察。然后再考察一下这一时期探险家的另一项成就：在美洲沿岸和内陆多数地方的探索。

◆ 解密太平洋 ◆

太平洋实在是太大了，对于任何一个梦想穿越它、在其上找到来往航线的航海家来说，都需要真正的决心。16世纪之前没有任何动因让人做出这样的努力。亚洲航海民族和美洲人从没有过任何生意往来。在北太平洋，阿留申的渔民知道这片水域环抱着两块大陆，但他们对发展两者间的贸易和文化交流没产生过兴趣。从波利尼西亚人航行的纬度看，航程对他们的技术来说实在是太过遥远。正如我们所见[1]，波利尼西亚人航海最远

第六章 环绕
约1500—约1620年：环球航线连通

也只是到达夏威夷、复活节岛和查塔姆群岛。而且，在波利尼西亚人所能涉足的航域中，也证明不可能建立永久性的联系。

然而，16世纪早期，有充分理由希望穿越太平洋的人来到了大洋之上。1502—1515年，从印度向东探索的葡萄牙商人、外交使节与东南亚沿海和各岛以及中国之间建立了普遍联系。最重要的是，他们抵达了摩鹿加群岛，那里盛产肉豆蔻、肉豆蔻种衣以及丁香这些世界上最为昂贵的调味品。他们所走的航线得天独厚，在沿途有价值的市场边有众多停靠港，可是按约定，这里是西班牙君主的属地，因此，葡萄牙人必须找到其他通往东方财富的路线，对他们来说，最明显的一条就是从他们在"新大陆"的前哨地方启程穿越太平洋。

西方人在思想上如何适应太平洋的宽广与另外两个问题形影不离：一是对于世界大小的争论；二是西班牙和葡萄牙两国在界定各自海域范围上的冲突。第一个问题始于哥伦布，他对过去大家公认的、事实上基本准确的世界范围提出了质疑。20世纪加利西亚作家拉斐尔·迪埃斯特的一部小说是我最喜欢的小说之一，小说中有个学生很鲁莽地说："世界不大。"愤怒的房东给了他一个耳光，学生改口说："世界不像他们说的那么小。"16世纪的观点与此如出一辙。一方面，根据探险家的经验这个星球似乎不大。哥伦布显而易见的成功——至少对一些地理学家说来——证明了他对地球大小的计算，迫使学者们向下修改了估计值。随后的几次环球航行使这个距离似乎真的缩减了。地球仪的制造者让消费者产生了一种奇怪的印象：他们可以把世界放在手中。卡洛斯·博尔哈向他有名的叔叔弗朗西斯，这位耶稣会会长和未来的圣徒致谢说，感谢叔叔在1566年送他的礼物地球仪，正是它，让自己意识到世界是多么的小。

另一方面，探险者却在同一时期不断地碰到相反的例证，挑战着他们对世界面积的低估。虽然制图师还是固执地对事实不管不顾，乐观的冒险家也不去考虑其中的深意，但越来越明显：哥伦布并不曾接近过亚洲。宽广的美洲一点点地展现在世人面前，同样，海域辽阔的太平洋也一点点露出面目。1546年，塞巴斯蒂安·明斯特绘制的地图上，在"印度"海岸一边出现了一个狭长的"新大陆"。要待进入17世纪很久，才有地图绘制出太平洋的广阔。这一章我们将讲述世界恢复本来面目的故事，但我们也将看到，这个过程是如何痛苦缓慢，遭到的反对是如何固执顽强。

◆ 想象太平洋：它有多大？ ◆

一厢情愿的想法要为此负部分责任。许多探险家在继续哥伦布对欧亚间捷径的寻找，很少有探险家能够忍受这是一个不可能完成的任务所带来的失望。政治也是这其间的一个因素。1494年的《托德西利亚斯条约》里，西班牙和葡萄牙划了一条穿越大洋的子午线，明确划定了西班牙和葡萄牙各自在大西洋上的航行范围。但是，却没有约定这条分界线的延长线是全球有效，还是到极点即自行终止。这个问题的解决不能无限期拖后：葡萄牙探险家不断向东推进，而西班牙探险家则向西航行，他们注定会相遇于某处，而他们在各自新发现地区的权利却要决定于他们各自势力范围间的这条界线的位置。

我们现在仍然无法确切知晓托德西利亚斯线的延长线——学者口中的"逆子午线"——是在何时，以及以何种方式成了双方达成一致、解决问题的基础。最早时，条约清楚说明其适用范围只限于大西洋。可这时，西班牙最优秀的皇家地理学家亚米·费雷尔认为，西班牙的势力范围应该包括整个西部大洋，"直至阿拉伯湾"。当然，他假设的前提是世界上只有一个大洋，也完全不知道欧洲向西到亚洲间隔着一整块大陆。[2] 按费雷尔对条约的解读，葡萄牙航海家只能是限于非洲，而西班牙对大多数亚洲海域拥有绝对垄断权。亚洲的市场只能是由西部进入。1497年，西班牙人对条约的另一则注释中（有人相信这是哥伦布亲自所写），西班牙的领地应该扩展到"直到找到基督徒统治的那个岬角"①。在哥伦布的眼里，这个岬角就是好望角。[3]

---

① 原文为"fasta donde aviao oviese principe cristiano"。——译注

尽管也有很多意见相反的推测,⁴但是1512年之前的任何时候,也未能找到关于将这条环绕全球的托德西利亚斯线延长想法的文件。就在1512年6月,胡安·迪亚斯·德·索利斯得到西班牙王室命令,让他向西航行前往亚洲。命令要求他探知锡兰"是否在西班牙所属区域内",然后前往马六甲,或者可能是原叫玛鹿的摩鹿加群岛,看看那里是否归属葡萄牙治下。⁵同年8月30日,葡萄牙派驻卡斯提尔的特使的来信肯定了这一点,他告诉葡萄牙国王说德·索利斯确信"马六甲在卡斯提尔部分400里格处"⁶。按照当时卡斯提尔国王最可靠的消息,德·索利斯从王室那儿得到的命令中说,"分界线应该从锡兰岛中间穿过"。这一划分背后的逻辑十分清楚。国王相信锡兰位于"我们的子午线"以东、东经120º的地方。但我们不太清楚这里的"我们的子午线"是什么意思,先不论它所指是哪里,很明显,说托德西利亚斯线位于那子午线以西60º是荒谬的。⁷如果"我们的子午线"所指为托莱多子午线(最有可能的选择),那么对于西班牙对16世纪托德西利亚斯线位置的最佳估测应该是在西经43º8'的地方。⁸葡萄牙领航员路易·法雷洛相信摩鹿加群岛位于托德西利亚斯线卡斯提尔这一边,16世纪10年代期间这一观点在卡斯提尔王室颇有影响。虽然没人知道逆子午线在哪里,但这一概念很清楚地存在着。

◆ 深入太平洋:麦哲伦的航程 ◆

在德·索利斯接到的命令中含糊提到的锡兰、马六甲、摩鹿加群岛中:锡兰,也就是现在的斯里兰卡,是当时世界上最主要的肉桂产地;马六甲,1511年被葡萄牙占领,掌控着连通马来半岛和苏门答腊岛之间,通往印尼群岛大部分地方的海峡,而印尼群岛盛产世界上最为珍贵的一些产品,很具诱惑;摩鹿加群岛是"香料群岛",同样出色,特别是其中的特尔纳特岛和蒂多雷岛,世界的大部分丁香、肉豆蔻和豆蔻种皮都出产自这里,它们使问题的解决日益迫切。葡萄牙人航行远至马六甲,和几乎所有所到之处建立了特权贸易关系，现在，已经是蓄势待发，准备获得最后的战利品。

阿方索·德·阿尔布克尔克是葡萄牙的东方总督，努力在"香料群岛"（摩鹿加群岛）收集情报。1512年，弗朗西斯科·罗德里格斯的名字第一次出现在历史记载中，其中说，他在4月得到了爪哇导航图很大的一个部分。同年8月，因为他"制图知识丰富"而受命和准备去往"香料群岛"的舰队一起出航。快到年底的时候，远征队启程出发，船队由3艘大船和120人组成。远征的行程记录者说："不论是从船只还是从人员看，克里斯托弗·哥伦布出航新西班牙，瓦斯科·达·伽马去往印度时的规模也就不过如此，因为摩鹿加群岛和新西班牙、印度一样富有，应该得到同样的尊重。"

可是他们并未到达摩鹿加群岛，只到班达海就折头返航了，这可能是因为在班达海就已经可以获取充足的丁香、肉豆蔻干皮和肉豆蔻，而根本不需要走得更远。但是船队中有一位船长：弗朗西斯科·施兰在途中因船舶失事，而乘当地的船到达了香料生产更为集中的特尔纳特岛，施兰就葡萄牙对当地香料贸易的垄断权谈成了基础协议，在这个世纪后来的日子里，葡萄牙的垄断几乎一直都如铁板一块。此外，罗德里格斯带回了大概是以爪哇地图为范本的绘制优良的地图，沿途岛屿的剖面图，以及从孟加拉湾到中国整个航程的相关资料。

与此同时，对西班牙来说，要到达摩鹿加群岛有双重难题要克服：第一，中间有美洲阻隔；第二，如果世界大小真如一直以来人们认为的那样，则他们的航程实在是不短。葡萄牙人费尔南·德·马加利扬斯说自己有办法解决这两个问题。马加利扬斯的英文名麦哲伦更广为人知，他是位贵族出身的冒险家，是一位沉迷于海上冒险的游侠骑士。麦哲伦说经由大西洋前往"香料群岛"要比穿过印度洋容易得多，可是他的国人却不相信他：葡萄牙已经有了一条让人满意的前往亚洲的线路。1517年10月，麦哲伦放弃了在国内开创事业的念头，转而效忠卡斯提尔。

麦哲伦同意哥伦布对世界的看法，认为地球并不大，想当然地认为离开美洲只需不远就能见到亚洲的财富。对于穿越半球，他没有一丝胆怯，

第六章 环绕

约1500—约1620年：环球航线连通

弗朗西斯科·罗德里格斯的画作，画上可能是位于印度尼西亚小巽他群岛的阿多纳拉岛。

说，如果需要的话他可以向南航行到南纬75°，而如果还是找不到绕过美洲的航线的话，他可以不管《托德西利亚斯条约》，转而向东，经由"葡萄牙人治下的航线"到达香料群岛。

按照卡斯提尔王室的惯例，航行由私人资助。最后，塞维利亚的银行家提供了支持，而作为补偿，资助人可以从预期财富中分得大量好处：10年间所有贸易获益的1/5，以及所有征服陆地的统治权。所以，麦哲伦注定要向前推进：必须找到可以利用的土地并征服之，尽管有多么不切实际。

1519年9月20日，麦哲伦带着5艘航船、250名船员从桑卢卡尔德瓦拉梅达港出发踏上征程。他选择了葡萄牙的同伴、领航员、航海图以及水桶，因为卡斯提尔尚缺乏横跨大西洋南部的远航经验。即便这样，在忍受了跨越赤道无风带之后，船员却发生了叛乱，而且当麦哲伦谨慎地决定再继续向南驶往未知水域，在更为恶劣的天气来临之前在巴塔哥尼亚过冬的时候，叛乱又再次发生。而当他们最终发现寻找已久、向西航行便可进入太平洋的海峡时，他们事实上就已经失败了：因为海峡太靠南，并非通向亚洲便捷的途径。同时，迷宫似的航线折磨着探险者们。当进入这些航线，他们就要在其中航行7周，要面对刺骨的寒风、不足的给养以及危险重重的海岸。艰苦的穿越过程激起了另一场叛乱。

然而，在耽搁、匮乏之后，麦哲伦还是迎来了一个圆满的结果：他在恰当的时间到达了太平洋，充分利用了将带他穿越大洋的东南信风。麦哲伦利用洪堡洋流沿着智利海岸快速向北推进，从而进入更为温暖的海域。在转向西之前，麦哲伦相信再向西将是容易的航程：有风力相助、海面狭长，航线上还不时能遇到岛屿。可事实是，他将在海上航行整整99天。到1521年3月6日最终看到关岛时，这位探险家已经得了坏血病，嘴部肿胀，在咀嚼帆布的皮革外罩了。船上所带的水已经腐坏，饼干也已经生虫，四处散发着鼠尿的恶臭。

3月9日，麦哲伦又踏上了航程，他认为自己错过了香料群岛，而正离中国越来越近。7天后，他看到了菲律宾群岛的萨马岛。再几个星期之后，麦哲伦在麦克坦岛当地两派首领的争斗中殉难，来自帝国扩张的冒险主义的诱惑最终使他送命。其余的人从那里出发，历经曲折，最终到达了香料群岛，于1521年11月6日到达了蒂多雷岛上的苏丹统治的领土。他们以惨痛的代价，最终到达了远征目的地。

这次穿越麦哲伦海峡虽然麻烦多多，可它却还不是最糟的。随后1525年的一次探险花了四个半月，之后这条线路被建议放弃。这个世纪其余的岁月里，探险家还是时不时地进行着尝试，可是每次都是类似的结果，让人心灰意冷。在近100年里，人们都没再认真寻找从南大西洋通往太平洋的另外一条航线。1615年，荷兰探险家雅各布·勒梅尔和威廉·冯·斯考滕找到了绕过合恩角的航线，可这只是他们在找寻传说中以前探险不曾涉足过的南部大陆时的偶然发现，他们的本意并非是寻找两大洋间的沟通路线。

麦哲伦的航行除了显示其英雄主义，什么问题也没有解决。船队的幸存者们完成了历史上第一次有据可查的环球旅行，向西回到了西班牙，但

第六章 环绕
约1500—约1620年：环球航线连通

巴蒂斯塔·阿格尼斯1545年所绘麦哲伦的世界之旅。虽然麦哲伦证明了太平洋的辽阔，但只有少数绘图师记录了这一事实，而阿格尼斯正是其中之一。

又怎么样呢？这确是一件轰动的新闻，只有太平洋上的那一段航程才是真正重要的部分，因为其前无古人。可是，无论是这次还是之后，从航行者带回的证据看，这根本还是一条没什么价值的航线：它实在是太过远长，航行时间过长，而且它还是条单行线，这一缺陷最为致命。太平洋上一条实际的、可以通航的、双向的航线依然尚待发现。

◆ 解密海风：乌尔达内塔的航行及其来龙去脉 ◆

麦哲伦的航行充分显示了太平洋令人望而生畏的宽广，然而，就是这样，还是没法说服制图师和航海者们相信世界的真实大小。如果人们能够了解麦哲伦及其领航员对经度的计算，情况也许会有不同。从现存的当时计算来看，弗朗西斯科·德·阿尔博的一组计算相当精确，而另外一组虽估算偏低，但计算出的结果也是相当不错了。麦哲伦认为地球表面的1度大概代表着17½里格，也就是大约70英里。所以，如果说有区别的话，也是麦哲伦最后大大高估了世界的大小——如果他的记录准确的话。可是麦哲伦最终死在途中，而且，很遗憾，随后公布的有关航行的数据都是由安东尼奥·皮加费塔提供的，也许是出于政治因素，他的数据对地球大小的估算一直偏小。[9]

因此，1524年的时候，赫尔南多·哥伦布还能够持有那令父亲臭名昭著的观点：认为世界的赤道周长不过5100里格。[10]同时，几乎所有地图上的太平洋都比它实际要窄小得多。在麦哲伦之后西班牙和葡萄牙之间的谈判中，双方似乎都想当然地认为，按逆子午线所分，摩鹿加群岛位于西班牙所属的海域上。[11]这就等于是说太平洋面积狭小，世界也并不大。

16世纪60年代，逆子午线的位置问题又一次提上了议事日程，这一领域一些最好的宇宙志学者，例如佩德罗·德·梅地纳（一本重要航海手册的作者）、阿隆索·德·圣克鲁兹（最优秀的制图师）以及安德烈斯·德·乌尔达内塔（当时最知名的太平洋领航员），都还是相信摩鹿加群岛位于西班牙分得的海区之内。[12]这一事实让人吃惊，因为圣克鲁兹本身也相信经度1度代表着17½里格，而乌尔达内塔有着无可匹敌的实践知识。然而，他们的诚恳却无可怀疑，因为他们都非常愿意指出按1529年的《萨拉戈萨条约》，摩鹿加群岛，乃至菲律宾群岛都应归属葡萄牙所有。[13]走过从新西班牙到菲律宾一线的领航员们估计这段距离在1550—2260里格之间：真实距离是2400里格。回到西班牙之后，地理学家桑丘·古铁雷斯曾为国王审核这一数字，他语带轻蔑，说：这些专业的领航员漫不经心，愚昧无知，毫无科学常识。他将这个数字缩小为1750里格。[14]他大概是认为海员如惯常那样夸大了这个数字，可事实上，16世纪人们在估量太平洋大小时并没有那样做。

第六章 环绕

约1500—约1620年：环球航线连通

同时，对于太平洋的探索绝大部分局限于西班牙在太平洋的新西班牙和秘鲁殖民地的来往航行中。向东的通航航线并不难发现。1527年，墨西哥征服者之一阿尔瓦诺·德·萨阿维加证明说，利用这里盛行的西北风沿着赤道无风带向北，经过几周的时间是可以到达菲律宾的。唯一的问题是到达目的地后，找不到回来的路。之后，不到10年，赫尔南多·德·格里哈尔瓦从秘鲁出发再次进行了尝试，却因为暴动而死，航行也以船只失事告终。这次航行似乎再一次证明太平洋只能单行，只能从西到东穿越。

还要30多年时间，太平洋上的西班牙航海家才能积累到足够的经验打破这一僵局。1564年时，安德烈斯·德·乌尔达内塔是当时知识最为广博的航海家。可作为世界历史上最早的重要人物之一，他却很不走运，并没什么名气；尽管他留下了大量的作品，但还是很难弄清他的个人生平。他的事业开始于麦哲伦的后续航行，那是1525年，他17岁。与同时代的许多人不同，乌尔达内塔参与航海既非出于梦想，也并不是因为对现实生活的绝望。他受过良好教育，对宇宙学热情向往。他对上级长官的缺点持公正态度。其中有两位曾与麦哲伦一起出航的军官，甚至仍错把巴塔哥尼亚河的一个河口当成了海峡的入口。他的导师对他提出的怀疑给予了信任：在整个航行当中，他愿意接手精细或是要求极高的工作。乌尔达内塔在迷宫般的麦哲伦海峡海难中全身而退，他还发现了剩余的船只并对遇难船员的营救工作发挥了作用，这都证明了他的能力。他带回了一名与印度妇女所生的女儿，记录了这次出航。这份记录虽然以自我为中心，但是可以原谅，因为记录自始至终都显现出了他良好的判断能力，而这，正是他的余生中得到同时代人们普遍赞誉的地方。

他在印度度过了他余下的大部分青年时光，或出海探险，或在岸上出任行政官员。当他有机会担任远航指挥的时候，他拒绝了命令，这或者是出于谦逊，或者是因为经历了太多痛苦，看过了太多的失败、太多的死亡，再或者是因为让他在1553年皈依了奥古斯丁教、并于1557年成为牧师的宗教使命感。在某种程度上，他在宇宙学上的成绩，以及他高度的道德意识并不适合为西班牙的利益服务。1529年的《萨拉戈萨条约》把逆子午线的位置问题放到一边，划定了摩鹿加群岛的归属①，由此，也就是把菲律宾群岛划归到了葡萄牙的治下。他认为有必要指出，西班牙的利益受到了损失，而且有可能失去继续漫游太平洋的权利。当官员们请求乌尔达内塔继续跨太平洋探索的时候，他拒绝了。但是，1560年，他还是遵照国王的命令重新开始了找寻太平洋上返程航线的工作。他写道：

> 虽然现在我已年过52岁，且身体欠佳，我早年努力工作，希望余生可以隐退，然而，思虑到陛下您对服务上帝、传播神圣天主教义的崇高热诚，我准备面对航程上的一切辛劳，坚信会有上帝之助。15

在乌尔达内塔的倡导下，这次远航以前往菲律宾传递福音，而非以商业为目的：这使得没人可以指责西班牙破坏协议，进入了本属葡萄牙的水域。

"除了坚信上帝相助以外"，命令中要求这次远航的指挥官，"还要依赖弗瑞·安德烈斯·德·乌尔达内塔先生，他经验丰富、熟知这些海域的天气变化同时具备其他许多本领，他将作为国王的代理人去发现回新西班牙的航线"。16乌尔达内塔知道时机的选择是成功的关键：要借助夏季季风离开菲律宾，快速转向北方以赶上日本洋流，然后必要情况下继续向北，只有遇到北太平洋的洋流，再转向东才能回到家乡。只要不在马尼拉耽搁太久，成功即可在望了。1564年11月，他开始试航。他在第二年2月到达了菲律宾，于1565年6月1日开始返航。为了寻找西风，他航行到了北纬39°之外。这是他航行中最长的一次，整整在外海航行了1.1万英里而没有登陆。他用了4个月零8天的时间到达了阿卡普尔科。船上的每个人都被败血症折磨得筋疲力尽，近乎崩溃。事实上，乌尔达内塔的部下阿隆索·德·阿雷利亚诺因为风暴和旗舰分开而在他之前两个月到达了墨西

---

① 原本按均分地球分界线应该在东经134°附近（也就是摩鹿加群岛以东7°附近），当时西班牙同法国正在交战，亟需金钱作军费。因此，签订条约时西班牙放弃了对香料群岛（此处指摩鹿加群岛）的全部要求，并接受在摩鹿加群岛以东17°处划定分界线，同时葡萄牙支付西班牙35万达克特金币。——译注

哥。但计划是乌尔达内塔制定的,荣誉归乌尔达内塔也是实至名归。

控制太平洋和控制大西洋需要同样的勇气:愿意顺风航行,愿意忍受寻找返程风向的不确定性。可是一旦找到穿越大洋的往返航线,就有了惯性。整个17世纪,以及18世纪的大半时间,船只所走的都是已知的航线,穿越太平洋时都是凭借已知的海风。从某个角度来说,这都是可以理解的:风系是那么的规则可靠,大洋是那么的宽广,大部分海域空空荡荡,偏离惯常的航线也没太大的意义。这就是导致大洋一直神秘莫测的部分原因。太平洋的大小还是不可测知。盲目的乐观主义还是继续给水手们带来不幸。一直到16世纪90年代前,他们中的大多数还是拒绝相信太平洋事实上的浩瀚。

◆ 通晓太平洋的宽广:孟丹努厄和奎罗斯 ◆

这种影响在16世纪60年代到17世纪早期阿尔瓦罗·德·孟丹努厄和佩德罗·费尔南兹·德·奎罗斯的太平洋远航冒险之旅中清晰可见。他们的动力对于本书的读者来说已不陌生:骑士故事、传说、故事以及神话。印加传说中有"黄金之岛"的故事,他们也坚信存在着一块"不为人知的巨大的南部大陆",而且认为亚马孙人和所罗门王的宝库就在南方海洋之上。[17]1567年,秘鲁政府命令孟丹努厄率队探险,去寻找这些未必存在的地方。孟丹努厄是个有远见的梦想家,他希望向尚未发现的人们普度福音,找到一块能由自己统治的殖民地。他的领航员赫尔南多·加列戈,对今日名为新几内亚的岛屿充满夸张的想象。葡萄牙的航海家曾经从印度洋航行来到这里,发现过这个岛屿。加列戈采纳了乌尔达内塔的计划,希望把这个面积很大、前途广阔的岛屿留给西班牙。他们的分歧使探险陷入了迷途。

他们从秘鲁的卡亚俄出发,沿西班牙人所知的世界的边缘航行。西班牙人遥望着一片航海图上几乎没有的海域。人们也许会认为它离西班牙腹地过于遥远,而且事实上,它距西班牙的殖民地也是那么遥远,以至会让多数意志坚定的漫游癖们以及那些最有意逃避的移民者失望。但远方总在吸引着躁动不安的灵魂，似乎从来都不缺少希望远点再远点的游侠。

他们于1567年11月19日出发。几乎是从那一刻开始，想法和方向的不断变换就使他们的目的地不断偏差，使他们的努力不断受挫。到12月底，他们似乎已经放弃了寻找传说中的岛屿，而是驶向他们想象中新几内亚所在的方位。到1月中旬，他们用光了淡水，却找不到陆地。然而，2月7日，他们却发现了新几内亚东南的一个岛群。当地人颇有敌意。没有证据能表明那里或是附近存在有任何可开发的资源。在当时的环境下，将那里命名为"所罗门岛"确实是个推销好手段，它就意味着诱人的回报，激发人们将其与（圣经中所载盛产黄金和宝石的）俄斐之矿以及和印加人所知的黄金岛的故事联系在一起。这一发现的群岛估计距秘鲁90天的航程，但是，因为没有可靠的测量距离与计算纬度的方法，没人能确切地说出它们究竟在哪里。"除了人人都能做此类的估算外"，主要领航员承认说"经度也难以确定"。[18]

之后，也许并不让人吃惊，筹到足够的金钱又用了大概25年，他们才再次出发，前往这一群岛。然而，这一过程中，孟丹努厄从来没有放弃过梦想和努力。在第二次远航中，他招募了400名有潜力的拓殖者，冒险前去一个没人知道确切位置的地方。1595年4月9日，他们从卡亚俄起航。许多人还带着自己的妻子，其中也包括孟丹努厄自己。孟丹努厄的妻子多娜·伊莎贝拉·巴雷托十分令人敬佩，在船上，她证明自己和男人一样强韧，一样吃苦耐劳。

一直无法找到他们的岛屿证实了冒险者们令人沮丧的鲁莽。3个月后，目的地还是遥遥无踪。有些人说这些岛屿"逃跑了，要不就是西班牙殖民地的先遣官忘记了这个地方在哪儿，再要不就是海面升高盖住了它们……不是我们和它们已经擦身而过，就是它们已经不存在了，这样走下去，我们会绕整个地球一圈，至少我们最后也该到鞑靼地区了"。[19]写下这些话的领航员是错的：因为他们可笑地低估了所要跨越的距离，他们离所罗门岛还远着呢。最后，这些在浩瀚的太平洋中迷失的航海者试图拓殖所罗门群岛东边一点的圣克鲁兹。在那里，早期近代欧洲人在热带最常遇到的灾难袭击了他们：致命的疾病、食物的缺乏以及和当地人日渐恶化的关系。开始是拥抱，接着是谩骂，最后则是流血；这就是那个时代里"文化冲突"通常的过程。一个月里，就有40名或者更多的拓殖者死去。

孟丹努厄死后，多娜·伊莎贝拉将幸存者联合起来，带着他们前往菲律宾。一路上他们困顿潦倒，经历了据称"最典型的海上恐怖故事之一"[20]，一位目击者说"病人性情狂暴"，一些人为一滴水而乞讨，"用手指着伸出的舌头，就像面对拉撒路的财主"①[21]他们"以这样的状态"到达菲律宾，领航长报告说："唯因全能上帝的仁慈，若仅凭人力，1/10的路程也难走过。"[22]此时，超过3/4的船员都已经不在了。

对于这样一种如此超乎寻常、如此不合常规、如此冒险无畏、如此无视苦痛、如此浪掷生命的"冒险精神"，我们该如何解释呢？我们能够在这趟远航的葡萄牙领航长的生平与著作中找到这样一种鼓舞当时探险者的蛮勇。这位领航长的卡斯提尔语名字转译过来是佩德罗·费尔南兹·德·奎罗斯。他从未被航程的恐怖吓住，他把他的余生都献给了一次又一次的航海努力。他的努力却也注定了与挫折相伴。所罗门群岛之行已证明无可挽回，他又为自己定下了一个新的目标：南方大陆，这块未知的大陆被假定存在于宽广的南方海洋之上。

没人知道为什么那么多16—18世纪的地理学家会有那样强大的意志去

---

① 出自《圣经》。故事中说有一个财主，他日日奢华，每天都大宴亲朋，另外有一个讨饭的，名叫拉撒路。他浑身长疮，脚又残废。每天他都被人抬到财主的门口，为要得财主桌子上掉下来的零碎充饥，可怜他又常常被人欺负，任意羞辱，好像狗一样。后来，讨饭的拉撒路死了，财主也被埋葬了。拉撒路被天使带到亚伯拉罕的怀里，在那里享受永永远远的福乐。而大财主却被带到阴间地狱。他举目远远地望见亚伯拉罕，又望见拉撒路依在他的身边。他大声喊着说："我的祖宗亚伯拉罕啊，可怜我吧！你可否打发拉撒路用指头沾滴水凉我的舌头。我在这里被火焰烧，我好痛苦啊。"亚伯拉罕却说："我儿，你应该回头想想在生前享过的福乐。那时拉撒路却在受苦。朋友，你非但没有可怜他，还对待他像狗一样。所以如今，他在这里享福，你倒要受痛苦。不只这样，你我中间，有深渊隔绝，你不可以上到这里来，人也不可以到那里去。" ——译注

南方大陆

相信这一传闻,在18世纪晚期库克船长证明它不存在之前,它都一直是欧洲地图上的固定部分。如同一位18世纪的智者所言,"如果他们认为它是一块大陆,同时认定它是一块南部大陆,为什么他们还把它叫作'未知的南部大陆'呢?"猜测普遍认为,这种想法影射的是由"秘密的"葡萄牙海航,或是由"古时的海盗头子",或是由想象中国的探索者曾绘制过,却没有用文字记录过的澳大利亚,甚至是南极洲。具有误导的对称性的要求似乎也要负部分的责任。大多数持这一观点的人推理认为如果南北半球的大陆比例不均衡、主要集中于北半球的话,星球似乎就会无序失衡。

奎罗斯并没有找到南方大陆,但他发现了另一个岛屿,误以为就是"南方大陆",并称之"圣灵的南方陆地"。1606年5月13日,他庆祝自己建立了"新的骑士团"。出航前他就已经为这件事做了规划,并做了准备工作。"为此",船队的事件编录者写道:

他用蓝色绸缎做了一些大小不同的十字形架,送给船队所有的人,不论是白人,还是黑人,还是印第安人,就是从罗雷托圣母岛带来的土著也有一个。他命令所有的人在胸前别上它,封他们所有的人为"圣灵骑士",并且从此用这个名字称呼他们。[23]

骑士头衔授予了所有的船员,既给了最卑微的穷苦白人,也给了黑人厨子。"这样",按照航船记录:

在圣灵降临节,他把蓝色塔夫绸做的十字架给了所有人……这让大多数人感到高兴,甚至觉得大为吃惊,因为甚至于两名黑人厨子也因为他们的勇敢与勇气而被给予了这样的慷慨、格外的宽容以及宽宏。除此以外,奎罗斯还在那天给了他们自由,虽然他们并不归奎罗斯所有,更有甚者,随后的日子里,他们依旧保持奴隶身份。[24]

在这方面,随航的圣方济会牧师要比奎罗斯更为精于世故,他同时小心提防着奎罗斯这种堂吉诃德式的表演可能成为笑话。"非常奇妙,"他说,"如此各式各样的骑士,自鸿蒙初始世间从未曾有过如此故事,这儿有海员骑士、船上服务员骑士、见习骑士、黑白混血儿骑士、黑人骑士、印第安人骑士以及骑士-骑士。"[25]

这次远航出发的时间恰与《堂吉诃德》的出版同年。这让我们不能忘怀：塞万提斯的讽刺作品还影响甚微，因为现实生活中冒险的动力还是骑士的浪漫主义，探险者的生活轨迹还是以那些故事中的英雄为榜样：那些英雄驾着辉煌的船舰，飞驰于波涛之上，如驾驭着战马，英勇无畏，上演了一幕幕豪侠壮举。在那些书中通常是讨喜的结尾。故事常常是在岛屿封地，在某个公主的臂弯中缓缓淡出。桑丘·潘萨"在某个岛上当个总督"的乞求回荡在英雄们的浪漫主义理想里。孟丹努厄手下反叛的船员说，孟丹努厄拿着大家的生命去换自己的侯爵爵位，就像是有人指责哥伦布牺牲部下以满足自己成为贵族的愿望一样。[26]骑士的游侠精神滋养了探险活动，而堂吉诃德式的充满幻想的狂热帮助西班牙帝国在世界的边缘成长起来。骑士精神的自我意识所激起的并不仅仅是轻率狂妄的探险，它还有助缓解随之而来的苦痛，使它们变得可以忍受——如果在心理上没有排解的策略，则不可能有人能够支撑走过奎罗斯曾经经受过的那种现实，骑士的想象就如同一剂有效的精神鸦片。

◆ 印度洋 ◆

海上亚洲

太平洋探险家从东亚和东南亚的印度洋接触到了葡萄牙航海的边界。奎罗斯离开埃斯皮里图桑托岛后，他那头脑更加清醒的同事路易斯·德·托雷斯沿着新几内亚的南岸航行，在路上见到了澳大利亚，并进入了葡萄牙海航区域。但是他的报告一直没有得到重视，在整整150多年里都没人注意到它的存在。早在1526年，葡萄牙探险者约格·梅里西斯在从马六甲出发前往香料群岛的一次航行中被风吹离了航线，抢在托雷斯之前到达了新几内亚。第一批到达加罗林群岛雅浦岛的西班牙人发现当地人已经知晓一些葡萄牙语言了。

第六章 环绕
约1500—约1620年：环球航线连通

在开拓最东边的商务活动的努力中，在马六甲和果阿有一些葡萄牙政府设立边远据点推动航海向前发展的痕迹。葡萄牙前往中国的第一位使节的责任落在了托迈·皮雷斯头上。他是王室的药剂师，在1511年到达东印度群岛，也许是去管理医用药物的船运。工作一年之后，他告知他的兄弟说，他发现自己的"富裕完全超乎想象"。他在爪哇做过商人，在中国南海收集过植物标本，之后，他于1516年起航前往中国。因为风暴，当年无功而返，第二年再次出航。当他到达中国，希望就随着这个帝国严苛的协议要求而破灭了。他引发了中国长久以来就有的对"野蛮人"的蔑视，而无法和中国朝廷建立起能令葡萄牙人满意的关系。他似乎后来没有再离开中国。他的命运无法确定，但是，他旅行的细致记录传回了家乡，葡萄牙人坚持不懈地——非正式地或非法地——驶往中国并在那里建立起贸易网。渐渐地，他们的活动得到了官方的同意。同时，葡萄牙人的贸易事业在东南亚发展开来。

16世纪40年代，葡萄牙人开始有了和日本的联系。1528年起，费尔南·门德斯·平托在亚洲的洋面上航行了30年，声称是到达这个国家的第一个欧洲人。但是他以自己生活写成的浪漫史充满了不实之词。他是葡萄牙的辛巴达①，他多舛的生涯是一部海难的编年史。上帝之手总是挽救他于危难，将他从反复无常的命运中挽救出来，他的生命中不断上演着基督教对异教的胜利。他还是一位天才的讽刺作家，他的幽默感因反讽而如此生动活泼，以致让读者从来就不知道他哪句是真话。早期有关日本的情况肯定是来自他。他记录的有关日本人对西方野蛮人时的高人一等、可怜同情、屈尊迁就的态度看来十分真实。其中一个片断，他讲述了一位大名的女儿表演的哑剧，其中讽刺了葡萄牙人的贫穷和虔诚：他们希望日本人对他们粗糙的木制圣物箱感兴趣，让观众十分开心。然而，门德斯的第一次日本之行似乎不可能发生在1546年之前。如果那样的话，迪奥戈·泽依莫托和他的同伴就要比

---

①辛巴达，《天方夜谭》中的人物。 ——译注

他早到两三年了。他们从暹罗出发前往中国——不是碰上了风暴就是因为官方禁止对外贸易而偏离了航向——他们在日本九州以南发现了一个以前所不知道的岛屿——种子岛。日方的资料证实他们将火器引入了日本（日本的手工艺人很快就学会了仿制）。

跨越海洋

葡萄牙人努力把他们的商业范围向东扩展，在这个过程中，他们并未费心改进从欧洲到印度洋的航线。惰性在此时起了决定性作用。在瓦斯科·达·伽马航行之后100年，尾随其后的航海家大多都满足于这条航线而没什么改变：在绕过好望角后沿着非洲东岸航行，追随季风穿过印度洋到达马拉巴尔海岸的一个海港或是到达果阿。从某种程度来说，这并没什么可吃惊的。季风航线可靠，而且很快：季风保证了船只能快速穿越远海。但是，季风导致的停航要花去商人们大量的时间。如果错过了季风，就不得不在港口闲等半年。而且，要往返达·伽马开拓的到达印度洋季风带的航线，船只必须环绕骨骸遍布的纳塔尔海岸，那里的春季和早夏，狂风暴雨袭打着下风岸，有葡萄牙作家哀叹说这里是"海洋的悲剧史"。

1512年，葡萄牙海军指挥官佩德罗·德·马斯克林试图急速穿越印度洋增援果阿，他穿过东南信风的正面，利用南风带向北推进，在路上发现了马斯克林群岛。但这条航线只有在夏季季风时才能通行，船只在海上停留的时间还是比葡萄牙商人们希望的长。于是，沿着非洲东海岸直到蒙巴萨岛的航线一直都是最主要的航线，直到16世纪晚期，热爱冒险的探险家们才开始找到绕过它的航线。

1997年，我在西澳大利亚弗里曼特尔的海滨空地参加了一个古怪有趣的仪式：瓦斯科·达·伽马的半身像落成揭幕，纪念他把欧洲的航船第一次带到印度洋的远航500周年。当地舞者的表演是澳大利亚各项活动的必选节目，独具特色，充满生气。一队来自当地社区的葡萄牙后裔歌者唱了

第六章 环绕

约1500—约1620年：环球航线连通

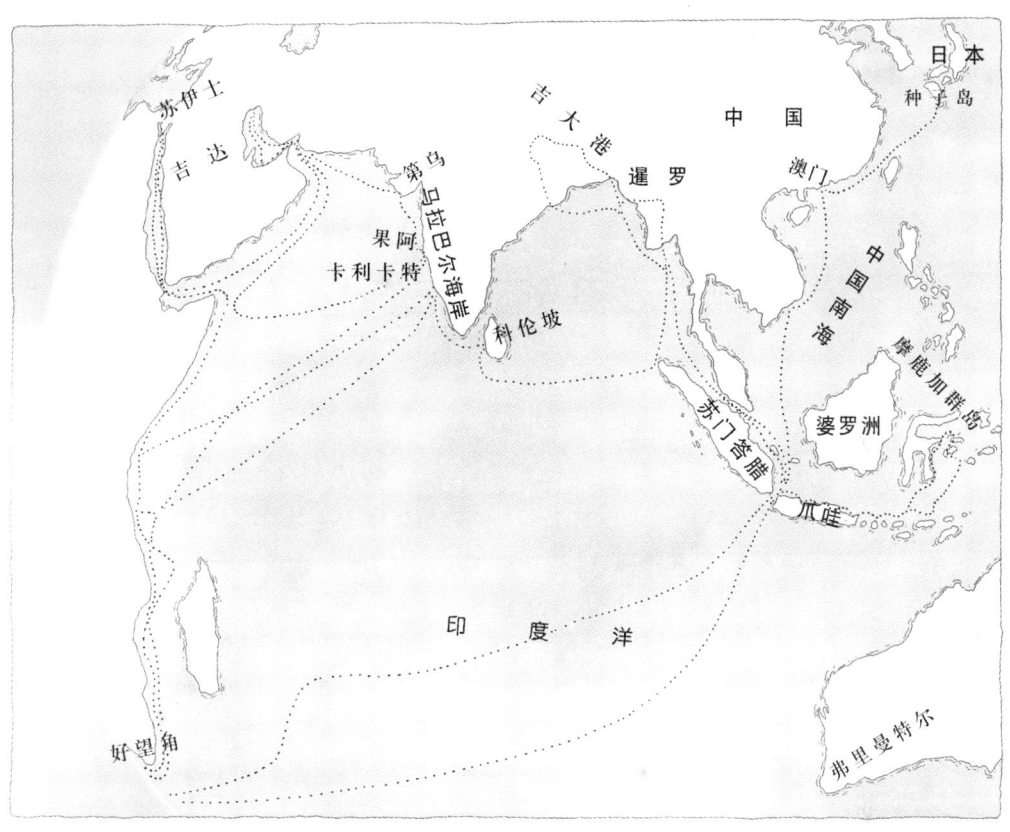

葡萄牙人和荷兰人在印度洋上的航行（1498—1620）

古老的马德拉民歌。镇长发表了演讲。当时，在当地的博物馆还正在进行一个展览，主要的展品是一艘令人印象深刻的、有300年历史的荷兰船只残骸。它是从附近的海底打捞上来的，是那一时期遍布西澳大利亚海岸的众多荷兰船骸中的一个。那里并没有葡萄牙的失事船骸。然而，镇长却没有提荷兰。他只是赞美了达·伽马的伟大，认为达·伽马值得尊敬，是这个城镇的荣誉之子，也是葡萄牙航海家们光荣的儿子，这些葡萄牙航海家继他之后开拓了前往欧洲经商的邻近海域。然而，他却忽略了事实，把欧洲人对西澳大利亚的发现归功于葡萄牙航海家。有一位观众向他提问说："如果是葡萄牙人先行到达这里，那为什么我们的海岸边遍布着荷兰船只的残骸，而不是葡萄牙人的呢？""哦，"这位镇长回答说，"这只是表明葡萄牙人在航海方面有多棒。"随后，我问他为什么这样说。"你看，菲利普，"他眨着眼睛开玩笑说，"在西澳大利亚没有荷兰人的选票，但是却有7000名以自己祖先为傲的葡萄牙血统的选民。"

事实上，虽然葡萄牙航海家曾于无意中对澳大利亚惊鸿一瞥，就像托雷斯那样，但他们并没有去那里的必要，也并没有通向那里的既有航线。但对荷兰却不一样，荷兰人是印度洋航海的后来者。仅是在16世纪90年代，荷兰人才有野心进入东方商圈，以扼制葡萄牙人在那里的垄断。当时，占据荷兰北部和东部尼德兰的联省共和国希望独立，而南部诸省却还是向世袭的统治者——正巧也就是西班牙和葡萄牙的统治者——效忠，双方正处于长期内战之中。虽然联省共和国缺少自然资源，却有两点重要优势：第一，其家园利于防守，西班牙永远不可能对它完全征服；第二，荷兰有大量多余的船舰，可以在印度洋上获取财富。印度洋上永远缺少船只，当然前提是要先能够到达那里。

对这个可能性的兴趣在16世纪90年代被激发起来。那时，果阿大主教的荷兰仆人扬·冯·林斯柯顿出版了一本书，其中对东印度群岛和可供买卖的商品进行了精彩绝伦的记录描绘。一开始，荷兰人没有别的选择，只能按葡萄牙人已经走过、之前几个世纪当地探险者一直在走的航线亦步亦趋。但这显然不能让人满意。这让荷兰的船只有受到攻击的危险；让荷兰船只能走已被葡萄牙控制的航线，这些航线上的多数良港和商业中心都在葡萄牙的掌握之中，这让荷兰完全没有竞争的优势。荷兰真正需要的是一条比对方更快捷、所费更少的路线。1620年起，从控制荷兰航海到控制印度洋成为一家股份公司的责任，这家公司拥有国家授予的垄断权，这就是东印度股份公司。

亨德里克·布劳威尔是东印度联合公司最受信赖的船长之一，他后来出任东印度群岛总督，掌管了整个公司的运作。1611年，他开始把自己的一个想法付诸实施。这个想法似乎是产生于他之前途经马斯克林群岛的航行之中。前往印度洋的常规航线通常是从好望角斜穿印度洋到达东印度群岛，但布劳威尔却利用海角以南强劲的西风带，顺风向东远航，然后转向北，直接前往巽他海峡。在之后的一些年，荷兰船长们逐渐对这一策略进行了大胆的发展，到17世纪30年代，这些航线已成为常规路线，船只沿着西风带航行，几近远至澳大利亚海岸，再利用大澳洲洋流加速驶往巽他海峡。当时，还不可能测量出海上经度，澳大利亚西岸的船只残骸是一段时期里经度估算错误的结果。但是，巨额的利润似乎值得去冒些风险。

这项事业惊险刺激，需要非凡的勇气。海难会不时发生：穿越大洋，航程漫漫，从荷兰到爪哇要一气走完，不能停船靠岸，其间饥饿、干渴的问题不可避免，这也可以解释为什么荷兰人会从1652年起把好望角发展成为了一个中转站。印度洋新航线的开辟在世界史中极端重要，却少有赞颂。经此，荷兰人获取了他们一直想要的竞争优势。荷兰的黄金时代已经具备了条件。葡萄牙人一直不能将世界香料贸易背离传统常规，但荷兰人的到来，却渐渐落入其他欧洲人手中。西欧经济曾长期远远落后于印度洋和亚洲海上周边地区，现在它开始快步跟上。

西部边缘

同时，在印度洋的西边，葡萄牙探险家将非洲内部的更多地方纳入了自己的探险范围。他们最不成功的地方是在红海。季风把亚洲沿海和东非以及红海联系在一起，但后者危机四伏，威胁海员生命。伊本·马吉德在16世纪临近结束的时候写作警告说，它有"许多隐秘的地方和东西"。他的葡萄牙继承人若昂·德·卡斯特罗在1541年认为，"这片海洋比整个大洋都更加危险"。发展这片海洋和外界的联系并没多少余地：源于宗教的仇恨使这里的港口对他们关上了大门，葡萄牙人从来没想过在这里受到欢迎，也从来没在这里得到过欢迎。如果他们能够在这里受到欢迎，那他们就可以进一步成功地向东或向南推进：宗教仇恨使他们无缘那些港口。

然而，在东非伊斯兰教地区的边界及之外还有着更多的机会。1506年，

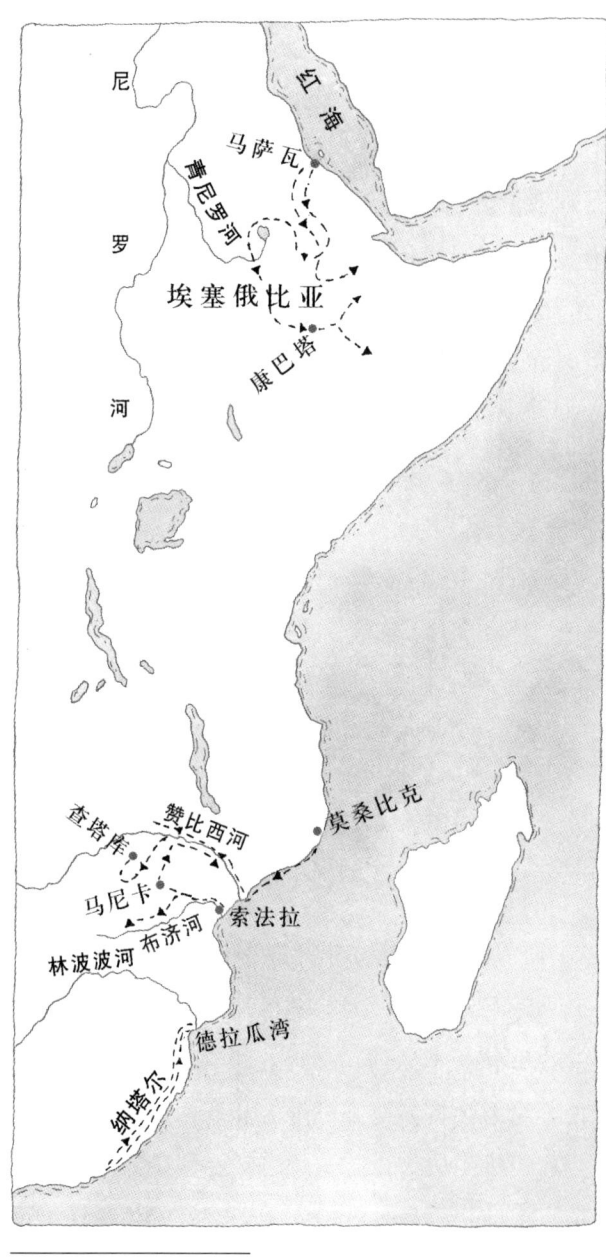

16世纪葡萄牙人的东非路线

葡萄牙占领索法拉,随之控制了伟大的内陆帝国莫诺莫塔帕帝国到海上的出口。从林波波河一直延伸到赞比西河的莫诺莫塔帕帝国,这里盛产盐、象牙以及最最重要的黄金,拥有巨额财富。最早进入内陆地方进行路线探险的是安东尼奥·费尔南德斯,他是个做贸易的木匠,帮助建立起了基尔瓦的边境贸易站。他是数位因同意流放到非洲而得到赦免的罪犯之一。像许多从欧洲而来的逃亡者一样,因在非洲所获得的承认而得意扬扬。按照当时的报道,"黑人对他如神一般崇拜……他去到任何有战争的地方,交战双方的敌意都会转变成为对他的爱戴"。[27]从1511年到1514年,他进行了第一次远航,到达了马尼卡省,穿过马绍纳兰省到达了赞比西河,并从那里出发前往查塔库的莫诺莫塔帕帝国威严的统治中心。1515年,他动身沿布济河送回了内陆深处的情况报告。

16世纪30年代和40年代,葡萄牙商人已经对莫诺莫塔帕帝国的贸易市场十分清楚。随后的10年中,葡萄牙编年史作家若昂·德·巴罗斯得以根据同胞的报告描绘了大津巴布韦遗址。

同时,埃塞俄比亚——东非另一个伟大的本土帝国——开始渐为一些葡萄牙人了解。帝国信奉基督教,它和欧洲之间的关系从来没有完全隔离。欧洲商人在途经尼罗河和红海前往印度洋时偶尔会来这里拜访。1459年,在威尼斯,修士弗拉·毛罗绘制了埃塞俄比亚的地图,其精细程度让人几乎难以置信。15世纪晚期和16世纪,埃塞俄比亚的教士经常出现在罗马。[28] 1493年,佩德罗·德·科维良奉命考察印度洋的边界所在,当时他就已定居在埃塞俄比亚了。[29] 1520年,葡萄牙专门选出了一位葡萄牙大使陪伴埃塞俄比亚特使归国,在那之前,他们彼此间的接触还是很少。圣方济会修士弗朗西斯科·阿尔瓦雷斯和大使一起出行,他的记录让人肃然起敬。他把这块大陆称作"祭司王约翰"的国度——祭司王约翰是中世纪传说中的一个人物,相传他统治着一个伟大的东方帝国,并将有一天将拉丁语基督教国家联合起来痛击穆斯林敌人。现实中,埃塞俄比亚却没有这个能力,而是更需要来自外界的帮助。从事牲畜业的异教徒移民入侵他们的边界,而穆斯林刚从阿迪勒地区入侵至帝国西部。1541年到1543年,一支包括400名强壮战士、130名奴隶的葡萄牙特遣军插手埃塞俄比亚事务,帮助这个国家摆脱穆斯林的征服。他们建功立业的声望使教士紧随其后。17世纪早期,耶稣会一直十分希望劝说埃塞俄比亚的统治者放弃异教,改信基督。

他们对探险最大的贡献是1618年佩德罗·佩兹神父发现了青尼罗河的源头,以及安东尼奥·费尔南德斯神父在1613年对从戈贾姆到摩加迪沙"希望上帝保其畅通"的路线的搜寻。当时,耶稣会希望增进这个被穆斯林围困着的帝国和其他基督教国家的交流,费尔南德斯的努力也正是其中的一部分,可是成功的希望却日渐渺茫。过了康巴塔,费尔南德斯进入了埃塞俄比亚人自己都不了解、直到19世纪都再没有其他欧洲人曾涉足过的地域。但是,他被穆斯林抓住并送回了埃塞俄比亚。他告诉勋爵士团的历史学家:

在那片广袤、蛮荒的原野的深处,他觉得自己就像是一大片草地上的一只小蚂蚁……带着麦粟谷物行进,没有被践踏、被碾碎的恐惧,不考虑其他旅行者的目的……我认为不仅是对那次旅程本身,而且这位神父对他自始至终的人生,都是如此态度。[30]

◆ 勾画美洲 ◆

15世纪90年代在大西洋上取得伟大成就的航海家们一直在寻找一条通往亚洲的捷径。可是,他们无意中发现石器时代的一个障碍物。他们花了很长时间去评估新大陆的潜力,用了更长的时间去发现这个新大陆究竟有多大,它的边界在哪里。16世纪中叶,欧洲的地理学家仍旧不能肯定新大陆究竟是如哥伦布相信的那样是亚洲一个巨大的半岛,还是一个由海环绕的独立的半球。其南部延伸到何处也没有确定的答案。直到17世纪早期,依然没人确切知道麦哲伦海峡的南边是一个小岛,还是像大多数制图师认为的那样,是一块一直延伸到南极的巨大陆地。

加勒比海及其周边陆地

哥伦布开始了他沿美洲大陆边线的长途航行。当地的向导是哥伦布的依靠,这些人非常熟悉加勒比海,他们沿着包括每一块岛屿的商路航行,碰到了将墨西哥中部与尤卡坦半岛和密西西比三角洲联在一起的沿海贸易。

1493年,哥伦布第二次跨越大西洋航行中,经过了多米尼加以北的小安的列斯群岛。哥伦布寻访了古巴和牙买加的多数海岸。像我们上面看到的那样,[31]哥伦布像着了魔一样,不安地拼命表白他的确已经到达了亚洲,他让手下的人发誓古巴就是大陆的一部分,是中国的一个海角,虽然大部分人都按他说的做了,但心里却明显对此有所保留。1498年,哥伦布从西班牙出发第三次跨越大西洋,他真的发现了一块大陆,这次他没搞错。他在特立尼达岛首次登陆，看到淡水从俄里诺柯河河口流出。这里，他制造了一个短语"另一个世界"来指称这块"面积广大的大陆"，他说这个世界是"亚历山大和罗马人曾经艰难征服的地方"，[32]他还是把这里看作亚洲的一部分。哥伦布沿着海岸远达玛格丽塔岛，然后才转回海地岛。

之后的几年，哥伦布事业继承者、追随者以及对手继续着他的工作，沿海岸探索。到1501年底，他们已向西推进到巴拿马的达连省，向南也许也远远越过了南回归线，确定了新发现的土地确实是一块大陆。他们还是坚持希望他们已经接近或是已在亚洲。例如，哥伦布的同伴文森特·亚涅斯·平松在1499年到达现在叫作亚马孙河的河口时，还在怀疑他发现的是不是恒河。再例如哥伦布的门徒韦斯普奇，虽然他可能是在同一年第一个在新大陆海岸上穿过赤道的欧洲人，却认为自己离印度洋"不会太远"。

经过思考，哥伦布似乎已经得出结论：他一直孜孜以求的亚洲一定是在他找到的大陆以外。因此，1502年，他从海地岛动身向西穿越加勒比海，并第一次留下了穿越加勒比海的记录。他在洪都拉斯到达连省之间沿海岸快速航行寻找通往亚洲的"海峡"。在途中遇到压力或是碰上热带风暴时，他看到了上帝的幻影，对他或是折磨或是安慰。航行中有一个额外的收获，他们发现了贝拉瓜斯省，发现了那里让人艳羡却难以得到的黄金矿藏，并碰到了一艘玛雅商船。这些都是美洲大陆对仔细考察可能有所回报的第一个迹象。最后，哥伦布到达早期探险的最尽头时，他开始踏上回程。此时，哥伦布的船已被蛀船虫咬得千疮百孔，刚到牙买加就沉没了。

从那以后，一拨拨的人继续向北寻找哥伦布一直找不到的海峡，他们在这一过程中对加勒比海和墨西哥湾有了全面了解。1511年的一幅地图显示出的海岸线还不完整；而1519年某次航程参加者勾勒的草图虽然还显粗糙，却表明远至佛罗里达的海岸线轮廓都已齐全。

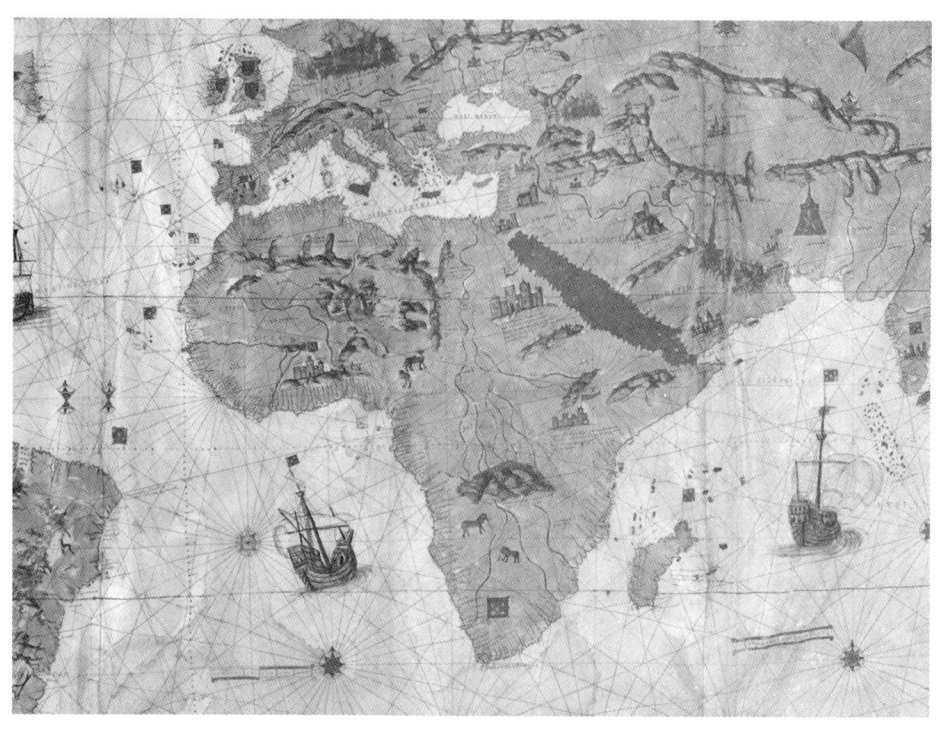

胡安·韦斯普奇1526年绘制的球体投影详图。这张图以实例表明、也许还强化了一个概念：有一个狭长的美洲大陆存在，并且有通道可以从大西洋西北穿行而过。

北美大西洋海岸：寻找海峡

到那时，葡萄牙的伐木工和西班牙的探险家已经沿南美海岸一路找到了普拉特河。第二年，麦哲伦继续寻找，并在最后真的找到了这个海峡：南纬52.5º，距哥伦布当年寻找的地方超过5000英里。然而，如我们看到的那样，麦哲伦海峡却不是那个一直寻找的前往亚洲的通道。

然而，机会还在，前往亚洲的通道在北太平洋。麦哲伦探险时期，多半欧洲航海家仍然在很大程度上都忽略了佛罗里达和新斯科舍省之间的这段纬度。这一时间的许多地图上这段海岸线都是连在一起的。这样的设定

第六章 环绕
约1500—约1620年：环球航线连通

可能是基于渔民的报告和从1508—1509年约翰·卡波特的儿子塞巴斯蒂安所做勘测记录而来的推断。这份记录模糊不清，使后人没有办法再现航行原貌，但是不论他走到了哪里——他在南、北美洲大西洋岸两个方向，沿着新大陆在大西洋上边缘的航行都肯定比他的父亲走得更远——他都没发现向西的开放水域。另外，大多数制图师都认为问题并没有解决，西班牙探险所到最北处以外的地方还是一片空白。

是否错过了开口的问题在1526年几次奉命寻找通往亚洲的西路航线时得到了解决。这一年，在韦斯普奇的侄子那幅对后世很有影响的世界地图上，描绘了"科德之地"到"华美之地"之间通往印度的道路。此时，法国也开始投资探险市场。里昂是丝绸贸易的中心，所以这个城市对是否能缩短去往中国的航线有着特别的兴趣，里昂那里的佛罗伦萨商行和金融机构都很好地表明了这一点。因而，佛罗伦萨冒险家乔瓦尼·达·韦拉扎诺来到这里为自己搜寻佛罗里达以北的海峡筹集资金。法国国王给他资助了一艘船。

韦拉扎诺发现了一块新大陆，他写道："这是一块崭新的土地，不论是古代还是现代，从未有人涉足。"当然这要除去当地的居民。这块土地却恰恰阻挡在通往亚洲的要道之上，为了弥补失望，韦拉扎诺写了些鼓舞人心的话，却是相当不可信。他说，这里"装饰和覆盖"着有用的树木，它"带有东方的特质"。那里人们热情好客，至少有时候是这样。似乎还有黄金，"似乎每个地方都和产金契合"。都是投机的花言巧语。韦拉扎诺确定了连续海岸线的存在，同时，他又留下了一个新的问题：北美是一块被太平洋包围着的狭长大陆，从大陆东海岸到最近的点，只有不长的一段距离。他说绕过了瞭望角离某处地峡就只有1英里了，"在那里，我们从船上已经能够看到东方海……毋庸置疑，印度、中国和契丹就在东方海之滨"。可以推测，是卡罗来纳州外海岸浅滩上的小岛群误导了他。[33]

同时，西班牙国王派出了另外一支海上探险队，船长是葡萄牙叛徒埃斯蒂凡·戈美斯，"去探查契丹东部，远至我们的摩鹿加岛"。戈美斯也曾跟随麦哲伦出海，并在后来背弃了麦哲伦，戈美斯报告说在布雷顿角和佛罗里达之间没有通路。从当年庞塞的航行及其后来者殖民失败的经历中，对佛罗里达以北直至恐怖角的这段海岸已相当了解。

现在，从欧洲到亚洲一条相对较短路线的唯一希望就只能是向北深入，只能是冒着风险穿过寒冰覆盖的北冰洋。在约翰·卡波特航行之后的数年中，[34] 葡萄牙人对拉布拉多、纽芬兰，也许还有新斯科舍省沿岸的探察给地图绘制者们留下了深刻印象，却没能给进一步航海探险的支持者以印象。但英格兰是个例外。英国所处的地理位置恰就在这些不毛之地和迷宫般水域的入口。罗伯特·索恩是布里斯托尔的商人，他父亲曾是约翰·卡伯特的资助人之一。索恩在1527年向英国亨利八世递交的一份文件中提到了这一点，"探察北方只有您能做到，这是您的责任"。索恩认同中世纪晚期地理学家们的一个观点，当时这个观点广受支持：经过北极，北冰洋可以通航，可以穿越。16世纪制图师支持这一理论的证据之一就是14世纪的一位英格兰修道士曾经叙述过他到达北极的几次航行，只是这个作品已经遗失。[35] 在此基础上开始北冰洋的探险实在是不幸。约翰·拉特在1527年奉命去验证这个理论，可他到达约北纬53°时，寒冰却将他吓了回来。

只是到了16世纪70年代，英国人对西班牙人和葡萄牙人的妒忌变得强烈起来的时候，他们才真刀真枪地对西北航道发起冲击。英格兰意识到自己在开拓帝国领地和贸易机会上已经落在了对手后面。快到1577年的时候，威尔士人约翰·迪伊，这位物理学家、星象学家、文艺复兴时的占星家，穿行于英国的伊丽莎白一世、神圣罗马帝国鲁道夫二世之间，他当时正着手写一本书赞颂"大英帝国"海洋扩张使命的书，"大英帝国"这个称呼很是有些先见之明。这部作品的大半已经不复存在，存留至今的卷首插画可以看到它当年的样子。也许迪伊认为伊丽莎白会成为未来解放受制于西班牙的欧洲人，所以画上女王站在名为欧罗巴的大船船头。有着动人蓬松长发的"机会女神"——站在塔尖上就像格林童话中的长发公主——伸出桂冠等待高举双手的女王来抓取。在海岸上，象征大英帝国的女人正跪着为远航

第六章 环绕
约1500—约1620年：环球航线连通

约翰·迪伊《描述航海艺术的普通与珍贵纪念品》一书的卷首插图（1577年）

祈祷。上帝①之光驱动着大船。太阳、月亮和星星都施加着仁慈的影响。圣迈克尔手持利剑从船上下来，对占据新大陆的西班牙人心怀敌意。³⁶

当时有很多文学作品游说、宣传、诱导大不列颠统治海洋，特别是，利用其进入北部海域的地理便利挑战西班牙在海上的优势，迪伊的作品只是其中一部罢了。这些鼓吹者创造了，或者说从别人的创造中攒了一部有关英格兰在北大西洋航行的想象的历史：与许多不实之词一样，这个故事从长期看比事实更有力量，按故事所说，亚瑟王征服过冰岛、格陵兰岛、拉普兰、俄国以及北极，这给了英国开拓有争议北部土地和航线的优先权。³⁷

而这样的策略注定要受挫。英格兰对自己的航海传统似乎有自说自话之嫌。他们认为自己的帝国开始于伊丽莎白统治时期，然而事实上，那正

---

①Tetragram，希腊文是"四个字的组合"之意。希伯来文中的上帝，是以"Yod，He，Vov，He"来表示的，取其四个字母之首，可以组合而成"YHVH"，而这一组四个字母的意思，就是代表上帝。——译注

是英国在海上失败的时间，这是那一时代历史上最为显著和奇怪的特点。他们把伊丽莎白统治时期作为国家伟大的新纪元，可是事实上，按照欧洲其他国家——西班牙、意大利甚至法国或是荷兰——的标准，英格兰是个稍有开化的野蛮地方，远未发展起来。英格兰有着成为海上帝国的所有先决条件：临海、有航海传统，爱尔兰有帝国扩张的直接经验，而且，在之前的那个世纪，英格兰失去对法国诸省的控制，这也许给了英国海上探险的动力。然而，尽管英格兰拥有这些优势，但直到17世纪英国才开始行动。这是另外一个福尔摩斯"深夜猎犬"式的问题：为什么这头猎犬不吠？

英格兰的大量精力都花在了探索冰封的死胡同上。到达俄罗斯北部和通往哈得孙湾的海峡是英格兰在16世纪从北路寻找通往亚洲航线的两个主要舞台。但这里每年只有两三个月可以通航，时间太短，根本不够船只进出，更没有时间进行进一步的探索。在这些水域之外，唯一能取得进展的就是接受四周寒冰覆盖的现实，借洋流漂流航行。但这是一项工程，因为那时的船只装备简陋，既没空间也没可以长时间保持食物新鲜的装备。有这样一些问题，也就不会惊讶于为什么英格兰一直成绩平平了。

在伊迪写书的时候，马丁·法贝瑟已经扬帆海上，希望在拉布拉多以北找到西北通道。1576—1578年间，他进行了三次航行，发现了哈得孙湾的入口，却错误地没加理会，而是给它起了个名字叫"弗罗比舍海峡"，也就是我们今天所说的"弗罗比舍湾"，这又是另外一个错误。更糟糕的错误是他把黄铁矿当成黄金收集起来，并带回英格兰向根本不信的公众展览。这再一次打击了英国人的信心，直到1585—1587年约翰·戴维斯老调重弹，一厢情愿地报道戴维斯海峡"西面的清水"，才重燃人们的希望。

1610—1616年，亨利·哈得孙、罗伯特·拜洛特以及威廉姆·巴芬海上探险一开始，就立刻看出法贝瑟和戴维斯原来的说辞有问题。是荷兰的兴趣重燃了英格兰深藏的探路愿望，正是在荷兰的赞助下，英国才重新开始寻找通路。哈得孙于1607—1608年间，曾应莫斯科公司的邀请寻找过传说中的通往北极的航道，并在最后断定这不可能实现。如果要找的话，哈

第六章 环绕
约1500—约1620年：环球航线连通

得逊似乎应该是荷兰东印度公司寻找西北航道的最佳带队人选。像我们看到的那样，荷兰在这一时期疯狂地寻找在东方香料市场上取得竞争性优势的方法：它出钱沿着麦哲伦开辟的航线继续努力，寻找能绕过季风带海面的更快捷的航线。对哈得孙的任命是"三管齐下"策略的一部分。

1609年，他的首次跨大西洋航行只是确认了在现在纽约和马里兰两州之间的地区没有通道存在，而他这两处的支持者倒希望之前的探险者错过了一个重要进口。沿着以他的名字命名的河流，他向上游航行建立了一条通路。在后来的岁月里，这条路线成了大西洋和五大湖区周边盛产皮毛的森林间皮毛贸易商的一条有价值的路线。在回来的路上，他被英格兰人抓了起来，并作为叛徒投入了监狱，他摆脱困境的最好出路就是按英格兰的要求进行他的下一次航行。

1610年，哈得孙再次踏上了征程，这次资助来自英国商人，他们要求哈得孙在北纬61°左右找到一条通路。依据航向，哈得孙进到了哈得孙湾，可是给养短缺，航路上又布满了寒冰，他在海湾的最南端被困了整整一个冬天。到了夏天，天气变暖，寒冰的融化却还是不能让大船自由航行，他的部下策动了叛乱，把他赶下船任其漂流。坏血病、饥饿、冻伤以及当地因纽特人的暴力让他们饱受折磨，只有少数人活了下来，其中就包括继任船长之职的罗伯特·拜洛特。1612年，海军官员托马斯·巴顿带着比当初哈得孙好得多得多的给养装备再次出航哈得孙湾，证明船只还是可以在这里过冬的。在这之后，拜洛特为寻找通路又进一步进行了一系列的探索。

他最伟大的成就是为航海事业训练培养了一名无与伦比的天才航海家和勘测家：威廉姆·巴芬。他们在1615—1616年间所做的航行中充满了"转瞬即逝的虚假曙光"，困难、危险，一次又一次，似乎都已是离成功一步之遥。1615年，他们经过福克斯湾，满心希望以为是找到了通道，最后还是铩羽而归。第二年，他们向北航行超过了77°，却又不得不接受这样的事实：又是戴维斯海峡只能把他们带到无法穿越的坚冰。最后巴芬肯定"考虑到在寒冰中走过了那么远，靠近极地航行克服了那么多的困难，我敢说（并没有吹嘘的成分）自从有人开始努力以来，（在我记忆里）没有人在更短的时间里有过比这更好的发现"。

巴芬对进一步探险的总结非常令人钦佩。对装备良好又能够猎捕的海员来说，北冰洋里有大量的食物。他已探索的海域是很好的捕鲸地点，夏天也可以大有斩获。而这里是否有海峡则是疑问。冬天，可能是通路上寒冰堵塞，基本无法通行；夏天，冰雪融化，海面上巨浪滔天。他相信，经哈得孙湾，又或许经戴维斯湾，"毫无疑问，确实有一条航道存在"。但是要找到它，需要一条能在冰上反复过冬的航船，而这一任务很明显不是那个时代的任何船只或是船员所能做到的。[38]

同时，对美洲其他可到达的地方，英格兰又没有足够的力量进行殖民。由沃尔特·罗利爵士推动的1585—1587年间的洛亚诺克岛殖民也失败了：新移民的贪婪与残暴激怒了当地人，他们消灭了第一批移民，而第二批移民也消失得无影无踪，再也没有回来。然而，1602—1607年间，英格兰的民间探险家沿着新英格兰海岸找到了新的适合移民的地方，他们沿三条不同的航线尝试跨越大西洋：他们沿着卡伯特的航线到达纽芬兰，之后再转向南，但是这条航线即便是在最合适的航海季节，风向也不确定，又是逆流；或者他们沿哥伦布的航线行进，这条路线后来成为最受喜爱的航线，利用东北信风到达加勒比海，然后利用洋流向北航行；再或者他们直接顶风穿过北大西洋。

直到1607年，美洲大陆上詹姆斯敦附近才建立起第一个新殖民地。对于殖民地的发展英格兰并没有认真的规划。英格兰人仍然希望找到更为富庶的地方，希望找到遗失的文明或是去往不远处的太平洋的通路。不足为奇，这里最早的殖民者都无精打采，他们靠和当地包华顿部落印第安人建立友谊得到食物，可这种友谊不稳定，有时还带点强迫的性质。但在他们中间，有一个人精力旺盛、富有远见，他就是约翰·史密斯船长。从某个角度来看，他是个梦想家，靠撒谎获取尊重，写一些夸大的浪漫主义故事赞美自己的冒险史。他也是第一个美国硬汉：高傲的暴君，嗜血成性、大胆勇敢、果敢坚韧，这是他的真正性格，只是在腻腻歪歪的迪士尼故事里被裹上了一层糖衣，美化了。他声称自己能够用自己的法术从印第安人那里得到食物和姑娘。可事实上，暴力才是他的真正方法。他把自己大部分的精力都用在了维持殖民地活力上。但他也进行过一些适度的探险尝试。1607年，他沿詹姆斯河上行到达了包华顿部落以外的瀑布。他后来说他曾接到过秘密指令："未得到一块金子、未确定南方海洋的位置或是带不回沃尔特·罗利爵士丢失的殖民地移民就不要回来。"可是他没能做到。虽然如此，他得到了一张印第安人地图，得知这里的内陆地方连绵多山。[39] 第二年，他探索了切萨皮克湾，一直走到苏斯克汉诺克河，并且追寻着印第安人所说内陆一处"波光粼粼的大海"，沿着波托马克河到达了现在华盛顿哥伦比亚特区以外的位置。对于英国人在弗吉尼亚也进行的探索，只能这样说：法国在北美大西洋沿岸建立殖民地的努力同样成绩平平，西班牙也成功不到哪里去。没有哪个国家对美洲内陆的探索真正有所斩获。

太平洋沿岸

北美最北边覆盖着冰雪，如果北部大西洋沿海也不适合作为进一步探险起点的话，大陆的西边似乎消失在远方，将边界和探险者的基地隔离开来。从海峡出来，麦哲伦在智利沿海岸航行了大约三个星期。南美太平洋沿岸其余部分的探索是从北开始。记录中第一次探险是在1522年，由帕斯库瓦·迪·安达哥亚率领，按他后来回忆，这次探险的目的是"找到秘鲁酋长和圣米格尔湾另一头的海岸"。[40]这也许有点事后诸葛亮，但是当地的航海家肯定给过西班牙人一些指引，介绍过那个方向有些什么。"Biru"一词好像是当地人——也就是现在的尼加拉瓜和巴拿马人——对安第斯地区的称呼。过了秘鲁，沿海岸线的航行就碰到了严重的阻碍：逆洪堡洋流航行十分困难。16世纪40年代和50年代，佩德罗·德·巴尔迪维亚两次入侵智利，他由陆路到达比奥-比奥河，可他的给养船总是要费尽力气才能跟上他。智利太平洋沿岸的很长一段地方都有无人的荒野小岛，1557—1558年，胡安·拉迪莱奥在寻找穿越航线时损失了大半船队。那时，从卡亚俄到瓦尔帕莱索需要90天，要比从西班牙到墨西哥或是印度洋，或者是从阿拉伯半岛到中国跨越整个海上亚洲所需的时间还长。殖民智利的唯一办法就是找到一条更好的、更快的海上通路。传统上认为这条航线的发现要归功于孟丹努厄1567年的第一次太平洋之行，这次航线增加了人们对风系的认识。然而，更为可能的是，领航员是为了躲避洪堡洋流而向大海更深处航行，并在这一过程中渐渐地了解了去往海岸在哪里调整航线最好。但有关智利南部海岸复杂情况的详细航海图要等到全才佩德罗·萨尔米恩托·德·甘博阿的作品问世才会出现。甘博阿是位非凡的天才，他是航海家、历史学家，同时还是宣传家，他在1579—1580年一年间，迅速穿越这些岛屿，横扫太平洋，航行远达查塔姆，并由西向东穿过了麦哲伦海峡。当时，太平洋上英格兰、法国以及荷兰海盗横行，人们努力寻找合适的地点建立防御要塞以及海上基地，甘博阿的航行也是这些努力中的一部分。

同时，从西班牙墨西哥殖民地开始的北美太平洋沿岸探险也没什么进展。西班牙人对新西班牙西北部当地人的贫困和游牧生活没留下什么印象，他们对寻找穿过太平洋前往香料群岛的航线更感兴趣，科尔特斯希望这条航线"既非常易于通行，又相当短程快捷"。[41]

1533年，科尔特斯亲自出海，看到了下加利福尼亚的尖端，1539—1540年，弗朗西斯科·德·乌略亚勘察了那一省的大部分海岸，证明了这是一个半岛，但是制图师们却忘记或是忽略了这个事实，而是在一些地图上继续说它是个岛屿，把这个错误延续了200年。也许是那些地图受了"加利福尼亚"这个词的误导，"加利福尼亚"一词出自于一本骑士流行小说，其中，人间天堂附近的一个岛屿就叫作亚马孙。骑士小说对探险者的影响仍然没有减小的迹象。

远航回来不久，埃尔南多·德·阿拉孔就沿着乌略亚的航线进入了那时被称作科尔特斯海的地方，希望为那时就在莫戈隆峭壁附近陆路探险提供食品和必需品。阿拉尔孔沿科罗拉多河向上探寻了约90英里①。与往常一样，西班牙人还是过分乐观，对新发现的确切大小严重误判：他们本想和想象中近在咫尺的军队会合，可那时他们彼此间的距离还差着数百英里呢。

当时，新西班牙还没有一个人对下加利福尼亚以北有任何了解。1542—543年，胡安·罗德里格斯·卡布里略带人逆流而上，冒着恶劣的天气探察海岸，并于指挥官死后，探险队可能远抵美洲的俄勒冈州或是经过领航员计算的北纬43°的地方，也就是说他们这次探险返航前大概走过了1000英里的距离。16世纪，常有西班牙人沿这一地区海岸而行，寻找从菲律宾到乌尔达内塔的跨太平洋航线。但从那里出发满载丝绸的大型帆船在到达墨西哥之前很少会冒险停下来或是转而去探索新航线。可1587年，却有过一次例外：佩德罗·德·乌纳穆诺探察了莫罗湾，希望为接近目的地的船只找到一个也许会需要的、合适的停靠点。1578年，弗朗西斯·德雷克在太平洋上做海盗时也探查了这片海岸，他厚颜无耻地占领了这个地方，把它称作新阿尔比恩，在太平洋做着海盗勾当。他是否为海岸知识添砖加瓦了还不好说，这要取决于他所报告的海湾是不是以前曾和其他探险者擦肩而过的圣弗朗西斯科湾，还是卡布里略早就见过的德雷克海湾。争论双方势均力敌，很难达成一致意见。但是德雷克的报告对这个海湾含糊其辞，应该不能把他算作是发现者。

◆ 美洲内陆探险 ◆

西方人对美洲轮廓的了解还只是支离破碎，并不完整。这个时候，开始出现了一些选择性的美洲内部探险，人们对这个大洲的面积渐渐有了了解。探险者有两类路线：一种是，越野前行，通常历时较短，在陆上行进，穿越山脉、森林、沙漠；另一种是走水路，沿大河水系行进，这种方式能够深入这一半球，在一些地方几乎已是完全穿越。直到这一世纪末，推动这些探险者的几乎还都是那些有关财富的传说：富有的王国或是富饶的矿产。

陆路探险

　　1512年，第一个这样的传说吸引瓦斯科·努涅斯·德·巴尔博亚沿着圣胡安河寻找达贝巴王国。1510年，他曾为躲债逃到过西班牙君主国最远处的乌拉巴——中美大陆狭长地的一个危险的边城。然后，他搬到了达连安提瓜圣玛利亚区，一个更有发展前途的地方，在他的领导下，一个能独立发展的殖民地逐渐建立起来。他的第一次探险是一直向南，但还在安第斯山脉范围之内，第二次探险是从1513年9月到1514年1月：从卡莱拉出发，穿过巴拿马地峡，从而成为"看到太平洋"的欧洲第一人。

　　达贝巴王国后来证明只是一个传说。但类似的神话似乎还在不断出现，好像也有理由相信它们。16世纪20—30年代，西班牙征服者证明事实上的美洲甚至比骑士浪漫主义小说更为丰富多彩。墨西哥和秘鲁的确富产黄金，值得征服。16世纪20—30年代，探险从这里起步，向整个美洲内陆辐射发展。

　　1519年8月，荷南·科尔特斯带领本意是侦察的队伍在韦拉克鲁斯登陆。科尔特斯放弃在古巴的上等人的权利，将自己人组织起来成立了一个"公民共同体"，并推选自己为行政首长。这是自然而然的选择。每当西班牙人在荒野边陲相遇，他们就会建立起一个城池，而类似情况下，英格兰人则会成立个俱乐部。

　　科尔特斯将船拖到岸上，继续前进，"并不担心自己一转身，留在镇上的人就会背叛我"。有关阿兹特克财富的传说让科尔特斯铁下心来，决定弃船于一边，背水一战，要么征服阿兹特克，要么死在那里。"信任上帝的伟大，坚信陛下的力量"，315个西班牙人向内陆进发去寻找"无论位于何处一定要找到的"孟蒂祖玛。他们为进入阿兹特克最难进入的地方精心选择了一条道路，这条路上有阿兹特克最不甘心的附属国和最难驯服

第六章 环绕

约1500—约1620年：环球航线连通

的敌人。他们爬过哈拉帕一处"西班牙境内从未有过之崎岖，从未所见之陡峭"的隘口，摆脱困境，他们坚信自己已经站在了阿兹特克的领土之上。"上帝知晓，"科尔特斯写道，"我们承受了怎样的饥饿，怎样的干渴……怎样的冰雹风暴，怎样的狂暴风雨。"[42]他们奋勇穿过特拉斯卡拉的土地，那里，他们和墨西哥与海岸之间最仇恨阿兹特克的特拉斯卡拉人结为盟友，他们的勇气得到了回报。

可是，悬于一线的士气却很快消沉了。他们距家千里万里；他们没有任何得到援助之可能；他们知道如果有军队从古巴尾随而来，其目的也只是惩戒，而非相助；他们周围的环境满是敌意，令人心生恐惧，周围满是成千上万的无法理解的危险的"野蛮人"；他们不得不呼吸稀薄的、让人不适的空气；他们不得不忍受严寒与酷暑；他们的食物中没有西班牙人认为对健康和身份都极为重要的红肉与酒，身体因而虚弱无力；他们不得不受随时有可能背叛他们的当地向导和翻译的控制。在乔卢拉，科尔特斯诉诸了恐怖手段。按科尔特斯的说法，他这是为了挫败印第安人的阴谋，但说也是为了缓解西班牙人的压力才更为确切，按他自己的计算，他屠杀的人数超过了3000人。

科尔特斯还够不上一个征服者的标准，是当地人联合起来覆灭了阿兹特克。联盟组建的成功更应归功于科尔特斯的当地情妇，这个女人既是科尔特斯的翻译，也是唯一一个真正知道外交阵线具体情况的人。当地人对征服的抗诉给了她展示的中心舞台，她参与谈判，甚至直接指挥作战。

然而，科尔特斯的探险家声望的确名实相符。当然，他在开拓和作战中的成绩都得到了当地人的帮助，但是他的努力以一种改变世界的风格拓展了世界文明交流的既有路线。直到那个时候，西班牙在新大陆的前哨的重要性依然位处边缘、依然所获平平，对于欧亚多数人的生活几乎没有什么影响作用。科尔特斯将它们与世界上人口最为稠密、物产最为富饶的地方联系在一起，这条跨越欧亚、连接富庶的定居文明的伟大纽带现在开始能够与美洲进行文化和物质的交流。这一线的交流沟通虽然还不完美，尚不稳定，但还是开始将世界紧紧相连。

弗朗西斯科·皮萨罗刻意模仿科尔特斯，征服了秘鲁。这种常见的古怪的勃勃雄心鼓舞着西班牙征服者。皮萨罗没有文化，却将成为被征服的秘鲁的"地方长官、总指挥和西班牙贵族"。他的手下迭戈·德·阿尔马里奥是私生弃儿，也成了"有被认可地位的贵族"。处理探险募金的埃尔南多·德·卢克将成为主教。为赢得这些酬报，他们不得不经历令人震惊的困苦。虽然1524年皮萨罗的同伴就开始了他们的事业，但是直到1532年1月，皮萨罗才带着仅仅185人沿着塞拉河和皮乌拉河攀登印加高地。1532年11月，皮萨罗在卡哈马卡遇见了印加皇帝阿达华巴，他出其不意，手执兵刃以1:15的劣势俘虏了这位印加国王。皮萨罗手上有了阿达华巴，他就能对付反抗，勒索黄金赎金。

皮萨罗沿着印加高高的安第斯山脉的西侧走，然后从卡哈马卡翻山至豪哈，在10月将尽时开始下行到位于印加峡谷的首都库斯科。1535年，印加人的道路引着迭戈·德·阿尔马里奥从的的喀喀湖向南；1541年，印加的道路引导佩德罗·德·巴尔迪维亚到达智利；同样是借助这些道路，迭戈·罗杰斯则穿越了查科，并于1543年开始征服图库曼。

与此同时，16世纪20年代晚期，探索柏拉特河河口的探险家听到了有座神秘城市的传闻，因这是塞萨尔兄弟最早去寻找或是最早记录下这个传闻，而将此城称为"塞萨尔城"。冒险家们从哥伦比亚到巴塔哥尼亚对它的寻找断断续续持续了四分之一多个世纪。它最有可能的位置是在安第斯山脉北部，不断有报告说那里有一个拥有惊人财富的王国。就在这里，从加勒比海发端，沿马格达莱纳河、西奴河以及圣胡安河的三条河域的道路汇聚于此。于是，16世纪30年代，一队队同为竞争对手的西班牙征服者也聚集于此。

他们中的一个从东边来到这里。查尔斯五世授权德国银行家维尔茨的公司探索委内瑞拉。1530年9月，他们的代理人尼古拉斯·费德曼发现自己在卡洛大权在握，"手下人数众多，无所事事，空闲无业，于是，我决

第六章 环绕

约1500—约1620年：环球航线连通

定进行一次南海远征"，"做点有利可图的事情"。这说明探险家们对他们眼前的这块大陆多么无知：想从卡洛到达太平洋这实在是野心超大，荒唐可笑。他陷入了委内瑞拉大草原的烂泥之中，却误认为这里即是海岸。他的上级长官安布鲁斯·阿尔芬格也在此时进行了一次为期3年的远征，一直远行到马格达莱纳河和西格摩苏河，可是最终却搭上了自己的性命。但是费德曼并没有放弃。

波哥大附近的哥伦比亚高原确有一处盛产黄金和半城市化的定居文明——穆伊斯卡。1537年，一支从圣玛尔塔出发，希望开辟前往秘鲁陆路路线的探险队偶然闯进这里。他们控制了这里两年，在这里积聚财产和当地织物。接下来，1539年，费德曼到这里的时候身上只剩了兽皮，原来的足足300人在从东面攀登安第斯山脉的艰困之中已损失了一半。第三支队伍从秘鲁向北挺进，几个月后也到达这里，开始了一段长达7年之久的对战利品分属问题的诉讼之争。

阿兹特克、印加以及穆伊斯卡这三大盛产黄金的文明的发现自然激起了人们更多的贪婪之心。现在，探险的重点转移到了委内瑞拉和亚马孙地区的低地处。探险家在那里寻找一直存疑的"黄金国"存在的可能；El Dorado按字面是"镀金人"的意思，据说一位浑身涂满金粉的酋长参加仪式后会在一个湖中沐浴，许多珍贵的手工艺品也会随之投进湖里。[43]

以前的发现都是在高地之上，也许很是奇怪，为什么这次探险家们会在低地处寻找失落的文明。但是，在安第斯山脉东边山脚下发现的壮观遗址似乎指引着探险家们向东前进。印加出于对森林中贸易伙伴的赞赏而出现的传闻可能也起了一定作用。低地处也许确是建立了大型殖民地的社区群落，其中精耕细作，有富余进行贸易。亚马孙河早期的探险者报告中出现过这样的地方，近些年的考古发现也证实了这一点。龟类、鱼类的养殖，以及苦木薯的大规模种植使低地有可能供养现在森林印第安人所无法供养的人口。16世纪后半叶，几乎所有驻扎在卡洛以东西班牙人的报告中都提到了现在一般已归入圭亚那地区神秘高原的"黄金国"。17世纪，搜

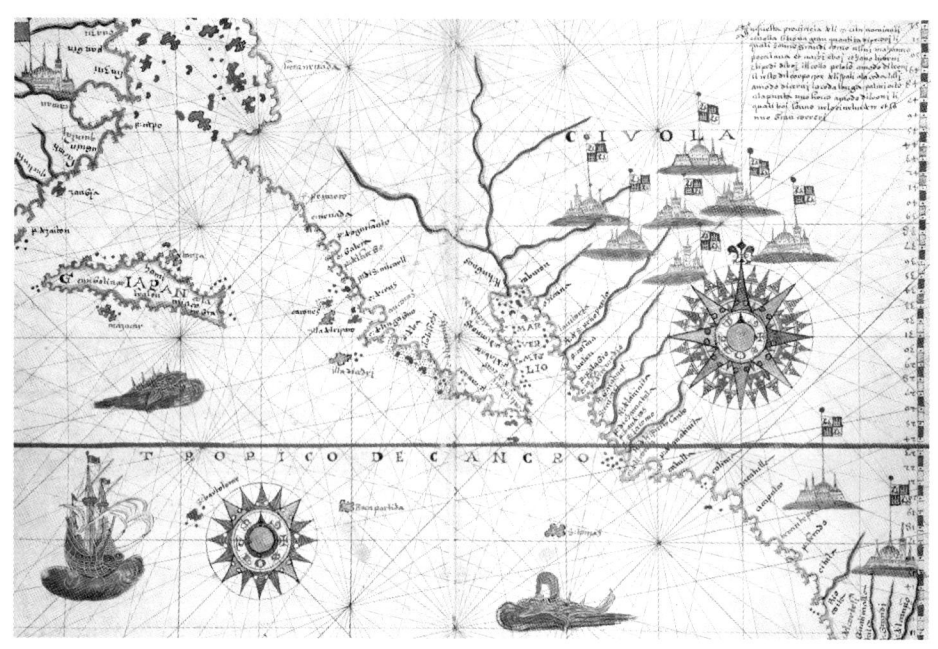

1578年琼安·马提尼斯地图集上的北美西南海岸地图，图上展示了传说中锡沃拉的七座城市。

寻一直在这里继续。

  北美也一直都有类似的传说。1539年，一个传教士的黑仆随主人搜索寻找墨西哥以北尚不为人所知的民族，他一马当先，走在前面。这个黑仆在死前留下了一份在精神失常下陈述而信息混乱不清的报告，被听到报告的那些人夸大得言过其实。他说锡沃拉就是北美内陆七座伟大城池之一，它比特诺奇提特兰城还大。按中国的传言，这座城中的庙宇都满满覆盖着绿宝石。[44]这一说法的影响可在大概40年后琼安·马提尼斯在加泰罗尼亚所绘的地图中看到：一支贵重的全镀金指南针直直地从奇瓦瓦和锡那罗亚指向一片圆顶、尖顶以及角塔状的城市，可是这片五彩斑斓的地方却并不存在。顶着光华夺目虚名的这7座城市被统一冠以锡沃拉之名。

  1540年4月，弗朗西斯科·瓦斯科·德·科洛纳多带着200人的马队远征寻找"锡沃拉七城"，他们赶着满载着食物的骡队和做食物用的成群的牲畜，后面还跟着一支包括1000名奴隶和仆人的支援队。锡沃拉据说是位

第六章 环绕

约1500—约1620年：环球航线连通

于山脉的另一边，于是他们完全是沿河上行，在到莫戈隆峭壁的分水岭后转而沿河向下游行进。因为供给远远地落在了队伍后面，科洛纳多他们在到达高地处后，饥饿难当。他们中的一些人因为食用沿路的野草野菜而中毒身亡。两个月后，他们到达了一个人口稠密的地区。这里印第安人的居住点修建得相当不错，是定居下来的农民，科洛纳多把他们称为普埃布洛。他们是"好人"，西班牙探险者报告说："他们更愿意从事农耕，而非战争。"[45]但是，在物质文明方面，他们远没有传说中锡沃拉声名远播的那般灿烂辉煌。他们也没有祖母绿宝石，只有少量的绿松石。

大草原已近在咫尺。在普埃布洛人位于哈维库的定居点，科洛纳多第一次听说了他们叫作"母牛之乡"的地方，母牛指的就是美洲野牛。[46]他在一个大使随员身上第一次看到了美洲野牛的纹身或是图画，大使从居住在草原边缘附近的人们那里带回了野牛皮制作的盾牌、袍子以及头饰。科洛纳多和使者一起去到使者的家乡兹魁特，科洛纳多找到了一位"能和水罐中的神魔交谈"的有神力的向导。[47]这位向导能说一点纳瓦特尔语，或者他也是后来所说的科曼奇人，这些语言和阿兹特克语都是同一起源。科洛纳多听说一个国家有带40支桨以及黄金船头的独木舟，[48]于是向北逼近，希望找到被称作"锡沃拉"的富庶的都市文化。一路上，野牛随处可见，科洛纳多在草原驰骋行进，"草原那般广阔，虽然我已走过不只300里格，却还是没能走到它的边缘"。[49]

西班牙人的报告显示有一个地区是以野牛为生。当地人的食物就只有野牛一种，他们的衣服就是野牛皮革线缝制着的野牛皮。他们睡在野牛皮的帐篷里，脚上穿的也是野牛皮制成的鞋子。所有来访者都对他们的英勇无畏、对人友好印象深刻，但是他们的餐桌文化在西班牙人眼中却是野蛮的代名词。他们"像鸟类一样"吞食"嚼了一半的生肉"；他们从野牛内脏制成的容器中生喝鲜血；他们有滋有味地食用野牛胃中消化了一半的东西。对于希望找到他们心中的高度文明的探险者来说，这种失望实在是强烈深刻。

科洛纳多在"如同大海一样平坦的陆路"上搜索了5周却毫无结果之

后，认为他的向导正将他引入歧途。可是当他问起锡沃拉，一路碰上的印第安人却都说要继续向北。于是，科洛纳多秉承西班牙征服者最优良的传统做出了一个大胆的决定。他把他的队伍中的多数人，以及所有的随队流动人员一起送回了家乡，而只带了指南针和30名骑手一起深入北方。他们以野牛为食，在沿路堆起高高的野牛粪堆作为归途的标记。

最终，他们在现在堪萨斯州赖斯县的野牛溪——片牧草相对较高的草带边缘找到了锡沃拉，这里草原下降到低海拔，牧草变得厚实。吹嘘宣扬的"城市"不过是草皮小屋组成的定居点，这里人们长着"浣熊眼"，是"脸上有刺青的吉里吉里人"，他们在沿着阿肯色河逐渐向西延展的村落中的小片草原上艰辛耕作。科洛纳多改变了他们的世界，为这里带来了马匹。有马和矛，科洛纳多能在两周内杀死500头野牛。虽然不骑马的当地人也可以利用陷阱杀死很多野牛，但是骑手猎人的威力却完全不同。这预示着未来，尚相当遥远的未来，要到一个多世纪之后，马儿才能成为草原上人们普遍使用的伙伴。

赫尔南多·德·索托从另一个方向来到这里。他曾和皮萨罗一起在秘鲁服务，希望能一夜致富。他作为西班牙征服者的一夜暴富让他有资金可以自己远征。去佛罗里达再发横财的想法并没什么新鲜之处。1528年，西班牙人就曾在潘菲洛·德·纳尔瓦埃斯带领下穿越过现在北美"南方腹地"的内陆地方。他们没有找到财宝，少数活下来的"已如新生儿一样裸着身子，一无所有……看上去如死人一样瘦骨嶙峋"。[50]

索托认为自己可以做得更好。可是他毫无耐心，恣意挥霍，这让他的探险问题多多。1539年5月他在坦帕湾登陆。他的400名士兵和200多匹马小心翼翼地穿过沼泽，进入阿巴拉契亚部落，他抓住酋长进行敲诈，由于行为实在太过卑劣，不仅激怒了付钱的人，也使接待的人大为光火。索托在现在的佛罗里达度过了冬天，然后他穿过蓝岭山脉沿阿拉巴马下行远至现在墨比尔以北的马比拉。按先前达成一致的计划，军队将回到岸边在彭萨科拉湾登船，那里有一支舰船正在等待着会合。但是索托却希望得到

第六章 环绕

约1500—约1620年：环球航线连通

更多的财宝。在印第安人居住的修建良好的定居点，那里贝壳和铜制的艺术品，少量金质制品的手工技术都让索托相信自己正在某个伟大文明的边缘。于是他变换方向，没去会合，而是带着他的人转向西北方向。

在索托走过的地方，有一些居民点也相当富庶，这鼓舞了探险者，却还是不足以让他们满足。"德·索托，"一位有不同意见的追随者报告说，"就因为他希望再找到一个如阿达华巴一样富有的地方，秘鲁的统治者才一直不满足。"远征似乎是漫无目的的四处游荡。"无论是长官，"一位探险者抱怨道，"还是其余的人都不知道去向何方才能找到那块让他们的欲望得以满足的地方。"[51]

大概是因为西班牙人带有某种当地人无法免疫的疾病，所以无论他们走到哪里，瘟疫似乎都会随之暴发。传说内陆有一片地方，索托一行认为那里可能是海洋，因而转向内陆进行调查，他们在奎兹奎兹见识了密西西比河的宽广。他们乘筏子穿过密西西比河，沿阿肯色河行至现在小石城所在的位置，打算恐吓当地人让他们交出黄金，可是并没成功。当地居民的贫困以及他们的激烈抵抗使西班牙人的希望破灭了，1542年春天他们放弃了这次远征。那一年5月，索托去世，很明显他是死于"腹泻"。他的手下没有找到回墨西哥的陆路，于是折返，乘着他们自己制造的木筏沿着密西西比河到达海岸。

16世纪40年代早期的探险经验让西班牙人的幻想连连破灭，这使得北美南部在这一世纪余下的大部分时间里都被忘记了。16世纪90年代人们才重新燃起对它的兴趣。此时，新西班牙的居民才真正接受这一地区并不存在富庶文明的现实，但是似乎，征服开拓新墨西哥面积不大但相对较有发展潜力的牧场和耕地开始显现价值。1595年，胡安·德·奥纳特开始计划一次500人的远征。他打算在新墨西哥建立一个殖民地，从那里起步向外探索，希冀开辟一条通往太平洋的道路：与以往一样，他大大低估了这段距离，很清楚，他们对新墨西哥和大洋之间的天远地阔以及两者间地形的险峻崎岖毫无概念。

为了到达想象中的殖民地，并为那里提供足够的食物，奥纳特不得不赶着数千头牲畜上路，队伍整整有3平方英里①，他们就这样行进了数百英里，一路穿越沙漠，翻过高山，其中有一段约60英里的路程尤为艰难，以至人们把这段讨厌的路程叫作Jornada de la Muerte，即"死亡之旅"，以及后来的Jornada de la Muerto，即"亡灵之路"。有关这次远征留下了无数的记录，这其中最生动的文字出于卡斯帕·佩雷斯·德·比利亚格拉笔下。他记录了路程中的种种苦痛：关口小径上岩石密布、倾斜陡峭；沙丘上炫目的光线炙烤双眼，眼球似要从眼窝中爆裂而出；马匹无法分辨方向，无助地跌跌绊绊；人们渴得冒烟，吐出的东西像沥青。其中有一段描写记录了比利亚格拉自己从敌对方的印第安村落阿克曼逃出来时的情况，读来尤其让人痛苦。他先是在雪中误入陷阱，然后在暴风雪中跋涉了整整4天，饥渴交加，最后他感觉自己将不得不吃掉最后的伙伴——自己的狗。可是，或是被狗的忠诚感动，或是因为缺少厨具，他始终还是下不了手，可狗还是死去了。"我让它四肢伸平，它的血渐渐流干，我痛苦地吸了一口气，接着去寻找也许能够终结我残余生命的一线运气。"他克服了这些自杀的想法，可当有水之时他却因喝得过多而差点死去。

当然，比利亚格拉的记述也并不完全客观。它是代表作者和一起出征的同伴致国王的集体进言，是在告诉国王所经历的所有苦痛"只是为了向您（国王）效忠，使您愉悦"，他们希望得到认可，得到皇家的奖赏。其中一章的开头写道："新发现过程中士兵的经历极端苦痛，他们的付出换来的却是低微的报酬。"然而，比利亚格拉故事的事实轮廓毋庸置疑。其中许多故事都在别的记述和官方文献中得到了印证。

使本书水平提升，而不仅仅是一篇可信的论述的正是本书的形式而非内容。在书中所列恐怖事件中，与阿克曼印第安人发生冲突，屠杀与反屠杀的惨烈故事是其中的最高潮，这些内容全部是用英雄诗体，采用维吉

---

① 1平方英里=2.59平方公里。——译注

第六章 环绕
约1500—约1620年：环球航线连通

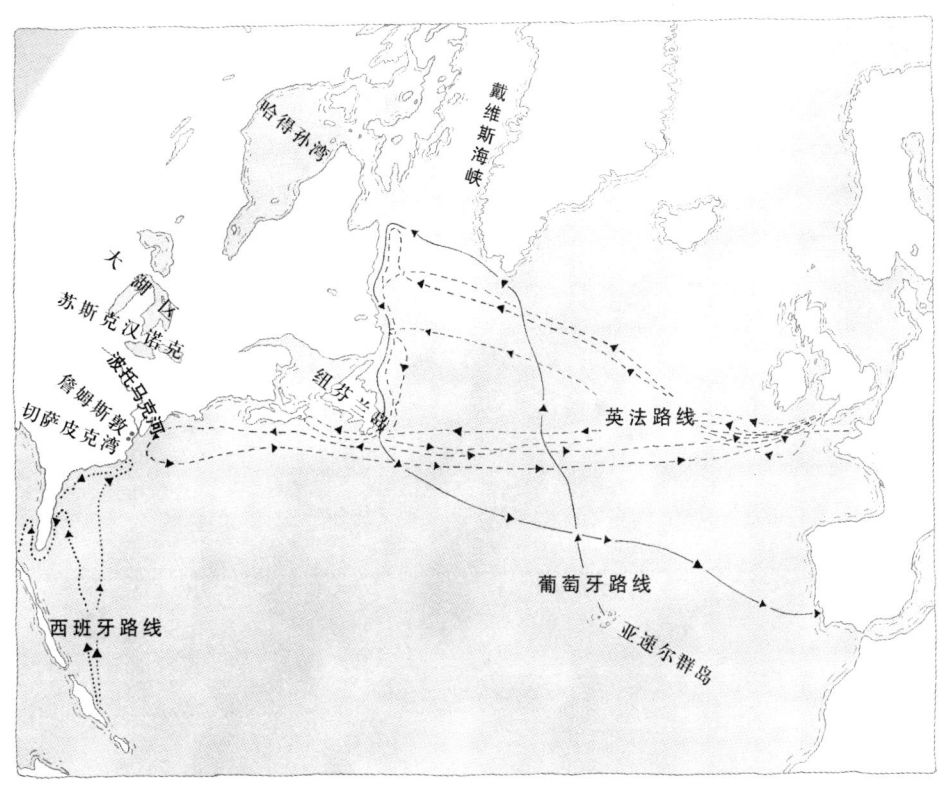

从欧洲前往北美的路线（约1496—约1513）

尔强有力的回声呼告的形式写成。事实上，这首诗最开始的一行就写道："我歌颂武器，歌颂英雄。"那样的诗句经常出现在那个时代其他的夸张的英雄诗中。而比利亚格拉的古典形式的引喻和人文主义的价值观似乎是相当的契合。他在寥寥几行间把罗马、迦太基、喀耳刻、奇涅阿司、皮洛士、菲耶家族、西皮阿家族、梅特里家族、庞培、苏拉、马略、卢库勒斯以及特洛伊木马全提到了。[52]

同样，比利亚格拉也用骑士的传奇故事对战役的实情进行了重构。在他的记述里，这次远征有：

完美、端庄、可爱、高贵、精明审慎又有魅力的漂亮女人、保姆以及年轻姑娘……相貌英俊的男子，他们争奇斗艳，其热闹就好像是在最最五彩缤纷、高贵傲慢的宫廷高级宴会上那些习惯用服饰区别彼此等级地位的最讲究打扮的朝臣一般。[53]

这些未必完全准确，但是加上一些文学的想象之后，作者就能把自己看成骑士，把远征看作是骑士的勇武之程。他做的还远不止这些。故事中有一段讲述了一个叫波卡的印第安女人，她跑到一个西班牙营地寻找她的丈夫。她认定她的丈夫被俘关押在那里，警卫的军士让她随便找：

军士们看到这位女士如此的亲切和气、彬彬有礼

如此的冷静、坦率、美丽，

于是下令所有人对她不得阻拦，让她自由通行，这自由来自无瑕的美

让人不由生侠义之心，恳切礼让。

堂吉诃德最后遇到了他的理想爱人达西妮亚，这位真正的骑士侍从找到了他高贵的爱人。而探险似乎成了——如一位急躁的新西班牙总督所说——"童话故事"。[54]

大河路线

除却那些穿越山脉、沙漠、森林以及草原的越野道路以外，各条大河也将探险者引向了崭新的、不为人知的、不期而至的目的地。南北美洲均被各大河系所割裂：奥里诺科河、亚马孙河和巴拉圭-巴拉纳河都是南美的大部分地区的通路。而北方，圣劳伦斯河和五大湖帮助探险者从大西洋深入内陆腹地。然而，密西西比河与密苏里河不仅仅流域广阔，而且大部分河段均可通航，这点在完全进入17世纪之前却一直没被人们注意。

1541年末，第一批西班牙航海者到达了亚马孙河：共58人，他们用废弃金属制成的铁钉修造了筏船，并用这些筏船和几条从印第安人那儿要来或偷来的独木小舟逡巡搜索。他们寻找幻想中存在却注定找不到的财富，他们认为"肉桂之国"就位于从秘鲁出发的内陆。他们不顾一切想找到食物，时而上岸拖船，时而水上划船，沿纳波河到达了亚马孙河。"可是我们却发现，"弗雷·加斯帕·德·卡瓦哈尔写道，"和我们之前的想象完全不同，我们在200里格的范围内都找不到食物。"事实上，雨林中物质丰富的猜想毁

第六章 环绕
约1500—约1620年：环球航线连通

掉了许多探险者。其实，森林的地面几乎没有人类可食的植物。[55]可相反，卡瓦哈尔继续写道："上帝让我们有了一个新的、前所未有的发现。"这就是从亚马孙河和纳波河的汇合处驶往大西洋的首次有记载的航行。

这次冒险是偶然发现。航行者并没想离开他们还在营地忍饥挨饿的同伴。只是饥饿让他们越走越远，又找不到食物，他们已经没有力气再和河流搏斗转回营地了。他们和洪流搏斗了好几天，还是无法靠岸。卡瓦哈尔说"他们和在海上一样"做弥撒，但是没有奉圣体，以防万一掉到海里。1542年1月8日，在整整漂流了12天后，他们终于靠了岸，同情他们的印第安人给了他们些吃的。这给了他们继续航行至大海的力量，他们为航行修造了一艘双桅船。最大的问题是缺少钉子。两名有工程经验的士兵被委托进行锻造工作。他们用一个饿死的男人的靴子做了风箱，燃烧木头做用于熔炼的木炭。他们留下必需的武器和弹药，把其他所有可能收集到的金属放在一起，在20天里制造了2000枚钉子。就这样，铁器时代进入了巴西雨林。

他们必须找到一个能得到更多食物的地方才能继续修造他们的双桅帆船。他们一直都没有自行获取食物的特别办法，但他们这段路上人口稠密，印第安人养殖龟鳖，保证了龟鳖肉类的供应，还时不时地有"烤猫肉和烤猴肉"补充。在这里，他们用了35天修造了大船，并用浸有沥青的印第安棉花堵塞缝隙，沥青是"应船长要求，由印第安人送来的"。

这艘船很快就变成了战舰。5月和6月的大部分时间里，这些航行者一路和来意不善的独木小舟作战，一路前进，但多半时间他们的火药都是潮的，所以只能靠弓弩来进行防御。在这段时间里，他们靠袭击岸上的印第安人以猎取给养。6月5日，他们经历了给这条河命名的遭遇。他们在一个村子里发现了一个美洲虎雕像守护着的有防御工事的圣所："这个建筑有值得一看的地方，其体量之大很是让我们惊讶，于是向一个印第安人询问它的用途。"这个印第安人解释说他们在这里奉拜他们的女性统治者。西班牙人继续向下游进发，他们听到一些传闻，认为再向北有一个女性战士统治的强大帝国，那里包括70多个村子，盛产金、银、盐以及美洲驼。这个故事一定是因为西班牙人的提问有诱导性,以及他们在理解上的断章取义。在顺河而下进行了大约1800里格的航行之后,远征队在大西洋上一出现,西班牙人和亚马孙女战士英勇搏斗的故事就传遍了欧洲。1544年,塞巴斯蒂安·卡伯特就为他的世界地图加上了与并不存在的女性进行战斗的场景。

奥里诺科河更是桀骜不驯。16世纪30年代,尝试溯河而上征服这条大河的探险者根本无法战胜它与梅塔河交汇之处的湍流。后来,虽然人们还是在这条大河上进行过零星的尝试,但直到16世纪80年代,当"黄金国"的传说让西班牙人抬头远望圭亚那高地之时,这条大河上的探险才开始有所进展。曾征服过波哥大的探险者的后人安东尼奥·德·贝里奥拿出钱财寻找传说中的王国。1584年,他从位于波哥大东北的家乡赤塔一路向下开始对河系进行系统性的探察。他沿着奥里诺科河一直走到了它和从圭亚那高地奔流而下的本图阿里河的汇合口。他跨过分水岭,继续沿高地北线向河下游行进,在奥里诺科河河口附近的圣托梅建立了一个殖民点作为进一步探险的基地。他的儿子费尔南多继承了父亲的志向。费尔南多向上游尽力行进和勘察,一个接一个地探查了从南边倾泻入奥里诺科河的各大支流。可是这些工作却都徒劳无功,他们没有找到任何财富,甚至都没找到一条委内瑞拉和新格拉纳达间可能通行的商路。1647年,"阿普雷河上的哥伦布"米格尔·德·欧哲威征服了奥里诺科河最后一条源自安第斯山脉的支流,直到此时,奥里诺科河的征服才最终全部完成。欧哲威曾写打油诗庆祝自己的成就:

我来了,我看了,我征服了,我带着荣耀从奥里诺科河归去;

河系已如水晶般清晰,恐惧已渐渐消散;

对上帝,我心怀感恩,我献上我的奇妙故事;

对读者,我为你们献上的是商路上的万般便利。[56]

欧洲人对柏拉特河的发现有很多争议。韦斯普奇曾说是自己发现了这条大河,可是这也有可能是葡萄牙或是法国的伐木人的功绩,因为他们常常在巴西沿岸寻找洋苏木。1516年,胡安·迪亚斯·德·索利斯去往河

第六章 环绕
约1500—约1620年：环球航线连通

口，心怀一线希望，希望找到通往太平洋的捷径，但还是无功而返。我们对于第一个经柏拉特河深入南美内陆的欧洲人知之甚少。阿雷荷·加西亚因为在迪亚斯探险中不听上级差遣而受到责难，被放逐到河口附近的一个小岛之上，并且听说内陆"银山"之中有一个"白人国王"统治的富饶王国。究竟是印加帝国存在一事千里万里地传到了来自安第斯山脉的印第安人那里，还是西班牙人那些诱导性提问引出的又一个传说？16世纪20年代的早期或是中期，某一个无法确定的日子里，加西亚回头去碰运气。他的路程已难以精确重现，只能是从西班牙人后来从印第安人那里得到的消息中了解到一鳞半爪。但是他几乎穿越到达了秘鲁，聚集了神话般的财宝，这让后来的探险者前仆后继。加西亚死在了查科地区，也许是在回来的路上死在了当地人手上，死后他流传的致富传说给印第安人的财富故事增加了传奇色彩。

那些仿效他进行的探险都遭遇同样的结果，没为外部世界增加任何一点点有关这一地区的知识。这种情况一直持续到了1541年。那一年，多明哥·德·伊哈拉开始掌管布宜诺斯艾利斯的西班牙前哨基地。当了解到最近前往上游的队伍被屠杀时，他做出一个大胆的决定，这个决定具有典型的西班牙征服者的特点：放弃基地，在巴拉纳州亚松森上方建立一个新殖民点。他在那里和当地人达成了非正式的协议。阿尔瓦·努涅斯·卡贝扎·德·瓦卡带领的救援队也在路上了。阿尔瓦是新大陆最有才能的西班牙指挥官之一，他对自己1528—1536年间探险的描写相当精彩。他曾在对佛罗里达进行探险失败过程中被得克萨斯海岸的印第安人俘获，后来与另外三个西班牙人以及一个黑奴一起逃了出来并尝试寻找回墨西哥的道路。他因为个人魅力和医术而有了圣人的名声，在长达七年的冒险旅程之后，阿尔瓦和600名印第安追随者一起到达了位于锡那罗亚州的西班牙边境。现在，他决定用同样的决心来对待巴拉那的问题。

他于1542年3月到达，并于第二年在皇家港修建了一个高级基地。探险队可以从那里出发去往各处，希望找到加西亚遗失的财富。1544年4

月,他被迫两手空空地回到亚松森,他发现躁动不停的西班牙征服者越来越难以管理,在报告中他说:"魔鬼不可能控制我们。"1546年,他服从伊哈拉的命令"去内陆看看我们是否能找到黄金或是白银"。经过43天的艰苦跋涉,给养一空,他们抽签决定是否还继续向前。"上天让我们继续向前进发。"[57]他们继续向前,一路上的大半时间都在与满是敌意的印第安人战斗,终于在第42天见到了秘鲁总督的前哨基地。他们新开拓的跨越大陆的路线将秘鲁和大西洋连在一起,这是一条颇有开发价值的路线,事实证明对西班牙帝国用处多多。

而在北美,对密西西比河开发的忽略使其不可能产生犹如南美那样的河路网络。然而,圣劳伦斯河却在很早的时候就成为通往内陆的重要通路。和南美河路探险中的故事一样,这里最吸引探险者的也是有关富饶王国的传说。1534年,法国国王任命雅克·卡迪尔"代表法国前往新大陆寻找据说拥有大量黄金和其他财宝的岛屿或是土地"。[58]很明显,这次探险源自西班牙在墨西哥和秘鲁取得的成功,而韦拉扎诺已经开始的探险至多也只能排在法国探索日程表的第二位。卡迪尔的第一次出行让人灰心丧气。他侦测了纽芬兰的海岸,探查了在他眼中的似乎是"上帝赐予该隐①之土"[59]的圣劳伦斯湾。然而,有三个事件让他希望再回去探访:第一,皮毛是北部的黑色黄金,印第安商人给卡迪尔的皮毛让他激动不已,有时候,这些商人就直接从背上拿下皮毛去换鹰哨。第二,他和统治着圣劳伦斯河下游的部族酋长多纳科纳建立了良好的关系。推测起来,大概是经过双方都不是太明白的谈判,酋长同意卡迪尔竖起装饰着法国盾形纹样的十字架。酋长甚至同意卡迪尔把自己的两个儿子带回了法国。卡迪尔希望通过对酋长之子的礼貌相待,能让自己回去之后获得更多的优待。第三,卡迪尔遇到的易洛魁人告诉他一块易洛魁人称之为萨格奈的富产黄金的区域,说萨格奈就位于海湾顶点的河口上游。

---

①该隐,圣经人物,亚当的长子。——译注

第六章 环绕
约1500—约1620年：环球航线连通

于是，1535年，卡迪尔回过头来，开始沿现在所说的圣劳伦斯河而上，他的易洛魁信使说："这条河源自很远的地方，没人走到过尽头。"从某个方面来看，他在这条河上的经历是有价值的。他一路遇到的当地人都鼓励他继续向着萨格奈地区想象中的财富进发，而易洛魁人的物质文化在某些方面也是令人印象深刻：这些人从事农业，修建永久性的居住地。按卡迪尔估算，在位于现在蒙特利尔的奥雪来嘉镇上呈完美几何图形排列的街道中生活着2000名居民。他遇到的人无一例外地热情、慷慨，卡迪尔带来的新奇事物：基督教仪式、马口铁箱子、嘈杂的枪声、喇叭的乐响都给他们留下了良好的印象。另一方面，这里丰富的猎物、鱼类以及皮毛也给法国人留下了深刻的印象。在回去的路上，卡迪尔探查了一个他第一次探险中就注意到了的特别之处：在纽芬兰和布雷顿角岛之间有一道海峡，通过这条海峡，可能保证能够经过依然属于法国的圣皮埃尔岛和密克隆岛，更快捷、更安全地到达圣劳伦斯河。

然而，这次旅程在其他方面却让参加者很是失望，也让历史学家一直困惑不解。卡迪尔的记录十分清楚地表明他的易洛魁向导告诉他：萨格奈位于支流萨格奈河上游。萨格奈河一路呼啸着穿过深深切入岩层中的河道，从北方注入圣劳伦斯河。卡迪尔似乎是让自己相信他可以继续沿着主河更显平静的水路到达萨格奈。而且，尽管卡迪尔善意地投入了很多去讨好印第安人的王子，而两位王子流利的法语确实也极大地改善了他和当地人之间的关系，可是事实证明这种友好关系很难长久维持下去。很清楚，东道主（易洛魁人）并不想卡迪尔越过魁北克深入敌人内部。他不再信任这些人，放弃他们的导引帮助继续向前走。在卡迪尔沿河从上游回来的路上，他学习西班牙征服者，俘虏了酋长多纳科纳。但卡迪尔的目的并不是控制多纳科纳，而只是把他带回法国，卡迪尔知道萨格奈的故事由多纳科纳讲一定能筹到更多的钱用于下一步的探险旅行。他确是一位令人印象深刻的宣传家，他随声附和法国人每个有关传说中国度的一厢情愿的想法：于是那里成为盛产花椒粉和石榴，住着欧洲传说故事里的怪物的国度。旅行中最棘手的问题是必须要在加拿大过冬。船被困在河上12英尺厚的冰里。储备都冻上了。坏血病折磨着他的部下，最后还是在拿到印第安人的疗法后才得到缓解。之后卡迪尔至少还进行过一次沿圣劳伦斯河的旅行，并在魁北克建立殖民点，可能还在此殖民点无以为继的时候再去过一趟以撤走该殖民点的人员。殖民者沿圣劳伦斯河的支流并没有找到萨格奈存在的证据。

所以，似乎至少是在当时，圣劳伦斯河探险并没产生什么结果。在下一个世纪皮毛贸易取得发展，在魁北克和蒙特利尔建立了可发展的殖民地以前，北美内陆的开发都因为缺少西班牙在新西班牙和秘鲁开发的那种"即时致富"中心而受挫失败。

但是，与在西班牙治下时一样，法国对新大陆的期望渐渐地发生了变化。到16世纪末，取得金、银一夜而富的希望破灭了：阿兹特克、印加以及穆伊斯卡时的荣光都成了过去。卡迪尔看到的皮毛的魅力似乎已经足够推动新一轮建立殖民地的努力。1598—1600年，皮毛商在圣劳伦斯河上建的贸易站一直修到了萨格奈，但是翁弗勒尔和圣马洛的商人还在为贸易和殖民地的专属权争论不休，殖民点不是失败就是消亡。然而，1600年，当迪耶普的商人来到这里时，事情发生了变化：王室允许翁弗勒尔和迪耶普的联盟进行专属贸易，联盟创始人为他们的新殖民地精心选择了一个管理者——塞缪尔·德·尚普兰。

1603—1616年，尚普兰断断续续地管理着法国在加拿大的事务，在此期间，他一直把进一步探险放在首位。他进行了第一次萨格奈河上游探险，探查了圣劳伦斯河南向的支流。1609年，他沿着黎塞留河一直走到泰孔德罗加，从印第安人那里得到了一幅相当准确的、远达大西洋海岸的图像：这点相当重要，因为黎塞留河和哈得孙河流域将在皮毛贸易运输线上发挥越来越重要的作用。他们与休伦族人取得了联系，而后者成了法国人所能希望得到的最为可靠的当地盟友。他们与法国人并肩作战，对抗与他们敌对的其他的易洛魁族人。尚普兰比以往探险更为详细地勘察了现在的新斯科舍、新不伦瑞克以及直到鳕鱼岬新英格兰沿岸。最后，1615—1616年，跟着他之前安排好的探察，他沿着圣劳伦斯河到达休伦湖，穿越陆地进攻了安大略湖东岸敌对的易洛魁人，并在返程中探查了休伦湖东岸的许多地方。根据印第安人的情报，他拼凑出了一幅相当完整、准确的大湖区的图景（但还不包括密歇根湖）。

甚至是到了17世纪，圣劳伦斯的殖民还总是稀少，并且因环境原因而难以壮大。像我们将会看到的那样，虽然法国探险开辟了经北美其他大河河系——密西西比河和密苏里河——前往内陆的通道，却很难吸引到经此路线的殖民者。因此，法国在北美的殖民地一直都没能像大西洋沿岸的英属殖民地那样繁荣兴旺。然而，从长期来看，这条河道还是得到了应有的肯定。

当地向导

无论文化交流的新路出现在世界的哪个地方，都要依仗于欧洲人之创新。西欧的探险先锋多半出自西班牙和葡萄牙，还有一些来自英格兰、法国、意大利、德国和荷兰、比利时①等低地国家。当然，这并非是欧洲人独有的活动。虽然欧洲人很少提及各个地方的当地向导，但正是透过他们使先前那些没有记录的探险故事得以流传下来。

哥伦布使用"那些在这些海域航行，对海域相当了解的人。他们对这些大洋的描述精妙非凡，让人惊讶"。这些人乘着轻舟，其中的一些船要比欧洲使用18个平桨的大船还要大。"他们就用这些船航遍了那些无以计数的岛屿，一路做着生意。我曾见到过这种独木船，船上有70到80个船员，每人手持一桨。"60 哥伦布非常坦率地承认自己的航行正是依仗了当地人的航行技术和地理知识。他还承认他抓当地俘虏主要是为了"从他们

---

①原文没有这两个国家的名字，为了阅读时便于理解而加上。——译注

那里了解我要去的地方"。[61]第一个对哥伦布航海故事进行编辑的巴托洛梅·德·拉斯·卡萨斯曾说,两名印第安俘虏曾随哥伦布一起回到了西班牙,这两个人可以用豆子摆出哥伦布发现的岛屿的方位关系。

大约是1526年10月初,皮萨罗的领航员巴托洛梅·鲁兹说他在探察位于圣马特奥和圣弗朗西斯科之间,现在的厄瓜多尔海岸时远远看到类似欧洲桨帆船的大船。走近之后,他们发现那是一艘轻木所制的木筏,船上满载着五颜六色的贝壳,打算与奇布查族文明交换金银以及织物。这种海岸贸易沿巴拿马太平洋沿岸一路拓展,贸易中巴拿马和尼加拉瓜金匠镀金技艺之精湛让曾看到这些铜制品的西班牙人惊讶不已。[62]虽然相反方向上的贸易记录缺失,而且当时莫戈隆山一线以南并没有绿松石矿,可是南边一直到智利,人们的珠宝作品上都有这种石头。也许是通过商业中心的转接换手,反正是通过这样或是那样的方式,从北一路远行到达这里。

庞塞·德·莱昂在佛罗里达找到了一位能说西班牙语的当地向导,领着他们离开了半岛。科尔特斯利用地图以及向导了解了中美洲,并把他大部分的纳瓦族军队带到了洪都拉斯和危地马拉。据说瓦斯科·努涅斯·德·巴尔博亚正是借一位当地酋长之力而有了"土地概图可用"。在中美洲,西班牙人所接触的全是绘图文化。根据1539—1543年赫尔南多·德·索托探险成员提供的资料,阿隆索·德·圣克鲁兹或是他的同伴绘制的地图细节更为丰富,内容更加精准,这只可能有一种解释,那就是他们的地图是在当地地图基础上绘制的。一位年长的当地老者在1540年赫尔南多·德·阿拉尔孔寻找科罗拉多时为他勾画了科罗拉多河的草图。与此同时,一些内陆探险者还找到一块画在兽皮上,呈现了哈瓦古地区村落位置的祖尼人地图,并送回了西班牙。1585年,英格兰人在弗吉尼亚逗留过一段时间,就在这段时间,当地人为拉尔夫·雷恩爵士提供了切萨皮克"所有地方的报告"。一位名为尼果尔的印第安人在1602年为弗朗西斯科·瓦尔维德·德·梅尔卡多提供了一份存留至今的新西班牙的草图。易洛魁族人用木棒摆出了圣劳伦斯河的河道,使卡迪尔对险滩之间的河道有了印象。来自"野蛮人的信息"使约翰·史密斯对弗吉尼亚的绘图能力超越了他自己和他的同伴们探险所及之范围。波瓦坦酋长亲自"在地上画出了平面图",向史密斯说明这片土地西方远处的图貌。1602年和1605年,印第安人分别为巴塞洛缪·戈斯诺尔德和塞缪尔·德·尚普兰绘制了部分海岸线图。当尚普兰碰到休伦族人时,"我和他们就大河的起源,就他们的国家聊过许多……他们为我详细介绍了相关情况,用图画向我们展示了他们所有走过的地方"。

亚洲绘图师也为欧洲探险家的作品做了类似的补充。按已经得到公认的新近说法,瓦斯科·达·伽马的穆斯林向导用"经纬线"绘制了"摩尔人风格的印度航海图",达·伽马还从卡利卡特的沙摩林人那里得到过另一张本地地图。欧洲地图上的日本轮廓一直模糊不清,只是推测猜想,1580年,耶稣会会士绘图师以日本本土地图为模板绘制地图,情况才发生了变化。一些地方在现存地图上已看不出有当地地图的影响,可是从欧洲探险家自己的记录中却可看出端倪。弗朗西斯科·罗德里格斯对孟加拉湾和班达海之间的海岸并不熟悉,可是绘制的海岸图却相当精准,唯一的解释就是他曾经参考过当地地图,而且可以很肯定地说葡萄牙所绘的有关东部大洋的地图也曾从当地地图中得到过信息资料。1512年,阿方索·德·阿尔布克尔克将一张据说包括有中国航行指南或中国地图资料的爪哇地图火速送给了葡萄牙王室,阿方索说那是他"看到过的最好的地图", 可是这张地图在1513年的一次船只失事中丢失了。在去往中国的路上,托迈·皮雷斯"许多次"地看到过当地的通往摩鹿加群岛的路线图。爪哇地图的影响也许可以解释近代早期欧洲人澳大拉西亚地图上的一个未解之谜:从16世纪30年代起,地图上就有,并且一直有一个叫作"大爪哇"的大岛,其形状大小和部分澳大利亚北岸相似,可这却远远早于欧洲人发现澳大利亚。如果说这是他们从爪哇地图上临摹而来,就能说通这一切了。虽然据我们所知,爪哇人的船只不常到澳大利亚,但是要说爪哇船员不知道它的大致方位却无法令人信服。因为爪哇人只要穿过一片季风海就能到达澳大利亚，它距爪哇人的家乡并不远。来自拉德洛内斯群岛的酋长告诉了乌尔达内塔通往菲律宾的道路。[63]

因此，探险还是要靠本地向导和当地地图。但我们必须肯定，是欧洲人把各个地方的当地路线连在了一起。据我们所知，美洲土著对跨越半球去建立联系根本没什么兴趣，也就更别提与世界建立普遍联系了。印加人和阿兹特克人彼此也一无所知。在前章中，我们看到文化从中美洲向北传播，在某些方面一路传到了北美西南部、密西西比河流域，甚至是大湖区；可是，这一切都是断断续续进行的，通常只是各大商业中心交流的一个结果，其中一些方面的交流用了几代人，甚至几个世纪的时间才开展起来。阿雷荷·加西亚在大西洋海岸碰到的人也许对印加人有些模模糊糊的了解，但一直到他们进入到印加人中间，才开始尝试前往秘鲁。作为欧洲16世纪探险的成就，不论好坏，所有这些地区都不仅在彼此间，而且与欧洲以及非洲其他地方建立了经常联系。由于乌尔达内塔的关系，墨西哥也与太平洋远处的海岸建立了联系。

太平洋上的土著不曾建立过跨洋航线。虽然欧洲人可能对印度洋上季风海内部的探险不曾有过任何贡献，但正是欧洲人锻造了其与欧洲间的联系，发展了大西洋与巽他海峡间新的、前所未有的、快速的固定风航线。只有欧洲船只，或者是欧洲人建造的船只才能穿越大西洋。

很明显，世界正在进入一个新的历史阶段：西方人将有史以来第一次在富有成果的进取之中发挥主要作用。但我们不该误认为这能说明欧洲人高人一等。与印度洋上的人们相比，如果真的可比的话，欧洲的探险者反倒是在一些关键技术上明显略逊一筹。很明显，他们无论是在智力还是性情上都没什么不同。锻造全球通路成为欧洲人的功勋，只是因为欧洲人需要做更富有、更为自足地方的人们没兴趣的事情。他们需要建立帝国以获取资源；他们需要进入可以兜售他们船运服务的贸易带；他们需要进入不同的环境以弥补自己家乡的相对匮乏。欧洲人，以及他们后继者的探险把

第六章 环绕
约1500—约1620年：环球航线连通

世界其余地方变成了他们可以开发、能够到达的海外资源。一个在全球历史从不曾当过主角、成为主流的地区变成了世界交流线路上的节点，开始手握缰索，把控世界。

本章文献索引

1. Above, pp. 46–7, 49.
2. M. Fernández de Navarrete, *Obras,* ed. C. Seco Serrano, 3 vols. (Madrid, 1954–5), i.358.
3. C. Varela (ed.), *Cristobal Colón: textos y documentos completos,* 2 vols. (Madrid, 1984), 170–6.
4. A. Rumeu de Armas (ed.), *El Tratado de Tordesillas y su proyección* (Madrid, 1992), 207–9; J. Cortesão, 'João II y el tratado de Tordesillas,' ibid. 93–101.
5. R. Ezquerra, 'Las Juntas de Toro y Burgos,' in Rumeu de Armas (ed.), *El Tratado de Tordesillas,* i. 155; 'La idea del antimeridiano,' in A. Teixeira da Mota (ed.), *A viagem de Fernão de Magalhães e a questão das Molucas: Actas do II Coloquio Luso-espanhol de Historia Ultramarina* (Lisbon, 1975), 12–13; Navarrete, *Obras,* ii. 89; U. Lamb, 'The Spanish Cosmographical Juntas of the Sixteenth Century,' *Terrae Incognitae,* 6 (1974), 53.
6. Navarrete, *Obras,* ii. 87.
7. A. Laguarda, *El predescubrimiento del Río de la Plata por la expedición portuguesa de 1511–12* (Lisbon, 1973), 62.
8. M. L. Díaz-Trechuelo, 'Filipinas y el Tratado de Tordesillas,' in Rumeu de Armas (ed.), *El Tratado de Tordesillas,* i. 229–40; D. Goodman, *Power and Penury: Government, Technology and Science in Philip II's Spain* (Cambridge, 1988), 59–61.
9. R. A. Laguarda Trías, 'Las longitudes geográficas de la membranza de Magallanes y del primer viaje de circunnavegación,' in Teixeira da Mota (ed.), *A viagem de Magalhãs,* 151–73.
10. Navarrete, Obras, ii. 612; cf. Colón, 'Declaración del derecho que. . . Castilla tiene,' in *Colección de documentos inéditos para la historia de España,* xvi (Madrid, 1850), 382–420.
11. Díaz-Trechuelo, 'Filipinas y el Tratado,' 235.
12. Lamb, 'Spanish Cosmographical Juntas'; Díaz-Trechuelo, 'Filipinas y el Tratado,' 236.
13. Goodman, *Power and Penury,* 59.
14. Ibid. 56.

15. *Colección de documentos inéditos para la historia de ultramar,* ii (Madrid, 1886), 109.
16. Ibid., 2nd ser., ii (Madrid, 1887), 261.
17. C. Jack-Hinton, *The Search for the Islands of Solomon, 1567–1838* (Oxford, 1969), 1–27; *The Discovery of the Solomon Islands by Alvaro de Mendaña in 1568,* ed. Lord Amherst of Hackney and B. Thomson, 2 vols. (London, 1901), vol. ii, p. iv.
18. *The Voyages of Pedro Fernández de Quirós, 1595-1606,* ed. C. Markham, 2 vols. (London, 1904), i. 137.
19. Ibid. i. 33.
20. Jack-Hinton, *Search for the Islands of Solomon,* 132.
21. *Voyages of Quirós,* i. 105.
22. *Sucesos de las Islas Filipinas by Antonio de Morga,* ed. J. S. Cummins (Cambridge, 1971), 104.
23. *La Australia del Espíritu Santo: The Journal of Fray Martin de Manilla, OFM, and Other Documents Relating to the Voyage of Pedro Fernández de Quiros to the South Seas (1605–6) and the Franciscan Missionary Plan (1617–27),* ed. C. Kelly, 2 vols. (Cambridge, 1966), i. 216.
24. Ibid. ii. 286.
25. Ibid. ii. 223.
26. B. de Las Casas, *Historia de las Indias,* ed. A. Millares Carló, 3 vols. (Mexico City, 1951), i. 189; *Voyages of Quirós,* i. 33.
27. H. Tracey, *Antonio Fernandes, descobridor do Monomotapa* (Lourenço Marques, 1940).
28. G. W. B. Huntingford, *The Historical Geography of Ethiopia from the First Century AD to 1704* (Cambridge, 1989).
29. Above, p. 176.
30. C. F. Beckingham and G. W. B. Huntingford (eds.), *Some Records of Ethiopia, 1593–1646, being Extracts from the History of High Ethiopia or Abassia, by Manoel de Almeida, together with Bahrey's History of the Galla* (London, 1954), 154.
31. Above, pp. 169–71.
32. F. Fernández-Armesto (ed.), *Columbus on Himself* (London, 1992), 148, 171.
33. W. P. Cumming (ed.), *The Discovery of North America,* 2 vols. (London, 1972), i. 80–4; S. E. Morison, *The European Discovery of America: The Northern Voyages* (Oxford, 1971), 191–2.
34. Above, pp. 171–4.
35. F. Fernández-Armesto, 'Inglaterra y el atlántico en la baja edad media,' in A. Bethencourt Massieu *et al., Canarias e Inglaterra a través de la historia* (Las Palmas, 1995), 16.
36. P. French, *John Dee: The World of an Elizabethan Magus* (London, 1972), 184.
37. Fernández-Armesto, 'Inglaterra,' 14–15.
38. C. R. Markham (ed.), *The Voyages of William Baffin* (London, 1881), 221.
39. W. Strachey, *The Historie of Travell into Virginia Britannica* (1612), ed. L. B. Wright and

V. Freund (London, 1953), 59–61.
40. *Relación y documentos de Pascual de Andagoya*, ed. A. Blázquez (Madrid, 1986), 13, 111–13.
41. A. R. Pagden (ed.), *Hernán Cortes: Letters from Mexico* (New York, 1971), 327.
42. Ibid. 52, 55.
43. J. Hemming, *The Search for El Dorado* (London, 1978), 97–109.
44. W. Brandon, *Quivirá* (Athens, Ohio, 1990), 27.
45. Ibid. 31.
46. *The Journal of Coronado*, ed. G. Parker Winship (Golden, Colo., 1990), 117.
47. Ibid. 129.
48. Ibid. 119.
49. Brandon, *Quivirá*, 36.
50. A. Nuñez Cabeza de Vaca, *Naufragios y comentarios*, ed. R. Ferrando (Madrid, 1985), 72, 101.
51. L. A. Clayton, V. J. Knight, and E. C. Moore (eds.), *The De Soto Chronicles: The Expedition of Hernando de Soto to North America in 1593–1543,* 2 vols. (Tuscaloosa, Ala., 1993), i. 84.
52. G. P. Hammond and A. G. Rey, *Don Juan de Oñate, Colonizer of New Mexico, 1595–1628,* 2 vols. (Albuquerque, N. Mex., 1953), ii. 94–118.
53. G. Pérez de Villagrá, *Historia de la Nueva México, 1610,* ed. M. Encinias, A. Rodríguez, and J. P. Sánchez (Albuquerque, 1992), 210.
54. Hammond and Rey, *Don Juan de Oñte,* ii. 1007.
55. G. de Carvajal, P. Almesto, and A. de Rojas, *La Aventura de Amazonas,* ed. R. Díaz (Madrid, 1986), 47–67.
56. F. Fernández-Armesto, *The Americas* (London, 2003), 75.
57. Nuñez Cabeza de Vaca, *Naufragios y comentarios,* 200–68.
58. R. Cook (ed.), *The Voyages of Jacques Cartier* (Toronto, 1993), 117.
59. Ibid. 10.
60. A. Szaszdi Nagy, *Los guías de Guanahaní y la llegada de Pinzón a Puerto Rico* (Valladolid, 1995), 7–8.
61. Ibid. 14; Las Casas, *Historia de Indias,* bk. 1, ch. 74.
62. A. Szaszdi Nagy, *Un mundo de descubrió Colón* (Valladolid, 1984), 105–6.
63. F. Fernández-Armesto, 'Maps and Exploration,' in D. L. Woodward (ed.), *History of Cartography,* iii (Chicago, forthcoming).

第七章 连接

约1620—约1740年: 全球文化再度趋同

> 怎么，灵魂啊！
> 你没有从一开始就明晓上帝的旨意？
> 地球，将被丈量，四海相连如网，
> 种族，近邻，相互通婚，组成家庭，
> 大洋，被跨越，彼此不再遥远，
> 不同的地域紧紧相连。
>
> ——瓦尔特·惠特曼：《向着印度行进》

科学开始蹒跚步入我们的故事。一方面世界探险不断积累新的数据；另一方面，西方17世纪取得的科学飞跃世界其他地方无人能及。西方人成为世界知识的协调者、博物馆馆长、地图的绘制者、其他文化数据的循环利用者，西方的探险者仍然要依靠当地向导和地图。但是，探险者渐渐开始发挥主导作用：他们收集起世界各地探路者的工作成果，并将之标准化，绘制成图，这些图就如同他们手中的缰绳，控制着世界交流的路线。

从17世纪10年代起，耶稣会士就是中国皇宫中绘图师的首选。渐渐地，随着时间的推进，在该世纪，以前在科学上领先的文化开始尊重西方人的著作。到17世纪末，"来自西方的智者"管理着北京的皇家天文台，暹罗国王让耶稣会士给他上天文课，日本的艺术家模仿荷兰科学书籍的卷首插图，朝鲜也在模仿西方地图。

与此同时，在西方，科学与探险开始结合：这种结合虽然有限，但相互间的影响确已开始。探险还是危险重重，还是充满了浪漫主义，也还是有传奇的色彩，并为传奇故事所激励，但是科学为探险者提供了用于定位和记录路线的更为精确的方法。这又是一个故事，最好是分成三部分来讲：第一，科学怎样改变了探险手段；第二，他们做了些什么；第三，探险者的成果如何改变了科学。

◆ 航海改革 ◆

17世纪之前，西方海员的记忆是选择性的。佩德罗·德·梅地纳是他那个时代最有学问的宇宙志学者，他在1545年的作品中说经常看到领航员：

航程九死一生，从我们的"印度地方"回来，但是一到目的地，他们就把之前的重重危险像一个梦一样忘得一干二净，又重新为归程准备，似乎还很愉快。这并非是出于贪婪，而是一种神圣的意愿，因为如果去回忆曾经的危险，就不会有人愿意出海。[1]

虽然是这样，经验丰富的航海者还是可以凭借经验在海上找到航线：他们观察太阳或是审视夜空以判断是否正航行在熟悉的纬度上；有时他们也靠回忆海岸的特点，甚至是感觉外海的样貌以回到正确的航线。这样造成的结果就是：15世纪和16世纪的航海家对科技不可思议地无知。

这很难为现代读者所接受。一方面今天的航海几乎全部是依赖于各式各样的科学设备，另一方面这一学科的历史学家长期以来都坚持认为那一时期所用的定位设备和技术改变了航海的本真。发明一项新技术或是设计一项新工艺是一回事，而让传统技艺的实践者们使用就是另一回事了。哥伦布认为航海艺术就类似于预言的洞察力。[2] 他挥舞着四分仪，却根本不会用，对他，那就像是一根魔法棒，只是为了似是而非的障眼效果，并没实际用处。和科学恰恰相反，我们对哥伦布有关纬度计算的所有了解都表明，他是通过观察天体计算白天的长度，通过比对表格上全年不同日照时间所对应的纬度来进行纬度计算的。放在那里的设备不过是为了糊弄没有主见的船员。

随着时间推移,这些装置在船上越来越常见,以至失去了原有的魔力。威廉·布尔在他那个时代因出色的航海技术而名震四方。1571年,他写道:"过去的船长……把使用四分仪或是星盘的新锐嘲笑为'星星的射手'。"威廉·布尔可能是那个时代英格兰所能找到的最接近科学航海家的人,可即便是他,航海也跟猜谜差不多。³虽然我们从打捞上来的沉船迹象上能够看出,16世纪,船上星盘和类似装置的使用似乎有所增加,但它们还是被看作罕见的神秘物品,或者是没什么实际作用的玩具。

演示星盘的佩德罗·德·梅地纳(1493—1567)

航海科学还是缓慢地逐渐传播,到17世纪早期它在公海已经普遍使用。这是探险者开拓远途贸易新商机的结果,所以说科学航海是探险的果而不是因。贸易增加了,相应地,就需要更多的航海者。过去培养海员都是学徒制,要有长期的航海经验,可是这种老方法培养出的航海专家远远满足不了现实需要。16世纪早期,西班牙和葡萄牙建立了海员培养学院。从1508年起,西班牙有了名为"领航长"的官员,这是一个常设职位,负责对领航员进行考查并颁发证书。从16世纪50年代开始，西班牙王室为一些特别的地区和海域创设了一些"精通航海和宇宙学"的教职。另外一些国家也在17世纪进行远程贸易和建立自己的帝国事业时设立了类似的机构。学校教育需要通用的课程，于是为航海者编写的课本大量出现。

◆ 航海图兴起 ◆

海图绘制和探险互为促进，但是两者结合却用了很长时间。中世纪的波多兰航海图因数量众多而流传下来，但事实上可能所用不多，因为在它问世之前，航海者就已经有了自己的偏好，他们更喜欢传统的文字的航海指南。航海图的发展脉络十分不清，我们甚至没法肯定这类文件是否是因航海而出现：它也许只是起到视觉辅助作用，只是为了向乘客、新水手以及诸如商人这样对航海感兴趣的人群更好地说明情况，而领航员们更愿意把数据资料记在脑子里或是书写文字指南。[4]

16世纪，探险者们对把自己的发现绘制成图没有什么兴趣。一直到了17世纪，探险者们在获取海上知识时还是习惯用文字的航海指南，而航海图的使用一直都处于下风。在许多有据可查的例子里，我们都能看到探险者们更愿意收集文字航海指南。这种喜爱文字指南的偏见十分顽固。卢卡斯·扬松·瓦赫纳尔在1584年的航海图集《航海明镜》中曾强烈推荐从荷兰的西兰到安达卢西亚欧洲沿岸使用航海图的优越性，甚至这样一本著作中还是配了传统形式的航行指引，但书中作者所给的航海图绘制相对粗糙。而在同一时期法国皇家宇宙志学者安德烈·德裕编纂的《巨岛与领航》也是航海图和文字海航指引兼具。[5]

偏爱传统文字航海指南也不是完全没有道理。这些指南所囊括的一些重要信息，如海流、风况、潜在的危险、界标、水深、停靠点、港口设施以及海床的特点，在现存的同一时期的航海图上很少见到，或者从来就没有过。16世纪晚期和17世纪早期，水文地理科学才刚刚萌芽，沿岸海航图可能会有误导的危险。约翰·戴维斯在1594年的作品中认为航海图是航海中必不可少的装备之一，但同时，他警告说："航海图上面标示有的东西并不代表肯定存在。"[6] 在远程航行中，除非是各方情况相当接近，因为磁偏差的存在，除非紧靠海岸，航海图实际上没法帮助航海者构建航线；又因为找不到经纬度的参照线，航海图也很难帮助航海者确定自己的位置。航海图只是可能，或是可以证明或补充文字指南，而一时很难轻易取而代之。

在陌生海域，航海者们最需要的是通过到达海底的探深绳测量到的水深信息，而这些资料1570年左右才开始在航海图上出现。这种方法在16世纪80年代和90年代，从英吉利海峡到北海、波罗的海以及欧洲大西洋沿岸的实际应用的推进非常缓慢。直到1595—1597年，荷兰在首次前往东方航行的基础上绘制航海图时才首次应用了这种方法，之前，这一地区的海岸图都不包括水深。17世纪它的应用逐渐广泛，比如，在1610年葡萄牙人所绘巴西航海图和1616年坎贝湾航海图上都有应用，并随后快速发展。海岸剖面图的发展历程也大致如此。[7]

由于以上所有这些原因，在领航员们看来，航海图在记录信息方面并不是特别有用，海上探险者们更是这么看。后来，在相对较晚的时候，随着精确度的提高，航海图才非常缓慢地成为记录信息的重要工具。直到1600年以后，爱德华·赖特才在墨卡托的基础上工作并推广了其成果，才有了能够满足航海者需要的统一航海投影图。[8] 从16世纪早期开始，西班牙国王规定呈现西班牙各处发现的重要地图原图及如何到达这些地方的标准航海图，都被严密保存在塞维利亚并根据航海者的报告不断更新。但这个不错的计划并没落实。西班牙把这些航海图称作"padrón"，但即便是有更新，也只是极少的一点。事实上，大部分时候，根本就没有标准图存在。想要航海图的航海者都是从商业制图者那里购买航海图；整个16世纪都没有标准航海图存世。

足以绘制精确地图和航海图的测绘技术在17世纪才大幅度地发展起来。17世纪的发明中有单筒望远镜，这对于传统的航海家来说非常有用，因为它可以更近距离地观测星星，比如，可以更清楚地观察北极星周围卫星的移动时间。单筒望远镜加强了四分仪的功能，其价值无法估量：四分仪是一个相当简单的装置，它通过测量北极星或是太阳高过地平线的高度来得到纬度值，加上单筒望远镜后，四分仪的夜间操作变得更为便利。把头发丝放在单筒望远镜的镜头前，做成细线千分尺，就能在任一时间以以前不可能达到的精确度测算出天体间的距离。要到17世纪之后很久，三角测量法才被探险者掌握应用，以前没有它，远程距离，甚至在陆地上算距离，也只能是估算。虽然，也许正因为那时经验丰富的航海家们有着已经失却的技艺：他们用裸眼观察太阳或是北极星就能令人叹服地判断出相对纬度，才使得诸如航海者的星盘或是类似的简单装置——比如四分仪或是反向观测仪——这些17世纪以前估量纬度的辅助技术装置发展相当有限。在17世纪20年代之前，对提高结果的精确度和可靠性来说，技术装置改进所起的不过是些边边角角的作用。

17世纪，部分是缘于这些革新，绘图专业人员随船出海成为常态。17世纪早期是一个转折时期，从这时起，航海图开始取代文字航海指南成为不可或缺的航海辅助工具。制图的步伐也在加快。1602—1603年以及1606年，巴塞洛缪·戈斯诺尔德和马丁·普林探测了部分北美北部沿岸，带回了新绘制的航海草图。这些图现在已经不复存在，但是在其他的文献中屡有提及。[9]从技术角度看，奎罗斯和路易斯·德·拖雷斯是杰出的制图师，尽管许多不切实际的想法使奎罗斯的航海图发生了扭曲。1605年，詹姆斯·霍尔，丹麦克里斯蒂安四世派船远征时的领航员，被派往格陵兰岛寻找斯堪的纳维亚老殖民地的痕迹，他绘制了该岛一系列的沿海剖面图。他沿格陵兰海岸探索到北纬68.5°的地方，绘成多幅沿岸剖面以及包括水深的详尽航海图，这些图的原图已不复存在，为进献国王的摹本精装后供国王审阅。[10]英格兰在弗吉尼亚早期绘制的保留至今的航海图包括罗伯特·廷达尔1607—1608年在詹姆斯河[11]航行时绘制的比例图。威廉姆·巴芬在北极航行中绘制了航海图，使自己实至名归，成为知名的绘图师。[12]尚普兰

第七章 连接
约1620—约1740年：全球文化再度趋同

峡湾、河流和海岸的图解。出自詹姆斯·霍尔1605年丹麦探险时为格陵兰岛西岸所绘地图。

也是杰出的绘图师。[13]佩德罗·波埃兹[14]只勾勒了青尼罗河的草图，但是它们成了埃塞俄比亚的耶稣会士所绘详细地图的组成部分。[15]

17世纪早期，北西伯利亚、巴伦支海和喀拉海地图绘制上的突破标志着一个新时代的到来。这里，无论是荷兰还是俄罗斯远征队似乎都有绘图师随队。17世纪早期，荷兰在东印度洋和西太平洋几乎每一条航线的拓展都在各自船上的航海图中有所反映。[16]迟至1622年，葡萄牙航海家还用文字的形式记录了在长崎和中国以及东南亚各港间寻找航线的指南。[17]然而，到那个时候，不仅葡萄牙已经绘制了适宜在日本周遭海域使用的航海图，而且荷兰航海家也一直在尝试绘制他们跋涉过的日本列岛沿岸的情况（虽然，如同我们看到的那样，不太成功），以此作为绘制所有自己频繁造访海域的系统工程的一部分。[18]

这个现象我们可以称之为"航海图兴起"，它和海上探险相互影响。除了作为航海的辅助，航海图最终成为记录新信息的标准形式。1613年，托马斯·布伦德维尔说，每一个航海家都有义务把自己驶过的航线记录下来，"以便下次更容易地将你的船驶向你想去的地方"。[19]在之后的二十年里，把新发现绘制下来似乎成了探险者们广泛认可的责任。1631—1632年，在哈得孙湾，很显然，托马斯·詹姆斯和卢克·弗克斯虽然在寻找西北通路时屡屡受挫，但还是把绘制详细航海图作为了自己职责的一部分。

然而，尽管航海图的精细度和可靠性在不断增加，但还是要小心防范一点：如果航海图使用不当，就会导致航船触礁。事实上，对经度的计算还不是那个时代的科学所能达到的高度。就像寻找点金石、不老泉、拳击台以及炼金术传统秘密一样，它就像那个时代的浮士德式憧憬。除了估算航行过的距离以外（会越错越离谱的错误方法），在16世纪晚期，船上用得最普遍的方法是基于纬度和磁偏角关系的错误假设。[20]

除了记录日食现象发生两地间的时间差以外，历史传统中并没有传下来什么理论上令人满意的方法。1556年，西班牙宇宙学家阿隆索·德·桑塔·克鲁兹指出，钟表的不准确让唯一的例外也让人失望。这一方法的不足之处在16世纪80年代早期就显现出来：西班牙的菲利普二世派天文学家去美洲的西班牙属地测定经度，可不管如何算，对墨西哥城的最终计算都有10%以上的误差。而对巴拿马的计算也有20%—25%的误差。1584年，国王宣布设立了一个大奖，相当慷慨：不论是谁，只要发明出可靠的测量经度装置，其个人及其继承人都可以每年得到6000达克特金币；另外，在发明人的有生之年，每年还可另得2000达克特金币，并一次性得到1000达克特金币的额外奖励，所有这些加在一起足以与一个富有的贵族的收入匹敌。

但一直都没有进展，直到1616年，伽利略在新发明的单筒望远镜的帮助下首次观测到木星的卫星。卫星移动的规律性使它们成为可靠的度量时间的参照物。经过仔细的跟踪观测和谨慎细致的记录，它们成为确定两地时间差异、进而确定经度的方式。和依靠日食现象相比，它的精确度要高得多。而且只要天空晴朗，卫星就能观测得到，而日食总是要等待时机。到1636年，伽利略已经完成了他的卫星运行表，所需要的只是等待一个可靠的测试时间的方法以精确确定陆地上的各个经度。20年后，克里斯蒂安·惠更斯的钟摆研究补全了所需的所有技术。

但对于航海，这些进步并没有多大的意义。在海上，很少能有稳定的环境观测天象，所以伽利略的方法没法使用，而且航船的摆动也会影响钟摆的稳定性。航船经过不同的地方，天气发生变化，钟摆可能也会变化，吊架零件等都可能会扭曲。即便是在同一个气象带里，潮湿以及常规和难以预测的交替变幻的天气情况都可能产生这样的后果。海岸还是让航海者意外不断，海难也在不合适的海岸不断出现。

◆ 永久的神话 ◆

无论怎样，绘图的故事总是充满了海妖的歌声。误导性推测把探险者引向根本不存在的或是凭空画在地图上的目的地。这个神话还在招手引诱人们寻找北极无冰水域中的通道。[21]传说中鄂毕河的黄金老妇，一个传说中的人物——也许就是北方黄金国——在16世纪俄罗斯最有影响的地图上都有出现，召唤着探险家们前往北西伯利亚。通往东亚的无冰航线引诱着欧洲航海家进入冰封的海域进行寻找。在最远的南部，未知的南方大陆是充满了诱惑。北美内陆有关黄金国和其他珍宝之地的传说在不断增加。人们认为西北航道就在这些地方周围。因此,在该世纪初人们的眼中,太平洋是狭窄的。

有时,这些神话有古典权威的支持或传奇事迹的鼓励。通常,这是理论或政治议题一厢情愿的结果。北极一定是在非冰封的海域中,因为唯有如此,所有海域才均有可能通航。这个理论得到了经验主义者的狂热支持,这些经验主义者同样反对错误却古老的"黑暗之海"和"沸腾的海洋"的传说,这些传说折损了人们探险的野心,挫败了人们的自大与狂妄。要连通世界海洋就必须有西北通道。而认定太平洋狭长是因为只有这样世界的大小才更为可信,才能维持其与大西洋的相称,才能保证西班牙国王对摩鹿加群岛的所有权。理论家们从已有的关于星球表面陆地和水体分布的事实推断存在着一块南方大陆。

荒谬的是,科学滋生了臆测。科学的出现是17世纪欧洲史上最重要的特点之一,赢得了广泛的赞叹。但是,观察可能出错,经验也可能误导。低垂的厚云团、飞翔的群鸟、海面景象以及浮动物体都可能成为"发现",发现一些事实上根本不存在的岛屿。航海者们需要陆地,而这种一厢情愿的想法催生了岛屿的大量增加。同样,航海者对可能存在的危险也变得过分敏感。地图上想象出来的岛屿是因为绘图史上屡试不爽的理论:航海图上岛屿太多比太少好。因为证明没有很困难,添油加醋易,实事求是难。黎加德奥罗①岛和黎加德普拉塔②岛经常出现在17世纪的航海图上,这不仅对任何一个望文生义的人来说意味着想象中的财富,而且对西班牙或是对意欲抢劫西班牙航船的海盗都很有用:这些岛屿通常被标示在日本以东,离航船从马尼拉到阿卡普尔科的日常航线不远。[22]1602年,从阿卡普尔科向北航行的船家观察有误,让人们牢牢形成了一个概念:加利福尼亚是

---

① 黎加德奥罗,意为黄金富饶之地。 ——译注
② 黎加德普拉塔,意为白银富饶之地。 ——译注

一个岛屿。[23]

16世纪的探险推动者们绘制的臆测地图上显示北美水域宽广,以鼓励探险者,吸引投资人。迈克尔·罗克是西北航道最卖力的推销者之一,他非常重视被认作是出自韦拉扎诺兄弟之手的一张地图所示的证明。墨卡托在图上再造了神话。北极通航是另一个欺骗了墨卡托的神话,他在自己1569年绘制的世界地图上以一幅插页专门再现了它。[24]16世纪晚期虚假的报告使美洲太平洋沿岸的地图上犬牙交错着名为阿尼安海峡或胡安·德·富卡海峡的开口,指向东方,让人心动。和西北航道、基维拉王国、锡沃拉城一起,这个海峡在柯奈利斯·德·若德1593年所绘的北美印刷地图上十分显眼。

地图上,由神话而来的最大的"闯入者"是"南方大陆"。在亚伯拉罕·奥特里斯的世界地图上,它似乎拥抱着这个世界。而在墨卡托的地图上,它像是一些巨大寄生物伸出的颚部,随时准备着吞食其他的陆地。在洪第乌斯的地图上,它像是一张抓向其他大陆的大手。奎罗斯要为此负主要责任——他把新几内亚海岸的各部分用他所勘测过的沿岸海岛串了起来,创造了一个臆测的大陆的局部轮廓。

探险者的报告有时也会回过来影响想象,用些不可思议的东西充斥地图。探险和冒险,或是探险报告和旅行故事,它们之间的界限总是很难清楚界定。旅游文学的存在描绘了一个奇妙的世界,却无法把它归于容易分类的事实之中。探险,打开了一个更丰富多元的世界,不断强化公众一探究竟的好奇心。虚构的旅行游记成了制图师们的资源,就如同15世纪时骑士的浪漫主义故事被误认为真实行程的记录。探险经济学也鼓励夸张。探险是资金密集型行业,回报却只是零星有之。要得到进一步的资金支持,探险者倾向于在报告中夸大其词,特别是夸大有关可开拓资源的那一部分。

因此,17世纪的新科学并没怎么推动探险也就没什么惊讶的了。他们的目标还在从神话中截取,他们的行动还是为神话故事所鼓舞。他们仍把北美看作是通往难以捉摸的亚洲的障碍。太平洋仍然因为其自身的问题而不被探险者所喜爱,却因对其他地方未知陆地和航线的探索而得以了解。

穿越西伯利亚的探险者在寻找并不存在的梦想之土时探索了太平洋。我们下面来依次看一看这一幕幕的故事。

◆ 美洲：难以捉摸的亚洲 ◆

17世纪30年代时，已经很清楚即便是通过北极地区有西北航道存在，即便是在最好的情况下，它也是季节性的：艰苦非常、天寒地冻，还有可能被封在冰里，在严寒中不得而出。对于乐观主义者来说，寻找一个北美地峡——巴拿马那样狭长的陆地——更具吸引力，这样西部海岸可以作为跳板和中国进行贸易活动。当然，西班牙所占有地区北方的北美洲，从南至北，东西两岸间一律都很宽广。但是还没有一个人对之有确切了解。渐渐地，法国探险家从大湖区出发向西探索，英格兰从弗吉尼亚和新英格兰出发远征，他们用了一个世纪，都证明了之前想象的北美地峡不可能存在。

英格兰人海岸

英国第一次到达弗吉尼亚的时候没有找到南方海洋，他们对探索内陆兴趣大减，直到后来法国在密西西比河上航行时英格兰人才猛然想到他们错失了一个可能的机会。然而，英格兰人还是相信他们前方只有一块狭长的大陆：根据弗吉尼亚公司一位工作人员1651年的文字记载，穿过那些丘陵和邻近富饶的山谷，"太平洋幸福海岸"距詹姆斯河源头就只需步行"10天"。1670年，内陆探险中走到卡托巴河的德国医生约翰·利德尔说他遇到了来自加利福尼亚的印第安人——这和其他众多幻想和错误没什么区别。1671年，奉地方长官之命，英格兰的鹿皮贸易商随着一队托特罗印第安人穿过阿巴拉契亚山脉，并且如罗伯特·法莱姆所写的旅行日记所言，他们相信当他们沿着塔格佛克河向俄亥俄州下行时看到了远方的太平

第七章 连接
约1620—约1740年：全球文化再度趋同

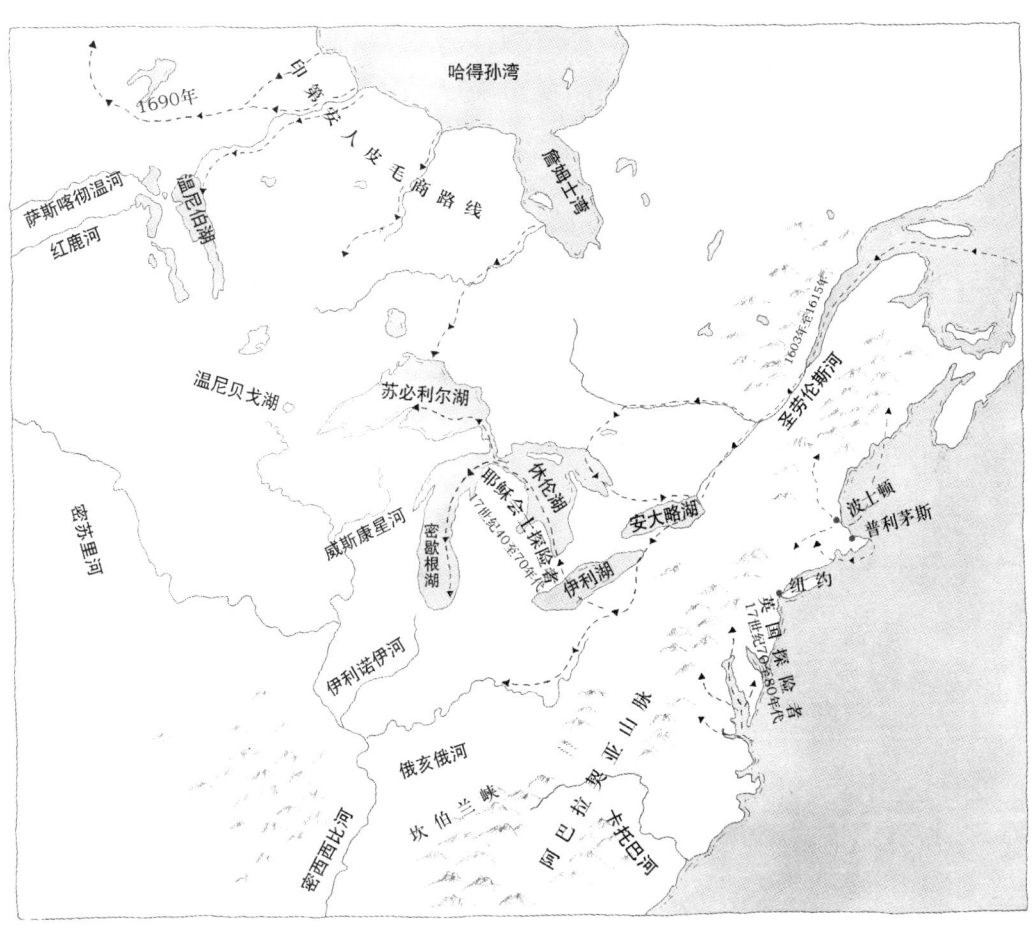

17世纪英、法在北美北部的探险

洋。但是，在1673—1674年，贸易商的仆人乔治·亚瑟的发现令人沮丧。亚瑟和主人分散后，和托马希坦印第安人生活在一起。他从他们位于亚拉巴马源头附近的基地出发和他的作战伙伴一起走过了范围很广的地方：途经那时尚不为英国人所知的坎伯兰峡，向北远达俄亥俄流域，而他沿着亚拉巴马河几乎到了南部海岸。大陆之广阔粉碎了英格兰人快速、便捷跨越这块大陆的梦想。

英格兰人从北美殖民地开始的内陆探索行动也是一样的拖拖拉拉。

探路者：世界探险史

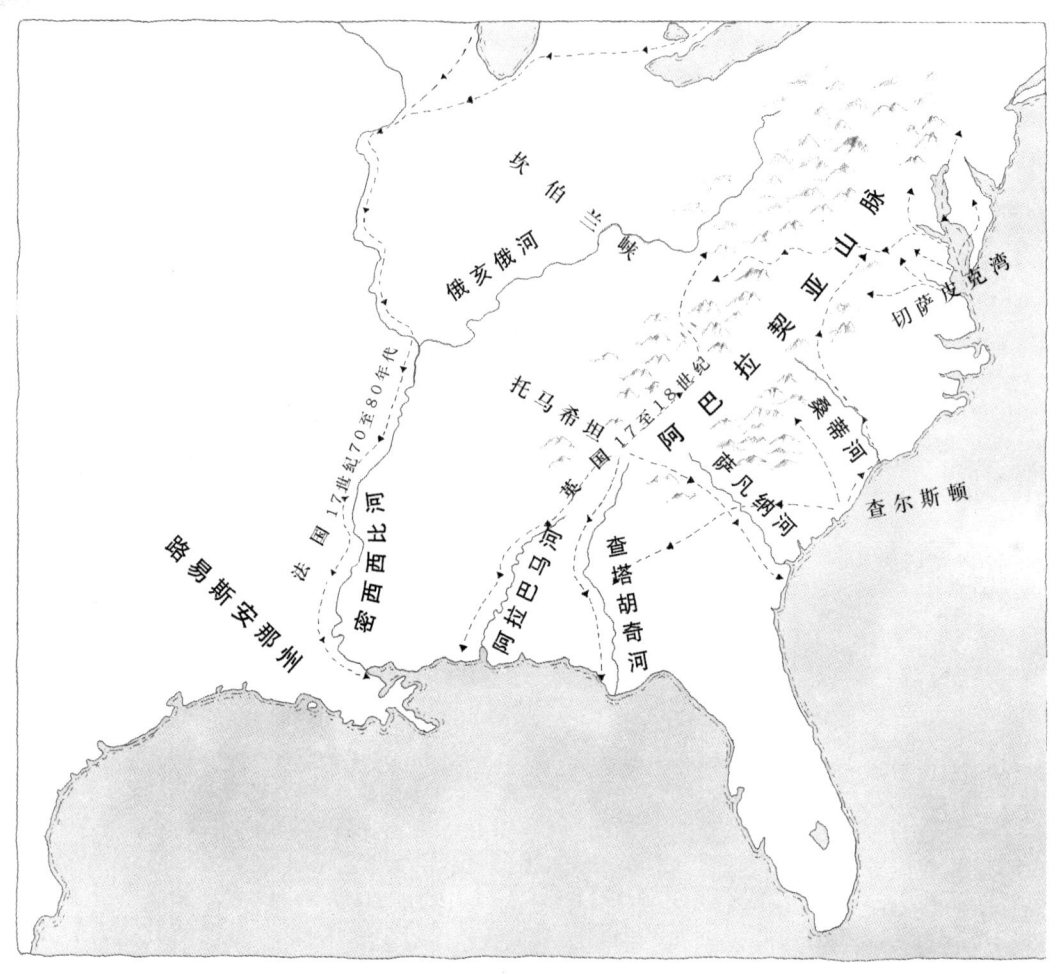

17世纪英、法在北美南部的探险

新英格兰朝向海洋：狭长，入海的海岸，伴以海上探险所形成的文化。事实上1607年萨加达霍克的第一次寻找殖民地的努力是受经济因素驱使，并仿照葡萄牙在非洲沿岸设贸易站的方式行进；但是期待中的贸易却一直没能实现。第一个永久性定居点于1620年建立于普利茅斯，农民一心一意地在满是石头的土地上辛苦耕种，可是渔业和造船还是很快成了财富的主要来源。1627年，8位殖民者宣布负担普利茅斯殖民地债务，作为回报，他们将获得贸易的垄断权。

第七章 连接
约1620—约1740年：全球文化再度趋同

一开始，皮毛出口给商人们带来了生意，但利润并非一直丰厚。然而，新英格兰大部分地方的地理位置并不适合皮毛贸易；甚至是在17世纪40年代中期，新英格兰人对大湖区的位置也都还没什么概念。所有顺流而上寻找皮毛的人都是止于法国掮客控制的地带。以哄抬起的价格把进口商品卖给殖民者对商人们来说是个不错的生意。1639年在波士顿，比如，有人控告罗伯特·凯因谋取暴利，说他"每先令①就要赚取超过6便士的利润……有些小东西要赚取100%的利润"。1664年，一个评论家在评论商人们的赚钱方法时说："如果他们赚不到100%的利润，他们就会大声抱怨说自己赔了。"[25]每一个相信清教主义支持资本主义的人都该看看新英格兰精英内部有关正直虔诚和贪婪无度两部分人之间曾经的剑拔弩张。

新英格兰人在北美建立本地铸铁业、纺织业的努力失败了，只有酿酒证明可以获利。除了做相隔遥远的市场间的中间商以外，商人们别无选择。他们也拿家乡的鱼、木材、烈酒、糖制品，加勒比人还会用温带的食物去交换奴隶、糖和酒。1643年，最初的五次航行中，英国人在西班牙、葡萄牙、加那利群岛以及非洲港口贩卖咸鱼和酒桶板材，这些成了后来贸易的范本；从1644年起，加勒比殖民地成了新英格兰最重要的贸易伙伴。18世纪，当新英格兰最终成为和中国进行贸易的中心时，所选择的线路是绕过合恩角，而不是穿越美洲。

新英格兰的居民对探索前往圣劳伦斯和大湖区的内陆路线确是有些兴趣。但是纽约在这方面却因哈得孙河而占有优势。因为所有这些限制和其他事情的干扰，新英格兰人对内陆道路情况的认识一直没什么贡献，直到1692—1694年，奥尔巴尼的商人开始探察俄亥俄区域时情况才开始发生变化。然而，此时，法国探险者虽然还不知道这块大陆具体有多宽广，但已经确信它的大小足以让穿越困难重重，并没有什么可供开发的地峡。

从某些方面来看，法国人会有这样重要的贡献实在令人吃惊。印第安

---

①先令，旧英国货币单位，1英镑=20先令，1先令=12便士。现已改为十进制。——译注

皮毛商人和猎手的路线是从哈得孙湾和大湖区出发一直向西，但在最快、最经济的路线方面英格兰人却更占优势：是英格兰人掌控着哈得孙湾，而法国人手中的是大湖区。向西推进的想法推动着两国的探察队深入美国西部大草原，在那里，探险者设法重新探求通往太平洋的道路而保持探险兴趣，但商人对这些草原没有兴趣。松鼠和海狸皮很好卖，但美洲野牛皮的生意就不好做。再向北，在北部森林盛产皮毛的环境中，继续探险的动力更为强劲。例如，1690年，哈得孙湾公司派出了一位最有事业心的年轻商人，亨利·凯西，他和一队克里（印第安族）捕兽人向西沿萨斯喀彻温河向西到了红鹿河。他的任务是寻找拥有大量皮毛的部族，鼓励他们到哈得孙湾进行贸易。而凯西自己的想法却是从事老式的冒险和自我提高——"学会当地人的语言，领略他们的土地"。他所走的路线偏离皮毛产区，进入了大草原，所以最终注定了他在经济上一无所获，结果也就被忽略了。

拉·萨勒和密西西比河

与此同时，法国边境，耶稣会和圣方济会的教士们与被叫作"密林走私者"的非法皮毛商和捕兽人相竞争。有时，教士和皮毛商也会相互转变：推动这两者的是一些相同的喜好和欲望。在法国对密西西比河探险中最重要的人物是路易斯·若利埃和勒内-罗贝尔·德·拉·萨勒。他们两人都曾学习希望成为耶稣会教士，但后来都为了皮毛生意而放弃了宗教。教士和"密林走私者"都需要去到远方寻找新的人群做生意或是传教。他们一点点地，把这一地区欧洲人所已知的边境向前推进。例如，据说甚至尚普兰都未能探知的密歇根湖，[26] 1634年时才被西方人发现。它可供船只下水的海湾，借此可进行更深入更广泛的探险。可远程探险需要金钱的投入和政治授权，而要得到这样的支持，仍然需要亚洲的快速通道的诱惑。

就在密歇根湖，尚普兰的助手让·尼科莱听说了有关密西西比河的传闻。尼科莱非常喜欢与印第安人为伴，对学习印第安语有着过人天分。他

第七章 连接
约1620—约1740年：全球文化再度趋同

还从印第安人那里听说这条大河绵亘伸展直入大海。这里的海的概念可能指的是墨西哥湾，而法国人似乎没有想到这一点：在他们的脑海中就只有太平洋。即便这样，要走出大湖区域也并不容易。大多数易洛魁人不信任法国人，和法国人间屡屡冲突。直到17世纪70年代，欧洲人才可能走出法控区之外，而不再会不安全，即便是那个时候，落入印第安人手中的话危险还是很大。耶稣会士是这一地区探险的杰出干将，他们不关心贸易路线，却利用他们有的是的时间对这一地区进行了彻底的探察，了解这里的人、绘制地形图并且一步步地推进基督化的进程。

所以，直到1673年，欧洲人才开始能够在密西西比河上航行。那一年，新法兰西政府派路易斯·若利埃寻找从大湖区到密西西比河的道路。若利埃在圣伊尼亚斯新吸收了耶稣会牧师让-雅克·马凯特，在他的帮助下，若利埃轻松完成了任务：事实证明威斯康星河是关键。但当踏上密西西比河航程，航行却让探险者们心灰意冷。这条大河流向南，而不是像他们希望的那样向西。更糟的是，从西面来的密苏里河和它汇合。"河域相当之广，"探险者写道，"从很远处来……"很明显，在前往太平洋的路上横亘着广阔的陆地。他们一直航行到了和阿肯色河的汇合处。"从密西西比河的流向判断，"他们得出结果说，"我们相信它最终是注入了墨西哥湾。"没有必要再向前走了。他们已经接近历来为西班牙所控制的地区。他们听从遇到的印第安人的建议，沿伊利诺伊河往回走，经陆路从其源头到达了现在芝加哥所在的密歇根湖。

可勒内-罗贝尔·德·拉·萨勒认为他们的努力还值得继续。至少，密西西比河大部分地方都可通航，因此，就可以成为沟通交流的通路。在拉·萨勒想象中美洲内陆应该有法国的一个伟大帝国，而密西西比是它的轴线。1681—1682年，拉·萨勒乘印第安人手工独木舟沿大河而下，经过伊利诺伊河，于1682年4月到达了墨西哥湾。他俯瞰大海，举行了"占领"仪式。他开辟了一条从大湖区到墨西哥湾的极具潜力的重要路线。

从某一方面来说，拉·萨勒先发制人，阻止了英格兰人的拓展。到17世纪的最后几年，来自北卡罗来纳州岸边建立不久的殖民地的查尔斯镇英格兰鹿皮商人才深入密西西比河流域寻找货物。但拉·萨勒的努力从来没有得到过真正的回报。和西班牙、葡萄牙和英格兰这些其他的殖民中心相比，法国殖民地人口更为密集。可和它的对手相比，它赴海外拓殖的人数却一直不足以在北美圣劳伦斯流域以外的地方建立永久性的大陆殖民地。拉·萨勒努力开拓的地方一直不是吸引力不够，就是交通不够方便，不足以征服他不爱出门的国人。他想象中的帝国开端即有不祥之兆。在到达墨西哥湾以后，拉·萨勒测量了所在地的经度，可是他用的是一个坏指南针和不中用的星盘。所以，1684年，在他计划从海路回到密西西比河河口时，却迷路了。船只失事，船员间相互争吵，到达西班牙地区的努力也失败了。在他们自己人间剧烈争吵中幸存下来的大多数人死在了和印第安人的战斗中。只有少数人经陆路到达了阿肯色河和密西西比河汇合处的法国边镇。

拉·萨勒不是个成功的殖民者，可他为探险做出了重要贡献。他和他最亲密的合作者之一路易斯·亨尼平神父，以及他的忠诚的副手亨瑞·德·唐提一起，证明北美是一块"非常广阔的国土"。唐提考察了密西西比河周围的地方，他一直走到卡多奎斯去寻找他的朋友。拉·萨勒死后，他继续探索大河的东部，为地图补上了远到阿拉巴马州的这段空白。亨尼平是向易洛魁族传教的圣方济会教士，他和拉·萨勒一起沿伊利诺伊河探险，然后转向北探索密西西比河上游。他在1680年4—6月间被印第安土著苏人抓住并和苏人一起外出狩猎，他能听到、感受到大河以西区域的无比宽阔。他后来滔滔不绝，为他称之为路易斯安那州的地方的未来进行宣传。

西班牙人的西南向开发

英、法并不是仅有的希望在附近找到太平洋海岸的国家。新墨西哥的西班牙人心中也有着同样的梦想。胡安·德·奥纳特希望自己在1598年建立的殖民地就在太平洋附近。17世纪最初的时候，他数次带领远征队向西远达科罗拉多河。希望破灭了，但他希望科罗拉多可以成为优先近海的轴心殖民地，位置优越，和中国通商。这些愿望的基础是人们一直都相信加利福尼亚是一个岛屿。而中间的广大地区，除了传教士，一直都没人有兴趣。同时，西班牙口中的当地的"反叛分子"干扰了传教士建立的信仰领地的探索，耽搁了传教活动进展。

皮梅里亚·阿尔塔和太平洋之间地区的系统探索是由尤西比奥·德尔·基诺完成的，他是耶稣会的干将，负责向位于现在美国西南部的蛮荒之地推广基督福音。教使团1687年出现在索诺拉州的多洛雷斯，1700年出现在亚利桑那州的图森以及锡那罗亚州的卡沃尔卡。基诺不知疲倦的努力使两条路线渐渐为人所知：一条是从卡沃尔卡到尤马穿过沙漠，连接康塞普西翁和希拉河区域的路线；另一条是沿着希拉河和科罗拉多到达加利福尼亚湾顶部的路线。到这时，他所坚信的加利福尼亚不是个岛屿的概念依然不能在官方概念中扎下根基，地图上的误读还是存在。

基诺梦想着能从加利福尼亚经陆路到达中国，因为他认定途中只需通过一个不长的海峡。但是到亚洲路途并不遥远的神话最终还是破灭了。让·尼科莱曾穿着中国丝绸长袍从密歇根湖走到温尼贝戈湖，希望能碰见中国人，或者至少是能认出这袍子是什么的人。晚些时候，1670年，约翰·利德尔希望能够从弗吉尼亚蓝岭山脉的山顶上看到南方海洋；第二年，罗伯特·法莱姆和他的同伴认为他们已经做到了。1671年，拉·萨勒极具讽刺意味地把自己在圣劳伦斯的房子叫作"中国"，甚至使弗吉尼亚英格兰人的乐观随后很快地如潮水般退去了。

进入亚马孙

北美的探险者一直到17世纪末，才刚刚开始欣赏自己脚下的大陆，或者说才开始接受勘察了解自己内陆通路和资源是他们的职责所在。南美的探索走得更快一点，黄金之城的传说已近穷途末路，现实主义很快取而代之，而这成了探险进一步发展的障碍。17世纪的主要工作就是寻找相隔天遥地远的殖民地间的改良道路。奥里诺科河系[27]的进展就是一个例子，而亚马孙河流域的努力则是另一个。

弗朗西斯科·德·奥雷利亚纳远征探险时所描绘的亚马孙流域已经不复存在了。很可能是因为奥雷利亚纳手下留下的疾病，亚马孙河岸曾经的密集人口已不再。亚马孙河流域探险的重启只是1637年一个偶然事件的结果。那时，圣方济会的修道士们投入了很大精力，希望可以使亚马孙河上游地区皈依基督教。这是一件很危险的工作。传教团分散于各处，沟通困难，联系极少，往往很难待久，有时因为供给出现问题不得不离开，或是因为印第安人反复无常，怀疑传教士和西班牙征服者、奴隶贩子以及印第安人土地的征用者相勾结，而对他们进行灭绝式的屠杀，他们中的多数很快就消失了。圣方济会两名一般信徒，多明哥·德·拜尔瓦和安德雷斯·德·托莱多，加入了从基多出发沿纳波河的探险，帮助在圣·迭戈·德·阿尔卡拉的安卡贝拉多斯印第安人处建立了传教点。 然后，他们和同伴们告别，进行一场类似近100年前奥雷利亚纳的航程，[28] 这次航行"起自神的召唤，却是为了获取食物"，他们航行到了葡萄牙人控制的地区，到达了河口。[29]

葡萄牙人的反应是让他们在归程中为佩德罗·德·特谢拉率领的重要的上游探险做向导，特谢拉是负责清除亚马孙河流域外来侵入者的军官。当时，菲利普四世是西班牙和葡萄牙两国的国王，但是葡萄牙人还是不愿意和这个最近的外来盟友分享他们的帝国。这次远征持续了一年，特谢拉工作队有将近50条独木舟，这给管理和供给带来了很大的问题。但他们还是安全到达了目的地。基多官方给他们配备了制图师和官方书记员；1639年底他们回到了贝伦港，很好地绘制了亚马孙河流域地图。

若不是，1640年革命，葡萄牙脱离西班牙独立，亚马孙河本可立刻成为跨越美洲的通路。可是，情况却并非如此。从赤道附近安第斯山脉西班牙殖民地过来这里的传教士、从西班牙位于巴西偏远基地侵入这里的奴隶贩子，都没什么快速的、重要的进展。传教士很容易受到攻击。1628年，

第七章 连接
约1620—约1740年：全球文化再度趋同

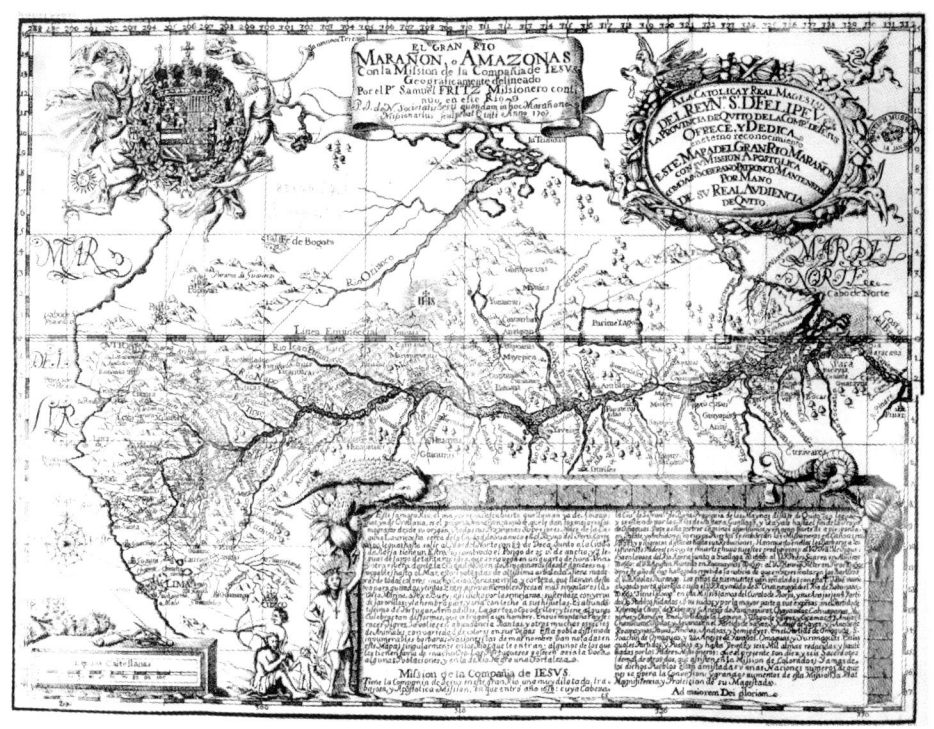

塞缪尔·弗里兹神父的亚马孙河地图（1707年出版）

就因为指责一个酋长一夫多妻，罗克·冈萨雷斯·德·圣克鲁兹和他的两个同伴就在凯洛被杀害了。1662年，拉蒙·德·圣克鲁兹在绘制阿尔奇多纳地图时遇害。1685年，弗朗西斯科·德·费古尔路亚在乌卡亚利河被奴隶贩子杀死。然而，这并没有吓倒传教士们。1686年起，虽然有奴隶贩子的威胁，塞缪尔·弗里兹神父还是在亚马孙中游进行了英勇的探险，绘制了迄今最好的亚马孙河流域的地图。耶稣会教士在内陆建立了自治教区，这些"天堂"或是"神圣共和国"付出了沉重的代价，许多教士因之而殉难。教士的死敌，圣保罗的探险旗队①队员同时也是才干非凡的探险者。旗队队员身材高大，体型魁伟，身穿内层絮有软物的盔甲，全副武装，头戴

---

①探险旗队，16—18世纪葡萄牙以抓猎奴隶为目的的远征队的成员。——译注

苇叶粗编的帽子,他们奇袭亚马孙河深处,印第安人闻之色变。他们对印第安人射出的"拥有神力"的子弹不屑一顾,这枪正是耶稣会士在对和平绝望、束手无策之际偷偷卖给印第安人的。例如,1650年,安东尼奥·拉珀索·塔瓦雷斯带领一支远征队跨越巴拉圭到达安第斯山脉东部侧翼,并沿亚马孙河而下,也许增加了对里奥内格罗的了解。

◆ 乌有之乡、想象的海峡:太平洋寻路 ◆

1639—1640年,荷兰人成为唯一获准在日本经商的欧洲商人。日本幕府长期以来逐渐形成的对基督教的厌恶到达了顶点,他们在一年一度的仪式中要求外国人踩踏十字架,凡是拒绝的人一律驱逐出境。而荷兰人,把生意放在首位,大多数也是反对圣像崇拜的新教徒,所以愿意遵从日本人的要求。而西班牙和葡萄牙人则不肯这样做。

荷兰人一到日本海岸立下脚跟,就有了探索附近海域的强烈愿望。亚伯·塔斯曼是荷属东印度公司最受器重的探险者,他也由此开始了自己的事业。1639年,荷兰人横扫日本以东沿海,直到西经175º的地方。1643年,马丁·福瑞斯勘察了海岛北部。可这些勘察的结果极易误导后人。在塔斯曼探索过的地区,制图师们还是随意地毫无节制地绘制些根本不曾存在的岛屿,而福瑞斯似乎是个很糟糕的观察者,在他的航海报告里,对于日本北部和亚洲东北沿岸的情况描绘得十分古怪,这部分地图扭曲变形,影响到了后来的几代人。虽然很难理解他声称看到的一切,但还是可以看出他似乎把千岛并入了他分别称之为斯塔腾兰①和康巴涅兰②的两块大陆:前者是一个大岛,而后者可能是一块大陆。

这一时期,荷兰人的贸易及航海范围大致是从好望角借西风之力跨

---

①斯塔腾兰,意为"联邦的土地"。 ——译注
②康巴涅兰,意为"耶稣会的土地"。 ——译注

越印度洋，一路到达香料群岛的西风带区域。对此，荷属东印度公司希望能够有所拓展。这并不一定就是说荷兰人要找到"南方大陆"。此时，荷兰人更感兴趣的是找到一条到达南回归线以南南美地带的道路，他们认为这里是西班牙帝国易受攻击的腹地。掌管着荷属东印度公司东方业务运作的安东尼斯·冯·狄孟希望"最好的是能确定有一条从印度到南方海洋的通路"。在狄孟看来，"这样公司就能和智利人做些大事……就能从西印度群岛的卡斯提尔人那里攫取丰盛的战利品，而卡斯提尔人将永远不会想到这一点。"[30]以往荷兰船只行驶到大澳洲洋流经度线后即转向北行驶，[31] 1642年，塔斯曼得到任命，被派往这一区域之外进行探险。

他沿澳大利亚边线向南航行，完全没有意识到澳大利亚就在他的身边，但发现了塔斯马尼亚岛的南部海岸。塔斯曼从那里继续按他之前的航线航行，无意中发现了新西兰，并航行经过了岛屿间的大半西部海岸，但却错过了它们之间的海峡。这次偶遇对新西兰的毛利人是件新鲜事儿，对世界其他地方来说也是一样：据我们所知，这个岛屿在岛外的地理学家笔下从未出现过。甚至是在波利尼西亚，它也只是在传说中出现过。如果塔斯曼够尊重命令的话，他就应该继续向前寻找智利，可是相反，他沿海岸向北航行，这表明他可能是认为自己已经找到了"南方大陆"，因此没有必要再向南航行了。当他到达北岛最北端的时候，他还是克制住继续向前航行，但只是确认了新西兰以东是开放式通道后就返航回国了。他在太平洋上从不同以往的方向向欧洲的已知海域靠近，发现了汤加，并成为看到斐济岛的欧洲第一人。

第二年，塔斯曼绘制了从澳大利亚北岸由西向东，直到约克角末端的海图。和世界上其他大多地方的人一样，他对路易斯·德·托雷斯曾经的探险一无所知。托雷斯是奎罗斯的副指挥官，曾经发现过这个后来以他名字命名的海峡。因此，塔斯曼认为他穿过的只是一个巨大的海湾，而海湾就位于包括澳大利亚——或是荷兰人称之为新荷兰——和新几内亚在内的广阔土地的海岸。

发现结果却令人失望。塔斯曼看到的这部分澳大利亚没有可用的资源。凡·狄孟说那里的住民"只不过是在海滩上裸奔的贫民"。[32] 1699

年，英国留下的最早有关他们的记录中说，他们是"世界上最可怜的人……如果不是长得和人一样的话，他们和野兽没什么区别"。[33]而新西兰，那里的毛利人危险、冷漠，他们用棒子打死了塔斯曼一行最早尝试和他们接触的海员，而且新西兰还不在任何贸易航线上。期待中前往智利的航线也还在不确定之中。荷属东印度公司的管理者们对继续寻找这条航线失去了兴趣。"我们不再期望这条探险路上能有什么大的发现了，"他们坚持认为，"这给公司带来了越来越大的负担……我们已经找到了最符合公司利益的金矿和银矿：我们是指我们和整个东西印度群岛的贸易。"[34]

只有英格兰人还对继续塔斯曼的成就有点兴趣，但其酝酿到真正实施也用了很长一段时间。英格兰人在寻求合适安全的停靠港，以在其中等待，或是从那里起步前往意料之外的航向，直逼重要航线，就在这个寻找的过程中他们离开了成熟航道，穿越了太平洋的部分地区。他们并不可靠的报告中出现了越来越多的一些岛屿。1690年，他们中的一个在胡安·费尔南德斯群岛用武力夺回了另外三个。他们报告说在南纬27°20'的地方有大陆。这一报告可能只是把圣费利克斯岛和圣安布罗西奥岛误看成了大陆。但它却鼓励了人们去寻找"南方大陆"。1699年，英国海军把威廉·丹皮尔送到了澳大利亚。这位魅力十足的前海盗认为这一命令是因为他是个出色的宣传员。虽然他妙笔生花地记述了自己的航行，获得了文学上的成功，可事实上他的航行并没有带来新的信息，也没有开辟新的航线。丹皮尔写道："我无法肯定它是岛屿还是大陆，但是这里既不是去往亚洲、非洲，也不是美洲的转接点。"[35]

南海的狂热即将出现，"南海泡沫事件"①也将开始。1701年，西班牙哈普斯堡王室的最后一位国王逝世。在随后为继承权而发生的战争中，西班牙帝国的贸易似乎成了争夺的对象。合法的投资者垂涎海盗的收益，

---

① 18世纪初英国"南海公司"利用股票进行投机，从国王到家庭妇女，包括著名物理学家牛顿均卷入其中，最终投资者损失惨重，英国历时一个世纪才走出其阴影。——译注

愿意为太平洋探险投资。1721年,雅各布·罗格温再次尝试寻找难以捉摸的南方大陆,校验海盗的报告。有传闻说,罗格温的父亲持有不曾使用过的南海贸易特许权,他此行是为了实现父亲临终的遗言。罗格温肯定是受命于濒临破产的荷兰西印度公司而进行的航行。只要从大西洋到太平洋的航线果真能通往有资源可资利用的地方,这条航线就将成为公司生命线。

罗格温希望可以向南绕过合恩角,避开西风带,以便轻松进入太平洋。一到太平洋,他就碰上了冰山,有关海盗的传闻让他转向北航行。他从胡安·费尔南德斯群岛向西航行,却驶入了航海黑洞——他偏离了既定航线,进入到一个航海图上不曾标明的海域。他在那里发现了世界上最远的有人居住的岛屿——复活节岛。他从那里出发,经过进一步的搜寻,他逆伟大的波利尼西亚航海者的步伐而行,经过以前的欧洲航海者从未提到过的社会群岛和萨摩亚群岛到达了巴达维亚。荷属东印度公司的官员以侵犯了他们的垄断权的名义把他关进了监狱。他总结说:曾经误导过自己的海盗"抢走了真理,也抢走了西班牙人的财富"。[36] 但并不是所有他的人都同意这一观点,那些人在回到家乡后坚决认为如果在社会群岛多花点时间进一步探索,就有可能找到"南方大陆"。所以,罗格温并没让那些传闻淡去,只是他自己不再相信罢了。但是,他快速穿越了以前不曾有人涉足过的海域,使西方人获取了不少新的知识。

要想间接美妙地了解这一时期的太平洋探险,读者最好去读一读18世纪20年代早期乔纳森·斯威夫特的《格列佛游记》。斯威夫特是一名讽刺作家,他的描写细致入微,文笔老辣。从一方面来看,他借格列佛一次次的海难脱险,借远比辛巴达更为奇妙的故事对航海游记这一体裁极尽讽刺;另一方面看,书中进行了传统的道德说教,以高贵的野蛮人①和有道德感的"妖怪"为例讽刺了人类同胞、基督徒同伴以及市民阶层。而对自己的国人——英国人,书中的描述是"属于自然界中在地面爬行的可憎的

---

① 高贵的野蛮人,文学中对未开化人群的理想化概念,意指未受文明腐化影响的天生的善良人。——译注

小毒虫中最有害的一类"。在更深层面，他讽刺了他最最讨厌的人物，特别是政治家、科学家以及南海投机者。最后，他讽刺了这个世界：书中，当他最终碰上人类的时候，"在我的所有旅程中都没见过这么让人讨厌的动物，或是我从本性就强烈厌恶的动物"。这本书早期版本附的地图上标明了他太平洋上旅行的方位，表明了德·福瑞斯所发现的土地。勒普泰岛是格列佛游记中提到过的，住着满腹经纶却不懂实践的哲学家的"飞行浮岛"就在他们的东边。布罗丁奈格也就是大人国，是美洲东北端的一个半岛。所有格列佛的旅行都是想象的，但是他所有的追忆显示了真相。太平洋是一个可能发生任何事的地方，既有不着一字又有胡言乱语，看起来五彩缤纷、幻象连连，具有无限可能却又谎话连篇。

◆ 横跨西伯利亚：冰中的黄金之国 ◆

就在斯威夫特写作的同时，俄国人正在从西伯利亚接近想象中的勒普泰岛和布罗丁奈格岛。西伯利亚征服者征服的是那里的河流而不是土地。河流流向都是从南至北，构成了俄国人在平原的定居地和富产皮毛的林区间的良好通道，但横跨西伯利亚的道路却很糟糕。使用这些道路的旅行者在塔兹或者鄂毕河和叶尼塞河之间行走和运输十分困难，得等到下雪，坐雪橇才能通过。而对开拓者，包括商人、捕猎者和哥萨克雇佣兵来说，事情就简单得多。他们中的每个人都和政府签有一定数量的貂皮合同，如果有富余，他们就自己留下。他们边走边向当地人打听前方的道路，当地人总是告诉他们下一条河更好。

17世纪20年代，俄国人在贝加尔湖地区受到了侵袭。布里亚特人的坚决抵抗迫使俄国人不得不寻找向东穿过通古斯卡高地通向勒拿河的道路。最好的路线是沿下通古斯卡河逆流而上，找到流入勒拿河的支流维柳伊河上游，这条路线一路上要历经千辛万苦。这些新来者向勒拿河流域的雅库特牧马人勒索，于1633年到达了河流的三角洲地带。勒拿河是一条可通航的宏伟的干流，它灌溉着优良牧区，使俄国人得以储藏粮食，向前扩张。然而其流域之外的地带却极为恶劣，山脉、冻土绵亘不绝，是俄国人在西伯利亚碰到的最糟的地方。

阿纳德尔河艰难行进

17世纪30年代，俄罗斯人集中力量探索两条路线，一是沿阿尔丹河向上游航行，绕过高地边缘，另一条由海象牙猎人资助，沿北极沿岸乘特别制作的小船进行海岸探索。这种科赫船船体轻，尾部扁平，吃水大概5到6英尺，通常有60英尺长。弯曲的船侧可以从冰间滑过，近岸时单片方帆可以助桨工作。1640年，在阿拉泽亚河，航海者们第一次遇到了楚科奇牧人。1644年，在科雷马河三角洲，他们第一次碰上了"步行"①的楚科奇人——他们离群索居，俄罗斯人把他们叫作北方的"小矮人"。楚科奇人生活在沿海的小屋里——冬天是泥制的小屋，夏天是由鲸骨支撑起的延展开的兽皮建成的小屋——他们以野生驯鹿、海豹、鲸鱼以及鲟鱼为食。楚科奇人所在地域的最东边的人非常有名，因为他们嘴唇上穿着海象牙。

最早和他们有贸易往来的俄国人注意到他们十分不愿意接受海象制品：很清楚，他们自己就有丰富的海象牙资源。这让这块土地有了开发价值。开发的动机就是想象中的财富：波吉查王国，即1645年首次报道的"科雷马河以外的新天地"，应该遍地象牙和黑貂皮，还有一座银山和一个珍珠湖。[37]人们推测阿纳德尔河富产貂皮，因此人们蜂拥而至。科雷马河像一块磁石：俄国政府为这一地区派发了404份护照。17世纪晚期，这里所产的皮毛无论是税收还是进贡的贡品，在整个西伯利亚地区都位居首位。[38]

谢苗·杰日尼奥夫是由农民转行的皮毛猎人，他写的请愿书中可以看

---

①意指不骑马。——译注

到一些那时边境地区的生活情况。在请愿书里，他详述了为皇家效劳的艰难，他不断地抱怨捕鲑鱼网之类——鲑鱼几乎是当地开拓者唯一的食物来源，对他们至关重要。他不断地指责官僚们忘恩负义，抨击为沙皇服务却拿不到半毛薪水的不公平现象，以及寒冰的障碍，1647年，他曾因寒冰而不得不放弃了第一次出航。他说皇家不能再指望自己能进贡那么多皮毛了，其原因就是当地部族间的战争，或是俄罗斯的征服者残酷无情的、不计后果的过度开发。无谓的流血只会带来和当地人的疏离，只会使开拓者感到寒心。他的一生在"极度贫困潦倒以及海难"中度过。[39]

他的主要目的似乎就是要找到阿纳德尔河的河口，以便利貂皮贸易，以及"找到任何新的河流或是地方，以保证皇室的利益"。[40]1648年夏天，杰日尼奥夫从科雷马河河口出发，开始了那时最远的征途。航行艰苦异常，从6月初一直到9月末，杰日尼奥夫经历了北极沿岸的重重危险。那一年的寒冰格外开恩，让他能沿岸航行，而无须进入会压碎大部分船只的冰山区。即便是这样，杰日尼奥夫的7艘科赫船也只有两三艘幸存。他到达了西伯利亚最远的地方，绕过了现在以他名字命名的海角，虽然他是否真的看到了这里还有争议，因为他对于海岸的描述实在是太模糊了。他看上去并没有意识到他已经通过了一个海峡。他继续向阿纳德尔河口以外探险。因此，他的航行成了第一个有志可查的穿过分隔亚洲、美洲海峡的航行。但是，杰日尼奥夫却认定堪察加半岛向东延伸和新大陆相连。

就在杰日尼奥夫到达阿纳德尔河之后的那年，他们的竞争对手从科雷马河流域经陆路到达了这里。杰日尼奥夫说他对所有针对当地人实行的暴行心存反感。随后而来的冲突阻碍了探索的进一步进行。杰日尼奥夫继续努力陆路探索，希望找到"新的人民，并使其归于我王陛下"，可是因为找不到当地向导，他的努力失败了。因此，他的重要发现也没有被记录下来。和他一起踏上回程的是少量貂皮、大量伤痛、辛酸艰难的故事以及东西伯利亚尚不确定的地理资讯。他的远征没有显现在托博尔斯克①的官方报告中，而不为圣彼得堡和莫斯科的地理学家所知。1649—1787年间，曾有人先后8次尝试重走他当年的航线，却都因为冰冻或是饥饿而宣告失败。[41]17世纪晚期和18世纪早期大部分地图都显示这片土地的最东北端：这片土地模模糊糊地隐入无路可行的寒冰之中，而这些冰下是否有和美洲相连的土地也都没有明朗的答案。

寻找"达乌里亚"

与此同时，贝加尔湖的俄罗斯人终于得以向湖东岸的布里亚特人征收贡赋。认为布里亚特人有银矿的想法曾一度引发俄罗斯人去一些猜测中的矿井探源，但事实上，白银是通过贸易来自中国。1639年，伊凡·莫斯科维廷从勒拿河流域穿过朱格朱尔山脉，沿乌尔雅河下行到达了鄂霍次克海。他听说了向南的阿穆尔河畔"达乌里亚"财富的传说，他在雅库兹克的上司派瓦西里·波亚尔科夫也曾追寻过这个传说。波亚尔科夫找到了阿穆尔河，并沿河一直来到海边。但一路上，他犯下了征服者的所有暴行：他敲诈勒索，并折磨、屠杀无法满足他贪欲的穷人，据说还杀死不能或者不愿把家畜供其军队享用的达斡尔族人。

俄罗斯人不愿意放弃这一地区还有先进文明尚未发现的幻想。1655年，不服管束的副主教阿瓦库姆·彼得罗维奇被放逐到了西伯利亚。他在叶尼塞斯克接到命令，要求他参加前往"达乌里亚王国"的再次远征。这项命令让他吃尽苦头，却也让他的远征报告读来引人入胜。他和所有其他的探险者不得不面对重重困难：河流艰险难测、地形耗尽体力、天气恶劣莫名，他还常常因为不服命令而激怒指挥官，在可怕的地牢里被整整关了一个冬天，他身上遭鞭笞的伤口化脓感染，再加上缺少食物，他的身体日渐虚弱。这次探险任务讲来并不复杂。安纳法斯·帕什科夫带了300个人

---

① 托博尔斯克，历史上是沙俄在西伯利亚地区的行政中心。——译注

出行，他们要报告贝加尔湖和中国之间这一地区的情况，要让当地居民纳贡，要寻找有价值的矿产，并和中国以及其他周边国家建立联系。要是万一某个地区的人民不事耕作，他也要在那里建立农耕殖民地种植粮食，以便未来军队或是远征使用。命令要求他在和当地人交往时保持克制，要让他手下的人遵守纪律，要自制。1656年7月，他的40艘船出发沿安加拉河航行。在越过贝加尔湖后，他们上行进入色楞格河和希洛克河河段，河水波涛汹涌难驯，他们沿着断续的河堤拽着设备走到亦儿坚湖。在那里他们修造了170只救生筏，并把这些救生筏生生地背到了汇入石勒喀河的音果达河。1658年6月，他们到达了涅尔恰河。[42]

17世纪晚期，西伯利亚成为俄罗斯信使甚至大使前往中国的道路。1689年，迫于强大中国的压力，俄罗斯被迫接受将中俄边界定在阿穆尔河以北和以西。但是中国既没能力也没有意愿管辖更远的东西伯利亚，俄罗斯一直掌控着那里。

努力确定美洲位置

西伯利亚终于何处的问题一直悬而未决。这对俄罗斯来说非常重要，因为它关系到其主要意图，关系到是否可能建立起太平洋帝国。这个问题对西欧来说也一样重要：如果在北美北海岸存在有北极通路，但西伯利亚阻在其西端的话，这条通路的寻找就毫无意义了。如果情况相反，在太平洋和北极地区之间，在那时的多数地图上称之为阿尼安海峡的地方有水，那么就有可能从东边靠近传说中的西北通道。大量的文献都给了人成功的希望，可是这些内容大部分都似是而非，不够真实。比如，1626年出现了一本著作，其署名是令人尊重的西班牙航海家洛伦佐·费雷尔·马尔多纳多，但西班牙王室也并未相信其中内容。作者说自己在1588年经戴维斯海峡，在不冻海上航行了290里格，在2月抵达了近北纬75°的地方，6月返程的时候温度已经和西班牙一样温暖，说自己到达了亚洲和美洲之间的海

第七章 连接
约1620—约1740年：全球文化再度趋同

峡，并在那儿遇到了满载丝绸、锦缎、珍珠、黄金以及瓷器的路德教会商人。大多数的读者因为喜欢这样的结果，很高兴地放弃他们批评和评论的权利而相信这类说法。

1724年，俄国历史上最伟大的君王彼得大帝下定决心要做"在我心中想了许多年的事情"。[43]他因在芬兰湾涉水救落水海员而感染风寒，濒临死亡。相信自己即将死去，他产生了幻觉。虽然他说"找到一条穿过北冰洋的通道"，但他的计划一旦落实在纸上，却显得更为模棱两可。探险者得到命令从他帝国东边的堪察加半岛出发，绘制"北边的大陆，没人知道它终结于何处，似乎会是美洲的一部分"，并找到"大陆和美洲汇合的地方"。[44]

彼得大帝的舰队司令把这个任务交给了维他斯·白令。白令是出生于丹麦的俄罗斯海军军官，是许多利用了彼得大帝统治时期晋升机会的欧洲人之一。他的妻子安娜显然是这个家庭的支柱：她是为丈夫和孩子牺牲的妻子和母亲，也是他们自我膨胀的狂热的推动者。强势的性格让她不断折磨她家的男人们进行不切实际的幻想。她想尽一切办法织就网络，喋喋不休地反复折磨每个她认识的、不认识的、可能的赞助人。可她的政治常识却远远无法和她的这份狂热相提并论，她的大多数努力都在宫廷的短浅目光和密集的派系斗争中消失无踪了。白令的目的是获得一份永久性的职位，并在乡间能有房产。但相反，他在1740年写道："我已经在海军服务了37年……还是飘摇不定。"冒险成了他摆脱限制他的社会枷锁的唯一出路。

1725年3月，彼得大帝死后不久，白令就出发经陆路跨越西伯利亚沿北纬60°线到达了堪察加半岛。在莫斯科的官员们看来，这项工作并不困难。他们是自己宣传的受害者，在他们的想象里，西伯利亚物产丰富，到处都是人口密集的俄罗斯殖民地。若干年前写的西伯利亚历史汇编中也表明了这一观点。汇编的作者叫雷米佐夫，是前往西伯利亚门户托博尔斯克城的一名官员，为这本书，他做了许多情报收集工作，做了许多民族志和地理学方面的研究。在书的卷首插画上，上帝眼中的光线照亮了西伯利亚，轻抚着18座尖顶和塔形的城市，其中托博尔斯克最为抢眼。而图例上则写着：

"他将住在正义之所，诸城因上帝而生。"可事实上，西伯利亚"诸城"只是些摇摇欲坠的边哨，在周围一片荒凉中奄奄一息。在书的卷首插画上题有一句《圣经》中的话："凡有两三人以我之名聚集的地方，就有我与他们同在。"这句话令卷首插画更显雅致，也更适合描述西伯利亚诸城的情况。[45]

托博尔斯克是白令跨越西伯利亚之行的起点，也是第一个令人失望之站。白令希望可以从这里的驻军以及木匠和铁匠中招募些新兵，可是这个殖民地却人力短缺，当地执政官批准他招募的人数只及他所需的一半多一点。他在叶尼塞斯克招募的许多新人"或是跛足，或是眼盲，要么就是疾病缠身"。[46]鄂霍次克海，是白令在太平洋海岸的终点，那里只有11间小棚屋，可为了到达这里，他用了3年，行程达6000英里。马匹因缺乏草料饥饿而死。探险者铺设木排路①通过沼泽密布的地方。河道交叉密布，情况复杂，他们有时一天内就必须渡河6次。他们一寸寸地向前挪，周围环境变幻不定，"如同湍流中的卵石"。[47]15个人死了，许多人逃跑。他们到达堪察加半岛，对当地人索求无度：供给、雪橇、狗以及人，样样都要，压迫最终导致了叛乱。白令按命令造了新船，并于1728年夏天下水入海。西伯利亚的实际范围大概如白令航海图上所画，在东方的海岸大概有1000英里。在北纬大概68°的地方，白令认定俄罗斯和美洲之间一定隔有水体，但事实上他并不了解真正情况，实情是他走得还是不够远，无法验证这一假设。

他的第二次航行开始于1733年。这次，他的野心可比第一次时大得多：他的目标是搜索北冰洋沿岸以建立通往东方的海上航线；找到经西伯利亚前往美洲的通路；开辟和日本间的贸易往来；找到一条从伊尔库斯克到太平洋的新的、"最短"的路线；在俄罗斯帝国的边境间建立可行的邮政服务；报告西伯利亚地质、地理、民族、植被、动物以及"其他引发科学兴趣的一切事物"。[48]

这次远征两队加在一起足足有3600人，他们耗尽了沿途的资源。随着向荒原的深入，人数越来越多，因为他们需要人力修船架桥。在托博尔斯

---

① 用排成十字形的圆木建成的路。 ——译注

第七章 连接
约1620—约1740年：全球文化再度趋同

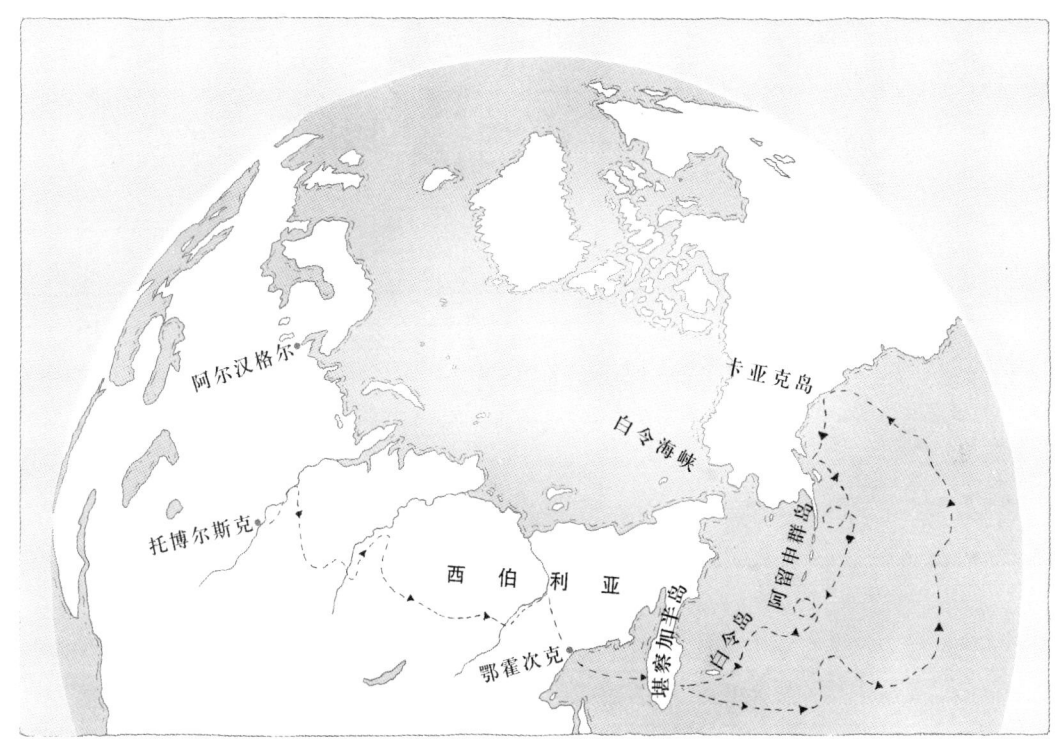

白令1728—1741年间前往阿拉斯加的路线

克，他们征用了那里1/6的劳动力。在雅库兹克，只有24间屋子可以安排远征队住宿。白令随行的教授们吹毛求疵，脾气火爆，对舒适要求多多，对征来的劳工就不得不威逼利诱，以防他们开小差。"我们每隔20俄里①就建有一个绞首架"，"效果很好"，但没有什么能够改变西伯利亚人"喝酒的坏毛病"。到1739年，白令不得不放弃了寻找到达太平洋通路和开辟可用邮道的努力。1738年7月白令从鄂霍次克海报告说许多人缺衣少鞋；"运输供给过程中他们变得非常虚弱，冬季，许多人的手脚严重冻伤，面对这样的困难，又缺少其他的食物供给，许多人几乎难以行走"。[49]

俄罗斯人一直在试图绕北冰洋沿岸航行，希望将其情况绘制成图，当

---

①旧俄制长度单位，1俄里=1.0668公里。——译注

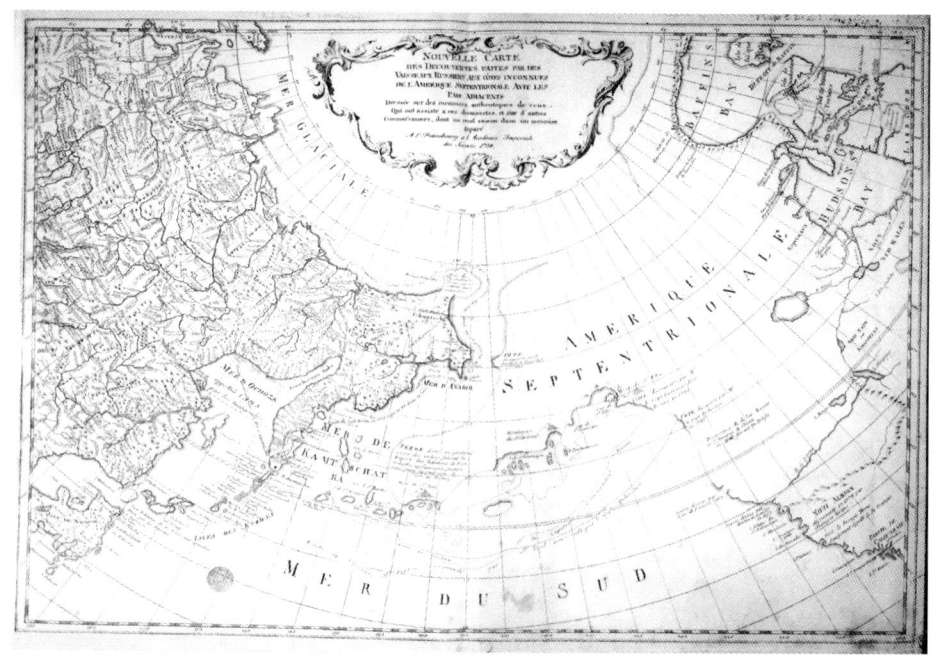

俄国人的阿拉斯加地图，图上显示了丹麦人维他斯·白令1728年和1741年的两次探险。

海上的努力失败之后，陆路探索也是损兵折将，代价惨重。白令总结其结果时说：

> 某些知识渊博的学者坚持认为应该从海岸直接出发，跨过离极点更近的冰海就能到达公海……我无法理解……在我的见闻与阅读范围内，我从不知道曾有人走到过北纬82°以外的地方；所有那些曾经经历过一切辛苦和困乏，并最终回来的人的背后都有着最最苦痛的故事。[50]

去日本的贸易之路也是一样的难以捉摸。白令派船沿千岛群岛一线航行并且到达了日本，但当他们随后一年打算重走这条航线时却遭遇了失败，可是他们发现了大雾笼罩、一片荒凉的库页岛。后方的读者会怀疑他们是否真的到过日本。

还有另一项任务。他们建造了两艘大船，并配备了所需的给养。1741年5月，白令从堪察加半岛出发寻找美洲。但他并没有向东北——事实上最近的路线——航行，而是在最一开始选取了东南方向。早期的探险者曾误认为，或是想象中认为这个方向有大陆存在。这误导了白令，让他希望这边有美洲的某个尚不为人知的海湾存在。一位幸存者写道："无论何时，只要我想到让我们成为受害者的无耻的骗局，我都会怒火中烧。"[51]他们在阿留申群岛间曲折航行。当7月中旬他最终误入美洲海岸边的卡亚克岛时，完全不知道自己在哪里，还在可笑地和当地人用据称是阿尔贡金语和易洛魁族语的单词进行交流，在和阿留申人回国途中也是如此。

白令知道不应该在这个季节这么晚再出海还家，但他已没有别的选择；他也知道走陌生航线返航十分危险，但他听任手下的军官掌管航行；他还知道在白令岛附近下锚定泊十分危险，但他已经被疾病折磨得没有一丝力气，无法改变其下属的决定，只能听任那些"头脑因为风暴失去控制，就像因坏血病而牙齿松动的那些人"的愚蠢想法。和卡桑德拉①的悲剧一样，白令不为人所采信的预言最终得到了验证。乔治·斯特拉是随白令出航的植物学家，这位穿着工装服的科学家，他的质朴是白令野心的见证者，他沿着"最短的航线航行，却因撞入群岛，用耗时最长的方式完成"。白令船长和这位科学家的关系像戏剧一样跌宕起伏。斯特拉根据附近海峡的情况向白令提策略建议，白令根本没理会他的观点，咕哝着说："谁会相信哥萨克人？"这矛盾重重的一对住在一个船舱，两个人都深感痛苦，斯特拉觉得自己"占了太多的位置"，一直担心白令所不屑的那些科学标本，会因为要腾地方而被白令扔出船去。

返程途中，远征队和自然进行了艰苦卓绝的斗争。他们和坏血病作战——在手边没有可用药物的情况下——他们绝望、听天由命，甚至是死亡。风暴掀起的巨浪"如同火炮的射击"重重地打向他们。曾教育自己的孩子们相信上帝旨意的白令，要求他的手下如果活下来，要去路德教会和

---

①卡桑德拉，特洛伊国王布莱姆的一个女儿，具有预知未来的禀赋，她有着出色的预言能力，但是她曾经遭受诅咒，诅咒使她准确的预言没有人相信，反而得到嘲笑和讥讽。卡桑德拉的心中充满了悲伤。——译注

正教会去还愿供奉。可是，"西伯利亚10年来积存下来的诅咒没有再满足一个祈祷者的意愿"。船沉了，他们就再建一艘；他们打死海豹，就吃那些令人作呕的生肉。"（海豹的）头盖骨已经碎成了碎片，几乎所有的脑浆已经流了出来，所有的牙齿都已经被打坏，可是这些动物还是会站立着作战，用鳍攻击人类。"厄运让白令和斯特拉握手言和了。斯特拉在白令最后一次病倒的时候照顾他，并在某种程度上成了白令记忆的捍卫者。1742年12月8日，白令过世了，正如他的医生宣布的那样，白令死于"饥饿、干渴、寒冷、寄生虫以及悲伤"。他死时身上半盖着沙砾以抵御北极冬天难以忍受的寒冷，他的周围是装着他朝服和假发的柳条箱，他的大副在饱含苦涩的悼词中说："他死得像是一个富人，却葬得像个罪人。"

　　白令的故事因人的兴趣比小说精彩，因人性的弱点比闹剧荒谬。白令有着超乎常人的雄心。为获取显赫地位，他离开祖国丹麦到俄罗斯军队服役，为了得到俄国女沙皇的奖励，他冒着生命危险，去现在以他名字命名当初却是情况不明的世界一角探险。报应女神将他带向死亡。在白令所在的时代，北地的科学知识有所突破，这不仅是因为白令本人的发现，更是因为他率领船队从白海到堪察加半岛沿北冰洋沿岸进行的探寻勘察，以及皮埃尔-路易·莫罗·德·莫佩尔蒂去往芬兰的远征明确了北极圈附近地球表面1度所代表的确切长度。[52]最后一个具有讽刺意味的是，白令的发现在文艺复兴时期的地理学中和一些真实性值得怀疑的航行的乱七八糟的资料混在了一起。要在他过世近半个世纪后，他的成就才被奉若圭臬，在地图上毫无争议地存在了下来。

◆ 非洲：奴隶制与探险 ◆

　　虽然有关17世纪非洲探险的记录寥寥无几，但这并不意味着没有发生。恰恰相反，军队和锁链下的奴隶长途跋涉，穿过森林，开辟道路。因商业而兴起的探险范围在奴隶贸易丰厚收入的刺激下不断发展。新的道路不断出现，但文献中却少有记载。比如，轻舟从拉各斯出发前往阿拉多进行盐的买卖，这些盐也被送往内陆，经过200英里，供应到奥约省的市场。这是一项新买卖，此前奥约人都是食用蔬菜中榨取的盐。阿拉多还是来自约鲁巴的各式珠子的集散中心，从这里，珠子被再次出口到黄金海岸，来自达荷美共和国的商人将珠子和用于装饰刀剑柄圆头的马尾运到黄金海岸卖出。这些市场吸引了亚禾和萨维成千上万的人。[53]在刚果王国的贡戈也有数个较大、比较繁忙的商业中心。

然而，大多数非洲内陆的路线都依然人迹罕至，不仅大陆以外的来客很少，就是来自邻近地方的客人也是极少。17世纪70年代晚期和80年代早期，胡格诺派①的奴隶贩子让·巴博特正在非洲西海岸编纂资料，他打算写一本书以方便前来非洲的旅行者同胞。他参考了"曾长期居住在几内亚的最有智慧的人"和"最能明白我意思的当地的贤能"[54]的意见，但是他，对内陆还是一点头绪都没有，"我从没听说过有长期在海岸生活的欧洲人愿意冒险深入内陆"。[55]其他有关内陆情况的评论也都是模模糊糊，是从当地商人的报告中搜集的。在非洲大陆的多数地方，进行过重要内陆旅行的欧洲人很少。

在西非，绝无仅有的一次探险发生在1701年，荷兰埃尔米纳贸易站政务会决定要进行一次"前所未有的冒险"，派人出使内陆的阿散蒂王国。戴维·冯·尼昂戴尔拜会阿散蒂国王奥阔姆佛·奥赛·图图一世，与之建立了贸易往来，并为其打败之前的霸主——登基拉王国的恩提姆·吉亚卡里——这一新近的胜利表示了庆贺。冯·尼昂戴尔在库马希部落待了近一年时间，然后，在重病中于1702年10月回到了埃尔米纳。8天后，他就过世了，他在阿散蒂的工作报告没能成文，只留下了些书信片段，其中包括对贝宁的一些描述，这些内容后来由他在埃尔米纳的同事威廉·博斯曼在几年后出版，但是因为他过早辞世，本应由他来告诉世人的有关阿散蒂的故事只

---

① 胡格诺派，16、17世纪法国新教徒。——译注

能永远埋没在历史尘埃之中了。

葡萄牙探险家已经穿越了埃塞俄比亚、莫诺莫塔帕王国、刚果以及安哥拉这四个国家，它们是欧洲人在撒哈拉沙漠以南非洲最熟悉的地方。所有葡萄牙沿海地区的传教及军事据点都朝向大海：刚果和安哥拉朝向巴西；埃塞俄比亚和斯瓦希里沿岸面对果阿，但是，依然有可能入侵大陆。1623—1624年，有人鼓励印度果阿的耶稣会会士去探索经东非诸港进入埃塞俄比亚的新路，因为"摩尔人来到这里，他们和信奉基督教的阿比西尼亚人做生意，并且可以充当向导"。这也就是要重建当年安东尼奥·费尔南德斯神父没开拓成功的路线。[56] 杰若尼莫·罗伯，受命执行这一任务的两个神父中的一个按要求踏上了征程，他从果阿出发，非常清楚此行的艰辛。

事实上，向我们告别的人中，没人能保证我们能否平安回来。这次使命的危险程度不比寻常，超乎想象：一无所知的疆域；野蛮原始、从不曾和葡萄牙人打过交道的土人。穿越这样人人黑得像炭的内陆地方，道路——如果有的话——对于两个白皮肤的外来者也一定会是潜伏着无数的麻烦意外。至于文化、食物、绵长山脉、荒郊旷野以及沙漠已经是最后才需要考虑的因素了。[57]

而且，他还找不到向导。前进路上的"野蛮人"盖拉族人让他一半兴奋，一半恐惧。此外，对埃塞俄比亚最了解的马诺埃尔·德·阿尔梅达说："根本没有真正的道路"，所有的路都"纠缠盘绕"，而且那里"微不足道的国王和统治者多如牛毛，每天你都能碰上一个新的"，[58] 这些政治障碍在路上也比比皆是。探险者们不得不转回头，经红海和马萨瓦走惯常的路线。同时，另一队耶稣会会士正尝试经泽拉前往非洲探险。可是，这明显是错误的，一封来自埃塞俄比亚宫廷的信误导了他们。最后，他们落在了阿德里安部落手上，并在那里殉难。资料越来越少，这首先是因为盖拉族人和穆斯林的入侵使埃塞俄比亚日渐独立，而越来越重要的原因是统治者和葡萄牙人的合作破裂了：耶稣会会士越来越不受当地人欢迎，他们也就越来越无法容忍埃塞俄比亚的异端邪教。

外界对莫诺莫塔帕王国的了解就更少了。1608—1614年间，泰德边防站的站长迪奥格·西蒙斯·德·马德拉一直在继续寻找传说中位于奇科阿附近的莫诺莫塔帕王国矿藏。很容易理解，国王并不情愿详述矿藏的位置，西蒙斯就重振了征服这个王国的事业，但是，葡萄牙人对之前16世纪70年代的征服失败尚记忆犹新，1622年，葡萄牙国王叫停了这项事业。继承权的争斗不断加剧。后来，连续不断的争斗使这个王国分崩离析。葡萄牙冒险家"成为国王"的机会在增加，他们有望拥有自己的封地了，但他们大多都对和外界接触交往没有什么兴趣，经莫诺莫塔帕王国将印度洋和非洲内陆联系在一起的希望变得越来越渺茫。

葡萄牙人从安哥拉大西洋沿岸探索内陆也是无功而返。从本格拉出发寻找铜矿和传说中金矿的探索者没能穿越神秘内陆。然而，从罗安达出发的军队探险队、外交使团以及宗教尝试却的确收集到了一些信息，并走到了更东边的地方。比如，安德鲁·巴德勒，这是一个唯利是图、贪恋美色的小商贩，他在罗安达内陆当兵，被俘，当小商贩沿街叫卖，如此待了几年，然后于1610年将自己的经历编辑出版。这个世纪中间的时候，恩东戈王国的恩辛加女王是这个地区的中心，如同磁铁一般吸引着探险者。这位女王是个有男子气的女子，她为个人利益时而投身基督教，时而投身异教，她有女性的伎俩诡计，又常常身着男性盛装，她把自己长长的一生中的大半贡献给了控制自己继承来的王国。随着女王东迁的策略需要，传教士们沿着女王的王国一路向东深入内陆，于1656年到达了远方的马坦巴。

与此同时，嘉布遣会修士于1645年到达刚果，并在全国都建立了教区，包括：扎伊尔南部，离现在金沙萨不远的索纳巴塔和桑达；将梅卜利得吉和宽扎流域一分为二，位于丹德河之外的巴姆巴高地，以及位于现在威热省、当时与世隔绝的尤南达。1716年，隐修会的历史学家马地奥·德·安吉亚诺收集并比较了传教士的探险报告，再现了当时的重重困难：

炙热的太阳，污浊的空气，供给不足且难以下咽的食物，常常匮乏的饮用水，相隔遥远的定居点，当地马匹的缺乏，道路条件更是恶劣，道路上既无客栈也没小酒馆，这些道路与其说是路，不如说它们更像是些羊肠小道，狭窄难行，少有人迹，其上蒿棘丛生，如同长矛一半高度，浓密茂盛，就像是欧洲手杖般粗细。所有一切，让人厌倦疲惫，呼吸也变得困难。对于光脚苦修的我们，更是折磨，每一步都会有如针一般的野草刺入脚中，影响血液的病痛来势汹汹，而放血是唯一可行的治疗方法……这里雨量充足，会从5月一直持续到9月。雨季之前，是肆虐的大风，恐怖的风暴也会随之而来，天空黑暗压城，灵魂一并坠入谷底。而这些，天天重复上演。[59]

1727年，一位欧洲绘图师终于第一次打破以往惯例，不再只用漏洞百出的揣测去填补地图上令人尴尬的空白。他所绘制的大多数非洲地图都是大片大片的空白，令人望之心惊。正如《格列佛游记》似乎证明了太平洋探险的种种局限，另一本小说则说明在18世纪早期，欧洲人对非洲撒哈拉以南地区依然所知不多。1740年，《路易斯·阿尼亚巴王子的历史：几内亚海岸的非洲之王》一书将非洲描写得面目全非。按这本书的描述，非洲大陆到处都是异国情调。那里的人甚至也不是黑人：小说片段身份混乱，和《女人心》里主人戴着的阿尔巴尼亚面具所引发的错乱颇为相像。

◆ 世界地图 ◆

我们仍然要说，虽然17世纪和18世纪早期的探险成就并不突出，但它们的影响极为重要。人们头脑中对世界的样貌开始有了概念。这个故事应该说是从1669年巴黎天文台，或者也许从由它脱胎而来的皇家科学院的建立开始。后者由考伯特于1666年建立，目的是更正地图和海图上的谬误，提高其质量。这是我们今天熟悉的国家在科技领域的主动创新：研究被当作是一种投资，并非是为科技而科技，而是本着一种实用精神，以"创造财富"为目的。然而，科学院的成员包括了当时的宇宙志的先锋人物，其研究工作很快超越了最初的实用范畴。这个新机构早期最知名的人物是让·皮卡德和克里斯蒂安·惠更斯。

皮卡德推动了皇家科学院创新，他向考伯特推荐合适的学者，并在需要的时候帮助把他们吸引到法国。我们不是太清楚皮卡德的早期生活经历,据说他最初是个园丁,这也许广义地包括园艺和植物学两个方面。皮卡德和他那个时代许多热爱学术的人士一样,他还有牧师的身份,或是至少在教堂中任有什么职位,并最终成为瑞欧教士团团长。他生命中的转折点则与宗教无关。1645年,皮卡德25岁,他在一次观测日食时给伟大的天文学家伽桑狄担当助手。他后来成了伽桑狄最为钟爱的学生,并在1655年成功地承继了他老师在天文学中的席位。他是透镜角度测量应用方面的先驱,开发了惠更斯发现的钟摆运动的有效使用;在他的建议下,一种新的测定星星和子午线的相对位置的方法得到了应用。他通过改善教会历法的精确度证明了自己天文学家和教士的双重身份。1679年,他写的书《时间新知》面世时,广告词是"汇集了所有圣日和圣节",可事实上它囊括的是非常之多的检测经纬度的有用的星象知识,以至在1766年的《航海天文历》出版之前没有其他航海辅助图书可出其右。

惠更斯开始志在研习法律。但他在数学上的早慧吸引了笛卡儿的注意,这使他走向了别样的事业。他1654年的《论圆周大小的求证》算出了当时最精确的π值。和皮卡德一样,惠更斯也意识到天文学上的进步需要科技上的革新。他采用了新的方法打磨、抛光镜片,此举大大提高了望远镜的清晰度,并在1655—1656年间,首次观测到了猎户星云以及土星周围圆环和卫星的清晰图像。要使天文观测更为完整,需要对时间更为精确的量度,这促使惠更斯开始了钟摆的研究。在到达巴黎之后,他的研究重心主要集中在光的特性以及建造大型长焦望远镜上。然而,1681年,他回到荷兰,并且再也没有离开,对自己和同道在职业或个人的差异感到心灰意冷。他发明了一个理论,认为世界是扁平的球状体,两极"扁平",赤道"凸起":这引发了激烈的争论,但是,在下一章,我们将看到,他的这一观点最终得到了皇家科学院的支持。

1669年,皇家科学院的人员得到了极大的充实。一位伟大的意大利籍天文学家加入了皇家天文学院,他就是著名的让-多米尼克·卡西尼。卡西尼1625年出生于尼斯的萨瓦郡,原名乔凡尼·多美尼科·卡西尼。那

让-多米尼克·卡西尼（1625—1712）

时，这一地区无论是从文化上还是政治上，都属意大利北部。卡西尼最初和热那亚的耶稣会会士在一起学习。他最初所喜爱的是一些超理性的学科，比如诗歌、神秘主义和占星术，而不是我们今天所理解的科学。但是，在近代欧洲的早期，学习天文学或是魔法巫术却是进入科学领域最惯常的方式。卡西尼认真研究了皮科·德拉·米兰多拉对占星家的指斥批评，决定烧掉自己所有的占星笔记，开始学习客观公允的天文学。伽利略阵营的卡瓦利埃里过世后，米兰多拉成为意大利博洛尼亚大学天文学教授，当时他仅有25岁。在卡西尼的努力下，博洛尼亚一直站在天文学的最前沿。他建造了一条新的子午线，现在仍用黄铜标在大教堂的北边走廊上；他遍邀欧洲顶尖天文学家论证开普勒关于太阳直径和运动速度（在轨道运行时）存在明显差异的假说。

卡西尼在他1659年的《日食现象新测量》中把自己有关太阳的研究和当时绘图学中最令人头痛的引入经度概念问题连在了一起。卡西尼建议采用一种新方法，即进一步精确不同子午线上日食现象的发生时间，然后通过比较这些时间来进一步改进经度的准确性。1665年，他首次发现了一系列木星卫星；1668年，他出版了《天文星历》，也可以说是木星卫星运动表。这补全了由伽利略起步的工作：为精确测定时间提供了天文标准。卡西尼在天文学上的杰出成就并没有阻碍他在别的领域获取成就，博得声名：他是为罗马教皇和博洛尼亚上院服务的水文学理论家和水力工程师；和皮卡德一样，他是教会历法的计算者；是输血方面的先驱；是液态物质物理特性方面的专家，还是旨在划定托斯卡纳和教皇国边界的测量师。纵然如此多的成就，但对于皇家科学院的考伯特在法国发起的绘图项目，他经度测量工作方面的贡献才是非他莫属的原因。卡西尼在皇家科学院的工作并不太愉快。他和把他招至法国的皮卡德闹翻了，和惠更斯也疏远漠离。但是他在推进项目向前发展和汇集整理数据上的努力弥补了这些对同事士气的影响。

在卡西尼加入皇家科学院之后的若干年里，皇家科学院的精力主要集中在了两个方面：一是通过经纬度确定世界各个主要地方的位置；二是按考伯特要求，提高法国在地图上的精确度。在巴黎天文台的西塔，卡西尼在三层铺置了一个直径达24英尺的巨大的世界地图，其上每隔10度就有一条经纬线。一队又一队的天文观测者梳理着整个世界。

用伽利略的新技术和惠更斯的新发明，人们核实了以前不为人知的经线，有关地方可以根据和它的相对位置确定方位。路易十四在视察工作进展时，可以把世界踩在脚下，用鞋尖精确地指点江山。

从某个角度来说，这种用栅格确定位置的方式并不新鲜，它是受到公元2世纪时，亚历山大的绘图师克劳迪乌斯·托勒密的启发。15世纪时西方世界再次发现了托勒密使用过的这种方法，自此之后，学者们便把它当成了理想模式，但并没对用这种方法"归置"世界抱太大希望。卡西尼绘在地板上的地图对世界的描绘并不准确，它受限于天文观测塔的大小，没有把标记各地方间的实际距离表现出来。然而，这的确是绘图史上最最重大的科学突破，世界第一次按可核实的猜想被绘制出来。

数据资料从四面八方汇集到皇家天文台。卡西尼简要记述了对卡宴、埃及、佛得角和瓜德罗普岛的远征情况。耶稣会教士团在马达加斯加岛、暹罗和中国的观测情况成绩平平。哈雷从好望角、泰弗诺从果阿发来了报告。最主要的出入出现在赤道附近，尽管卡西尼已经尽量完善设计以弥补这一地区高温和湿度带来的问题，但摆钟计时还是出现了明显的滞后。

地图反映了他们工作的情况。1702年，吉尔多姆·德·里斯莱当选为宫廷制图师，进而壮大了专家队伍。据说，他从9岁起就可以绘制古时的历史地图。他受到了卡西尼的影响，在25岁时下定决心改革当时僵死的绘图模式，通过科学的经度知识用栅格法重新绘制地图。1700年，他出版了一系列划时代的世界地图以及各大陆单独的地图。在这些地图里，地中海首次以真实长度亮相。他总共的134幅地图真实再现了在收集准确数据资料方面，皇家科学院和全世界各个地方合作工作的进展情况。

德·里斯莱于1726年过世，一个年轻人将他更正世界地图的勃勃雄心继承了下来，他就是出生于1697年的让-巴蒂斯特·昂维尔。12岁时偶然发现的一幅地图让昂维尔将一生都奉献给了绘图事业。他的学术求证一丝不苟，曾因不同意出版一幅摄政王奥尔良公爵交付于他，却不够准确的地图，而名声大噪。1727年，我们上面提到过的，他著名的非洲地图出版了。在随后的几年间，他给夏洛瓦的《圣多明各史》、乐奎的《东方基督徒》以及耶稣会会士杜哈得编辑的有关中国的伟大汇编著作加插了说明地图。1744年，在他的《意大利地理分析》中，他建议参照皇家科学院对法国情况的发现，缩小地图上仅凭想象绘制的意大利版图。在教皇本尼狄克十四主持资助下，用三角测量法对意大利重新进行了勘察，昂维尔的观点得到了证实。通过批判性的细致钻研绘图传统，认真观察同道作品，昂维尔对遥远地方定位之准确让人惊叹。比如，1782年一位探险家发现昂维尔对摩鹿加群岛的绘制十分精妙。1798年，随拿破仑前往埃及的专家使用的还是昂维尔的地图。他一共出版了211幅地图，78件其他作品，他绘制了世界，可是，他却从来不曾离开过法国半步。

测绘法国也是皇家科学院的伟大工程之一。这项工作体现了观测者们对地图科学绘制的贡献，进而影响了探险路途的记录和回溯，它也因此而在探险史上占有了一席之地。

在皇家科学院介入之前，法国的地图知识主要是参照当时这一领域最好的，老尼古拉斯·桑生的地图。桑生是传统地图学的奠基人，通过他的儿子、学生影响了法国17世纪晚期和18世纪所有伟大的绘图师。桑生出生于1600年，在亚眠接受了耶稣会会士教育。当他还在学校的时候，他就吃惊地发现了课本上帮助学生理解人文学科，特别是有关恺撒的高卢战争时地图的不足。他在10多岁时，就自己绘制了古代高卢的地图，但是那时他对古文物研究方面的兴趣基本还只是业余性质，这种情况一直持续到1626年。当时，经济上的困窘让他为了赚些钱财而出版了一本地图。正是这本地图引起了黎塞留的注意，他把桑生引荐给了王室，使他成了王室和国王在地理方面的导师。桑生的儿子也都很杰出，是很有成就的地理学家。他的长子在福隆德运动①中被人杀死，年仅22岁，而他的次子，也就是吉尔多姆活了下来，并有自己的地理学理论，且连续出版了父亲地图的新版本，直至世纪末。

桑生的地图肯定是传统风格，是根据当时现有著作编纂而成，并非是基于有科学论证的新论文。皇家科学院真正致力于改进法国地图开始于1669年，也就是桑生最后一版地图出版前的10年。当时皮卡德开始着手测定巴黎所在子午线的位置。他沿着传统路线向北到达了亚眠，在这条路线

---

① 福隆德运动，17世纪中叶在法国发生的反对专制王权的政治运动，"福隆德"是一种投石器的音译，故又称投石党运动。——译注

上让·费尔奈曾经在144年前,用连在车轮上的里程表测算过纬度1°所代表的距离长短。费尔奈用里程表记录下在地球表面走过的距离,同时用四分仪测量北极星的高度以核验他所在的纬度。和费尔奈一样,皮卡德也用四分仪测量自己经过地方的纬度,但他用望远镜大大提高了视觉的精确度。测量者也改用三角法取代了粗略现成的里程表。在温度恒定的情况下,从用棒杆或是绳缆测量的一条基线的端点开始,用经纬仪选择一个顶点,那么顶点和基线两个端点这三个点之间的距离就都可以从对角用三角测量法计算出来。

在皮卡德进行三角测量的同时,皇家科学院命令工程师戴维·杜·维维亚进行进一步的试验性勘测。1671年,测量结果开始出版公布,皮卡德重新计算了1度的长度:他推定地球是一个正圆,算出在赤道上每度的值应该是111.2099公里。1678年,他和维维亚完成了用三角测量法绘制出的巴黎和亚眠之间的地图,并雕版印刷,让公众可以见到。在随后几年中,皇家科学院集中力量沿海岸确立了真实经度,并把这项工作的结果和做得也相当不错的海岸勘测相结合,绘制了精确的法国海岸地图,其结果似乎说明法国要比桑生想象中小得多得多。

◆ 地球的形状 ◆

在绘图上,皇家科学院工程留下的主要问题是每一度所代表的长度似乎并不统一,这也就是说地球可能并非一个正圆。测绘法国工程时断时续,进展缓慢,其中一些矛盾问题可能随着技术发展而出现,可其测量结果却似乎一直显示法国北部每度所代表的距离要比南部少。这激起了人们的猜测:地球两极间距离比横向更长,也就是说地球是一个狭长的球体,而非正圆。让-多米尼克·卡西尼的后人也是学钵继承人雅克·卡西尼在1718年接受了这一结论,而且在1733年沿巴黎和圣马洛之间巴黎子午线的垂直线特别做的实验中,这一结论也似乎得到了验证。实验过程有错误,但是它也似乎证明了在那一纬度每度所代表的距离对一个球形的世界来说

第七章 连接
约1620—约1740年：全球文化再度趋同

实在是太短了。但这些发现和皇家科学院自己在赤道区域所得到的数据相矛盾，人们发现摆钟在赤道上时速度较慢。让-多米尼克·卡西尼倾向于认为这些问题是由于误读，可这一现象却不断出现，它需要一个能泛化的解释。牛顿和惠更斯是有关摆钟特性研究最高的权威，他们一致认为这是因为地球表面在赤道处膨胀，和高纬度相比，低纬度距地球重心较远，地方钟摆所受的引力相对较小。离心定律解释了之前的现象，看起来也很有道理。于是，法国的勘测者倾向于认为地球在两极地方膨胀，反之，地心引力说的提倡者假定地球是一个扁球体，两极扁平，赤道外扩。

在皇家科学院的资助下，一个精细、所费不菲的实验解决了这一争论。两队探险家同时分赴现实中声称存在争议的两端：一端是赤道，或者说几乎就在赤道上；另一队去往北极圈的拉普兰，并在条件允许下尽可能向北走。然后，在这两个地方尽可能精确地进行实验，测定当地1度所代表的距离。两支探险队的工作情况都不尽顺利。

1735年，查尔斯-玛丽·德·拉孔达明率赤道探险队出发，随行有两位机智的西班牙官员：安东尼奥·德·乌洛亚和乔治·胡安。他们经过长途跋涉才到达基多，内部的意见不合使探险队士气低落，可怕的地形让他们举步维艰。他们用了10年才最终拿到结果，最后拉孔达明总结时说他们也许根本无须前去基多，在卡宴同样可以做这个尝试，而且要容易得多。胡安和德乌洛亚的报告出现得较快，而且产生了一个意想不到的影响：尽管他们对地理情况、地质学、水文地理、气候所有这些的调研本身都具有科学本身质朴、平实的特性，但他们为此绘制而成的图表却美丽大方，令人惊叹：美洲山水图中结合了浪漫的表现手法——在美洲风貌里孕育出欧洲的浪漫主义——这是未来漫漫历史激动人心的开端。

与此同时，莫佩尔蒂在北极实际已经解决了地球形状的问题。他在海上沿波的尼亚湾尽可能向北航行，然后登岸，在内陆艰苦跋涉以寻找高度足以进行三角测量的地方。1736年12月，在北极圈附近的托尼奥，莫佩尔蒂开始测量长约12英里的基线，"它可能是曾经使用过的最长的基线，如果冰面一马平川，基线就从冰面断开之处量起"。测量用的棒杆是冷杉木所制，它是所有材料中在寒冷条件下最不易变形的材质。瑞典军队还专门派出了特遣队协助他们。"想想那是什么样的一幅情景，"莫佩尔蒂写道：

> （我们）要在2英尺深的大雪里跋涉，手里还要拿着重重的棒杆……天寒地冻，我们会时不时地抿上点白兰地，它是这里唯一不会结冰的液体了。天实在太冷，我们的舌头和嘴唇冻在杯子上，拿开杯子，鲜血淋漓。手脚都冻得不听使唤，可身体其他部位，因为工作异常辛苦，却是大汗淋漓。[60]

在这样的条件下，要达到完全的精确也不可能，可莫佩尔蒂的读数只高估了不到0.33%。他的发现已经足以说服世人地球是一个扁平的球体——两极被压扁。在他汇编作品的卷首插页上，他头戴皮帽，脖围毛领，背后是一句颂词，意为："命中注定，由他确定了地球的形状。"

和许多因实际经验而受伤的科学探险者一样，莫佩尔蒂最终却对科学感到幻灭，而从自然中获得了灵感。起初他相信，每个真理都可考量，每一事实都可感知。但最后，莫佩尔蒂成了一名神秘主义者。"你不可能在浩瀚的天空，"他总结说，"也不可能在深不可测的海洋和地球的裂隙中寻索上帝。也许还未到系统地彻底地理解世界的时刻。此刻，我们只能观看，只能惊讶于造物的神奇。"在他1752年出版的《有关科学发展进程的信件》中，他认为对于科学，下一个应该做的是有关做梦和"来自印度某些地方一定剂量的"致幻药物的实验，他说那是了解宇宙外知识的唯一途径。他猜测说，也许我们所感知到的世界不过只是幻觉；也许只有上帝是真实存在的，而感知只是"孤独存在于宇宙"的思维的属性而已。

莫佩尔蒂的实验让他自己对科学的价值产生了深深的怀疑。但至少，有关地球形状的争论到此结束了。牛顿是对的，而卡西尼是错的。事实上，探险者计算上的误差夸大了对地球与正圆的偏差程度。拉孔达明所测1度是110.92公里，正确的数字应该是110.567公里。莫佩尔蒂的数据是111.049公里，而不是实验所在纬度上的准确数据：111.734公里。对以前勘测准确性的质疑影响了皇家科学院的名望。但是这次的重要荣光重新捍卫了它的地位。

卡西尼时代之后,皇家科学院的当家人换成了恺撒-弗朗西斯·卡西尼·德·图里,他很快对先前的发现进行了必要的调整。1740年,虽然当时拉孔达明的测量结果还没有出来,但卡西尼和他伟大的叔叔马拉尔蒂利用莫佩尔蒂的探险成果,在皇家科学院一直以来的科学发现的基础上,出版了一本整个法国的过渡时期地图。这本地图一共18页,总体比例为1:878 000。虽然其1:86 400的最终版要到1789年才会出现,但这张过渡地图已经足以引起其他国家的妒忌,引得全欧洲的绘图师们雄心万丈。

探险者们的发现改变了欧洲人对世界的看法。他们确认了这个世界宽广浩瀚,在西半球发现了"美洲大陆",把千奇百怪的各样造物:动物、矿藏、植物的样本统统收集进了欧洲人收藏家的"奇珍屋"。这些珍奇异宝在人们心中激起了敬畏,推动了进一步的搜寻,也成就了最早的现代博物馆。各种文化间日益广泛的接触将世界上几乎所有海岸边的人们连在了一起,甚至于以前人迹罕至的亚洲北极圈、澳大利亚和新西兰的海岸也成为世界交通网的一部分。交通沟通的路线在海洋上纵横交错。下一部的工作就是填充海上航线之间的空白,特别是太平洋上的空白,以开拓各个仍然在互相分离的文化,特别是非洲和美洲内陆部分的文化之间的联结通路。

本章文献索引

1. P. de Medina, *Arte de navegar* (Valladolid, 1545), preface, quoted in D. Goodman, *Power and Penury: Government, Technology and Science in Philip II's Spain* (Cambridge, 1988), 72.
2. C. Varela (ed.), *Cristoval Colón: Textos y documentos completos* (Madrid, 1984), 325.
3. W. Bourne, *A Regiment for the Sea and Other Writings on Navigation,* ed. E. G. R. Taylor (Cambridge, 1963), 294.

4. F. Fernández-Armesto (ed.), *Questa e una opera necessaria a tutti li navig[an]ti* (New York, 1992), 7–9.
5. C. Koeman, *Miscellanea Cartographica: Contributions to the History of Cartography* (Utrecht, 1988), 59; F. Lestringant, *Mapping the Renaissance World: The Geographical Imagination in the Age of Discovery* (Berkeley, 1994), 106.
6. J. Davis, *Seamans Secrets* (London, 1643), pt. 1, sig. G2.
7. M. Destombes, 'Les Plus Anciens Sondages portes sur les cartes nautiques,' *Bulletin de l'Institut Océanographique,* Monaco, special issue, 2(1968), 199–222; Koeman, *Miscellanea Cartographica,* 53.
8. J. P. Snyder, *Flattening the Earth: Two Thousand Years of Map Projections* (Chicago, 1993). 43–9
9. D. B. Quinn, *English New England Voyages* (London, 1983).
10. W. P. Cumming, R. A. Skelton, and D. B. Quinn, *The Exploration of North America* (London, 1971), 208–11.
11. Above, p. 222; Cumming *et al.*, *Exploration of North America*, 236–7.
12. Above, p. 221.
13. Above, p. 239; C. E. Heidenreich, *Explorations and Mapping of Samuel de Champlain* (Toronto, 1976).
14. Above, p. 214.
15. R. A. Skelton, *Explorers' Maps* (London, 1960), 275–8.
16. P. van Mil and M. Scharloo (eds.), *De VOC in de Kaart Gekeken* (The Hague, 1988).
17. C. R. Boxer, 'Portuguese Commercial Voyages to Japan Three Hundred Years Ago,' *Transactions and Proceedings of the Japan Society of London,* 33 (1936), 13–64.
18. F. C. Wieder (ed.), *Mon Cart* (The Hague, 1925).
19. T. Blundeville, *M. Blundevile his Exercises* (London, 1613), 649.
20. A. Fontoura da Costa, *A marinharia dos descobrimentos* (Lisbon, 1960), 147–57.
21. Above, p. 147.
22. O. H. K. Spate, *The Spanish Lake* (London, 1979), 106–9.
23. J. B. Leighly, *California as an Island* (San Francisco, 1972).
24. Skelton, *Explorers' Maps,* 119; R. Hakluyt, *A Discourse of Western Planting,* ed. D. B. and A. M. Quinn (London, 1993), 84–7.
25. B. Bailyn, *New England Merchants in the Seventeenth Century* (Cambridge, Mass., 1955), 41, 98.
26. Above, p. 239.
27. Above, pp. 235–6.
28. Above, p. 233.
29. G. de Carvajal, P. Almesto, and A. Rojas, *La aventura del amazonas,* ed. R. Diaz (Madrid, 1986), 237.
30. O. H. K. Spate, *Monopolists and Freebooters* (Minneapolis, 1983), 44.
31. Above, p. 212.
32. Spate, *Monopolists and Freebooters,* 50.
33. W. Dampier, *A New Voyage Round the World,* ed. M. M. Penzer (London, 1927), 313.

34. Spate, *Monopolists and Freebooters,* 51.
35. Dampier, *A New Voyage Round the World,* 311.
36. J. Roggeveen, *Journal,* ed. A. Sharpe (Oxford, 1970).
37. R. H. Fisher, *The Voyage of Semen Dezhnev 1648* (London, 1981), 139.
38. Ibid. 137.
39. Ibid. 51.
40. Ibid. 45.
41. Ibid. 170.
42. A. Wood, 'Avvakum's Siberian Exile, 1653–64,' in A. Wood and R. A. French (eds.), *The Development of Siberia: People and Resources* (Basingstoke, 1989), 11–35.
43. E. Bobrick, *East of the Sun* (London, 1992), 150.
44. O. W. Frost, *Bering: The Russian Discovery of America* (New Haven, 2003), 34; B. Dmytryshyn, T. Vaughan, and E. A. Crownhart-Vaughan (eds.), *Russia's Penetration of the North Pacific Ocean* (Portland, Oreg., 1988), 69.
45. T. Armstrong, *Yermak's Campaigns in Siberia* (London, 1975), 88.
46. Frost, *Bering,* 43.
47. Ibid. 44.
48. Ibid. 68.
49. Ibid. 88.
50. Ibid. 73.
51. Ibid. 137.
52. Below, pp. 284–5.
53. R. Law, *The Slave Commerce of West Africa* (Oxford, 1998), 45–52.
54. P. E. H. Hair and R. Law (eds.), *Barbot on Guinea: The Writings of Jean Barbot on West Africa, 1678–1712,* 2 vols. (London, 1992), vol. i, p. xliii.
55. Ibid. ii. 454.
56. Above, p. 213.
57. M. G. da Costa and C. F. Beckingham (eds.), *The Itinerario of Jeronimo Lobo* (London, 1984), 51.
58. C. F. Beckingham and G. W. Huntingford (eds.), *Some Records of Ethiopia* (London, 1957), 192–3.
59. M. de Aguiano, *Misiones Capuchinas en África* (Madrid, 1950), 67.
60. P.-L. M. de Maupertuis, *The Figure of the Earth, Determined from Observations Made by Order of the French King, at the Polar Circle* (London,

第八章 深化

约18世纪40年代—约19世纪40年代：日益清晰的全球图景

> 作为首位发现者，喜悦自然而生，若不是这个缘由……这将是一种无法忍受的职业。
> ——库克：《"奋进号"航海日志》
>
> 海水迎风而起，海面波涛暴烈，如果不是为了让政府和公众确信我们已探索了每一块陆地，如果不是为了让公众相信我们已将海洋细细探察过，航船、索具还有我们的船员为什么还要在其间航行？
> ——约翰-赖诺尔德·福斯特：《"果决号"航海日志》
>
> 那年，只有大概13岁的我
> 走进了一片金色之地。
> 钦博腊索山、科多帕希火山
> 拉住了我的手。
> ……
> 我隐隐听到上帝的声音
> 男孩们正在远处玩耍。
> 钦博腊索山、科多帕希火山
> 偷走了我的整个身心。
>
> ——沃尔特·J.R.特纳：《浪漫》

所有这些探险活动究竟有何益处？所有启蒙先哲都会禁不住问这个问题。答案几乎不会例外：进步。但是，启蒙运动的领军人物、《大百科全书》的主编狄德罗却不这样认为。1773年，他著述谴责探险者是新式野蛮主义的代言人，说他们动机卑鄙："我知道他们是受暴政、罪恶、野心、不幸以及好奇的驱使，而非是充沛的精神、求知的欲望以及对熟知的快乐的厌倦。"——所有都来自他们不安分的性情。对于那些寻找"掠夺海岛，以劫掠、征服以及屠杀人群"的人来说，对于新发现的渴求是一种新的狂热主义。探险者发现一些人品行要好过他们,因为那些人更自然、更文明,而探险者却因失去了在家乡时所必要的文明的束缚,而变得野性渐涨。狄德罗坚持认为"所有的远程航行都培养起新的一代游牧式的野蛮人……他们四处游历,走过许许多多的地方,却不属于任何地方……他们是生活在水面上的两栖动物"。他们背井离乡,或者严格地说,是意志消沉。

  探险者们过度的自大、过分的自我为中心、过分的剥削劫掠,确实也说明了旅行一定会广开思维、改善品性这一看法是一种谬误。但是狄德罗还是有些过分夸大。即便当他写那些话的时候,大量出于科学或是利他目的的毫无私心的探险正在不断增加。

  如果说18世纪人们再次发现了自然之美以及如画风景的非凡奇妙,那么这其中的部分原因正是探险家们让国内的公众猛然间发觉他们所发现的世界的庄严之美。如果说保护种群和自然风貌在欧洲历史上第一次成了帝国的政策目标,那么这是因为历史学家理查德·格罗夫所称的"绿色帝国主义"——远处大洋上发现的新伊甸园所唤醒的管理服务世界的意识。如果说哲学家拓展了人们的人性观,如果说哲学家曾为之纠缠不休的黑人、"霍屯督人"①、澳大利亚土著和所有其他因外貌或是文明而水火不容的人成为精神上彼此相容的群体中的共同成员,这是因为探险让这些兄弟姊妹越来越彼此熟悉。如果说批评家对西方制度的指责越发激烈,如果说批评家对人民主权、"开明专制主义"②、"自由思想"、公民自由、人"权"的支持愈演愈烈,那么部分是因为探险让人们了解世界其他地方不同模式的社会如何组织,人们如何生活。

  当然,残忍暴行、抢夺劫掠、盘剥侵占以及凌辱虐待还都在继续。但是,与此同时,探险确实成了一场良性的风暴。风暴之中探险日渐各有其意,似乎无可抗拒。获取利润和权利渐渐不再是欧洲探险者最重要的动

---

①霍屯督人,西南非洲的游牧民族。　——译注
②开明专制主义,指18世纪后期欧洲君主制国家自上而下推行的改革。　——译注

第八章 深化
约18世纪40年代—约19世纪40年代：日益清晰的全球图景

机。在一定程度上，基督福音的传播也不再如是。狄德罗定义中的一些并非那么穷凶极恶的原因，如好奇、倦怠和逃避渐渐成为探险的主要原因。在一定程度上，过去的探险精神有了新的表现形式。探险者不再直接从骑士故事中获取灵感，但骑士精神仍对他们很起作用：社会野心、渴望冒险，还有船长詹姆斯·库克所说的"争先的快感"。一些曾激励过早先几代欧洲探险者的故事同样还在流传，仍在对易受骗之人施展魔力。

◆ 传说继续 ◆

例如，太平洋依然绵延在两个太虚之境中间：南边"未知的南方大陆"和传说中环绕北方美洲的海上通道。

一直都没有足够的证据支持南方大陆确实存在，这也可见传说生命力之非凡顽强。但是，为它的存在辩护的人言之凿凿，逻辑上说得通，似也有助于理解其源远流长。1752年，当时最知名的科学家皮埃尔-路易·莫罗·德·莫佩尔蒂[1]曾全面、简洁地提到过这个案例：

> 每个人都知道在南半球有一块未知的地方，那里也许有一个崭新的世界，面积超过其他四块大陆……地球上没有比它更大的地方，但是那里并不一定全是海洋，人们可能也会发现陆地。[2]

我们生存的世界，海洋占比畸高，这似乎有违神造万物遵循有序和对称的理性原则。

如果南方大陆真实存在，那么让它一直不为人知将是玩忽职守，错失良机。英国海军的首席水文学家亚历山大·道尔林普把南方大陆想象成"借用那里所有的产品和船舰，足以维护英国的权力、领地及主权"的地方。查尔斯·德·布罗斯是南部大洋探险最不知疲倦的鼓吹者之一，他是个律师。在他心目中，寻找这块传说中的大陆有着更宏大、更充实的理由："完成这样的远征岂是征服几个蕞尔小国可比？"[3]

西北通道的传说也和此类似。虽然每一次寻找它的人们都失望而回，可是失望从来没能扼杀它存在的说法，任何反对它存在的论点都遭到了挫败，反而是让人们更为确信它的存在。例如，1731年，纸上谈兵的鼓吹者、爱尔兰的国会议员亚瑟·道博斯曾说从哈得孙湾的西北角有一股无法解释的潮流，只有"大西洋直线流入"[4]才能解释。这个推理毫无根据。哈得孙湾公司非常清楚海湾根本没有西向出路：公司的一员，詹姆斯爵士在不久前的1719年做此尝试时在冰上丢了性命。但是道博斯还是说服海军重新开始寻找西北通道，并且当他们失败之后，他又继续和一家私人公司一起继续这一事业。关于这条通道的资料很有市场，商人们愿意付钱。有江湖骗子说他们了解美洲内陆的情况，假冒海员的虚假航行也被拿来作证。甚至于道博斯在18世纪40年代发起的两次探险惨遭失败都未减少人们对西北通道存在的信心，但是寻找还是从海峡口转到了太平洋。这项计划最为积极的推动者亨利·艾利斯1750年写道：太平洋"天气可能较温和，寒冰可能少些，西北通道（如果有的话），可以更容易看到"。[5]

越来越多的例证都表达了一个让人惊诧的矛盾：人们越了解世界，就越容易轻信。每一个新发现都会引出一堆的遐想。历史沿承的传说继续流传，同时新的传说大量出现，也很难证明这些新的传说不真实。例如，按照18世纪多位理论地理学家的说法，澳大利亚要么被海峡一分为二，要么就有个内陆海；北美即便不能利用西北通道穿越，也可利用一系列大致连续不断的可通航水道穿越。澳大利亚一定是有一条像亚马孙似的大河。尼罗河一定和古代的描述没有区别，而不论对其所知如何有限，而且尼日河也和文艺复兴时的描写一样；古代马里的财富一定是集中在廷巴克图；在极点周围一定有没有冰封的大洋。

神话的准破除者或验证者在继续向前推进计划之前面对着两大实际问题：第一，对经度茫然无知，这让探险者不了解自己的方位，跟跟跄跄，不是撞上礁石就是触到海岸；第二，是坏血病，这让旅行者因缺乏新鲜食物而疼痛、疲惫并死亡。现在，我们需要看看他们曾经做过的努力。

第八章 深化
约18世纪40年代—约19世纪40年代：日益清晰的全球图景

◆ 经 度 ◆

一起意外让传统技术在确定经度上的局限性暴露无遗，即便是这种技术以可靠著名。[6]1769年11月9日，库克船长在新西兰时，恰逢水星从太阳正面经过，这就给了库克一个通过计算日食时间确定经度的极佳机会。而且，库克还是当时世界上最为认真细致的水文地理学家。即便是这样，他所确定的新西兰位置还是偏东了好一段距离。即便是最好的时机，日食测定经度的方法还是不那么可靠。天阴时，不可能使用这种方法；而在移动的船上，它就更不实际了。

17世纪快结束时，反射八分仪的发明给经度的确定带来了新的希望。这是一种和单筒望远镜配合使用的类似于四分仪的装置，它利用倍率放大以增加天体相对位置读数的准确度。1672年，牛顿绘出了它的草图，说"虽然海上船体的晃动会使它来回摇摆"，"但月亮和星星会一起移动，就好像它们真的能在天空彼此触碰到一样，所以航海观测可以在海上和陆地上完全一样"。18世纪的头20年里，不断地精益求精和简化使这一装置得到了改进：双倍反射四分仪，以及更便携的版本，六分仪。六分仪成为航海家出外海航行必不可少的伙伴。

这些装置可以帮助航海家绝对把握地测量太阳或是北极星的高度，进而确定所在纬度，其价值无法估量。在理论上，它也可以用来极精确地测定经度。利用六分仪，海员就能通过测量月亮和特定星座间的距离相当精确地确定时间。然后，通过将自己所在位置的时间和其他一些标准子午线，比如巴黎皇家天文台标准子午线，或是1675年建于格林尼治的英国皇家天文台所在的子午线上位于同一月距的表进行比对，航海者就能够确定自己的位置。

这些时间表的编制花费了很长时间。18世纪60年代，时间表才准备完毕，1766年，皇家天文学家内维尔·马斯基林将其出版。从那时起，每年一次，《航海天文历》都会以相距3小时的经度为间隔，将太阳和月亮或是一对小星星间的夹角测定成表。虽然这项技术已相当完善，但一项新的、十分简便易用的方法已经开始取而代之。

英国政府设立的奖项为新技术发展提供了动力。海难频发，1714年，英国建立经度委员会，悬赏鼓励发明确定经度的可靠装置。如果发明的装置通过委员会测试，精确度达到1度以内，将获得10 000英镑奖金；如能将误差控制在40分之内，将能够得到15 000英镑的奖金。如果发明能够在英国港口和西印度洋群岛之间的航程里保证精确度在半度以内，也就是2分钟或是30海里①以内，奖金将提高到30 000英镑。这些结果将改变海上的安全状况，有史以来第一次，航海者能够确定自己是否正接近危险的海岸。最显而易见的解决方案是发明足够可靠的精确度量时间的装置。这个计时器要能够不受航船移动、天气变化、潮湿和腐蚀以及重力和摩擦力影响，要能够让航行者在标准子午线上时时精确度量时间。

经度委员会建立之时，这一装置的未来发明者约翰·哈里森21岁。哈里森自小就对钟表十分着迷，这点确定无疑。据说他12岁时曾把钟表放在枕头下研究它的运动和滴答声。1728年，哈里森已经为角逐英国海军部奖金发明了两样未来可用于海上计时器的部件：一是铜钢合金的钟摆，这两种金属的膨胀和冷缩率恰好可以相互抵消；二是事实上几乎没有摩擦的"蚱蜢擒纵轮"②。哈里森在1735年发明了第一个计时器，完全不用钟摆，而是用两个可以互相校正的平衡轮。哈里森的"第一代"航海钟的精确度已足以获取经度委员会的奖金。但是满怀妒意的竞争者以及别有私心的批评家却堵住了他的获奖之路。职业天文学家们比如马斯基林，很难相信一个像哈里森这样的手工匠能改进他们这些科学家的成果。事实证明，有本事的人最终还是会胜出。

---

① 1海里=1.852公里。 ——译注
② 擒纵轮是钟表的核心部件，它在钟表的动力源（比如弹簧"弦"）和计数器（比如钟摆）之间建立了联系，负责把能量传递给计数器，同时把计数器的脉动传递给钟表指针。通常，擒纵轮是摩擦的主要来源，但哈里森设计了一种像蚱蜢腿似的擒纵器，几乎完全没有摩擦，这就极大地提高了钟表的精确度和抵抗环境变化的能力。 ——译注

第八章 深化

约18世纪40年代—约19世纪40年代：日益清晰的全球图景

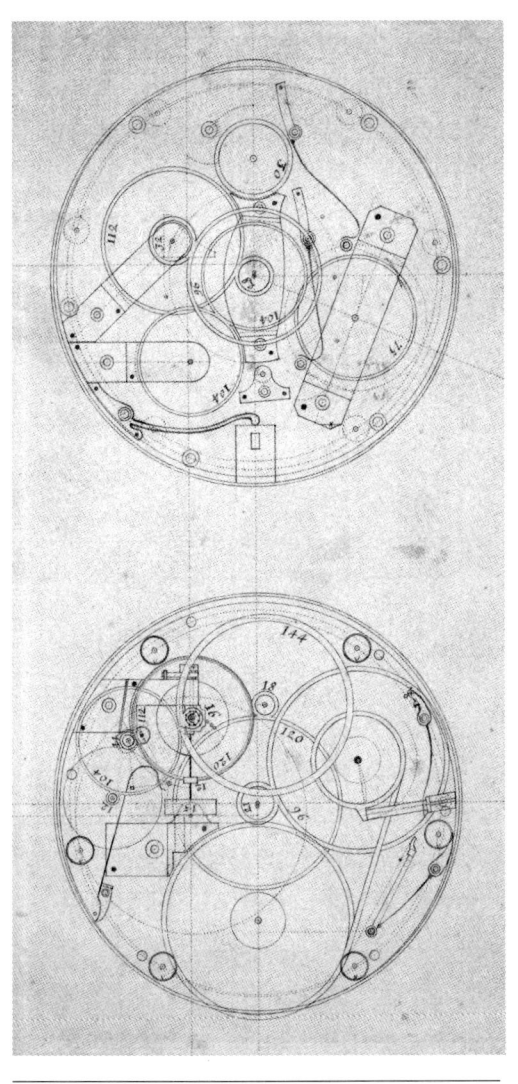

约翰·哈里森的四号计时器，展示了他经度计时器的机芯。此图为哈里森在1760—1772年间设计并绘制。

最开始，哈里森的发明较前人改进不多，然而，最后，他的"第四代"航海钟无论是外观还是使用的便利性上都比之前取得了很大的进步。哈里森的发明并不是一件笨拙麻烦的装置，事实上，它相当容易携带，就像是一块大怀表，并不需要特意悬挂，只要放在盒子里，需要的时候看一眼就可以。1761年，哈里森的发明在横渡大西洋的航行中进行了测试，事实证明它的精确度已经控制在了经度一又四分之一以内，或者说是5秒时间以内。在海上航行了5个月后，而且是从牙买加返程不畅的情况下，也只有1分54.5秒，也就是一经度的28.5分，或者说是18法定海里的误差。到18世纪70年代时，哈里森的发明已经通过了所有测试，开始应用成为远洋航行的标准配备。

◆ 应对坏血病 ◆

与此同时，取得进步的另一个先决条件——预防和治疗坏血病的步伐似乎更为痛苦艰难。亨利·艾利斯[7]报告了坏血病的症状：

> 得病初期，我们的人开始变得萎靡不振，身体沉重，情绪低落，昏昏欲睡，不爱活动，直到最后：胸腔发紧、胸部疼痛，随后就会呼吸困难，大腿出现青紫色斑点，腿部肿胀、四肢抽搐、牙龈溃烂、牙齿松动、脊柱或是附近的血液凝结，脸部浮肿，面呈菜色。这种症状会日益严重，直至大量流血或浮肿而死。[8]

而且，得坏血病的人很难进食，直到最后饿死。航海本来对人的身体要求就高，疲惫、痛苦已经足以致人死地。加上旧伤崩裂流血，使病人更为虚弱无力。

海上航行和坏血病之间看似存在的联系让医生产生了一个错觉：认为海上的潮湿和盐度是致病元凶。而船上人满为患的状况更是让人确信这是一种传染性疾病。亨利·艾利斯认为饮水也是致病原因。16世纪晚期开始出现新鲜食物有助缓解坏血病的说法，这部分是因为文艺复兴人文主义的兴起。盖伦是古希腊医学权威，他此时在医学上仍有许多拥趸，他的读者注意到盖伦推荐说柠檬是一种"湿热"的水果。影响更大的是西班牙医师在新大陆中积累起来的知识，这些医师在美洲大陆观察到了大量坏血病病例，并且接触到了民族植物学的药典。

16世纪60年代，圣方济会会士弗雷·胡安·德·托尔克马达对治疗受坏血病折磨的恐怖痛苦进行了生动的刻画，那些病人（身体剧痛）不能忍受触碰，（浑身出血）也不能盖以衣物，又不能进食固体食物，只能是在消耗中日益消瘦。他推荐了一种当地的治疗方法：给病人吃野凤梨。他说："这是上帝赐予的水果，能够治疗牙龈肿胀，从而稳固牙齿，并清洁牙齿，消除牙龈上的坏死部分和脓液。"早在1569年，塞巴斯蒂安·维斯凯诺就在跨越太平洋的航行中指出"对于这种病，既没有药物也没有人力可用……如果说有治疗办法的话，就只有新鲜食物，而且是大量的新鲜食物"。16世纪末，西班牙医生对坏血病一般都会建议说吃水果，特别是柠檬和橙子。

西班牙帝国绵延辽阔，因此西班牙海员得到新鲜水果相对容易，因

第八章 深化

约18世纪40年代—约19世纪40年代：日益清晰的全球图景

为他们可以随意出入帝国的各个港口。但对那些这方面没什么特权的国家，就困难了。历史上在1740—1744年间曾出现过一次坏血病危机，在乔治·安森统率的一次1900人参加的环球航行中，坏血病夺走了几乎1400人的性命。坏血病只是航行中营养缺乏症所带来的灾难中最糟的一种，除它以外，还有脚气病、眼盲症以及"智障、精神病和抽搐"。[9] 但安森经历的这次危机终于促成了对坏血病治疗方法的系统研究。海军军医詹姆斯·林德曾在西印度群岛服役，他在海上选取了12个病人实验了大量前人建议过的方法，包括一些完全没有可能的建议，诸如：海水、一点儿硫酸溶液，也就是几滴稀释的硫酸以及大蒜、芥末、小红萝卜、奎宁和没药的混合物。

> 这些病人的病症和我之前所了解的类似：牙龈溃烂、血斑、身体疲惫、膝部虚弱。他们躺在一处……吃同样的食物，也就是：早上是加糖的燕麦薄粥，中午通常是羊肉汤；其他时间还有布丁、加糖的煮饼干等等；晚餐有大麦配葡萄干、米饭配无核葡萄干、西米配葡萄酒，或是其他类似的东西。这些病人中，两人每天喝一夸脱的苹果酒；另外两人每天三次空腹用经硫酸溶液强酸化过的水漱口，每次用25滴硫酸溶液；其他两人每天三次空腹喝两勺醋，保证他们的粥和其他食物都用醋酸化，并制成漱口水漱口。对病情最严重的两名病人……用海水治疗：每天喝半品脱海水，有时它或多或少有一点泻药的作用。还有两名病人每天吃两个橙子和一个柠檬，让他们每天空腹在不同的时间大量地使劲吃。这种方法持续了六天，以消除他们之前饮食所带来的影响。再有的两名病人每天三次服用由一名医院外科医生推荐量如肉豆蔻大小的，由大蒜、芥菜籽、野萝卜根、秘鲁香脂和没药树树脂胶混合而成的药糖；加有罗望子的酸化过的大麦水是日常饮料；在临床试验过程中每天通肠3到4次，通肠剂是加了酒石酸氢钾的酸化过的大麦水。实验发现，效果最快、最明显的是食用柑橙和柠檬的那组病人，其中一个在六天实验结束的时候就可以正常工作了。[10]

酸性饮品让病人的情况略有改善。其他病人的病情都恶化了。

林德发现了治疗方法，却还不知道如何预防，因为在海上柑橙和柠檬没有办法保存太久以保证船员的健康。他的实验也没有完全证明柑橘类水果是否对所有病人有效：体液理论让医生们对这种治疗方法心中有所保留，认为这种方法的普适性不过是江湖庸医的自我吹嘘。

18世纪50年代和60年代早期，仅英国就有至少40本有关坏血病治疗方法的出版物。理查德·米德研究了安森的记录和回忆录，对坏血病的治疗十分绝望：他认为海上的空气不健康，这点无法改变。不知道为什么，许多地方都推荐用焦油水治疗坏血病。林德自己则建议给海员配发浓缩柠檬汁，但是加工过程却损失了维生素C，而且花费太高，海军部也不愿负担。约翰·赫克萨姆支持给船员饮食中配加苹果汁的建议，但是苹果汁本来就效果平平，船上的储运更是让它没了效果。吉尔伯特·布兰意识到需要加强用于治疗的水果汁在海上的保存时间，于是他建议在水果汁内加入酒精，但这只能保证水果汁不会坏，却不能保证其效力。戴维·麦克布莱德倡议使用未经发酵的麦芽，因为它很便宜，皇家海军采纳了这一建议，但却没用。这一建议得到了1772—1775年随库克船长航行的随航医师约翰·雷茵霍尔德·福斯特的热力追捧和同意，但这次航行的印刷版记录中这一建议却被删除了。[11]

一位曾参与俄国北极探险的外科医生建议说"热鹿血、未加工的冻鱼以及锻炼"，同时配以可以得到的绿色蔬菜有助坏血病治疗。[12]1785—1788年，让-弗朗索瓦·拉彼鲁兹伯爵在太平洋的远程冒险航行中一直坚信呼吸"陆地空气"，同时配以混合糖浆，并将"麦芽糖、云杉啤酒以及奎宁冲剂加入船员日常饮用水"[13]的方法能对抗坏血病。云杉啤酒是库克船长的发明，是用纽芬兰云杉中榨取的汁液混以糖浆、松汁，再加入少量烈酒制作而成。事实上，其中并没有维生素C。

唯一一种能在盐腌制状态下保持足够抗坏血酸的蔬菜类食物是一种盐腌卷心菜，这种食物在18世纪早期时只有荷兰的船上才有，似乎这种泡菜对坏血病的确有用。18世纪60年代和70年代早期，库克船长几次自己的实验让他相信这一秘方确实有效。库克船长无与伦比的名望使得这种泡菜成了远程航行的标配。船长积极实验了各种治疗方案，确实消除了坏血

第八章 深化
约18世纪40年代—约19世纪40年代：日益清晰的全球图景

"辣根菜"（字面意思是"坏血病草"），它因常常是海员们在南部极高纬度唯一能找到的绿色植物而得名。拓自《马拉斯皮纳探险1789—1794》。

病带来的死亡。库克船长的成功是因为他的卫生制度以及铁一样的纪律。但事实上每一种替代柑橘类果汁的方法都效果有限，直到最后找到既价格低廉又不会破坏抗坏血酸的果汁保存方法。唯一有效的方案是利用每一次可能的机会补充新鲜食物，利用每一次船只靠岸的机会尽可能多地吃绿色蔬菜，在荒岛地带尽可能地抢到几乎无法下咽、海员称作"坏血病草"的可食用的叶茎。阿里桑德罗·马拉斯皮纳的航行是18世纪最具野心的科学探险，它从1789年开始，到1794年结束，这期间船上事实上已经不再发生坏血病了，因为军医官佩德罗·冈萨雷斯深信：新鲜水果，尤其是柑橙和柠檬是治疗坏血病的基本药方。在整个航行过程中，只发生了一次意外：在航行进行到第56天，在阿卡普尔科和马里亚纳群岛之间的时候，有5名船员因为之前在墨西哥所患的痢疾，船员抵抗力减弱而感染了坏血病，但只有一人的症状严重。船停靠在了关岛，3天之后，在进食了大量蔬菜、柑橙以及柠檬后，这名船员就可以站起来四处活动了。[14]然而，其他国家的海军，因为没有西班牙庞大海上殖民帝国而可以在港口频繁停靠的优势，仍急需其他的疗法和更容易的治疗手段。直到1795年，西班牙海员已经可以不断吃到柑橙类水果时，在乔治·温哥华船长的船上还在出现坏血病，他将其归因于船员们吃

"有害的"肥肉和豆子,即便是他们在瓦尔帕莱索已经补充了葡萄、苹果和洋葱也还是不行。[15]直到一年之后,英国船员才得到柠檬汁的配给。

坏血病的病理还是没有搞清楚。在海上,在沙漠中,或是在冰封的大洋里,不可能总是有新鲜的食物,人们还是没有战胜坏血病。但此时,确实是已经可以把它控制在一定限度以内,探险家可以比以前走得更远。

◆ 风道以外的太平洋 ◆

随着经度和坏血病问题逐渐得到解决,探险家所能深入的距离和范围日益长远和宽广,18世纪晚期太平洋上探险加速就是例证。太平洋成了英国、法国、西班牙以及俄国肆无忌惮的竞技场。1756年,法国学者查尔斯·德·布罗斯出版《南方大陆航海史》一书,其中推荐了"更为大量的发现和一种建立殖民地的方式"。他推崇国际合作,但是彼此冲突的利益限制了合作机会。1763年"七年战争"的结束意味着所有在这一地区有利益关系的欧洲国家都发现,当和平来临,之前被战争所困的探险船和人力在和平时期得以释放手脚后,所有国家都获得了加倍的利益。对西班牙来说,太平洋是它庞大帝国的软肋,是十分危险的边境地区。而对英国,这片大洋意味着海量的商业机会。法国,七年战争结束之前它从美洲大多数地方撤了出来,这片大洋意味着建立法属帝国的新起点。俄罗斯,虽幅员辽阔,但被寒冰、狭窄的海峡将其紧窒于陆上,太平洋是俄罗斯唯一的海上扩张通路。

很快,就看到了明显成效。直到18世纪60年代,穿越太平洋的路线还是常规航线,航路还都在可预知范围内。比如说1765年,约翰·拜伦在一次英国海军远征探险中,曾不顾寻找新航线的命令,以最快的速度横越了太平洋。在经度定位和坏血病治疗上的进展让航海家们可以渐渐地开始新的冒险。1767年,菲利普·加特利从胡安·费尔南德斯群岛出发到达了跨越太平洋的常规航线以南,发现南方大陆并非位于复活节岛以西以前航海

第八章 深化
约18世纪40年代—约19世纪40年代：日益清晰的全球图景

图上没有标注的洋面上。他的指挥官塞缪尔·瓦利斯第一个登陆到塔希提岛，这个曾被误认为是"长久以来人们向往的南方大陆"[16]的岛屿之上，并报告说这个岛上人们在两性问题上热情开放，塔希提岛由此可以说是声名远播，也可以说是臭名远扬。法国人紧随其后，路易斯·安东尼·布干维尔在说到自己动机时很是坦白："既然我们已不可能进入北半球，我希望为我的祖国在南半球找到一块在北边不曾拥有的土地。"[17]布干维尔此举的政治成效一般：只是在马洛于内群岛或是福克兰群岛①建立了法国贸易站。但是，布干维尔于1767年4月不得不将它归还给西班牙。可是，他和最早由奎罗斯发现的新赫布里底群岛重建了联系，[18]并继续一直向西航行远达澳洲大堡礁，并从那里被迫转向新几内亚。

随之而来的是10年革命性的进步。一位英国海军军官将勘测未知南方大陆和西北通道作为目标，这位有着非凡才华和决心的探险家就是詹姆斯·库克。库克有在家乡约克郡的运煤船上工作的经验，随后他以能干的水手的身份加入皇家海军。七年战争时期库克在北大西洋服役，库克显示出的不可思议的勘察海岸和绘制航海图的能力引起了注意。1769年，他乘一艘老威特比运煤船前往塔希提岛观察了金星凌日现象，伦敦的天文学家称那里是最好的科学观测点。待库克回来时，他的航海雄心已经超越了自奎罗斯以来所有太平洋上的航海家，[19]计划"不仅要在距离上超越所有的前人，而且要远航至人类所有可能到达的地方"。[20]

在那次首航中，库克在新西兰的工作达到了前所未有的精确和高效。库克于1769年10月7日看到了新西兰，随后的6个月里，他绘制了4500公里的海岸线图。库克以合适的离岸距离以每天大约32公里的速度沿海岸航行了117天，他收集了整个海岸的轮廓资料，他用罗盘测定方位，并对海岸线大致情况和显著特征绘制了草图。六分仪可以测量固定两点之间的角度。不同点之间的距离可以由计程绳，也就是置于船尾由船员手中放出的

---

① 即马尔维纳斯群岛。——译注

打有绳结的绳子测量。船速可以由一分钟内经船员手中放出绳结的多少来进行计算。然后，船沿海岸航行到一个能同时看到几个地标的点，并不断重复这个过程。

在对"奋进号"发现的所有港口和停泊地点进行了为期58天的小心谨慎测绘之后，绘制了详细的航海图，这样再来到这里的船只就不会搁浅了。库克在岸上使用了三角测量法。库克把每天测得的结果按比例编制成"底图"，现存的图上所用比例为10或16英寸①代表1经度。在狭窄、晃动的船上把这些底图转变成一系列标有刻度的成图的工作进展缓慢，一直到"奋进号"回到英国后这项工作才告完成。[21]库克还对澳大利亚东部海岸进行了彻底的探察，在大堡礁处险些遇难。他报告说他于1770年4月登上了植物学湾，这引发了新一轮的帝国主义探险：新南威尔士殖民。

欧洲人在太平洋，特别是在离开大风走廊之后，他们需要当地人的帮助。虽然库克并不怎么肯定陪着他的波利尼西亚智者图帕伊亚，但图帕伊亚的确是库克此行必不可少的向导。图帕伊亚本人精明、聪敏、骄傲、固执，这种性格让别人很难和他一起工作。在图帕伊亚第一次碰到约瑟夫·班克斯时已经为70多个岛屿命名，并为74座岛屿绘制了地图。虽然库克觉得这些图十分难懂，但他发现图帕伊亚"对位于这些海域里岛屿的地理和物产情况以及其居民的宗教、法律和习俗情况比我认识的任何一个人知道的都多"。[22]

在库克另外两次太平洋探险中，他以前所未有的自由漫步大洋。他穿过了北纬70°和南纬71°。在绘制新西兰、阿拉斯加西海岸以及澳大利亚东海岸航海图时，库克描绘了太平洋极偏远地方的样貌。他为地图上大多数空白填补上了内容，为波利尼西亚群岛、马拉尼西亚群岛以及夏威夷群岛进行了精确定位。他使用约翰·哈里森精巧准确的计时器作为第二和第三次航行的"忠实向导"，使绘图的准确度达到了一个新的高度。他打破了南方大陆的神话，或者说，至少将它可能的位置推到了"注定永在永恒

---

① 1英寸=2.54厘米。——译注

第八章 深化
约18世纪40年代—约19世纪40年代：日益清晰的全球图景

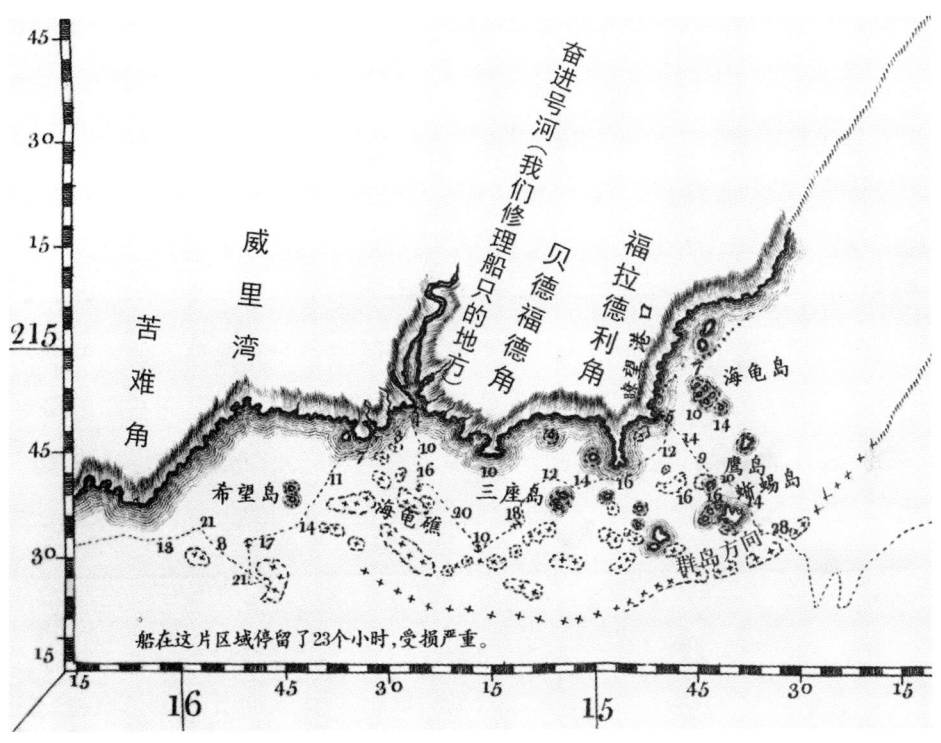

库克的船只在大堡礁受损后，在现在的昆士兰库克镇进行了修理。此图为詹姆斯·库克"奋进号"探查河域时间的通俗图解。

冰雪之下"的地方。[23]18世纪70年代早期，法国和西班牙探险队已经证明了在南纬40°以北或是周围地方并不存在未知大陆；事实上，伊夫斯-约瑟夫·德·凯尔盖朗就曾报告说他在南纬50°"很幸运地发现了南方大陆"，[24]但那只是一个小岛。于是1773—1774年，库克继续向南航行，到达了南纬71°以外的地方，他在海上十字形地来回航行，确认不会在辽阔海上和陆地擦肩而过。在他回程路上，他嘲笑可能的后来者说：

> 我已经在南大洋的高纬度地方四方巡察，按我这样的航行方式都找不到陆地，它就完全不可能存在了，除非是在极点周围，或是航行不可及的地方……也许在极点附近有大陆，或是一大块陆地存在，我并不否认这一点，而且恰恰相反，我支持这一观点，我们可能已经看到了它的一部分。[25]

事实上，库克看到的只是冰山。但他证明了并没有人们过去所认为的那样大小的南方大陆存在，即便有，它也是位于无人居住的纬度。"因此，我为自己骄傲，"库克继续说，"航行的所有目的都已实现……以往每个时代的地理学家，过去两个世纪不时引起一些海上强国注意的对南方大陆的搜寻终告尾声。"[26]库克说如有人"有决心、有韧劲继续走得比我更远，我将不会妒忌他的发现，因为我敢说，世界将不再能从他的发现中有所收益了"。[27]

库克接下来的航行开始探寻剩下的一个谜团：西北通道。他采取了一条全新的路线：从社会群岛直接向北航行。航行过程中，库克在以前探险常常打转却从不曾彻底深入的一个如同"黑洞"的缺口处发现了夏威夷。至少，在欧洲的探险年鉴中不曾有过"发现夏威夷"的报告，当地居民有一些铁具。库克总结说，"我们不由得"——

猜测那是一些海盗船，或是西班牙船只在这些岛屿附近的残骸。但回忆一下，当年阿卡普尔科到马尼拉的西班牙贸易航线只在桑德维奇群岛以南几度而已，回来时是向北几度，所以这个猜想也绝非不可能。[28]

库克继续穿过了白令海峡，直到超过北纬70°时寒冰阻隔他才转向回头。对于西北通道，库克的结论和他对南方大陆的如出一辙。他写道："我无法相信这样含糊不清而且不大可能的故事，故事本身也矛盾百出。"[29]他指出探险者已经探察了直到北纬52°海域都不可能有入口，任何一个有经验的探险者都无法相信存在相连的河湖的荒诞想法。

库克的探险以他的死亡而达到高潮：回到夏威夷后，在一次至今仍原因不明的误会中，库克在和当地人的争执中被杀死。他究竟是突发误会的受害者还是祭神的牺牲者？冲突究竟是因为当地不胜他的苛求严索，还是因为他不了解当地的宗教礼节呢？

无论从哪个角度看，库克的成就都不只是绘出了太平洋的地图。严格按照海上卫生学和营养学的标准，库克为治疗坏血病做出了贡献；他提出了澳大利亚和新西兰殖民的问题；他带回了人类学、植物学、动物学的生物草图和标本，为理性时代的科学知识添砖加瓦，促进了浪漫主义时代的

第八章 深化
约18世纪40年代—约19世纪40年代：日益清晰的全球图景

乔治·斯坦布斯笔下的袋鼠（绘于1771—1772年间）

情感。乔治·斯坦布斯1772年笔下的袋鼠是根据库克带回国的袋鼠皮所绘，在这幅画中，似乎已经可以嗅到这种可能，觉察到朦朦胧胧却无限宽广的对未来的探寻。

库克充当了18世纪晚期、19世纪早期，法国、西班牙和俄罗斯纷纷派出的对太平洋进行大规模科学探险的先锋。这些探险让欧洲公众对大洋的浩瀚和复杂有了前所未有的了解。现在已经可以把太平洋想象成为一个地理单位，但要到汽轮船出现，使太平洋得以被征服时，太平洋才开始作为统一的经济体出现。

让-弗朗索瓦·德加洛·德·拉彼鲁兹1785年开始了他的环球航行，可以毫不夸张地说，他此行是去看看库克是否曾经错过的地方。拉彼鲁兹的航行是从对前辈的颂扬中开始的：

> 尽管这位将永彪史册的航海家已经极大地丰富了我们的地理知识，尽管他已驶过四面八方，即便是满是寒冰的大洋也没有阻挡住他的脚步，他让我们得以确定地球上所有大陆欧洲人都已有涉足事实已经世人皆知，但我们仍然缺少对于地球，尤其是对于美洲的西北海岸、它对面亚洲沿岸以及这两块大陆间海上散布的岛屿的全面了解。在非洲和美洲之间的南部海域有几座小岛，但它们只存在于发现它们的航海家的报告之中，还不能完全确定它们的位置。东部海域的一些地方也只有粗略勾画的草图。因此，对于准备完全了解世界的国家来说，还有很多工作可做。早时的葡萄牙、西班牙和荷兰，这一世纪的英格兰为航海开辟了新的航

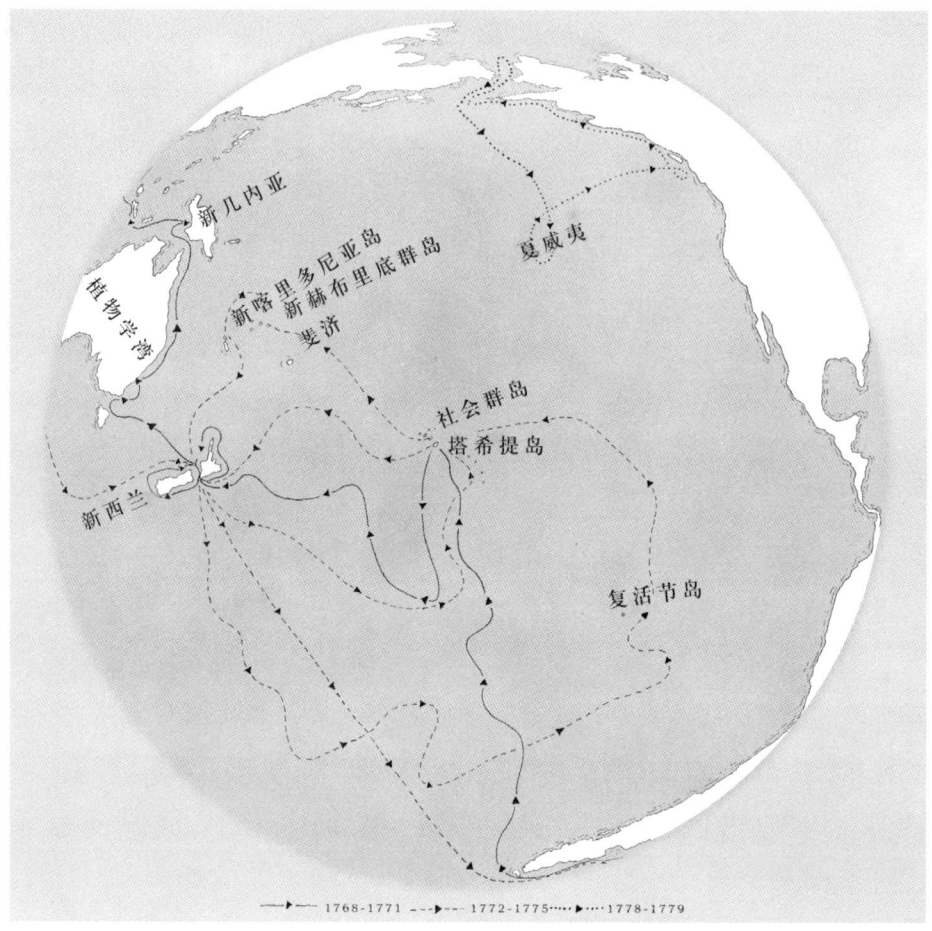

库克船长太平洋远征

线,所有这些似乎都在邀请法国和他们共享海洋帝国,鼓励法国继续他们到目前只完成了一小部分的工作,使其臻于完美。[30]

拉彼鲁兹航行范围很广,却所获不多。对于西北通道,他已经认同了库克的说法,"那不过是一个梦"。[31]他走遍了太平洋的每个角落,然后就像玛丽·赛勒斯特号①的船员一样彻底消失了。路易斯·安东尼奥·当

---

① 玛丽·赛勒斯特号,被认为是海上幽灵船的原型。1872年9月7日玛丽·赛勒斯特号第一次起航便消失在了大海之上,当时的船长为本杰明·布里格斯,其他人的任务仅仅是把1700桶未经加工的美国老酒运往意大利热那亚。后来人们发现它时船正漂浮在直布罗陀海峡的中央,船上没有任何打斗的迹象,除了船长日记外,也没有少掉任何东西。——译注

第八章 深化
约18世纪40年代—约19世纪40年代：日益清晰的全球图景

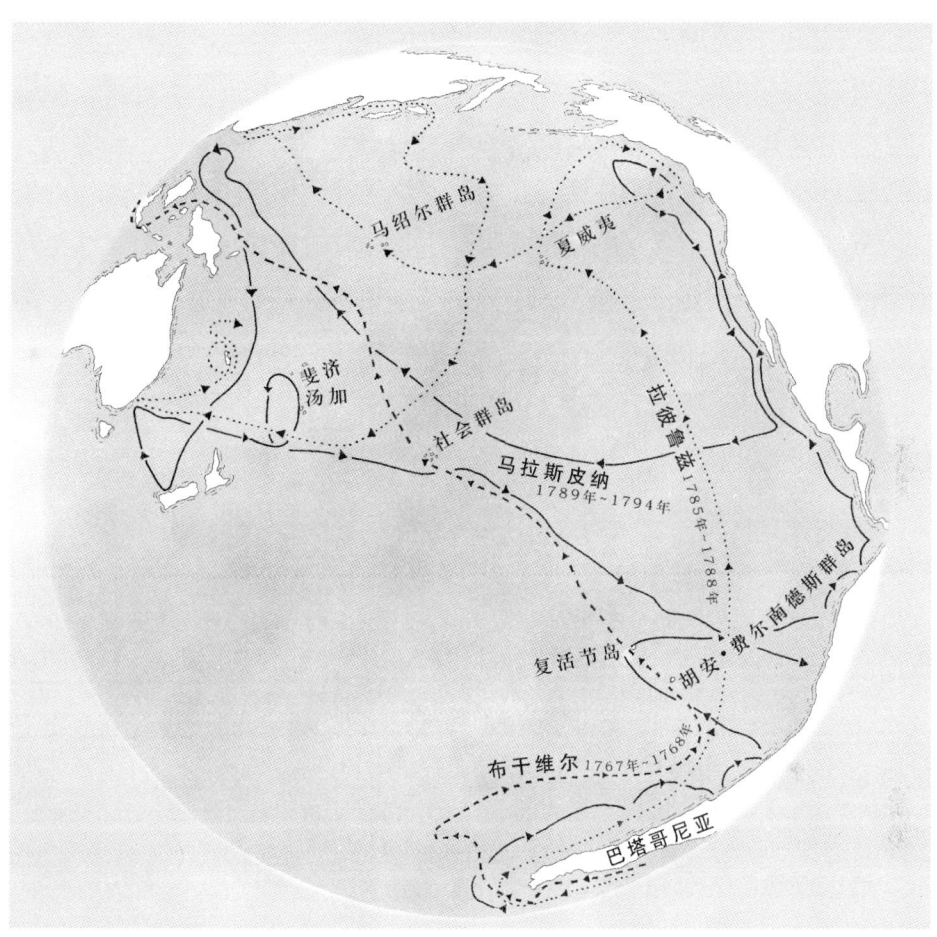

库克的法国和西班牙对手

特尔卡斯托在1791—1793年间去寻找过他，当特尔卡斯托梳理了一遍太平洋，又为地图添加了几个先前没有记录的岛屿：罗塞尔岛、特罗布里恩岛、当特尔卡斯托群岛，便和他的许多船员一起，因坏血病和痢疾死在了途中。没人知道那些遇难的探险家身上发生了什么。

与此同时，英、法在太平洋上的活跃表现促使西班牙积极效仿。从根本上来说，这绝不仅仅是因为西班牙害怕或是愤恨其他国家插手本来大部均属自己的海洋，而是因为在科学领域，英法探险所展现出的姿态确实在西班牙人心中引起了震撼。当时西班牙在科学领域的投入远远超过所有欧洲其他国家。新大陆帝国就像是一个巨大的实验室和标本库。从钟表制作到考古学，从操纵气球和林学知识，卡洛斯三世热爱物理学和机械学的每个领域，兴趣非常广泛。在18世纪的最后40年中，一系列震惊世人的研究任务横扫西班牙帝国。前往新格拉纳达、墨西哥、秘鲁和智利的植物学家探险考察收集了美洲大量的花谱资料。所有探险中最雄心勃勃的是以美洲为目的地，由西班牙王室的臣民，一位那不勒斯人阿里桑德罗·马拉斯皮纳统率的跨越太平洋的航行。

1789年，他扬帆出海。这次远航有着明确的科考和公开宣布的道德目标："这是一次航海史、地理史和人文史的进步。"许多当时顶尖的科学家跟船一起踏上了征程。西班牙科学家安东尼奥·皮内达、出身法国的路易斯·耐尼和捷克科学家赛迪斯·哈恩科也在其中，他们主要负责收集研究所用的植物学、动物学、化学以及物理学标本。船上还有矿物学和医学方面的专家。除此以外，许多参与航行的海军军官也是特意指派参与远航的水文地理方面的专家。船上所有的人都分担着不同的职责，从事不是特别需要专业知识的工作，他们收集美洲沿岸和太平洋上各岛屿上的人种学和语言学资料。

这次科学考察成绩斐然：在马德里的海军博物馆现存300多份航海日记和航海日志、450册天文观测记录、1500份水文报告、183张航海图、361个海岸立视图观察记录以及800多幅素描，其主要内容都是有关生物学和人种学的资料。耐尼为皇家植物园收集了近16000种植物和植物的种子。这次远征还为火山和温泉的研究做出了重要贡献。人种学方面的发现对有关"高贵的野蛮人"的争论和对所有人类作为一个道德群体的概念的发展都极有价值。正如海军博物馆的朵罗瑞斯·依格拉斯所指出的：马拉斯皮纳远征收集的资料是那个时代科学资料收集之大成。

可是，这一对启蒙运动中自然科学领域的非凡贡献却被忽略了很久，直到20世纪后期才重被研究，这是为什么呢？马拉斯皮纳之行的责任绝不仅仅限于科学领域，他被要求考察评析西班牙帝国的政治、经济状况。[32]

第八章 深化
约18世纪40年代—约19世纪40年代：日益清晰的全球图景

马拉斯皮纳是启蒙运动中的自由主义者，他的一些见地颇有预见性：他认为应该给殖民地以更大的自主权，甚至应该让他们在西班牙王权成员统治下享有独立地位。自由贸易将使殖民地富足，也不会伤及政治关系，马拉斯皮纳建议的"家庭条约"应该是未来西班牙治下美洲所采取的关系模式。

西班牙的新大陆一度本可躲过悬在头顶的血腥革命。可是马拉斯皮纳的意见却得不到施行。当他于1794年回到西班牙时，发现法国大革命已经改变了一切：对政变的恐惧已使王室瘫痪不敢有任何作为，一个保守反对进步的部长取代了自己在政府中的朋友，四年前远征的良苦用心已经被认作是鼓吹煽动、叛国不忠，于是，马拉斯皮纳被投进了监狱。他带回的报告和收集的资料被锁了起来，严格控制不得出版。马拉斯皮纳的"噩运比他的发现更出名"。[33]这次远征探险就是希望可以在科研上比肩或是超越英、法的先行者，毫无疑问，这个目的是达到了。但是历史弄人，之前库克、拉彼鲁兹以及布干维尔的探险发现继续统治着历史学术界和有关历史的想象。

◆ 再探西北通道 ◆

18世纪90年代，探险重新回到了库克曾经探索过的斜线的两端，回到了澳大利亚和阿拉斯加，特别是英国商人的野心曾把世界带入危机的阿拉斯加。1788年，英国人在诺特瓦索加湾建立的友谊海湾贸易站连接起了两条航线：一是已经在使用中的，经夏威夷跨太平洋和欧洲市场相连的皮毛贸易线路；另一条路线当时还在规划当中，连接广州和北美太平洋地区，由英国海军军官约翰·米勒斯提出。米勒斯和中国贸易有着许多联系，他采取远离母国的殖民地长官可自主进行扩张的"当地人做主"策略。

深入北美周边极偏远地方和未垦荒野的探索竞赛已经在进行之中。各个帝国在各自所能接触到的最远处，用伸出的虚弱指尖相触碰。西班牙代理人的旗帜飘扬在密苏里河上游；在羽翼未丰的美国，托马斯·杰弗逊

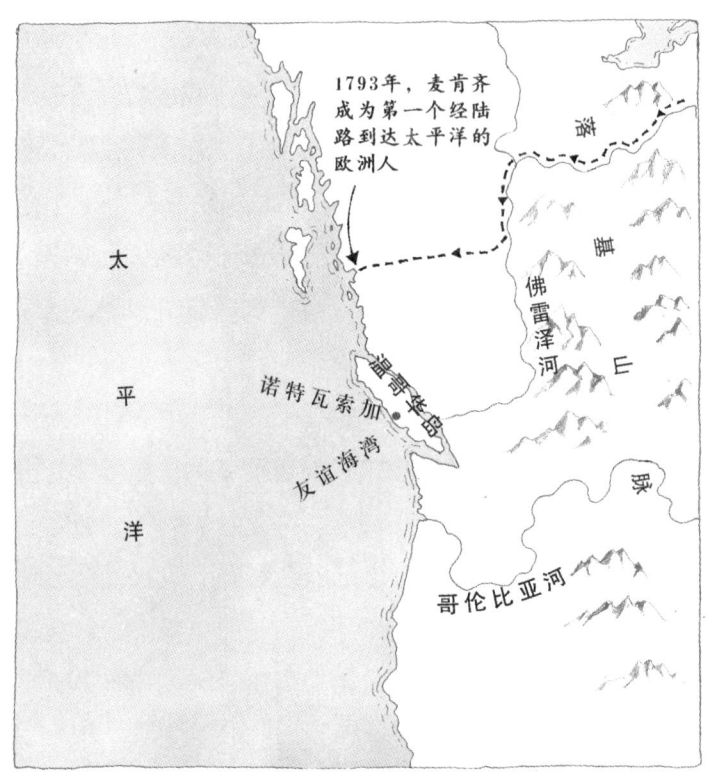

穿越北美的竞赛

开始设想，为了科学和帝国，要将密苏里河以西无法想象之辽阔的荒漠和山地并入版图；来自加拿大的英国探险家在遥远的西北探索着北冰洋的边界；俄罗斯希望在太平洋沿岸西班牙统治尚未巩固的地方抢占先机。俄罗斯在沿岸建立了贸易站，其捕鲸船对南美锥部以南远处海港的频繁造访，已经引起了西班牙当局的警觉，西班牙派出巡逻队赶走外国船只或是扣押敢于反抗的船只。1789年7月，西班牙把英国商人赶出了诺特瓦索加湾，并强征他们的中国劳工修建一座西班牙基地。英国政府决定坚持自己国民在诺特瓦索加湾从事贸易的权利，但同时对西班牙的和平贸易不予干涉。34 各方都为战争磨刀霍霍，但最后却和平妥协：英国恢复了他们的贸易站，拿回了美洲极北、极南地区登上太平洋岸取水和避难的权利。作为回报，英国保证不插手西班牙殖民地。

这对北美探险家是巨大的鼓舞。英国立刻利用西班牙这一让步在诺特瓦索加湾重建了一个基地。

英国人希望和当地人进行商业往来，建立横跨北美大陆的交通线。这样，英国就可以安全地拥有加拿大和哈得孙湾后方的这些地方，并利用当时已经发现的

第八章 深化
约18世纪40年代—约19世纪40年代：日益清晰的全球图景

和后来再发现的大湖进行航运，防止日后被入侵。[35]

这一任务交托给了乔治·温哥华。温哥华曾随库克船长的第二次航行远航，他那时还是一名年轻的海军军官候补生，却已经显现出对探险的热情：他站在"决心号"船艏的斜桅上，高喊着"向远处进发"，开始了"决心号"在最南点向北的航行。库克是他心中的英雄，他所做的正是库克当年任务的继续：精确绘制当年库克因之扬名却未来得及完成的有关北美远征的航海图。

温哥华命令从北纬30°到60°沿海岸进行勘察。一开始，其中一条任务指示是希望证明"库克船长以及后来航海家似乎都证明了的海上通道，比如大家熟知的西北通道，根本就没有找到的可能"。但在最后的文字中，这些话被勾掉了，换之以"无论纬度多高，希望在西北海岸和大陆另一边的国家之间找到一条方便商业往来的水上通道，希望获得其特点和范围的准确信息"。[36]

平衡两种说法，人们似乎是希望温哥华找到一系列淡水通道。事实上，虽然说温哥华确实沿哥伦比亚河溯流而上了100英里，但他却不可能做到这点。温哥华他们又折回头去，为河源头究竟在哪里存在分歧，可他们都相信"也许和大洋另一边的某些湖水相通"。[37]但对温哥华来说，他似乎从来就不相信有这么一条通道存在，认为这完全就不可能。1792年，他用了3个月时间绘制出了沿岸航海图，确认这条通道并不存在。他认为："终年雾气缭绕、大雪封冻的高山屏障近乎是连绵不绝，沿着我所深信的大陆的西界绵亘伸展，直到大陆最北边界。"[38]温哥华总结说我相信：

在我们研究的范围内，我们已经精确地探察了北美海岸，其细密程度足以排除有关北太平洋和美洲内陆间存在有西北通道，或是任何其他可通航的水上通道的任何疑义、任何看法。[39]

不仅在北纬30°到56°的北太平洋和北大西洋之间，而且在太平洋各水域之间，在北美大陆最深处的任何湖泊或是河流之间都不存在任何可通航的水上航路。[40]

然而，和经验相比，希望还是占了上风。俄罗斯派出探险队调查库克曾经出没而起谣言的水域并绘制出有关阿拉斯加海岸的绝好地图。这些地图记录了原本可能会湮没于历史的当地的特色,特别是当地的殖民地。当时西欧对这些地图的出现尚不了解。1816年,奥托·冯·科策布进入到早先发现之一的科策布湾,一开始,科策布误把这里当成了一直寻找的通路。1820年,M. N.瓦西里耶夫和G. S.施什玛勒福航行到了北纬71°以北的地方,沿途他们认真用心勘察海獭皮的狩猎场,同时寻找西北通道。1824年,俄罗斯派出一支陆路探险队,抢在英国之前进入了这一地区的领地,特别是发现了麦肯齐河口和落基山脉最北端的位置。探险者的概录中说:"可以把它们看作是我们的美洲公司领地和英国领地的自然边界。"[41]

与此同时,战火席卷欧洲——肇始于法国大革命,拿破仑勃勃野心与其宿敌的不屈不挠使之经久不息。从某种意义上说,因为拿破仑极重视科学给国家带来的声望,战争促进了科学的发展。但是战争却阻碍了探险的进步。那个时代最伟大的科学旅行家亚历山大·冯·洪堡的探险计划就频频受挫:1798年,他计划研究尼罗河水文情况,可法国人侵埃及让他无法成行;1812年,他准备调查西伯利亚的磁场情况,可是拿破仑却在最不合适的时机发动了他背运的入侵。而且,战争占用了本可用于探险的金钱、船只和海军人力。1815年,战争结束,大量的船只和航海专家从战争中解放了出来。

先是英国政府,后来是英国私人赞助人重启探索之旅,但是他们本着一种全新的精神。爱国主义的骄傲让探险者们失去了理智。白雪似乎蒙住了探险者的双眼,寒冰似乎让他们失去了理性,探险者们开始病态地寻找西北通道,集体陷入了一种不理智的状态。他们发誓不再回去那个地方,却在不情不愿的执迷和所痛恨的冲动下无精打采地回去。威廉·斯科斯比是公认的北部海域的权威,有丰富的海上捕鲸经验,他说每一个参与其中的人都意识到,"对去往太平洋的航行来说,发现西北通道将没有什么用处"。[42]很明显,这条路线太远,太过艰辛,商业上无利可图。斯科斯比相信,"通过我对自然状况,对漂流情况,对极地冰面轮廓的认真留心观察,我认为如果这条通道真的存在,也要再过些年才能发现"。[43]事实证明

第八章 深化

约18世纪40年代—约19世纪40年代：日益清晰的全球图景

他是对的。没有船只能在单个航行季内穿越美洲的北极区，需要等到某一年的夏天足够温暖可以融化足够的冰让船只得以通过。尽管前景堪忧，未来难测，但是爱国主义的热情、科学的好奇心以及挑战曾经难以征服的环境的渴望，已经足以让寻找西北通道的努力继续向前。

威廉·帕里沿格陵兰岛西岸和巴芬湾两边航行，但这次新的努力的结果却被危险重重的冰挡住了去路。1820年，帕里在梅尔维尔子爵海峡度过他第一个被困冰中的冬天时，就差点被冰压坏了船。帕里是职业海军，是捕鲸护卫船队的指挥官，有着在大多数人看来相当枯燥的长期的在北方寒冷冰面航行的航海经验。可是，帕里热爱寒冰。帕里利用罐装食品让手下的海员不致饿死，用业余艺术家的戏剧鼓舞他们的士气。这次探险的幸存经历反而为后来者设下了陷阱。帕里心里知道他所想找的并不可能实现：冰实在是太多，船只根本没法穿行。但他把自己的声望赌在了这项事业上而不得不一次又一次地探险，做出更多的牺牲。

此时，约翰·富兰克林还是一个名不见经传的普通海军中尉，如果非要说什么特点，恐怕是步态蹒跚、愚顽不化。他时而取道陆路，时而乘划艇在近岸地方勘察，以期弥补前人海上探险的遗憾。到最后，他只能以剩下的鞋子、从旧鹿皮上发现的虫子以及从岩石上刮下来的苔藓为食。他的一个手下疯了，杀了三四个同伙，竟吃起了人肉。在富兰克林1826年奉命进行的最后一次探险中，他彻底改变了策略。富兰克林雇用了一名捕鱼专家给船员准备食物，使用易于分拆的水陆两用轻型船只，"折叠在一起时像个大伞"，[44]20分钟内就能很容易地重新组装起来。富兰克林和部下探察了5000英里海岸线，并为其中的大部分绘制了地图。这一结果再次证明沿岸没有可航行的通路。

民间的积极却引来了海军当局的嘲笑。有大量的经过寒冰考验的海军、退伍海军或只要支付半薪就可招募的人员，这其中最坚决、最对寒冰感兴趣的是约翰·罗斯。1829—1830年，罗斯53岁，此时他已经在海军服役

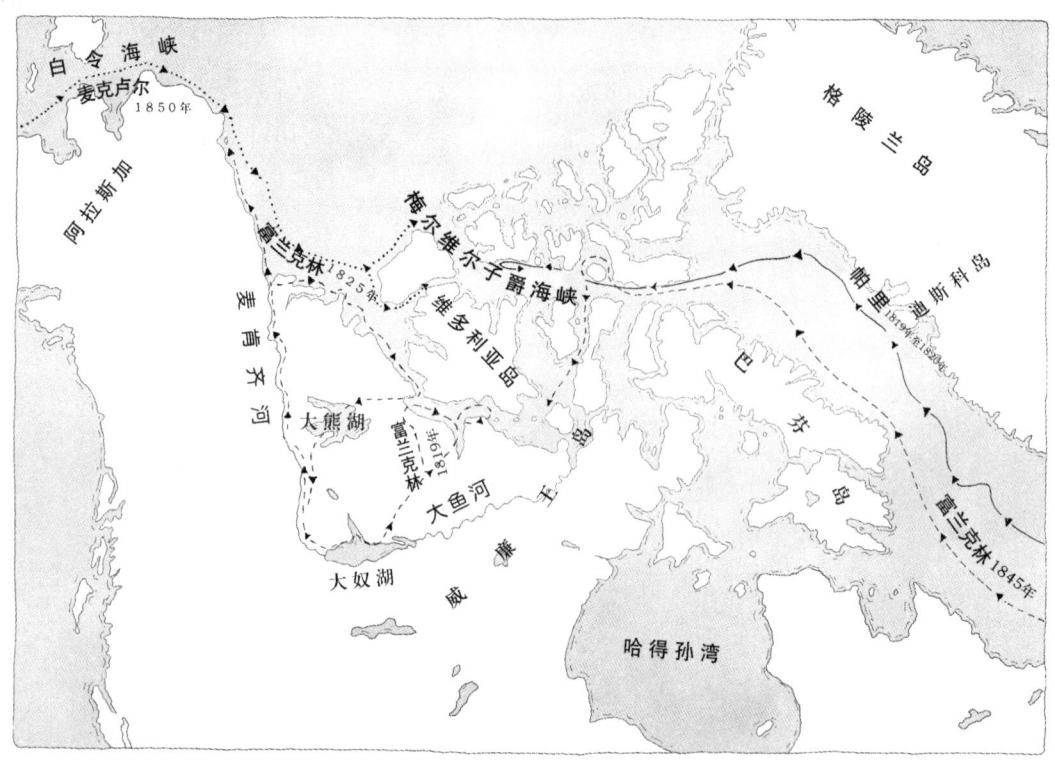

西北通道寻访者，1819—1850年

了43年，一位私人慈善家资助罗斯在寒冰区航行了两个冬天，"因为这样那样的原因……船况相当糟糕"，[45]海军部的官员对之态度轻蔑。事实上，这却是一个值得赞扬的冒险，罗斯一直认为找到西北通道最好的机会是用船体浅、引擎驱动的船只，还要沿岸航行。下面这段罗斯的话代表了很多人的意见：

> 这块土地，这块冰雪之地辉煌壮丽，一直以来却只是沉闷、枯燥、单调、缺乏变化的荒原，未来也将如是，它会让人的心一沉到底，在它的影响之下，思维难以继续，不会再关心什么，也不会再思考什么。使我们感到新奇，让我们对它进行探究的感觉——曾经出现过，或只维持一天——那里有的只是单调的景色，和死一般的寂静。[46]

1837年，在几代人由于惰性在航海上无所作为以后，哈得孙湾公司资

第八章 深化

约18世纪40年代—约19世纪40年代：日益清晰的全球图景

詹姆斯·克拉克·罗斯前往北极探险（1848—1849），寻找富兰克林。

助了一次绘制富兰克林之行剩下的海岸航海图的远征。不知疲倦的公司行政官乔治·辛普森指定自己的侄子托马斯参加远征，而托马斯有效地接手了这项工作，并写作了一本极力吹捧自己的著作：《美洲北部海岸的发现故事（1845）》。在书中，托马斯说："我，我一个人赢得了将北极和伟大的西洋联系起来的荣誉。"47

在这期间，富兰克林强烈要求再有一次寻找穿越海上浮冰通道的机会，可是他等了几乎18年，海军才最终同意了他的要求，而那时，富兰克林已经近60岁了。成功的希望似乎很大。整个美洲的北极沿岸都已绘制成图；也有抗冰船；罐装食品让他可以带足3年的补给。可是，富兰克林的两艘船以及134名海员在1845年7月13日从格陵兰岛外的迪斯科岛离开后就不见了踪迹。民谣歌手唱道："只有在他兽皮独木舟里的爱斯基摩人知道富兰克林船长和他英勇的水手的命运。"

后来，在一个令人毛骨悚然的石冢下发现的相关记载讲述了一个可怕的故事。1846年9月，船只在威廉王岛西北被困在了冰中，是一个一反常态好天气的季节将他们带入了死胡同。就在那儿，他们度过了两个冬天，经历了两次融雪期。富兰克林和34名海员死于一种神秘的疾病，也许是因为罐装食品密封不严引发的中毒。幸存者在1848年4月弃船，向南穿越冰面，他们可能是希望找到大鱼河，那儿有哈得孙湾公司的一个贸易站。他们都死在了路上，有些死于坏血病，有些死于饥饿，有些死于罐头上焊接材料引起的铅中毒。与此同时，富兰克林在英国的遗孀成为大众女英雄，成了维多利亚时代女性特质的化身：首先，她是一个等待丈夫归家的耐心的妻子；其次，她还是一个拿出财产寻找丈夫尸体的坚忍的遗孀。

但经她说服疏通启程的营救队去得太晚了。可是，1853年，他们中的一队发现了富兰克林一直在找的通道。10月25日，罗伯特·麦克卢尔从西边接近，到达了30年前帕里折转的梅尔维尔子爵海峡。西北通道的确存在，麦克卢尔看到了它。但是这条通道为冰所隔，仍旧不能通航。麦克卢尔疯狂地投入了这项工作，想完成这一航道的通航，而把援救富兰克林的任务抛到了脑后。他没有足够的给养过冬，他让船员一天只吃一顿饭，将柠檬汁的量减到原来的一半，甚至在有史以来最冷的天气里也压缩煤和油的使用量。当援救人员到达的时候，虽然他身边的船员不是奄奄一息就是快疯了，可麦克卢尔却还想赶走救援人员。他所能做的就只是徒步走过阻碍着通道的最后的寒冰。西北通道对商船一无所用：这条通道一点不可靠，犹如迷宫一般，水域之上即便没有被冰封阻塞，也漂浮着一座座冰山。

◆ 南极洲 ◆

在南极洲周边，一场同样与极寒殊死斗争的探险正拉开帷幕。库克在最后一次航行时发现了南桑德维奇岛，岛屿所在纬度的大洋中到处都是磷虾，吸引着无数的海豹和鲸鱼。一位见习船员描述了海豹喜爱的捕猎场

第八章 深化
约18世纪40年代—约19世纪40年代：日益清晰的全球图景

所："海浪猛烈撞击，浪花四起……每一块沙地……都被它们占领着。"它们在那里打滚儿，陷在企鹅的粪便里。[48]18世纪晚期、19世纪早期，这一地区的海豹捕猎实在是太密集了，以致这些生物接二连三在不同的地方被一网打尽，可猎人们却还是没有一点怜悯之心，不断寻找新的狩猎地方。海豹捕猎者希望找到最远的、最冷的陆地。他们在途中随意勾绘地图，报告事实上根本不存在的岛屿和只是可能存在的大陆，这让科学家们想到了返程时需要在当地确认冰面和陆地的关系这一问题。也许南方大陆根本就不存在。也许海面一直延伸到南极点。海豹狩猎者的发现引发了官方的关注。这不仅对在这一地区存在竞争利益的欧洲列强非常重要，而且对新生的、位于南美的智利和阿根廷共和国也很重要，这两个共和国在19世纪早期脱胎于将拉丁美洲各国从西班牙控制下解脱出来的血腥战争。

1819年，法戴·别林斯高津被选中继续俄罗斯对太平洋帝国的探寻。他曾参加过1803—1806年的俄罗斯环球航行，那次航行中他在夏威夷群岛发现了一个地图上以前没有标注的岛屿，并曾试图和日本建立往来，虽然没有成功，但却在返程中为日本西海岸的大半地方绘制了航海图。这次出航，他的任务是为俄罗斯在不受其他列强控制的大洋间寻找新的航行口岸。可是别林斯高津并没做到，但他还有自己的一个想法，就是：重走他心目中的英雄库克船长的航线。别林斯高津在航行路上勘测了南三明治群岛，探查了群岛南边的浮冰区。他在澳大利亚和新西兰度过了冬天，然后回去发现了他误认为是大陆海岸的彼得一世岛，以及亚历山大岛和许多其他的岛屿。1月27日，在南纬60°23'，他手下的海员记录说："我们碰到了一座非常高的冰盖。"大雪笼罩，只能影影绰绰地看到"壮观的景色"。他们继续向南行进，但是"每次接近的时候都会碰上冰冻的大陆"。别林斯高津将这块"隐藏在小块浮冰和群岛后面的大陆"定位在了南纬69°7'37"、东经16°15'的地方。大陆边缘垂直陡峭，大陆本身绵延伸展，看不到尽头，像海岸一样向南倾斜升起。[49]

威廉·史密斯也是一名海豹捕猎人，但他和大多数从事这个职业的头脑简单、沉默寡言的人不同，他极富学识，相当健谈。1819年，他将自己的船租出去从事商业冒险，船只满载着烟草、钢琴和科隆香水从布宜诺斯艾利斯出发前往瓦尔帕莱索，其间他在合恩角之南看到陆地。史密斯指挥着船向南奋勇前进，为了躲过西风带他一直航行过了南纬60°。在回来的路上，他在同一纬度附近再次断断续续地看到了陆地，于是他断定说自己正沿一条长长的海岸线航行，这条海岸线估计有250英里。他被耍了——也不能太苛责他。其实他发现的是南设得兰群岛。

史密斯奉爱德华·布朗斯菲尔德之命在第二年年初重返该地。布朗斯菲尔德是英国一艘海军战舰的舰长，在智利沿岸巡逻，保卫智利正在进行的独立战争期间英国的利益。他们沿南设得兰群岛南岸航行，1月30日，大雾散去，他们看到了宽阔的海岸，海岸"一半被岛屿包围"，"东北和西南方向是高高的天然山脉"。虽然说大雾一起，他们担心安全就立刻离开了，但他们还是确定那是一块大陆，并以英国海军部所在大楼的名字将其命名为"三一地"。参加航行的那位实习船员认为："要等一些船只到达这块英国位于南部的新属地，等他们满怀希望地对这里进行过探索，才能看出这里是否会有丰厚的收获，这里是否能成为大英皇家的另一块新渔场——他们心中的希望正是由鲸油、海象油和海豹皮一起组成的。"[50]

南极洲沿海日益繁忙起来。史密斯遇到了来自康涅狄格州斯托宁顿、正在寻找新的海豹捕猎地点的纳撒尼尔·帕尔默。1821年，他加入了乔治·鲍威尔指挥的船舰。鲍威尔曾经在南奥克尼群岛发现了科罗内申岛并绘制了其最早的详细航海图。没过几天詹姆斯·威德尔就来这里捕杀海豹了，捕海豹者如此强度的猎杀活动在这一带已是司空见惯。1823年，在返航途中，威德尔明确命令说："探察以前航海者路线之外的范围。"他向南，在西经30°—40°间进行了勘察，他走过的距离超过了所有先人，到达了南纬74°30'以南的地方，但没找到陆地，甚至都没看到多少冰。现在，最为困惑的就是这块大陆的位置和面积。威德尔自己相信有海水可能一直通到极点。[51]南冰洋的故事让人们渐渐忘记了南方大陆。

第八章 深化
约18世纪40年代—约19世纪40年代：日益清晰的全球图景

包括水文学家和地质学家在内的科学探险队聚集到了南极洲的礁石边。19世纪30年代中期，相互竞争的探险队从四面八方纷至沓来。从法国来的是朱迪斯-塞巴斯蒂尔-恺撒·迪蒙·迪尔维尔，他学识渊博，作为收藏家更为出名，曾为法国购买了米罗的维纳斯，1837—1840年的航行中，他发现了阿德雷地，为地图增添了新的一笔。美国也注定要来分一杯羹。新英格兰的商人靠南部大洋的西风带和世界沟通联系。这一地区海豹和鲸鱼的猎捕者为了寻找新的猎捕地也在向南移动。与此同时，美国也在追寻跨越北美的宿命。获得加州共和体就等于为其他诸州打开了一扇进入太平洋的窗口，19世纪40年代俄勒冈州开始出现的殖民地很快就会扩大这一窗口。美国人不愿意让政府卷入海上冒险，这点和美国政府的想法如出一辙。但事实上，美国不可能在一个存在无数可能商机的领域任竞争者走在前面而坐视不理。1836年，美国国会投票通过派出"前往南海"的探险队。查尔斯·威尔克斯率队出征，可他的观察力实在不怎么样（而且他对人的领导能力也极其糟糕，探险最后以指挥官和下属军官间严厉的相互指责和一系列让人尴尬的军事审判告终）。迪蒙在威尔克斯宣称发现的一部分海岸上捷足先登。可是，我们却应该记住威尔克斯的一项功勋：他紧靠南极海岸航行了1500英里，他证明了那里的确有连续的大陆存在，而不仅仅是一些群岛。[52]

詹姆斯·克拉克·罗斯对英国的贡献更大，至少他自己是这样说的。威尔克斯很不明智地送给了罗斯一张粗略勾勒了自己航行路线的地图，让罗斯有机会拿来说事儿，指出其中的错误，暗示说威尔克斯撒谎或者是个笨蛋。罗斯有着丰富的冰雪地带航行的经验，他曾随他的叔父约翰·罗斯一起去寻找过西北通道。1829年，他参加了一次从斯匹兹卑尔根向北寻找北极的航行。这次航行一直走到了北纬82°48'5"的地方，这项纪录保持了50年。[53] 1831年，他确定了加拿大布希亚半岛上磁北极的位置。现在，他要出发寻找它对应方向上的对应点，梦想成为"把祖国国旗插在地球南北磁极上"的人。

他在1839年离开英格兰踏上征途，船上带着迫击炮，精挑细选的船只建造得十分坚固，足以承受迫击炮的反坐力。航行途中，他确认了南极洲的大部分海岸。他的航海记录才华横溢，其中寒冰涌动，炫目闪耀。许多地方语意高昂，诗意韵致，还有许多对上帝的虔诚与敬畏，同时还有许多迷人有趣的生活细节：庆祝穿越冰盖时的一杯樱桃白兰地；一只被杀死的企鹅或是射杀的海燕，或是讲述用来杀死企鹅的氰化氢酸。

1841年新年当天，他穿越了南极圈。几天后，他的船以船头探路，小心前进，驶进了冰海。一开始他航行的速度很慢。1月9日，雾气升空，海面清爽无冰，"中午，我们看到了最鼓舞人心且最广阔的景象，桅顶远望，看不到一块浮冰。"1841年1月11日，他们到达了他们叫作维多利亚地的地方。就在同一天，他们穿过了库克船长曾经航行过的最南端。23日，他们穿过了南纬74°15'，突破了威德尔的记录。他们航行到了富兰克林岛，看到了火山，并把之命名为埃里伯斯火山和特罗尔火山（字面意义是"恐怖之山"）。可以看见南极磁极所在的山脉，山上每个凹陷都全是冰。在罗斯写给阿尔伯特王子的信中可以清楚看到罗斯心里并存着失落挫败和骄傲自豪：

> 我比任一位前辈走得都远，我距极点比他们近了数百英里，利用全部船只所取得的大量观察数据……我们可以对它进行定位，其精准程度如同我们已实际到过向往中的那个位置一样，这些成绩确实让人感到某种满足。[54]

他失去了笑容，失去了对冰的热爱，他宣称"不会再为任何钱财，也不会再为任何养老金而出征南极"。[55]

◆ 澳大利亚的故事 ◆

澳大利亚的探险故事和附近太平洋上以及南极洲地区的探险密不可分。和南极洲一样，澳大利亚一直都如同传说中的一块磁石，吸引着"伟大的南方大陆"的追寻者，又是一处挑战环航和桀骜不驯难以进入的秘境。18世纪90年代，马修·弗林德斯和乔治·巴斯确认在塔斯马尼亚岛和即将被称作澳大利亚的地方之间有一条海峡，由此假设有更多的海峡将澳

第八章 深化

约18世纪40年代—约19世纪40年代：日益清晰的全球图景

大利亚分割成许多岛屿，或是分成可通达的几部分。1801—1803年间，法国和英国的探险队在澳大利亚和塔斯马尼亚之间完成了环澳大利亚海岸的航行；事实上，英国人弗林德斯还于1802年4月8日在恩坎特湾遇到了法国人尼古拉斯·托马斯·博丹。澳大利亚是一块连续的大陆已无可争议，但问题是：这块大陆中有哪些秘密？

在19世纪的第二个10年时，英国在悉尼附近的殖民地还只是大陆上的唯一的立脚点，但它开始了首次为寻找新牧场而进行的内陆道路探寻。这其中最杰出的是格雷戈里·布拉克斯兰，他是移民进入澳大利亚的真正先驱。他在英国没有任何的不愉快需要逃避，他来这里确是因为他相信新边疆就意味着新的机会。1813年5月，在许多尝试之后，布拉克斯兰找到了一条道路，可以穿越连接着猎人谷和纳莫伊河流域的大分水岭。在那里他看到"森林茂密，草场丰美，足以供殖民地畜牧30年所用"。在山脉以外，是广阔的旷野，"翠绿的平原"沿着墨累-达令河流域蜿蜒呈现，但人们用了很长时间才找到河流。麦夸里沼泽一直是一道无法穿越的天然屏障。1828年总督秘书查尔斯·斯德特沿墨累河到达了它和达令河的汇合处，直到此时情况才开始发生变化。虽然同一时期，人们已经从不同方向多次穿越塔斯马尼亚岛，但对达令河以西的陆上澳大利亚，除却19世纪20、30年代在昆士兰、维多利亚以及西、南澳大利亚建立的海岸殖民地附近，其他地方都还是模糊不清。

伦敦的（英国皇家）地理学会1830年一建立，学会主席就把澳大利亚当做重点任务之一优先考虑：

> 迄今为止，我们地图上有一块和欧洲一样大的土地，却还是一片空白。今天，鉴于这块地方面积宽广，随着时间推进极有可能可以容纳大量人口，容纳我大英帝国的国民，也有可能成为向东部群岛多数地方传播英国语言、法律和制度的渠道，我们相信对其地理情况的每一分了解都会对社会有所助益。[56]

有关探险的重要问题出在有关澳大利亚"亚马孙河"的新传说上：传

说深入澳大利亚内部有某条大河,或是像五大湖一样的内陆海。

19世纪40年代,只有少数澳大利亚人相信这些传闻,查尔斯·斯德特是其中之一。特别是,他相信在墨累河和达令河以外还有一大块和北美西部类似的盆地,河流从其边缘流出,流向澳大利亚相当于北美大盐湖的湖泊——那一时期新的地理大发现之一。1844年斯德特十分倒霉:失业、负债,他自己承认说"在绝望之中"。[57]如果政府愿意承担费用的话,他建议进行一次光

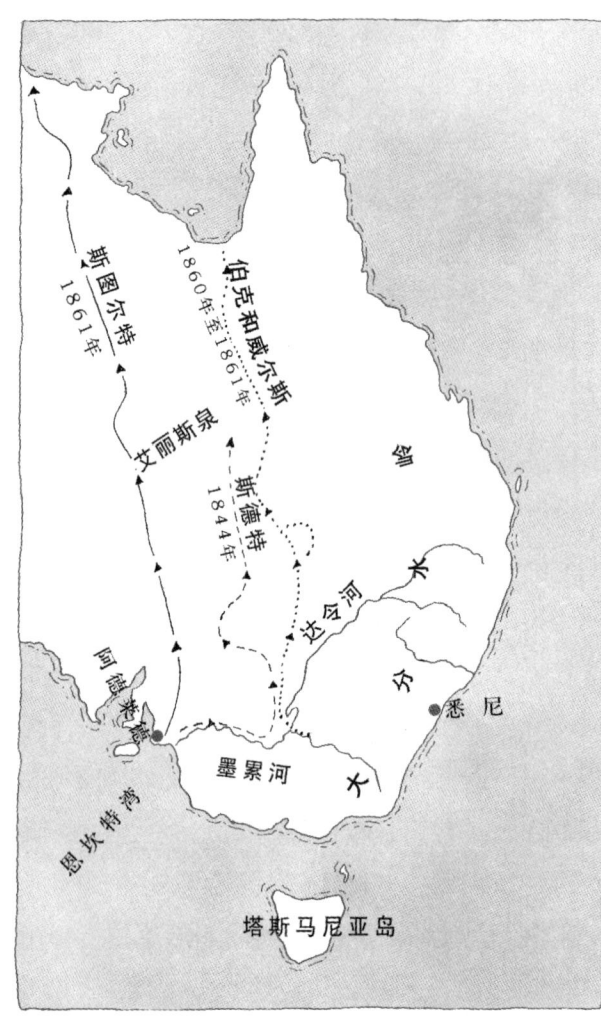

穿越澳大利亚

荣的冒险:分别从南到北和从东到西穿越澳大利亚。这听起来似乎是一次毫无意义的闹剧,但它却有望厘清一个重要问题。"去看看"——正如政府给斯德特的指南中所说——"在达令河右岸是否存在从东北延伸至西南的连绵山脉……如果有,大陆就有了自然的分界;去看看在这些可能存在的连绵山脉中可有什么河流发源,去看看这些大河的河道是什么样貌。"[58]这次远征于1844年8月从当时刚刚建立的南部海岸市镇阿德莱德出发。他们用牛车带了7吨的给养和装备,带了200头绵羊提供新鲜肉食,他

们还希望能找到大海,因此还携带了一艘捕鲸船。

斯德特一心想找到澳大利亚的中心,希望找到洪水溪和艾弗林溪之间的大湖,以至当探险进行了4个月的时候,他在通过奉命寻找的山口时,却完全没有注意到山口的存在。1月,他在沙漠中的一块绿洲边进退两难,因为在250英里之内都没有其他水源,斯德特没有办法,只好待在原地等待下雨。当最终有雨时,已是7月,土地在雨水中闪烁着虚假的希望,可是新鲜的食物已经消耗殆尽,营地许多人都得了坏血病。然而,斯德特并没有返回阿德莱德镇,而是继续奋力向前,他相信这里的含盐的土地和低海拔表明他正在接近一处海岸。斯德特在昆士兰、新南威尔士、南澳大利亚交会的格雷堡设立基地,然后从基地四面出击,但都是他不敢涉足的沙漠。到了11月,回去路上赖以生存的水洞也都干涸了。斯德特自己也因坏血病难以动弹,不得不靠人拉回了阿德莱德镇。

◆ 美洲的故事 ◆

进入太平洋依然是努力西进穿越北美大陆的探险家的目标。美洲大陆的面积日益清楚,但这并没让探险者完全停下寻找跨越大陆通往亚洲捷径的脚步;仍有人认为在五大湖西侧还是有可能存在一个湖系,像圣劳伦斯湖连接大西洋那样联系着太平洋。美洲的财富和潜力却似乎一直无法让征服者满意,这种情况一直到19世纪后半叶,随工业化出现新的内陆探索方式后才发生变化。

法国一开始就把全部的注意力放在寻找巨大的内陆海上——想来这大概是因为有关当地湖泊的各式报告——认为这些湖泊联系着河流,可以让他们快速穿过大陆。1736年,军人转行的皮毛商人皮埃尔·高蒂耶·德·瓦伦尼·德·拉韦朗德里到达了温尼伯湖,这一成果很鼓舞人心,可是萨斯喀彻温河的流速却让人失望,于是,他转而向南。1738年后期,他在密苏里河上游遇到了曼丹人。他转回头向北尝试在萨斯喀彻温河

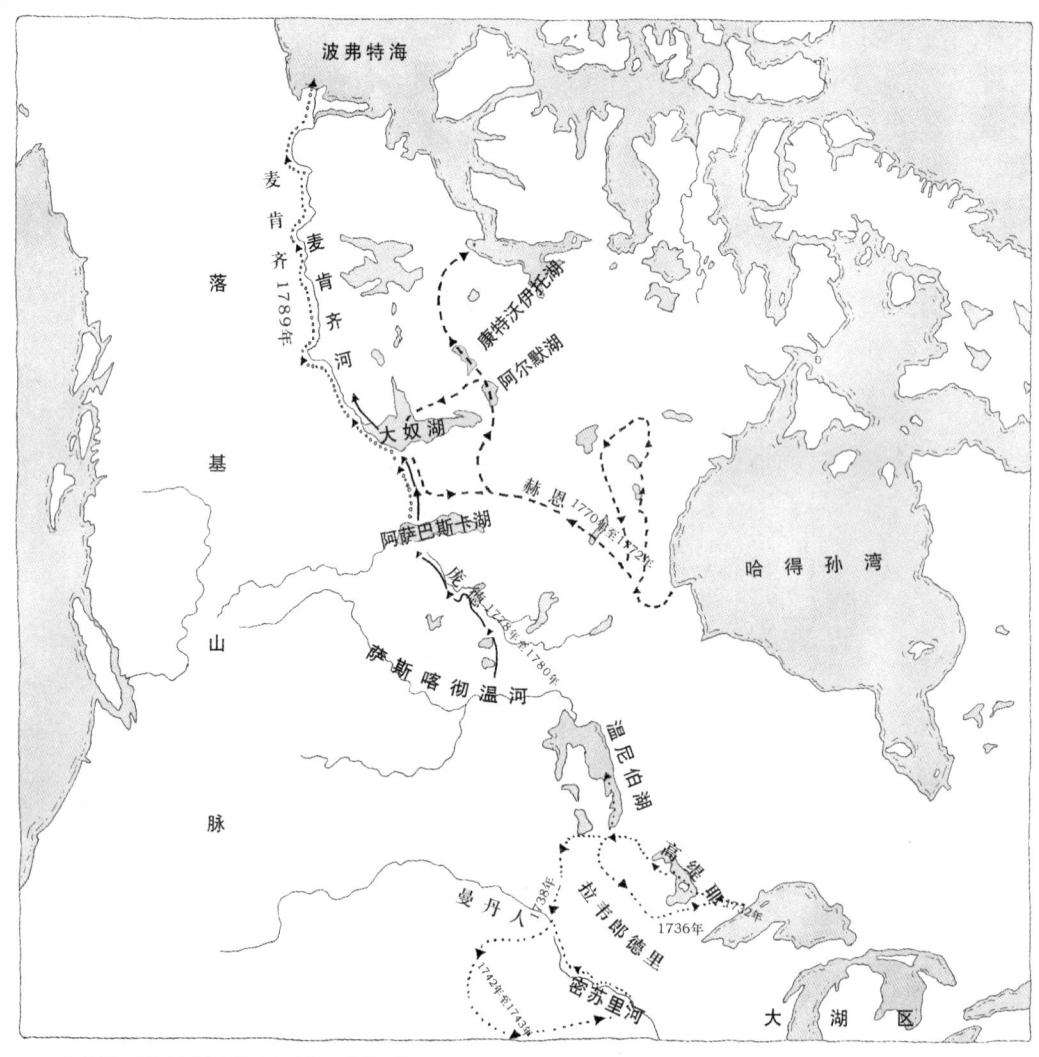

从哈得孙湾、大湖区到落基山脉、北极

上航行，而他的儿子则向南穿越无边无沿的大平原。另外一支探险队则踏遍了法国在中密西西比河的前哨圣路易斯以西地区。当年梅勒兄弟从圣路易斯出发，在1739年到达了圣达菲。根本就没有湖系的影子。

哈得孙湾公司是为英国王室效力、负责处理圣劳伦斯河谷以北加拿大探险事务的商业股份公司，成绩不错，此时，它不得不对探险情况有所回应。公司命人向北进行探索，要求找到新的商业机会以和法国的对手进行

第八章 深化
约18世纪40年代—约19世纪40年代：日益清晰的全球图景

竞争；要求找到哈得孙湾西北方一些因纽特人使用的铜矿资源的产地；要求建立大陆向北的延伸范围，这回过头来也有助于展示西北通道的实际可行性。北极圈沿岸越向北，越不太可能进行航行。1763年开始，哈得孙公司的工作变得容易起来。七年战争后签订的《凡尔赛和约》将法属加拿大转到了英国手上。1770—1772年，在奇佩维安人的引导下，塞缪尔·赫恩跨过阿尔默湖和康特沃伊托湖，经陆路到达了科珀曼河。他乘小划艇顺流而下，到达了海岸，赫恩估计这里大概已是极其靠北，接近北纬72º。虽然说赫恩多估算了大约4度，但对投资者来说也是足以让人气馁的消息了。接下来，哈得孙公司集中精力深入内陆寻找新的贸易机会：1774年到达了萨斯喀彻温河上的坎伯兰豪斯，1778年到达了阿萨巴斯卡湖。哈得孙公司代表彼得·庞德建议从那里出发经大奴湖进一步寻找到太平洋的通路。1789年，亚历山大·麦肯齐尝试沿现在以他的名字命名的河漂流航行，这条麦肯锡河注入北冰洋，但麦肯齐却没能找到他想要的路线。1793年，他再次尝试，沿一条蜿蜒曲折的道路到达了太平洋。

前进路上，山脉阻隔似乎无所不在。西班牙人的经历也大致相仿，他们每次寻找前往太平洋的陆路通道时，山脉都阻在前方。18世纪70年代，西班牙沿加利福尼亚沿岸拓展航行，在旧金山和蒙特雷发现了良港，并开拓了一系列沿岸教区，这一切激起了人们寻找可以将北加利福尼亚和新墨西哥殖民地、亚利桑那教区连在一起的道路的迫切愿望。1776年，西班牙传教士在开辟新墨西哥和加利福尼亚间直通路线的过程中（并未成功），在内华达山脉陡峭的岩石上砍了一条阶梯。他们探险所及已经超出了当地人的知识范围，所以，他们不再依靠印第安人，而是转由神谕引导自己："我们已经苦苦恳求我们最神圣的庇护人代我们向上帝祈祷，希望上帝能够给我们指引方向，为我们指引一条最能为他效力的道路。"[59]西尔维斯特·维勒兹·德·埃斯卡兰特神父采用编年记事的方式记录了他们出发时北至犹他湖、回程时穿越科罗拉多河的几次探索，渡河的地点从此就被称作"神父渡河处"。因为误会了犹他族印第安人的意思，而把犹他湖当成了大盐湖的一部分，以致在地图上，大盆地深处长期错误地标注着面积巨大的内陆海。

弗朗西斯科·加尔塞斯是一位极富胆识和魄力的传教士，他尝试从相反的方向沿一条山路越过山脉。加尔塞斯以善于和印第安人打交道而负盛名：他用印第安人的方式耐心和他们沟通、吃西班牙同伴一致认为无法入口的印第安人食物并赞美它们的味道，虽然如此，不友好的霍皮人还是让他不得不折返到奥莱比附近。因此西班牙人穿越山地的交通一直不够让人满意；内华达山脉还是把西班牙人在北美的统治区彼此分隔，圣盖博以北教区还是不能和海岸地区建立联系。但是，西班牙人曾一度觉得"大门将为新帝国打开"，[60]教区也因之在尤马河畔建立起来。但是，1781年，印第安人毁灭了这一切，并且再也不曾恢复。

美洲诸多山脉的山脊已然展现。山脉连绵逶迤之长让人不由气馁。可是，穿越这些山脉究竟有多么困难？其间进行贸易的隘口在哪里？英国和法国的探险家们真的是错过了可以绕过或是穿过这些山脉的湖河了吗？1804年，人们再次努力尝试回答这些问题。

因为路易斯安那州频频易主，已使局势改观。1763年，对在这里有效拓殖心灰意冷的法国把这个包袱——密西西比河流域、密苏里河流域的大半，以及密苏里河流域之外尚有争议的草原——这块面积广阔却归属不详的土地扔给了西班牙王室。1800年，在帝国大肆扩张期拿破仑曾提出收回这片领土。然而，1802年，圣多明戈叛乱形势日紧，已经不可能镇压之时，拿破仑从建立美洲帝国的努力中撤了出来。第二年，他将路易斯安那以1500万美元的价钱卖给了美国。这达成了托马斯·杰弗逊长久以来的一个心愿。他推测说，"水陆兼程，只要一天就可从密苏里河上游到达哥伦比亚河，并迅速顺流入海"。杰弗逊把这项任务交给了梅里韦瑟·刘易斯。刘易斯曾在杰弗逊麾下效力，很得总统信任，他招募了威廉·克拉克做共同领队。他们两个脾气秉性珠联璧合，友谊深厚。刘易斯在邀请克拉克加入探险队伍的信中说："漫漫征途，困难重重，我确信你就是我最希望与

第八章 深化
约18世纪40年代—约19世纪40年代：日益清晰的全球图景

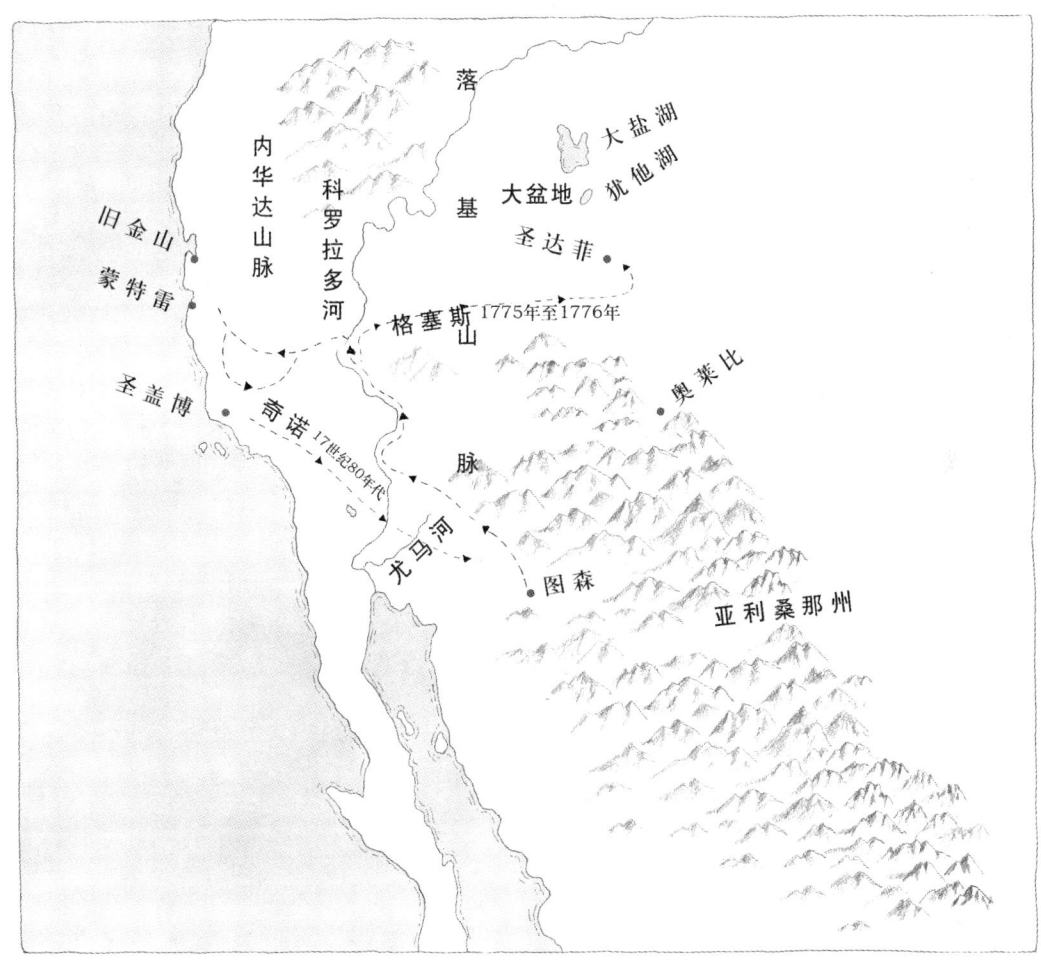

17世纪晚期和18世纪西班牙在北美的探险

之共同进退、患难与共之人。"刘易斯彬彬有礼，值得依赖；而克拉克则性急冲动、鲁莽冒进。

他们此行的主要目的是"探索密苏里河和它的主要支流，因为密苏里河和太平洋水体间的沟通为跨越美洲大陆的商贸往来提供了最为直接和实际的水上通道"。与此同时，此次远征的政治目的也十分重要。西班牙政府知道美国想要的是一条在它自己控制之下的通路，一条"有朝一日美国能把其人口和影响扩展到南部大洋沿岸的通路"。刘易斯在美洲本土昂首阔步：宣告美国的宗主地位、要求纠正偷盗行为、确认数名酋长的位置，至少有一次他将一位曼丹酋长指定为酋长之长。这些政治上介入的表现是馈赠礼物，但除了偶尔的慷慨以外，这些礼物对接受者来说并没什么太大的意义。曼丹人也一直被误会是心甘情愿成为"这些白人大爷"的臣民。

刘易斯和克拉克在曼丹人中间度过了冬天，得到了曼丹人宝贵的向导服务。萨卡加维亚是一位法国商人16岁的妻子。她是肖肖尼印第安人，她的族人住在刘易斯和克拉克需要穿越到达的落基山脉的几个山口两侧。萨卡加维亚被曼丹人关过很长一段时间，后来又嫁给了法国商人，这让她熟悉许多种语言，从而成为远征队最主要的口译者。此外，她的族人还认为她出身于酋长家庭。但不好的一点是她当时已临近生产。但是，萨卡加维亚却证明自己是远征队的无价之宝，她和她的宝贝都没有耽搁过远征队的进程。正如近代探险史上经常出现的那样，除了一些伟大的白人领导者或是探险英雄，其他的大多数参与者，即便在探险过程中扮演过重要角色，却都在事后的探险记录中位于边角。萨卡加维亚在远征的记录中也几近无可追寻，但是很明显她起过十分重要的作用。

1805年4月7日，他们出发沿密苏里河而上，刘易斯称赞他那"没法和哥伦布或是库克船长的大型船队比肩而论小船队"。

> 我们现在就要穿越一段至少有2000英里宽的国土；还从不曾有文明人的脚步从这里踏过；其中福祸有待我们去体验发现；这些小船乘载着我们饮食、防卫所需要的一切。然而，我们的头脑中通常会给事件加诸我们的理解，当想象漫步于未来，我此时脑中的景象让人极为愉快。我坚信这个在过去10年中在我心里渐渐成形的航行可以成功，我相信我出发的这一刻是我一生中最幸福的时刻之一。整个团队身强力壮，士气高昂，热情地投身于这项事业，急切地等待出航；它没有任何一丝犹豫，一丝不满，所有行动都和谐一致，高度统一。[61]

他们一直沿着密苏里河前进，直到上游一抬腿就能迈过密苏里河，到达莱米河源头附近山脉最高的山脊，也就是大概现在爱达荷和蒙大拿州交界的地方。再向下游走不太远，他们就遇到了大马哈鱼的产卵地，这就证明他

第八章 深化
约18世纪40年代—约19世纪40年代：日益清晰的全球图景

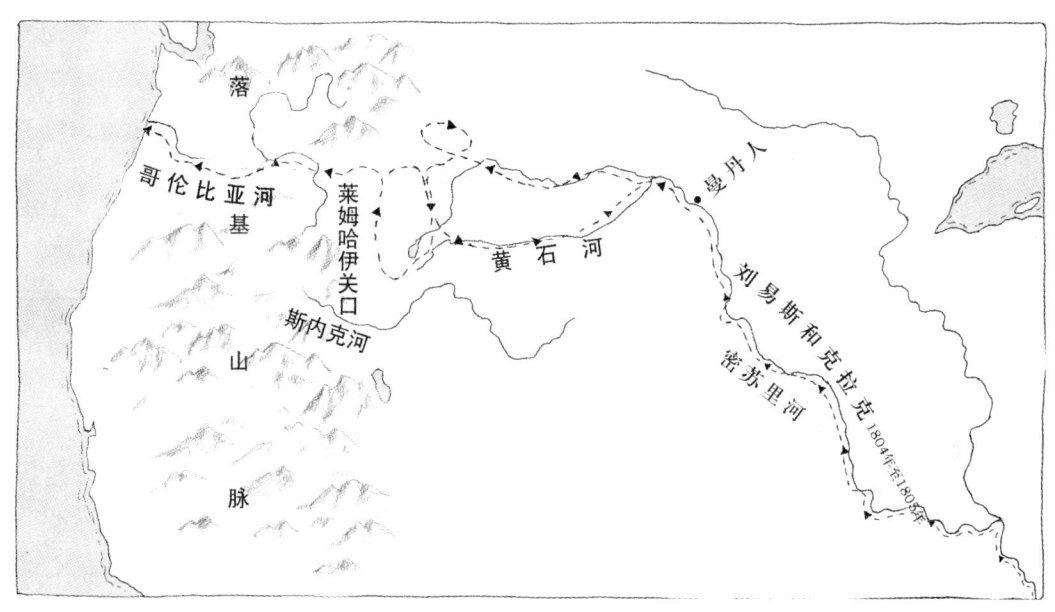

刘易斯和克拉克远征

们身边的这条河确实最终是流进了太平洋。他们位于哥伦比亚河的一条支流上，前方还有许多山脉，还有许多河流，即便是小划艇，带着沉重的辎重也无法航行。10月，他们沿斯内克河而下。过了赛希罗瀑布群，他们发现了带有欧洲商品的印第安人，这个迹象表明他们接近了目的地，可以确定太平洋已经不远了。他们在哥伦比亚河河口度过了冬天，那里持续不断的海啸让太平洋名不符实，海岸边的刘易斯难以入眠，"自从我到达这附近，就没看到过一天'太平'，水体泛着泡沫，巨浪如暴风骤雨般不停地冲刷着沙滩，拍击着岩石海岸，恐怖可怕"。返航之路艰辛劳苦，令人沮丧气馁。他们不得不以物易物，换取马匹，不得不自己猎取食物，或者是从印第安人那里乞讨这两样东西。他们没管理好自己的商品，在返程路上用来交换的商品用光了。虽然派出几个远征队去寻找跨越山脉、有商业价值的路线，但还是没有找到。虽然他们已经克服了重重困难，但探险还是英勇地失败了。

随后的几次探险说明了困难重重之处。西部的大半部分似乎并没什么拓殖的价值：不通向任何地方，也不适合人类居住。法国人让出路易斯安那州以后，西班牙军事侦察队勘察了连接密西西比河和里奥格兰德的数条交通线，并最终建立了从圣达菲到圣路易斯的直接交通线。但，这些维持的是军事哨卡间的微弱联系，而非日常商业交通线或是殖民地间大路的联系。甚至军队对西部的大河与大平原进行了大范围搜索以后，北美大平原似乎还是一片荒凉。1816—1824年间负责这些勘测活动，并沿普拉特河穿越过大平原的斯蒂芬·朗批评这里说："完全不适合耕种，当然也不适合靠农业为生的人们居住生活。"[62] 在1827年斯蒂芬以草原为背景的小说中，詹姆斯·费尼莫尔·库柏也认可这一说法。甚至于当描述到白人渐渐进入这块平原，改变了这里的面貌，使之成为一块拥有富庶农场与城市的土地时，他也只是把这里看作是"一块无力承载大量人口的广袤土地"。但在那个时候，库柏并没有说错，因为可以改变这片大平原牧场的技术：犁地用的钢犁，建设城镇的铁钉，运进木材、运出小麦的铁路都还没有到达这里。这片大平原和绵绵群山一样，还是西行之路上的障碍，而非机会。

因此，从一开始，移民必须要绕过或是穿过这片草原。特别是19世纪30年代以来，当加利福尼亚先是成为独立的共和国，再又成为美国一个偏远的州时——太平洋沿岸俄勒冈州和加利福尼亚州相对富庶的地方成了伟大的先驱者西行的目的地。那里便宜的土地是诱惑之一。19世纪20年代，杰德·史密斯将西班牙开辟的路线串接成一条跨越内华达山脉的连续通路。史密斯是一个有着奇怪的泛神论宗教信仰的商人，他声称探索"也许可以帮助那些需要帮助的人"。[63] 他内容丰富的旅行日志却揭示了他另外的一个动机：他无法容忍自己对周遭土地的无知，或是接受自己未曾亲自确认过的报告。他为落基山脉中部和大盆地绘制的地图后来放进了19世纪40年代联邦探险队和铁路勘测者更为自觉运用科学方法绘制的地图中。

与此同时，在前往俄勒冈的路上，宣传者鼓吹说："大路平坦宽阔……好过美国所有收费公路。"像俄勒冈地区美国鼓励移民协会这样精明的空想家为鼓励前往俄勒冈殖民，他们买下土地卖给移民，保证说：西部有"完美之城"。此外，地图上绘制了一条并不存在的从大盐湖起的水

第八章 深化

约18世纪40年代—约19世纪40年代：日益清晰的全球图景

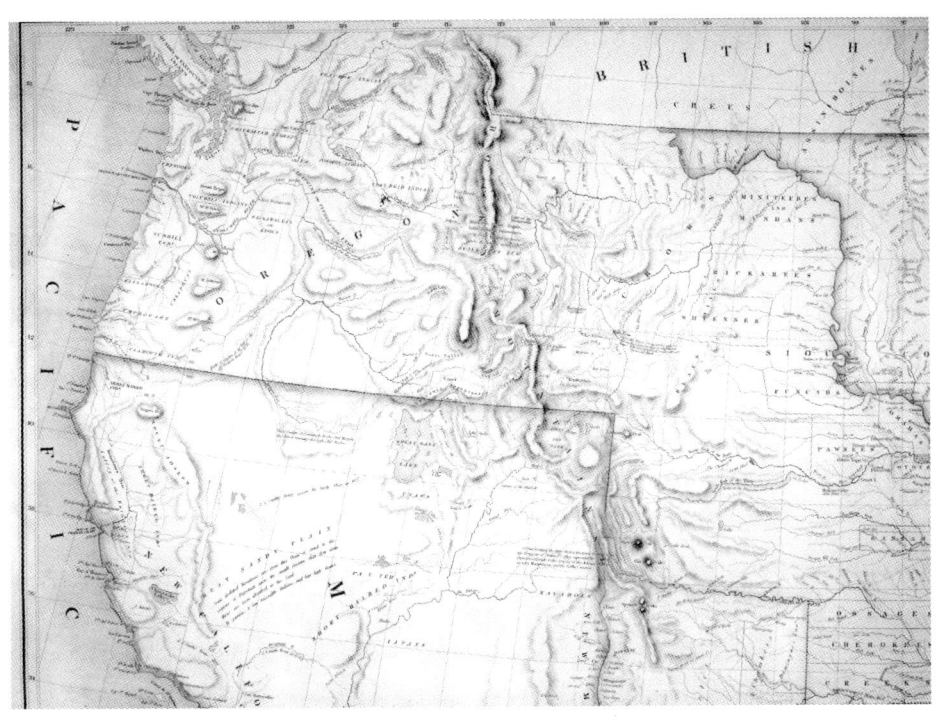

19世纪20年代，探险家、皮毛商杰德·史密斯穿越落基山脉中部和大盆地的路线。当年史密斯用过的地图已经不复存在，这一张是戴维·布尔根据史密斯旅行的记录所绘，并于1839年出版。

道，说那里航行容易，可以轻松抵达俄勒冈，这也误导了移民。1813年，《密苏里报》上说："用四轮马车即可穿越大陆，路上完全没有可称之为山的障碍。"就在这过于乐观的声明发表那一年，一队皮毛商人无意中发现了落基山脉一个山口，而这个山口将成为去往俄勒冈道路的重要连接点。南山口是怀俄明州温德河周围约为32公里宽的一片相当平坦的草原，但在1824年杰德·史密斯在克劳族印第安人的鹿皮地图上发现它之前，这里一直都不为人知。

早在1824年，第一辆做生意的四轮马车就穿越了南山口，在1832年来自独立城的皮毛商跨越落基山脉，进入了俄勒冈州。但是，这样连续不断、没有尽头的小径对没有铁轴的马车实在是个考验，马车很容易坏。这里的天气干旱少雨，用1836年一位传教士的夫人的话说，"我们头顶的天空如同一块黄铜厚板，我们脚下的大地如同铁板一块"，干燥的车轮辐条已经错位，车轮的铁边从缩小的轮子上滑落下来。

要解决车轮缩小的问题只能是移开轮子的铁边，用钉子在轮子上加固新的木条以扩大轮子的直径，或是当钉子也掉下来的时候，用生牛皮绳把木条和轮子捆在一起。然后再把轮子的铁边圈尽可能地加热以便容易将它重新安上，接着再把它泡在冷水里让它收缩。四轮马车遇到陡峭的上坡时，不得不用人力来推；遇到绝壁时，又不得不用绳子拽住马车将它放下，一辆运货马车也许就要80个人来完成这项工作。当遇到沟壑，还需要用碎石将之填平。

第一辆战胜这些困难的移民者的四轮马车是在1840年出发的。冒险的先驱是一队传教士，他们雇用了一个外号叫"医生"的诱捕动物的猎手为向导：罗伯特·"德克"·纽厄尔。纽厄尔领着传教士和他们的两辆马车从落基山脉东边的格林河出发，越过山脉到达了威拉米特河畔的温哥华堡。9月27日传教士一行离开了格林河，乘马车尽可能地向远方行进。当再不能向前走的时候，他们转由马匹驮运货物，把马车拆卸得只剩下车架。最后，他们把一辆马车拆开为另一辆补充零件。当他们到位于今天华盛顿州的达瓦拉瓦拉堡时，纽厄尔造了一艘驳船，将剩下的那辆马车装上船，沿哥伦比亚河到威拉米特河注入哥伦比亚河的河口。纽厄尔非常喜悦，他在1841年4月19日写道："我，罗伯特·纽厄尔，是第一个把四轮马车赶过落基山脉的人。"其实他错了。

◆ 浪漫主义之路 ◆

18世纪和19世纪早期——除了这一时期末期前往俄勒冈的新路以外——其他这一时期北美新开拓的路线都并非是出于商业考虑，甚至也不是出于殖民的需要。但这些路线的确是让西方人看到了情感上鼓舞人心的

第八章 深化

约18世纪40年代—约19世纪40年代：日益清晰的全球图景

景色，在心智上增进了欧洲新来者和当地人之间的文化接触。从更广泛的角度来说，法国人在北美最重大的发现也并不是亨内平所列举的种种壮观地理容貌，而是促使"高贵的野蛮人"这一观念生发的当地人。"高贵的野蛮人"最初是马克·莱斯卡波特对加拿大林地密克马克族印第安人的称呼。莱斯卡波特17世纪早期在新法兰西生活过约两年，他认为密克马克族人才是最严格意义上的"真正高贵"，因为他们的男人所从事的正是狩猎与战斗这两项高尚的职业。同时他们也拥有文明社会中渐渐消失的美德：慷慨（"我们似乎已经遗失的彼此仁爱"）、自然的法律观（"所以他们间极少争吵"）以及共同生活和共同财产。在他们身上看不到野心，也看不到腐败。但这个伊甸园也并不完美：常常有诉诸暴力的恶意寻仇，在肉与酒上没有节制。可对密克马克族道德准则的尊重并没让莱斯卡波特对征服他们、夺去密克马克人的主权和土地怀有羞愧。

当"高贵的野蛮人"的概念传到生活在五大湖东北岸密克马克族人西南的休伦族人那里时，这一概念开始真正在西方传统中扎下根来。休伦人和其他说易洛魁语的人不同，他们欢迎法国人，因为他们需要盟友来对抗长久以来的敌邦。虽然很难让休伦人放弃他们的一些异教仪式，比如他们会慢慢地折磨囚犯，尽可能地增加囚犯的痛苦，让他们在几天几夜的疼痛之后再走向死亡，但是他们对基督教相当友善。圣方济会会士和耶稣会会士都赞扬过他们的自然智慧，说休伦人在手工艺、建筑、造小划艇以及耕种上都有相当技巧，说他们对陌生人和对彼此都相当友善，有着道德上的优越，他们倾向和外人和平相处以及倾向认为族内人平等。人们甚至相信休伦人中有原始的类文字系统的存在：他们通过在树上画线来记录胜利或是传递狩猎地点的消息。

他们成了"高贵的野蛮人"这一概念最丰富、最有影响力的源头。这一概念形成于生活在东北边森林中的密克马克族人，随后很快转而指休伦人。传教士对他们野蛮生活方式的缺点的批评相当坦率，但是阅读了传教士文字的世俗哲学家却只是强调了肯定的一面，而去除了其负面信息。训诚故事从传教士的故事里被滤除，只有理想化的休伦人留存了下来。真正的休伦人消失了，他们先是被大批大批地杀害，后来在欧洲人传染给他们的疾病和他们在法国人帮助下和邻邦的战争中完全被毁灭了。没有文字留传，只是口传心授的传统故事最终成为传奇也就变得容易。

让伟大的休伦智者回到凡尘的是路易斯-阿曼德·德·劳姆·德拉克，德拉克用家族已经卖掉以换取金钱的封号勒亨坦阁下称呼自己。和许多不为家乡所容的人一样，他在17世纪80年代时去到了加拿大，靠着自己对当地事务的熟悉而把自己装扮成当地事务的专家。他虚构了一个叫作亚达利欧的休伦人，把他当作反对教权的代言人，和他一起在森林中漫步，讨论《圣经》翻译中的不足之处，讨论共和主义的优点，讨论自由爱恋的价值。他对教会、君主政体以及法国上流社会的自负与卑鄙极尽讽刺，并直接为伏尔泰18世纪60年代所写巴黎一个"率直的"休伦人的故事提供了材料。

脱胎于伏尔泰作品的神话被改编为喜剧，于1768年在巴黎上演，至此，社会对于休伦人神话到了如痴如醉的地步。休伦人具备高贵野蛮人身上的所有优秀品德，他们是猎人，是爱人，是对英作战的战士。他穿越世界，有着的是智者之心："看看这个世界是怎样的。"当有人要求他穿上法国人的服装时，他抨击说，模仿"是猴子的行为，不是人类的行为"。"虽说休伦人并未受过伟大思想的启蒙，"一位观察者认为，"他却有着让我更为尊重的丰富感情。我担心在文明化的过程中，他会变得乏味可怜。"休伦人成了喜剧中常见的三角恋爱的牺牲品，他劝说一群暴徒攻破巴黎的监狱堡垒——巴士底狱——去挽救他狱中的爱人。他因煽动骚动暴乱而被抓捕，"罪名一清二楚，这是造反"。

与此同时，对太平洋越来越广泛的探险使高贵野蛮人的形象完满起来。探险路上的邂逅不仅大大拓展了人们对彼此的了解，也使西方人对自身乃至对整个人类的理解不断加深。太平洋探险者带回家乡的标本确认了野蛮人的高贵。在布干维尔探险中，博物学家菲利伯特·柯默森赞美说："自然人本性良善，他们没有任何偏见，他们毫不迟疑，毫无懊悔自责，

第八章 深化

约18世纪40年代—约19世纪40年代：日益清晰的全球图景

他们只是温和地听从自己的本能的呼唤，本能很可靠，因为它还没有退化成理性。"[64]布干维尔将阿修托罗从塔希提岛带回了家乡。这位新来者和科学家以及艺术家热烈交谈；舒瓦瑟尔公爵夫人成了他的庇护人。他经常出入歌剧院和公园，在那里——如做作的浪漫主义风景提倡者德利尔神父一首感伤的诗中所言——阿修托罗紧紧抱住一棵"他幼时便了解的树木，亲吻着它，泪如雨下，眼泪浸湿了树干"。[65]

欧麦在波利尼西亚格格不入，却在1774—1776年成了英国的名人。公爵夫人赞美他自然优雅。雷诺兹为他绘制了肖像画，把他作为尚未受损的高贵的象征。来自密克罗尼西亚帕劳群岛的李波更是对绅士派头驾轻就熟，1783年他死于天花后被埋在了罗瑟希德墓园，墓碑上刻着：

请停下，读者，请您停下脚步！大自然为之落泪的——

我的王子，李波，就躺在这里。

太平洋的拜访者发现了一个酒色之徒的天堂，1772年和库克船长一起出航的威廉·霍奇曾用画描绘过这里。在他画笔下的塔希提岛风景怡人，前景处是居于山林水泽的仙女，其中一个背后有一块很诱人的纹身，另一个在透明轻烟笼罩的水中仰泳。岛上性的诱惑考验了库克手下的纪律，可布莱的手下却没经得住考验。在狄德罗1773年很有影响力的严肃讽刺作品《布干维尔航海补遗》中，一位塔希提岛上的法国牧师——"在法国他是修道士，在岛上则也是野蛮人"——无法理解塔希提岛女孩对他的兴趣，可他却很知道如何利用这点。一位当地人解释说性欲是美好的自然天性，不应该拒绝。[66]简而言之，太平洋具有使野蛮人高贵的自由和放纵特质。

伴随这些有力的文化碰撞，探险者开辟了某种自我发现之路：探险使人们对世界的经验日广，在其影响下，欧洲的知识分子开始探寻自己的所知所感。受18世纪人们对情感顶礼膜拜的影响，新大陆的样貌风景在浪漫主义的想象中占据了永久的位置。这一传统最初始于乔治·胡安和安东尼奥·德·乌约美丽而激动人心的画作。[67]他们总是用看似真实无误的科学图表来表现所观察到的事物，其中的精心设计总是能激起人们对天造自然的敬畏多感。比如，他们所画的科多帕希火山的喷发：背景是正在喷发的火山，可以看到潘纳巴卡山坡上的弧光，画作有着图表似的精确，同时富有粗犷朴实的浪漫主义特点。他们所记录下的安第斯山脉背景成了美洲最有力量的浪漫主义形象的源头。科多帕希火山成了美洲风景画家最热爱的画作主题。安第斯山脉地区山区旅途插图的绘制，尤其是以亚历山大·冯·洪堡《科迪勒拉山的风景》在1806—1814年的出版为代表，标志着这一传统达到了顶峰。

洪堡和拿破仑出生于同年，和拿破仑一样有着征服世界的野心，不同的是，拿破仑的野心在战争，而洪堡的野心却是在科学之域。洪堡致力于将自然现象尽可能地分门别类，将整个宇宙用一个统一的体系予以排列。达尔文曾称他为"历史上最伟大的科学旅行者"，然而他超然客观的科学旅行最初的目的不过是看看"自然界千变万化的庄严壮美"。他在美洲的旅行也很偶然，只是因为他前往埃及的计划受挫才改而前往美洲。洪堡自己出旅费，带着西班牙王室的美好愿望，取得了英雄般的成绩，载誉归来。

西班牙和葡萄牙官方在其美洲帝国河系的勘测上已经取得了巨大的进步，它们已经在南美腹地建立了彼此的边界，所以洪堡的多数工作都是在一个既有的框架中展开的。18世纪早期，主导这些工作的是私人企业家，比如在1742年，探矿人若昂·德·索萨·德·阿兹维多就从位于马托格罗索州的塔帕若斯河源头一路探查直到亚马孙河，而曼努埃尔·费利克斯·德·利马则经马德拉河开拓了类似路线。然而18世纪后半叶，《马德里条约》重新划定了西班牙和葡萄牙两国在南美洲的扩张边界，从而官方探险转而成为最主要的推动力量。1782年，奉命绘制边界地图的工程师弗朗西斯科·德·雷克纳完成了对亚马孙流域的探索。当1800年洪堡从奥里诺科河出发前往亚马孙河时，人们称颂这是一次新的冒险，事实上他所行之路在印第安人和殖民者中已广为人知，只是尚不为欧洲人所知而已。

严格意义上来说，洪堡之行的最高点是他在1802年夏天攀登科多帕希火山的双子峰：钦博腊索山。人们那时认为它是世界最高峰，是人迹之所未至的世界顶峰。洪堡以一种相当聪明的内敛记录了此次攀登。追求难以完成的目标是浪漫主义一贯的精神，而洪堡就是对此种追求刻骨铭心的记录。这次登顶的努力穿越云端，他们沿着一条只有10英寸宽的山脊边向上攀登。"我们左边是白雪覆盖的悬崖，右边的深渊有800到1000英尺之深，令人战栗，巨大的裸岩危崖从上斜弋而出。"在17 300英尺的高处，他的双手被岩石划伤，相当不便。再向上一个小时，严寒让他已经无法张嘴说话，开始觉得恶心，喘不过气来。海拔太高，他恶心难受，寒冷折磨着他，鼻子嘴唇不停地大量流血，他不得不停止登山向山下撤退，此时，他距山顶只隔一个60英尺宽、400英尺深的无路可通的深隙。他停下来收集了些岩石碎片，"我们猜想我们一回到欧洲，就会有人不断地让我们给他一块钦博腊索山的石头……终我一生，我都在想象我是整个人类中达到过世界至高点的那个"。在洪堡有关山脉的画作中，他把自己放在前景，弯腰收集植物标本。

洪堡对安第斯山脉的描绘为后来的画家确定了美洲的浪漫主义形象。哈得孙河画派的开创者托马斯·科尔开创了新的风尚：人们开始将南美风光作为宇宙间高度戏剧化演出的布景。洪堡在西印度群岛进行了很长一段时间的素描写生创作之后，1828年画出了自己心中那个将亚当和夏娃驱逐出去的伊甸园："自鸿蒙初创，这里从未有过人迹"的美洲山脉"是我灵魂的圣所"，他这样写道，这片大陆上"自然界的一切对艺术而言都是新奇初见"。

◆ 非洲：白人的坟墓 ◆

当美洲和太平洋渐渐成为欧洲"已知世界"一部分的时候，非洲依然是他们想象中的"黑暗大陆"，在地图上还是大片空白。阻碍着之前各个世纪寻找远程路线的障碍依然存在，当时的技术还是没法解决欧洲人穿越非洲时所遇到的疟疾瘴气、地形、交通、工具以及衣物方面所带来的种种

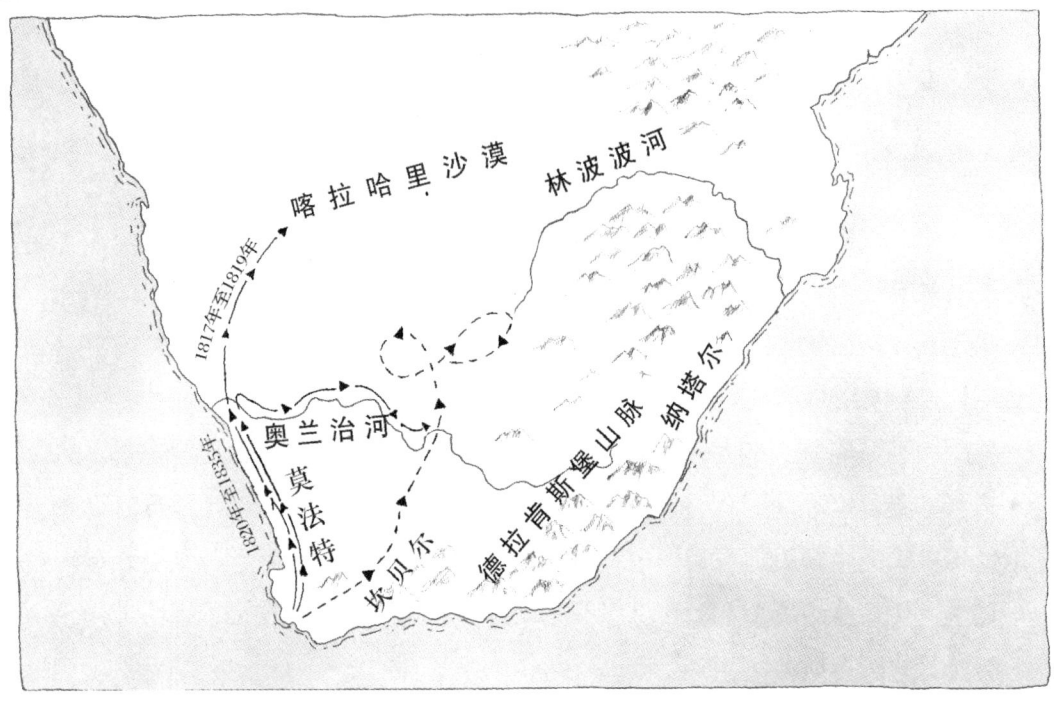

19世纪早期进入南非内陆

问题。而且虽然说当地人、阿拉伯人以及桑给巴尔人奴隶贩子向非洲纵深探索,寻找他们不人道商品的同时也在不断地拓展道路,但这些道路还是商业秘密,还不为外界所知。

然而,部分南部非洲却是例外。那里,天气相对温和,地形不是太难行走,牛车可在其间穿行。到18世纪末,远至奥兰治河的非洲南部地方都已经有绘制清楚的地图。在1819—1854年间,为建立在茨瓦纳人和恩德贝勒人居住地区的卫理公会教区,罗伯特·莫法特进行了多次旅行,后来终于穿过了喀拉哈里沙漠。莫法特以前从事园艺,教士之职使他从英格兰一位较低地位的下人一跃而成为一位强有力的开拓者。他在海岬边境处至少曾使一位以前总找麻烦、被称为布尔人的酋长改变了信仰。他的同事约翰·坎贝尔在茨瓦纳人中传教,学识更为丰富,1820年,坎贝尔成了第一个到达马如兹重镇喀瑞臣的白人,这个重镇让人印象深刻。坎贝尔发现了

第八章 深化
约18世纪40年代—约19世纪40年代：日益清晰的全球图景

林波波河的源头。然而，最非凡的道路开拓者却是荷兰血统的农民，他们尝试在英国统治之外的内陆地方建立殖民地。

边疆的布尔人以车为家，在各个取水点之间长途艰苦跋涉，这已经成了他们的生活方式。布尔人改进了这种典型的交通工具，驾着它在南非边境高原的大草原上拓殖。这些带帐篷的牛车，前方有20头牛牵引，有4英尺宽，17英尺长。他们通常会带着大量的牛羊，每个家庭也许都带有200头牛、3000只羊。那些在奥兰治河涉滩而过的布尔人的先头部队有100英里宽，而那些渡河后向东前往纳塔尔的布尔人还必须翻过德拉肯斯堡山脉，也就是祖鲁人口中"峰峦叠起、参差高耸"的夸特兰巴山脉，这些跋涉者在山间狭窄陡峭的关口小径上赶着好几百辆四轮牛车上坡下坡颠簸前行。布尔人中最果断的领导者路易斯·特里恰特一直努力寻找能让布尔人脱离英国人控制的通往海上之路。最终他到达了洛伦索·马克斯，可是大多数的跋涉者都在途中死于疟疾。

热衷冒险的苏格兰地主詹姆斯·布鲁斯在1768年自费到达埃塞俄比亚寻找尼罗河的源头，由此欧洲再次开始了解东非，东非成为欧洲人对世界认知的一部分。布鲁斯说他的发现证明了"3000年来，一直令古时和现代的众多天才、各行各业困惑，提出了诸多质询"的问题，但细节却几乎都站不住脚。青尼罗河只是尼罗河的一条支流，而并非它的源起。在150多年前佩德罗·波埃兹曾说过青尼罗河起源于塔纳湖，并记录下来。[68]埃塞俄比亚人远古就知道这一点，而布鲁斯不过是向皇帝请求要了一个当地向导就有了这个发现。可与此同时，布鲁斯学识丰富，善于观察，他对植物、动物以及政治事件方面所带回的信息大大丰富了人们对埃塞俄比亚的了解。回程时他没按常规，而是穿过尚迪以北的努比亚沙漠，再到尼罗河，旅程英勇壮丽。1793—1796年，W.G.布朗计划重走布鲁斯的路程以验证其说法，但是埃塞俄比亚根本不让他进入国内，布朗只好改而进入达尔富尔到达法希尔以探索尼罗河以西地区。

从某个角度来看，由布鲁斯开启的故事预示了探索的未来。布鲁斯的旅程只是出于浮士德式的对知识和名望的向往，和宗教、商业或是皇家愿景都毫无干系。但是随着时间的推移，商业和传教成为仅有的能为探索非洲内陆募集到足够投资的活动。而且布鲁斯和布朗也没有告诉商人和传教士们他们对尼罗河的真正想解决的疑问：尼罗河是否和尼日尔河——这条欧洲多半商业利益所系的西非重要商业动脉——连接在一起？

尼日尔河在毒气肆虐的森林和贫瘠荒芜的撒哈拉沙漠间蜿蜒，神秘莫测，一直是最吸引探险者的地方之一。布鲁斯和布朗的探险并没有说明尼日尔河是否就是尼罗河，或者尼日尔河最终是否流入尼罗河。如果假设尼日尔河向东流，那么它的最终流向——是在非洲鼓包下侧流入了大西洋，还是流入了刚果河，再或是流入了乍得湖——依然没有定论。再或者，根据16世纪作家，当时乃至现在都最富权威的莱奥·亚菲里加努斯的说法，尼日尔河也许是向西流入了大西洋，或是冈比亚或是塞内加尔。

尼日尔河的地理状况固然是吸引探险者的原因所在，而传闻中尼日尔河的财富则更是吸引了众多探险者。沿河的大型集市一直以来都和"摩尔人的黄金贸易"关系密切，集市上都是以盐易金。[69] 1809年有记录推测尼日尔河岸"人口稠密，和中国任何一条河流岸上不相上下"。这中间最知名的城市是廷巴克图，那里的统治者"拥有无数的纯金"，[70] 在金铆钉修建的皇宫中就餐。但事实上，廷巴克图的灿烂辉煌早已过去，那已是太久太久以前的历史，只是欧洲人对此一无所知。没有一个欧洲人曾经见过廷巴克图，它并不是麦加或是拉萨那样的"禁城"，但是穆斯林统治者不肯让基督徒进入，如果真有基督徒跋涉这么远来到，也不准他们离开。

18世纪80年代和90年代，白人曾跨过沙漠或是沿着冈比亚，再或是从西非海岸的塞内加尔两次到达尼日尔河的努力都失败了。似乎，白人的体魄都不够强健，精神也不够顽强，不足以完成这样的旅程。接下来，孟果·派克走上了舞台。

派克是潜在致命因素——贫穷和雄心——的牺牲品。他在23岁时就成了一名有资质的医生，并对远途冒险产生了兴趣，而他的资助人约瑟

第八章 深化
约18世纪40年代—约19世纪40年代：日益清晰的全球图景

夫·班克斯于1793年在去往苏门答腊的一艘船上为他谋取了一份外科医生的工作。班克斯是帝国乐章末端伟大的操控者。他曾经和库克船长一起出航，曾推动了澳大利亚的殖民化，曾为英国皇家植物园收集过世界的植物样本。1788年，班克斯认为对非洲内陆的无知是"当代的耻辱"，他同餐饮伙伴和同行科学家一起建立了以"探索非洲内陆"为目的的协会。协会的另一个目的就不那么清高了：正如派克自己所说，他肩负的第二个目标是"帮助我的同胞了解他们不熟悉的非洲地理，为他们的雄心，为他们的事业开拓新的财源，新的商业渠道"。

许多准探险家死在前去尼日尔的路上，1794年，班克斯四处寻找，希望找到一个合适的决绝的冒险家继续这段探险。而派克正好合适：精力充沛、自命不凡、不服管束、一无所有、容易驯服、好奇心旺盛、坚忍不拔。派克记述自己在尼日尔地区第一次探险的《走在非洲内陆》一书在1799年时成了畅销书。书中，对旅行和探险过程充满了令人称奇、让人印象深刻的描写，这是这本书最迷人的部分之一。书中的五个主题十分突出：旅程中的恐惧、派克从中经历的兴奋、当地人看探险者的惊奇与厌恶、超平常人所能忍耐的冒险以及派克对自己成就及所获奖赏级别的难以抑制的不满。

我们不得不说派克的作品，以及后来所有非洲探险者的故事都有因利益而过分夸张之嫌。他们也许对其中的艰难有所夸大，对其间的奇异有所美化；他们肯定有不分对象地追求轰动效应。每一个旅行者似乎都下定决心要超过前人，要让那些故事中的英勇、困顿与愉悦更不可思议。所有的书里有关性的描写都使书的内容更为活跃，却也误导了读者。18世纪晚期有关太平洋上的旅行见闻对当地人性生活和对性的热情的描写几乎已经成了读者不可或缺的阅读娱乐。维多利亚时代的谈性色变还并没出现。派克记录中愉悦读者的是他自己对引人遐思的黑人妇女的"实物展示"。至少是直到19世纪40年代，他之前来到这里的探险者还是继续在书中用了大量类似的资料。在我们这本书的余下部分必须使用的资料中，休·克拉珀顿还讲述了一个不可思议的故事：他对一位富拉尼族美人的单相思而行为古怪；理查德·兰德尔讲述了自己面对热情的女人或是女孩主动的调情或是婚姻提议时的不自在和无言以对；狄克逊·德纳姆的故事更是丰富，里面既有他面对当地人送给他许多非洲女孩时克制有度的自我吹嘘，也有毒箭从他头顶的帽子之上嗖嗖飞过令人毛骨悚然的逃亡经历，还有会令任何一个少年文学读者存疑的和蛇、美洲豹以及鳄鱼不期而遇的故事。

1795年5月派克从英国出发，然后在冈比亚停留了几个月以了解曼丁哥语，并在那里招募了一队向导和仆人。到派克出发前往内陆的时候，他已经感染上了疟疾。他是怎样活了下来并撑过了之后的一次次发作已经成谜。派克在欧洲奴隶贩子所了解的地区沿河而上，取得了很大的进展。他可以用期票购买给养，在沿途以固定价格向酋长赠送礼物以换取保护。一路上，他的放血手法曾一度非常时髦，这让医术不过初出茅庐的派克格外有名，在法特康达，邦度国王的妻妾们嬉笑着让派克帮她们放血。

然而，在欧洲商人常规路线之外，派克却并不受欢迎。当地人把他看作怪物，因为他是白皮肤，有着窄窄的鼻子，外表奇怪；穆斯林区认为他是野蛮人，因为他是个异教徒；统治者则怀疑他是间谍；商人觉得他是个有威胁的对手；穆斯林信徒认为他是个卑鄙的异端。派克没有办法，只能一路靠送车上商品获取人们对他的善意。但他对沿途每一站的抢夺劫掠、敲诈勒索都毫无办法，他的存货很快就耗尽了。

派克的运气在卡塔的土地上出现了转机。这里，一些妇女和孩子对他古怪的外貌相当吃惊，但却很是善意，他们好奇地接近派克，然后又在发抖中假装不安地四散逃开，这很让人安慰。国王也很亲切，把派克当作是未来可能的贸易伙伴的代表。但他警告派克这个旅行者说，和邻邦的战争近在咫尺，唯一明智的方法是止步向后。以前也有人这样警告过派克：每一个他拜望过的地方都不愿他接触邻邦，因为他们担心那样会在和欧洲人贸易时失去优势。派克对这些警告都没放在心上。然而，这时候国王的建议是善意的，派克写道："如果不按着去做，我可能会犯错。但一想到炎热的月份就要来了，想到要在非洲内陆度过雨季我就担心。出于这些考

第八章 深化
约18世纪40年代—约19世纪40年代：日益清晰的全球图景

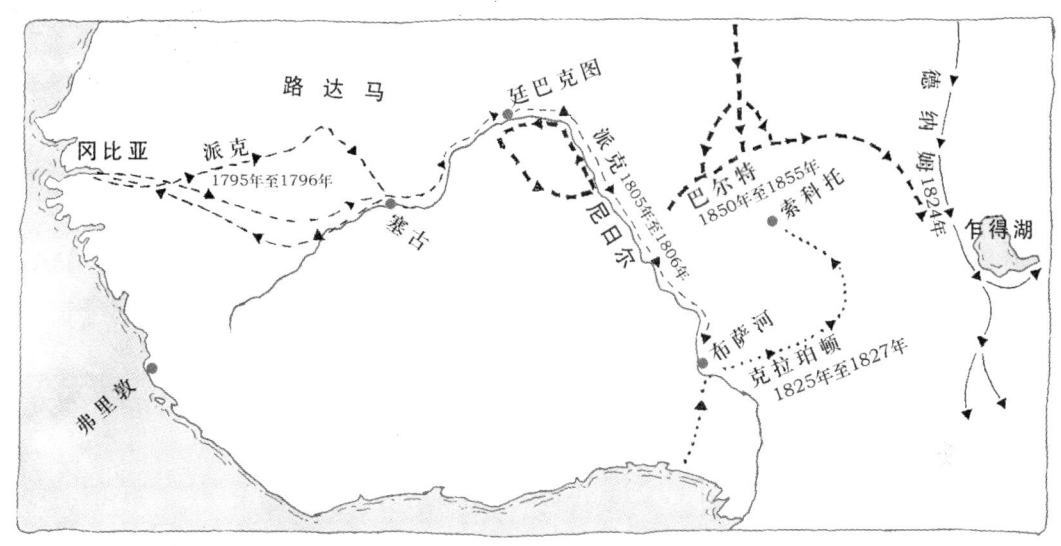

尼日尔地区探险（1795—1855）

虑，而且我对未能取得更大进展就返回的感觉十分反感，于是我决心继续向前走。"[71] 而由于战争，只有一条通路：绕道向北，向撒哈拉沙漠边界进发，进入路达马的穆斯林王国。

可这里的国王却发现派克一无所用：既不会修理枪支，也不会印染，甚至连理发似乎也不在行，唯一的用处就只能是把他关起来以印证异教徒的低能。按派克自己的记录所说，他和一头肥猪关在一起，饥饿难当，生命受到威胁，除了一个指南针以外其他所有的财富都被搜刮一空，指南针能留下大概也是因为它被当作了派克邪恶的护身符。7月1日，派克只身逃了出来，他破衣烂衫，经受了可怕的困难：没有水，没有食物，而且除了暴风雨时也没有别的办法找到水。他艰苦行进了3天后，到达了富拉尼人地区。在这里，派克找到了足够多的同情他的人，这些人救了他，甚至给了他食物。派克用自己紧身上衣上的最后几颗纽扣换取了通往尼日尔的通行机会。

7月20日，在塞古"我终于看到了我此行的伟大目的地——长久渴望的威严壮丽的尼日尔河，它在朝阳中闪闪发光，如同威斯敏斯特的泰晤士河一样壮阔，缓慢地向东方流淌，我的心中充满了无限的喜悦"。"向东方"这几个字派克用的是斜体，但河水的流向完全不能让他感到惊奇：

> 我从欧洲出发时对这个问题就相当犹豫不定，那时我更相信河水流向和此相反。我一路上不断地向不同民族的黑人打听，他们都肯定而清楚地告诉我这条河是流向初升的太阳，我的心中已无疑问。[72]

派克所在的商业族群意识到白人身上潜在的收益，准备同意让他赊账。派克对塞古印象十分深刻："城市地域广阔，河上有无数小船、熙攘拥挤的人群以及周边地方开阔的乡野，所有的这一切让塞古城文明有礼，富丽堂皇，我从没想到在非洲内陆会有如此地方。"[73]

派克计划沿河而下，直达尼日尔河河口，并在沿途绘制河道地图；或是至少也要到达传说中的商贸中心廷巴克图。派克一直远行到锡拉。但他已是困顿不堪，"半裸着身体"，在高烧下痛苦万状，为在前行路上不得不通过的地方碰到"残忍的狂热分子"而恐惧，为"可能毫无意义地死去，我的发现和我一同消失无踪"[74]而担心。1796年7月底，他踏上了回程。洪水与强盗几乎要了他的命。然而，派克在卡马利亚偶然碰到了一个奴隶贩子，派克向这个人保证自己以后会有所报答，于是这个人一直照顾派克直到派克可以继续旅程，然后这个商人用奴隶贸易的大篷车把派克送达了海岸。派克登上了唯一一艘能上的前往安提瓜岛的航船。1797年12月派克终于回到了英国，他发现他以前认识的每一个人都认为他已经不在人世了。

派克的经历并没有阻挡其他探险者的脚步，特别是，也没有让派克就此止步。但是派克异常强壮的体格掩盖了西非气候中的致命因素，而他游记的冷静超然风格也隐藏了旅程中的种种险恶苦痛。派克的成就无可否认。尽管派克被自己手下所抛弃，被穆斯林部落俘虏过，但他确认了希罗多德和中世纪阿拉伯地理学家的观点：尼日尔河的流向是自西向东。正如派克也承认的那样，这一观点不过是从已有知识中得出的一个逻辑推理，但这一结论却足以证明应该进一步努力，使人们看上一眼廷巴克图的愿望进一步加强，希望进一步对尼日尔河沿岸的航行进行研究。

第八章 深化

约18世纪40年代—约19世纪40年代：日益清晰的全球图景

1800年，困难再次鲜明浮现。弗里德里希·霍尔姆和一支商队一起从穆尔祖克出发向南前往博尔努，并从那里转向西行穿过豪萨兰王国，但是在到达这条大河之前霍尔姆就过世了。于是，1805年春天，派克回到西非从内陆到河口沿河而行。他什么都没有忘记，却也什么教训都没学到。他推测说自己之前的错误就在于不够强大：他需要军队来保护自己的货物。因此，他组织了一支规模巨大的远征军，英国政府提供了35名士兵为其提供保护。这一策略却是错误的：派克能从第一次远征中活下来是因为他当初是轻装上阵，似乎是毫无威胁。他的同伴越多，那些有害的土地上受害者就越多，因为他们没有他独特的、适应性很强的新陈代谢的能力。派克在因为运用之前某个可能曾救过他的知识时犯了个错误：他不再依靠当地的脚夫，而改用驴子运货。这些动物不服管束，也不习惯这样的地形，每天都得费尽力气地卸货、重装。一头驴子的负重是一个人的两倍，可是它还需要一个人赶着它走，所以在人力上的优势消耗殆尽。疾病使士兵体质衰弱，在盗窃、敲诈勒索面前他们根本无力保护远征队的财产。

这次探险就是一份灾难目录。派克现存的笔记中列出了因疾病而被放弃或是死亡者的名单，讲述了大雨带来的痛苦，记述了发烧、驴子不听使唤以及敌人的劫掠。以致派克1805年11月到达尼日尔河"那片孤独、敌意四伏的非洲荒原"之前，全队只剩下了四个人，其他人全部死亡。幸存者们造了一条船。"如果我不能完成我的使命，"派克在出发之前写道，"我至少要死在尼日尔河上。"[75]探险队的一个奴隶后来逃到了大西洋海岸的弗里敦，他报告了派克一行在上游800公里处的布萨河湍急的河流中被当地居民伏击的情况。派克在游向河岸时死去。

据我们所知，派克是300年来唯一一位曾在尼日尔河活下来的欧洲人。不断有前来探索的欧洲人在这条河上遇难。他们中的大多数来到这里都是出自不得已，因为他们要么是国家的公职人员，要么是为了寻求财富。对奴隶贸易的限制也增强了人们来这里探险的动力。外交需要接触内陆地方的统治者，因为可以利用他们的影响力。贸易也需要新的产品。拿破仑一世时期的战争一结束,皇家海军就派出了詹姆斯·金斯敦·塔基,让他沿刚果河而上验证尼日尔河是否汇入了这条河流。溯流而上200英里,碰到耶拉拉大瀑布,塔基不得不弃船登岸,在陆上行进。黄热病不期而至。不到两个月,塔基和他手下几乎所有人都没能逃脱死神之手。从塔基以及派克穿越丛林靠近尼日尔河所遇致命因素来看,从北方下行穿越撒哈拉大沙漠看来更为实际。

1822年又出现了新的机会。休·克拉珀顿和狄克逊·德纳姆出发前往索科托,他们从撒哈拉沙漠下行,护卫英国希望尝试和富拉尼帝国建立外交关系而派驻那里的领事。两位探险者彼此憎恨。克拉珀顿认为自己为探险队做了"文职和科学工作",讨厌德纳姆推行军事风纪的尝试。

德纳姆对穿越撒哈拉的记述似乎专门是计划来折磨读者的:白骨点缀的沙漠,四处都是人类或是骆驼被撕扯过的尸体,成队的奴隶曾经死在这里。他是一个热忱、勇于献身的探险家,设法走过了乍得湖沿岸的多数地方。他发现了夏里河,却没能追踪它的河道。而且德纳姆也没有绘制地图,德纳姆辩解说没有绘制地形草图或是进行勘测的可能性,因为一旦这样就会有人怀疑是在从事间谍活动。与此同时,克拉珀顿沿约贝河或是约河而上,走过"欧洲人从不曾涉足的土地",前往卡诺。虽然那位领事死在了路上,但克拉珀顿继续了旅程,并在到达索科托后扮演了英国外交代表的角色,在1825年带回了建立联盟的意向书。至少,克拉珀顿做到了一点:他驱除了迷雾,证明约贝河并非尼日尔河。但是在索科托的探查让他相信当地人并不想让别人知道这条河道,希望以此阻止欧洲人帝国主义的脚步。根据当时《每季评论》的一篇文章,克拉珀顿带回国的信息"使问题比以前更为复杂"。[76]

几乎毫无停顿,克拉珀顿就开始了探索尼日尔河河路的努力。这次克拉珀顿采取了一条不同的路线,他经贝宁湾,从派克所知的最远点博萨穿过尼日尔河。克拉珀顿为富拉尼统治者带去了外交礼物,其中包括火器、皇室画像以及一本阿拉伯语的欧几里得《几何学》。他的第一项任务是回索科托,这也是

第八章 深化
约18世纪40年代—约19世纪40年代：日益清晰的全球图景

他的最后一项任务，因为就在那里发烧夺去了他的性命。

克拉珀顿的仆人理查德·兰德尔相当聪明，很快就不再仅仅是探险伙伴，他沿克拉珀顿的脚步回到了英国，但他下定决心要再回去"一次解决尼日尔河的所有问题"。兰德尔自谦说自己是受势利之心的毒害而认为如果他死在探察的途中，"我们在社会中所制造的影响将完全不为人知"。[77]1830年，他从雅乌里航行到尼日尔河口并报告说大河"水系发达，连通着广阔的非洲地域，可供未来开展广泛贸易往来所用"。但1832年，当兰德尔于带着建立汽船贸易往来的计划返回英国时，在安加马遭到了伏击，伤势严重。很明显这是布拉斯国王派人所为，因为他们希望保持自己在欧洲内陆贸易中的中间人的地位。此后，欧洲人用了20年的艰苦努力为尼日尔河河道绘制了完美的地图。[78]

与此同时，亚历山大·戈登·莱恩从尼日尔河西岸靠近其源头，为绘制尼日尔河河道而继续努力。莱恩是弗里敦的一名卫戍官，自负以及卖弄学问让他在同僚中很不受欢迎，于是地方长官为了摆脱他而派他去内陆寻找贸易机会。莱恩利用这一机会，超越命令的要求，去寻找尼日尔河的源头，补充了这条大河未完的河图的绘制。第一次，莱恩历尽艰辛尝试探索了整个罗卡拉河，但此后却无法取得太多进展。他对此次探险的记录让他声名远扬，于是他从政府那里得到了一项新的任务：寻找一条穿过撒哈拉沙漠从内陆到廷巴克图的道路。莱恩采用了一个长期以来唯一安全的策略：伪装成穆斯林朝圣者。可是，几乎是从他返程的那一刻开始，他的诡计就被看破，随之丢掉性命，他的文件也被毁掉了。

同一时间，巴黎地理学会悬赏10000法郎给任何一位能够抵达廷巴克图的西方人。15、16世纪时骑士文学的读者往往受到其中浪漫主义激情的激发在非洲大西洋和新大陆中探索冒险，雷内·卡耶是一位依然受其影响的探险家。[79]他说旅行故事让原来做商贸的他改了行，而鲁宾孙·克鲁索的故事让他"热血沸腾"。他精心为自己选择了一个化名，乔装扮作一个叫阿卜杜拉希的埃及人，说自己打小被法国人拐走，现在要回归祖国，重拾信仰。卡耶学习阿拉伯语并且用自己的积蓄购买了价值100英镑的货物以及一把雨伞。1827年4月19日，他从塞拉利昂以北的卡孔迪踏上旅程。可是他旅行途中所遇到的人都从未听说过埃及，于是他不得不调整了自己的故事，变身成为"一位真正的麦加后裔"，成了先知的后人。乔装成了他成功的关键。英国的旅行者很看不上这样的手段，"坚定决绝的"德纳姆曾说，"以我们英国人，基督徒的真实身份旅行"不仅仅是出于种族的骄傲，也是因为这样可以避免伪装一旦被人戳穿时的糟糕后果。[80]

卡耶跟了一个又一个旅行队，换了一个又一个向导，但在8月他因脚痛和坏血病病倒了。卡耶用了近一年时间才到达尼日尔河，当地酋长安排了船只送卡耶前往廷巴克图，他则以手中的伞作为交换。这艘船是用植物藤蔓绑在一起的厚木板制成的，用稻草和黏土填充缝隙防漏，上面盖着垫子，还需要用空葫芦不停地排水。船上装着大米、蜂蜜、织物以及近50个奴隶。

1828年4月20日，卡耶终于到达了廷巴克图。在短暂的兴奋之后，因为害怕被人察觉，他强压着心中

> 难以形容的喜悦……我要感恩祈祷多少次才能感谢上帝在难以逾越的困难和危险时给我的庇护。这项责任已经完成，我环顾四周，发现我周围的景象和我之前的期许无法相符。我以前对廷巴克图的辉煌壮丽与珍宝财富的想象与所见完全不同。

初见廷巴克图，发现这里不过是不多的一些土房，房子四周尽是沉闷、荒凉的平原。然而"在沙间立起的一座伟大的城市的外观有某种东西让人难以忘却，发现者为征服它所经历的种种艰难困苦无法不让人钦慕赞佩"。[81]

卡耶的回程是要穿过撒哈拉沙漠前去丹吉尔。"我留下大片空白给后来者去发现探索"。[82]事实上，卡耶是他旅行伙伴的俘虏，这个人带着怀疑奚落卡耶的真实身份，为了敲诈勒索只给卡耶很少的食物。但当到达塔菲拉勒特，按卡耶的推测，商队的队长"花费不多就收买了这个人的良心"，队长同意这个人带着一些先令自由离开。[83]

尼日尔河自此不再是"神秘之地"，但是依然没有一位探明其河道的探险者找到穿越尼日尔河流域进入萨赫勒地区的欧洲商路。海因里希·巴尔特年轻时游历土耳其帝国时遇到了一个豪萨奴隶，这个奴隶对巴尔特

第八章 深化

约18世纪40年代—约19世纪40年代：日益清晰的全球图景

说："你应该去往卡诺，如果可以的话。"巴尔特后来承认"这句话一直响在他的耳畔"。这个故事有可能是真的吗？也许吧，因为总体来说巴尔特的描述很乏味，和他众多的前辈一样，他不太会把自己的经历传奇化。巴尔特是普鲁士的天才，有点洪堡的味道：精力充沛、学识渊博、雄心勃勃、讨厌约束。1849年，巴尔特得到了一个去卡诺的机会，他以科学专家的身份随一个英国福音传教团出发，穿过撒哈拉沙漠，奉命到乍得湖后开始独立研究。虽然巴尔特穿越了10 000英里，可是他在这一地区河系间建立连通网的努力还是让人失望气馁。事实证明贝努埃河并非由乍得湖而出。各河之间少有连通，且大多数河流都不易航行。"渐渐地，我敢肯定，"巴尔特报告说，"应该开拓一条通往中部非洲心脏地带的南路，但是现在还不是时机。"[84]随后，探险的重心转移到了东非。这一世纪的后半叶，尼罗河再次成为探险者关注的重点。

◆ 漫漫前路 ◆

直到19世纪中期，非洲的极端环境依然还在阻挡着探险者的脚步，但是战胜这些困难的方法大量出现，发展迅速。治疗坏血病的药剂、经度定位装置和来复枪都是最早的可能改变探险状况的发明。随后，出现了热带和北极专用衣物。在非洲，治疗疟疾的药物如海上坏血病的治疗药物一样有重要贡献。于是再一次，美洲土著医生的传统医术被广泛接受成为变化的基础：在秘鲁总督尚雄侯爵对生命垂危的妻子已不抱希望的时候，医生带来的印第安人推荐的树皮却让他的妻子起死回生。慢慢地，19世纪早期，这种药物的施用方式开始取得了有效改进。19世纪的后半叶，人们在种植园中大面积种植这种药材，并用工业方法将之加工成丸药。工业化带来了深刻的变革。虽然蒸汽铁船还不能把探险者从风和激流的暴虐中完全解放出来，但总是有所助益。航船的铁皮外壳和发动机在寒冰肆虐的洋面上特别有价值。与此同时，铁路将商业带向新的方向，也需要新的路线。

从19世纪40年代起，铁路勘测开始成为探险者的主要关注点。

19世纪早期的探险是前工业化时代最后的探索，此时，新技术所带来的改变已能瞥见，只是还没有应用到实际之中。新技术还太不成熟，也太不可靠。比如，塔基本计划乘汽船探测刚果河，可是汽船却经不起风浪，而不得不在出发前改为帆船。兰德尔所乘前往西非的汽船最后锈蚀在岸上。在非洲撒哈拉沙漠以南地区，这个时代的大多数探险者未能生还。只有那些身体格外健壮的探险家，诸如派克、莱恩和克拉珀顿在那样的天气中活了下来，健康无损，但又常常成为暴力的受害者。1841年，在非洲海岸英国驻地服务的欧洲人的死亡率高达58.4%，三倍于西印度群岛。[85]

工业革命早期的技术也不能满足北极探险的要求。富兰克林的手下似乎就是因为自己的罐装食品而中毒。这一时期的探险队只要在海上超过两个冬天就一定会使船员的性命不保或是健康严重受损。在约翰·罗斯私人出资对西北通道进行的探究中，他大肆宣传蒸汽轮船的好处，可是当他真的到达北极，他却拆去扔掉了发动机，因为它一无所用。1841年詹姆斯·罗斯在南极洲开冰破路的破冰船敲打撞击冰面开辟道路，可船只的加固方法完全还是传统方法，船体内部用的还是橡木支撑，外部用铜壳保护。

马基高·莱尔德也是一个梦想家，他在19世纪30年代把蒸汽轮船驶入了尼日尔河河口，并勾画了自己的想法：

> 英国的影响及冒险精神将因此深入这个国家最幽深遥远的地方，1亿人将直接和文明世界接触；新的、无限的市场将对我们的生产者开放；这块富饶的、资源取之不尽的大陆将为我们的商人带来财富；不仅仅是一个国家，而是几百个民族将从世纪交叠往复的了无生气中苏醒，成为人类伟大联盟有价值的、积极的伙伴；每个英国驻地都将成为向周边地方辐射宗教、商贸影响的中心。如果这个计划得以实现，谁能计算出这将产生什么样的影响？而非洲将从精神上、从身体上摆脱桎梏锁链而得以和平、安稳，谁又能计算出它将释放出多少能量？

瓦特是莱尔德心目中的英雄。

第八章 深化
约18世纪40年代—约19世纪40年代：日益清晰的全球图景

他的发明让每一条河流向我们敞开了大门，时间和距离都大为缩短。如果他的灵魂能看到他的发明为地球带来的成功，我可以想象对他最大的认可与赞颂莫过于看到密西西比河和亚马孙河，看到尼日尔河和尼罗河，看到印度河和恒河所有这些雄壮的湍流之上林立着成百的蒸汽船，满载着"对人们的和平与善意"的愉悦浪潮进入到现在尚充斥着残酷无情的地球上的黑暗角落。[86]

精神上的期许也许过于乐观，但是工业力量在开拓未曾探索过的地方，或者探索不足的地方的应用，如果确实存在的话，其潜在影响可以理解。

◆ 回顾与展望：这个时代的机会与局限 ◆

拿破仑战争之后，英国一跃成为探险界的霸主，一如当年的西班牙和葡萄牙，主导着这一领域。18世纪晚期时各方力量势均力敌，这一时期西欧的三个主要大西洋邻国：西班牙、法国以及英国都利用了自己邻近海洋的优势。与之相比，俄国的起点相对较低，但它也分享了其中的好处。1815年到该世纪中叶，英国接近垄断的地位日益显著，也让人颇感好奇。巴尔特是普鲁士人，但他却打着英国的旗帜行进，用英语书写，叫自己亨利而不是海因里希。乔凡尼·巴提史达·贝尔颂尼是意大利人，他过去是马戏团的大力士，是个有名的掠夺成性的考古学家，因挖掘法老王的坟墓而声名远扬，他有一个不可能实现的野心：探索尼日尔河。但是他在1823年乘一艘英国船到达那里，并在这之后不久过世。迪蒙·迪尔维尔发现自己的成就很快就被詹姆斯·罗斯的成就所取代。法国人卡耶在他的英国前辈没有进展的地方取得了成功，但他的探险不过是他个人自发自觉地打了折扣的探险，而并非是法国官方的远征。可事实上，在《每季评论》中，卡耶和他的国人相当自豪："英国用了一整支探险队，花费超过了2000万之巨，却没能完成一个法国人举一人势单之力，不费国家一文之财即完成的探险。"[87]

为什么英国能有如此领先之势？很明显这并非英国所称工业化早成之故。恰恰相反，英国的工业除了为旅行者提供便宜的货物之外，对探险所起作用甚微，甚至常常是毫无可靠之作用：兰德斯所带计划分给尼日尔河当地人的几千枚钢制缝纫针却都没有针眼，让兰德斯万分尴尬。英国的成功，也不能只归因于她的领土躲过了战火的蹂躏，与此同时，欧陆上的邻邦则饱受战火摧残一事。毋宁说，英国有两个压倒一切的有利条件。第一，从战争中摆脱出来的英国有一支强大却大材小用的海军，有数千名薪水减半也愿意为荣誉拼死一搏的现役海军军官。和平不仅给了探险可能，而且使探险变得重要。

第二，英国的探险计划有一个具有魔鬼般精力的天才来主持。约翰·巴罗是一个暴躁易怒、心胸狭窄、非常固执的人。他自己的地理观点也是任性偏执：巴罗有着某种危险的激情，他相信西北通道可以通行，相信经海路可以到达极点，相信尼日尔河和刚果河相通。巴罗的判断力也很糟糕，比如他认为卡耶吹牛，赶走了卡耶；他觉得理查德·兰德尔不学无术；认为查尔斯·斯德特无能；他认为刚果河对塔基的健康有好处。他坐在舒服的海军部，批评最英勇无畏但没有成功的探险者怯懦。但他在海军部担任了整整30年的总行政官，因为他的决心，探险成了英国海军最优先考虑的职责之一；19世纪30年代，英国海军的热情有所减弱，巴罗成为新成立的英国地理学会（也就是后来的英国皇家地理学会）的第一任会长，他利用学会刺激政府，鼓励赞助人，管理探险者并激励公众。

到了这一时期，探险者已经频繁造访地球最南及最北端的无人居住区。富兰克林在第一次探险时雇用了印度安人和法国的诱捕猎手为向导，却发现他们在以前不曾探索过但自己却必须绘制地图的地方一无所用。随后，富兰克林不再依靠他们。因纽特人用沙子制作地图，用沙丘代表山脉，用鹅卵石代表岛屿，用棍棒代表村落。1827年，他的同事毕奇独立完成了600英里海岸线的探索，其中很明显并没有当地人的帮助。然而，一般来说，在有人居住的地方，道路的寻找还是要依靠当地专家的意见；"白人"报告道路的存在，为道路绘制地图，在适合从事商贸和移民的地方沿小道进行拓展，无疑正是他们将以前就已为人知的道路织就在了

第八章 深化
约18世纪40年代—约19世纪40年代：日益清晰的全球图景

一起。库克从图帕伊亚那里学到了很多。刘易斯和克拉克需要萨卡加维亚。在极北部和热带地区，探险者需要学习利用当地知识。1829年，当约翰·罗斯给因纽特人看他未完成有很多空隙要填的北极地图时，因纽特人为他填上了缺失的地貌。艾哈迈德·贝勒来自卡诺的埃米尔，他为克拉珀顿在沙子上画了一幅尼日尔河的地图——虽然这个英国人并没看懂。要是没有转变了信仰的当地酋长的帮助，罗伯特·莫法特是否能到达喀拉哈里沙漠很是让人怀疑，更别说再穿越沙漠了。

探险的性质正在发生改变，对西北通道的狂热寻找说明了这一点。道路的寻找不再是仅仅出于商业、战争或是移民的需要，甚至这都已不再是根本的动机。探险变成为了寻找而寻找，人们去探寻穿越以前不曾有人涉足的环境。在世界地图上已有探险者探查过的地方之间，对资源、对客观知识的探寻推动着探寻者去填充空白。18世纪末期和19世纪早期，阿拉伯的探险者和印度的地图绘制者一直致力于这项工作，我们将在下章考察他们的遗馈。

18世纪的探险预示了这些变化。库克对远行，对超过所有人、走得更远的迷恋显示了不切实际的野心和力量，但是，在浪漫主义和骑士传统中，它也许是那么久以来西方探险家所体现出来的东西。库克和他同时代的探险家们渴望在风带和已知海路上彻底穿越太平洋，这证明了他们对全面了解太平洋的渴求。但同时，从某种程度上来看，帝国对控制资源和道路的竞争也是推动探险的原因之一。而到了19世纪早期，对征服自然，征服每一处环境的渴望开始占据探险者的思想，在他们心中繁衍滋生。但是，他们尚缺少完成这一雄心壮志的技术。到19世纪后半叶，将正如我们看到的那样，方法和目的将完美契合。

本章文献索引

1. Above, p. 284.
2. P.-L. M. de Maupertuis, 'Lettre sur le progrès des sciences,' in *Oeuvres*, 4 vols. (Lyons, 1768), i. 384–6.
3. Quoted in T. Ran, 'Le Président des Terres Australes: Charles de Brosses and the French Enlightenment,' *Journal of Pacific History*, 37 (2002), 170.
4. W. Barr and G. Williams (eds.), *Voyages to Hudson Bay in Search of a Northwest Passage*, 2 vols. (London, 1993–4), i. 2.
5. Ibid. ii. 352.
6. Above, p. 25.
7. Above, p. 292.
8. Barr and Williams (eds.), *Voyages to Hudson Bay*, ii. 171.
9. G. Williams, *The Prize of All the Oceans* (London, 2000), 45–6.
10. Quoted in F. López-Rios Fernández, *Medicina naval española en la época de los descubrimientos* (Barcelona, 1993), 85–163.
11. M. E. Hoare, *The Resolution Journal of Johann Reinhold Forster*, 4 vols. (London, 1981–2), iii. 454.
12. P. LeRoy, *A Narrative of the Singular Adventures of Four Russian Sailors Who Were Cast Away on the Desert Island of East Spitzbergen* (London, 1774), 69–72.
13. *The Journal of Jean-François Galaup de La Pérouse,* ed. J. Dunmore, 2 vols. (London, 1994), ii. 317, 431–2.
14. M. Palau (ed.), *Malaspina '94* (Cadiz, 1994), 74.
15. G. Vancouver, *A Voyage of Discovery to the North Pacific Ocean and Around the World,* ed. W. K. Lamb, 4 vols. (London, 1984), iv. 1471–2.
16. G. Robertson, quoted in G. Williams, 'Seamen and Philosophers in the South Seas in the Age of Captain Cook,' *Mariner's Mirror*, 65 (1979), 7.
17. *The Pacific Journal of Louis-Antoine de Bougainville,* ed. J. Dunmore (London, 2002), p. xx.
18. Above, pp. 205–7.
19. Above, pp. 204–6.
20. J. Beaglehole, *The Life of Captain James Cook* (London, 1974), 366.
21. A. David (ed.), *The Charts and Coastal Views of Captain Cook's Voyages,* 3 vols. (London, 1988–97).
22. *The Journals of Captain Cook on His Voyages of Discovery: The Voyage of the Endeavour,* ed. J. C. Beaglehole, 3 vols. (Cambridge, 1955–67), i. 117.

23. Ibid. 366.

24. Quoted in *Journal of La Pérouse,* ed. Dunmore, p. xix.

25. *Journals of Captain Cook,* ed. Beaglehole, ii. 239.

26. Ibid. ii. 643.

27. Ibid. i. 243.

28. J. King, *A Voyage to the Pacific Ocean* (London, 1785), iii. 185, quoted in R. Langdon, *The Lost Caravel* (Sydney, 1975), 273.

29. *Journals of Captain Cook,* ed. Beaglehole, i. 335.

30. *Journal of La Pérouse,* ed. Dunmore, vol. i, p. cxi.

31. Ibid. i. 148.

32. J. Pimentel, *La física de la monarquía: Ciencia y política en el pensamiento colonial de Alejandro Malaspina* (1754–1810) (Madrid, 1988).

33. A. Humboldt, *Ensayo político sobre el reino de la Nueva España* (1822), quoted in I. Engstrand, 'Of Fish and Men: Spanish Marine Science During the Late XVIIIth Century,' *Pacific Historical Review,* 69 (2000), 4.

34. A. Frost, *The Global Reach of Empire* (London, 2003), 219.

35. Ibid. 242.

36. G. Vancouver, *A Voyage of Discovery to the North Pacific Ocean and Round the World, 1791–1795,* ed. W. K. Lamb, 4 vols. (London, 1984), i. 41.

37. Ibid. i. 112.

38. Ibid. i. 182.

39. Ibid. iv. 1390.

40. Ibid. iv. 1552.

41. A. V. Postnikov, 'The Search for a Sea-Passage from the Atlantic Ocean to the Pacific via North America's Coast,' *Terrae Incognitae,* 32 (2000), 31–54.

42. Quoted in E. S. Dodge, *The Polar Rosses* (London, 1973), 35.

43. Quoted in F. Fleming, *Barrow's Boys* (London, 1998), 33.

44. Quoted ibid. 171.

45. Ibid. 306.

46. J. Ross, *Narrative of a Second Voyage in Search of a Northwest Passage* (London, 1835), 191.

47. P. Berton, *The Arctic Grail* (Toronto, 1988), 134.

48. *The Discovery of the South Shetland Islands: The Voyages of the Brig Williams, 1819–1820,* ed. R. J. Campbell (London, 2000), 161.

49. Ibid. 73.

50. Ibid. 73, 160.

51. J. Weddell, *A Voyage Towards the South Pole* (London, 1827).

52. N. Philbrick, *Sea of Glory* (New York, 2003).

53. M. J. Ross, *Ross in the Antarctic* (London, 1982), 8.

54. Ibid. 99.

55. Ibid. 203.

56. Fleming, *Barrow's Boys,* 276.

57. R. C. Davis (ed.), *The Central Australian Expedition* (London, 2002), p. xliii.

58. Ibid. 329.

59. L. R. R. Hafen and A. W. Hafen, *The Old Spanish Trail: Santa Fé to Los Angeles* (Glendale, Calif., 1954), 68.

60. Bernardo Miera y Pacheco, quoted in G. G. Cline, *Exploring the Great Basin* (Norman, Okla., 1963), 53.

61. *The Journals of Lewis and Clark,* ed. B. DeVoto (Boston, 1953), 92 (7 Apr. 1805).

62. R. L. Nichols and P. L. Halley, *Stephen Long and American Frontier Exploration* (Newark, NJ, 1980), 167.

63. Hafen and Hafen, *Old Spanish Trail,* 108.

64. *Journal of La Pérouse,* ed. Dunmore, p. lvi.

65. Quoted ibid., p. lix.

66. A. R. Pagden, *European Encounters with the New World from Renaissance to Romanticism* (New Haven, 1992), 142.

67. Above, p. 214.

68. Above, pp. 99–102.

69. Above, p. 101.

70. J. G. Jackson, *An Accurate and Interesting Account of Tahiti* (London, 1814), 296.

71. *Mungo Park's Travels in Africa,* ed. R. Miller (London, 1954), 72.

72. Ibid. 149.

73. Ibid. 150.

74. Ibid. 162.

75. Ibid. 364–5.

76. Fleming, *Barrow's Boys,* 198.

77. Ibid. 254.

78. C. Lloyd, *The Search for the Niger* (London, 1973), 139.

79. Above, pp. 130–1, 145–8.

80. D. Denham, H. Clapperton, and W. Oudeney, *A Narrative of Travels and Discoveries in North and Central Africa,* 2 vols. (London, 1828), i. 14.

81. R. Caillié, *Travels Through Central Africa to Timbuctoo,* 2 vols. (London, 1968), ii. 49.

82. Ibid. 84.

83. Ibid. 173.

84. Lloyd, *Search for the Niger,* 173.

85. Ibid. 159; cf. P. Curtin, *The World and the West* (Cambridge, 2000), 43.

86. Lloyd, *Search for the Niger,* 144–5.

87. Fleming, *Barrow's Boys,* 212.

第九章 全球化

约1850—约2000年: 日趋狭窄的地平线

> 实现的已多，未知的也多，
> 虽然我们的力量已不复当初，
> 已远非昔日移天动地的雄姿，
> 但我们仍是我们，英雄的心，
> 尽管被时间消磨，被命运削弱，
> 我们的意志坚强如故，
> 坚持着奋斗、探索、寻求，而不屈服。
> ——丁尼生：《尤利西斯》

> 冒险真的是轻松省事的选择……成为探险家和成为注册会计师，前者所需之勇气远远非后者可比。
> ——彼得·弗莱明：《巴西探险记》

进行探险的探险家——就如本书的读者和作者那样——很容易迷失。在过去的一个半世纪里人们在这方面走过很多弯路。随着对不同文化间通路的追索几近完成，探险家们分路而行，变化多多；"未知"几乎已经不再存在，探险家们开始把目光投向所知相对较少的地方。首先，他们选择补充、完善已经熟悉的道路：为这些道路绘制精准地图，去搞清楚哪些山脉可以挖掘隧道，哪些障碍可以炸毁以及哪些天堑可能架桥。慢慢地，他们随之开始探索无人居住的地方：没有人烟的高地、极冷之地、海洋深处

以及地球的土壤和地壳。新的人群、新的土地不再是探险家们的目标,他们变身为测量师和地质勘探人员,挖掘或普查新的资源,或是鉴别以前被忽略的地球的自然特征;他们变身为科学家,或是发现新的物种,或是从不同侧面对生物圈进行探索。探险家成了恶劣环境的征服者——只是为了征服,而不是为了在人类宜居的地方开辟新道。道路探寻不再是探险家们最主要的目的,了解这个星球以及这个星球上的一切成为科学探险的渴望。在中亚,探险发展的推动力来自考古学;而在马来人的世界中,植物学和动物学才是动力。20世纪早期,世界的所有地方,人类学的野外调查开始成为探险的第一要务。

再有,探险家们也放弃了探寻知识,而回归到冒险本身,他们重走已经探察过的道路,但努力比其他人走得更快,努力在更为恶劣的环境中生存,或者努力一个人完成。20世纪晚期,为突破以往纪录所耗之精力及投资已经突破了理性的底线。从某个角度来看,这也说明探险者心里总是有着四方流浪、自负虚荣以及自我浪漫化的情结。在浪漫主义回归之前,更为乏味的探险动机:皇室需要、商贸需求以及科学需要也曾一度居于主导。与此同时,重构早期探险史和试图证明早先探险伟业如何取得成了新风尚:这是实验考古学的一种形式,例如,学者们乘着西印度轻木浮筏前往复活节岛驾驶着科拉科尔小艇[1]穿越大西洋[2]、坐着木架皮艇尤米安克环绕北极圈[3],或是一叶扁舟前去夏威夷[4],甚至于2005年乘着独木舟前往印度尼西亚的弗洛勒斯岛,试图证明直立人已经明晓航海的艺术[5]。

关注这些事例固然引人入胜,可是,本书的目标更为远大,而且只要我们追溯世界史的层层架构——那些在一段长长的分离史之后的人群回归彼此的道路,那些物质、思想和人员交流的道路——这个目标就一定能够实现。所以这一章,我们讨论的内容都将集中于朝向这个目标的探险活动:在非洲、东南亚、澳大利亚、新几内亚、阿拉伯半岛以及西藏,深入

---

[1] 科拉科尔小艇:指旧时一种圆形小划艇,用柳条编成并覆有兽皮。

那些在日益拓展的世界交流网中仍未整合的地区与道路；我们将探究那些需要以蒸汽为动力的交通和以电讯联络的新路；我们将探察北极和南极人类未曾涉足过的世界的幽深之所，那里航空和海底通信最终将随探险者接踵而来；我们将寻找地球上那些仍然"遗失"的地方，与世隔绝的地方，和探险者行话中所说的"未和外界接触过的"人群重新建立联系。随着探险步伐的加快，探险领域百花齐放，难以尽述。这一章的内容将会如同西洋镜中的景象一般，旋风样旋转，各式景色一一闪过。

◆ 非洲：笔墨官司 ◆

19世纪晚期是最后的文艺复兴时代。在每一位受过教育有教养的西方人身上都能发现古希腊罗马知识的印迹，希腊语和拉丁是皇室统治阶层知识构成的重要组成部分，因而向更广阔的世界传播古希腊罗马文化成为殖民地精英有意识的义务。而古代知识也是促动西方对非洲感兴趣的重要因素。古代地理学影响着每一位读者的想象。猜测和探险为托勒密和希罗多德著作添加了注脚，在有关非洲内陆究竟何种样貌的辩论中，每个参与者要么是支持赞成古典地理学、要么就是诋毁批评古典地理学，两个目的必居其一。

19世纪50年代中叶，在东非内陆山区和湖区寻找尼罗河源头是科学领域最重要的兴趣点。颇具影响力的英国皇家地理学会会长，建立了哈克卢特学会的W·D·库勒深信：探险将证明古时的知识是正确的——尼罗河源自赤道以南，亚里士多德称之为银山、其他权威资料称之为月亮山脉的地方。再考虑到希罗多德曾说尼罗河离开源头后是流向西方，那么银山或是月亮山应该是位于尼罗河已知河道以东相当远的地方。几乎无一例外，每张地图上为尼罗河提供水源的双生湖都位于山脚之下：这似乎是起源于公元4或5世纪托勒密时的著作注解。[6]于是有了一场"笔墨官司"：地理是科学还是学究知识？是古代知识将得到证明，还是实地考察将暴露其错误？地理学界分成了两派：一派是坐而论道的人文主义者，另一派是渴望实地考察的经验主义者。

所以，当1855年，德国传教士惊鸿一瞥，隐约看到了"赤道上的雪"——肯尼亚内地白雪皑皑的山顶时，这个结果引起轩然大波。这让人对他们带回的有关大湖的报告产生了怀疑。但是雪和湖都意味着河的源头，这也让古典学者对希罗多德更为确信。

1857年6月，在英国皇家地理学会的资助下，探险家理查德·伯顿从桑给巴尔岛出发，前去"确认内陆海边界"。伯顿拥有杰出的学术背景，精力过剩到无法抑制、难以驾驭的程度，他和其他冒险进入非洲内陆的欧洲人一样，走的也是运送奴隶的大车开辟的道路。我们不可能去夸大作为探险者的奴隶贩子在探险中的重要作用，但是在19世纪的后半叶，随着大英帝国在奴隶贸易上进行了杰出非凡、不屈不挠以及自我牺牲式的战争，奴隶制开始阻碍探险。因为白人的报告可能会对奴隶贩子们的生意有致命影响，奴隶贩子们开始想方设法、尽其所能地在白人的路上设置障碍。

在伯顿探险之时，这些人中间最大的奴隶贩子提普·提普的事业刚刚开始，据他自己说，这个名字正是源自来复枪开火时的声音。提普身材矮小，总是脸上带笑，却有一双"燃着火焰的眼睛"。19世纪80年代，提普的一个刚果合作者说："巨大的种植园中，有几千名奴隶盲目地为提普一心一意辛勤劳作；提普垄断着象牙贸易，他既是征服者，也是商人，种植园和象牙生意帮提普在非洲中心成功地为自己建立了一个真正的帝国。"[7] 提普的财富和权力在这10年中达到了顶峰，他成了欧洲人从桑给巴尔岛到扎伊尔中部的事务总管。

与此同时，非洲的帝国主义竞争给伯顿带来了更多的困难。1856年，桑给巴尔的新苏丹赛义德·巴加什登上王位，他意气风发，雄心勃勃，希望在东非内陆建立起属于自己的帝国，并且不想让代表西方势力的白人探险者插手其中。然而，这次探险真正的祸因却是伯顿与同僚约翰·斯皮克的性格不合。两人之间爱恨交织，竞争破坏了友谊。1858年，斯皮克抢在伯顿前进行勘测，从而第一个发现了他称之为维多利亚湖的尼亚萨湖，伯

第九章 全球化
约1850—约2000年：日趋狭窄的地平线

顿对事情发生情况的那段著名总结预示了即将随之而来的辩论：

> 最后，我的同伴成功了。他的"飞速之旅"将他带到北部水域并发现它的面积比我们之前最为乐观的估量还要大。然而，我们刚刚开始吃早饭，他就宣布了令人吃惊的事实：他发现了尼罗河的源头。也许那很令人振奋：他看到尼亚萨湖的那一瞬就立刻确定无疑地相信"他脚下的湖就是那条有趣的河流的源头，就是那条承载了诸多猜测，承载过诸多探险家向往的河流的源头"。这位幸运的发现者信念相当坚定，可是他的推理却不堪一击。[8]

虽然斯皮克坚持说他已经发现了尼罗河的源头，但是却拿不出有说服力的证据：他只看到了湖的南岸，却根本没有确认湖的大小，甚至连这个湖是否是独立水体都不清楚。第二年，在重返故地途中，斯皮克卷入布干达王国的党派之争，这个王国地处高地，控制着前往维多利亚湖北岸的必经之路。然而，直到1862年，斯皮克才终于看到了他命名为里彭瀑布的地方，湖水源源不断从瀑布注入一条河道，伯顿猜测这就是尼罗河，他的猜测是正确的，可是当时却还没有证据可以证明。

对于这一发现不可避免会有所争论。于是，斯皮克计划和伯顿进行公开辩论，可是1864年9月，就在辩论前不久，斯皮克却死于自己造成的枪伤，这引发了进一步的争论。虽然几乎可以肯定这只是意外，可是对于那些认为斯皮克错误的人来说，自杀之说不无道理。皇家地理学会需要有人站出来提供确切的证明——或者，像许多人希望的那样——能对斯皮克的说法提出反证。他们选出了一个人：戴维·利文斯敦。

当时，利文斯敦就已经因自己称其为《传教探险》的作品而相当有名了。传教与探险究竟有多少吻合或是相谐之处并不明了。传教工作需要耐心，需要付出艰苦卓绝的努力，需要和异文化相妥协适应，需要和令人讨厌的政权协作。利文斯敦并不适合这份工作，他常常被狂躁和抑郁交替控制情绪，[9] 喜好流浪或是情绪狂躁一直推动着他。他经常宣称休息是生病时最糟的选择：他只在病到不能动时，才"很高兴可以休息了"。[10] 利文斯敦深信自己的选择都是"神力渠道"，但是他究竟做过多少传教工作真是值得怀疑。众所周知，有人猜测他历来只令一人改变信仰，而那人很快又变回了异教徒。探险永远是利文斯敦的首要之选，或者如他自己所言："我只在地理探险壮举之后才会考虑传教事业。"[11] 利文斯敦从没把在陌生环境中传播福音当作是需要精心照顾的植物，他只是播下种子，就继续向前，让那些刚刚接触到福音的当地人或是自己培育信仰，或是不去管它，任其自生自灭。

利文斯敦对消灭探险路上的政治、地理障碍远比传播福音更为上心。他对应付奴隶主、布尔人以及难对付的当地酋长兴味十足。至少，他所受尊重的一部分正是来自他自己的目标和帝国、贸易的目标两相一致。他相信只有拓展英国的影响范围，才能阻止奴隶贩子，促进福音传播；他相信只有培育合法商贸，才能取代奴隶制，促进安全。利文斯敦在自己的第一本书中写道："要非洲人有所提升，鼓励他们为我们的市场种植作物是仅次于福音传播的最有效的方式，我们应该给予鼓励。"[12] 利文斯敦是英国利益的开路先锋。

利文斯敦是一位自学成才的地理学家，他的热情不受知识的限制。他第一个目标是利尼扬蒂附近的赞比西河上游。但是葡萄牙探险家和帝国的扩张者在这一地区已经十分活跃，所以他转向下游探险，并在1855年发现了维多利亚瀑布。这也足以使他声名彰显，著作畅销。1858—1863年间他进行了第二次探险，这一次是和政府以及大学传教会进行的合作探险。《泰晤士报》报道说："数千投资的回报却只有灾难性的结果。"[13] 这次远征所有的预设目标无一实现：没有商业贸易，没有皈依者，没有找到建立英国殖民地的合适地方，也没有新的地理发现。

利文斯敦刚开始关注尼罗河时，几乎他给出的所有建议和猜测都是错误的。利文斯敦不得不和一群让人讨厌的奴隶贩子合作，他在错误的地方寻找斯皮克已经发现了的尼罗河的源头。1871年，利文斯敦回到乌吉吉村的尼亚萨湖岸边，他心气沮丧，不想再继续向前探险；十分失望，也不想打道回府。利文斯敦并没有"迷失"：那一地区的每个人都知道他的大致位置，但他漫游四处，行踪迂回，终是一无所获。

第九章 全球化
约1850—约2000年：日趋狭窄的地平线

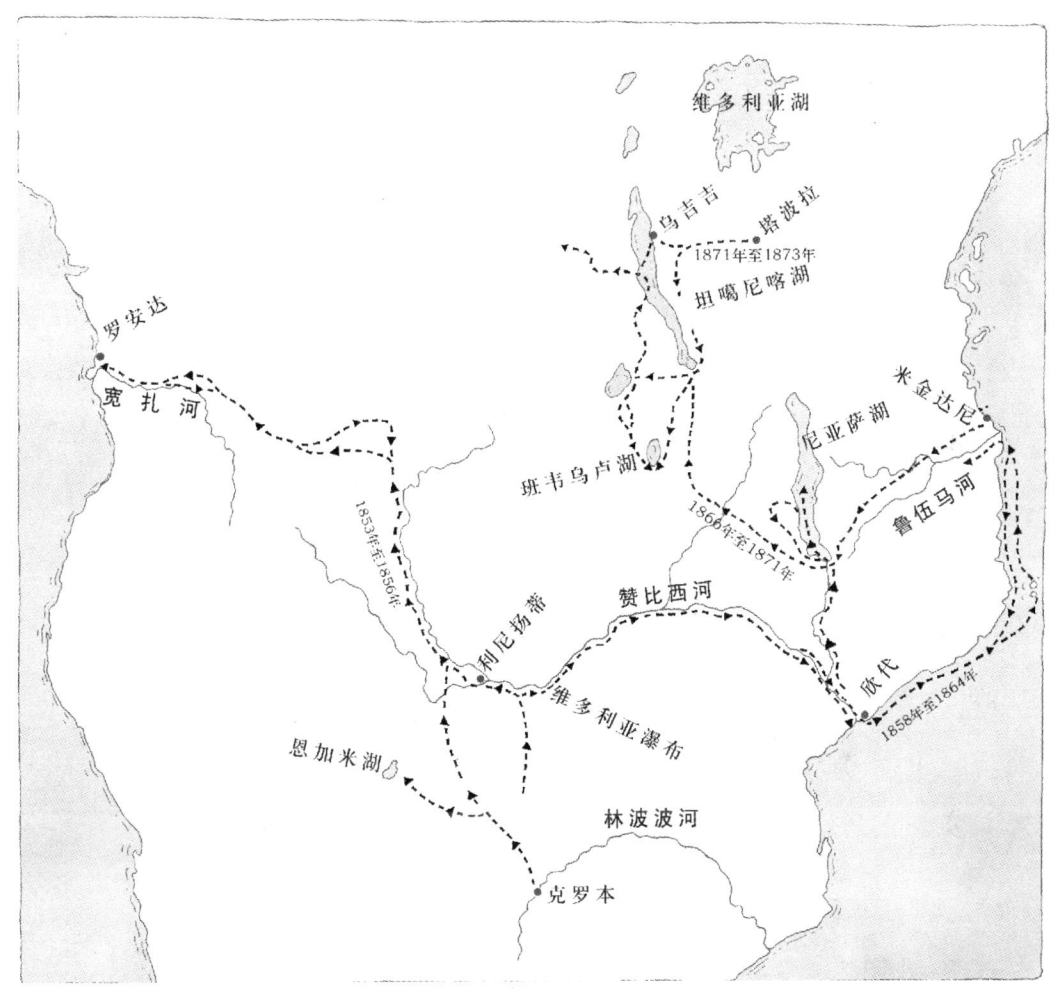

利文斯敦的旅程

就在同时，新闻媒体和公众却十分渴望他的消息，随着岁月渐长，他们变得惊慌失措。利文斯敦是名流，可能成为独家新闻。"现在你就去领1000英镑，"《纽约先驱论坛报》的老板对他最好的记者亨利·莫顿·斯坦利说，"用完了你就再领1000，不行的话就接着领，但是一定要找到他！"

探险路上，利文斯敦用的是《圣经》，可斯坦利用的却是大棒。斯坦利不仅对赞助人的钱财挥金如土，对手下人的生命也视若草芥。穿越丛林时，他带了157名搬运工搬运他的配备搪瓷浴室和波斯地毯的帐篷。他的格言是"勇往直前"，和马歇尔·布鲁切如出一辙，使用方式也相差无几。后来，斯坦利沿扎伊尔河（今刚果河）向上开辟道路，他的手下给他起了个外号，叫布拉·马塔瑞，意思是"破岩者"。一支奴隶贩子军队阻挡了他前往乌吉吉的道路，他不得不绕了一个大圈。他感染了疟疾，此时他的日记更见狂热："任何活人都不能阻止我……可死亡呢？它也不能阻止我……我可以找到他，我要用如椽巨笔来写：找到他！找到他！"[14]

到1871年11月6日，斯坦利已经绝望了，觉得找到利文斯敦时一定已被当地酋长敲诈得一干二净了。他尽可能多地买来食物，能带多少就买了多少，然后贿赂了一个当地的高明向导，乘着夜幕的掩护，沿一条人迹罕至的小路分成小队向西离开。4天后，乌吉吉已是在望。斯坦利拿出专为此时准备的香槟和银制酒杯。有关斯坦利和牧师会合的这段记录文字相当传神，在探险史上广为引用，我们在此还是忍不住再来重复一下：

> 我推开人群……沿着人群夹道向前……我慢慢地向他走去，我看到他脸色苍白，面色疲顿，胡子灰白，戴着浅蓝色的帽子，帽子上金色条纹已经褪色，他穿了一件红袖子的马甲，一条灰色的粗花呢裤子。我本应迎着他跑过去，可是面对这样的人群，我胆怯畏惧；我本应去拥抱他，可他是一个英格兰人，我不知道他是否会接受，于是在胆怯与故作的骄傲的驱使下，我尽力做到最好：我故作镇定地向他走过去，脱下帽子，说："我想您就是利文斯敦博士。"

他们相互举帽示意。"感谢上帝，博士，"斯坦利继续说，"能在这里见到您。"利文斯敦回答说："感谢上帝，能在这里欢迎你。"[15]

利文斯敦应对有礼，可是很清楚他对此"营救"并不接受。在利文斯敦于第二年过世之后，斯坦利以其独具特色的直接风格解决了尼罗河的源头问题。1874—1876年，他直奔维多利亚湖，在其中进行了广泛的航行，确认了斯皮克之前发现的瀑布的重要性。接下来的15年，斯坦利利用蒸汽威力和枪杆子的力量，发现了非洲的另一"秘密"：刚果河系的范围以及它和多个湖泊的关系。

并不是他一个人完成了所有的工作。1879—1884年，皇家皇家地理学会资助的几次探险成功地找到了从海岸到湖边的直通路线,其中包括:从达累斯萨拉姆到尼亚萨湖的路线、经卢瓦拉巴河到刚果河系的路线以及从蒙巴萨岛到维多利亚湖的路线。领导这些探险的约瑟夫·汤姆森脾气有些古怪,是个可爱的老派人物。他挥舞着假牙,假称它和发泡的盐汽水都拥有魔力,就征服了马赛人。可是这样的方法却不能够开辟永久通路。湖区似乎很有开发前途,有高地从森林中拔地而起,可是湖泊区却是疟疾肆虐,而且那里地形峻险,住民冷漠,大河要么无法通航,要么少有人迹,一直都难以通达。

而且,推动探险的也不再是传教士、科学家以及独立勇敢的冒险者,而转之为大财主和权势集团。非洲探险的业余爱好者时代一去不复返了。斯坦利是为百万富翁或政府效力。19世纪70年代所有取得巨大成功的跨洲寻路探险都是政府主导、公众出钱的。皮埃尔·萨沃尼昂·德·布拉柴穿越刚果盆地就是为法国效力,确定了奥果韦河是可以通航的路线。与此同时,葡萄牙探险者也到达了这些湖区,并从安哥拉最终到达了印度洋。这些探险都是国家的自觉行为,由政府埋单,葡萄牙渴望得到其他欧洲政府承认他们在安哥拉和莫桑比克内陆的霸权,这是他们早就主张却长期被忽略的。

19世纪80年代,欧洲列强抢夺世界领土,边界划定变得重要起来。勘测者们或是艰苦跋涉、辛苦攀登,或是偷偷潜行,他们翻过高山,越过沼泽,穿过森林,努力确定王权声称管辖的范围。天文观测需要足够宽广的天空,所以必须伐倒树木。20世纪之前的天文星象主要都还是些臆测。例如人们选定东经30°子午线作为许多边境划定的基础,可是却没人知道这条经线位于何处。相关争论直到1901年发明了无线电时间测定法才平息下来。即便是这样,非洲大陆上还是出现了一条条不尽合理的边境线,将传统上一体的政治群体、社会群体分割开,敌人们被迫在同一块政治空间相处。

◆ 东南亚:去往中国的慢船 ◆

东南亚也是一样:地理学担负起了公共责任,为英国、法国以及荷兰等欧洲政府彼此间的多数地方进行了有效划定。19世纪60年代，这里和非洲一样，探险者们也是把帝国目标放于首位。如果把世界历史想象成为文化交流的历史，那么东南亚，也许是全世界所有地区中最不需要和其余各部一体化的地方。因为它位于中国和印度之间，横跨季风带，是远程贸易最大的走廊之一。但是，东南亚内陆沟通就是另一回事了。

一直以来，从中国的腹地和西藏、印度的陆路都很难到达东南亚地区。几条大河——流经萨尔温江和蜿蜒流入中国南海的湄公河——从喜马拉雅山倾泻而下。密林中没有其他的交通大道。殖民地当局认为，湄公河一线是找到道路最重要的新机会，至少，从地图上看，它是从英国控制的缅甸，或者法国控制的中南半岛到达中国的捷径。1837年，印度军官T.E.麦克莱奥德在勘测缅甸到中国的传统路线时勘查了湄公河上游。如果能找到一条新的路线，法国将是最大的受益者。

1866年，法国的西贡殖民当局派出了一支远征考察队，命令他们沿湄公河而上前往中国。所以说，这次的湄公河探险是一次皇家探险，为之买单的是法国政府。远征队的头儿是政府官员欧内斯特-马克-路易斯·德·贡扎格·达达特·特拉格莱。特拉格莱是一位外交官，曾劝说高棉国王使高棉成了法国的保护国。探险队中最活跃的宣传家是弗朗西斯·安邺，一个20多岁的海军军官，他根据一系列传说杜撰说"围绕着这些河流的山脉，幽谷中有秘密财富"，西贡的沙龙中把这些故事称作"绝妙的想法"。"如果你相信旅行者的故事，"安邺写道，"这些地区住着和天朝大国有贸易往来的人，他们积极活跃，勤劳努力。可以肯定，每年，中国云南省都会派许多工人到位于湄公河上游的琥珀矿、蛇纹石矿、锌矿、金矿以及银矿矿场。"[16]这些探险者沿途会不时停下来寻找传说中的矿藏，却一直没有任何发现。

几天后，一条大河挡住了安邺一行的去路，"大河上下翻滚，急流发出雷鸣般的轰响"。[17]安邺坚持说强大的汽船能够征服松博的激流。但是当他们从金边沿河而上走了六个星期之后，却发现河道太浅——或者至少也是

第九章 全球化

约1850—约2000年：日趋狭窄的地平线

探险队走过湄公河索普勇附近的沟谷。

因为深水航道变化无常，难以捉摸——只有独木舟可以通行。安邺发烧整整昏迷了18天，他一定是已经意识到他的梦想不可能实现了。从金边出发两个多月后，安邺在8月17日到达了孔恩瀑布，此时，这个建立在假想之上的探险已经没有任何成功的希望。安邺因为巴赛沿岸的叛乱和首府失去了联系，在巴塞度过了圣诞节，他还是继续坚持说他已经亲身证明了所有那些的确存在的困难终将消失。事实上，前方的隘路、急流以及漫无止境乏味的运输线远比他遇到过的还要更加残酷艰难。1867年10月18日，他们一行越过了中国边境。虽然他们事实上不过是探查了一条无用的路线，也没有找到河上的通航路线，但他们终能宣布他们到达了此行的终点。他们付了脚夫、向导的工钱，贿赂了官员，钱财就已经全部用完。当地的叛乱让他们没法继续向前走。1868年1月，特拉格莱在发烧和痢疾的折磨中过世了。远征队的幸存者们在余生中都在相互指责。

◆ 澳大利亚：通往霍普利斯山之路 ◆

政府资助和公共募款并未使业余探险者因自己是业余的而止步不前，1860年跨越澳大利亚远征就是最好的证明。跨越澳大利亚并没有什么特别的原因或是好处。那时没有人真的希望陆上路线会有什么用处。可是，结果却证明此次探险并非一般常识可论。它表明了一种博大的姿态，证明了探险者出发城市的富有及其进取之心。

墨尔本是维多利亚殖民地的首府，是澳大利亚的荣耀，也是大英帝国羡慕嫉妒的对象。1858年的一位观察家记录说，这一进程"超越了所有人类以往的经验"，[18]其进步"历史上无有可与其媲美者"。1850年时，它还是一个只有2.3万人的小镇，但到远征队出发之时，它已经一跃成了一个拥有12.6万居民的大都市。绵羊和黄金是这个城市财富的基础，城市给了远征不遗余力的支持。此次远征有23名探险者参加，领队是冲动暴烈的40岁的罗伯特·奥哈拉·贝克，他曾探察金矿失败，后转身成为骑兵督察。他们出行物资充足，火车装上了25头印度骆驼，还有其他牲畜。牛车带着21吨供给物资。到他们1860年8月离开的时候，远征队已经花了12 000英镑，是之前远征的整整5倍之多。公共募捐占这些费用的一半，维多利亚政府付了余下的账单。领导人宣称"这是出征条件最好的一次远征"。然而当他们到达新南威尔士西部梅宁迪处的第一个基地时，争吵与不自信造成了阵营分裂，探险队高层放弃领导，拂袖而去。于是，27岁的勘察员威廉·威尔士成为新的第二领队。

贝克向前挺进，在库珀溪修建了营地。后卫军本应立即跟上加入，可误判与无能却将他们阻在了后面。到12月，贝克失去了耐心。他和威尔士以及另外两个人"冲向卡奔塔利亚湾"。他们没有带有经验的向导，只带了3个月的给养。几个月后，他们到达了卡奔塔利亚湾，或者走得更远，已经尝到了弗林德斯河河口咸咸的河水，但他们却没法披荆斩棘穿过

第九章 全球化

约1850—约2000年：日趋狭窄的地平线

红树木沼泽到达海边。如果往回走，路上要走两个月，可是他们只有一个月的给养了。1861年3月，他们丢了或者吃了大部分的骆驼，以及仅剩的马匹；扔掉了所有东西，只把武器留在手上，幸存者们骑上仅存的两头骆驼，向库珀溪进发。可当他们4月21日到达的时候，却发现这里已经被放弃，驻地的人就在几个小时前离开前往梅宁迪了。他们既没有前方的消息，也没有尚在南边75英里之外的后援的消息，只好也绝望地离开。

虽然是这样，营地尚存有充足的供应，贝克本可以追随着前往梅宁迪，或是等待援救，可是，他却尝试走了一条前往南澳大利亚霍普利斯山警局的新路。可是他们迷路了，然后可能是因为尝试了大柄苹的种子而不适呕吐。澳大利亚土著居民会把这些种子收集起来做成一种面粉，可是如果不经一定加工，这些种子是有毒的，会让人虚弱，甚至导致死亡。到7月初时，贝克和威尔士都死了，唯一的幸存者是一名叫约翰·金的赶骆驼能手。

澳大利亚当地土著救了他。艾德温·韦尔奇在1861年9月15日发现他的时候，这位赶驼人几乎是身无片缕，骨瘦如柴。"你究竟是谁？"韦尔奇问——也许，如韦尔奇后来所说，他用的是另外一种他觉得不太适合书面的表达方式。

"先生，我是金……探险队唯一的幸存者。"

"什么！你是说贝克的探险队？他人呢？威尔士呢？"

"死了！很久前就都死了！"这个骨瘦如柴的人大声说，然后就晕倒了。[19]

这次跨越澳大利亚探险最重要的成果是路德维希·贝克尔生机勃勃的绘画，这些画作展现了在贫瘠的荒漠中和无情的天空下无遮蔽的灼热。

与此同时，曾和斯德特一起共过事的勘测员约翰·麦克杜格尔·斯图亚特[20]从阿德莱德进行了一系列相对低调的跨越大陆的探险。一开始，斯图亚特的探险一直是自费，但后来他从南澳大利亚政府那里得到了一笔2500英镑的资助，用于探险。南澳大利亚政府与西边的维多利亚殖民地紧紧相邻，他们是竞争对手，前者更年轻，却也更没钱。斯图亚特要比贝克谨慎，只要是供给告紧，或是前路不通，他就后撤，所以他虽然也曾命悬一线，但还是活了下来。1861年10月，当贝克的命运尚不确定之时，斯图亚特进行了最后一次尝试。他用了7个多月的时间，却仅仅走到阿德莱德河以东的北部海岸。他仍不得不向后转。从1862年8月起，他的日志出现关于坏血病、"可怕的咬人般的疼痛"、早期眼盲、干涸的水坑、被弃的马匹和敌对土著的侵扰的记录。到10月，他已经遭受了"人所能忍耐的最大痛苦"。他被坏血病折磨了太久，觉得自己"已在死神之手"。[21]斯图业特设法在11月底的时候到达定居点，并报告说他从罗珀向北穿越的这片土地"周边环境相当好，气候的各个方面也都适合欧洲人，非常适合欧洲人居住"。[22]也许，这段探险史就只是一段简短的故事，但因为人类的记忆能过滤痛苦，而让灾难在回忆中闪闪发光，它在一些人心里意义非凡。

此后，探险者们又用了15年时间才终肯相信在澳大利亚正中间并没有大湖，也没有可开发利用的土地。如果他们认真听听当地土著的话，他们同样能发现这一点。然而，探险并非一无所获：他们为19世纪70年代跨越澳大利亚的电报线发现了路线。有关"地图上没有的"澳大利亚的"未知部分"在20世纪20年代渐渐显现，但事实上，广阔内陆有一些地方阴冷荒凉，空白凄冷，这些地方要到航空测绘出现之时才真正获得了解，但是，澳大利亚的交通框架业已成形。[23]

◆ 新几内亚："货真价实的新土地" ◆

贝克的精神一直在新几内亚传承。世界上最晚被人探察的边疆这个称呼，新几内亚当之无愧。一位1871年到达这里的传教士说："人们对它所知甚微，这里有真正的食人族和真正的野蛮人，传教士和探险者们随时都有生命危险，拜访这样一块真正的新土地很'令人欣慰'。"[24]

奥托·冯·埃勒斯是典型的新生代探险家，虚荣是他探险的动力，畅销的旅行见闻录为他提供了探险所需要的资财。正因为卖点新奇，而且还不曾有人穿越过新几内亚的中部山脉，1895年，埃勒斯决定穿越这里，他

第九章 全球化
约1850—约2000年：日趋狭窄的地平线

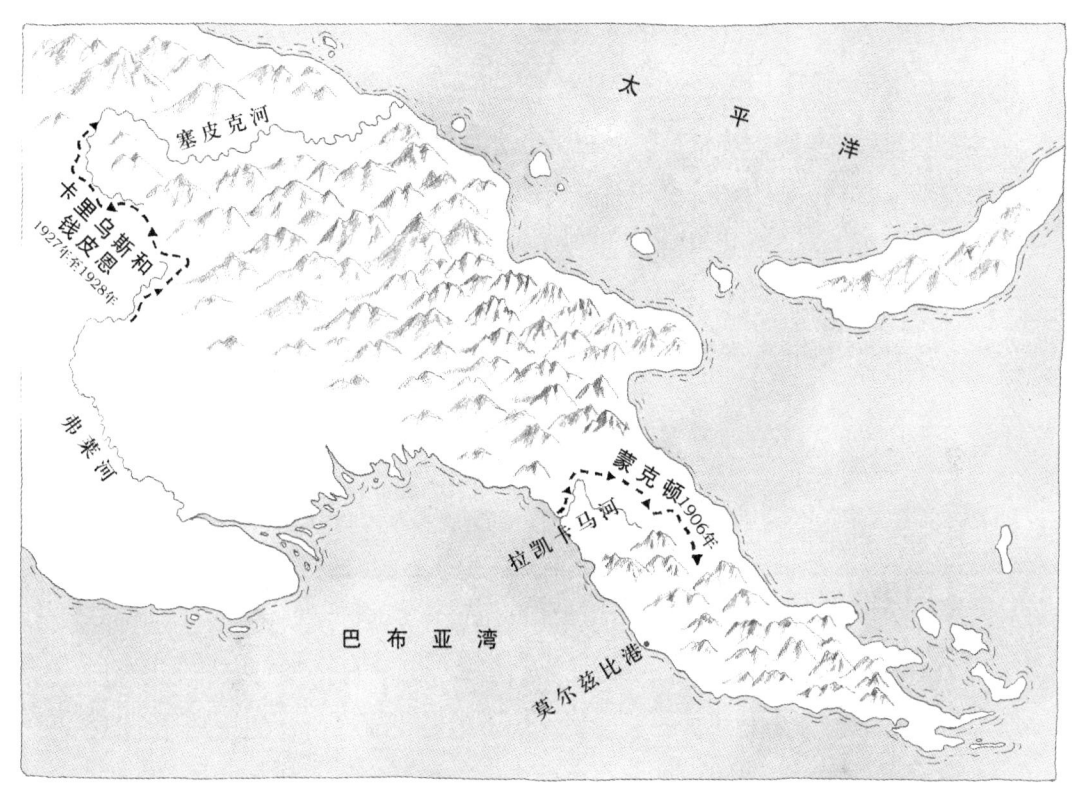

新几内亚：内陆探险

坦率承认自己的目的，正如一位德国殖民地官员所说，"他并不想做什么科学研究，他说他唯一的目的就是有所突破"。[25]

埃勒斯沿弗朗西斯科河而上，利用拉凯卡马河到达南部海岸。从某个角度看，这条路线并不太难走，是从一处只有105英里宽、相对较窄的地点穿越岛屿。但是，内陆山脉的大小却尚不为人知。埃勒斯猜测只要28天就能翻越山脉，但这却是个错误的猜想。紧接着，他又想只要带上600公斤大米就足够他43人的队伍吃了，可是这个想法又错了。一个奉命和他一起探险的警察说："我死的时候，名望与钱财于我又有何用？我不相信这项计划。它注定会失败。"[26]

攀上山脉最高点时，他们已经断粮8天，已经死了12个人。幸存者身上的指南针不是丢了就是坏了，也没有其他的定位用具。雨季里大雨频繁，难于应付。山蚂蟥使他们全身遍布伤口，伤口上爬满了红蛆。在行进到第7周的时候，队伍中的土著运工哗变，这些人向德国人开枪射击，然后就逃跑了。

1906年，英国的快枪手、手法严酷的治安官克里斯托夫·蒙克顿完成了埃勒斯没有完成的任务，得到了荣誉。蒙克顿认为这次探险将是"新几内亚岛上迄今最重要的事件"。[27] 岛上最宽处的中央，有更让人心生畏惧的山脉，弗莱河从那里起源，从没有人动过在那里寻找穿越之路的念头。 1927年，英国和德国的纷争终于促使莫尔兹比港官方授权了一次私人探险。助理治安官查尔斯·卡里乌斯和当地出生的警察伊凡·钱皮恩越过了搬运工口中的"邪恶之地"——一处几乎直上直下、9000英尺高的石灰岩关隘。

◆ 阿拉伯半岛：禁城受挫 ◆

到那时为止，阿拉伯已经成了最后一块能真正让业余探险者有所创新的舞台。圣城麦加是禁忌之地，禁令少有松懈。阿拉伯半岛一直对欧洲官方探险关着大门，因为他们怀疑欧洲皇室另有谋划。可是，穆斯林探险家却也总是忽略这一地区，只有17世纪时记录行者资料的艾弗里亚·赛勒比曾细致描述这里的方方面面。虽然麦加朝圣使前往麦加的路线成为伊斯兰教地区中最广为人知的大路，但朝圣者所走的都是以前惯常的那些路线，为安全起见，他们对少有文字记录的阿拉伯南部和中部很少涉足。

18世纪末，戴恩·卡尔斯顿·尼布尔才开始绘制肥沃、繁荣的哈德拉姆特半岛的较大比例尺地图。19世纪早期，他最伟大的后继者斯维思·亚克布·布查德特赢得了穆斯林的信任，甚至获准进入通常基督徒进入就会被处死的麦加。布查德特1817年死前完成的研究，让西方在其生动记述中对叙利亚、约旦以及北阿拉伯半岛有了一定的了解。19世纪前50年的其余时间里，像这样尽管成就不高的探险一直紧紧跟着入侵的埃及军队的战线，亦步亦趋。19世纪40年代，跟着埃及军队的法国专家：植物学家E.-F·乔马德、水道测量学家J.-P.切杜范以及杰出的考古学家P.-E.博

第九章 全球化
约1850—约2000年：日趋狭窄的地平线

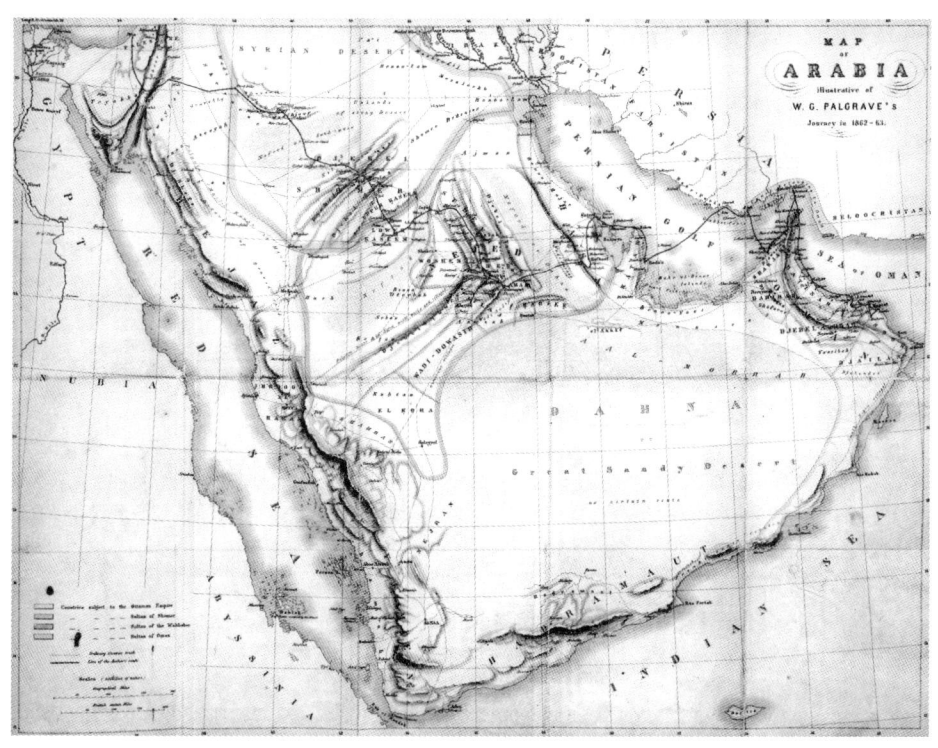

W.G.帕尔格雷夫的阿拉伯地图，图上面积广大的地区尚朦胧不清。当时正是19世纪60年代，有关苏伊士运河项目的消息正在风传。

塔绘制了半岛西南部的地图，并且收集了植物学、地质学以及古文物标本。但是埃及人在阿拉伯半岛建立殖民帝国的几次尝试都失败了。同时，理查德·伯顿在阿拉伯半岛西部寻找传说中的但事实上并不存在的金矿，并随后将注意力转向了尼罗河。

19世纪60年代，苏伊士运河工程将阿拉伯半岛变成了欧洲的战略要地。拿破仑三世资助了深入内夫得沙漠和内志省收集情报的任务。19世纪70年代中期，查尔斯·道蒂——一个比伯顿更负责、更可靠的探险家开始着手这项工作。道蒂受贝都因人生活方式中浪漫主义热情的鼓舞，收集并批判性地筛选了他无法亲自前往勘察地区的资料。1895年，一位意大利小说家的孙子雷纳托·曼佐尼出版的记述中极为详尽地记录了麦加之路。10年后，一位喜欢把自己看作"巡游学者"的牛津导师D.G.贺加斯总结了之前约100年探险努力的成果。但相对来说，人们对阿拉伯半岛还是知之甚少：虽然现有资料已经相当清楚地说了那里有些什么和如何绕过那里，可是相关地图却还是处在最基础的阶段。而南部的中心地带

> 还是一片处女地，一片迷雾足以使地理学家裹足不前……纵横南北650英里东西850英里的盲区……广袤得足以隐藏许多秘密，地理学家对此仍无头绪；事实上，隐藏着他们存疑而未能解开的某些相当神秘的事物。后来，在进行更为细致的探索之前，半岛西南所有丰富的内陆水系的水道及其终点的问题还是无法搞清楚。切杜范猜测也许有一个重要的中央湖，也许还不止一个，或是在地面，或是地下有一条跨越阿拉伯半岛南部的水道……既然有了这些水道，也许就会有尚不为人知的大片沃土和游牧民族，或者我们不曾听说过的定居社群。再或者所有这些都没有，只有黄沙漫漫和岩石荒滩。[28]

西方人用了很长时间才确定那里主要就是黄沙和岩砾。

贺加斯意识到他称作"伟大的不为人知之地"又可分为两大部分：一是西北部，那里是点缀着绿洲的干草原地区；而西南部则是如"卖弄风骚却拒人千里的情妇"一般的"未知地域"。[29]许多为"阿拉伯半岛深处魅力发狂"的探险家解决了贺加斯的谜题。工业化以及以石油推动的动力引擎的出现让石油在世界经济中的重要性日益增长，这也成了探险的重要推动力。但是，"未知地域"却折损了每一次努力：天气炎热难耐、贝都因人充满敌意、周遭环境让人惴惴不安。

人们普遍建议采用航空摄影测量法来解决这些困难。然而，伯特伦·托马斯却反对这一做法。托马斯是英国军官，在第一次世界大战期间负责和阿拉伯军队联络工作，后来曾为一系列的地方最高长官效力。他指出："未知地域"的动物区系、居民以及地质构造不能从空中进行研究。他真正的想法极富浪漫色彩，"这似乎不够妥当，"他写道，"让西方的机器侵入这里原始的宁静，苍穹如同一只倒置的大碗，将这里封在其中，这种感受不能和勘察未知世界那种强烈的快感混为一谈，不能和那种来自

对前途未卜的前程的慢慢求索的心理刺激混为一谈。"[30]

简单来说，托马斯是一个固执的原始主义者，他拒绝开发使用现代技术。但和失败的前辈相比，他有他的优势。第一次世界大战之后，他在阿拉伯半岛边远地区的各类政府部门中工作了13年，他要比其他所有的竞争者都更了解当地的情况，他和这一地区许多最有权力的人有交情。他已经完全适应了当地生活，用他自己的话说，他"对当地方言和阿拉伯人的生活方式有特别的了解"。[31] 他本身的财力让他可以秘密进行探险，而无须寻求官方同意。在第一次穿越沙漠之前，托马斯就已经知道了自己最远可以走到哪里："第一次探险……我并没心存幻想……可以立刻完全征服那里。"[32] 托马斯在自己完全了解了每一处水域的位置、和向导间建立了信任之后，才开始探险穿越的尝试之旅。这些向导通过骆驼的足迹和沙堆移动的方式来获取了解沙漠的每一条线索。托马斯说："在阿拉伯半岛行进是精密科学，西方的指纹法在这里用处有限，因为沙子就是一种完美的媒介。"[33] 1930年12月，他终于万事俱备。即便如此，这还是一段艰苦的旅程。1931年1月10日，跨越沙漠最困难部分的最后18天冲刺开始了，此时托马斯已经主要靠骆驼奶过活了。沙子使托马斯的工具无法使用，白天酷热难当，夜晚近乎零度，剧烈变化的温差折磨着托马斯。托马斯的报告引人入胜，他巧妙地插入了贝都因英雄们营火边的故事，这些故事掩盖了托马斯自己所付出的努力。托马斯的观察内容丰富且准确。他证明了"未知地域"的确是荒芜之地。他证明了自卡尔斯顿·尼布尔18世纪晚期探险时就有的种种猜测，以及地理学家贺加斯曾提及的有关阿拉伯半岛内陆的种种猜测全是错误的。

◆ 西藏：错置的地平线 ◆

阿拉伯半岛离欧亚两大洲历时最久、距离最长的商路如此之近，在世界历史、宗教以及文化上的地位如此重要，却以自己独特的方式避开了20世纪的探险者，隐藏了地理学上最为深远的秘密，而且那些因素使它的秘密复杂且极具挑战性。与之相反，中国西藏，有很长一段时间与世隔绝。但西藏毗邻印度，横跨东亚和中亚之间文化交流的重要历史路线之上。而且它和阿拉伯半岛一样，一直都令外界极为好奇，也有着禁地和令人生畏之名。西方官方使团在这里同样不受欢迎，他们同样很难战胜或是避开来自西藏当地的抵制。西方政府的代言人先是伪装，后是全副武装穿越了这块土地。业余探险家所取得的进展也不过尔尔，并没有超越官方探险之成就。

西藏给每个人都留下了两大印象：第一，它是"寒冰之地"。这也是西藏本地人的叫法，置人于死地的山脉与荒地之上到处覆盖着盐碱，"可怕的雪人"逡巡其间。它是世界的最高点，有着世界上最严苛的环境。第二，这里就是"消失的地平线"①的所在地，是那个香格里拉之梦能够实现的地方，是那个长寿与永久和平可能存在的地方。可是，纯洁总是在危险之中。18世纪和19世纪，大自然的极致和统治者的审慎相结合，使西藏免受外界的污染。

西藏的自然环境是世界上最令人望而生畏的天然防线。从中国内地到西藏，要比从北、从西以及从南都要容易，可是即便这样，在20世纪中叶之前，从北京到拉萨也要8个月的时间。从其他朝向，地势更为险峻，通路更少，也更高，更为危险。斯文·赫定，瑞典的印第安纳·琼斯②，他将考古与冒险相结合，发现西藏是"地球上人类最难征服，最难进行研究、获取知识的地方之一"。19世纪90年代他首次进入了西藏。

我知道一颗强健的心脏是首要之选，它的纤维与瓣膜要足以不致破裂或是爆裂……动物耗氧的功能要能够适应只有它们已然习惯的二分之一的含氧量。我知道那里高地没有一棵树，没有一丛灌木；我知道山谷中的牧场不足以供给牲畜群；我知道人畜都将面对持续不断的风暴、酷寒的严峻考验；我知道夏季的雨水

---

①《消失的地平线》，詹姆斯·希尔顿所著小说，讲述了一个奇妙的关于西藏、关于雪域高原的半传奇半历险故事。——译注
②1981年到1989年间，斯皮尔伯格同乔治·卢卡斯合作拍摄的三部《印第安纳·琼斯》（又译《夺宝奇兵》）系列电影中的主人公。——译注

第九章 全球化
约1850—约2000年：日趋狭窄的地平线

俄罗斯画家、精神导师尼古拉斯·罗尔里奇所画1933年的西藏。当地景色在他的笔下似乎有了生命，这里成了一片精神力量强大的土地，西藏被赋予了浪漫主义色彩。

将使贫瘠的土地变得柔软，动物会深陷其中。[34]

赫定向拉萨攀登的道路超过了17 000英尺，他最好的骆驼在烂泥中无法挣脱，被冻死了，"人们从我们身边逃开，可我们被牢牢地困在地上"。[35]这样的困难使每一次成功都在意料之外。

19世纪晚期、20世纪早期，前往西藏虽然说并不寻常，但至少是可能的。来自英属印度的植物标本采集者和公使曾拜访过西藏，美国商人和耶稣会传教士也来过这里，同样，许多中国内地的官员以及来自中国内地、印度以及蒙古的佛教徒都到过西藏。1811年，英国医生托马斯·曼宁独自旅行穿过不丹前往西藏。但是中国人对这个偏远属地的谨慎戒备却阻碍了他的行程，迫使他离开。

1846年，天主教遣使会会员古伯察到达西藏，他想重新开始传教，在前一个世纪，当耶稣会解散时，传教工作已步履维艰。藏人当权者似乎并不害怕。"如果这些人的教义有误，西藏人自然不会接受；如果那些教义是正确的，我们又害怕什么呢？"但清朝害怕传教士，因为经验表明这往往预示着欧洲帝国主义。有些中国人会问："要是把天主教引入这里，难道不会导致布达拉宫圣所的毁灭，并随后带来喇嘛阶层以及西藏当地政府的覆灭吗？"[36]西藏本地当权者无意于接受这种说法——也许是怀疑——清朝政府真正担心的是传教士控制西藏，而非关心达赖当局。但藏人无力反抗清朝当局。1846年，清朝政府将法国传教士逐出拉萨，并且禁止欧洲人进入西藏。

环境恶劣、宗教禁忌、政治敌对以及来自遥远的中国腹地的强大控制力量使外来者对这里望洋兴叹。但是英国和俄国却越来越深地卷入其中，因其各自控制南亚和中亚而成为西藏的邻居，也因此和西藏利益攸关。虽然并没有任何一方力量希望将西藏从清朝的影响或是掌控中脱离出来，但他们确实是想通过贸易手段开拓这片土地。19世纪晚期，西藏被夹在印度大勘查和俄国的中亚大调察两者之间。这些项目表明了探险转型——从探索道路变为填补它们之间的地图空白。19世纪60年代和70年代，英国利用印度学者来绘制这一区域的地图。1906年，托马斯·霍尔迪奇爵士总结了他们的优点：

> 技巧娴熟、忠诚可靠、坚忍不拔、要价不高。凡有冒险之处必有他们的身影；高山、沙漠，没有他们不曾面对过的自然困难……除了喜马拉雅山脉的测量者曾用三角测量法帮助他们测过一些更远地方的山峰之外，欧洲人不曾对他们有过其他帮助……这些山峰正是他们在这片地方的定位点，通过参考这些山峰的位置，他们把最终调查结果拼合在一起。探险者用各种各样的方法来隐藏他们的目的。他们把探险器具藏在装着商品和茶叶的盒子的夹层里。他们把每天记录下的距离和方位、沿途风物情况写成诗歌，当作禅诗来背诵。他们的衣服也因一些不同的设计而利用起来，这些虔诚的朝圣者手执念珠，数着自己的步子，每一百步，或是一千步就扔掉一颗。[37]

他们把勘测用具藏在转经筒和朝圣者的手杖里。印度测绘专家金沙普的故事很有代表性。英国人出于谍报原因，并没用他的真名，而是把他

第九章 全球化
约1850—约2000年：日趋狭窄的地平线

称作"KP"。1880年，他被送到西藏，两度被抓，1881年他逃了出来，躲进了一家喇嘛庙。从那里，他伪装成朝圣者继续探险，并发现了一条无须沿河行走就能直通拉萨的道路。金沙普在开始长途探险四年后回到了印度。在他和他的同伴的努力下，雅鲁藏布江全程的绝大部分：从源头至印度以及南向的大转弯都被绘制成了地图。

虽然说这些"印度学者"可以通过伪装避开检查进出拉萨，但是对西方面孔的探险者来说可没有那么容易。西藏成了像麦加，或是更早些时候廷巴克图那样的圣地，就因为无法到达而变得无法抗拒，成为"志在必得"的战利品。虽然尼科莱·普尔热瓦尔斯基曾游走于西藏边境，收集科学资料和极棒的故事，但中国不允许俄国插手西藏事务。1870—1888年间，普尔热瓦尔斯基曾四次尝试到达拉萨，可官员们都不友好地把他挡了回去。美国学者沃尔特·洛克希尔的运气也好不了多少。19世纪90年代，其他拉萨的求索者：几名法国探险者、一名荷兰传教士，都死在了途中，这使"禁城"之谜更为晦涩不明。不那么可怕却更为实际的阻碍是那些官员，他们会对所有进入西藏的努力进行调查，并拒绝这些自以为是的人进入。赫定剃了头，"在头上涂上油和烟灰……我看起来糟透了。但这里没有女士需要我施展魅力，在前往拉萨的路上我没有一个熟人"。[38]他是一个虚荣的男人，这样的牺牲已是相当巨大，可是即便这样，也还是没用。

然而，1899年，俄罗斯帝国的两个人取得了突破。贡博扎布·崔比科夫是一个学生，他的父母中至少有一方有中亚血统，他从他们那里继承了中亚的外貌。于是，他将自己打扮成从蒙古出发的商队中的佛教朝圣者，让人深信不疑。同时，艾格兰·多尔耶夫是布里亚特人，是一名真正的佛教徒，他成了达赖喇嘛信任的宗教顾问，并用他的影响促进了俄罗斯利益。英国人充满焦虑，也许是因为长期被排斥在西藏之外而心痒难耐。托马斯·霍尔迪奇1906年总结了这一情形：

在世界上，在我们熟知的世界与尚属封闭甚至人类还不曾涉足过的地方之间存在着某种联系。后两类地方，随着时间推移，随着商界的发展，随着国际沟通的需要，这种联系的日益密切更为必要，它们不可能再处于政治之外，它们将不可避免地成为世界通路的一部分。其中一条这样的通路就在现在的德亨河，或是说雅鲁藏布江流域，它连贯了两大商业通路，即藏布河或是说雅鲁藏布江上游与阿萨姆或是说雅鲁藏布江下游。[39]

正是在这样的刺激下，英国终于失去了耐心，带着刺刀在1904年强行翻过喜马拉雅山脉进入拉萨。弗朗西斯·荣赫鹏在冬天里鲁莽冒进，他们沿着一位跋涉者称之为"该死的高原上一条该死的桌子腿"的冰面向上攀爬的时候，亲历者们"想到更多的是从莫斯科的撤退，而非英国军队的前进"。[40]4000多头牦牛死在了翻越途中。士气的受挫与钱财以及鲜血的损失不相上下。西藏回归到超然的姿态，在探索者和军队推进的道路上，只有朝圣者孤独行走。并不存在"消失的地平线"，那不过是一时的迷途。

◆ 蒸汽机之路：为工业化世界寻觅道路 ◆

19世纪后半叶，蒸汽笼罩了这个世界。铁路和船运航线将这个星球更紧密地联系在一起。货物集装远程贸易打破了以往所有的纪录，移民的规模以及距离也是史无前例。工业化和帝国主义一起创造了一种新型的全球经济，在这种经济模式中，某些地方负责初级产品的生产以及劳动力的供应，而其他地区则主要负责制造。对探险者来说，新的要求就是寻找适应这些变化的道路。首先，大陆间的移民需要好的陆路交通线，要求这些路线可以负担繁忙的交通运输，尤其是在这种情况最为集中的北美。然后，最重要的，需要找到蒸汽交通之路，即适合铁路的交通线和以蒸汽为动力的船运航线。慢慢地，又出现了新的其他技术，这些技术产生的新的需求，又引发了新的可能。从19世纪40年代开始，有了电缆线路，到19世纪60年代，电缆线已经开始在海底架设。而到了20世纪早期，潜水艇、空中飞行以及内燃机开始产生影响。

第九章 全球化
约1850—约2000年：日趋狭窄的地平线

在世界多数地方，道路和铁路的勘测人员已不一定要开拓新的道路：更为普遍的问题是如何使现有的道路更为顺畅。人们削平崎岖之地，建造堤岸，开凿隧道。然而，在北美，勘测者还必须得是开路先锋。

约翰·查理斯·佛利蒙是铁路勘测的典型代表。他在19世纪40年代先于铁路勘测者代表国会为货车车夫们调查了通往西部的道路。在此之前，佛利蒙在1836—1837年间曾亲自为查尔斯顿到辛辛那提间的铁路勘测过地形，从而获取了早期经验。隔年，他成了陆军地形工程师新团队中的一员。从历史影响上看，他工作最主要的贡献在于他看到了北美大平原在农业上的潜力，而此前的探险者都没有注意到这一点，只是把大草原当成了一片荒漠。[41]同时，他对科学观测的贡献也为后来的勘测者树立了榜样。他在自己命名为"大盆地"的远征探险中第一次凸显了地理学以及生物学领域调研的重要性。他是一个天才技术专家，曾用一块牛角火药筒即兴制作了一个气压计的代用品。[42]"印第安人时不时的干扰"打断了他的"天文计算"以及图纸的绘制。他的报告朴实无华，这让他极少数的诙谐之作（如1842年在拉勒米河与内布拉斯加河汇合处附近所做的记录）值得拿来讲讲：

> 偶尔，野蛮人会昂首阔步而来，邀请我去参加他们的盛宴——狗肉宴，这是一种荣誉，他会故意坐下等我，直到我准备和他一同前往。我参加过一次……在营地中间的火上有一口大锅，锅中烹煮着一只狗，我一到，菜品立刻盛在巨大的木碗中端了上来……肉看上去非常黏稠，气味和形状类似羊肉。我感到我身后有什么东西在动，我环顾四周，发现我的座位就在一窝胖胖的小狗中间。要是在这样的环境下我也能心情愉快，那么所谓文明中的种种成见一定会让我心神不宁。可幸运的是我的神经并没那样脆弱，我安静地吃干净了我的盘子。[43]

这些文字显示了佛利蒙好面子的一面，但它却只是众多段落中相对较为克制的一段。他一直努力将自己塑造成一个粗线条的游侠形象：了解文明的矫饰，知道如何与之对抗。他确实是一个"行动派"，精力充沛，不屈不挠，性情急躁，总是要全力以赴。他在最佳状态之时都和权势保持一段远远的距离。

即便不是美国英雄原型，他也是典型。他的名望使得客观评判变得困难。我们几乎不能把他称作"探险家"，因为他的大部分时间都在探访已知的道路，为这些道路绘制地图或是改善这些道路的情况，特别是那些适于建造城堡和补给站的道路。他的工作之一就是勘察适于军队使用的道路，他报告的字里行间都预示着战争：美国是否会为俄勒冈而同英国交战，或者——如同后来真的发生那样——为了德克萨斯或加利福尼亚同墨西哥交战，或者为土地支配权问题和原住民交战。已经很难了解佛利蒙通过新信息发现了多少这样的道路。1843年9月6日，在越过一道山脉之后，大盐湖赫然出现在佛利蒙眼前。这一发现和探险史上那些伟大时刻一脉相承；事实上，其风格似乎正是受到了海上探险者对首次登陆传统描述的影响，文字生动形象，让人不由想到查普曼笔下的荷马。可是，他队伍中的勘察员以前就曾见过该湖：

登上顶峰，立刻，我们就看到脚下我们一直急切寻找的内陆海，它静谧幽然，人迹罕至，恢宏壮观，一直绵延伸展到视线之外。这是探险史的伟大时刻，当我们热切地注视着湖水，当我们心中立即荡漾起激动人心的愉悦，我猜测当巴尔博亚追随者们站在安第斯山脉高处，当他们第一次看到伟大的西部大洋之时，他们心中是否会有比我更多的热情。[44]

当然，他并不是第一个看到大盆地的人，甚至不是第一个看到大湖的白人或是美国人。但他是给大盆地命名的教父，是他使大盆地声名远播：

这样的不毛之地，这样的人民，这所有的一切对于我们的国家都是崭新的概念，让人想到的都是亚洲，而非美洲的概念。在亚洲，拥有自己的湖泊及河流系统而且通常十分贫瘠的内陆盆地相当常见。人们还在家庭的初级阶段，他们住在荒漠之中，唯一的工作就是如同动物似的寻找食物，这样的生活在这个星球的古老部分也许还是可以看到，但在美洲，这样的事情新鲜且奇怪，不为人知而且让人意外，当联系在一起时又不为人所信。但我自己很愉快，虽然发现不足以满足好奇之心，但是却足够激起好奇之心，以后的探险将补全这刚刚开始的工作。[45]

第九章 全球化
约1850—约2000年：日趋狭窄的地平线

虽说佛利蒙自己也曾参与过美国早期的铁路修建，但当他刚开始探察西部的时候，铁路几乎还没有深入内陆。虽然已经有了到俄勒冈的铁路货运线路，[46]但是当1849年黄金潮，成千上万移民疾驰过草原，翻过落基山脉到达那里之时，甚至都还没有一条通往加利福尼亚的货车通路。随后几年，对付纳瓦霍人的远征军希望找到一条前往他们主要目的地的辅助通路，却没有找到。与此同时，商人们在探索太平洋沿岸热衷于黄金的市场的路上屡屡受挫，因而十分恼火。对美洲贸易而言，长久以来，通往太平洋、"东印度"以及中国的商路既相当重要，又异常艰苦。如果有途经太平洋各个港口，跨越北美大陆的铁路线将降低成本，刺激全国对东方产品的需求，同时使从印度和中国进口便宜劳工变得容易。

各条道路彼此竞争，各路推手之间造成的政治僵局拖了决策的后腿。存在有许多的可能性。最初，阿萨·惠特尼1844年建议修建道路，从密歇根湖岸往西连接到哥伦比亚河的太平洋入口。而其他被提议修建的道路包括：从芝加哥出发经过南山口的道路；从圣路易斯经过科彻托帕山口的道路；从孟菲斯或富尔顿沿着35°纬线延伸的道路；沿着希拉河从维克斯堡出发的道路；从伊利诺伊州的斯普林菲尔德出发经过阿尔布开克的道路，上述还只是获得最广泛支持的方案。每条道路的起点终点的选择都有根据。1848—1849年，佛利蒙率先努力，希望找到一条道路使自己在圣路易斯的资助人有所获利，他的举动使这一问题更为严重。他完成任务过程中的乐观带有欺骗性，有10个部下死在了雪中，就在佛利蒙不得不后撤时，他还在坚持"无论是冬雪还是群山都不是阻碍"。[47]在随后数年中，再没有其他的私人探险走得更远，或是令他们的对手心服口服。正如资本主义的历史上经常出现的那样，竞争者间相互扼制，而联邦政府采取行动是前进的唯一办法。

1853年，美国国会颁布法令：政府将资助一系列的远征探险，寻找跨越大陆的铁路线，这些探索将由动植物学专家和官方艺术家共同完成，将由科学来客观地做出不受各派利益纷争影响的决定。勘测者们必须检测每一处通路的海拔与坡度，报告每条有可能开发的道路之上的气候、资源以及当地人情，道路寻找和科学探寻携手共同行进。I.I.史蒂文斯被派往探察惠特尼的建议，他为自己所写的勘探指南成了其中的典范，他

  考察了几处山脉的山口，考察了整个中间地带的地理和气象情况，探查密苏里河和哥伦比亚河这两大贸易和交通通道的特点，考察了路上的雨雪情况，特别是山路上的雨雪情况，简而言之，他收集了和未来修建铁路有关的点点滴滴，每类信息。[48]

  国会对不同线路的方式是经过精心选择的：选择了被勘测者排除了的沿32°纬线的道路——大概是由于这条线路被认为是可行的，而且因为它受到南方局部利益集团强有力的支持，在那时候，联邦政府还需要安抚南方利益集团。定位于32°纬线可能是因 1845年瓜德罗普山口摩门教拓荒者纬度计算错误导致的，但事实上32°纬线无法通行。甚至到了今天，要沿着这条纬线走的话，铁路也不得不向南偏斜进入墨西哥，在大致那个纬度处跨越美国。

  35°纬线的地方看起来更有发展前途。1853年的勘测表明可以从阿肯色河上的史密斯堡开辟一条相当直的道路，直达洛杉矶。在被认为是荒漠的地方，人们沿路发现了大量的、他们相信"极具优势"的、适合定居的沃土。但是负责的阿米尔·惠普尔中尉过高地估计了修建费用而没有同意，让人失望。远征并不舒适愉快，但还能接受，当队伍接近洛杉矶时，官方艺术家显然是添油加醋地这样描写远征的最后时刻：

  衣服是文明的标识，可是经过荒野洗礼，它已破败不堪，不是褴褛地挂在身上，就是处处补丁，那些皮革补丁被每晚的营火熏得发黑。本该穿着靴子的双脚用皮革包裹着，那副怪相，哪怕是最低限度的形式自吹自擂我们也做不到。我们的圆毡帽样子千奇百怪，似乎是粘在我们的乱发之上，而头发往往已经是披肩长度。我们知道虽然衣服和外貌也许需要拾掇拾掇，但是毕竟旅行漫长、艰苦，看看我们肤色深棕、胡须长长的同伴以及那些瘦弱疲惫的牛群，我们心中却有某种骄傲。[50]

  这里说的"牛群"其实全是骡子：绵羊和奶牛，甚至拉车的公牛都全部被杀掉充饥了。

第九章 全球化
约1850—约2000年：日趋狭窄的地平线

余下的探险情况一直都不太清楚，因为勘测者们的报告实在是太过长篇累牍，晦涩不明，自相矛盾，很难进行对比印证。探险者的勘测表明所有的建议都不切实际，太平洋联合铁路公司最终修建铁路时所选路线和之前建议都不相同。[51]

美国等待铁路的同时，大批的军队工程师，以及有时候一些私人公司开始开辟跨越大陆的货车用路：在煤渣铺就的路面上，工程技师们改善路况，他们修平崎岖难行的坡路，连通峡谷，铺平颠簸不平的骑马道。与其说这些是地形测量师的任劳任怨的成果，不如说这些道路对于急躁的公众更具里程碑意义。1856年5月，75 000名加利福尼亚人向国会递交请愿书，请求修建一条以密苏里边境为起点的货运道路。[52] 19世纪60年代晚期，军队开始修建被忽略许久的、穿越大盆地、贯通南北的道路。与此同时，新兴的平民科学家开始显示出对西部的兴趣，并开始着手推进相关事项。

军队落下了一块明显的只有当地人才知道的地方。约瑟夫·克里斯马斯·艾夫斯奉命寻找从南边进入摩门教地区的入侵之路。1858年1月，他历经艰苦走出了大峡谷，除了性命，几乎无余其他。科罗拉多大峡谷一线，没有一个人——也许也包括印第安人在内——比艾夫斯走得更远——除非有关詹姆斯·怀特的野史故事是真的。怀特曾在圣胡安山脉探矿，1867年9月，他为了躲避犹他人主战派而跳上竹筏，沿河而上500英里，他饥肠辘辘，筋疲力尽，大为光火。他真这么干了吗？这件事真的可能吗？此时，约翰·韦斯利·鲍威尔的科罗拉多大峡谷远征计划已经在进行中了。

鲍威尔是战斗英雄，他天真地认为夏伊洛战役①针对的是奴隶制，并在那场战斗中失去了一条胳膊。他以伊利诺伊州立自然历史博物馆的推动者和第一任负责人的身份为峡谷探险秘密征集费用：这是一次决定性的突破，探险不再承继由国家给士兵付薪的传统。从此时起，在美国绘制地图方面，民间地理学家成了主力军。1869年5月，鲍威尔随性挑选的精力充

---

① 夏伊洛战役，夏伊洛是美国田纳西州国家公园，美国南北战争时的战场之一。——译注

沛且涉世未深的大学生队伍从怀俄明州的格林河出发。8月13日,虽然配给不足,队伍还是开进了大峡谷。"我们现在准备开始行动了。"鲍威尔在著名的日记中的一段中写道:

> 在通往伟大的未知之路上……我们只剩下一个月的配给……我们在地球深处3/4英里的地方,大河收拢,不再恢宏浩大,愤怒的波涛冲击着伸向世界高处的悬崖峭壁……我们不知道还要走多远,我们要去探索一条未知的大河。什么样的悬崖立在河边,我们尚不得而知。啊!我们可以有种种猜测。人们和以往一样高高兴兴地聊天,早上他们还是自由自在地开着玩笑,可是对我,这样的欢欣却是暗淡阴沉,这些玩笑中却有可怕恐怖。[53]

探险队的另一名成员,精力充沛的陆军中士乔治·布拉德利的看法却没有那样的浪漫,他毫不掩饰自己的反感,这是"一条让人讨厌的小河,脏兮兮的,泥沙俱在,气味难闻……这根本就没我这样的人什么事儿,可它可以帮我离开陆军,为此我勉强同意一探冥河"。[54]印第安人杀死了两名吃力爬出去的懦夫。还好,鲍威尔从远端走出峡谷,但这更多是源自他的运气,而非判断力。

在第二次探险中,鲍威尔沿之前没有记录的埃斯卡兰蒂河乘舟而上。他致力于绘制的这片"干旱地区"是美洲自由的试验台。唯有合作和严格监管才有可能走完这条河。个人主义不得不屈服。虽然宅地法依然有效,但是鲍威尔的一切努力都失败了。他回来组织了美国民族学局,它一开始是一个政府部门,后来归入史密森尼研究中心,再然后它成了地质调查局的一部分:一个由科学家组成的、永久性的、政府资助的政府部门,负责对美国进行勘测。他后来对美国荒地滥施开发很是痛惜,号召停止拓殖西部。

最终,铁路变为现实。第一条连接大西洋和太平洋海岸[①]——严格来说,是从纽约到萨克拉门托,再由一段汽轮路段连通到圣弗朗西斯科——

---

① 原文是《美丽的亚美利加》里的一句歌词,意指美国疆土辽阔。——译注

第九章 全球化
约1850—约2000年：日趋狭窄的地平线

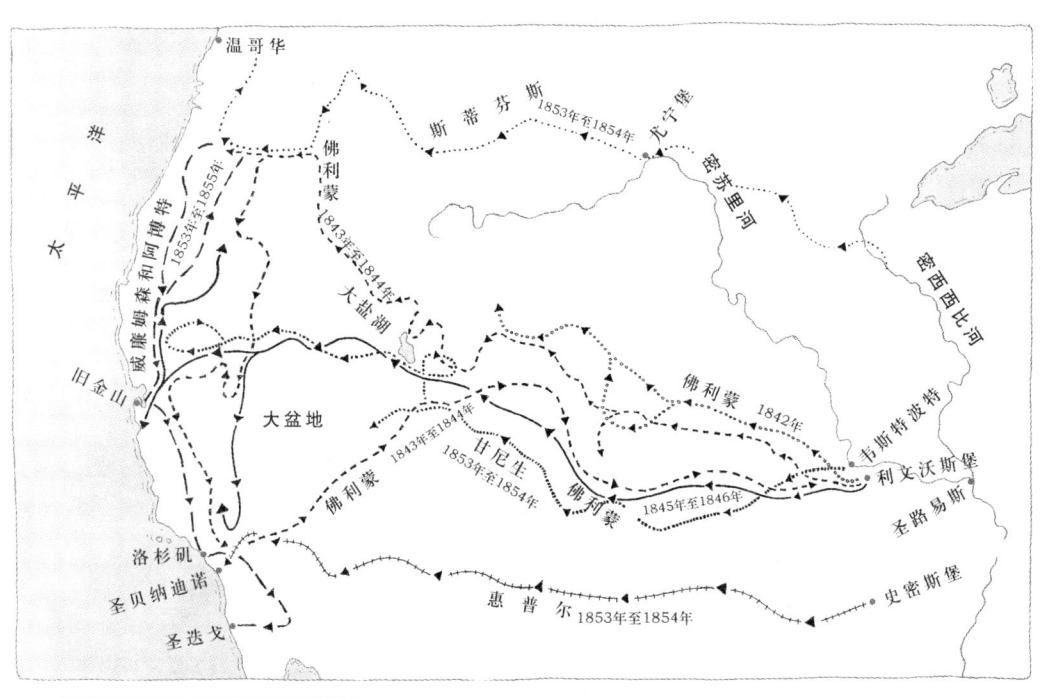

探勘美国具有开发价值的铁路线

的铁路于1869年，也就是鲍威尔集结进入大峡谷之时最终通车。1891年开始修建的跨西伯利亚铁路和这一成就相呼应。开拓者们梦想非洲也应该有和美洲相映衬的跨越大洲的铁路：路易斯·宾格在1887—1889年走过了沃尔特盆地以西的各处地方，寻找适于修建铁路的地方。"好望角到开罗"的铁路成了使英国的帝国主义者排除现实限制的咒语。在法国的帝国主义想象中，跨撒哈拉沙漠铁路发挥了类似的作用。这些梦想从未变成现实，但是非洲开始密布公路与铁路，其中的许多都是在恶劣的环境中艰难修建而成，原来那里根本不曾有过一点道路的痕迹。

同时，汽轮也在影响着海上运输，这种影响慢慢积聚。有很长一段时间，常规航线上的经营者都不用汽轮，认为其不够可靠。第一艘跨大西洋的蒸汽轮在航行中蒸汽只维持运转了80个小时，它被废弃当作帆船拆解卖掉了。[55]然而，渐渐地，对推进系统和燃油消耗技术上的改进使汽船的未

1863年，利物浦，国家航运公司用以横跨大西洋的轮船

来日渐明朗。以蒸汽为动力的船只并不需要新的航线。总体来说，他们也没有利用新的航线：大多数早期汽船的绝大多数航程都是扬帆而行，蒸汽引擎只是补充动力，或是在无风的时候使用。甚至是没有了帆桅的船只也仍旧认为风力和水流的辅助起相当作用。然而，在某些方面，汽船可以对抗风力，其在北大西洋的作用最为显见。在那里，北欧和北美各港间横跨大西洋的、最为繁忙的西向航线上，因为地处西风带，不得不绕路而走，所以帆船行进相当费力。1838年，第一条跨大西洋航行定期汽船货运服务开始运营。到19世纪40年代末时，10天或是12天穿越大西洋已成为常态。

汽船可以最大限度地应对不利情况，能够更直接地跨越大洋。但它必须在所有的天气情况下都出航，因为对于商业来说，定期和速度一样重要。马萨诸塞州萨兰镇碧波地博物馆收藏有大量藏品，其中的油画为家乡人民描绘了航程中的痛苦艰难：海上风大浪急，船只颠簸前进。有时候，出于宣传，艺术家委员会会说汽船要优于帆船。有时在个别画家的画作中也能看到对更好时代的富有象征意义的暗示，比如一道阳光或是一线蓝天。有时候，也会有人描绘夏日里平和的闲适。最优秀、最让人印象深刻

第九章 全球化
约1850—约2000年：日趋狭窄的地平线

的画作是呈现查尔斯·狄更斯1842年穿越大西洋的画作："起伏不定，上下浮沉，纠结扭缠，摔进浪里再冲上浪尖，在浪间跳跃起伏，在浪中颠簸翻滚。"在一些油画中也可以看到视线中的船只逆风"随着每一波海浪，巨大的船体在航线上时而被巨浪吞没，时而突现在浪尖"。

交错的铁轨和航线像脚手架一样架构起世界，这些道路可以将贸易和旅行者送到世界的任何一个角落。铁路界的大富豪、慈善家詹姆斯·希尔用大理石修建了明尼苏达州的圣保罗大教堂，修建了穿越落基山脉和西伯利亚铁路间最为快捷的汽船航线，并于1900年开通。轮船将世界上最广阔的粮食生产及消费带，也就是从海参崴到温哥华地区联系在了一起。蒸汽航运降低了陆路运费，也带来了惊人变化：世界贸易离开了海岸，向着内陆，向着跨越大陆发展，带来了贸易发展方向性的改变。世界上远离海洋、港口，甚至通航河道的最深处的穷乡僻壤，可以连通进入日益全球化的经济当中。

汽船为世界连通体系贡献了另外一条连通方式：电缆。跨大西洋的电缆不断出故障，但是9年间的屡败屡战却为连接电缆积累了必要的经验，1866年，电缆终于可以可靠使用了。1924年，正像在伦敦看到的那样，电报信号可以在16秒内环绕地球。这实在很是神奇：小精灵帕克[①]环绕地球一周还用了40分钟呢。理论上来说，电缆可以连通世界每一处角落，可事实上，铺设电缆需要船只，所以它得依从现有航线。然而，1901年，新路开拓因无线电报而变得多余，只要在高地矗立上高杆，无线电波就能覆盖全球，它忠实可靠，不受气候、地理条件的限制。这本书的故事真的要接近尾声了。

◆ 极冷之地：南北极的道路 ◆

虽然新路探索有限，但是技术勘测已经开始，世界上最后一次伟大的探路计划于19世纪并于20世纪完成，这就是开创纵贯南北极的大环路。只

[①]帕克，莎士比亚笔下曾环绕地球一周的小精灵。——译注

有航空和潜艇交通才能开辟这些线路，可是首批探索这些线路的探险家却没有此类工具供其使用。

19世纪晚期到20世纪早期，捕鲸人说在斯匹兹卑尔根岛以北存在无冰海域，于是就有传言说有通往北极点的无冰通路。如果可以经极点从欧洲到太平洋，在商业上将是重大突破，但是寻找道路的所有努力都失败了，每条道路都是此路不通。1827年，海军派威廉·帕里尝试用雪橇穿越北极冰面，从斯匹兹卑尔根岛前往北极极点。可是驯鹿却一步也不肯走，帕里只好和队伍拽着重达半吨的雪橇在移动的大片浮冰间奋力穿越。一路上，他们却发现水流拽着他们在以每天4海里的速度后退。他们到达了北纬82°45'。

19世纪后半叶，探险重新开始。这次，带队的是德国宣传家奥古斯特·彼得曼，曾资助过斯坦利的《纽约先驱论坛报》的老板詹姆斯·戈登·贝内特对他的想法很有兴趣，彼得曼相信北极可以通航。远征队从每一个可能的地点进行了探察，每次结果都是一样。最后一次尝试最具悲剧色彩，也最富成果。1881年，美国人乔治·德·朗的船在东西伯利亚海失事，他也死在了冰海。可是其船只残骸却出现在了格陵兰，这表明可以利用海流环行北冰洋。人们设计了一种不同风格的冰上探险船：弗拉姆号，它船体曲度很大，边缘呈弧线形，这样的设计有利于船只摆脱大块浮冰，在船体压力增大时可以浮出冰面。1893年，弗里乔夫·南森故意把它停在了新西伯利亚群岛北面的冰上。3年后，弗拉姆号出现在法兰士约瑟夫地之外的无冰海面上。

很明显，向北并没有穿越冰封之路。乘坐雪橇或是步行是到达极点仅有的方法。而早期探险者所寻找的无冰水域成了雪橇上的探险者的敌人。罗伯特·皮里为到达极点积累经验时说"那就像是踩着一连串卵石过河一样"。

在极地的冰上，如果温度极低，我们会很高兴，因为如果温度较高，雪下得不大，只会意味着无冰水面，意味着危险和延迟。当然，我们会把冻伤的、正在

第九章 全球化
约1850—约2000年：日趋狭窄的地平线

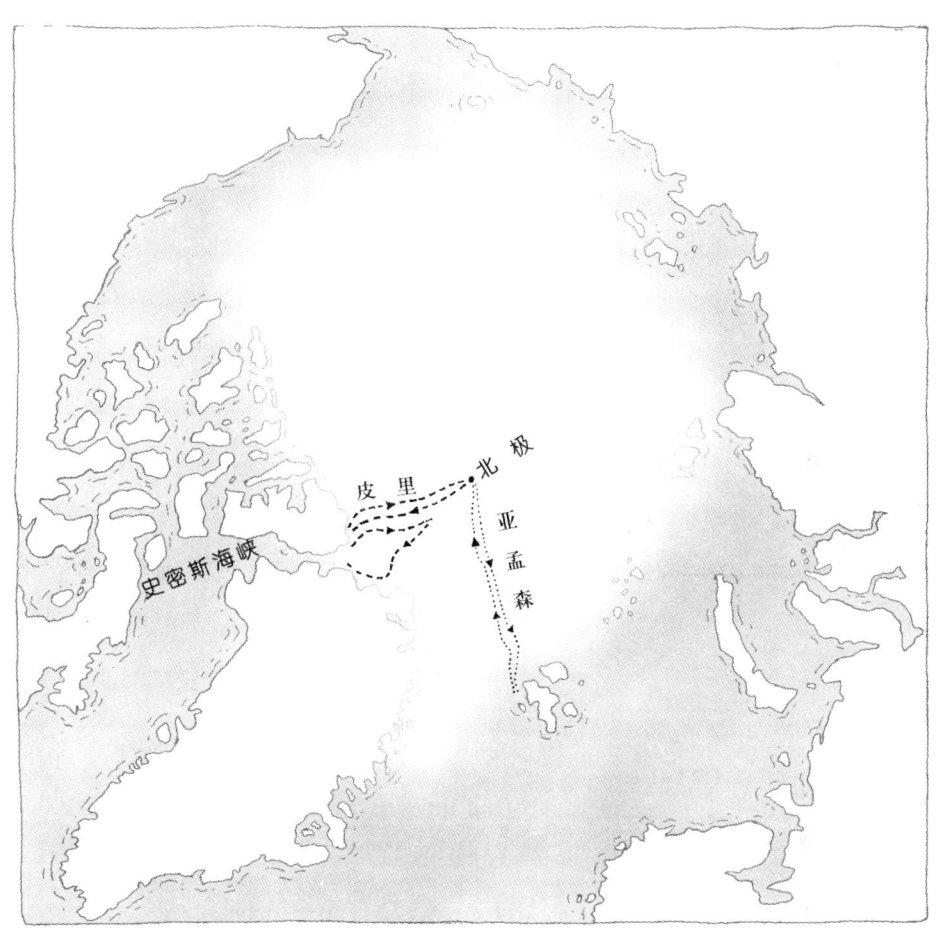

探险者的北极探险路线

流血的面颊和鼻子这样的小问题看作是伟大博弈中的组成部分。但如果脚后跟或是脚趾冻伤，就会严重得多，因为这会使人跋涉的能力减弱，而跋涉行走正是我们来此的目的。[56]

在准备的20年中，皮里在极地度过了9个冬季，他和当地的因纽特人成了朋友。因纽特人教会了皮里如何狩猎、如何建造雪屋、如何对待爱斯基摩长毛狗，教会了他如何在北极生存。1909年，皮里在史密斯海峡端点处的雪莱顿角雇用因纽特人的雪橇，在冬天结束的时候带着3万磅干肉饼启程出发。探险队配备良好，他们脚上套着雪鞋，雪橇上带着给养，在雪地跋涉行进。返程时他们就在自己来时一路上修建的雪屋居住。4月开始的时候，气温已经升到了零下8℃，他们距极点仍差14个纬度。皮里带着没有后备的雪橇和他信任的黑仆马修·汉森以及4个因纽特人，一行6人向极点全力突进。4月6日，也就是3天后，他们到达了他们所认定的极点。皮里自己对此似乎不敢相信："这就是那3个世纪以来的追求，这就是我20年的目标！不可能就这样实现了吧，一切似乎太简单了"。[57]

这一成就存在诸多争议：首先，一位与他竞争的探险家说自己之前曾第一个到过那里，音乐厅的艺人们唱道："我来当皮里，你来做库克博士。如果不相信，你就亲自来看看。"很明显，库克在撒谎。但是皮里坦诚的主张也找不到证明，而且他认定的极点位置是否正确也让人怀疑。在探险史上，谁先谁后的争论是最烦人的倾轧。类似情况总是频繁出现：最开始是批评界否认某一发现，然后他们开始争论谁先谁后，再然后他们开始质疑报告的准确性，最后，事件的重要性往往就迷失在这些争论之中。

与此同时，罗尔德·亚孟森解决了矛盾重重的西北通道问题。太平洋和大西洋之间的美洲北极确实可以通航，但是即便如此也并没什么价值。亚孟森乘一艘小船沿岸而行。但是通航时间太短，随后就又进入封冻期。这让亚孟森从1903年直至1906年，用了四年的时间才最终完成航行。

此时，南极探险自19世纪40年代中期起的长期停滞之后也已经再次开始[58]。迪蒙·迪尔维尔和詹姆斯·罗斯编纂的大量资料似乎证明了进一步探险并无价值：可供开发的南方大陆并不存在，没有经过南极极点的海上捷径。迪蒙的29卷书似乎使科学团体停下了脚步，也让帝国的口水咽了回去。随工业化和军国主义而生的武器和机器需要擦拭和加油，军队和城市也需要食物，所以，伴随着对油脂巨大的新的需求，捕鲸人，而不是海军指挥官成了南极开拓先驱。19世纪60年代，同时出现了不少权宜之计：西非的棕榈油炼油厂、北美的石油钻探、新发明的人造黄油以及以蒸汽为动力、配有致命鱼叉的经过完善的工业捕鲸船。这样，捕鲸船可猎捕更大的鲸鱼，可以去往更远的海域。

第九章 全球化
约1850—约2000年：日趋狭窄的地平线

然而，捕鱼与探险却成了一对让人失望的组合。1892—1893年，"邓迪号"捕鱼船向南出海，英国皇家地理学会安排了一名博物学家、一名艺术家与船同行。"我们在一个未知的世界里，"后者大声说，"停下来——为了鲸油。"[59]19世纪80年代末期，挪威商人亨利·乔汉·布尔建议用捕猎海豹和鲸鱼的利润为探险买单。一开始，费用和产出都无法达到布尔的期望，一个太高，一个太低。但是1895年，一些不同的力量联合在一起。布尔在南极大陆留下了第一个有史可查的登陆记录。同时，20多年前的一次探险成果终于全部出版："挑战者号"航行是皇家海军首次尝试绘制全球海底地质图。按早期探险家的标准，这次探险并没向南航行多远，只是到达了南纬66°以南一点，但它收集到了南极冰川前的物质，证明了这块大陆的辽阔，重新燃起了人们对南极大陆及周边矿藏财宝的兴趣。而且，1893年，不知疲倦地推进南极探险的克莱门茨·马卡姆爵士成了英国皇家地理学会的主席。当时，学会内部正为是否要承认妇女和男性对等而闹分裂，[60]在危机中马卡姆被选举出来暂时补缺。可是他的就任却在学会已经将工作转向教育目标之时，重新振兴了探险事业，并且保证南极成为学会这一时期的工作重心。

1895年，第六次国际地理会议传达了新的精神，官方宣布：

> 考虑到南极地区的探险……这是将要着手进行的最伟大的地理探险；考虑到几乎每一个学科都由这样一次科学探险而起，而这样的科学探险将为几乎所有学科增加知识，会议建议世界上各类科学社团应该在这个世纪结束之前，以任何一种可能见效的方式敦促这项工作之完成。[61]

这个时间表有点太过乐观了，但是在第一次世界大战之前，来自9个国家的16支探险队加入到这个队伍中来。1898年，一支比利时探险队在南极度过了冬天。夸张的丹麦人①卡尔斯顿·博克格雷温克曾作为海员和布尔一起航行，并参与了有关谁第一个到达南极的争论。1899年，他在大陆

---

① 实为挪威人。——译注

上度过了一个冬天，也证明了狗在南极的重要作用。1904年，在一支政府资助的英国远征队中，队长罗伯特·斯科特在遭遇坏血病、雪盲症、奄奄一息的狗、耗尽的备粮以及和队员的意见不合等难关中到达了南纬82°以南。1903—1905年，以及1908—1910年的进一步探险中，法国探险家让-巴蒂斯特·夏古在对海岸线测绘进行了近2000英里时，发现在大自然中"圣地中的圣地"里，自己的"灵魂得到了升华"。1908年，斯科特蛮横任性的同伴欧内斯特·沙克尔顿勘测到一条可以深入到南纬88°以南、有望通向极点的路线。而且如斯科特所说，一直以来，"进入那片白色领域"的希望在不断加大。[62]

斯科特是个不负责任的指挥官。1904年远征时，尽管丢失了导航用具，无法精确记录航线，可是他依旧固执己见坚持前进。当坏血病症状已经相当明显，他还是不肯承认，以致部下身体受损。当面对到达南极极点的命令，他所犯的最大的错误，也许，就是他低估了狗的作用。"按我的想法，"斯科特写道，"我们努力向前，独自面对艰苦、危险和困难，正体现出理想的美好，没有狗的路程，正体现了这一境界。"这样的偏见是斯科特和马卡姆所共有的，而且斯科特的偏见很可能正来自马卡姆。按马卡姆的说法，因为乘坐雪橇，把队员团结成了一支队伍，像划船那样的一组8人，或是如美式足球般的一队11人，一种"刚毅"之情在他们心中油然而生，而这两种运动也都出现在维多利亚时代初期。"在这样的情况下，"斯科特断言说，"征服势必是更为高贵、更为辉煌的胜利。"[63]英式的多愁善感损害了他的判断。他无法忍受狗受苦、无法忍受射杀它们，也无法容忍吃掉它们。相形之下，他最大的对手罗尔德·亚孟森认为狗是"有灵魂的生物"。他支持进一步考量狗的价值，所以在他的事业中，他把狗当成了自己的伙伴，在评价它们时亚孟森不会感情用事，这样他就能够毫不怜悯地驾驭使用它们。

并不是说斯科特是一个反对使用狗的教条主义者：他想象集合人、马以及犬的力量一起到达极点。但事实证明，他在探险过程中忽视了狗的重要性，这

第九章 全球化

约1850—约2000年：日趋狭窄的地平线

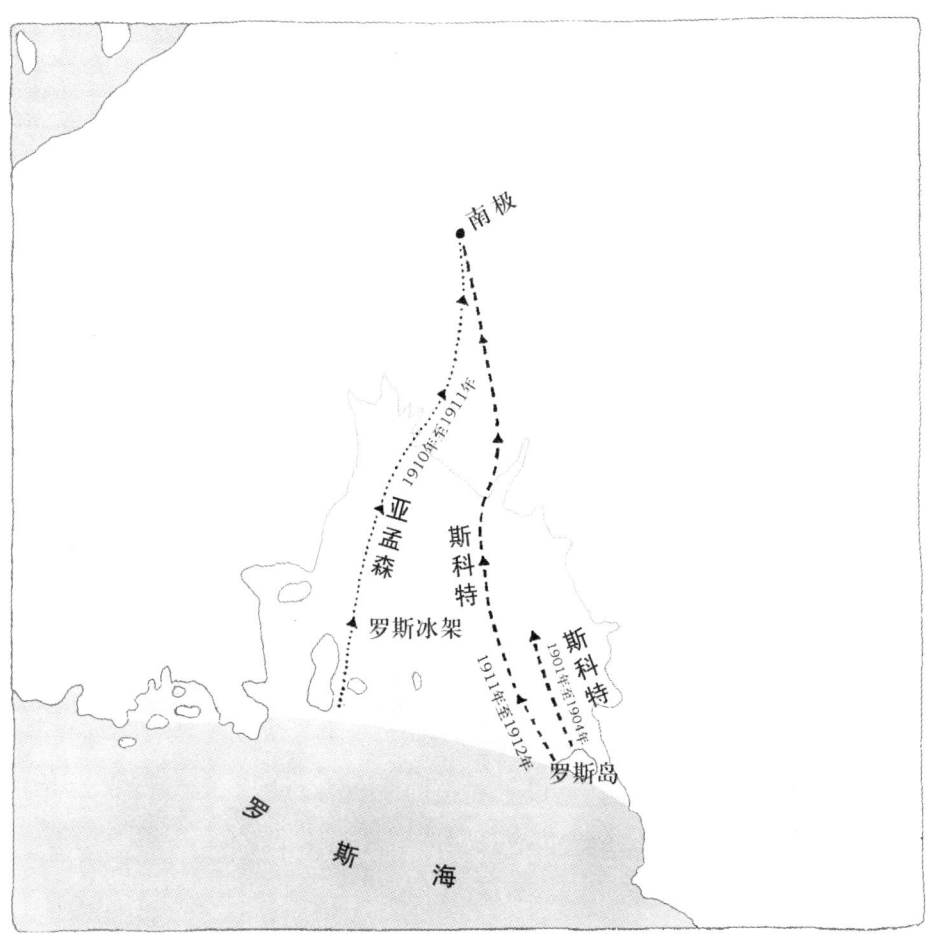

南极探险竞赛

是个致命的失误。他认为狗不可能把雪橇拽上陡坡，所以乐观地把狗丢掉了。结果，他被西伯利亚草原矮种马拖累——他的雪橇不得不带着大量人类难以消化的饲料，因为马不像狗那样可以吃它们倒下的同伴填肚子。当陷在冰隙之时，马匹很难再救出来。马也无法在雪中自我防御，也不会为自己在雪中打洞休息。

他的探险灰溜溜地结束了，可这却是英国人热衷于庆祝的英雄式的失败。其中最有名的是，奥茨上尉为了不拖累队友，而以英国式的轻描淡写语气告诉队友"我要出去一下，也许要一会儿"离开营帐，自己在雪中走向死亡。斯科特留下的最后的话中有哀婉，有爱国主义，以及非常有名的对过往的怀恋和并不是太明确的宗教成分，这和英国人的多愁善感相当登对，也符合英国人的共同观念：

> ……我并不为此次探险而有所遗憾，探险中展示了英国人过去一以贯之地对艰苦的耐受力、彼此间的互助以及面对死亡时的坚勇刚毅。我们冒了险，我知道我们冒了险，事情发展于我们不利，但我们并没理由就此而抱怨，我们应该听从上帝的旨意，尽最大努力直到最后一刻……如果我能活下来，我会讲述我的同伴们坚毅、忍耐以及勇气的故事，它会让每一个英国人内心激昂悸动。这些粗粗写就的字条和我们的尸体一定也可以讲述其中的故事。[64]

这段话中有真诚之处。斯科特总是在寻找道德提升的机会。他从来没像亚孟森那样为让任务更轻松、更切合实际而努力。他把危险当成是道德意志的一部分，认为危险是一种把人们连在一起、建立友谊的因素。可是尽管说着好听，他们还是意志消沉地死去了，不想也不能再继续了，而此时，他们距食物点只有11英里，距他的大本营也只有100英里多一点了。有怀疑说他们事实上是自杀的，他们宁愿壮烈地死去，也不愿糊里糊涂地活着。

斯科特将自己的失败归结为不走运，特别是，归因于确实影响到他们前进步伐的极为糟糕的天气。狗是成败的关键。但亚孟森最终先他一步到达极点的原因要比这复杂得多。亚孟森正从之前一次竞赛失败中脱身，他本计划的路线是前往北极极点，募集奖金也是为了这一目的。可是，皮里却捷足先登，占了先机。亚孟森想要的是"第一"的荣誉，于是，他没有告诉他的资助者——有讽刺意味的是，其中还包括了斯科特最主要的资助者皇家地理学会——以及多数同伴，就私下秘密改变了目的地。

当船到了马德拉岛他才召集他的手下。

> 他说他骗了我们，也骗了挪威政府。但事情已经就是这样了……船上任何不想去南极极点的人都可以立刻下船……现在，他想问我们所有人是否已经准备好

第九章 全球化

约1850—约2000年：日趋狭窄的地平线

和他一起去往南极极点了。

亚孟森也从他的视角描述了当时的会议：

……我不得不时不时地看一看他们的表情。一开始，就如我想象的那样，他们脸上是显而易见的吃惊，但是表情很快就发生了变化，我还没说完，他们就都高兴地笑起来。此时，我知道答案了。

那夜船上的狂欢"就如同已经成功完成任务，而不是任务几乎还未开始"。[65]亚孟森和斯科特不一样，亚孟森很坦白，他认为这次远征就是竞赛，科学的重要性要向后排，可斯科特却一直认为这样的妥协是不正确的。亚孟森设计了自己的路线，选择从鲸湾出发，可斯科特在沙克尔顿的引导下，舍弃了这样的路线，因为他认为冰不够稳定。可是从这里出发要比从斯科特的驻地出发近60英里，而且有很多海豹可以作为食物。亚孟森利用了各种有利条件，最后的结果也就顺理成章了。1911年12月14日，亚孟森和他的手下在南极极点点燃了雪茄。[66]

极地探险的最重要影响在很久之后才显现出来，但却改变了世界。首先，它在北极地区开拓出了一条新的、跨越世界的路线。北冰洋成了世界上最后一个可以进行商业和文化交流的重要海洋。中世纪时，印度洋空间的打造产生了伊斯兰世界内湖。在对大西洋一次又一次的穿越过程中，诞生了西方文明。模模糊糊中，我们已经可以看到太平洋发展使大洋周围的新群体，未来的太平洋文明开始占据主导。飞机、潜艇在北极极点的空中飞行、海下航行，一片繁荣景象，距离大大缩短，北冰洋将统领世界海洋史的最后一个阶段。此时，在北极圈周边也有了城市。诺里尔斯克有接近20万人口，房子建在极地冻土之上的支柱上面，一年有288天需要供暖，要不断地扫雪，"街上的路灯比俄罗斯南方城市的要亮上4倍"。[67]从较小范围讲，经极点的空中航线将会在世界交通网上起日益重要的作用。如果全球化能够最大化地实现预期，能实现真正的全球文明，那么历史学家会像前人描写故乡周边海洋一样去描述经过极点的大环路的形成过程。也许有一天北冰洋也会被看作世界故乡的海洋。

◆ 新相遇 ◆

  随着世界"越来越小",旅行者的故事却越来越长。想象跟随未曾开发过的边境进入生物圈中更为遥远的角落。19世纪后期和20世纪早期,小说家在作品中寻找失去的世界,在这些失落的世界中写下了无限的冒险。儒勒·凡尔纳的主人公在大西洋发现了亚特兰蒂斯海下废墟。柯南·道尔发现圭亚那的高地有一个未进化完成的恐龙世界,在早期飞行员远不能达到的大气圈上层有一个怪兽时常出没的世界。詹姆斯·希尔顿笔下的喜马拉雅山的群山深处有一片青春永驻的神奇净土。H.P.洛夫克拉夫特想象有某种消逝的文明在南极洲生发繁荣。

  现实生活中存在着大量过于夸张的冒险故事。人们指责商业性的旅行作家一味迎合读者好奇轻信的热切口味。这样的风格一直都很风行:现在它能让作者成为百万富翁,名利双收。有一个极端的例子,1875年,一个将自己称作J.A.劳森上尉的人出版了一本考验读者判断力的小说。他在《新几内亚内陆漫步》中描写了体形巨大的猿人和雏菊,和餐盘一样大的蜘蛛,有着长长的丝状鬃毛的鹿,围度达84英尺的大树,香气可在手上萦绕数个小时的巨大的红色百合花,以及绝世独立、高度超过珠穆朗玛峰的山。他声称爬到了25314英尺的高度,有位心存怀疑的评论家评论道,除此以外,作者还有"非常丰富的语言学知识,可以和打算割断其喉咙的蛮族酋长自由交谈"。[68]

  从某个角度来看,确实存在遗失的世界在等待我们发现。首先,确实有"遗失的城市"。19世纪就经常有重被发现的古老文明。婆罗浮屠遗址——佛塔巍巍壮观,其上有关航船的浮雕再次证明夏莲特王朝时期爪哇探险家们的非凡技艺[69]——可是有关报告直到1814年才出现。19世纪40年代,J.L.斯蒂芬斯开始磕磕绊绊地对从丛林中穿刺而出的玛雅文明进行探

第九章 全球化
约1850—约2000年：日趋狭窄的地平线

索。自称"大法里尼"的杂耍艺人虚报说在喀拉哈里沙漠有废墟遗迹，也有可能他并非说谎，只是把岩石误作了遗址。19世纪60年代，亚利桑那州凤凰城最早的居民认为阿纳萨奇和霍霍坎文明的遗迹给了他们灵感，而用之为自己的城市命名。海因里希·施里曼、阿瑟·爱文斯爵士、奥里尔·斯坦因以及20个不那么有名的考古学家使以前或是不为人知，或是不够确定有所怀疑的古代城市重见天日。"遗失的城市"的魅力从没完全减弱。1925年，海勒姆·宾厄姆在寻找另一处确实存在、事实上位于附近低地的遗失古城——比尔卡班巴时，无意间发现了马丘比丘。就在同一年，执着的运动员珀西·"杰克"·福赛特上校，似乎是在精神失常的状况下，在事实上并不存在的山脉中寻找虚幻之城的时候消失在兴古河上游的丛林之中。

对于我们这本书来说更重要的是，还有"遗失的人群"：那些遗世独处的人群和世界的其余地方毫无联系，不在世界沟通网络之中，有时候他们的近邻也不知晓他们的存在。探险一直不断为人种学增添内容，给西方读者以新知，或是惊奇。比如，佛利蒙有时会觉得他遇到的印第安人是首次和外界接触，他们之前从未见过"白人"，轰动一时。在北美西南部的铁路、公路勘探者碰到了穿着草裙的莫哈韦人，吃蝗虫的派尤特人，而以前没人知道他们的存在。

然而，对形态异常的人类标本的需求日益增加。科学种族主义对兽类头盖骨的例证垂涎欲滴。犯罪学在寻找证据证明原始人类有一张"尚未进化完全的面孔"。帝国主义也在寻找世界按种族划分、聚居的科学依据。19世纪40年代，古人类学家开始发现过去确有猿人种群存在的证明。从1859年开始，进化论让人们希望进一步发现人类和猿人之间"遗失的联系"。正如同中世纪是挖掘野人和类人动物之间的关系，在启蒙时代人们渴望寻找狼孩和高贵野蛮人之间的联系一样，现代西方也在寻找他们自己和类人猿之间的关系。

俾格米人似乎是探寻这个问题的最佳目标。从16世纪起，他们就为菲律宾群岛和安达曼群岛的欧洲来访者所熟悉。人们很早就知道他们生活在中非。荷马想象俾格米人会和鹳交战。1544年塞巴斯蒂安·卡伯特在世界地图上画有这些奇人，画中俾格米人谈话时举止有度，有着文艺复兴式的姿态，手执文明杖，也正是因为这样，才让看到他们的人相信他们虽然矮小，但的的确确是人，受理性支配，而不是人们期待中在新发现的土地存在的怪兽。

斯坦利主持了和中非地区俾格米族间的第一次有据可查的接触。1887—1888年，斯坦利在伊图里森林临近的"野生伊甸园"中，这使他再次采取受害者所不情愿的"拯救"行动：这次，是艾敏·帕夏，帕夏是东非大湖区"赤道"省长官，苏丹叛乱阻断了其沿尼罗河交通的常规道路。斯坦利知道这个地区的俾格米人，并且精确描述了他们的特点：外表、肤色、文化、语言各异，除近邻外，他们和外界几乎没有来往。他看到的第一个俾格米人是一名阿拉伯奴隶贩子在伊图里森林和林达交汇之处抓住的一名妇女。当斯坦利看到"身体健全却只有33英寸高的年轻女人"时，他的第一反应是相当新奇：

（她）大约17岁的样子，肤色亮泽光滑。她的身形就是一个微缩有色版女士，很有韵致，她的容貌相当吸引人。她的肤色如同有1/4黑人血统的混血儿，或者说是黄的象牙色。她的眼睛相当漂亮，和小羚羊眼睛一样大得不可思议，圆圆的，鼓鼓的，非常有光泽。这位娇小的少女全裸着身体，非常镇静，就好像她已经习惯了被人喜爱，是真的喜欢被人观看。

几个月后，一个被阿拉伯掳为奴隶的"俾格米女王"也是一个"非常惹人怜爱的小女人"。[70]

然而，斯坦利却一直没有找到一个完全成年的男性俾格米人。一开始，他只发现了一些被遗弃的村子和营地，后来他抓住了几个女人和孩子。尽管斯坦利在一些抓获的人身上发现了"猴子样的眼睛"和突出的下巴，可是他们给斯坦利的印象却还是一直不错。最后，1888年10月28日，斯坦利终于遇到了第一个成年俾格米男性：

第九章 全球化
约1850—约2000年：日趋狭窄的地平线

没有一个伦敦编辑能猜得出当我看到从中非广袤森林隔绝中走出来的这个矮人时的心情。对我来说，这远比底比斯的门农纽姆①更神圣庄严。他小小的身体所代表的是最古老的人种，是最久远时代被驱逐者的后代，是远古种族中的以实玛利②传至至今，永远躲开工人的幽灵……因其恶行而被永久驱逐，让其在沼泽、丛林中过人兽生活，想想吧！71

虽然斯坦利把俾格米人归入最低等人种，但至少他承认了俾格米人是人。"虽然他们的灵魂深深藏在不同寻常的层层兽性之下，虽然他们的出色的情感因不运用而显迟钝，可是这些的的确确地存在。"72

新几内亚是搜寻俾格米人的第二战线。1910年，俾格米人在这里遇到了正在新几内亚拿骚山脉进行研究的英国鸟类学家。1921年，一支正在同一山脉西端登山的、由科学学会资助的荷兰队伍发现了"大腹便便"的特摩里尼俾格米人。然而，当马修·斯特灵于1926年带着空降探险队找到更多这样的俾格米人时，诺加洛俾格米人还是让他大吃一惊：女人们咬着中指，袒胸露乳，男人们用指甲轻敲着私处的阴茎。73

虽然俾格米人对外部世界来说很新奇，但他们绝不是新几内亚最奇特的人群。对岛屿以及岛屿深处可能藏着的奇闻逸事的期望是那样的夸张，从某个角度来说，并没什么可真正让人吃惊的。对早期探险家来说，新几内亚有着独一无二的神秘之处，一位探险家说"那里晦涩不明，面积广阔，是一片奇异之土……有可能让亚瑟王时代探险家的事迹相形失色"；另一位探险家则觉得"它就像《天方夜谭》里的一些地方一样，充满了魅惑，隐隐约约看不清楚的气氛笼罩在它所掩藏的奇迹之上"。74就在劳森上尉虚构的故事出现的那一年，一个在新几内亚北岸碰上食人族的法国海员开始了最后一次"黄金国度传奇"。路易斯·特瑞根斯所经历的奇遇甚

---

①门农纽姆指古希腊地理学家斯特雷波笔下埃及的三座遗址（埃及迷宫、塞蒂一世神殿和阿曼侯泰三世神殿-拉美西斯二世神殿-塞蒂一世神殿）。——译注
②以实玛利出自《圣经》，指亚伯拉罕的第二个儿子，后被亚伯拉罕逐出，转意为"被社会抛弃的人"。——译注

至超过了劳森。他声称自己逃向内陆，无意间发现了一个盛产黄金的帝国的城市居民和他称之为奥朗沃克斯的骑马的贵族。表面上看，这个故事并不是太难以置信。可是他的读者除了知道那些山脉存在以外，对他所描写的山脉的其他情况一无所知。在已知记载中没人去过那里。最后证明这个神话确系造假。新几内亚没有马，事实上，那里就没有比猪或是俾格米袋鼠更大的四腿动物。他们也没有冶金工艺，因为那里的内陆居民对小河中的金子毫不在意，他们喜欢的是从远海而来的稀有贝壳。这里并没有伟大的帝国，恰恰相反，那里有的是几百个，也许是几千个相互交战的小政体。

这些是现实中的"遗失的世界"。现实世界可要比特瑞根斯的故事更让人称奇。一个人口稠密的地方完全不受外界的干扰和影响，独自发展繁荣了几千年，除了岛屿沿岸没有任何人知道它的存在。

1930年6月，勘探金矿的迈克尔·莱希曾从前人未知水系由马克姆河和拉姆河到普拉里河穿越这个岛屿，他证明新几内亚的地图正如一位英国官员所断言的那样"全是一派胡言"。[75]当他在1930年6月第一次见到俾斯麦山脉之上的草地时，他猜想那里曾有过森林大火。可就在晚上，他恐惧地看到一千处闪烁摇曳的营火。他出乎所有意料地发现了一个人口密集的新大陆。莱希和他的部下站了整整一夜，手执武器进行防范。[76]

可是，虽然当地人彼此间不断交战，却对新到的外来者相当友好。"白人可以四处自由行走，"莱希报告说，"所带武器也不过就是一支手杖。"[77]这些探险者将一副假牙叩得嗒嗒作响就能吓得那里的战士投降，他们在河里筛洗金子也不会激起当地人的贪婪之心。他们用一把贝壳或是钢制刀片就能交换女人，购买生猪。

这样的相遇越来越多。1933年，莱希在近贝纳贝纳高达7000英尺的地方发现了另一个颇有前途的地方：戈罗卡山谷。他乘着飞机回来重新检视了这个地方，从空中看到了辛贝谷：

> 山谷夹在两座山脉之间，约有20英里宽，看不出有多长，一条曲折的河流从中蜿蜒而过。有迹象表明我们下方的土壤非常肥沃，生活有大量人口，如棋盘一

样的整齐的方形地块如同花园中的一片片土地，连绵不绝，景色中有四五处长方形的草屋群点缀其中。除了草屋有所不同外，我们下方的景色还很像从空中看比利时时所能看到的那种土地拼接在一起的样子。可以肯定，我们在普拉里河上游发现的那5万到6万居民根本没法和这个山谷中生活的人口相比。[78]

事实上，这些早期看到山谷的人所估算的数字都大大地低于实际所有。新几内亚中部无人居住的神话再也继续不下去了。戈罗卡山谷有超过10万名居民，辛贝谷的数字也有这个一半之多。总之，也就是说20世纪30年代以前，有超过50万人口住在不为人知的高地上。

世界的任何地方都不会再出现这样的规模的联系了。探险家们穿针引线把彼此分离的人类群体连在一起，这一伟大工作正在接近尾声。但在丛林深处，还有一些规模不大的群体处在分离状态，仅仅与他们最接近的邻居有所联系。这个世界——自认为文明的部分世界——认为那是些在进步中失去机会的失败的社群。事实上，应该把他们看作是历史上最成功的社会：他们抵制住了改变，保留了自己的文化与传统，超然世外，而没有抽风式地向"现代化"颠簸前行。当然，在过去500年左右的时间里，他们也没能完全在全球文化交流的狂热中置身事外。当遭遇工业化世界的产品时，他们中的大多数对之都很喜欢，特别是其中那些锋利的金属和耐久的小饰物，他们或是通过战争，或是以物易物，从与全球市场边缘有接触的邻居那里得到这些东西。

菲律宾政治家、慈善家曼努埃尔·埃利萨尔德和当权独裁者有着相当密切的联系，1971年他宣称自己在南哥打巴托的雨林发现了26个或是27个穴居人，而那个位置距离最近的现代居民点仅需要步行几个小时就可以到达，这让如何定义一个群体处于绝世独立或是与外界没有接触的问题变得突出。这些人自称塔萨代人，他们以叶为衣，以石头和竹子为工具，以野物为食，以采集食物为生，他们似乎符合有关原始人类的每一条标准。他们似乎性情温和，语言中没有能表示战争的词汇，他们敬埃利萨尔德为神，顶礼膜拜。按早期的报告，他们甚至不杀生以满足口欲，也没有狩猎知识。政府事实上是把他们封闭在了一个保护区里，但大概12年后，一个记者徒步进入这个区域之后，却出现了令人困惑的前后矛盾。塔萨代人用栽植的竹子作为工具，除非是出于炫耀目的，他们似乎根本不用石头。他们看上去有办法从外界搞到种植的大米和来自森林之外的其他产品，他们的语言虽然在一些方面很有特色，但与邻近地方的语言却有诸多相近之处，也许正是从那里起源。有一些人认为塔萨代人过着部落生活是其"发现者"的骗局，一些塔萨代人也同意这一说法。

事实已经搞不清楚，但是从现在手中的证据来看，塔萨代人似乎是一个从邻近社群中脱离出来而自成一体的一个群体，而绝不像浪漫的原始主义所描述的那样，对狩猎、农业或是冲突一概不知，或是从未与外界有过接触。[79]塔萨代人的故事提醒了我们两点：一方面它证明了感觉有可能有被浪漫主义的思维方式扭曲的危险；另一方面这个故事说明即便是高度传统、拒绝改变的社群也不会没有变化，而是他们在大量接触之后与之决裂自成一体或是重归隔离状态。在现代世界里，隔离是个相对用语。

虽然如此，还是可以说，整个20世纪的亚马孙河流域是一个巨大的新邂逅实验所。世纪之初，森林中好像留存下来了不少民族，但他们似乎注定难逃灭绝。根据大多数据称是权威专家的推测，进化注定会给他们带来灭顶之灾，要不就是"秩序与进步"——正如巴西国旗所体现的那样——将其征服。"你不能期望他们能严肃地工作或是持久地劳作，"圣保罗博物馆的科学主管赫尔曼·冯·依尔林在1908年时这样断言，因此"我们别无选择，只能消灭他们"。[80]铁路建设在森林中留下的是印第安人以及试图保护他们的教士们横七竖八的尸体。

另一方面，也有一些巴西人总是把当地土著看作国家珍宝，认为他们迟早会摆脱"野蛮"性格，这是他们进化中必然经历的进程。这是对文化的勉强与再造，与种族灭绝一样性质。例如，1912年，新成立的印第安人保护服务组织接触到了它成立后遇到的第一个"新"族群——肯甘族人。一丝不挂的他们，一到达营地"立刻穿起了衣服"。政府骄傲地宣布自己

第九章 全球化
约1850—约2000年：日趋狭窄的地平线

和肯甘族人已经"和解"："铁路修筑者也许现在可以深入他们远处的疆域，而不会受到伤害。"[81]可新的疾病杀死了这些接触外界的肯甘人，其出生率不断下降。

铁路和公路传递联系的同时也加速了死亡。第二次世界大战之后不久，巴西政府决定从阿拉瓜亚河到兴古河以及塔帕若斯河穿越丛林修建一条公路，并在沿途清理出几处小机场。奥兰多和克罗的奥·维拉斯·博厄斯兄弟本着青年时期的冒险精神开始对亚马孙河探险产生了极大的兴趣，他们有些经验，成了印第安保护服务组织的英勇前锋。他们抢在伐木工、律师、矿工和传教士之前与未有过记载的群体建立了联系，他们希望尽可能在没有伤痛的情况下把印第安人引入现代世界。开始是牛队和骡队给他们提供给养，到了后来的20世纪60年代，就改成了空投。1953年，这对兄弟取得了首次重大成功。他们找到了门吐其特尔人，以前人们只在其他种族那里听过这些印第安人凶猛残酷的声名。"男人们拍着胸脯说他们是我们的兄弟，女人们匆忙躲在树后，或是把自己藏在林中，男孩子和女孩子们四处逃散，婴孩们大声啼哭。"[82]1960年，他们发现了自1884年就再也没人听说过的苏亚部落。这时，卡尔·冯·德尔·史坦宁在巴西内地开始使用一种新的探险方法：他不再采用相对容易的、沿河而行把河流当成捷径的方法，而是在走向下游之前，跨过北部马托格罗索州，经陆路接近兴古河上游，首创跨越冯·马蒂尤斯激流的记录。苏亚印第安人证明了"保护印第安人"中的重要问题：暴力是他们生活方式的重要组成部分，他们对他们生活之外的世界心怀敌意。只有牺牲掉身份认同才有可能使其"屈服"。

1961年，紧随其后的一次探险沿着地图上尚无标注的伊里里河上游修建道路进入卡欣布山，这里并没有以前没接触过的民族。探险队的领队理查德·梅森是个年轻的英格兰理想主义者。他却死在了自己同伴前面：人们在小路上发现了他的尸体，身上插着箭，被打烂了头。由此人们第一次知道了帕纳拉印第安人的存在，1971年，他们终于与巴西政府进行了接触。因为商业发展，帕纳拉印第安人被在家乡和新的居住区间来回驱赶，

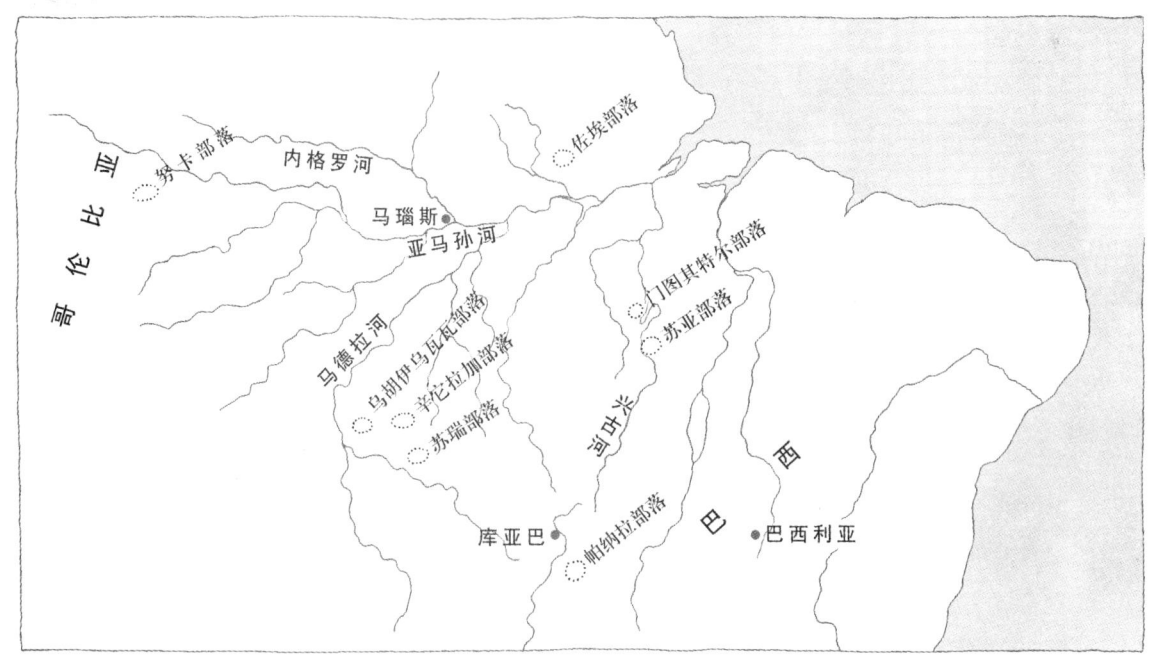

20世纪时"遭遇"巴西土著的地方

直到1996年他们才在一块合适的居留地上安顿下来,和平生活。梅森死后,约翰·汉明紧随其后,在之后的几年里参与了四次其他的和印第安人的遭遇。"一个部落很不友好,男人们一直紧握着弓箭;另外两个部落对我们的到来相当吃惊;第四个则把我们这些陌生人当成上帝一样,打算把他们仅有的一点点财产全都送给我们。"[83]

1967—1968年,对通往马德拉群岛上波多韦柳城道路的开拓带来了更多的接触、更多的疾病以及更多的殖民化。道路北边的丘陵上出现了四个不同的族群,其中包括辛它拉加和苏瑞部落。随着商业开拓进入他们的领地建农场、伐林木以及开矿,这些部落都走向了类似的循环:走下坡路,成为附属,开始失去原生环境。安东尼奥·柯瑞姆是一系列邂逅中的主角,他赢得了印第安人的信任。安东尼奥1972年从政府辞职,他对这种病态的以及常常是致命的接触大失所望,"相遇的开端,就是他们被迫走向

第九章 全球化

约1850—约2000年：日趋狭窄的地平线

饥饿、疾病、崩溃、经常的奴役状态、失却传统以及很快到来的极端痛苦的死亡之路的开始"。[84]同一年，一项巴西政府调查显示了印第安保护服务组织成员"贪婪、残酷以及谋杀性质的肮脏的阴谋"。[85]

杜撰和误会使邂逅危险重重。相遇之前，人们认为帕纳拉印第安人是巨人，因为邻近部落曾抓走过他们的一个婴儿，那个男孩后来个头超过了6英尺（后证明这不过是特例）。就在帕纳拉

巴西苏瑞部落的巴西印第安人

部落打算表示讲和之时，带着机枪的伞兵空军从天而降。在巴西社会中有关印第安人的观念冲突还和20世纪之初那几年时一样强烈。国际幸存者组织创建者之一罗宾·汉伯雷-泰尼1970年游历巴西计划编纂一本有关印第安人国际援助必要性和前景的报告时，曾和巴西政府官员进行过讨论，泰尼认为快速融合将是印第安人唯一的未来，可是克劳迪奥·维拉·博厄斯的观点却完全相反，他认为——

> 将印第安人融入现代社会的尝试都是愚蠢的，印第安人要比我们更好，他们比我们更了解如何更好地生活，他们能教我们的比我们能教他们的多……回溯已经发生的融合的任何一个过程都能看到相关族群的破坏毁灭。[86]

传教士中也有类似的分立观点，来自新教会和正统派基督教会的传教士认为清除印第安人本有文化是自己的现职所在，而他们的竞争对手，多半来自后梵蒂冈第二次会议天主教的传教士则认为不违背印第安人自己的文化传统进行的传教才是自己的责任。1987年，商业游说者指控教堂有

所阴谋,因为它"要求巴西政府接受对印第安族群的领土享有不完全主权",并要求政府停止对亚马孙河富庶地区开拓的剥削。[87]

新的接触似乎一直都有。政府代理人数年来一直在波多韦柳以南的哈拉米河进行探寻,1981年乌胡伊乌瓦瓦部落终于有了回应。但印第安人内部的意见也不统一,一些抵抗持续了数年。印第安人开始在森林的华盖下修建村庄以躲避空中巡逻队,让外界更难找到他们。1989年5月,一次邂逅在电视镜头前发生:20世纪70年代早期的报告中,人们就知道拥有133名成员的佐埃部落的存在,他们生活在四个村落中,飞行员在1982年发现了他们的村子。[88]在距圣塔伦不到200英里的地方就有一个与世隔绝的族群,当电视观众看到佐埃部落出示的代表和平之意的断箭时,感觉是相当难以置信。而这就发生在库米纳帕内马河上游,它与库鲁河汇合,新教传教士是库鲁河上的先锋。20世纪90年代不断出现新的相遇。努卡克族印第安人出现了,他们以狩猎和采集食物为生,生活完全是前农业时期的模式。在21世纪之初,人们相信巴西还有超过40个不曾与世界接触过的印第安族群。[89]

◆ 超级大冒险 ◆

19世纪晚期和20世纪的探险故事自相矛盾:它是个人的失败,却又成功累积。所有的工作都已几近完成,所有的故事都已接近尾声。到这一时期之末,除却巴西余下的那些族群,世界上所有族群之间都可以联系了。文化分流的历史发生了逆转,融合再次开始,进展良好。然而,这一章提及的每一个探险者虽方式不同,但都失败了,都以自己各自的方式失败了,他们身上有着一些典型的缺陷:不专业、天真、浪费、轻信、心思分散、爱争论、浮夸、撒谎、没有远谋以及相当的无能。

造成他们失败的部分原因是结构性的:他们探险的本质是出于商业目的,特别是其资金的来源。大部分的探险都是投机性质。比如说铁路勘测,虽然说它们通常都是由政府发起,但是都是朝着获利目的去的,许多

第九章 全球化
约1850—约2000年：日趋狭窄的地平线

工程中都有大量私人资金。斯坦利穿越刚果河流域丛林就是想为开发铺设下基础，而事后证明是相当残酷的剥削。在很大程度上，是金矿矿工和寻找煤的人开辟了深入新几内亚隐秘地方的道路。多数南极探险所倚仗的是来自慈善家和商人以及公共募捐的独立资助。斯科特探险最大的捐助者是一个对这项事业没什么明显兴趣的涂料生产商。德国和日本政府都资助过完整的探险活动。英国政府为斯科特的首次探险提供了一半的资金，并为其他探险提供了补助。法国、墨西哥、巴西、智利、阿根廷、新西兰、澳大利亚政府都为私人探险提供过补充性的赞助。

新闻媒体也发挥了重要作用。报纸、出版人以及到斯科特时已经有了的电影公司都曾花钱写过、出版过或是拍摄过探险故事。亨利·斯坦利探险最大的赞助人就是美国报业巨头。《晨报》为夏科探险而从读者那里征集款项。并不仅仅是探险者需要钱，组织探险的机构通常是传教士群体或是学术地理社团，他们也竞争公共募捐。所以，没有好文章，也就没有钱给探险者。[90]没有好故事和荣耀的英雄，公众支持和兴趣就会大大减弱。于是就出现了夸张与伪善，墨水与鲜血也浪费无数。

赞助金的来源使探险偏离了科学的目标，取而代之的是冒险强行前进，那么多远征的最后阶段都变成了"冲锋"。亚孟森就曾承认说他们将追求轰动置于科学之上，但像他这样坦白的并不多。更常见的是如道格拉斯·莫森这样假装科学和冒险不可分离的逃避者。英国皇家地理学会的领导团体依然是斯科特时代世界上最热诚的探险支持者，他们依然毫不动摇地坚持自己的立场，认为科学结果的价值是评判探险的唯一标准。斯科特似乎也的确认同这一观点，可是看到闪耀的冰地，当追寻的味道直冲他的鼻尖，他就忘记了"我们的职责非常清楚……就是在环境允许的范围内，尽可能多地获取科学成就"，[91]而是尽其所能地投入前往极点的竞赛。虽然皇家地理学会还是将科学放于首位，但是不用怀疑的是它们自己也需要资金，这种需要拉扯着协会的心：协会需要有"éclat and succès d'estime"的探险者，用英语来说就是有辉煌成就和引起轰动的探险者。无论何时，只要是需要鼓动公众，其他目的就会自然退后，而成为爱国主义竞争的竞技场。亚孟森狂热地描绘当他年轻的国家的"亲爱的旗帜"飘扬在南极上空时的景象。在他向旗帜致辞中的有关片断，他叙述中的最后短诗的修辞手法自然天成，激动人心，产生了令人吃惊的效果。探险家中了肾上腺素的毒。"没有新的激动人心的经历的日子，"安邺发现，"让人失望。"[92]

从科学的角度来说，继斯科特失败之后，沙克尔顿试图跨越南极的探险时毫无意义的，这是纯粹的冒险，成了又一次英勇的失败。探险刚一开始，远征队就陷入了悲痛之中，但是领队乘敞舱船前往南乔治亚岛寻求帮助，以及回来营救被困船员的了不起的航海故事让一切看起来似乎是辉煌壮丽。道格拉斯·梅森是沙克尔顿早期探险的同伴，他对将那么多的探险者骗去轻率冒险很是困惑："科学和探险从来都并行不悖，而且对自然现象理论原理的渴望正是根源于'热爱冒险'这一无法抑制的力量。"[93] 1911—1914年，沙克尔顿带着自己的探险队，怀着绘制与澳大利亚遥遥相对的南极的地图的想法前往南极，而实际上，这是为澳大利亚人要在潜在的战利品中分得一杯羹埋下伏笔。在他努力建立地区最东边境的时候，粮食吃完了，他埋葬了部下，吃掉了他的狗，忍饥挨饿，患了坏疽病，终于挣扎着回到了营地。

湄公河中游上的探险家安邺也表现出惊人的鲁莽。他用枪顶着当地船夫，强迫他们用划桨的小船渡他穿越普雷特庞河奔腾咆哮的险滩，千方百计沿河流西岸奔驰30英里。安邺借口说他是为了验证一下这条河是否果真如向导所言：顺流而下太危险，逆流而上太费力。他完全可以接受当地人的知识，但是正如他在其他地方承认的那样："我已经习惯了听到当地人预测种种后来却遇不到的困难，所以我从不把反对放在心上。"[94]可是，后来在命悬一线死里逃生后，他开始相信他的信息员的意见是对的。

对一些探险者而言，死亡却是他们事业的动力。探险中他们无视彼此的生命，令人心惊。他们的榜样几乎都是那些"献出了生命"的探险家：库克、拉彼鲁兹、派克、莱恩、利文斯敦的影响投射在每一个后来探险者

第九章 全球化

约1850—约2000年：日趋狭窄的地平线

的墓碑上。安邺和他的同伴从1861年死在老挝深处的孤独的法国博物学家亨利·穆奥那里汲取了精神力量。斯科特和他的同伴则制造了"冒险"风潮。他们最终的死亡掩盖了他们的失败，成就了一种荒谬的成功。1910年当面对新几内亚中部的死亡，年轻的唐纳德·麦凯[95]写道："我想如果我必须要荡过山崖，我出发远征参加这伟大冒险的时候就不会背运了。奇怪的是，最终，每个人都得探索未知。"这是男孩子"特有的想法"，深植于当时青少年文学读者心中。对于从来没有长大的彼得·潘来说死亡就是"一场超级大冒险"。

很清楚，从某个角度来看，科技改变了探险：它重新定向，为工业服务，探险所及之深度和广度大大增加，人们炸掉了斯坦利港的岩石，挖掘隧道、削山平地，并最终搞清楚了地球上所有可达之处的气候、深浅和高矮。可也许正是因为冒险精神的盛行和浪漫主义的包装，一些技术革新影响缓慢。斯皮克穿着三件套的粗花呢衣服发现了尼罗河的源头，而有意避开热带服饰。伯特伦·托马斯想用老式探险精神在阿拉伯探险，而不愿让科技毁了其中的乐趣。甚至是到了20世纪60年代，约翰·汉明和他的同伴在巴西还是在使用自18世纪以来就一直未变的天体观察法和三角测量法，所用仪器和之前的那个时代并没有大的不同。

当然，日益扩大的技术差距也起到了使人印象深刻、恐吓、贿赂或是攻击当地人的作用，否则他们可能阻碍探险。但是一些现代化的小把戏往往最有用。托马斯假装他闪闪发光的假牙有神奇的魔力。在北美西南部莫哈韦人中进行惠普尔铁路勘测的蒂德博尔中尉也是一样。[96]新几内亚的淘金人迈克尔·莱希是最后一个利用他嗒嗒作响的假牙的探险者。赫定发现自己的怀表对西藏守卫很起作用，"他们没法理解为什么表针能够一直动……我就告诉他们这里有一个小小的神"。[97]安邺和他的同伴向老挝孔岛的地方长官炫耀他们的勘测设备，非常有效，这让这些长官们"非常确定，佛一定是出生在法国"。[98]

然而，随着科技进步，随着地图上未探明的地方不断减少，白人探险者对当地向导的依赖也越来越少,或者说,这些探险者对向导的尊重在减少。他们把为印度勘测者收集西藏资料的"本地专家"看作是没受过什么教育的零工。弗朗西斯·安邺穿越普雷特庞河湍流时的举动就是不把向导当作一回事的典型:河流以每小时6到7英里的速度奔流,"时间太晚没法掉头","要不是得全神贯注研究我眼前这段河流,这些划船人的滑稽的痛苦一定会让我开怀大笑的"。[99]佛利蒙用了很多印第安人向导,但他用得更多的还是知道道路但不知道如何绘制地图的白人捕猎者和探矿者。斯文·赫定的塔格里克人向导想偷赫定的东西,赫定发现"他们的偷窃技术似乎和向导技能一样差"。[100]惠普尔的勘测员出发时没带向导,只有一个"根本不认路的墨西哥小男孩"同行。[101]在新墨西哥的小科多拉多以外,他们靠的是捕兽人。虽然如此,他们在其他方面仍需要当地人的帮助。在他们接近科罗拉多时,要是没有来自莫哈韦人的食物,舍伯恩写道,"不知道我们怎么才能活下去"。[102]

此外,探险者和当地人相处也是个麻烦,特别是在巴西以及新几内亚那些接触最密集的地方。这些地方,即便是相邻地区的语言也存在相当大的差异,互不相通:这本身就是长期以来文化差异的一部分。毫无疑问,误会一定是司空见惯,正如我们看到的那样,无法互通的手势让巴西当地人之间也少有接触。维拉·博厄斯兄弟用尽方法来表达自己的和平用意——挥舞礼物、进行拥抱——一般来说,还是能让当地人理解他们的想法。不应该低估肢体语言的力量,特别是在一些可以混用肢体语言的地方。斯坦利对他1888年使用时间不长的俾格米向导十分满意,他们的交谈就表明了肢体语言使用的广度:

"离下一个能找到食物的村子还有多远?"他把右手斜放在左手腕上。(还要走两天多)

"在哪个方向?"他指了指东边。

"到伊瑚鲁还有多远?"

"哦!"他用右手滑过肘关节——也就是双倍的距离——四天。

第九章 全球化
约1850—约2000年：日趋狭窄的地平线

"北边能找到食物吗？"他摇了摇头。

"西边和西北方向呢？"他摇了摇头，并且用手示意，好像是扫下去了一堆沙子。

"为什么？"

他用两只手一起示意，好像是手中握着一支枪的样子，嘴里说："嘟……！"

"这附近还有'嘟'吗？"他向上看，一下笑了起来，就好像是伦敦卖弄风情的女人有点狡猾的样子，好像在说，"哦！你还不知道吗？你这个淘气的家伙，干嘛拿我开玩笑呢？"

"你能告诉我们怎么去到那个能找到食物的村子吗？"

他快速地点了点头，拍了拍他圆圆的肚子，意思是："没问题，因为这样我就能吃一顿饱饭，这儿"——他轻蔑地笑了笑，用大拇指指甲按着食指的第一个关节——"芭蕉只有这样大，但那儿，他用两只手紧紧地抱着腿肚子，可有那么大呢。"

"哦，简直是天堂！"众人叫道，"香蕉像人腿那么粗！"[103]

"劳森中尉"确实是个骗子——可是他说能和新几内亚当地人交谈，这种说法没有《泰晤士报》所说的那么夸张。

◆ 还有什么? ◆

"还有什么？"这是约翰·汉明担任皇家地理学会会长期间，"受过良好教育、聪明智慧或是好心善意的人们"常会问到的问题。汉明对这样的问题很是惊讶。"一些人走出自己所在的社会，在已知世界之外深入探究、取得发现，然后回来向自己所在社会中的人讲述那里的一切"，在汉明看来即便是在这个星球，未知的世界也在不断出现，不断变化，总是有工作可做，演化从未停止。新物种出现，旧物种灭绝；文化变得面目全非。气候的变化也从未停止，生态系统不断地自我变革。地形变化使陆地情态、水系河道随之不停变化。科技使环境得以利用，产品得以开发，事物得以以新的方式——或是更近，或是新角度——进行观察。在汉明的经验里，20世纪是发现的"黄金时代"。[104]世界最高的山峰——超过8000米高的庞然大物——的征服还要等到20世纪50年代,那之前没有征服者能活着回来讲述他们的故事。据我们所知,直到2004年才有人航行过白尼罗河和青尼罗河全程。

深海、地壳之下、雨林林冠以及上层大气的探索都还处在刚刚起步阶段。我们已经为全球表面绘制了地图,可是对生物圈却还很少触及。大多数物种还都没有描述,尚待归类。

然而,主要的具有历史意义的探险工作和地图绘制已经完成,远至19世纪中叶之前的工作明显已经几近结束。连通世界、环绕世界的道路已经全部各就各位。当下,全球化正在把曾分离的族群再次连成一个世界。这一章是本书的结尾。地平线在缩窄,边远地区不复存在。冒险已经渐渐远去。甚至真正的未知世界也可预言:摄像机、无线天文望远镜在宇航员、潜水员之前就已经出发。早先的探险者没有雷达,也没有自动仪器,没有任何警示,他们真的不知道在下一座山、下一波浪边会有什么。这样一比,宇航员的条件似乎被溺爱得令人乏味。科技扼杀了浪漫。很久以前就有人预见到了这一点。早在1933年,后来成长为知名游记作家,但当时还只是个记者新手的彼得·弗莱明就意识到:

老式的冒险业已过时,它或者转升为专家的工作,或是退化成哗众取宠的阻碍……当然,还是有一种类型的冒险大量存在。加以关注,你甚至可以赚到钱,因为任何曾经不可能实现或是完全无用的开拓都很容易吸引到公众的注意。哪怕你仅仅是成为首位环马恩岛游泳两圈的未婚母亲,就足以能为你在综艺剧院短暂的辉煌制造噱头。任何一个沿中国长城倒开知名汽车的人也一定能拿到酬赏。你还可以在最好的历史事迹中寻找表演机会,你也可以用不同的方式试试前辈的探险,杀杀他们的威风。例如他们乘小船沿河而上,你就可以用更小的船试试,如果他们穿越沙漠用了5个月,你就可以试试看是不是4个月就能完成。[105]

也许我们不该为冒险取代了探险,或是曾经的科学退化成为"技巧秀"而苦恼埋怨。这本书一定要讲的一课就是探险曾经是蠢行跋涉,几乎每一点进步都建立在之前尝试向前的失败之上。探险者通常要么古里古怪、有些怪癖、不切实际，要么就是些浪漫主义者、向上爬的人或是社会遗弃者，再要么就是希望逃避限制、躲开无聊常规的人。他们往往会扭曲现实，在脑海中对现实有别样描绘，他们共同的最有用也是最没用的缺点就是过于野心勃勃。除了知识和丰富文化以外，造成轰动、成为头条以及变成热门人物总在他们目标之列。即便是当前，当我们家门口还有那么多的事情值得完成，当我们对自己的生物圈还所知甚少时，我们却浪费数十亿金钱在空间探索这一蠢行上，这似乎与我这本书所一直追索的过去一脉相承。如果空间探索能够使人们与其他星系的非人类取得联系，我想到时我就不得不再加一章，承认说本书的探险者尚未完成他们的工作，还没有建成所有文化融合之路。事实上，这正是巨蟒剧团主张继续进行地球外探险的理由。让我们和它的领唱、词作者埃里克·艾多尔一起企盼外星的智能生命存在吧，因为在亲爱的老地球上"这里什么也没有"。

本章文献索引

1. See above, p. 47.
2. Above, pp. 54–7.
3. Above, p. 51.
4. Above, p. 47.
5. Above, pp. 5–6.
6. F. Relaño, *The Shaping of Africa* (Aldershot, 2002), 198.
7. N. R. Bennett, *Arab versus European: Diplomacy and War in Nineteenth-Century East Central Africa* (New York, 1986), 47.
8. R. Burton, *The Lake Regions of Equatorial Africa* (London, 1860), 401.
9. O. Ransford, *David Livingstone: The Dark Interior* (London, 1978).
10. *The Last Journals of David Livingstone in Central Africa,* ed. H. Waller, ii (London, 1874), 296.
11. D. Livingstone, *Missionary Travels and Researches in South Africa* (London, 1857), 673.
12. Ibid. 675.
13. Quoted in A. Ross, *David Livingstone: Mission and Empire* (London, 2005), 187.
14. H. M. Stanley, *How I Found Livingstone* (London, 1872), pp. xviii, 309.

15. Ibid. 411–12.
16. Quoted in M. Osborne, *River Road to China* (London, 1975), 32.
17. F. Garnier, *Voyage d'exploration en Indochine,* ed. J.-P. Gomane (Paris, 1985), 43.
18. A. Briggs, *Victorian Cities* (Harmondsworth, 1968), 278–302.
19. A. Moorehead, *Cooper's Creek* (London, 1963), 139.
20. Above, pp. 317–19.
21. *Explorations in Australia: The Journals of John McDougall Stuart,* ed. W. Hardman (London, 1964), 453, 460, 466.
22. Ibid. 482.
23. G. H. Wilkins, *Undiscovered Australia* (London, 1928).
24. G. Souter, *New Guinea: The Last Unknown* (London, 1964),4.
25. Ibid. 80.
26. Ibid.
27. Ibid. 85.
28. D. G. Hogarth, *The Penetration of Arabia* (London, 1904), 325–6.
29. B. Thomas, *Alarms and Excursions in Arabia* (London, 1931), 257.
30. B. Thomas, *Arabia Felix* (London, 1932), p. xxvii.
31. Ibid., p. xxv.
32. Thomas, *Alarms and Excursions,* 257.
33. Thomas, *Arabia Felix,* 251.
34. S. Hedin, *A Conquest of Tibet* (London, 1935), 71–2.
35. Ibid. 104–5.
36. J. Bedier (ed.), *High Road in Tartary* (New York, 1948), 208.
37. T. Holdich, *Tibet, the Mysterious* (London, 1906), 225–6.
38. Ibid. 113.
39. Ibid 214.
40. P. Fleming, *Bayonets to Lhasa* (London, 1961), 232–3, 240.
41. Above, p. 325.
42. Fleming, *Bayonets to Lhasa,* 166.
43. J. C. Frémont, *Narratives of Exploration and Adventure,* ed. A. Nevins (New York, 1958), 136
44. Ibid. 243.
45. Ibid. 424.
46. Above, p. 327.
47. W. H. Goetzmann, *Exploration and Empire: The Explorer and the Scientist in the Winning of the American West* (New York, 1966), 270.
48. Ibid. 279.
49. Ibid. 257.
50. H. B. Mölhausen, *Diary of a Journey from Mississippi to the Coasts of the Pacific,* 2 vols.

(New York, 1969), ii. 335–6; J. P. Sherburne, *Through Indian Country to California: John P. Sherburne's Diary of the Whipple Expedition, 1853–4,* ed. M. McDougall Gordon (Stanford, Calif., 1988), 212.

51. W. H. Goetzmann, *Army Explorations in the American West 1803–63* (New Haven, 1959), 263–6.
52. Ibid. 343.
53. J. W. Powell, *The Exploration of the Colorado River and Its Canyons* (New York, 1997), 247, quoted in Goetzmann, *Exploration and Empire,* 549; D. Worster, *A River Running West: The Life of John Wesley Powell* (New York, 2001), 184–5.
54. Worster, *River Running West,* 183.
55. G. R. Taylor, *The Transportation Revolution* (New York, 1951), 113–4.
56. R. E. Peary, *Nearest the Pole* (New York, 1907), 125.
57. J. E. Weems, *Peary: The Explorer and the Man* (Boston, 1967), 270.
58. Above, pp. 316–7.
59. W. G. Burns Murdoch, quoted in M. H. Rosove, *Let Heroes Speak* (Annapolis, Md., 2000), 57.
60. M. Jones, *The Last Great Quest* (Oxford, 2003), 51.
61. Rosove, *Let Heroes Speak,* 67.
62. R. F. Scott, *The Voyage of the Discovery* (London, 1905), ii. 32.
63. Ibid. i. 467–8.
64. R. F. Scott, *Scott's Last Expedition,* ed. L. Huxley (London, 1913), i. 605–7.
65. Rosove, *Let Heroes Speak,* 181.
66. Ibid. 192.
67. R. Vaughan, *The Arctic: A History* (Dover, NH, 1994), 240.
68. J. A. Lawson, *Wanderings in the Interior of New Guinea* (London, 1875), 13.
69. Above, pp. 36, 60–1.
70. H. E. M. Stanley, *In Darkest Africa,* 2 vols. (London, 1890), i. 198, 353.
71. Ibid. ii. 40–1.
72. Ibid. ii. 44.
73. Souter, *New Guinea,* 154.
74. B. Connolly and R. Andersen, *First Contact* (New York, 1987), 9.
75. Ibid. 180.
76. Ibid. 24.
77. Ibid. 29.
78. Ibid. 181–2.
79. R. Hemley, *Invented Eden: The Elusive, Disputed History of the Tasaday* (New York, 2003).
80. J. Hemming, *Die If You Must: Brazilian Indians in the Twentieth Century* (London, 2003), 17.
81. Ibid. 30.

82. Ibid. 149.
83. J. Hemming, *The Golden Age of Discovery* (London, 1998), 19.
84. Hemming, *Die If You Must,* 286–7.
85. E. Brooks *et al., Tribes of the American Basin in Brazil in 1972: Report for the Aborigines Protection Society* (London, 1973), 1.
86. R. Hanbury-Tenison, *A Question of Survival for the Indians of Brazil* (New York, 1973), 45–76.
87. Hemming, *Die If You Must,* 348.
88. Ibid. 404.
89. Ibid. 635.
90. B. Riffenburgh, *The Myth of the Explorer: The Press, Sensationalism and Geographical Discovery* (Cambridge, 1994).
91. Jones, *Last Great Quest,* 75.
92. Osborne, *River Road to China,* 87.
93. Quoted in Rosove, *Let Heroes Speak,* 242–3.
94. Osborne, *River Road to China,* 75.
95. Souter, *New Guinea,* 103.
96. Sherburne, *Through Indian Country,* 198.
97. Hedin, *Conquest of Tibet,* 156.
98. Garnier, *Voyage d'exploration,* sig. G54.
99. Ibid. 43–4.
100. Hedin, *Conquest of Tibet,* 27.
101. Sherburne, *Through Indian Country,* 61.
102. Ibid. 184.
103. Stanley, *In Darkest Africa,* i. 42–3.
104. Hemming, *Golden Age of Discovery,* 8.
105. P. Fleming, *Brazilian Adventure* (London, 1933), 28–30.

译名表

本书译名除生僻词外，优先采用常见通用译法，并参考了中国地名委员会编《外国地名译名手册》（商务印书馆1993年12月第1版）和新华通讯社译名室编《英语姓名译名手册》（商务印书馆2004年1月第4版）。本表中文译名以《汉语拼音方案》字母表的顺序排列，书名、条约名的译名在本表最后部分。

A

阿巴拉 Abhara
阿巴拉契亚部落 Appalachee
阿贝·步日耶 Abbé Breuil
阿巴拉契亚山脉 Appalachian(s)
阿比西尼亚(人) Abyssinia
阿波罗尼 Apollonius
阿波市 Awa
阿博特 Abbott
阿卜杜拉希 Abdallahi
阿布辛贝勒 Abu Simbel
阿达华巴 Atahualpa
阿黛尔 Adel
阿德莱德 Adelaide
阿德雷地 Terre Adelie
阿德里安 Adelian
阿地苏 Adil
阿尔伯特王子 Prince Albert
阿尔布开克 Albuquerque
阿尔丹（河） Aldan
阿尔贡金语 Algonquian
阿尔汉格尔 Archangel
阿尔金 Arguim
阿尔默湖 Aylmer Lake
阿尔奇多纳 Archidona
阿尔泰山脉 Altai Mountains
阿尔瓦罗·德·孟丹努厄 Alvaro de Mendana
阿尔瓦诺·德·萨阿维加 Alvaro de Saavedra
阿尔维塞·达·莫斯托 Alise da Mosto

阿方索·德·阿尔布克尔克 Afonso de Albuquerque
阿方索·德·帕伊瓦 Afonso de Paiva
阿方索十一世 Alfonso XI
阿方索五世 Afonso V
阿甘东尼奥 Arganthonios
阿加塔尔西提斯 Agatharchides
阿卡普尔科 Acapulco
阿克曼 Acoman
阿肯色（河） Arkansas
阿拉多 Allado
阿拉贡 Aragon
阿拉瓜亚（河） Araguaia
阿拉斯加 Alaska
阿拉约卢什 Arraiolos
阿拉泽亚河 Alazeya River
阿雷荷·加西亚 Alejo Garcia
阿里阿德涅 Ariadne
阿里桑德罗·马拉斯皮纳 Alessandro Malaspina
阿留申 Aleut
阿隆索·德·阿雷利亚诺 Alonso de Arellana
阿隆索·德·奥赫达 Alonso de Ojeda
阿隆索·德·昆坦尼拉 Alonso de Quintanilla
阿隆索·德·圣克鲁兹 Alonso de Santa Cruz
阿隆索·维莱兹·德·门多萨 Alonso Vélez de Mendoza
阿玛迪奥·皮迪特堡 Amadeo Petitbò
阿玛迪斯 Amadis

阿美里戈·韦斯普奇 Amerigo Vespucci
阿门宗派 Amish
阿蒙·拉 Amun-Re
阿米尔·惠普尔 Amiel Whipple
阿姆斯特丹 Amsterdam
阿穆尔（河） Amur
阿纳德尔（河） Anadyr
阿纳萨奇 Anasazi
阿尼安海峡 the Strait of Anian
阿普雷（河） Apure
阿萨·惠特尼 Asa Whitney
阿萨巴斯卡湖 Lake Athabasca
阿萨姆 Assam
阿散蒂 Asante
阿瑟·爱文斯 Arthur Evans
阿斯特拉罕 Astrakhan
阿特拉斯山 Atlas mountains
阿瓦·努涅斯·卡贝扎·德·瓦卡 Ivar Núez Cabeza de Vaca
阿瓦库姆·彼得罗维奇 Avvakum Petrovich
阿亚蒙特 Ayamonte
阿伊努人 the Native Ainu
阿兹特克 Aztec
埃尔米纳 Elmina
埃尔南多·德·阿拉孔 Hernando de Alarcón
埃尔南多·德·卢克 Hernando de Luque
埃尔图 El Tur
埃拉托色尼 Eratosthenes

埃里伯斯火山 Mount Erebus
埃里克 Erik
埃里克·艾多尔 Eric Idle
埃米尔 Emir
埃斯蒂凡·戈美斯 Estêvão Gome
埃斯卡兰蒂（河） Escalante
埃斯皮里图桑托（岛） Espíritu Santo
埃特纳火山 Mount Etna
埃伊纳（岛） Aegina
艾奥 Io
艾德温·韦尔奇 Edwin Welch
艾弗里亚·赛勒比 Evliya Celebi
艾弗林溪 Evelyn Creek
艾格兰·多尔耶夫 Agran Dorjiev
艾哈迈德·贝勒 Ahmad Bello
艾哈迈德·伊本·马吉德 Ahmad ibn Majid
艾丽斯泉 Alice Springs
艾敏·帕夏 Emin Pasha
艾慕黑·比高德 Aimery Picaud
艾希路（岛） Hierro
艾因哈德 Einhard
爱奥尼亚 Ionia
爱德华·布朗斯菲尔德 Edward Bransfield
爱德华·赖特 Edward Wright
安布鲁斯·阿尔芬格 Ambrose Alfinger
安达卢西斯 Andalusis
安达卢西亚 Andalusian
安达曼群岛 the Andaman Islands
安德雷斯·德·托莱多 Andrés de Toledo
安德烈·德裕 Andre Thevet
安德烈斯·德·乌尔达内塔 Andres de Urdaneta
安德鲁·巴德勒 Andrew Batell
安第斯地区 Andean lands
安东 Anton
安东尼奥·德·阿拉米诺斯 Antonio de Aliminos
安东尼奥·德·贝里奥 Antonio de Berrio
安东尼奥·德·马切纳 Antonio de Marchena

安东尼奥·德·乌洛亚 Antonio de Ulloa
安东尼奥·德·乌约 Antonio de Ulloa
安东尼奥·费尔南德斯 António Fernandes
安东尼奥·柯瑞姆 António Cotrim
安东尼奥·拉珀索·塔瓦雷斯 António Raposo Tavares
安东尼奥·玛尔凡特 Antonio Malfante
安东尼奥·皮加费塔 Antonio Pigafetta
安东尼奥·皮内达 Antonio Pineda
安东尼奥托·迪·乌索迪马雷 Antoniotto di Usodimare
安东尼斯·冯·狄孟 Antonis van Diemen
安格尔西 Anglesey
安加拉（河） Angara
安加马 Angiama
安杰迪瓦群岛 Anjediva Islands
安卡贝拉多斯 Encabellados
安纳法斯·帕什耶夫 Anafasy Pashkov
安纳托利亚 Anatolia
安南 Annam
安塞姆·德·伊扎尔盖 Anselme d'Isalguier
安提俄克 Antioch
安提瓜（岛） Antigua
安提利亚（岛） Antillia
安西 An-hsi
盎格鲁亚速尔人 Anglo-Azorean
奥茨上尉 Captain Oates
奥得（河） Oder
奥德（河） Aude
奥蒂桑 Ottisand
奥尔巴尼 Albany
奥尔堡 Aalborg
奥尔良公爵 the duc d'Orleans
奥古斯都 Augustus
奥古斯特·彼得曼 August Petermann
奥果韦河 the Ogowe River
奥克尼群岛 the Orkneys
奥克萨卡 Oaxaca
奥阔姆佛·奥赛·图图一世 Otumfuo Osei Tutu I
奥莱比 Oraibi

奥兰多和克罗的奥·维拉斯·博厄斯兄弟 the brothers Orlando and Cláudio Vilas Boas
奥兰治（河） Orange
奥里尔·斯坦因 Aurel Stein
奥里诺科（河） Orinoco
奥里希（县） Aurich
奥斯特洛加 Ostrogard
奥图大帝 Caesar Otto
奥托·冯·埃勒斯 Otto von Ehlers
奥托·冯·科策布 Otto von Kotzebue
奥雪来嘉（镇） Hochelaga
奥约省 Oyo

B

巴布亚湾 Gulf of Papua
巴达维亚 Batavia
巴尔喀什湖 Lake Balkhash
巴尔特 Barth
巴芬岛 Baffin Island
巴哈杜尔可汗吉拉尼 Bahadur Khan Gilani
巴哈马（群岛） Bahamas
巴拉圭-巴拉纳（河） Paraguay-Paraná
巴拉纳州 Paraná
巴米扬 Bamiyan
巴姆巴 Bamba
巴塞 Bassac
巴塞洛缪·戈斯诺尔德 Bartholomew Gosnold
巴斯克 Basque
巴塔哥尼亚 Patagonia
巴托洛梅·德·拉斯·卡萨斯 Bartolomé de Las Casas
巴托洛梅·鲁兹 Bartolome Ruiz
巴托洛梅奥·佩雷斯特罗 Bartolomeo Perestrelo
巴托洛梅乌·迪亚斯 Bartolomeu Dias
巴耶济德一世 Bayezid I
白古 Pegu
白海 the White Sea
白令岛 Bering Island
白令海峡 Bering Strait

译名表

白尼罗河和青尼罗河 the Blue and White Niles
白沙瓦 Peshawar
柏柏尔人 Berber
柏柏尔语 Berber-speaking
柏拉特河 the River Plate
拜里迷苏拉 Paramesvara
班贝格 Bamberg
班达海 Banda
班图语 Bantu-speaking
班韦乌卢湖 Lake Bangweulu
邦度 Bondu
包华顿 Powhatan
保罗·达尔·波佐·托斯卡内利 Paolo del Pozzo Toscanelli
保罗·瑞考特 Paul Rycaut
北岛 North Island
北海 North Sea
圣劳伦斯流域 the St Lawrence valley
贝德福德角 Cape Bedford
贝都因人 the Bedouin
贝加尔湖 Lake Baikal
贝拉瓜斯（省） Veragua
贝伦港 Belem
贝拿勒斯 Benares
贝内代托·代 Benedetto Dei
贝纳贝纳 Bena Bena
贝宁 Benin
贝努埃（河） Benue
奔亚（河） Benya
本·芬尼 Ben Finney
本吉拉 Benguela
本杰明·布里格斯 Benjamin Briggs
本图阿里（河） Ventuari
本州（岛） Honshu
比奥-比奥（区） Bío-Bío
比布洛斯 Byblos
比尔卡班巴 Vilcabamba
比格尔（海峡） Beagle
比哈尔 Bihar
比利牛斯（山脉） Pyrenees
比米尼 Bimini
比斯开湾 the Bay of Biscay
比雅尼·何尔约夫森 Bjarni Herjòlfsson

彼得·弗莱明 Peter Fleming
彼得·潘 Peter Pan
彼尔姆 Perm
彼特拉克 Petrach
俾格米人 Pygmy
俾路支（省） Baluchistan
俾斯麦群岛 Bismarck Archipelago
俾斯麦山脉 Bismarck Range
毕奇 Beechey
碧波地博物馆 the Peabody Essex Museum
槟榔屿 Penang
冰海 Icy Sea
波的尼亚湾 the Gulf of Bothnia
波多兰 Portolan
波多韦柳 Porto Velho
波尔多 Bordeaux
波弗特海 Beaufort Sea
波哥大 Bogotá
波吉查（王国） Pogycha
波焦·布拉乔利尼 Poggio Bracciolini
波卡 Polca
波利多尔·维吉尔 Polydore Vergil
波利尼西亚 Polynesia
波路国 Balkh
波美拉尼亚 Pomerania
波纳佩（岛） Pohnpei
波士顿 Boston
波斯湾 Persian Gulf
波斯御道 Persian royal roads
波托马克（河） Potomac
伯朝拉（河） Pechora
伯克和威尔斯 Burke and Wills
伯特伦·托马斯 Bertam Thomas
伯祖布格·伊本·沙赫里亚尔 Buzurg ibn Shahriyar
博尔努 Bornu
博哈多尔角 Cape Bojador
博哈门迪 Bermendi
博洛尼亚 Bologna
博萨 Boussa
博塔，P.-E. Botta P.-E.
薄伽丘 Boccaccio
不来梅 Bremen
不老泉 the Fountain of Youth

布尔人 Boers
布干达 Buganda
布哈拉 Bokhara
布济（河） Busi; Buzi
布拉·马塔瑞 Bula Matari
布莱 Bligh
布兰登 Brendan
布兰登堡 Brandenburg
布朗，W. G. Browne W. G.
布雷地区 Bure region
布雷顿角 Cape Breton
布里斯托尔 Bristol
布里亚特人 Buryats
布列塔尼 Brittany
布鲁日 Bruges
布罗丁奈格 Brobdingnag
布萨（河） Bussa
布希亚半岛 Boothia Peninsula

C

查尔斯·道蒂 Charles Doughty
查尔斯·德·布罗斯 charles de Brosses
查尔斯·狄更斯 Charles Dickens
查尔斯·卡里乌斯 Charles Karius
查尔斯·斯德特 Charles Sturt
查尔斯·威尔克斯 Charles Wilkes
查尔斯顿 Charleston
查尔斯-玛丽·德·拉孔达明 Charles-Marie de La Condamine
查尔斯五世 Charles V
查尔斯镇 Charles Town
查科 Chaco
查普曼 Chapman
查塔胡奇（河） Chatahoochie
查塔库 Chatacuy
查塔姆（群岛） Chatham
察卡巴尔 Zeker–Baal
长发公主 Rapunzel
赤塔 Chita
楚科奇 Chukchi
茨瓦纳人 Tswana
崔斯特瑞姆 Tristram

D

达贝巴 Dabeiba
达尔富尔 Darfur
达荷美（共和国）Dahomey
达克特 Ducat
达累斯萨拉姆 Dar es Salaam
达连省 Darién
达令（河）Darling
达斡尔族人 Daur tribes
达乌里亚 Dauria
达西妮亚 Dulcinea
鞑靼地区 Great Tartary
大澳洲洋流 Great Australia current
大博 Dabhol
大凑 Ominato
大法里尼 Great Farini
大分水岭 Great Dividing Range
大湖区 Great Lakes
大加那利（岛）Gran(d) Canaria
大津巴布韦遗址 the ruins of Great Zimbabwe
大卡萨斯 Casas Grandes
大马士革 Damascus
大魔头 Demon Master
大奴湖 the Great Slave Lake
大盆地 the Great Basin
大同 Tatong
大宛 Ferghana
大峡谷 the Grand Canyon
大夏 Bactria
大熊湖 Gt. Bear Lake
大盐湖 Salt Lake
大鱼河 the Great Fish River
大爪哇 Java la Grande
戴斯蒂诺 Destino
戴维·杜·维维亚 David du Vivier
戴维·冯·尼昂戴尔 David van Nyendael
戴维·利文斯敦 David Livingstone
戴维·麦克布莱德 David MacBride
戴维斯海峡 Davis Strait
丹德 Dande
丹吉尔 Tangier
当特尔卡斯托群岛 Entrecasteaux Isles
道格拉斯·莫森 Douglas Mawson
德布尔 Daybul
德干 Deccan
德亨（河）Dihong
德拉瓜湾 Delagoa Bay
德拉河 Wad Draa
德拉肯斯堡（山脉）Draksenberg
德拉维拉角 Cabo de la Vela
德雷克海湾 Drake's Bay
德里 Delhi
德利尔神父 Abbé Delille
德罗戈城堡 Castle Drogo
德日进 Pierre Teilhard de Chardin
德维希·贝克尔 Ludwig Becker
的的喀喀湖 Lake Titicaca
登基拉（王国）Denkyira
邓迪号 Dundee
堤亚纳 Triana
狄德罗 Diderot
狄克逊·德纳姆 Dixon Denham
迪奥戈·德·巴拉朵斯 Diogo de Barrados
迪奥戈·哥斯 Diogo Góes
迪奥戈·泽依莫托 Diogo Zeimoto
迪奥格·西蒙斯·德·马德拉 Diogo Simões de Madeira
迪斯科岛 Disko Island
迪耶普 Dieppe
迪约戈·德·席尔维斯 Diogo de Silves
笛卡儿 Descartes
底比斯 Thebes
底格里斯（河）Tigris
地中海东部沿岸诸国和岛屿 Mediterranean Levant
第勒尼安（海）Tyrrhenian
第乌 Diu
蒂德博尔中尉 Lieutenant Tidball
蒂多雷（岛）Tidore
蒂卡尔 Tikal
蒂亚瓦纳科 Tiahuanaco
迭戈·德·阿尔马里奥 Diego de Almagro
迭戈·德·莱佩 Diego de Lepe
迭戈·罗杰斯 Diego Rojas

东部群岛 the Eastern Archipelago
东非大裂谷 the Rift Valley
东格陵兰洋流 East Greenland cuuent
东京湾 Gulf of Tonkin
东西伯利亚海 the East Siberian Sea
独立城 Independence
杜哈得 du Halde
杜华德国王 King Duarte
杜罗（河）Duero
顿河 Don
多尔西峰 Dorsey Head
多贡族 Dogon
多洛雷斯 Dolores
多米尼加 Dominica
多明哥·德·拜尔瓦 Domingo de Brieva
多明哥·德·伊哈拉 Domingo de Irala
多明哥·德拉卡尔萨达 Domingo de la Calzada
多纳科纳 Donnaconna
多娜·贝琪兹·德·博巴迪拉 Dona Beatriz de Bobadilla
多娜·伊莎贝拉·巴雷托 Dona Isabel Barreto
多瑙河流域 Danube valley
朵罗瑞斯·依格拉斯 Dolores Higueras

E

俄斐 Ophir
俄亥俄（河）Ohio
俄勒冈地区美国鼓励移民协会 the American Society for Encouraging the Settlement of the Oregon Territory
额济纳 Edsin Gol
厄瓜多尔 Ecuador
厄立特里亚海 Erythraean
鄂毕（河）Ob
鄂霍次克 Okhotsk
恩德贝勒人 the Ndebele
恩东戈 Ndongo
恩加米湖 Lake Ngami
恩坎特湾 Encounter Bay
恩里克三世 King Enrique III
恩提姆·吉亚卡里 Ntim Gyakiri
恩辛加女王 Njinga

F

法戴·别林斯高津 Faddei Bellingshausen
法兰士约瑟夫地 Franz Josef Land
法罗群岛 Faeroes
法特康达 Fatteconda
法希尔 El Fasher
菲利伯特·柯默森 Philibert Commerson
菲利普 Pelipe
菲利普·加特利 Philip Carteret
菲利普二世 Philip II
菲利普四世 Philip IV
菲律宾群岛 Philippines
菲尼克斯岛 Phoenix
菲斯 Fez
菲耶家族 the Favii
腓尼基 Phoenicia
费迪南德 Ferdinand
费尔南·戈麦斯 Fernão Gomes
费尔南·门德斯·平托 Fernao Mendes Pinto
费尔南·佩拉萨 Fernán Peraza
费尔南多 Fernando
费尔南·德·马加利扬斯（麦哲伦）Fernão de Magalhães
费拉拉 Ferrara
奋进号 Endeavour
冯·马蒂尤斯激流 von Martius rapids
凤凰城 Phoenix
佛得角 the Cape Verde
佛雷泽河 Fraser River
佛利蒙 Frémont
佛罗里达 Florida
佛罗伦萨 Florence
佛罗伦萨人 Florentine
弗吉尼亚 Virginia
弗拉·毛罗 Fra Mauro
弗拉姆号 Fram
弗莱河 Fly river
弗莱明·费迪南德·冯·欧曼 Fleming Ferdinand van Olmen
弗兰克斯 Franks
弗兰斯·德·瓦尔 Frans de Waal
弗朗西斯·安邺 Francis Garnier
弗朗西斯·德雷克 Francis Drake
弗朗西斯·荣赫鹏 Francis Younghusband
弗朗西斯科·阿尔瓦雷斯 Francisco Alvares
弗朗西斯科·达·里瓦罗洛 Francesco da Rivarolo
弗朗西斯科·德·阿尔博 Francesco d'Albo
弗朗西斯科·德·奥雷利亚纳 Francisco de Orellana
弗朗西斯科·德·费古尔路亚 Francisco de Figueroa
弗朗西斯科·德·雷克纳 Francisco de Requena
弗朗西斯科·德·乌略亚 Francisco de Ulloa
弗朗西斯科·加尔塞斯 Francisco Garcés
弗朗西斯科·罗德里格斯 Francisco Rodrigues
弗朗西斯科·皮内尔 Francesco Pinelli
弗朗西斯科·皮萨罗 Francisco Pizarro
弗朗西斯科·施兰 Francisco Serrão
弗朗西斯科·瓦尔维德·德·梅尔卡多 Francisco Valverde de Mercado
弗朗西斯科·瓦斯科·德·科洛纳多 Francisco Vasquez de Coronado
弗朗西斯科河 the Francisco River
弗朗兹·荷根伯格 Franz Hogenberg
弗雷·胡安·德·托尔克马达 Fray Juan de Torquemada
弗雷·加斯帕·德·卡瓦哈尔 Fray Gaspar de Carvajal
弗里德里希·霍尔姆 Friedrich Hornemann
弗里敦 Freetown
弗里曼特尔 Fremantle
弗里乔夫·南森 Fridjof Nansen
弗里斯兰人 Frisian
弗林德斯河 the Flinders River
弗罗比舍海峡 Frobisher Strait
弗罗比舍湾 Frobisher Bay
弗洛勒斯（岛）Flores
弗瑞·安德烈斯·德·乌尔达内塔 Fray Andrés de Urdaneta
弗图尼亚 Fortunia
伏尔加保加利亚国 Volga Bulgars
福克斯湾 Foxe Channel
福拉德利角 Cape Flattery
福隆德运动 the Fronde
福特弯图拉（岛）Fuerteventura
福西亚人 Phocaean
富尔顿 Fulton
富拉尼人 Fulani
富兰克林 Franklin

G

伽桑狄 Gassendi
该隐 Cain
盖拉族人 Gallas
盖伦 Galen
盖约特·德·普罗凡 Guyot de Provins
盖兹曼 Guzmán
甘尼生 Gunnison
冈比亚 Gambia
冈特的约翰 John of Gaunt
高缇耶 Gaultier
高知 Kochi
戈迪菲·德拉萨莱 Gadifer de La Salle
戈贾姆 Gojam
戈罗卡 Goroka
戈梅拉（岛）Gomera
戈梅斯·埃亚内斯·德·祖拉拉 Gomes Eannes de Zurara
哥尔赫恩斯人 Gerrhaeans
哥特 the Goths
格尔拉 Gerrha
格拉纳达 Granada
格拉纳达王国 the kingdom of Cranada
格拉兄弟 the Guerra brothers
格雷堡 Fort Grey
格雷戈里·布拉克斯兰 Gregory Blaxland
格林河 Green River
格塞斯 Garces

贡比约恩·乌尔夫-克拉卡森 Gunnbjorn Ulf-Krakason
贡博扎布·崔比科夫 Gombozhab Tsybikov
狗头人 Cynocephali
古吉拉特 Gujarat
古勒姆·焦弗雷 Guillem Joffre
鼓包 bulge
瓜达尔基维尔（河） Guadalquivir
瓜德罗普 Guadelupe
瓜拉巴赛 Kuala Pasai
瓜纳哈尼（岛） Guanahani
关岛 Guam
圭亚那地区 Guiana
果阿 Goa

H

哈得孙 Hudson
哈德拉达 Hardrada
哈德拉姆特 Hadramut
哈尔胡夫 Harkhuf
哈克卢特学会 the Hakluyt Society
哈拉米河 Jarami River
哈拉帕 Jalapa
哈拉特 Harald
哈雷 Halley
哈马黑拉（岛） Halmahera
哈普斯堡 Habsburg
哈特舍普苏 Hatshepsut
哈瓦古地区 Hawikuh
哈维库 Hawikuh
海参崴 Vladivostok
海龟岛 Turtle Island
海龟礁 Turtle Reel
海勒姆·宾厄姆 Hiram Bingham
海因里希·巴尔特 Heinrich Barth
海因里希·施里曼 Heinrich Schliemann
汉诺 Hanno
汉萨 Hanse
汉志 Hejaz
豪哈 Jauja
豪萨 Hausa
豪萨兰王国 Hausaland Kingdom

好望角 the Cape of Good Hope
好望角航线 Cape route
合恩角 Cape Horn
和田 Khotan
荷兰的黄金时代 Holland Golden Age
荷南·科尔特斯 Hernan Cortés
贺加斯, D.G. Hogarth D.G.
赫伯德 Herbord
赫布里底群岛 the Hebrides
赫尔陆兰 Helluland
赫尔曼·冯·依尔林 Hermann von Ihering
赫尔南多·德·格里哈尔瓦 Hernando de Grijalva
赫尔南多·德·索托 Hernando de Soto
赫尔南多·哥伦布 Hernando Colón
赫尔南多·加列戈 Hernando Gallego
赫尔辛堡 Helsingborg
赫拉克勒斯之柱 the Pillars of Hercules
赫拉克利斯 Hercules
赫利孔 Helicon
赫斯珀里得斯 Hesperides
黑暗之海 the seas of Darkness
黑尔戈兰（岛） Heligoland
黑海 Black Sea
黑彝 Black Bone Yi
亨德里克·布劳威尔 Hendrik Brouwer
亨德森群岛 Henderson
亨利·艾利斯 Henry Ellis
亨利·哈得逊 Henry Hudson
亨利·凯西 Henry Kelsey
亨利·莫顿·斯坦利 Henry Morton Stanley
亨利·穆奥 Henri Mouhot
亨利·乔汉·布尔 Henryk Johan Bull
亨内平 Hennepin
亨瑞·德·唐提 Henri de Tonti
红鹿河 the Red Deer River
洪堡洋流 Humboldt Current
洪第乌斯 Jodocus Hondius
洪水溪 Floods Creek
呼罗珊 Khurasan
胡安·拉迪莱奥 Juan Ladrillero
胡安·德·奥纳特 Juan de Oñate

胡安·德·富卡海峡 Juan de Fuca
胡安·迪亚斯·德·索利斯 Juan Díaz de Solís
胡安·费尔南德斯（群岛） Juan Fernández
胡安·罗德里格斯·卡布里略 Juan Rodríguez Cabrillo
胡安·庞塞·德·莱昂 Juan Ponce de Leon
胡格诺派 Huguenot
胡卡 huacas
华美之地 Florid Land
华盛顿哥伦比亚特区 Washington, D. C.
华特林（岛） Watling
化缘修士威廉·鲁布鲁克 Friar William of Rubruck
皇家港 Puerto de los Reyes
黄金国 El Dorado
黄金老妇 The Golden Old Woman
黄石河 Yellow Stone R.
惠普尔 Whipple
惠特·朗基欧拉 Hui te Rangiora
霍尔木兹（海峡） Hormuz
霍霍坎 Hohokam
霍皮人 Hopi
霍普利斯山 Mount Hopeless
霍屯督人 Hottentots

J

机会女神 Opportunity
基多 Quito
基尔瓦 Kilwa
基辅 Kiev
基克拉泽斯群岛 Cyclades
基维拉王国 the realm of Quivirá
吉阿纳多·贝拉尔迪 Gianotto Berardi
吉达 Jiddah
吉大港 Chittagong
吉恩·佩拉萨 Guillén Peraza
吉尔·文森特 Gil Vicente
吉尔伯特·布兰 Gilbert Blane
吉尔多姆 Guillaume
吉尔多姆·德·里斯莱 Guillaume de

译名表

L'Isle
吉拉德·坎布伦塞斯 Giraldus Cambrensis
吉里吉里人 Kirikiri
吉伦特（河） Gironde
吉罗拉莫·阿多诺 Girolamo Adorno
吉罗拉莫·迪·圣斯特凡诺 Girolamo di Santo Stefano
极北之地 Thule
几内亚领主 Lord of Guinea
祭司王约翰 Prester John
加奥 Gao
加百利·德·瓦尔塞卡 Gabriel de Vallseca
加的尔 Gadir
加的斯 Cadiz
加勒比海 the Caribbean
加里塔（岛） Jalita
加利西亚（人） Galician
加伦（河） Garonne
加罗林群岛 Carolines
加那利群岛 Canary Islands;Canaries
加那利洋流 Canaries current
加纳摩尔国王 King Canamor
加纳斯·沃尔夫 Ganuz Wolf
加蓬 Gabon
加斯科涅 Gascony
加泰罗尼亚 Catalonia
加泰罗尼亚语 Catalan
迦太基 Carthage
嘉布遣会修士 Capuchin missionaries
贾奥拉 Jaora
教皇国 the Papal State
杰德·史密斯 Jed Smith
杰弗里 Geoffrey
杰若尼莫·罗伯 Jeronimo Lobo
金沙普 Kinthup
金沙萨 Kinshasa
金星凌日现象 the Transit of Venus
经度委员会 the Board of Longitude
鲸湾 the Bay of Whales
景教 Nestorian
鸠摩罗什 kumarajiva
九州 Kyushu
居鲁士 Cyrus

巨港 Palembang
巨蟒剧团 Monty Python
俱卢洲 Uttarakuru
决心号 Resolution

K

喀耳刻 Circe
喀拉哈里沙漠 Kalahari
喀拉海 Kara Seas
喀喇昆仑（山脉） Karakoram
喀麦隆山 Mount Cameroon
喀瑞臣 Kureechane
喀山 Kazan
卡奔塔利亚（湾） Carpentaria
卡布拉勒 Cabral
卡布帕特隆 Cabo Padrone
卡多奎斯 Cadoquis
卡尔·冯·德尔·史坦宁 Karl von der Steinen
卡尔斯顿·博克格雷温克 Carsten Borchgrevink
卡尔斯顿·尼布尔 Carsten Niebuhr
卡哈马卡 Cajamarca
卡孔迪 Kakondy
卡拉维尔（帆船） Caravel
卡莱拉 Carreta
卡里乌斯和钱皮恩 Karius and Champion
卡利卡特 Calicut
卡罗来纳州 the Carolina
卡洛 Coro
卡洛斯·博尔哈 Carlos Borja
卡洛斯·马丁内兹·德·冈波斯 Carlos Martínez de Campos
卡洛斯三世 Carlos III
卡马利亚 Kamalia
卡米洛特王宫 Camelo
卡诺 Kano
卡萨米纳 Casa da Mina
卡桑德拉 Cassandra
卡斯帕·佩雷斯·德·比利亚格拉 Gaspar Pérez de Villagrá
卡斯提尔 Castile
卡塔 Khaarta

卡托巴河 the Catawba River
卡瓦（酒） Kava
卡瓦利埃里 Cavalieri
卡沃尔卡 Caborca
卡欣布山 the Cachimbo Hills
卡亚俄 Callao
卡亚克（皮划艇） Kayak
卡亚克岛 Kayak Island
卡宴 Cayenne
开普勒 Kepler
凯尔特 Celtic
凯科斯（群岛） Caicos
凯洛 Caaro
凯尼 Keneh
恺撒-弗朗索瓦·卡西尼·德·图里 César Francois Cassini de Thury
堪察加（半岛） Kamchatka
坎贝湾 the Gulf of Gambay
坎伯兰豪斯 Cumberland House
坎伯兰峡 Cumberland Gap
坎塔布连海 Cantabrian Sea
康巴涅兰 Compagnie Land
康巴塔 Kambatta
康塞普西翁 Concepción
康特沃伊托湖 Contwoyte Lake
康沃尔 Cornwall
考伯特 Colbert
考里奥斯 Coleos
柯奈利斯·德·若德 Cornelis de Jode
柯南·道尔 Conan Doyle
科策布湾 Kotzebue Bay
科彻托帕山口 Cochetpa Pass
科德之地 Land of Cod
科迪勒拉山的风景 Vues des Cordillères
科多帕希（火山） Cotopaxi
科多瓦 Cordova
科尔特斯 Cortés
科赫船 Koch
科拉科尔（小艇） Coracle
科雷马（河） Kolyma
科伦纳 Corunna
科罗拉多 Coronado
科罗内申岛 Coronation Island
科曼奇人 Comanches

科珀曼河 Coppermine River
科伊科伊人 Khoikhoi
科英布拉 Coimbra
克莱夫·甘布尔 Clive Gamble
克莱门茨·马卡姆爵士 Sir Clements Markham
克莱蒙特六世 Clement VI
克劳迪奥·维拉·博厄斯 Cláudio Vilas Boas
克劳迪乌斯·托勒密 Claudius Ptolemy
克劳族印第安人 Crow Indians
克里 Cree
克里斯蒂安·惠更斯 Christiaan Huygens
克里斯蒂安四世 Christian IV
克里斯托夫·蒙克顿 Christopher Monckton
克里斯托弗·哥伦布 Christopher Columbus
克里特（岛） Crete
克鲁伦（河） Kerulen
克罗本 Kolobeng
克尼多斯 Cnidos
克什米尔 Kashmir
肯甘族人 Kaingang
肯喀 Kenkek
肯涅家族 the Canynges
孔波斯特拉 Compostela
孔岛 Khong
孔恩瀑布 Khone Falls
孔索拉西翁角 Cabo de Consolación
恐怖角 Cape Fear
苦难角 Cape Tribulation
库尔兰 Courland
库克 Cook
库勒，W. D. Cooley W. D.
库鲁河 the Curua
库伦 Urga
库马希 the Kumasi
库米纳帕内马河 the Cuminapanema River
库佩 Kupe
库珀溪 Coopers Creek

库萨 Kusa
库萨的尼古拉斯 Nicholas of Cusa
库塞埃（岛） Kosrae
库塞尔 Kosseir
库什 Kush
库斯科 Cuzco
库亚巴 Cuiaba
库页（岛） Sakhalin
夸特兰巴山脉 the Quathlamba
夸祖鲁-纳塔尔省 KwaZulu-Natal
宽扎 Cuanza
奎兹奎兹 Quizquiz
魁北克 Quebec
昆仑山脉 Kunlun Mountains

L

拉班·巴·扫马 Rabban Bar Sauma
拉布拉多 Labrador
拉布拉多洋流 Labrador current
拉德洛内斯群岛 the Ladrones
拉尔夫·雷恩爵士 Sir Ralph Lane
拉斐尔·迪埃斯特 Rafael Dieste
拉斐尔·德尔·皮诺 Rafael del Pino
拉斐尔·德尔·皮诺·伊·莫雷诺 Rafael del Pino y Moreno
拉各斯 Lagos
拉凯卡马河 the Lake Kamu
拉勒米河 Laramie River
拉罗汤加（岛） Raratonga
拉美西斯二世 Rameses II
拉蒙·德·圣克鲁兹 Ramón de Santa Cruz
拉蒙·尤依 Ramon Llull
拉帕（岛） Rapa
拉帕尔马（岛） La Palma
拉皮塔 Lapita
拉普兰 Lapland
拉普兰人 Lapps
拉撒 La 'Sa
莱昂内尔 Lionel
莱奥·亚菲里加努斯 Leo Africanus
莱夫·埃里克松 Leif Eiriksson
莱米河 the Lehmi river

莱姆哈伊关口 Lemhi Pass
莱州 Lai-Chou
赖斯县 Rice County
兰德斯 Landers
兰萨罗特（岛） Lanzarote
兰塞罗托·马洛塞罗 Lancelotto Malocello
兰斯洛特 Lancelot
蓝岭山脉 Blue Ridge Mountains
劳森，J.A. Lawson J. A.
老尼古拉斯·桑生 Nicolas Sanson the elder
老胖水母 Old Blubber
乐奎 Le Quieu
勒亨坦阁下 Sieur de Lahontan
勒拿（河） Lena
勒内-罗贝尔·德·拉·萨勒 René-Robert de La Salle
勒普泰（岛） Laputa
雷卢城 the city of Lelu
雷米佐夫 Semen Remezov
雷内·卡耶 René Caillié
雷纳托·曼佐尼 Renato Manzoni
雷诺兹 Reynolds
类人 similitudines hominis
累西腓角 Cabo do Recife
黎凡特 Levant
黎加德奥罗 Rica de Oro
黎加德普拉塔 Rica de Plata
黎塞留 Richelieu
李波 Lee Boo
里昂 Lyon
里奥格兰德 Rio Grande
里奥哈 Rioja
里奥内格罗 Nio Negro
里伯 Ribe
里夫群岛 the Reef Islands
里加 Riga
里彭瀑布 Rippon Falls
里约热内卢 Rio de Janeiro
理查德·伯顿 Richard Burton
理查德·格罗夫 Richard Grove
理查德·兰德尔 Richard Lander
理查德·蓝翰 Richard Wrangham

译名表

理查德·梅森 Richard Mason
理查德·米德 ichard Mead
利伯希 Libersee
利尼扬蒂 Linyanti
利文沃斯堡 Fort Leavenworth
联省共和国 United Provinces
瞭望角 Cape Lookout
猎户星云 Orion nebula
猎人谷 the valleys of the Hunter
林波波（河） Limpopo
林达 the Lenda
刘易斯和克拉克 Lewis and Clark
琉球群岛 Ryukyu
龙塞斯瓦 Roncesvaux
龙廷 the Dragon Court
露西安娜·欧弗拉赫提 Luciana O'Flaherty
露西亚人 Russiya
卢巴人 Luba
卢卡斯·扬松·瓦赫纳尔 Lucas Janszoon Waghenaer
卢克·弗克斯 Luke Foxe
卢库勒斯 Lucullus
卢瓦拉巴河 the Lualaba
鲁宾孙·克鲁索 Robinson Crusoe
鲁伍马（河） Ruvama
路达马 Ludamar
路德教会 Lutheran
路易·法雷洛 Rui Faleiro
路易斯·安东尼·布干维尔 Louis Antoine de Bougainville
路易斯·安东尼奥·当特尔卡斯托 Louis Antoine d'Entrecasteaux
路易斯·宾格 Louis Binger
路易斯·德·拉塞尔扎 Luis de la Cerda
路易斯·德·托雷斯 Luis de Torres
路易斯·格拉 Luis Guerra
路易斯·亨尼平 Louis Hennepin
路易斯·若利埃 Louis Jolliet
路易斯·特里恰特 Louis Tregardt
路易斯·特瑞根斯 Louis Trégance
路易斯-阿曼德·德·劳姆·德拉克 Louis-Armand de Lom de L'Arce
路易斯安那州 Louisiana

吕贝克 Lubeck
罗安达 Luanda
罗宾·汉伯雷-泰尼 Robin Hanbury-Tenison
罗伯特·"德克"·纽厄尔 Robert 'Doc' Newell
罗伯特·奥哈拉·贝克 Robert O'Hara Burke
罗伯特·拜洛特 Robert Bylot
罗伯特·德·布朗克蒙德 Robert de Braquemont
罗伯特·法莱姆 Robert Fallam
罗伯特·凯因 Robert Keayne
罗伯特·麦克卢尔 Robert McClure
罗伯特·莫法特 Robert Moffat
罗伯特·皮里 Robert Peary
罗伯特·斯科特 Robert Scott
罗伯特·索恩 Robert Thorne
罗伯特·廷达尔 Robert Tindall
罗德（岛） Rhodes
罗德拉衍那 Rudrayana
罗德里格·德·巴斯蒂达斯 Rodrigo de Bastidas
罗尔德·亚孟森 Roald Amundsen
罗卡拉河 the Rokelle River
罗克·冈萨雷斯·德·圣克鲁兹 Roque González de Santa Cruz
罗兰 Roland
罗雷托圣母岛 Nuestra Señora de Loreto
罗马帝国 Byzantine empires
罗纳河 the Rhone
罗纳河走廊 Rhone corridor
罗珀 the Roper
罗塞尔（岛） Rossel
罗瑟希德墓园 Rotherhithe churchyard
罗斯冰架 Ross Ice shelf
罗斯岛 Ross Island
罗斯海 Ross Sea
罗索尔 Lothal
罗亚尔特群岛 Loyalty Islands
洛夫克拉夫特,H.P. Lovecraft H.P.
洛伦索·马克斯 Lourenco Marques
洛伦佐·费雷尔·马尔多纳多 Lorenzo Ferrer Maldonado
洛亚诺克（岛） Roanoke
落基山脉 Rocky Mountains

M

马比拉 Mabila
马达加斯加（岛） Madagascar
马德拉（河） Madeira
马德拉岛 Islands of the Madeira
马德拉斯 Madras
马地奥·德·安吉亚诺 Mateo de Anguiano
马丁·阿隆索·平松 Martín Alonso Pinzón
马丁·贝海姆 Martin Behaim
马丁·法贝瑟 Martin Frobisher
马丁·福瑞斯 Maarten Vries
马丁·普林 Martin Pring
马恩岛 the Isle of Man
马恩岛及怀特岛 the Isles of Man and Wight
马格达莱纳（河） Magdalena
马格里布 Maghribi；Maghribis；Maghrib
马基高·莱尔德 Macgregor Laird
马基雅弗利 Niccolò Machiavelli
马可斯 Markos
马克·莱斯卡波特 Marc Lescarbot
马克兰 Markland
马克姆河和拉姆河 Markham and Ramu Rivers
马克萨斯（群岛） Marquesas
马拉巴尔（海岸） Malabar
马拉尔蒂 Maraldi
马拉盖 Maragha
马拉开波湾 the Gulf of Maracaibo
马拉尼西亚（群岛） Melanesia
马来半岛 Malay Peninsula
马来人 Malay
马来亚 Malaya
马里 Mali
马里帝国 the Empire of Mali
马里亚纳群岛 Marianas Islands

475

马林迪 Malindi
马六甲 Melaka；Malacca
马略 Marius
马略卡（岛） Majorca
马洛于内（群岛） Malouines
马穆鲁克 Mamelukes
马瑙斯 Manaus
马尼卡 Manica
马诺埃尔·德·阿尔梅达 Manoel de Almeida
马诺哈拉王子 the prince Manohara
马琴 Machin
马丘比丘 Machu Picchu
马如兹 Marootze
马萨瓦 Massawah
马萨诸塞州萨兰镇 Salem, Massachusetts
马赛 Marseilles
马赛人 the Masai
马绍尔群岛 Marshall Islands
马绍纳兰省 Mashonaland
马斯克林群岛 Mascarene Islands；Mascarenes
马苏弟 Al-Masudi
马坦巴 Matamba
马提安努斯·卡佩拉 Martianus Capella
马提尼克（岛） Martinique
马托格罗索州 Mato Grosso
马希姆 Mahimn
马歇尔·布鲁切 Marshall Blucher
马谢姆 Macham
马修·德·贝当古 Mathieu de Béthencourt
马修·弗林德斯 Matthew Flinders
马修·汉森 Matthew Henson
马修·斯特灵 Matthew Stirling
马因 Ma'in
马札尔人 Magyars
玛格丽塔（岛） Margarita
玛格丽特·米德 Margaret Mead
玛丽·W.赫尔姆斯 Mary W.Helms
玛丽·赛勒斯特号 Marie Céleste
玛鹿 Maluque

玛尼梅格卡拉 Manimekhala
玛雅 Maya
玛雅高地 Maya highlands
玛祖奥罗 Majoaro
迈克尔·莱希 Machael Leahy
迈克尔·罗克 Michael Lok
麦加 Mecca
麦克莱奥德, T.E. Mcleod T.E.
麦克卢尔 Mcclure
麦克坦（岛） Mactan
麦肯齐（河） Mackenzie
麦夸里沼泽 the Macquarie marshes
麦哲伦海峡 the Strait of Magellan
满者伯夷帝国 MaJapahit
曼丹人 Mandans
曼丁哥语 Mandingo
曼尼康哥斯 Manicongos
曼努埃尔 Manuel
曼努埃尔·埃利萨尔德 Manuel Elizalde
曼努埃尔·费利克斯·德·利马 Manuel Felix de Lima
芒阿雷瓦（岛） Mangareva
毛里西奥·巴赫 Mauricio Bach
毛利人 Maori
毛伊 Maui
梅卜利得 Mebridege
梅迪纳·西多尼亚公爵 Duke of Medina Sidonia
梅第奇家族 the Medici
梅尔维尔子爵海峡 Viscount Melville Sound
梅赫尔格尔 Mehrgarh
梅里韦瑟·刘易斯 Meriwether Lewis
梅鲁峰 the Meru
梅宁迪 Menindee
梅塔（河） Meta
梅特腊卡亚卡 Maitrakanyaka
梅特里家族 Metelli
梅特林克 Maeterlinck
湄公河 the Mekong
美索不达米亚 Mesopotamia
门农纽姆 Memnonium
门图其特尔部落 Mentukitre

蒙巴萨（岛） Mombasa
蒙迪加克 Mundigak
蒙古强权下的和平时代 Pax Mongolica
蒙默思郡 Monmouth
蒙特贝尔德 Monte Verde
蒙特雷 Monterey
蒙特利尔 Montreal
孟蒂祖玛 Motecocuma
孟菲斯 Memphis
孟果·派克 Mungo Park
米格尔·德·欧哲威 Miguel de Ochogavia
米金达尼 Mikindani
米利都 Miletus
米罗的维纳斯 Venus of Milo
米纳圣若热城堡 the fort of São Jorge da Mina
米西奈斯 Maecenas
密克罗尼西亚 Micronesia
密克马克族印第安人 Micmac Indian
密斯卡尔 Mithqals
密苏里河 the Missouri
密西西比河 the Mississippi
密歇根湖 Lake Michigan
鸣门（港） Naruto
冥河 the river Styx
摩尔朵夫 Moordorf
摩尔人 the Moors
摩加迪沙 Mogadishu
摩勒摩·迦南 Molemo Gana
摩勒摩·迦南戈 Molemo Canaqua
摩鹿加岛 island of Maluco
摩鹿加群岛 Moluccas
摩洛哥 Morocco
摩洛哥豆蔻 the Grains of Paradise
莫尔兹比港 Port Moresby
莫戈隆 Mogollon
莫格尔 Moguer
莫哈韦 Mojave
莫雷洛斯州 Morelos
莫罗湾 Morro Bay
莫诺莫塔帕 Monomotapa；Mwene Mutapa

莫塞尔贝（海滩）Mosselbaai
莫塞尔湾 Mossel Bay
莫桑比克洋流 Mozambique current
莫斯科公司 Muscovy Company
墨比尔 Mobile
墨尔本 Melbourne
墨卡托 Mercator
墨累（河）Murray
墨西哥谷 the valley of Mexico
默林 Merlinesque
慕希尔 Murcia
穆尔祖克 Murzuk
穆罕默德·本·阿拉法 Muhammad bin 'Arafa
穆卡达西 al-Muqaddasi
穆拉诺 Murano
穆伊斯卡 Muisca

N

拿骚山脉 Nassau Mountains
内布拉斯加河 the Nebraska
内夫得沙漠 the Nafud
内格罗（河）Negro
内华达山脉 the Sierra Nevada
内维尔·马斯基林 Nevil Maskelyne
内志省 the Nejd
那不勒斯 Naples
那不勒斯人 Neapolitan
纳波河 the Napo
纳卡丘克 Bakaciuq
纳拉席哈 Narasimba
纳烂陀 Naladan
纳莫伊 Namoi
纳撒尼尔·帕尔默 Nathaniel Palmer
纳塔尔 Natal
纳瓦尔 Navarre
纳瓦霍人 Navajo
纳瓦特尔语 Nahuatl
纳瓦族 Nahua
南奥克尼群岛 South Orkneys
南大洋 Southern Ocean
南岛 Austronesian
南方大陆 the Terra Australis

南方海洋；南海 the South Sea
南方群岛 the Austral Islands
南哥打巴托 South Cotobato
南海泡沫 South Sea bubbles
南乔治亚（岛）South Georgia
南桑德维奇岛 south sandwich Islands
南山口 South Pass
南设得兰（群岛）South Shetlands
南土库曼斯坦 Turkmenistan
尼安德特人 Neanderthals
尼格斯·扎若亚 Negus Zara-Ya
尼古拉斯·阿伯加替 Nicolaus Albergati
尼古拉斯·费德曼 Nicholas Federmann
尼古拉斯·托马斯·博丹 Nicolas Thomas Baudin
尼古拉斯五世 Nicholas V
尼果尔 Nigual
尼科莱·普尔热瓦尔斯 Nikolay Przhevalsky
尼科洛·康提 Niccolò Conti
尼禄 Nero
尼罗（河）Nile
尼斯 Nice
尼亚萨湖 the nyanza；Lake Nyasa
涅尔恰（河）Nercha
聂斯脱利教派 Nestorianism
纽芬兰（岛）Newfoundland
纽伦堡 Nuremberg
努比亚 Nubia
努尔拉姆塔 Nul Lamta
努卡 Nuka
努卡克族 Nukak
挪亚 Noah
诺顿 Norton
诺夫哥罗德 Novgorod
诺里尔斯克 Noril'sk
诺曼底 Normandy
诺特瓦索加湾 Nootka Sound

O

欧内斯特·沙克尔顿 Ernest Shackleton
欧内斯特-马克-路易斯·德·贡扎格·达达特·特拉格莱 Ernest-Marc-Louis de Gonzague Doudart de Lagrée
欧文·拉铁摩尔 Owen Lattimore

P

帕尔瓦齐 Perwaji
帕克 Puck
帕劳群岛 Palau
帕里亚半岛 the Paria peninsula
帕洛斯 Palos
帕米尔山脉 Pamir Mountains
帕纳拉 Panará
帕努科河 the river Pánuco
帕斯库瓦·迪·安达哥亚 Pascual de Andagoya
帕斯夸里·帕斯夸尼格 Pasquale Pasqualigo
帕斯特泽斯克城 Pustozersk
派尤特人 Paiute
潘菲洛·纳尔瓦埃斯 Pánfilo de Narváez
潘纳巴卡 Panambarca
庞德 Pond
庞培 Pompey
庞塞·德·莱昂 Ponce de León
庞特 Punt
咆哮西风带 Roaring Forties
佩比 Pepi
佩德罗·阿隆索·洛佩斯·尼禄 Pedro Alonso Niño
佩德罗·波埃兹 Pedro Páez
佩德罗·德·巴尔迪维亚 Pedro de Valdivia
佩德罗·德·科维良 Pedro de Covilhão
佩德罗·德·马斯克林 Pedro Mascarenhas
佩德罗·德·梅地纳 Pedro de Medina
佩德罗·德·特谢拉 Pedro de Teixeira
佩德罗·德·乌纳穆诺 Pedro de Unamuno
佩德罗·费尔南兹·德·奎罗斯 Pedro

Fernández de Quirós
佩德罗·冈萨雷斯 Pedro Gonzalez
佩德罗·卡布拉勒 Pedro lvares Cabral
佩德罗·佩兹 Pedro Páez
佩德罗·萨尔米恩托·德·甘博阿 Pedro Sarmiento de Gamboa
佩拉萨 Peraza
佩罗·尼禄 Pero Niño
佩腾 Peten
彭萨科拉湾 Pensacola Bay
皮埃尔·高蒂耶·德·瓦伦尼·德·拉韦朗德里 Pierre Gaultier de Varenne de La Vérendrye
皮埃尔·萨沃尼昂·德·布拉柴 Pierre Savorgnan de Brazza
皮埃尔-路易·莫罗·德·莫佩尔蒂 Pierre-Louis Moreau de Maupertuis
皮科·德拉·米兰多拉 Pico della Mirandola
皮洛士 Pyrrhus
皮梅里亚·阿尔塔 Pimería Alta
皮诺基金会 Fundación del Pino
皮瑞·雷斯 Piri Re' is
皮特凯恩（群岛） Pitcairn
皮西亚斯 Pytheas
皮亚琴察 Piacenza
平松家族 Pinzón clan
婆罗浮屠 Borobudur
婆罗洲 Borneo
珀西·"杰克"·福赛特上校 Colonel Percy 'Jack' Fawcett
葡萄牙路线 Portuguese Approach
葡萄牙小麦帝国 Portuguese wheat empire
普埃布洛 Pueblo
普卡普卡（岛） Pukapuka
普拉（河） Pra
普拉里（河） Purari
普拉特河 the Platte River
普雷特庞（河） Preatapang
普里佩特沼泽地 Pripet Marshes
普利茅斯 Plymouth
普林尼 Pliny
普鲁士 Prussia

普罗维登斯 Providence
普瓦特万 Poitevin
普瓦图 Poitou

Q

奇布查族 Chibcha
奇科阿 Chicoa
奇涅阿司 Cineas
奇诺 kino
奇佩维安人 Chipewyan
奇瓦瓦 Chihuahua
祇陀园 Jetavana
恰尔尚巴（河） Çarsamba
恰克·托克·伊奇阿克（美洲虎之爪） Chak Tok Ich'aak
恰塔尔休于遗址 Çatal Hüyük
恰约尼村 Çayönü
千岛 Kurils
前往漆黑之海 the Sea of Darkness
乔凡尼·巴提斯达·贝尔颂尼 Giovanni Battista Belzoni
乔凡尼·多美尼科·卡西尼 Gian Domenico Cassini
乔卢拉 Cholula
乔马德，E.-F Jomard E.-F
乔纳森·斯威夫特 Jonathan Swift
乔瓦尼·达·韦拉扎诺 Giovanni da Verrazano
乔治·安森 George Anson
乔治·巴斯 George Bass
乔治·布拉德利 George Bradley
乔治·布朗 Georg Braun
乔治·德·朗 George de Long
乔治·胡安 Jorge Juan
乔治·桑 George Sand
乔治·斯坦布斯 George Stubbs
乔治·斯特拉 Georg Steller
乔治·温哥华 George Vancouver
乔治·辛普森 George Simpson
乔治·亚瑟 George Arthurr
切杜范，J.-P. Chedufau J.-P.
切萨皮克 Chesapeake

钦博腊索山 Chimborazo
青尼罗（河） Blue Nile
青州 Tsung-chou
琼·德·莫拉 Joan de Mora
琼安·马提尼斯 Joan Martinez

R

让·巴博特 Jean Barbot
让·巴蒂斯特·昂维尔 Jean-Baptiste Bourguignon d'Anville
让·巴蒂斯特·夏古 Jean Baptiste Charcot
让·德·贝当古 Jean de Béthencourt
让·费尔奈 Jean Fernet
让·尼科莱 Jean Nicollet
让·皮卡德 Jean Picard
让-多米尼克·卡西尼 Jean Dominique Cassini
让·弗朗索瓦·德加洛·德·拉彼鲁兹 Jean-Français de Galaup de La Pérouse
让·弗朗索瓦·拉彼鲁兹 Jean-Francis de La Perouse
让·雅克·马凯特 Jean-Jacques Marquette
热那亚 Genoa
热那亚（人）的 Genoese
儒勒·凡尔纳 Jules Verne
瑞欧 Rille
若昂·德·巴罗斯 João de Barros
若昂·德·卡斯特罗 Joao de Castro
若昂·德·索萨·德·阿兹维多 Joao de Sousa de Azevedo
若昂二世 João II
若奥国王 King João

S

撒哈巴山 Jebel Sahaba
撒拉逊人 Saracens
撒马尔罕 Samarkand
萨尔瓦多·德·马达里亚加 Salvador de Madariaga
萨尔温江 the Salween

译名表

萨法提 Savatii
萨凡纳 Savannah
萨格雷斯 Sagres
萨格奈 Saguenay
萨赫勒（地区） Sahel
萨季 Thaj
萨加达霍克 Sagadahoc
萨卡加维亚 Sacajawea
萨卡洲 Saka
萨克拉门托 Sacramento
萨拉查 Salazar
萨拉托夫 Saratov
萨马（岛） Samar
萨米兰 Sambland
萨米人 Sami
萨摩斯 Samos
萨摩亚（群岛） Samoa
萨斯喀彻温（河） Saskatchewan
萨瓦金 Suakim
萨瓦郡 Savoyard county
萨维 Savi
萨维奇群岛 Savage Islands
塞巴斯蒂安 Sebastian
塞巴斯蒂安·卡伯特 sebastian Cabot
塞巴斯蒂安·明斯特 Sebastian Munster
塞巴斯蒂安·维斯凯诺 Sebastian Vizcaino
塞干达尔·洛迪 Sikandar Lodi
塞古 Sego
塞拉河和皮乌拉河 the Cira and Piura Rivers
塞拉利昂 Sierra Leone
塞利姆一世 Selim I
塞缪尔·德·尚普兰 Samuel de Champlain
塞缪尔·弗里兹神父 Fr Samuel Fritz
塞缪尔·赫恩 Samuel Hearne
塞缪尔·瓦利斯 Samuel Wallis
塞内冈比亚 Senegambia
塞内加尔（河） Senegal
塞皮克河 Sepik River
塞萨尔城 the Césares
塞图巴尔 Setúbal

塞万提斯 Cervantes
赛伯伊人 Sabaeans
赛迪斯·哈恩科 Thaddeus Haenke
赛希罗瀑布 the Cecilo Falls
三佛齐 Srivijaya
三一地 Trinity Land
桑达 Sanda
桑德维奇群岛 the Sandwich Islands
桑蒂（河） Santee
桑顿庄园 Thornton Manor
桑给巴尔（岛） Zanzibar
桑给巴尔人 Zanzibari
桑卢卡尔德巴拉梅达港 Sanlucar de Barrameda
桑丘·古铁雷斯 Sancho Gutiérrez
桑丘·潘萨 Sancho Panza
色楞格（河） Selenga
森林野人 homines silvestri
僧伽罗国王 Sinhalese King
沙克尔顿 Shackleton
沙摩林人 Samorin
上都 Shang-tu
尚迪 Shendi
尚雄侯爵 the marqués de Chinchón
舍伯恩 Sherburne
设得兰群岛 Shetland
社会群岛 Society Islands
摄政王 the Prince Regent
神圣罗马帝国鲁道夫二世 Holy Roman Emperor Rudolf II
胜神洲 Bhadravati
圣·迭戈·德·阿尔卡拉 San Diego de Alcalá
圣安布罗西奥岛 San Ambrosio
圣保罗博物馆 São Paulo Museum
圣保罗的探险旗队 the bandeirantes of São Paulo
圣贝纳迪诺 San Bernadino
圣布拉斯湾 Bay of Sam Bras
圣布兰登 St. Brendan
圣达菲 Santa Fe
圣地亚哥 Santiago
圣迭戈 San Diego
圣多明戈 Saint-Domingue

圣方济各 St. Francis
圣方济会 Franciscans
圣费利克斯（岛） San Felix
圣弗朗西斯科 San Francisco
圣弗朗西斯科河 Rio São Francisco
圣盖博 San Gabriel
圣港（岛） Porto Santo
圣赫勒拿湾 the Bay of St Helena
圣胡安河 the San Juan
圣胡安山脉 the San Juan Mountains
圣胡斯塔 St Justa
圣卡塔琳娜角 Cabo de Santa Catarina
圣凯瑟琳修道院 St Catherine's Monastery
圣克里斯汀 St Christine
圣克鲁兹 Santa Cruz
圣劳伦斯 St Lawrence
圣灵的南方陆地 La Australia del Espíritu Santo
圣鲁菲娜 St Rufina
圣路卡 Sanlucar
圣路易斯 St Louis
圣罗曼 San Roman point
圣马洛 Saint-Malo
圣马特奥 San Mateo
圣玛尔塔 Santa Marta
圣玛丽红崖教堂 St Mary Redcliffe
圣迈克尔 St Michael
圣米格尔湾 the Gulf of San Miguel
圣米切尔 San Michele
圣墓 the Holy Sepulchre
圣佩德罗马蒂尔河 R. San Pedro Mártir
圣皮埃尔岛和密克隆岛 the islands of St Pierre and Miquelon
圣萨尔瓦多（岛） San Salvador
圣塞瓦斯蒂安港 San Sebastián
圣塔伦 Santarem
圣托梅 Santo Tomé
圣雅各 St James
圣伊尼亚斯 St. Ignace
圣尤斯塔斯 St Eustace
圣枝主日 Palm Sunday
施什玛勒福, G. S. Shishmarev G. S.

石勒喀（河） Shilka	苏人 the Sioux	泰孔德罗加 Ticonderoga
石勒苏益格 Schleswig	苏瑞部落 Surui	坦噶尼喀湖 Lake Tanganyika
史蒂夫·福尔曼 Steve Forman	苏斯克汉诺克（河） Susquehannock	坦帕湾 the Tampa Bay
史蒂文斯，I.I. Stevans I.I.	苏亚部落 Suyá	唐·亨利 Dom Henrique
史密森尼 Smithsonian	苏伊士 Suez	唐·若昂 Dom João
史密斯堡 Fort Smith	诉诸无知 ex silentio	唐纳德·麦凯 Donald Mackay
室户 Muroto	所罗门群岛 Solomon Islands	堂吉诃德 Don Quixote
室利佛逝 Srivijaya	索恩家族 the Thorne family	特奥蒂瓦坎 Teotihuacan
舒瓦瑟尔公爵夫人 the duchesse de Choiseul	索尔德 Sorde	特尔纳特（岛） Ternate
	索法拉 Sofala	特克斯（群岛） Turks
水神 Asparas	索科托 Sokoto	特拉布宗 Trebizond
水猿 aquatic ape	索罗亚斯德教徒 Zoroastrians	特拉斯卡拉 Tlaxcala
顺德府 Hsuan-te	索纳巴塔 Sona Bata	特里斯坦-达库尼亚群岛 Tristan da Cunha
司文·艾斯特瑞斯森 Svein Estrithson	索诺拉州 Sonora	
斯蒂芬·朗 Stephen Long	索普勇 Sop Yong	特立尼达（岛） Trinidad
斯蒂芬斯 Stephens	索斯玛 Zosima	特罗布里恩（岛） Trobriands
斯蒂芬斯，J.L. Stephens J.L.	索斯特拉图斯 Sostratos	特罗尔火山 Mount Terror
斯基玛萨 Sijilmassa		特洛伊的布鲁图斯 Brutus of Troy
斯卡林人 Skraelingar	**T**	特摩里尼 Tomorini
斯堪的纳维亚 Scandinavia		特内里费（岛） Tenerife
斯库勒莱乌 Skuldelev	塔阿扎 Taghaza	特瑞根斯 Tregance
斯拉维亚 Slavia	塔波拉 Tabora	特诺奇提特兰（城） Tenochtitlan
斯内克河 the Snake River	塔菲拉勒特 Tafilet	提科皮亚（岛） Tikopia
斯皮克 Speke	塔格佛克河 the Tug Fork River	提姆·谢韦仑 Tim Severin
斯匹兹卑尔根 Spitzbergen	塔格里克 Taghlik	提普·提普 Tippu Tip
斯普林菲尔德 Springfield	塔霍（河） Tagus	天山 Tianxan；Tien Shan
斯瑞昆亚山 Srikunja	塔加达 Taggada	天主教遣使会会员古伯察 Evariste Huc
斯塔腾兰 Staaten Land	塔加朵 Taggado	
斯特雷波 Strabo	塔克拉玛干（沙漠） Takla Makan	条顿骑士团 Teutonic Order
斯图尔特 Stuart	塔利班 Taliban	廷巴克图 Timbuktu；Timbuctoo
斯托宁顿 Stonington	塔纳湖 Tana	通古斯卡 Tunguska
斯瓦希里 Swahili	塔帕若斯（河） Tapajós	图班 Tuban
斯维思·亚克布·布查德特 Swiss Jakob Burchardt	塔萨代人 Tasaday	图库曼 Tucumán
	塔什干 Tashkent	图勒因纽特人 Thule Inuit
斯文·赫定 Sven Hedin	塔斯马尼亚（岛） Tasmania	图卢兹 Toulouse
四国（岛） Shikoku	塔特索斯 Tartessos	图卢兹隘口 Toulouse gap
松博 the Sambor	塔特西人 Tartessian	图帕克·印卡·尤潘基 Tupac Inca Yupanqui
苏必利尔湖 Lake Superior	塔希提（岛） Tahiti	
苏拉 Sulla	塔兹 Taz	图帕伊亚 Tupaia
苏拉威西（岛） Sulawesi	太平洋联合铁路公司 the Union Pacific Railroad	图瑞安王子 Prince Turian
苏莱曼 Sulayman		图森 Tucson
苏禄（群岛） Sulu	泰德 Tete	图特摩斯一世 Tutmose I
苏门答腊 Sumatra	泰尔德 Telde	图瓦特 Touat
苏佩 supe	泰弗诺 Thevenot	土阿莫土群岛 the Tuamotu Islands

译名表

土耳其斯坦 Turkestan
土佐 Tosa
托博尔斯克 Tobolsk
托德西利亚斯线的延长线（逆子午线） Tordesillas anti-meridian
托尔·海雅达尔 Thor Heyerdah
托尔芬·克尔塞夫尼 Thorfinn Karlsefni
托莱多 Toledo
托勒密 Ptolemy
托利马（省） Tolima
托罗 Tolo
托罗山脉 Taurus Mountains
托马斯 Thomas
托马斯·巴顿 Thomas Button
托马斯·布伦德维尔 Thomas Blundeville
托马斯·霍尔迪奇 Thomas Holdich
托马斯·杰弗逊 Thomas Jefferson
托马斯·科尔 Thomas Cole
托马斯·曼宁 Thomas Manning
托马斯·詹姆斯 Thomas James
托马希坦 Tomahitan
托迈·皮雷斯 Tomé Pires
托尼奥 Tornio
托斯卡纳 Tuscany
托特罗 Totero

W

瓦尔帕莱索 Valparaiso
瓦克瓦克人 Waqwaq
瓦拉塔 Walata
瓦拉瓦拉堡 Fort Walla Walla
瓦兰吉安罗斯人 Varangian Russes
瓦兰吉安人 Varangians
瓦努阿图 Vanuatu
瓦斯科·达·伽马 Vasco da Gama
瓦斯科·努涅斯·德·巴尔博亚 Vasco Núñez de Balboa
瓦特 Watt
瓦西里·波亚尔科夫 Vasily Poyarkov
瓦西里耶夫, M. N. Vasiliev M. N.
威尔士 Wales

威拉米特河 the Williammetter River
威里湾 Weary Bay
威廉·博斯曼 Willem Bosman
威廉·布尔 William Bourne
威廉·丹皮尔 William Dampier
威廉·冯·斯考滕 Willem van Schouten
威廉·克拉克 William Clark
威廉·帕里 William Parry
威廉·斯科斯比 William Scoresby
威廉·威尔士 William Wills
威廉姆·巴芬 William Baffin
威廉姆·利弗 William Lever
威廉姆森 Williamson
威廉王岛 King William Island
威热（省） Uige
威斯康星（河） Wisconsin
威斯敏斯特 Westminster
威特比运煤船 Whitby collier
威悉（河） Weser
韦拉克鲁斯 Veracruz
韦斯普奇 Vespucci
韦斯特波特 Westport
维查耶纳伽尔 Vijayanagar
维尔茨 Welzers
维尔瓦 Huelva
维吉尔利奥·奥尼亚特 Virgilio Oñate
维克斯堡 Vicksburg
维柳伊（河） Vilyuy
维姆河 the river Vym
维他斯·白令 Vitus Bering
维瓦尔第兄弟 the Vivaldi brothers
委内瑞拉大草原 the Venezuelanllanos
卫理公会教区 Methodist missions
温德河 the Wind River
温迪拉 Wendila
温哥华 Vancouver
温纳蒙 Wenamun
温尼贝戈湖 Lake Winnebago Honfleur
温尼伯湖 Lake Winnipeg
文兰 Vinland
文森特·亚涅斯·平松 Vicente Yáñez Pinzón
翁弗勒尔 Honfleur

沃丹 Waddan
沃尔特 Volta
沃尔特·罗利爵士 Sir Walter Ralegh
沃尔特·洛克希尔 Walter Rockhill
沃洛夫家族 Wolof people
乌尔达内塔 Urdaneta
乌尔雅河 the River Ulya
乌胡伊乌瓦瓦部落 Uru-Eu Wau Wau
乌浒河 the river Oxus
乌吉吉 Ujiji
乌卡亚利（河） Ucayali
乌克兹 Ucz
乌拉巴 Urabá
乌拉巴湾 Gulf of Uraba
乌兰巴托 Ulan Bator
乌里雅苏台 Uliassutai
乌苏马辛塔河 R.usumacinta

X

西尔维斯特·维勒兹·德·埃斯卡兰特 Silvestre Velez de Escalante
西哥特人 Visigothic
西格蒙德·冯·赫贝斯坦 Sigmund von Herberstein
西格摩苏（河） Sagramoso
西贡 Saigon
西兰 Zeeland
西奈半岛 Sinai
西南偏南 SSW
西奴（河） Sinu
西皮阿家族 the Scipii
西西里 Sicily
西西里罗杰二世 Roger II of Sicily
西印度群岛 the West Indies
希夫拉莱昂 Gibraleon
希拉河 the Gila River
希鲁 Hiru
希罗多德 Herodotus
希洛克（河） Khilok
希米尔科 Himilco
希望岛 Hope Isles
悉尼 Sydney
锡兰 Ceylon

锡兰岛 the island of Ceylon
锡利群岛 Scillies
锡那罗亚 Sinaloa
锡那罗亚州的卡沃尔卡 Caborca in Sinaloa
锡沃拉 Cíbola
锡西厄 Scythian
蜥蜴岛 Lizard Island
夏科 Charcot
夏里河 the Shari
夏莲特王朝 Sailendra
夏洛瓦 Charlevoix
夏伊洛战役 the Battle of Shiloh
暹罗 Siam
咸海 Aral Seas
咸鳕鱼 Bacalau
香料群岛 the Spice Islands
小安的列斯群岛 the Lesser Antilles
肖图加尔 Shortughal
肖肖尼印第安人 Shoshone
谢苗·杰日尼奥夫 Semen Dezhnev
辛巴达 Sinbad
辛它拉加部落 Cinta Larga
辛辛那提 Cincinnati
欣代 Chinde
新不伦瑞克 New Brunswick
新大陆 the New World
新格拉纳达 New Granada
新荷兰 the New Holland
新赫布里底群岛 the New Hebrides
新喀里多尼亚 New Caledonia
新罗 Silla
新斯科舍 Nova Scotia
新苏丹赛义德·巴加什 Said Barghash
新西伯利亚群岛 the New Siberian islands
新伊甸园 Edens
新月沃地 Fertile Crescent
兴都库什 Hindu Kush
兴古（河） Xingu
行基 Gyogi
休·埃利奥特 Hugh Elyot
休·克拉珀顿 Hugh Clapperton
休达 Ceuta
休伦湖 Lake Huron

休伦智者 Huronophilia
休伦族人 the Huron
须弥峰 Sineru
须弥山 Meru
许勒斯塔 Hylestad
叙利亚海 Syrian Sea
雪莱顿角 Cape Sheridan
鳕鱼岬 Cape Cod
巽他海峡 Sunda Strait

Y

雅各布·勒梅尔 Jakob Le Maire
雅各布·罗格温 Jacob Roggeveen
雅克·卡迪尔 Jacques Cartier
雅库比 al-Ya qubi
雅库兹克 Yakutsk
雅浦（岛） Yap
雅乌里 Yauri
亚伯·塔斯曼 Abel Tasman
亚伯拉罕·奥特里斯 Abraham Ortelius
亚达利欧 Adario
亚当 Adam
亚得里亚海 the Adriatic Sea
亚丁 Aden
亚禾 Jakin
亚历山大 Alexandria
亚历山大·道尔林普 Alexander Dalrymple
亚历山大·冯·洪堡 Alexander von Humboldt
亚历山大·戈登·莱恩 Alexander Gordon Laing
亚历山大·麦肯齐 Alexander Mackenzie
亚历山大大帝 Alexander the Great
亚历山大岛 Alexandra Island
亚历山大湾 Alexander Bay
亚马孙（河） Amazon
亚美尼亚 Armenia
亚孟森 Amundsen
亚米·费雷尔 Jaime Ferrer
亚眠 Amiens
亚瑟·道博斯 MP Arthur Dobbs
亚瑟王 Arthurian

亚述 Assyria
亚松森 Asunción
亚速尔群岛 Azores
亚速海 Azov
亚特兰蒂斯（岛） Atlantis
亚威佐特 Ahuitzotl
扬·冯·林斯柯顿 Jan van Linschoten
洋姜 Jerusalem artichoke
耶拉拉大瀑布 Yellalla cataracts
野萝卜根 Radix raphana
野牛溪 Cow Creek
叶尼塞（河） Yenisei
叶尼塞斯克 Yeniseisk
伊本·阿卜杜勒·哈克木 Ibn _Abd al-Hakam
伊本·白图泰 Ibn Battuta
伊本·法德兰 Ibn Fadlan
伊本·法蒂玛 Ibn Fatima
伊本·马吉德 Ibn Majid
伊比利亚 Iberia
伊德里西 Al Idrisi
伊尔库斯克 Irkutsk
伊尔明厄洋流 Irminger current
伊凡·莫斯科维廷 Ivan Moskvitin
伊凡·钱皮恩 Ivan Champion
伊凡大帝 Ivan the Great
伊夫斯·约瑟夫·德·凯尔盖朗 Yves-Joseph de Kerguelen
伊瑚鲁 Ihuru
伊朗山脉 the mountains of Iran
伊里里河 the Iriri River
伊丽莎白一世 Elizabeth I
伊利湖 Lake Erie
伊利诺伊 Illinois
伊洛瓦底江 Irawaddy
伊玛 Ima
伊姆莱根人和者拿加人 the Imraguen and Znaga
伊尼亚里梅河 the river Inharrime
伊莎贝拉 Isabella
伊斯迈尔 Ismail
伊斯泰赫里 al-Istakhri
伊图里森林 Ituri forest
以实玛利 Ishmaels
义净和尚 Yijing

亦儿坚湖 Lake Irgen
易北（河） Elbe
易洛魁人;易洛魁族语 Iroquoian
易洛魁族地区 Iroquois
因纽特人 Inuit
音果达河 the river Ingoda
银山 the Mountains of Silver
隐修会 the Order
印第安纳·琼斯 Indiana Jones
印度（河） Indus
印度大勘查 the Great Survey of India
印加帝国 Incas
印加峡谷 the Incas' valley
英格兰群岛 the British Isles
英吉利海峡 the English channel
鹰岛 Eagle Island
尤比角 Cape Juby
尤卡坦（半岛） Yucatan
尤马 Yuma
尤米安克（木架皮艇） Umiak
尤南达 Unanda
尤宁堡 Fort Union
尤西比奥·德尔·基诺 Fr Eusebio del Kino
犹他-阿兹特克 Uto-Aztecan
犹他湖 Lake Utah
犹他人 Ute
友谊海湾 Friendly Cove
幼发拉底（河） Euphrates
育空 Yukon
元欧洲 meta-Europe
原始的类文字系统 proto-writing system
约贝河 the Yobe
约格·梅里塞斯 Jorge Menesese
约翰·巴罗 John Barrow
约翰·拜伦 John Byron
约翰·博克斯托克 John Bockstoce
约翰·查理斯·佛芒 John Charles Frémont
约翰·戴维斯 John Davis
约翰·德莱顿 John Dryden
约翰·迪伊 John Dee
约翰·富兰克林 John Franklin
约翰·哈里森 John Harrison

约翰·汉明 John Hemming
约翰·赫克萨姆 John Huxham
约翰·金 John King
约翰·卡伯特 John Cabot
约翰·坎贝尔 John Campbell
约翰·拉赛尔-伍德 John Russell-Wood
约翰·拉特 John Rut
约翰·雷茵霍尔德·福斯特 Johann Reinhold Forster
约翰·利德尔 John Lederer
约翰·罗斯 John Ross
约翰·麦克杜格尔·斯图亚特 John McDougall Stuart
约翰·米勒斯 John Meares
约翰·普兰诺·加宾尼 John of Piano Carpini
约翰·史密斯船长 Captain John Smith
约翰·斯皮克 John Speke
约翰·韦斯利·鲍威尔 John Wesley Powell
约河 the Yeau
约克角 Cape York
约鲁巴 Yoruba
约瑟夫·班克斯 Joseph Banks
约瑟夫·克里斯马斯·艾夫斯 Joseph Christmas Ives
约瑟夫·汤姆森 Joseph Thomson
月亮山脉 the Mountains of the Moon

Z

赞比西河 the Zambezi
赞比西河和林波波河流域 Zambezi and Limpopo valleys
藏布（河） Tsanpo
藻海 Sargasso Sea
泽拉 Zeila
扎格罗斯山区 the Zagros region
扎莫林 zamorin
乍得湖 Lake Chad；the Chad
詹姆士湾 James Bay
詹姆斯·布鲁斯 James Bruce
詹姆斯·费尼莫尔·库柏 James Fenimore Cooper

詹姆斯·戈登·贝内特 James Gordon Bennet
詹姆斯·怀特 James White
詹姆斯·霍尔 James Hall
詹姆斯·金斯敦·塔基 James Kingston Tuckey
詹姆斯·克拉克·罗斯 James Clark Ross
詹姆斯·库克 James Cook
詹姆斯·林德 James Lind
詹姆斯·罗斯 James Ross
詹姆斯·威德尔 James Weddell
詹姆斯·希尔 James Hill
詹姆斯·希尔顿 James Hilton
詹姆斯敦 Jamestown
詹姆斯国王 King James
詹姆斯河 the James River
詹姆希德 Jamshid
瞻部洲 Jambudvipa
占族 Cham
珍妮·古道尔 Jane Goodall
正教会 Orthodox
直布罗陀海峡 Gibraltar
植物学湾 the Botany Bay
智者阿方索 Alfonso the Wise
中美洲 Mesoamerica
中南半岛 Indo China
中世纪盛期 the high Middle Ages
中央邦 Madhya Pradesh
种子岛 Tanegashima
朱拜勒 Al Jubayl
朱迪斯-塞巴斯蒂尔-恺撒·迪蒙·迪尔维尔 Jules-Sébastien-César Dumont d'Urville
朱格朱尔山脉 the Dzhugdzhur Mountains
朱利叶斯·德鲁 Julius Drew
住吉神 the god of Sumiyoshi
注辇国 Cholas
爪哇 Java
兹魁特 Tziquite
驺虞 Touou-yu
祖鲁人 Zulus
祖尼人 Zuni
佐埃部落 Z'oe

佐法尔　Dhofar
佐米·费雷尔　Jaume Ferrer
佐泽卡尼索斯（群岛）Dodecanese

《巴西探险记》　Brazilian Adventure
《本生经》　Jatakas
《布干维尔航海补遗》　Supplément au voyage de Bougainville
《布伦丹之航行》　Navigatio Brandani
《晨报》　Le Matin
《传教探险》　Missinonary Explorations
《大百科全书》　Encyclopédie
《东方基督徒》　Oriens Christianus
《厄立特里亚海航行记》　The Periplus of the Erythraean Sea
《凡尔赛合约》　The Treaty of Versailles
《格列佛游记》　Travels into Several Remote Nations of the World by Lemuel Gulliver
《管子》　Guanzi
《航海明镜》　Spiegel der Zeevaerdt
《航海天文历》　Nautical Almanac
《几何学》　Euclid's Geometry
《加泰罗尼亚地图集》　The Catalan Atlas
《巨岛与领航》　Le Grand Insulaire et Pilotage
《路易斯·阿尼亚巴王子的历史：几内亚海岸的非洲之王》　The Histoire de Louis Anniaba, roi d'Essénie en Afrique sur la côte de Guinéeu
《论圆周大小的求证》　De Circuli Magnitudine Inventa
《蚂蚁的生活》　The Life of the Ant
《每季评论》　Quarterly Review
《美洲北部海岸的发现故事（1845）》　Narrative of Discoveries on the North Coast of America 1845

《密苏里报》　Missouri Gazette
《南方大陆航海史》　Histoire des navigations aux terres australes
《纽约先驱论坛报》　The New York Herald
《女人心》　Cosi fan tutte
《骑士兹法的故事》　The Libro del caballero Zifar
《日食现象新测量》　Novum Eclipsium Methodum
《萨拉戈萨条约》　The Treaty of Zaragoza
《圣多明各史》　The Histoire de Saint-Domingue
《圣徒言行录》　Navigatio Sancti Brandani Abbatis
《时间新知》　Connoissance des temps
《时运无常》　De Varietate Fortunae
《世界城镇图集》　Civitates Orbis Terrarum
《泰晤士世界探险地图集》　The Times Atlas of World Exploration
《天方夜谭》　Scheherazade
《天文星历》　Ephemerides
《托德西利亚斯条约》　The Treaty of Tordesillas
《万国知识录》　The Libro del conoscimiento de todos los reynos
《伟大的亚瑟》　Gesta Arthuri
《新几内亚内陆漫步》　Wanderings in the Interior of New Guinea
《星象秘密中的秘密》　The Secret of the Secrets of Astrology
《伊利亚特》　Illiad
《意大利地理分析》　Analyse géographique d'Italie
《永胜骑士》　El vitorial
《尤利西斯》　Ulysses
《有关科学发展进程的信件》　The Letters on the Progress of the Sciences

《宇津保物语》　The Tale of the Hollow Tree
《禹迹图》　Map of the Tracks of Yu the Great
《在海上》　On the Ocean
《真实记录莫斯科大公国》　Rerum Moscoviticarum Commenttarii
《走在非洲内陆》　Travels in the Interior Districts of Africa

图片来源

akg-images: **215**; Herbert Kraft/akg-images: **22**; © Fundació Amattler. Arxiu Mas: **183**; Bibliothèque de l'Assemblée nationale de France (MS 1248.ED, 19): **229**; Bibliothèque nationale de France (cliché RC–B–18155): **141**; Palazzo Ducale, Venice/Alinari/The Bridgeman Art Library: 彩插6;The British Museum, London/The Bridgeman Art Library: 彩插1（上）; John Carter Brown Library, Brown University, RI, USA/The Bridgeman Art Library: **229**; Private collection/The Stapleton Collection/The Bridgeman Art Library: 彩插5（上）; **361**; Royal Geographical Society, London/The Bridgeman Art Library: 彩插7（上）; The Worshipful Company of Clockmakers' Collection, UK/The Bridgeman Art Library: **341**; The British Library: (OIOC154O6.a.74/1) **25**, (MS Add.11696, ff.39v–40)**174**(局部), **211**, (G.7033)**236**, (48.h.18) **251**, (MS Harley 3450, f.10)**262**, (MS Royal 17.A.XLVIII, f. 9v)**289**, (AC. 6172/108)**216**, (maps C21.e.1.(2.))**316**, (36.g.8, vol V)**345**, (W7140, vol III) **289**(局部), **349**, (145.e.8) **377**, (V10222) **404**, **415**, (10077.dd.21, vol 1)**421**; © Philadelphia Museum of Art/Corbis: **128**; © Albrecht G. Schaefer/Corbis: , **40**; © Swim Ink 2, LLC/Corbis: **436**; © Paulo Whitaker/Reuters/Corbis: **455**; The Master and Fellows of Corpus Christi College, Cambridge (MS 66A, f.67r): **98**; With permission of the Dunhuang Academy, China/photo courtesy of the International Dunhuang Project: **80**(局部), **85**; Courtesy of the Hispanic Society of America, New York:**220**, **248**; Leiden University Library, Special Collections (MS Or.3101, pp. 4–5): 彩插2; Museu Marítim de Barcelona: 彩插3; Jonathan Wright/National Geographic Image Collection: **46** (局部), **58**; Ninnaji, Japan: **99**; Novosti: **159**; From the collection at Parham Park, West Sussex, UK: **351**; Photo 12.com/Oronoz: **285**; Nicholas Roerich Museum, New York: **425**; © Collection Roger-Viollet: **282** (局部), **324**; John Pickard/St. Mary Redcliffe, Bristol: **197**; The British Library/HIP/TopFoto.co.uk: 彩插7（下）; Derrick Witty/TopFoto.co.uk: 彩插8; © The Viking Ship Museum, Denmark/photo Werner Karrasch: **61**; From Mao Yüan-I, *Wu-pei-chih*, Records of Military Preparations, 1621: **124** (局部) , **128**.

本书原创地图由"手绘地图"（www.handmademaps.com）的大卫·区金森所绘。

图书在版编目（CIP）数据

探路者：世界探险史/（美）费尔南德兹-阿迈斯托著；刘娜译.
— 北京：学苑出版社，2016.6
ISBN 978-7-5077-4466-8

Ⅰ.①探… Ⅱ.①费… ②刘… Ⅲ.①世界史-普及读物 Ⅳ.①K109

中国版本图书馆CIP数据核字(2013)第318782号

Pathfinders: A Global History of Exploration
Copyright © 2006 by Felipe Fernández-Armesto
Simplified Chinese translation copyright © 2016 by Academy Press
Published by arrangement with David Higham Associates Ltd.
Through Bardon-Chinese Media Agency（博达著作权代理有限公司）
All rights reserved.

出 版 人：	孟　白
责任编辑：	李　耕
审　　译：	黄润华
出版发行：	学苑出版社
地　　址：	北京市丰台区南方庄2号院1号楼
电　　话：	010-67601101（营销部）、67603091（总编室）
邮　　编：	100079
网　　址：	www.book001.com
电子信箱：	xueyuan@public.bta.net.cn
经　　销：	新华书店
印　　刷：	河北鑫宏源印刷包装有限责任公司
开　　本：	787×1092　1/16
字　　数：	450千字
印　　张：	32.25印张
版　　次：	2016年6月第1版
印　　次：	2016年6月第1次印刷
定　　价：	128.00 元

北京市版权局著作权合同登记 图字：01-2012-7555号
版权所有，侵权必究